Copyright, 1913, by E.G. Lutz

ESTRELLA DE CINCO PUNTAS
Y SIGA ASÍ HASTA LA ÚLTIMA.
CON LA PRÁCTICA, NO LE HARÁN
FALTA EL CÍRCULO NI LOS PUNTOS

Copyright 1913, by E.G.Lutz

BALASCH EDITOR
BARCELONA

Dins BALASCH EDITOR

Lluís Busquets i Grabulosa
Enigmes de la Bíblia i cultura contemporània.
I. Grans religions, la Torà i llibres històrics
Pròleg d'Eulàlia Vernet i Pons,
professora d'Estudis Hebreus i Arameus,
Universitat de Barcelona
Edició a cura de Ramon Balasch
i il·lustracions de Sergi Barnils
(Barcelona: Balasch Editor, 2022)

Lluís Busquets i Grabulosa
Enigmes de la Bíblia i cultura contemporània.
II. Nebiïm i Ketubim, profetes i sapiencials,
els grans desconeguts
Pròleg de M. Victòria Molins, STJ
Edició a cura de Ramon Balasch
i il·lustracions de Sergi Barnils
(Barcelona: Balasch Editor, 2022)

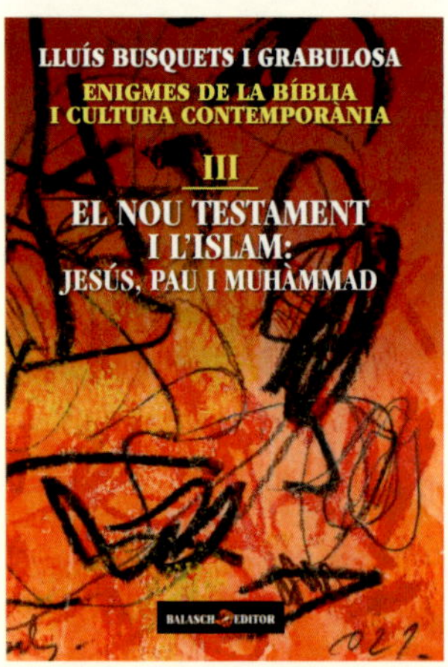

Lluís Busquets i Grabulosa
Enigmes de la Bíblia i cultura contemporània.
III. El Nou Testament i l'islam:
Jesús, Pau i Muhàmmad
Pròleg de Sor Lucía Caram, OP
Edició a cura de Ramon Balasch
i il·lustracions de Sergi Barnils
(Barcelona: Balasch Editor, 2022)

LLUÍS BUSQUETS I GRABULOSA

ENIGMES DE LA BÍBLIA

I CULTURA CONTEMPORÀNIA

III

EL NOU TESTAMENT I L'ISLAM: JESÚS, PAU I MUHÀMMAD

D'AQUESTA PRIMERA EDICIÓ DEL LLIBRE

DE LLUÍS BUSQUETS I GRABULOSA
ENIGMES DE LA BÍBLIA
I CULTURA CONTEMPORÀNIA

III
EL NOU TESTAMENT I L'ISLAM:
JESÚS, PAU I MUHÀMMAD

PRÒLEG DE
SOR LUCÍA CARAM, OP

A CURA DE
RAMON BALASCH

ACOMPANYADA AMB IL·LUSTRACIONS DE
SERGI BARNILS

SE N'HA FET UN TIRATGE DE 1.001 EXEMPLARS,
A SABER:

DE L'1 AL 303

EXEMPLARS GRAN FORMAT DE 17 X 24 CM, IMPRESOS DAMUNT PAPER ÒFSET PALATINA, DE LA CASA FEDRIGONI, AMB UNA LITOGRAFIA DE SERGI BARNILS, ESTAMPADA DAMUNT PAPER FREELIFE VELLUM WHITE, DE LA CASA FEDRIGONI, NUMERATS AMB XIFRES ARÀBIGUES, I RELLIGATS EN TELA, I SIGNATS PER L'AUTOR, L'ARTISTA I L'EDITOR.

DEL 304 AL 1.001

EXEMPLARS GRAN FORMAT DE 17 X 24 CM, IMPRESOS DAMUNT PAPER ÒFSET PALATINA, DE LA CASA FEDRIGONI, SENSE NUMERAR I RELLIGATS EN RÚSTICA.

EXEMPLAR NÚM.

LLUÍS BUSQUETS I GRABULOSA

ENIGMES DE LA BÍBLIA
I CULTURA CONTEMPORÀNIA

III

EL NOU TESTAMENT I L'ISLAM

JESÚS, PAU I MUHÀMMAD

Pròleg de Sor Lucía Caram, OP

A cura de Ramon Balasch

Amb il·lustracions de Sergi Barnils

BALASCH EDITOR
Barcelona 2022

Imatge de la coberta, *Revelatio 777646,*
i de la contracoberta, *Revelatio 777645*,
de Sergi Barnils

Primera edició: març de 2022

Balasch Editor
08173 Sant Cugat del Vallès - Barcelona

info@balascheditor.cat
www.balascheditor.cat

Producció editorial
Mònica Genestar
Núria Madrid

Disseny gràfic
Clipmèdia Comunicació
Jordi Royo

Fotografia
Lluc Busquets i Soler, pel retrat de l'autor
Josep Pagans Montsalvatge, per les il·lustracions de Sergi Barnils

Impressió
Fotoletra

Dipòsit legal: B 1274-2022
ISBN: 978-84-124819-2-1

SUMARI

VOLUM I

GRANS RELIGIONS, LA TORÀ I LLIBRES HISTÒRICS

APÈNDIXS DEL VOLUM I

APÈNDIXS AL CAPÍTOL 1: ELS TEXTOS RELIGIOSOS FUNDACIONALS I LES GRANS RELIGIONS POLITEISTES

APÈNDIXS ALS CAPÍTOLS 2-4: ELS LLIBRES «HISTÒRICS» DE L'ANTIC TESTAMENT

VOLUM II

NEBIÏM I KETUBIM: PROFETES I SAPIENCIALS, ELS GRANS DESCONEGUTS

1. EL PROFETISME A L'ANTIC TESTAMENT

1. PAU: LES SEVES CARTES I LES ALTRES (ELS PRIMERS SEGUIDORS DE JESÚS)

2. JESÚS: ELS EVANGELIS, ELS FETS DELS APÒSTOLS I L'APOCALIPSI

SIGLES I ABREVIATURES

LLIBRES DE LA BÍBLIA
Per ordre alfabètic

ANTIC TESTAMENT (AT)

Ab	ABDIES
Ag	AGEU
Am	AMÓS
Ba	BARUC
Ct	CÀNTIC DELS CÀNTICS
Dn	DANIEL
Dt	DEUTERONOMI
Ecle / Coh	ECLESIASTÈS / COHÈLET
Ecli / Sir	ECLESIÀSTIC / SIRÀCIDA
Esd	ESDRES
Est	ESTER
Ex	ÈXODE
Ez	EZEQUIEL
Gn	GÈNESI
Ha	HABACUC
Is	ISAÏES
Jb	JOB
Jdt	JUDIT
Jl	JOEL
Jon	JONÀS
Jr	JEREMIES
Js	JOSUÈ
Jt	JUTGES
Lm	LAMENTACIONS
Lv	LEVÍTIC
1Ma	1r MACABEUS
2Ma	2n MACABEUS
Mi	MIQUEES
Ml	MALAQUIES
Na	NAHUM
Ne	NEHEMIES
Nm	NOMBRES
Os	OSEES
1P / 1Cr	1 PARALIPÒMENS / 1r CRÒNIQUES
2P / 2Cr	2 PARALIPÒMENS / 2n CRÒNIQUES
Pr	PROVERBIS
Ps	SALMS
1Re	1r REIS
2Re	2n REIS
Rt	RUT
1Sa	1r SAMUEL
2Sa	2n SAMUEL
Sa	SAVIESA
So	SOFONIES
Tb	TOBIT
Za	ZACARIES

NOU TESTAMENT (NT)

Ac	ACTES / FETS DELS APÒSTOLS
Ap	APOCALIPSI
1Co	1a CORINTIS
2Co	2a CORINTIS
Col	COLOSSENCS
Ef	EFESIS
Fl	FILIPENCS
Flm	FILÈMON
Ga	GÀLATES
He	HEBREUS
Jm	JAUME
Jn	JOAN (EVANGELI)
1Jn	1a JOAN
2Jn	2a JOAN
3Jn	3a JOAN
Jud	JUDES
Lc	LLUC
Mc	MARC
Mt	MATEU
1Pe	1a PERE
2Pe	2a PERE
Rm	ROMANS
1Te	1a TESSALONICENCS
2Te	2a TESSALONICENCS
1Tm	1a TIMOTEU
2Tm	2a TIMOTEU
Tt	TITUS

BÍBLIES

De referència:

BCI: Bíblia Catalana Interconfessional (Barcelona: ABC, BU i Ed. Claret, 1997[4]). D'aquí, D. Roure ha pouat els textos per a la *Sinopsi de Mateu* (1995), *Sinopsi de Marc* (1996) i *Sinopsi de Lluc* (1997), editats per l'Associació Bíblica de Catalunya, que també he emprat.

Emprades indistintament:

BC: Biblia Cultural (Madrid: PPC/SM, 1998).
BJ: Biblia de Jerusalén (Bilbao: Desclée de Brouwer, 1967). D'aquest text, P. Benoit, M.-E. Boismard i J.L. Malillos editaren *Sinopsis de los 4 Evangelios, con paralelos de los apócrifos y de los padres* (Bilbao: Desclée de Brouwer, 1987[7]), que també he utilitzat.
BM: La Bíblia. Versió i notes pels monjos de Montserrat (Andorra: Casal i Vall, 1975[2]).
NTM: Nou Testament. Versió i notes pels monjos de Montserrat (Andorra: Casal i Vall, 1963[3]).
BFC: Bíblia de la Fundació Bíblica Catalana (Barcelona: Alpha, 1968).

Per als textos grecs del Nou Testament he emprat Merk, A.: *Novum Testamentum graece et latine* (Roma: Pontifici Institut Bíblic, 1964[9]).
A banda de la bibliografia citada a cada lloc, en general m'he servit sovint d'aquestes obres generals: D.A.: *Vocabulario de teología bíblica*, X. Léon-Dufour, ed. (Barcelona: Herder, 1965); D.A.: *Comentario Bíblico Internacional (Comentario católico y ecuménico para el siglo XXI)*, W. R. Famer, A. J. Levoratti, S. McEvenue i D. L. Dungan, eds. (Estella: Verbo Divino, 1999); els dos volums dedicats al Nou i Vell Testament del *Nuevo Comentario Bíblico San Jerónimo*, R. E. Brown, J. A. Fitzmyer i R. E. Muphy, eds. (Estella: Verbo Divino, 2004 i 2005) i Picaza, Xabier: *Diccionario de la Biblia. Historia y palabra* (Estella: Verbo Divino, 2007).

ALTRES FONTS

El Documento Q. Edició de Robinson, J.M. Hoffmann, P i Kloppenborg, J. S (Salamanca: Sígueme, 2002).
Evangeli de Maria [Magdalena] dins Busquets i Grabulosa, L: *Els evangelis secrets de Maria i de la Magdalena: la història oculta* (Barcelona: Ara Llibres, 2008), p. 233-248; també King, K.: *El evangelio de María de Magdala. Jesús y la primera apóstol* (Barcelona: Poliedro, 2005) i dins *Els evangelis apòcrifs: textos gnòstics*, ed. d'Armand Puig (Barcelona: Proa, 2015), p. 444-474.
Evangeli de Pere dins *Los evangelios apócrifos.* Ed. d'A. de Santos Otero, col. «BAC», 148 (Madrid: E. Católica, 1956); també dins *Els evangelis apòcrifs*, ed. d'Armand Puig (Barcelona: Proa, 2008).
Evangeli de Tomàs dins *Els evangelis apòcrifs: textos gnòstics*, ed. d'Armand Puig (Barcelona: Proa, 2015), p. 165-253; *Evangelio copto de Tomás*, ed. de M. Alcázar (Salamanca: Sígueme, 1969).
Historia Eclesiástica, d'Eusebi de Cesarea; ed. d'A. Velasco Delgado, 2 vols (Madrid: Ed. Católica, 1973).
Josep Flavi: *La guerra jueva*, vol. I (llibre I), trad. J.-A. Martí Gebellí, amb introd. i notes de J. Ferrer Costa (Barcelona: Fundació Bernat Metge, 2011); vol. II (llibres II i III) (2014). Existeix en versió castellana de J. M. Nieto Ibáñez *La guerra de los judíos*, 2 vols (Madrid. Gredos, 1997). També en castellà *Antigüedades judías* (Terrassa: Clie, 1988 i Torrejón de Ardoz: Akal, 1997). I també la «Vita» o *Autobiografía. Sobre la antigüedad de los judíos* (*Contra Apión*) (Madrid: Alianza, 1987 i Gredos, 2001).

ALTRES ABREVIATURES

aC/dC: abans de Crist/després de Crist
c/cc: capítol/s
cf: confer «confronteu» (en el sentit de «consulteu» com a justificació).
D.A.: Autors diversos
o.c.: obra citada
p.: pàgina, pàgines
pp.: paral·lels (en els evangelis sinòptics)
s/ss.: següent, següents
v/vv. : verset, versets

LIMINAR

El lector que gaudeixi del privilegi de llegir el corpus *Enigmes de la Bíblia i cultura contemporània* quedarà meravellat de la síntesi divulgadora de Lluís Busquets i Grabulosa. No és pas la primera vegada que l'autor s'enfronta a les Sagrades Escriptures i les comenta. Després d'una vida dedicada a l'Esperit, aquesta vegada ha acumulat forces i ha necessitat més de deu anys de recerca. No sols ha volgut explanar liberalment els continguts bíblics –amb un inici dedicat a les grans religions i un epíleg on aborda l'islam–, sinó que ofereix uns llistats impressionants del llegat cultural –arquitectònic, musical, plàstic– que els textos han generat, de manera que aquests tres volums conformen un veritable cànon de la cultura occidental.

Les traduccions de la Bíblia arriben a les 450 llengües d'una manera integral i a més de 2.000 llengües fragmentàriament: el conjunt de llibres de la Bíblia esdevé el més traduït de la història. El cànon de la Tanakh hebrea (Torà o 'Pentateuc', Nebiïm o 'Profetes' i Ketubim o 'Escrits'), segurament es va tancar a les acaballes del segle I dC. Un cop recopilada, analitzada i fixada consonànticament d'una manera inamovible, per un grup d'escribes jueus (els «sopherim», al final del segle I dC-VII dC) i vocalitzada i puntuada pels masoretes («guardians de la tradició», entre els segles VIII-X dC), que hi afegiren les vocals, en va sortir el Text Masorètic (TM), conservat en el *Codex Aleppensis* o *Còdex d'Àlep* (segle X) i el *Codex Leningradensis* (1008 dC). Aquesta Bíblia hebrea es va utilitzar com a base en diverses traduccions protestants de l'Antic Testament. En canvi, el cànon de l'Església catòlica, fixat al Concili de Trento (segle XVI), per traduir l'Antic Testament a les llengües modernes, fa servir la versió grega de la Bíblia hebrea coneguda com la Septuaginta, Bíblia dels Setanta o simplement LXX, sorgida a Alexandria al segle III aC. Era la que utilitzava sant Pau. Ara bé, quan es va establir el cànon hebreu, es va prescindir d'alguns llibres escrits en grec dels LXX, considerats pels catòlics ortodoxos romans i grecs, i a la *Bíblia Catalana Interconfessional* (BCI), deuterocanònics.

De les nombroses versions anteriors com la *Vetus Latina* o l'*Antiga Bíblia Llatina*, la traducció llatina que es va imposar va ser la de sant Jeroni, coneguda com a Vulgata, elaborada al segle IV, després d'un llarg procés d'edició. En la seva forma final, la gran majoria de llibres bíblics van ser traduïts *iuxta hebraeos*. Les traduccions que sant Jeroni fa a Palestina, ajudat per un equip de rabins, les fa a partir del *Textus Receptus* consonàntic (el futur text masorètic vocalitzat al segle VIII dC). La Vulgata es va declarar oficial al concili de Trento (1545-1563). Avui es disposa de quatre grans còdexs manuscrits en grec gairebé sencers de la Bíblia: el *Codex Vaticanus*, copiat durant el segle IV, però anterior al *Codex Sinaiticus*, del mateix segle IV, el *Codex Alexandrinus*, del segle V, i el *Codex Bezae*, de finals del segle IV.

La primera traducció parcial de la Bíblia al català és l'anomenada *Bíblia de Montjuïc*, de 1287, patrocinada per Alfons II el Franc. La *Bíblia Valenciana* és la primera bíblia impresa en català, del 1477, «en nostra llengua valenciana», amb traducció atribuïda tant a Bonifaci Ferrer, germà de sant Vicent Ferrer, com a Berenguer Vives; va ser la primera de la península Ibèrica i la quarta que es va imprimir al món, després de la *Bíblia Vulgata* en llatí impresa per Gutenberg el 1448, l'alemanya del 1466 i la italiana del 1471.

La denominada *Biblia alfonsina* és una versió arromançada al castellà del 1280 i sembla que és la primera completa en aquest idioma, anterior a la *Biblia Políglota Complutense*, impulsada pel cardenal Cisneros (1514-1522), a la denominada *Biblia del Oso*, de 1569, traduïda per Casiodoro de Reina, un jeroni convertit al luteranisme, revisada per Cipriano de Valera el 1602, i a la de l'escolapi Felipe Scío, de 1790. De versions fragmentàries n'hi havia hagut d'altres.

A grans trets, la crítica filològica de l'humanisme intentava disposar de traduccions depurades i polides com la *Biblia Políglota Complutense*. En aquest context, cal destacar el *Textus Receptus*, el text grec del Nou Testament editat per Erasme de Rotterdam de 1516, i continuat per Théodore de Bèze, i la *Bíblia Poliglota d'Anvers*, patrocinada per Felip II i dirigida per Benito Arias Montano (1568-1572).

Luter va ser el primer a fer, de la lectura i l'estudi de la Bíblia, un principi i un dret inalienables. La seva traducció a l'alemany i els seus comentaris són encara avui el catalitzador més perdurable de la seva tasca alfabetitzadora: aprendre a llegir la Bíblia, aprendre a escriure sobre la Bíblia, va ser i continua essent una de les eines més transformadores per educar la humanitat sencera. Luter va iniciar la traducció el 1521 durant l'estada al castell de Wartburg, a partir de l'edició grega d'Erasme de Rotterdam (l'esmentat *Textus Receptus* de 1516), que només incloïa el Nou Testament (i, encara, amb dubtes pel que fa a les cartes d'Hebreus, Jaume, Judes i l'Apocalipsi). Respecte a l'Antic Testament, Luter va incloure com a apòcrifs aquells passatges que es trobaven en la versió grega de la Septuaginta i, en canvi, no havien entrat a formar part del cànon de la Bíblia hebrea durant el període de Jàmnia (70-135 dC), ciutat on, amb permís dels romans, es va aplegar una escola de rabins després de la caiguda de Jerusalem, els quals van reconstituir el Sanedrí i, entre el 80 i el 100 dC, van depurar els textos sagrats tot establint aquest cànon, amb dues condicions: que fossin llibres escrits en hebreu i anteriors a Esdres. La primera traducció completa a l'alemany, incloent-hi l'Antic Testament, es va publicar en sis volums el 1534, i va ser producte de l'esforç propi de Luter, amb l'ajut de Johannes Bugenhagen, Justus Jonas, Caspar Creuziger, Philipp Melanchthon, Matthäus Aurogallus i Reoge Rörer. Sens dubte, un treball d'equip. Com passa avui amb els comentaris complets de la Bíblia.

Busquets ha sentit la necessitat de posar a l'abast de tothom una interpretació dels 73 llibres de la Bíblia. És la necessitat de disposar-ne d'una ell mateix, com a creient, a la llum de l'estadi actual de les últimes recerques. I ho ha fet tot sol, amb temps i paciència, acompanyat dels millors especialistes, amb un olfacte per endevinar el camí que mena més lluny, amb una voluntat didàctica única i inconfusible. La seva visió és la d'un home culte, que no combrega amb rodes de molins i analitza amb autonomia de criteri les aproximacions més diverses. La seva lectura vol ser vàlida per al comú dels mortals, independentment de les creences de cadascú. El seu únic criteri és la recerca apassionada de la veritat al fons de la complexitat del fet històric i el fet literari.

Enigmes de la Bíblia i cultura contemporània és una obra més necessària que mai per intentar contrarestar les explicacions sense fonament que encara avui es mantenen en una rutina cega i buida.

Busquets no s'ha amagat mai de ser un simple divulgador, interessat per la Bíblia com a professor de literatura. Llicenciat en Teologia per la Pontifícia Universitat Gregoriana a Roma, no se sent cap especialista –ni escripturista ni exegeta ni tan sols professor de Teologia–, tot i ser una de les persones que més ha publicat sobre Jesús en aquest país.

Justament per això, per prologar cada un dels tres volums d'aquest corpus, hem demanat la complicitat de tres testimonis que lluiten dins el fang de la realitat actual per dur-hi l'Evangeli, en plena coincidència amb la memòria que van ser dones els primers testimonis del Ressuscitat. Per ordre d'edat, cal esmentar M. Victòria Molins, STJ, l'àngel del Raval, amb 85 anys a l'esquena, la degana de tots els combats a peu de carrer; Sor Lucía Caram, OP, la veu de la solidaritat, amb 55 anys, la migrant de les migrants, de Tucumán a Manresa; i Eulàlia Vernet i Pons, professora d'Estudis Hebreus i Arameus, a la Universitat de Barcelona, far dels navegants en l'alta mar bíblica.

Així mateix, els tres volums d'*Enigmes de la Bíblia i cultura contemporània* eren una ocasió única per al pintor Sergi Barnils, després de la seva aportació a *Ocnos i el parat esglai*, de Salvador Espriu (2013), i d'*Amic i amat. Tres homes de Déu en diàleg*, de Ramon Llull, Jacint Verdaguer i Lluís M. Xirinacs (2016), per poder continuar demostrant que l'originalitat de la seva plàstica, com ell mateix no s'ha amagat mai de declarar, s'alimenta justament en fer de la Paraula de salvació l'eix vertebrador de la seva obra. Només un Artista en majúscules com ell podia donar forma, color, gradient i sentit a unes creences actives, mai estàtiques, que acaben confluint i complementant els textos de l'autor, en una oceànica, profètica, sàvia, gradual i volcànica expressivitat. Només amb la contemplació de les portades n'hi ha prou per adonar-se del seu procés creatiu, que parteix de la Torà i la història d'Israel des d'uns blaus que emblematitzen la fascinació davant dels orígens i el negre esglai de les aigües primordials i, amb la calidesa dels torrats i els frondosos verds, passa per la denúncia profètica i l'ensenyament sapiencial fins a l'esclat dels vermells i els ocres per l'anunci de la Bona Nova, que és anunci també de joia i plenitud pictòriques.

En acabar aquestes línies, un petit homenatge a Eduard Bosch Bellver, l'extraordinari professor que em va inocular el verí de la curiositat per la Bíblia. Ell va dictar una assignatura de primer a la Facultat de Teologia de Catalunya, que es deia *Sagrada Escriptura, estudi de l'Antic Testament*, el 1968-1969. En conservo un bloc en espiral de tapa vermella, de 203 pàgines, impreses amb el ciclostil o la vietnamita amb què vaig fer les primeres armes, amb el meu company Josep Lite Lite, com a «editor» en germen, al Seminari Conciliar de Barcelona, amb treballs per al Centre de Pastoral Litúrgica, les Comunitats de Base amb els seus capellans compromesos en accions eclesials i cíviques i les Comissions Obreres, els cursos 1967-1968 i 1968-1969.

Tot això ho dec, és clar, a tres germans: a la meva mare, Maria, al meu padrí Ramon i al meu oncle Manuel Balasch Recort, hel·lenista i prevere, tots ells cristians de Bíblia diària.

Ramon Balasch

PRÒLEG

Al fons dels pous de les creences, l'Aigua de la Paraula de Déu

Quan inquieta per la urgència de servir els germans més empobrits, vaig trobar el camí de la vida religiosa com el més adient als meus anhels de viure l'Evangeli en primera persona, moguda per la fascinant figura de Jesús de Nazaret, que va marcar la meva experiència de Déu, vaig descobrir que potser el més valuós que m'havien donat els meus pares era, juntament amb la vida i els germans, la fe. Una fe viscuda en família de forma quotidiana i celebrada al si d'una comunitat de creients. Però la descoberta que aquesta fe dels pares, més dogmàtica i fins i tot marcada per una lectura literal de la Paraula de Déu, en un ambient de cristiandat, no era la meva fe, perquè els meus pares, «no creien per mi».

Igualment la fe de l'Església no era la meva fe, perquè l'acte de fe no el podia fer tampoc l'Església per mi. Vaig descobrir que la fe era una experiència de Déu, que és inèdita i que, quan és autèntica i profunda, et crida des de la vida i t'urgeix a viure la titularitat de la vida i de la fe a cara descoberta i sense por: en primera persona. Perquè, al cap i a la fi, la fe és una opció personal. Quan s'arriba en aquest punt, hem de reconèixer que l'experiència que funda i fonamenta és la que marca un abans i un després del camí del creient.

Amb aquesta força d'una fe descoberta en la Paraula de Déu que m'inquietava, vaig ingressar en la Vida Religiosa, on no vaig trigar gaire a descobrir que la norma, el dogma i determinats fonamentalismes m'allunyaven de la fe que em cremava i em seduïa, i que s'havia creat tot un muntatge per viure una pietat dins la qual la intel·ligència i la voluntat havien d'estar sotmeses al superior de torn que parlava en nom de Déu, interpretava la seva Paraula i en el seu nom deia el que s'havia de creure sense pensar, perquè la virtut de l'«obediència cega» era la «voluntat de Déu».

Sens dubte aquesta forma de concebre la fe, la vida i la religió ha marcat generacions de creients que van acabar fonamentalitzats o infantilitzats, convençuts que «la seva veritat» era absoluta, única i intocable. Una fe allunyada del contingut i el missatge essencial dels textos sagrats que la van inspirar, nodrir i que l'haurien d'haver acompanyat.

Em donaven paraules i respostes fetes que estaven cada cop més lluny del que intuïa que era Déu i llegia en la seva paraula. Algú va dir: «La teologia és la fe dels que pensen.» I, sense dubtar ni un moment, em vaig endinsar en l'estudi d'aquesta disciplina.

Em costava trobar en aquest aprenentatge la força i la veritat del que intuïa i vivia com a Déu. Tot el que em deien i estudiava era el que «no era Déu», però no vaig claudicar en el meu desig fugint de qualsevol fonamentalisme propi dels que es creien amos absoluts de la llei i la veritat.

La meva arribada a Catalunya, enmig d'una societat d'acollida, en un món cada cop més globalitzat, en una Ciutat en la qual convivíem 75 religions i en la qual vaig iniciar un camí de diàleg interreligiós, vaig aprendre a viure i a conviure amb creients de diverses tradicions espirituals, homes i dones creients, buscadors que amb el seu Déu i la seva fe esdevenien manifestació de la gran descoberta d'això que buscava i que no acabava de trobar: Déu és el més i millor. El que no té nom, perquè té tots els noms. És el diferent, l'inabastable, el més i millor, perquè és de tots i ningú el pot atrapar en esquemes, perquè els supera.

Aquesta inquietud, aquesta descoberta, aquesta riquesa i aquesta lectura creient, científica, documentada, amb crítica històrica, etc., no fonamentalista ni interessada, és la que es descobreix en l'obra que tenim a les nostres mans de Lluís Busquets i Grabulosa.

Una lectura que parteix del text del Nou Testament, de la mà de de Pau, dels Evangelistes i de l'Alcorà, que ens situa en el context, en l'entorn i en la iconografia i que es veu enriquida pel pensament i les reflexions d'homes i dones de diverses cultures, religions i tradicions que han llegit, viscut o interpretat els textos o el fet religiós, i que des de la seva perspectiva enriqueixen o posen en crisi determinats pressupòsits que conviden a continuar buscant per enriquir l'ànima, el cor i el cap.

La cultura, el País, l'entorn, la família, etc., ens ha encaminat per una determinada manera de creure i de viure una determinada religió, fe o creença. Fins fa uns anys no era imaginable conèixer de prop els portadors d'aquestes tradicions viscudes en el tu a tu, al km 0. I potser la proximitat ens ha ajudat a augmentar la curiositat per descobrir quin foc crema i anima la fe sincera dels creients amb els quals convivim i que no són ni una ideologia ni un enemic de qui cal defensar-se. Que tenen una font d'inspiració Sagrada i que cal descobrir-la com a font des de la qual poden pouar unes creences i una experiència de Déu que dona sentit a les seves vides i opcions.

La immensitat de la revelació no s'esgota, com ens deien quan estudiàvem teologia, amb la mort de l'últim testimoni del Crist. La fe és dinàmica, oberta i universal. Cal avançar en la lectura creient, crítica, històrica, amb rigor científic, oberts a tot el bo i millor que batega en el cor de cadascuna d'elles i dels creients. Uns i altres ens porten notícies de l'altra riba o del Cim en el qual hem col·locat Déu.

L'autor d'aquesta obra fa un recorregut guiat pels textos de Pau i els Evangelis fins arribar al Profeta Mahoma, l'Islam i l'Alcorà, compartint els textos, la lectura i les aportacions d'una bibliografia que ajuda a continuar buscant en l'univers de la veritat, però fonamentalment, compartint la lectura actual i contrastada, enriquida i il·lustrada amb les aportacions de diverses fons d'interpretació, estudi i reflexió, que ens ofereix de forma endreçada i molt ben trobades.

De la mà de Lluís Busquets i Grabulosa, trobarem en aquestes pàgines les llavors del bé, de la bondat, de la bellesa que s'amaguen i es manifesten en cada un dels textos i les tradicions amb les quals podem conviure mentre fem el recorregut d'aquests *Enigmes de la Bíblia i la cultura contemporània* seguint els passos del Nou Testament i l'islam.

Ambiciós i necessari esforç de l'autor que, enmig d'una societat secularitzada i laica, ens recorda als uns i explica als altres les tradicions que ens han conformat com a pobles, com a família humana, com a persones i com a tradicions religioses o espirituals.

Enmig d'una societat tecnològica, marcada pel pragmatisme, la velocitat, l'eficàcia i la immediatesa, agraïm el seu esforç de recuperació de la memòria de les tradicions que ens han constituït com a pobles i com a família humana.

Agraïm el «rescat de Pau» de l'estigma que l'ha allunyat de les generacions actuals com a misogin o masclista, i el fet que hagi posat en el seu lloc les seves paraules, mentre indica tot el que li han afegit. Igualment l'aproximació a l'islam i la lectura amable de l'aportació del sufisme i altres fonts d'inspiració que ens ajuden a entendre els fidels musulmans des de les entranyes de la seva tradició.

Reconeixem l'ajuda d'aquesta obra per superar la lectura pietista, interessada o ideològica dels textos que ens ocupen, ajuda que fa entrar en crisis els formulismes amb els quals s'han forçat determinats textos per justificar formulacions dogmàtiques i litúrgiques que avui alguns pretenen mantenir a ultrança.

Som fills d'una tradició religiosa filial, monoteista, «de la religió del llibre». Cristians, jueus i musulmans, bevem de la mateixa font, però encara ens falta reconèixer que els uns i els altres, amb les nostres diferències, som germans. Aquesta obra ens assenyala un camí d'obertura. I ho fa perquè, en paraules de Pere Casaldàliga, ja és arribada «l'hora de creure en *plural unitat* en el Déu de la vida i de l'amor; és l'hora de practicar la religió com a justícia, servei i companya. Un Déu que separa la Humanitat és un ídol mortífer».

Agraïm a Lluís Busquets i Grabulosa el fet de posar a les nostres mans aquesta obra que ens ajuda a desentranyar alguns enigmes i que ens obre la porta a una riquesa que és inabastable.

Acabo recordant unes paraules de la Germana Teresa Losada a la mesquita de Manresa, quan ens va explicar un diàleg entre el monjo trapenc assassinat a Tibhirine l'any 1996 i un germà musulmà:

> «Ha arribat el dia en què cal entendre el diàleg com una actitud interior, como una manera de ser, perquè els dics del nostre cor han cedit.»
>
> «Christian –que era el nom del monjo– explica que, en la seva relació profunda amb Mohammad, aquest li va dir un dia: "Fa temps que no excavem els nostres pous". I Christian li va respondre: "I què hi ha al fons dels pous, aigua cristiana o aigua musulmana?" Mohammad va afirmar: "És la mateixa. Després de tant de temps de caminar junts el que hi ha és l'AIGUA DE DÉU".»

Sor Lucía Caram, OP

INTRODUCCIÓ
I PLA DE L'OBRA

Vet aquí un projecte ambiciós: explicar tots els continguts de la Bíblia –per enigmàtics que semblin–, en una societat cada vegada més laica i pluralista. Diuen els experts que el concepte de religió com a producte de relacions economicosocials (expressió de necessitats insatisfetes, producte del feudalisme o del capitalisme dominants, abocada a la desaparició amb la satisfacció de necessitats) o com estadi primitiu infantiloide del desenvolupament humà, entesa com a opi del poble (Comte, Marx, Engels, Freud...) avui es considera superat. «Totes les religions són verdaderes mentre facin viure espiritualment els pobles que les professen, mentre els consolin d'haver hagut de néixer per morir, i per a cada poble la religió més veritable és la seva, la que s'ha fet», fa dir Unamuno a un dels personatges de *San Manuel Bueno, mártir*. Avui, a més a més, els teòlegs asseguren que Déu s'ha anat revelant en totes les religions.

Hi ha qui encara identifica l'esfera del sagrat amb la de la màgia i qualifica com a precientífic el món del misteri, com si fos simplement producte de la por i la ignorància. Aquests encara no s'han alliberat d'aquells sociòlegs de les religions que predeien, fa cinquanta anys, que la religió es convertiria en un fenomen purament residual i que cap religió ni tan sols no arribaria a finals del segle XX.[1] Encara s'han d'adonar que, a partir de la dècada dels se-

[1] Per exemple, LUCKMANN, T. (1967): *La religión invisible. El problema de la religión en la sociedad moderna* (Salamanca: Sígueme, 1973).

tanta del segle passat, les religions han tornat a ocupar un espai públic, lideren opcions ètiques i s'afirmen com a part fonamental de la identitat cultural. La «sorpresa del diví», en mots de Giles Kepel, ha esdevingut la «revenja de Déu».[2] Sociòlegs tan diferents com D. Anthony, T. Robbins i P. Schwartz parlen de la vitalitat de nous moviments religiosos, perquè el racionalisme científic sorgit de la Il·lustració s'ha mostrat incapaç d'orientar la vida social contemporània i la secularització ha topat amb religions alliberadores. Aquests nous moviments defugen les manifestacions irracionals, integristes, fanàtiques i intolerants, de manera que cada vegada fan més autocrítica del propi dogmatisme, del seu rigorisme moral i disciplinari, de la discriminació de gènere, de la literalitat dels textos sagrats, dels fonamentalismes que originen, dels propis processos inquisitorials i terroristes en nom de Déu.

Els jerarques religiosos es troben sovint fora de joc. Per sota, els creients en una determinada fe semblen tenir vida pròpia sense sotmetre's a les seves directrius o fent-ho cada vegada menys. Per damunt, hi tenen el *Council for a Parliament of the World's Religions* (CPWR), o Consell per a un Parlament Mundial de les Religions, amb seu a Chicago, que cada cinc o sis anys celebra una trobada interreligiosa (Chicago,1993; Ciutat del Cap, 1999; Barcelona, 2004; Melbourne, 2009; Salt Lake City, Utah, 2015) i que va fent passes per arribar a un consens entorn d'un reguitzell de compromisos i tasques a partir d'uns mínims ètics comuns per caminar vers la interculturalitat, el feminisme, l'alterglobalització, el diàleg interreligiós, el pensament crític, la descolonització, l'ètica alliberadora, l'ecologisme, el diàleg de les religions entre si, la solidaritat, la consecució de la pau... Els jerarques s'ho miren de reüll. Com es miren de reüll el Projecte d'Ètica Mundial promogut per Hans Küng i d'altres personalitats mundials.[3] Altrament, es troben enfrontats laïcisme i laïcitat. El laïcisme redueix la religió a l'esfera privada perquè, socialment, Déu no existiria, de manera que l'Estat laïcista pugna contra qualsevol signe religiós extern, mentre que la laïcitat no combat la religió, sinó que, tot i propugnar la separació Esglésies-Estat, l'accepta en el marc del

[2] Kepel, G.: *La revancha de Dios. Cristianos, judíos y musulmanes a la reconquista del mundo* (Madrid: Alianza, 2003).

[3] Ja fa vint-i-cinc anys de la *Declaració per una Ètica Mundial*, subscrita al Gran Park de Chicago pel Parlament de les Religions del Món, el 1993, davant de l'atzucac en què es troba el nostre planeta. Des del 1995, la Fundació per l'Ètica Mundial (Stiftung Weltethos) prossegueix arreu del món el seu procés de comunicació intercultural i interreligiosa, a partir de valors que les religions puguin tenir en comú i a partir de tres eixos assertius: 1) No hi pot haver supervivència del nostre planeta sense una ètica mundial; 2) No hi haurà pau mundial sense una pau religiosa; 3) No hi ha possibilitat de pau religiosa sense diàleg entre religions.

respecte absolut a la llibertat religiosa i el pluralisme. Jürgen Habermas, a partir del 2001, ha fet circular el concepte de la societat *postsecular*, que va més enllà de la raó laïcista i de la raó laica, secular o moderna. En efecte, si el laïcisme combat tota manifestació religiosa i la laïcitat en permet les manifestacions, en les societats postseculars es procuraria i promocionaria un diàleg fructífer entre creients i no-creients defensors de la raó laica o secular, que esdevindria necessari i profitós per a tota la societat en general. Un Estat laic, doncs, hauria de vetllar aquest diàleg en la dimensió pública que no s'exhaureix en la simple llibertat religiosa i exigeix la presencialitat del tema religiós.

A més a més, experts de diferents camps asseguren que s'estan substituint les diferents pràctiques religioses per les espiritualitats més diverses tot entenent l'espiritualitat des d'una concepció de coneixement obert i d'experiència global, de manera que esdevé necessària per a la salut mental i integral de les persones. Espiritualitats, com no pot ser d'altra manera, sovint basades en textos sagrats –dels 7,2 milers de milions de la humanitat, més de 6,2 diuen pertànyer a una tradició espiritual o religiosa–, en el sentit de textos fora del comú, apartats de la normalitat –segregats>'sagrats'–, perquè esdevenen constitutius (i, sovint, fundacionals) d'una determinada religió. Raó de més per penetrar aquests textos amb lupa i bisturí.

En ple segle XXI, cap religió no es pot permetre caure en la irracionalitat. Davant, doncs, de l'axioma que tota religió ha de ser raonada, s'infereix que els textos sagrats han de poder tractar-se científicament des de la raó crítica humana, ja que qualsevol text pren un significat més enllà de la pròpia literalitat. I això és el que volem fer en els tres volums d'aquesta obra: oferir el significat dels textos sagrats en la seva prístina veritat, perquè mai no podem perdre de vista que aquesta mena de textos solen anar carregats d'explosius i moltes lectures, diguem-ne oficials, n'han desactivat tota la pólvora.

Cal no amagar-nos-ho des d'ara. En la nostra zona geogràfica som fills d'una tradició religiosa filial, monoteista –concep un Déu únic i el tracta personalment com a pare–, la «religió del llibre», amb paraules de Muhàmmad. El judaisme, el cristianisme i l'islam beuen de la mateixa font: la Bíblia, el *bestseller dels bestsellers*. (Els americans, d'un llibre que segueix editant-se i llegint-se sense aturador, en diuen *longseller*.) A aquesta tradició –la judeocristiana– hi dedicarem la major part dels nostres esforços a l'hora de desentranyar els significats dels seus textos, si bé també parlarem dels trets del llenguatge religiós i farem un esbós d'altres tradicions religioses d'entre les més conegudes en les nostres latituds en el primer volum i, en el darrer, farem una breu incursió a l'islam només per tenir plantejada la panoràmica de tradicions religioses amb què ens topem més sovint. Així, doncs, els tres volums de l'obra es reparteixen així: en el primer (I), a més d'introduir-nos en les característiques dels llenguatges sagrats i fer un esbós de les tradicions religioses politeistes, tractarem centralment els textos denominats «històrics» de la nostra Escriptura Sagrada; en el segon (II), afrontarem els textos profètics del tradicional Antic Testament bíblic, també el concepte de saviesa bíblica i els denominats –malgrat les diferents tipologies– llibres sapiencials del llibre dels llibres; en el darrer (III) tractarem Jesús el Natzarè, començant per les cartes de Pau, que fou qui primer va escriure sobre Jesús, seguirem amb les altres epistolografies, els Evangelis i l'Apocalipsi d'acord amb els llibres del Nou Testament, i acabarem esbossant una breu introducció a l'islam. L'obra, doncs, s'estructura en aquestes tres parts:

VOLUM I. GRANS RELIGIONS, LA TORÀ I LLIBRES HISTÒRICS

VOLUM II. NEBIÏM I KETUBIM: PROFETES I SAPIENCIALS, ELS GRANS DESCONEGUTS

VOLUM III. EL NOU TESTAMENT I L'ISLAM: JESÚS, PAU I MUHÀMMAD

Ara bé, atès que l'obra es titula *Enigmes de la Bíblia i cultura contemporània*, ja s'entén que no pretendrem tan sols desxifrar el significat dels textos sagrats, sinó reflectir-ne el seu rastre cultural al llarg dels segles. Cada capítol començarà amb un text inicial d'acord amb el nucli de l'enunciat (A) i, tot seguit, desenvoluparà en diferents apartats numerats la temàtica anunciada; a continuació, un nou apartat titulat «B. Iconologia» oferirà un seguit de dades –generalment, adreces de la xarxa per poder dur a terme recerques digitals– a fi d'arribar a identificar, a gust del consumidor, les empremtes més importants que aquell tema hagi deixat en la història de la cultura –literatura, pintura, escultura, música i cinema...– fins al dia d'avui. Finalment, atès que la investigació bíblica progressa contínuament d'una manera espectacular (es diu que, només en referència a Jesús, surt cada vuit minuts alguna publicació arreu del planeta), un tercer apartat denominat «C. Bibliografia per saber-ne més» proposarà una bibliografia actualitzada per poder estar al dia de qualsevol qüestió tractada en aquell capítol. A més a més, a l'última secció de cada volum, oferim unes ampliacions o desenvolupaments necessaris per a determinats continguts, en un bloc titulat «Apèndixs», prèviament referenciats a cada capítol, que hem volgut separar del text en si per no fer-lo massa dens.

Durant els disset segles primers del cristianisme es va creure que la Bíblia era conformada per un conjunt d'escrits que tenien Déu per autor. No calia cercar-li fonts, orígens, autors ni cap dels possibles contextos històrics, perquè havien sorgit fora de l'espai i el temps humans. La Bíblia havia caigut del cel i prou. A començaments del segle XX, la Comissió Bíblica de la Santa Seu havia declarat que l'autor del Pentateuc era Moisès i el Magisteri eclesial ho havia pres com a bo (DS 3394; ASS 30(1906/07), p. 377s.). Avui sabem que això no és veritat. I que durant tretze segles ni tan sols es van emprar els textos originals, sinó la traducció llatina de la *Vulgata.* (Si un concepte com el de «veritat», ja té matisos diferents entre el llatí i el grec, imaginemnos en relació a l'hebreu, que em sembla que ni tan sols existeix!) Quan a principis del segle XIX la història neix com a disciplina científica autònoma (és a dir, es desempallega de la fe, de la filosofia i de la teologia), sorgirà també la crítica històrica, que plantejarà problemes cabdals davant d'una visió tan fonamentalista dels textos religiosos. Aviat la crítica històrica es voldrà aplicar als textos sagrats occidentals. El dominic pare Marke-Joseph Lagrange (1855-1938) es prepara, estudia semítiques a Viena i va a Jerusalem, on funda l'*École Practique d'Études Bibliques*, antecedent de l'Institut Bíblic actual. El 1902 fa una conferència a Tolosa: *La méthode historique*. Partidari de l'encíclica *Providentissimus Deus* (on Lleó XIII convidava els estudiosos a afrontar les dificultats sorgides de l'anàlisi racionalista de la Bíblia), desfà errors i desmitifica creences, però des de certs dicasteris vaticans no sols li posen bastons a les rodes (avui ja es poden llegir les seves memòries), sinó que les hi fan veure de tots colors fins al punt d'obligar-lo a deixar Jerusalem sense condemnar-lo ni rehabilitar-lo mai. Va patir tant que volgué renunciar ell personalment als estudis de la seva vida a fi que la recerca bíblica pogués avançar. Sortosament, els superiors no li ho permeteren i l'estimularen a seguir estudiant. Morí als 83 anys, sense haver pogut veure que la jerarquia eclesial li acabaria donant la raó.

Avui, si llegim l'encíclica de Pius XII *Divino afflante Spiritu* (1943), la constitució *Dei Verbum* del Vaticà II (1963) o l'exhortació *La interpretació de la Bíblia en l'Església* de la Pontifícia Comissió Bíblica (1993), traduïda al català pel caputxí Frederic Raurell, ja sabem que els textos sagrats, per inspirats que siguin, se serveixen de mans humanes a l'hora de ser redactats. Encara més: el Sínode de 2008 sobre *La Paraula de Déu en la vida i la missió de l'Església* ha parlat de dos nivells de la investigació exegètica: d'una banda, el mètode historicocrític; de l'altra, els criteris del Vaticà II: unitat de tota l'Escriptura, tradició viva i analogia i coherència de la fe. Més i tot: ha deixat ben clar que si «la teologia no és essencialment interpretació de l'Escriptura en l'Església, aquesta teologia no té fonament», però també que si «l'exegesi no és teologia, l'Escriptura no pot esdevenir l'ànima de la teologia» (Proposició 27). Alhora el Sínode constatava amb realisme que

> «mentre l'actual exegesi acadèmica treballa a un altíssim nivell pel que fa a la metodologia historicocrítica amb les seves felices i més recents integracions, no es pot dir el mateix sobre l'estudi de la dimensió teològica dels textos bíblics».

Els perills destacats pel Sínode són que es prioritzi una hermenèutica positivista (tot bandejant la possibilitat de la presència i de l'accés del diví en la història de l'home) i que el text sagrat resti com una pura romanalla del passat. Tanmateix, el Sínode catòlic, lluny de la humilitat reverencial que li pertocaria davant de la Paraula de Déu, no destaca uns altres perills evidents com ara el risc de l'errada teològica en voler adequar dades bíbliques a la teologia; d'una altra manera: la necessitat d'interpretacions lliures de manipulacions teològiques.

Reportaré només tres exemples. És sabut que l'hebreu *'almà* ('noieta en edat de casar-se') fou traduït per la Septuaginta grega com *parthenós* ('verge'), com si el mot hebreu hagués estat *betulà* ('verge') i no pas *neanis* ('noia joveneta'). Ja sabem que això suposà aplicar-ho a Maria, mare de Jesús, i que arribà fins al dogma de la virginitat. Un altre cas podria ser la traducció de 'germans' de Jesús per 'parents', quan *adelfós* ('germà') no té res a veure amb *anepsiós* ('cosí'); finalment, identificar el Crist amb «el llinatge de la dona» (Gn 3,15), sabem que fou causa de no pocs errors. Hi ha centenars d'altres exemples de traduccions perfectibles: no debades el professor Bart Ehrman publicà *Misquoting Jesus: The Story Behind Who Changed the Bible and Why* ('Jesús no dijo eso, los errores y falsificaciones de la Biblia', 2005). Tots plegats haurien de comportar una gran humilitat de totes les esglésies a l'hora d'acceptar que la tradició eclesial pot errar-la i només té l'alternativa de corregir-se, encara que això suposi canvis profunds en la catequètica i la litúrgia.

Els creients ens hem fet adults i entenem arribada l'hora de canviar la pregària «Senyor, salva Israel!» per la de «Senyor, salva el Vaticà!» o «Senyor, salva Catalunya!».

I això per parlar d'una cara positiva del problema; l'altra cara, la negativa, és quan els textos bíblics es volen amagar o reinterpretar a favor d'una «determinada» teologia o dogmàtica, com el cas de Gal 4,4, on Pau assegura que «a la plenitud del temps, Déu envià el seu fill, nascut d'una dona, nascut sota la Llei», això és, amb una normalitat que no sembla que insinuï cap privilegi marià. Això, però, no interessa explicitar-ho i s'amaga. L'exemple més palès d'aquest enfosquiment de textos interessadament no destacats és el dels esments de dones amb ministeris (apòstols, caps eclesials, sacerdotesses, profetesses, diaconesses, dinamitzadores comunitàries i altres càrrecs a les primeres esglésies). Més enllà del paper de Magdalena, veritable apòstol bandejada pels companys mascles com es pot llegir en l'apòcrif *Evangeli de Maria*, si fem una llista amb algunes altres ens donaria molts noms: Júnia (Rm 16, 7) i Priscil·la (Ac 18,16) eren considerades ni més ni menys que apòstols; Prisca i Àquila (1Co 16,19 i Rm 6,3), Nimfa (Col 4,15) i Lídia (Ac 16,14-15), reben el títol de caps de l'església (preveres?); Febe (Rm 16,1) era diaconessa; Maria (Rm 16,6), igual que Trifena, Trifosa i Pèrsida (Rm 16,12), eren unes grans treballadores per la comunitat; i mancarien ser esmentades aquí, Anna (Lc 2,36), les posseïdores del do de la profecia de Corint (14,3), les filles profetesses de Felip (Ac 21,9) i potser d'altres. I això, per no parlar d'interpolacions o glosses que, segons els experts, fan dir a Pau el que mai no va escriure com ara que les dones es cobrissin el cap (1Co 11,2-16) o que havien de callar a les assemblees (1Co 14,34-35).

El tercer exemple seria aquell a partir del qual les dades bíbliques podrien contradir implícitament o explícitament el Magisteri i, de fet, el contradiuen. Prenem com a darrer exemple el de l'autoritat de Jesús. Jesús «ensenyava com qui té autoritat» (Mc 11,22 i paral·lels). I Mateu posa la frase com a conclusió del Sermó de la Muntanya (Mt 7,27-28) i l'amplifica amb les conegudes antítesis de l'«Heu sentit a dir... jo us dic» (Mt 5,21-48). El tema esdevé nuclear després d'expulsar els canvistes del Temple, quan Jesús és interpel·lat pels notables i els mestres de la Llei. «Amb quina autoritat fas això?», li demanen (Mc 11,28). Jesús no respon: «Amb l'autoritat de Déu». No. Jesús segueix un recurs de controvèrsia consistent a fer-los una altra pregunta: «El bateig de Joan era del Cel o era dels homes?» És a dir, ell només gosa atribuir-se la mateixa autoritat del Baptista. (De fet, l'autor de Marc s'explica: «Si deien del Cel, els respondria que per què no el van creure; si deien dels homes, tenien por, ja que la gent tenia el Baptista per un veritable profeta»). Jesús, doncs, només gosa posar-se en la línia del veritable profetisme d'Israel. Però és sabut que, en la tradició catòlica, sura a un nivell patent que l'autoritat divina es manifesta en Jesús quan fa miracles (bé que històricament hi va haver millors taumaturgs que no ell i bona part dels senyals evangèlics són fruit de la fe de les comunitats), quan expulsa dimonis «per l'Esperit de Déu» segons Mt 12,28 o «pel dit de Déu» segons Lc 11, 20 (i tots els exorcistes saben que és Déu qui actua en ells) o bé quan s'atribueix l'acció de perdonar els pecats en nom de Déu (tot i que els textos judaics que avui coneixem –per exemple del Qmran, 4QPrNab 1,3-4– ens ofereixen antecedents del fet). Implícitament, doncs, les dades bíbliques sobre l'autoritat divina de Jesús basades en guaricions, expulsions demoníaques o el perdó dels pecats, avui per avui, s'encongeixen i no permeten construir legítimament cap teologia sobre l'autoritat de Jesús. Heus aquí el terrible problema implícit: el Magisteri sembla no voler acceptar les dades científiques d'avui (filològiques, sociològiques, arqueològiques, etc.) a l'hora d'interpretar els textos bíblics. Com aquell llunyà Decret del Sant Ofici que declarava il·lícit el 1841 l'ús del magnetisme (DS 1653), cosa que es va haver de corregir el 1847.

Però encara n'hi ha un de pitjor, de problema: el de la dada explícita. Avui els experts ni tan sols accepten que el tardà Evangeli de Joan faci una equivalència sense ambigüitats entre l'autoritat de Jesús i la del Pare. Ni tan sols s'accepta que les atribucions a Jesús de *messies* ('ungit') o *fill de Déu* no demostrin la seva identificació amb Déu ni que en procedeixi (ni Jn 1,18; 10,30; 13,3; 14,10...). Els exegetes han fet passar pel sedàs els únics cinc sintagmes en què l'equivalència Déu-Jesús apareixeria al Nou Testament (Rm 9,5; Hb 11,8; Jn 1,1b; Jn 20,28; 2Pe 1,1). I què s'esdevé quan, per exemple, es diu que la confessió de Tomàs de Jn 20,28 («Senyor meu i Déu meu!») és un fruit de la redacció de l'Evangeli, que Rm («Crist, Déu beneït pels segles!») és una interpolació tardana d'un clam litúrgic i dels cinc sintagmes no en queda cap dempeus? Doncs que el Magisteri, en comptes d'acceptar la renovació interpretativa, reacciona contra l'hermeneuta (si és professor, ja ha begut oli!) i involuciona cap enrere.

Justament perquè l'autor de les aportacions d'aquests volums se sent lliure de tot lligam –és seglar i no ensenya en cap càtedra sotmesa a l'autoritat de cap església–, vol escriure amb la llibertat de l'Alenada de l'Esperit que se li atorgui. El que pot dir, i pot alegrar-se'n, és que ha estudiat molt, primer la llicenciatura en Sagrada Teologia a la Pontifícia Universitat Gregoriana de Roma, després, a Barcelona, espicossant en múltiples lectures i cursets que li han permès estar al dia en els seus coneixements, de Cristianisme i Justícia, al Seminari Conciliar o a la Fundació Joan Maragall. Se sap, tanmateix, només un divulgador i coneix temps ha la mala premsa de què gaudeixen els simples divulgadors que pretenen abastar tan sols una mica d'allò que és global. Sap, a més, que aquest obra és ingent, però vol confessar que les seves interpretacions estaran ben allunyades de qualsevol dogmatisme fonamentalista. I, justament per això, l'únic que gosaria demanar al lector d'avui –gairebé exigir– és que al costat d'aquestes seves aportacions hi tingui una Bíblia més o menys actualitzada. Perquè, com diu la mateixa escriptura, *verbum Dei non est alligatum*, la Paraula de Déu no està encadenada per ningú, ni per l'hermeneuta més ben intencionat.

Olot (la Garrotxa)-Barcelona,
inicis de 2011-tardor 2021.

A 1
2
3
4
2
CASA
GRANERO
D
E
4
Copyright, 1913, by E. G. Lutz

LLUÍS BUSQUETS I GRABULOSA

ENIGMES DE LA BÍBLIA
I CULTURA CONTEMPORÀNIA

III

EL NOU TESTAMENT I L'ISLAM

JESÚS, PAU I MUHÀMMAD

1 PAU: LES SEVES CARTES I LES ALTRES (ELS PRIMERS SEGUIDORS DE JESÚS)

A. TEXT INICIAL

Em sorprèn que us aparteu tan aviat de Déu, que us va cridar per la gràcia de Crist, i us passeu a un altre evangeli. De fet, no és que n'hi hagi cap altre, d'evangeli; tan sols hi ha gent que us pertorben i volen capgirar l'evangeli del Crist. Doncs bé, si algú us anuncia un evangeli diferent del que us vam anunciar, ni que fóssim nosaltres mateixos o un àngel baixat del cel, que sigui maleït. Ho havíem dit abans, i ara ho repeteixo: si algú us anuncia un evangeli diferent del que vau acollir, que sigui maleït. Què us sembla: em vull guanyar el favor dels homes, o el favor de Déu? Direu que busco de plaure als homes? Si encara busqués de plaure als homes, ja no seria servent de Crist. *[Pau es posiciona contra els judaïtzants que imposen la circumcisió, possiblement enviats pel grup jerosolimità de Jaume, germà de Jesús, que volia controlar les esglésies paulines naixents. A 2Co 12,11, els anomena irònicament «superapòstols».]*

Germans, vull que ho sapigueu: l'evangeli que us vaig anunciar no ve dels homes; jo no el vaig rebre ni aprendre de cap home, sinó per una revelació de Jesucrist [...] Però Déu em va escollir des de les entranyes de la mare i em va cridar per la seva gràcia. Quan a ell li semblà bé, em va revelar el seu Fill perquè jo l'anunciés als pagans [...] Nosaltres som jueus de naixement i no d'un llinatge pecador com els altres pobles. Sabem que ningú no és just davant de Déu en virtut de les obres que mana la Llei, sinó que ho és per la fe en Jesucrist. Per això nosaltres hem cregut en Jesucrist i som justos, no per les obres de la Llei, sinó per la fe en Crist, ja que ningú no pot ser just en virtut de les obres que mana la Llei.

Gàlates insensats! Qui us ha pogut fascinar, després que jo us havia posat davant els ulls la figura de Jesucrist clavat en creu? Responeu-me només això: vau rebre l'Esperit perquè havíeu complert les obres de la Llei, o perquè vau acollir la predicació de la fe?

Crist ens ha alliberat perquè siguem lliures. Així, doncs, manteniu-vos ferms i no us deixeu sotmetre altra vegada al jou de l'esclavatge! [...] Per als qui viuen en Jesucrist no compta per a res ser circumcidat o no ser -ho; només compta la fe que actua per l'amor. Fins ara corríeu bé! Qui us ha barrat el pas i us ha desviat de la veritat? [...] D'altra banda, germans, si fos veritat que encara predico la necessitat de la circumcisió, per què soc tan perseguit? Si fos així, s'hauria acabat l'escàndol de la creu. Tant de bo que es mutilin els qui us empenyen a la circumcisió!

Fixeu-vos amb quines lletres més grosses us escric: són de la meva pròpia mà. Els qui, per motius terrenals, volen quedar bé, exigeixen que us circumcideu, amb l'única intenció de no ser perseguits per causa de la creu de Crist. De fet, ni aquests que practiquen la circumcisió no observen tota la Llei i només volen que us circumcideu per poder-se gloriar de la vostra circumcisió. Quant a mi, Déu me'n guard de gloriar-me en res si no és en la creu de nostre Senyor Jesucrist; en la creu, el món està crucificat per a mi, i jo, per al món. Perquè no compta per a res ser circumcidat o no ser-ho; només compta que som una creació nova.

Ga 1,6-11.15-16; 2,15-16; 3,1-2; 5,1.6-7.11-12; 6,11-15.

1.1. Unes beceroles de geografia, història i cultura jueves del temps de Jesús

Segons els experts, Jesús devia néixer abans de l'era cristiana, a causa de l'error comès per Dionís el Petit, al segle VI, en errar el càlcul d'uns quants anys a l'hora de fixar l'inici de la nostra era en relació al calendari romà. Així, Jesús (*Iexua*) devia néixer a Natzaret l'any 7 o 6 aC i devia morir el 7-IV-30 dC als 36 o 37 anys. Natzaret, amb 300/400 habitants, era un llogarret de **Galilea**, una de les quatre grans regions de Palestina, juntament amb **Judea**, **Samaria** i **Perea** («a l'altra banda» del riu). Galilea –part de l'antic regne d'Israel, que sucumbí sota Sargon II d'Assíria el 722 aC i tot seguit sofrí invasions de babilonis, perses, macedonis i hel·lenistes (ptolemeus i selèucides)– no s'havia integrat a la gran Judea postexílica que venerava Jahvè fins a l'any 128 aC, de mans dels asmoneus, i encara per força. Havia sofert una hel·lenització terrible. Des de Jerusalem s'anomenava aquelles terres *Galil ha-goïm* («Galilea dels gentils»); se la considerava tan poc jueva, que d'allí no en podia sortir cap profeta (Jn 7,52). Per si la barrija-barreja d'ètnies no hagués estat prou, Pompeu la conquerí amb les seves legions l'any 64 aC i la posà sota la província romana de Síria. Per torna, a tramuntana i gregal, fou terreny de lluita entre romans i parts, per la qual cosa sofrí una massacre terrible al centre pescador de Tariquees/Magdala al voltant dels anys 50 aC, amb milers de deportats com a esclaus. L'any 47 aC Ezequies encapçalà una rebel·lió contra l'estrateg de la zona, el fill d'Antípater, el futur Herodes el Gran. Galilea visqué de lluny estant l'entronització a Jerusalem d'Antígon, el darrer dels asmoneus, fins que va ser vençut pels romans i per Herodes l'any 37 aC.

Abans de l'any 70 dC, la població de Palestina estava constituïda per jueus, samaritans –jueus barrejats amb emigrants assiris– i població procedent de nacions no jueves, sobretot de la costa Mediterrània, la Decàpolis –territori de deu ciutats hel·lenistes autònomes, a l'est del Jordà– i la part de gregal. La població jueva es trobava sobretot a Judea i Idumea, i, un xic més barrejada, a Galilea i Perea. La ciutat principal de Judea era Jerusalem, la ciutat santa, a 760 m sobre el Mediterrani, centre religiós i de pelegrinatge –amb el Temple reconstruït per Herodes– i referència política dels jueus.

Jerusalem tenia habitualment uns 20.000 habitants dins les muralles i uns cinc o deu mil al camp, bé que el nombre de pelegrins per la festa de la Pasqua podia arribar a 150.000. Prop del pas del Jordà, de camí cap a Jerusalem, hi havia Jericó i, a la costa mediterrània, Herodes el Gran havia construït la ciutat portuària de Cesarea Marítima, residència del prefecte romà. A Galilea, les tres ciutats més grans, segons Josep Flavi, eren Sèpforis –reconstruïda per Antipes–, Tiberíades i Gabara (o Arabà), pràcticament desconeguda. Cafarnaüm, a la costa del llac, era una cruïlla de camins, i Tariquees o Magdala, un port pesquer (cf. APÈNDIX 1). Els evangelis fan referències a Natzaret –llogarret molt petit, no lluny de Canà i Sèpforis (denominada Autocratorís, 'Ciutat imperial', després de la reconstrucció d'Antipes)–, on devia viure la família de Jesús, i a Corazín, al nord de Cafarnaüm. Ja a la tetrarquia d'Herodes Filip, a la costa nord del llac de Galilea, hi havia Betsaida –ampliada com a Júlia en honor a la filla d'August– i, més al nord, Cesarea de Filip, la capital.

Socialment, conformaven la classe alta la família reial, que tenia palaus a Jerusalem, Jericó, Cesarea Marítima i Tiberíades, i també els grans propietaris d'oliverars i vinyes, els recaptadors d'impostos i les famílies dels grans sacerdots, les de Boet, Fiabi, Annan i Camit. L'alfabetització de tot el territori era escassíssima: no arribava al 3%. Jesús, encara que Lluc el faci llegir a una sinagoga natzaretana que mai no va existir (Lc 4,16), molt possiblement era analfabet (Jn 7,15), cosa no pas renyida amb el fet de posseir una cultura oral i un gran carisma per ensenyar.

El Sanedrí o Consell dels Ancians –barreja entre tribunal suprem i parlament de representants *sui generis* del poble amb sobirania sobre la Llei jueva, pel compliment de la qual vetllaven els romans– estava constituït per 70 membres, presidits pel Gran Sacerdot. Aquests membres eren escollits entre les quatre grans famílies sacerdotals ja retirades del poder, els membres de les famílies laiques principals (*els notables* o *ancians*) i els *escribes* o *mestres de la Llei*, que no eren sacerdots sinó els teòlegs d'aquell temps –calia un temps molt llarg d'estudi i preparació per esdevenir-ho– i que actuaven com a funcionaris experts en la Torà, indispensables en els consells i tribunals, a més de ser els més capacitats i avesats a l'hora d'escriure cartes i confeccionar documents (cf. APÈNDIX 24 del volum II).

Jesús, nascut en una societat rural d'un territori insurgent, amb el que li havien d'explicar els familiars de nen, vulgues no vulgues, havia de covar la rebel·lia galilea en el seu cor. D'Herodes, per exemple (cf. APÈNDIX 9), se'n deien les mil i una (executà una quarantena de persones que havien enderrocat l'àguila imperial romana del Temple quan Jesús devia tenir dos o tres anyets).

Després de la seva mort (4 aC), hi va haver greus revoltes a Jericó, Emmaús i Sèphoris. Octavi August, tanmateix, confirmà el testament d'Herodes

Palestina en temps de Jesús

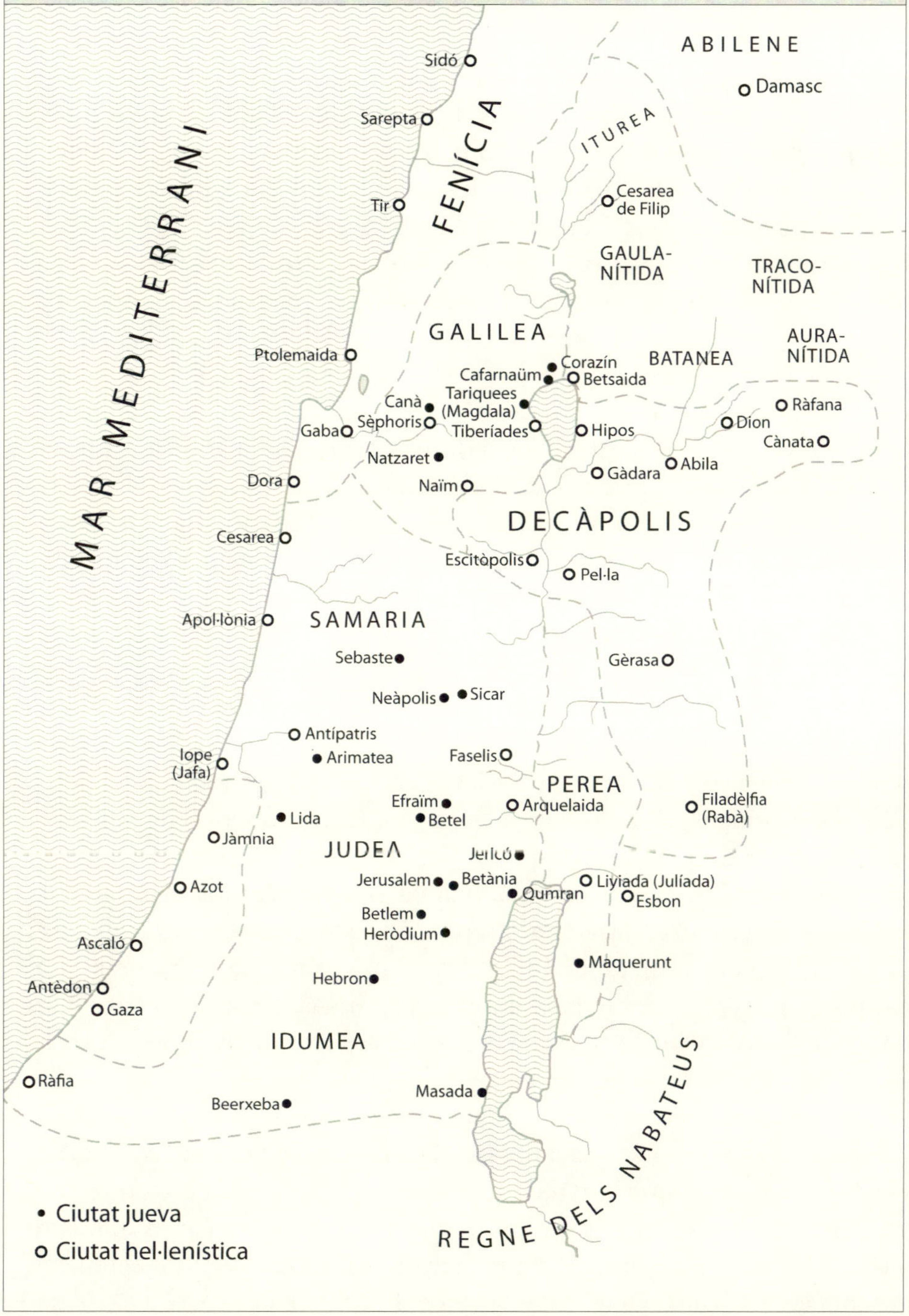

i dividí el territori en quatre parts i tres lots per als seus tres fills. Arquelau heretà la part del lleó, la meitat: Samaria, Judea i Idumea, però els romans el substituïren l'any 6 dC i establiren al seu territori una prefectura; Herodes Antipes heretà la tetrarquia –quarta part del regne– de Galilea i Perea; a l'altre fill, Filip, se li atorgà la tetrarquia de la Betanea, Glaunítida i altres territoris de gregal. Jesús, de més gran, més enllà d'haver sentit parlar d'Herodes el Gran, va veure patir la família a causa dels recaptadors d'impostos del seu fill, Herodes Antipes, i dels recaptadors romans. I segur que l'any 26 dC –Jesús havia de ranejar la trentena– va saber que, arribat a Jerusalem el nou prefecte Ponç Pilat, començà el seu comandament de manera ben galdosa: profanà la ciutat santa amb estendards amb l'efígie de Tiberi i les àguiles imperials, tot i que es va haver de fer enrere per la caparrudesa dels jueus (es plantaren davant del seu palau de Cesarea Marítima, amb el bescoll nu per ser decapitats, brama que va córrer de boca en boca). Jesús s'havia d'adonar de tot. Educat en la religió de Jahvè, a poc a poc, va detectar algunes mancances d'aquesta religió, perquè posava certs formalismes per davant del sentit humà de les coses, construïa una societat masclista que menystenia la dona, prohibia menjars i, amb els anys sabàtics i els jubileus, deixava de fer produir els camps (cf. APÈNDIX 11). D'aquesta manera va constatar la transformació d'una societat agrària tradicional a una altra de comercialitzada, on la terra (sagrada per als jueus perquè pertanyia a Jahvè) es podia comprar, vendre i perdre. Possiblement la seva família, nombrosa i pobra, per pagar impostos i deutes va perdre terres i el pare es va haver de convertir en *tekton* ('manetes').

En una llar jueva, els homes eren circumcidats com a senyal de pertinença al poble estimat per Déu, un poble que vivia un pacte, una aliança amb el Creador establerta al Sinaí. En la família es vivia veritablement aquella identitat; s'hi subsistia amb honor i reputació, esforçant-se a pagar deutes i impostos. Fora de la llar, l'individu restava sense protecció ni seguretat. Cal pensar que Josep no fou cap pare autoritari. Si ho hagués estat, Jesús s'hauria atrevit a denominar Déu, *Abba*, 'pare paràs'? La religió que s'hi practicava era tan senzilla com profunda. Se celebrava el xàbat i es confessava la fe en aquest Déu únic, creador del món i salvador d'Israel, tres cops cada dia: amb la *Xakharit*, oració del matí, la *Minha*, oració de la tarda, i l'*Arvit*, oració de la nit. Més que un credo o una petició, la pregària era un memorial, l'emocionant «Xemà Israel»: «Escolta, Israel: El Senyor és el nostre Déu, el Senyor és l'únic. Estimaràs el Senyor, el teu Déu, amb tot el teu cor, amb tota la teva ànima i amb totes les teves forces» (Dt 6,4-5). Passat el xàbat, tothom tornava a la feina quotidiana i monòtona, només interrompuda per alguna festa de noces, que durava diversos dies, amb familiars i amics acompanyant els nuvis, menjant, bevent, cantant i ballant. Jesús devia prendre-hi part en més d'una, ja que era de família nombrosa.

Les festivitats grosses eren tres: a la primavera, la gran Pasqua (*Pésaj*), que atreia milers de pelegrins de tot el món i començava amb la festa dels Àzims i continuava durant set dies; a la vigília, es degollaven els anyells pasquals al Temple i cada família es reunia per celebrar un emotiu i ritual sopar, per commemorar l'alliberament del poble jueu de l'esclavitud d'Egipte. Cinquanta dies després, ja dins la proximitat de l'estiu, se celebrava la Pentecosta (*Xavuot*) o festa de la collita. A la tardor es commemorava durant set dies la festa «de les cabanes» o dels Tabernacles (*Sukkot*), a l'aire lliure, on els nens muntaven i construïen tendes i cabanes per recordar on s'havien aixoplugat els seus avantpassats a la sortida d'Egipte. A més d'aquestes tres, a la tardor n'hi havia dues més: sis dies abans de *Sukkot*, tenia lloc el «dia de l'Expiació» (*Iom Quipur*), una festa a l'interior del Temple, on s'oferien sacrificis especials pels pecats del poble (que es feien recaure sobre un boc que s'estimbava o es deixava al desert); deu dies abans, se celebrava la «festa de l'any nou» (*Roix haixanà*). I a començaments d'hivern la festa de la Dedicació del Temple.

Un jueu estava –i està– cridat a ser sant (Lv 19,2). Però, el concepte, en principi moral, per als creients, era gairebé físic, ja que la santedat de Déu s'expandia damunt del seu poble a partir del *Sancta Sanctorum* del Temple segons determinats cercles de proximitat i llunyania. Tenien deu zones o cercles concèntrics de santedat; el *Sancta Sanctorum*, l'edifici del santuari, l'espai fins a l'altar dels holocaustos, l'atri dels sacerdots, l'atri dels israelites, l'atri de les dones, l'atri dels gentils amb balustrada de separació, la muntanya del Temple, la ciutat de Jerusalem, el país d'Israel sencer.

Solem tenir una imatge del Temple jerosolimità diferent del que era en realitat. Tot i que el santuari central estava bastit amb marbre blanc i ornat amb làmines daurades que resplendien al sol entre atris, pòrtics i columnates, cal imaginar-nos-el com un veritable gran escorxador, voltat d'estables a plena llum i soterrats, amb una ferum inaguantable, que només els canals i les piscines d'aigua, en un lloc que escassejava, ajudaven a fer minvar una mica. Els sacerdots eren ombres fugaces, a penes visibles mentre realitzaven el seu tètric treball, o en baixar veloçment vers el Temple procedents de mansions ubicades a la falda oposada, on vivien amb opulència, amb mullers, guàrdies i es-

El Temple de Jerusalem reconstruït per Herodes el Gran

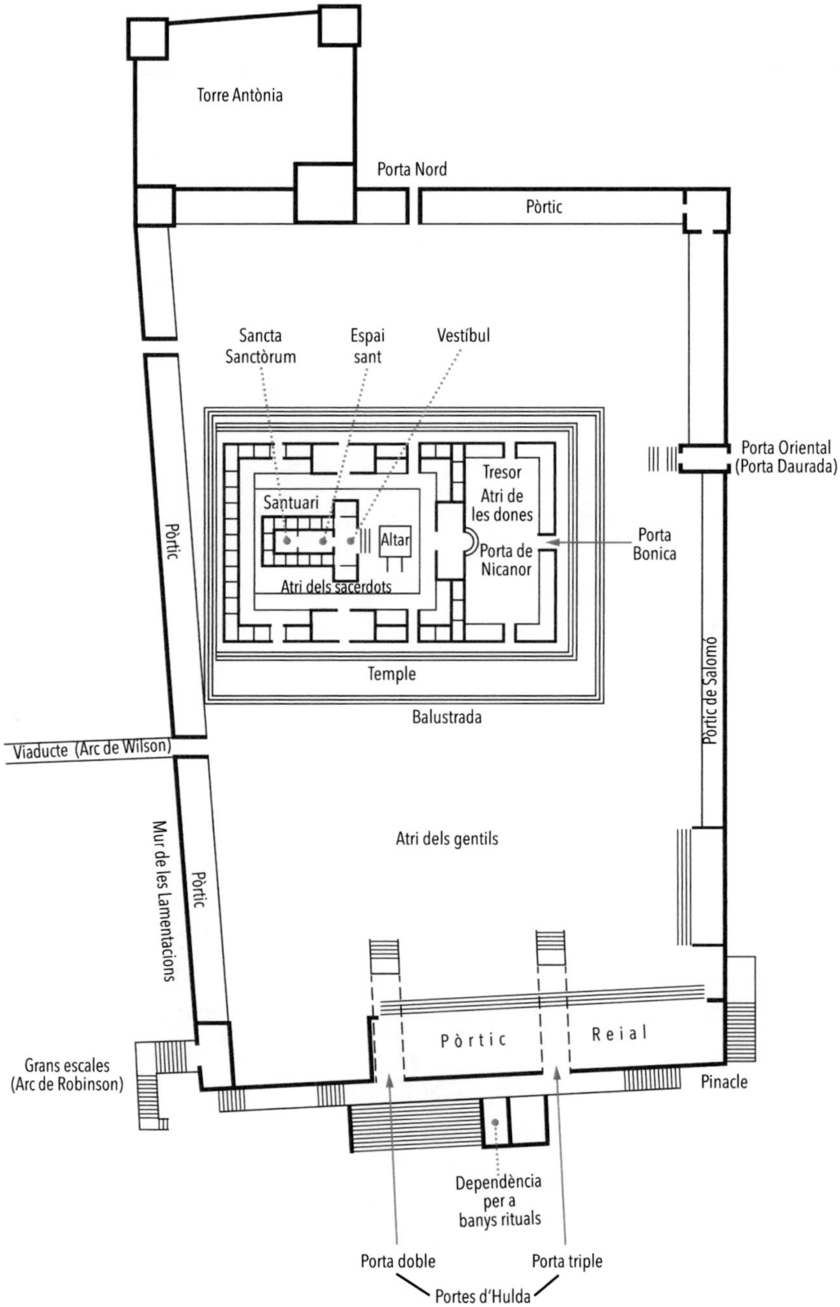

claus. Per a molts experts, la corrupció era endèmica al sistema: concessions de llocs de venda d'animals (de coloms a xais, vedells i bous) i vendes de carn sacrificada eren donades al millor postor, cosa que ja suposava suborns i prebendes. La tresoreria s'ubicava a les voltes de seguretat subterrànies, i era plena de tota mena de tributs, ja fossin de la gent normal, ja fossin dels monarques i governants estrangers. Gran part d'aquell tresor acabà en mans de les cases dels grans sacerdots o tret del país i deixat en guàrdia de comunitats jueves d'Alexandria, Babilònia o Antioquia. Diem que l'accés a la gran esplanada, per la banda sud, es feia mitjançant una escalinata que duia a una porta doble i a una de triple (portes d'Hulda), fins al Pòrtic Reial. A aquesta gran esplanada, anomenada «atri dels gentils», hi podia entrar tothom. A la banda de llevant, hi havia el Pòrtic de Salomó (Jn 10,23; Ac 3,11; 5,12); a la de ponent, hi havia dos accessos per baixar a la ciutat, mitjançant un viaducte (arc de Wilson) i unes escales (arc de Robinson); entre tots dos hi ha l'actualment denominat *Mur de les lamentacions*, únic vestigi sencer del Temple destruït pels romans l'any 70. A l'angle entre tramuntana i mestral s'alçava la Torre Antònia o caserna de guarnició romana per vigilar i evitar aldarulls (Ac 23,10). Cap al centre de l'esplanada, hi havia el Temple pròpiament dit (*hieron*), amb tot l'entorn protegit per una balustrada, amb unes inscripcions en grec i llatí que notificaven la prohibició d'accés als incircumcisos sota pena de mort. S'accedia al Temple per llevant (alguns identifiquen l'entrada amb la Porta Coríntica o Bonica segons Ac 3,2), i les primeres estances eren l'atri de les dones –amb tretze bústies, a mena de trompetes invertides per recollir almoines per al tresor (gazofilaci, segons Mc 12,41) i la sala de reunions del Sanedrí. A l'atri de les dones sols hi tenien accés els jueus, fossin homes o dones; després, per quinze graons i la Porta Nicanor, s'entrava a l'atri dels homes o atri d'Israel, al qual només tenien accés els homes jueus. Més a l'interior hi havia l'atri dels sacerdots, amb l'altar dels holocaustos, tot al voltant del santuari (*naós*). Aquest estava format pel vestíbul, l'Espai sant (amb l'altar de l'encens, la taula dels pans i el canelobre de set braços) i, finalment, separat per una cortina (Mt 15,38), el lloc Santíssim o Sant dels Sants (Sancta Sanctorum), habitació buida, símbol de la presència de Déu, en la qual podia entrar tan sols el Gran Sacedot una vegada l'any, el dia de l'Expiació o *Iom Quipur*.

El Temple era el lloc on es realitzaven els sacrificis a Déu com a expressió de l'ofrena de la pròpia persona. N'hi havia de cruents (*thysia*), amb mort d'animals –toros, vedells, ovelles, moltons, anyells, cabres o cabrits, tórtores o colomins– i sacrificis o ofrenes incruents (*dôron*, *proforà*), amb coques o pans (Mc 2,16), libacions de vi i oli (Ex 30,9; Nm 6,15) o ofrena d'encens (Lc 6, 1-9). Els sacrificis cruents podien arribar a la cremació total de la víctima (holocaust), vessament de la sang als peus de l'altar i cremació del greix, però reserva de la carn (sacrifici expiatori pels pecats) o cremació sols d'una part de la víctima (i reserva de la resta perquè la mengessin sacerdots i oferents en sacrifici de comunió segons 1Co 10,20). Les primeres comunitats cristianes veuran en la mort de Jesús la fi dels holocaustos i sacrificis amb víctimes materials, substituïts pel lliurament vital: «Us demano que li oferiu tot el que sou, com un sacrifici viu, sant i agradable», sol·licitarà Pau (Rm 12,1).

Els sacerdots eren un col·lectiu d'uns 7.000 homes encarregats d'oferir els sacrificis del Temple. Estava dividit en 24 grups que s'anava rellevant setmanalment, de manera que cada sacerdot exercia les seves funcions al Temple durant cinc setmanes cada any. A les grans festes, quan hi havia gran afluència de pelegrins, gairebé tot el col·lectiu es posava en servei. Quan no exercien, vivien a les seves poblacions d'origen, on formaven part dels tribunals locals. Llevat dels de les grans famílies, la seva situació era modesta: s'enduien a casa part de les ofrenes que els pertocaven i, atès que molta gent no pagava l'impost del Temple, era normal que exercissin algun altre ofici.

Jesús, a poc a poc, devia anar aprenent a viure segons la *Torà*, la Llei, els grans manaments del Sinaí, que mai no va menystenir. Sabem que, preadolescent, va pelegrinar amb els seus al Temple de Jerusalem –Lluc ens parla fins i tot de la presentació o rescat que li tocava com a primogènit amb el sacrifici d'un parell de tórtores, ofrena dels pobres (Lc 2,22-24)–, on es devia interessar per qüestions religioses. El Temple, per a un jueu, era com el cor del món. A Natzaret ho sabien i pregaven encarant-s'hi. Els evangelistes inventen una sinagoga a Natzaret, cosa que neguen els resultats arqueològics. Les sinagogues –*sinagoga* significa «congregació»– havien nascut al segle III aC a la diàspora, però també arribaren a Palestina, sobretot entre els jueus hel·lenistes. A Jerusalem mateix hi havia la dels «lliberts, cirineus o alexandrins» (Ac 6,9). S'hi celebrava el xàbat –es llegien textos de la Torà i dels profetes, es pregava i es rebia una benedicció–, bé que, en indrets petits, solia passar un rabí ambulant –duia amb ell els rotlles de la Torà, caríssims per a les aldees poc habitades–, que celebrava el xàbat al poble i catequitzava la quitxalla. Jesús, que devia aprendre moltes coses d'aquests rabins ambulants, arribà a la conclusió que el Pare del Cel no està lligat a cap lloc sagrat i el trobarem pregant alçant els ulls al cel, no pas encarant-se vers Jerusalem (Mc 6,41; Lc 9,16...).

També va aprendre les exigències de la seva religió, en especial l'any sabàtic cada set anys (*X'mità*) i l'any jubilar cada 50 (*Iobel*), que provenien del llibre del Levític (Lv 25,1-12.23-27). El *Iobel* era una exigència lligada als patrimonis materials o personals de la gent que habitava la terra d'Israel i era una veritable festa que palesava, en el fons, que tota mena de patrimonis eren propietat de Déu: era l'any sant de l'alliberament d'esclaus i captius. Una persona el podia celebrar, com a molt, una vegada a la vida. La *X'mità*, lligada al xàbat de la terra, era més complexa i debatuda. Es complia a cor què vols, perquè, pel fet de deixar els camps en guaret cada set anys, tenim testimonis de passes de fam periòdiques que s'hi corresponen; ara bé, potser és menys conegut que també anava lligada a la prescripció dels deutes cada set anys per part dels tots els creditors (una mena d'*X'mità financera*) segons el llibre del Deuteronomi (Dt 15,1-3.11).

Jesús també devia sentir parlar del pluralisme religiós jueu. Els grups més importants eren aquests: *els saduceus*, capitostos aristocràtics del Temple i membres del Sanedrí, subjectes a la Torà (i amb poca consideració per als Profetes i els Escrits), conservadors fins a la connivència amb els romans, eren contraris a la creença en la resurrecció; *els fariseus*, ben intencionats i pietosos, però ancorats en el ritualisme per la intenció de complir els més mínims detalls de la Llei, tenien influencia en el poble, eren nacionalistes no violents i solien exercir oficis artesanals, en agrupacions d'ajuda mútua semblants als gremis (després de la caiguda de Jerusalem, entraren en grans controvèrsies amb els primers cristians); *els essenis*, més escrupolosos que els fariseus en les normes de puresa ritual i oposats al culte oficial del temple, substituïen els sacrificis per una vida austera, una part dels quals, *els qumranites*, visqué en una mena de monestir damunt el Mar Mort, el cèlebre Qumran (els documents del qual es van descobrir a partir del 1947); els *zelotes*, defensors de la santedat del temple i del compliment de la Llei, procedents de la gent del camp, jornalers i pescadors, representaven la facció revolucionària de l'època contra Roma (amb un braç armat, els *sicaris*): entre els apòstols hi trobem Simó, el zelota, i Judes Iscariot (per amagar 'el sicari'). Entre altres sectes menys importants podríem esmentar els *terapeutes* d'Alexandria, els *baptistes* de Joan, els predicadors itinerants...

Jesús, abans d'anar-se'n de casa, devia rumiar força què havia de fer. No sabem en què havia treballat abans ni on. Possiblement com el pare: un manetes eventual on li toqués. I al costat dels germans. Segurament treballà en la reconstrucció de Sèpforis. O a Tiberíades. Dues ciutats massa paganes perquè els evangelis ens en parlin. Possiblement Josep ja havia mort i Maria duia, des d'una pobresa ineluctable, el pòndol d'una casa amb família nombrosa sotmesa al fill gran, com els germans més petits (Mt 13,55: Mc 6,3). L'estat de coses de la mare vídua devia revoltar Jesús per dins. (De fet, a la creu, no va confiar pas la mare a cap germà!) Potser també, gràcies a les germanes, s'havia adonat que en aquella societat masclista, la dona, que sempre pertanyia a algú –pares, marit o fill gran– només era apreciada per la seva fecunditat i el seu treball. Jesús va posar en quarantena l'honor i la reputació de la família quan la va abandonar. Ja devien conèixer les seves opinions possiblement considerades extremoses, desenraonades. Però ell no es volia adaptar a l'estat de de coses. Per això renegà de la família patriarcal. Primer s'adherí al moviment del Baptista. Necessitava retrobar-se davant d'ell mateix i davant de Déu. No cercà una altra ocupació ni un rabí que l'instruís ni una comunitat de purs com la qumranita. Cercà el Baptista, un home que demanava a tothom *metanoia*, canvi, conversió.

Després, tot i mitificant-lo, el va abandonar i corregir, cercà col·laboradors i començà a recórrer els pobles de Galilea com un rodamón anunciant una «notícia bomba» (això vol dir 'Evangeli'). Calia capgirar el món romà, el Regne del Cèsar, que oprimia els més pobres i generava pobresa i indigència; calia fer un món alternatiu, molt més fratern i solidari. Per a ell, un altre món era possible. En va dir el Regne de Déu, un regne que era a tocar. Calia relativitzar el xàbat, el menjar caixer, les ablucions i purificacions. Tothom, totes les persones, fins i tot publicans i prostitutes, tenien en elles mateixes una dignitat (Jn 10,34). Els seus es van adonar que, dient el que deia, rebria i, inicialment, el van voler fer passar per boig (Mc 32,21). Més tard, el van deixar per impossible. Al final de la seva vida, sembla que li van fer força més cas. Ja ho sabem: per a ell la seva família era el món nou d'un altre Regne: «El qui fa la voluntat de Déu aquest és el meu germà, la meva germana, la meva mare» (Mc 3,34). La família jeràrquica, patriarcal i masclista s'havia d'acabar. Com s'havia d'acabar amb l'Imperi Romà, aquell Regne del Cèsar, que oprimia i empobria els més indigents. Era un mal sistèmic i Déu no ho podia permetre. Calia predicar un món alternatiu del tot contrari al regne del Cèsar. El Regne de Déu. Fou un revulsiu entre els líders religiosos i polítics del seu temps i ho pagà amb la vida.

Fou condemnat a la creu. Els seus seguidors el van considerar victoriós i ressuscitat, premiat a la dreta de Déu. I abans de sortir escrits que fessin una certa crònica de la seva vida –els Evangelis–, els seus seguidors el van manifestar així en les primeres cartes que s'enviaren i que passaren a constituir textos importants dels 27 llibres del Nou Testament.

1.2. Judeocristians i he·lenojudeocristians *versus* jueus i pagans: els anys 30 i Pau

Segons els experts, Jesús el Natzarè morí crucificat l'any 30, condemnat per l'estament polític i sacerdotal de Jerusalem. Aquella mort es devia viure com un fracàs pels seus deixebles, almenys per una part (Lc 24,21). No sabem com van reaccionar ni què van fer exactament. Ben segur, en comptes de romandre reunits i pregant en algun lloc, com ens els idealitza l'autor dels Fets dels Apòstols, hi va haver un campi qui pugui. Escrits canònics i apòcrifs testimonien que alguns tornaren a la pesca a Galilea. D'altres grups, que devien haver seguit amb la predicació de la doctrina de Jesús de manera itinerant, potser ni s'assabentaren de la mort del seu líder a Jerusalem fins més tard i van seguir escampant els seus ensenyaments i anunciant un Regne de Déu oposat al de l'emperador romà de torn.

Tanmateix, el que és segur és que, dins del mateix judaisme, alguns van trobar materials teològics per entendre la possibilitat per part de Déu de fer que un home just, mort al patíbul, s'omplís de vida (Sl 22,16.20.27-28). A 2Ma 7,14, un dels set germans martiritzats exclama contra Antíoc:

> «Més val morir a mans dels homes, posant en Déu l'esperança de ser ressuscitat per ell. Però tu no ressuscitaràs per a la vida.»

Sabem que d'ençà d'Isaïes II es rebutjà la idea d'un Messies victoriós enfront dels enemics (i, ara, eren els romans) i s'identificà Jesús amb el Servent sofrent (Is 52,13 53,12); d'aquí es passà al fet que no es podia esperar cap Messies revestit de poder sinó un Messies lliurat a favor del seu poble. Jesús havia carregat damunt d'ell les culpes; havia esdevingut l'Ungit de Déu, el Messies (en hebreu), el *Christós* (en grec). Déu no podia permetre que es podrís en cap carner o fossa de calç. Déu l'havia d'haver enaltit a la seva dreta com a Messies, com anunciaven els salms, i l'havia d'haver fet participar de la seva vida divina, com pretenia fer amb tots els homes. Aquesta creença cristal·litzà en la resurrecció. El Crucificat era el Ressuscitat! La resurrecció no és cap mena de revitalització ni supervivència de l'ànima: és una creació nova. Els seguidors de Jesús la van formular molt abans de les aparicions (1Co 15,3-8). Pau arribaria a la conclusió que només mitjançant la mort i resurrecció de Jesús la humanitat quedava justificada davant de Déu i arribà, així, a una nova manera d'entendre la Llei de Moisès, la Torà, i també ho pagaria amb la vida. Jesús, un cop mort, esdevingué un home, si no del tot divinitzat, tocat per la mà de Déu.

Els primers grups de creients en Jesús conformaren comunitats, «esglésies», per celebrar aquesta creença entesa com a «bona nova» per als més pobres i indigents. La bona nova del fet que el món podia canviar si, plegats, es posaven mans a l'obra com ell havia dit. La memòria de Jesús els aplegava entorn d'una taula on compartien menjar (i el sol fet de compartir el convertia en *sagrat*). El món podia ser diferent de com el volien els cappares de l'Imperi romà: Déu, en Jesús, s'havia mostrat proper als sofrents, als oprimits, a les víctimes d'aquest món. Per als jueus conversos, l'antiga aliança del Sinaí quedava superada per una nova aliança, la del lliurament total de Jesús. La seva fe i la nostra en ell ens justifica i ens salva si ens volem consalvar en Ell. Era el Messies esperat, sí; no pas cap guerrer victoriós, sinó un humil servidor de tots, capaç de vèncer la mort en la creu, com tots la vencerem; era l'Ungit de Déu, el seu Messies esperat, el Senyor veritable (títol que se solia aplicar sols a l'emperador). La lliçó d'un Messies perdedor, i no pas triomfant, ofert a favor del poble d'acord amb Isaïes II, havia donat els seus fruits.

Però no tothom ho entenia de la mateixa manera. Cal recordar que, en una Palestina hel·lenitzada com en els temps de Jesús, hi havia jueus del morro fort, que els estudiosos anomenen *hebraïtzants*, més aviat contraris a la cultura grecoromana (amb sinagogues pròpies on es llegien els textos en hebreu malgrat que ells parlessin l'arameu), i d'altres, dits *hel·lenistes*, més liberals i oberts, més fets al món hel·lènic, molts provinents de la diàspora i arrelats a la capital per motius diversos, que parlaven grec i empraven a les seves sinagogues els textos grecs de la Septuaginta (LXX) per al culte. Les primeres comunitats de creients en Jesús surten tant d'un grup com de l'altre: els apòstols serien representants dels primers; Pau en seria dels segons. Un dels primers conflictes d'aquestes primitives comunitats, a l'hora d'afrontar el compliment de la Torà, va ser justament la confrontació entre *jueus* no convertits, *judeocristians* (jueus hebraïtzants convertits al cristianisme), *hel·lenojudeocristians* (els jueus hel·lenistes convertits) i *pagans* o no jueus. Els seguidors de Jesús, doncs, foren diversos i d'orígens plurals.

Segons els entesos, aquesta pluralitat d'orígens ens porta a identificar almenys quatre grups diferents de seguidors del crucificat des de ***mitjans de la dècada dels trenta***:

a) El grup de **Pere** és el dels que segueixen una predicació itinerant i radical, que recolza en Mc 6,7b-12 i que porta a Mc 10,28-31, amb ressons a Lc 10,1-16; aquest grup sembla vinculat a una determinada geografia galilea, a l'apòstol esmentat i a alguns companys –que seguiren amb contactes jerosolimitans–, els quals es relliguen a la predicació de Jesús sobre el Regne del Cel i assumeixen, com els predicadors renovadors del judaisme i els cínics hel·lenistes, una triple renúncia: la de la seguretat social i financera que oferia un treball, la de la vida familiar en sentit ampli (Mc 10,29s) i la d'un domicili estable.

b) El grup de **Jaume**, sorgit a Jerusalem d'una reflexió judeocristiana rabínica, amb ressons a Mt 5,17ss (l'antítesi del «Sermó de la Muntanya»); és el grup de **judeocristians** dirigit pel germà de Jesús, aferrat a una concepció escatològica del Messies, que segueix una pobresa estricta, però pretén fiscalitzar la tasca d'altres comunitats de la diàspora; freqüenta el Temple jerosolimità i imposa la circumcisió. (De fet, vigilarà de prop les «esglésies» o comunitats carismàtiques de Pau, a les quals vol imposar la circumcisió, cosa de la qual es lamenta Pau als gàlates en el text inicial.) Enfront d'ells, cal destacar la presència d'un grup de jueus adeptes a Jesús de llengua i cultura grega, hel·lenistes, potser prèviament prosèlits circumcidats o «*metuentes*» no circumcidats (temorosos de Déu), el grup dels **hel·lenojudeocristians**, el qual té una existència i progrés propis (la comunitat hel·lenista dita de Jerosòlima, com veurem tot seguit) –**Pau** formaria part d'aquest grup– en oposició al grup de Jaume, arrelat a Jerusalem.

c) El grup lligat a **Tomàs** –possiblement, Judes Tomàs, bessó de Jesús– que fa una predicació de tipus sapiencial a Galilea, la qual pren cos en Lc 11,49; es tracta del moviment sapiencial galileu, testimoniat per la font de les dites *Q* i l'apòcrif *Evangeli de Tomàs* (*To*). El seu recull d'aforismes, dites, breus paràboles i relats sobre Jesús sembla més orientat a la pràctica, de manera que el seguiment de Jesús esdevé, per a aquest grup, un estil de vida. Sembla que es van poder relacionar amb el grup de Jerusalem –disposem de tradicions premarquianes d'origen antioquè i hel·lenista, en paràboles com la del sembrador (Mc 4,3-22) i relats com el del fill assassinat del vinyater (Mc 12,1-11)–, així com amb tradicions rabíniques assumides pels judeocristians. S'irradiaren cap a Síria i l'Orient.

d) L'escola del desconegut «**deixeble estimat**» –que ningú no ha pogut identificar–, segons la qual Jesús revela el Pare i torna a Ell d'acord amb Jo 12,32: «Quan seré enlairat de la terra (=clavat a la creu), atrauré tothom cap a mi.» Mitjançant aquesta baixada i pujada vers el Pare –d'un cert regust gnòstic– ofereix als homes la possibilitat de néixer des de dalt i rebre la vida eterna (Jo 12,32). En resum, aquests cercles constituiran una trajectòria pròpia que no és explicable per cap altra de les exposades ni s'hi pot reduir.

Els primers conflictes sorgiren entre els convertits dels jueus (judeocreients) i dels jueus hel·lenistes (hel·lenojudeocreients). L'autor dels Fets dels Apòstols literaturitza aquests conflictes edulcorant-los una mica (Ac 6,1-8,1) fins a la creació dels «set» *diaques* (Ac 6,3 no els denomina *diaques* sinó «homes de bona reputació»), que tenen noms grecs. Som en plena *dècada dels trenta*. A Jerusalem hi devia haver hagut, doncs, una comunitat conjunta d'hebraïtzants i d'hel·lenistes convertits al cristianisme, que es devien separar ben aviat. Per què? Sembla que en aquesta comunitat, els primers, els judeocreients, acaparaven el pa i els béns duts a la celebració per ser repartits en els primers sopars en memòria de Jesús; a vídues i orfes dels segons, els hel·lenojudeocreients, no els arribava ni tan sols el que necessitaven. Se'n van queixar. (I això sol ens il·lustra que els primers seguidors de Jesús eren molt pobres!) Aquell acaparament deixava de ser una celebració sacra en memòria de Jesús, el Crucificat-Ressuscitat, que havia predicat que ho havíem de compartir tot! Segons l'autor dels Fets dels Apòstols, instituïren els «set» per solucionar-ho; segurament mai no van ser assistents socials subordinats als «dotze». La veritat devia ser que les comunitats es van separar i créixer, judeocreients i hel·lenojudeocreients, cadascuna per la seva banda. La *Demostració a Teòfil*, això és, el còdex Beza del llibre dels Fets dels Apòstols, distingeix dues comunitats, la de Jerusalem –designació sacral o Església central i fiscalitzadora– i la de Jerosòlima, lligada al grup hel·lenista.

Altrament, alguns jueus fidels a la Torà no suportaven ni les conversions ni les noves predicacions (Ac 6,9-12) i sollevaren el poble. *Esteve*, un dels «set», ha sobresortit i esdevindrà cap de turc. Detingut, fa un discurs com el millor apòstol (Ac 7,2-52) i acaba lapidat (any 35/37). El fet tingué les seves conseqüències:

> «S'esdevingué que, aquell mateix dia es desencadenà una gran persecució i opressió contra l'Església que era a *Jerosòlima*. Tots es dispersaren per les regions de Judea i Samaria, amb excepció dels apòstols, els quals romangueren a *Jerusalem*. Inhumaren Esteve uns homes devots, i feren gran lamentació per ell» (Ac 8,1b-2).

Saule/Pau era present a la lapidació d'Esteve, amb l'acte d'aprovació de l'execució. És un jueu zelós, enemic de mitges tintes. Assetjava els natzareus o nazoreus (els seguidors de Jesús no se'ls va denominar cristians fins a Antioquia, un temps després, i encara per mofa) com ell mateix confessa: «Perseguia amb fúria l'Església de Déu» (Ga 1,13). Com acceptar que un crucificat fos el Messies com predicaven aquells sectaris? No deia la mateixa llei de Moisès: «Maleït el penjat en el patíbul» (Dt 21,23)? Per això perseguia els nazoreus i volia destruir l'«església» naixent enmig dels jueus de Damasc (el grup, no pas les persones, malgrat Ac 8,3). Lluc s'inventa que Pau viatja a Damasc amb l'autoritat dels sacerdots de Jerusalem (cosa impossible). Segurament volia presentar denúncies contra els seguidors de Jesús –els «adherits a la Via», diu, una locució que trobem al *Document de Damasc* del Qumran–, perquè se'ls apliquessin els càstigs que les sinagogues imposaven als rebels: 39 assots. I vet aquí que, justament camí de Damasc, caurà del burro, com diem els catalans (al llibre, cau d'un hipotètic cavall). Tindrà una aparició-revelació del Crucificat (segons Ac 9,4, 22,7 i 26,14, sent una «veu»; segons 1Co 9,1, el va «veure»), cosa que el durà a una conversió que el capgirarà com un guant.

Avui es parla de «crida» o «vocació»; Saule –convertit en *Paulus*>Pau ('Poca cosa')– se sentirà apòstol, el darrer (1Co 15,8-9; 2Co 11,5), «com un que neix fora de temps». I a partir d'aleshores, el crucificat denominat «Messies» pels seus seguidors, escàndol per al jove Saule, se li converteix en l'home de Déu victoriós sobre la mort i en el veritable sentit de la Llei més enllà de la simple condemna; perquè la Torà, en revelar els pecats, condemna, però la fe en Jesús rescabala del mal, justifica i salva. Arribat aquí, se sent curullat de tot; ja no vol saber res més sinó de Jesús, el qual ell també considerarà el Messies, «i aquest crucificat» (1Co 2,2).

Som vers l'any 36/37 dC. Un temps en què s'esdevenen moltes coses. Calígula substitueix Tiberi el 37 i atorga a Herodes Agripa I la tetrarquia del nord (Gaulanítida, Batanea, Traconítida i Auranítida), vacant des de la mort del seu oncle Filip, la qual havia passat a dominar Herodes Antipes provisionalment (cf. *supra*, vol. I, quadre «Asmoneus i herodians», pàg. 180). Aquest, l'any 39, serà desterrat. Per què? Antipes, casat l'any 20 amb la filla d'Aretes IV dels nabateus (regne àrab amb capital a Petra), fou repudiada perquè s'havia enamorat d'Herodies, la muller del seu germanastre. Amb l'excusa d'un conflicte fronterer, en els darrers temps de Tiberi, Aretes envaeix territori provisional d'Antipes (la Gaulanítida, avui alts del Golan), derrota el seu exèrcit i es possessiona de Damasc, una cobejada cruïlla estratègica de la ruta de l'encens. Aretes només s'atura per por de Roma. Però, amb la substitució de Tiberi per Calígula, hi sortí guanyant: els nabateus havien ajudat Germànic, pare de Calígula, contra Cneu Calpurni Pisó, poderós governador de Síria. Calígula no tenia cap intenció de renyar Aretes. Quan Antipes anà a Roma a demanarli el títol de rei, com havia donat al seu nebot, Agripa, amic de l'emperador,

Els primers anys de cristianisme: relació cronològica amb Roma, el judaisme i els escrits neotestamentaris											
Època dC		30	40	50	60	70	80	90	100	110	...
Roma	**Emperadors**	...Tiberi (14-37) Neró (54-68), Domicià (81-96), Calígula (37-41) Vespasià (68-79) Nerva (96-98) Claudi (41-54) Titus (79-81) Trajà (98-117) Adrià (117-138)									
	Prefectes de Judea	...Valeri Grat (15-26) Cuspi Fadus (44-46) **Porci Festus** (60?-62), esmentat a Ac 24,27s; 26,24s **Ponç Pilat** (26-36) Tiberi Alexandre (46-48) Clodi Albinus (62-64) Marcel (36-37) Ventidi Cuman (48-52) Gessi Florus (64-66), en plena **1a guerra jueva**. Marul (37-41) **Marc Antoni Fèlix** (52-60?): processa Pau (Ac 23,24.26; 24,3. 22.24.25.27 i el porta davant Agripa II (Ac 25,13s) **Agripa I**, rei l'any 41, substitueix els prefectes (mor el 44; cf. Ac 12,20-23).									
Judaisme	**Fets**	Mort de Jesús (~30)			**1a guerra jueva** contra Roma (66-70)	Cau Jerusalem (70)				Rebel·lions a Egipte (115-117)	**2a guerra jueva** (132-135)
	Grans Sacerdots	Josep Caifàs (18-36) Eliomeu (43-45) Annan (62): fa lapidar Jaume, germà de Jesús Jonatan (36-37) Josep de Camit (45-47) Jesús de Damneu (62-63) Teòfil (37-41) Ananies (47-59) Jesús de Gamaliel (63-64) Simó Canteres (41-42) Ismael (59-61) Maties (65-?) Maties (42-43) Josep (61-62) Fanàs (67-68), en plena **1a guerra jueva**									
Cristianisme		Conversió Pau (37)			Jaume lapidat (62). Persecució de Neró (64)		Persecucions de Domicià (81-96)				
Nou Testament				1Te, 1Co, Fl, Flm, Ga, 2Co, Rm		Mc	Mt, Col, Ef, 2Te	Lc, Ac, Ap, 1Pe, 2Pe, Jm	Jn, Ef, Col, 2Te, 1Jn, 2 Jn, 3Jn, He	1Tm, 2Tm, Tt	
Època dC		30	40	50	60	70	80	90	100	110	...

sap maniobrar a la cort i acusa l'oncle de conxorxes amb els parts, de manera que el 39 desterra Antipes a *Lugdunum Convenarum* (Sant Bernat de Comenge), on morí aquell mateix any, i dona els seus dominis de Galilea i Perea a Agripa. Els nabateus, l'any 40, encara dominaven Damasc.

Justament a Damasc va ser-hi batejat Pau (Ac 9,18) i va rebre els primers ensenyaments sobre Jesús (1Co 11,23; 15,3). Tot seguit, «*sense recórrer a cap parer humà* –ell segueix la veu de Déu que vol que prediqui Jesús als gentils– *i sense anar a Jerusalem*» decideix d'anar a predicar a l'Aràbia nabatea. No era pas una acció sense risc. Un jueu anunciant el Messies esperat pels jueus en un territori acabat de conquerir als jueus, si no era sospitós d'espionatge, almenys era un provocador suspecte de desconfiança. El resultat, seguint les seves explicacions, no devia ser gaire galdós. «Tot seguit vaig tornar a Damasc. Més tard, al cap de tres anys, vaig anar a Jerusalem a conèixer Cefes...» (Ga 1,16-18). Tres anys a Damasc. El domini de la ciutat pels nabateus des del 37 el devia afectar, perquè el governador d'Aretes el volia empresonar i els amics el van haver de despenjar dins un cove per una finestra muralla avall (2Co 11,32-33).

Una altra dada encara d'aquests ***finals de la dècada dels trenta***. L'any 39 Calígula havia manat erigir una estàtua seva al Temple de Jerusalem, cosa que alçà molta polseguera atesa la profanació que suposava. Sortosament, aquell desig imperial s'anà posposant gràcies a Petroni, legat per a Síria, i els equilibris d'Herodes Agripa I, fins a l'assassinat de l'emperador (any 41). Substituït per Claudi (esmentat a Ac 11,28 a causa d'una passa de fam), aquest, agraint-li les seves intrigues a Roma, atorgarà el títol de rei de Judea, Samaria i Idumea a Herodes Agripa I, que governarà pràcticament el territori del seu avi Herodes el Gran (cf. APÈNDIX 9). El germà d'Agripa I seria proclamat rei de Calcis, casat amb la seva neboda Berenice, filla del propi Agripa I i conegut com Herodes de Calcis (cf. *supra*, vol. I, quadre «Asmoneus i herodians», apartat 4.5).

Deixem Pau i els herodians i retornem als altres seguidors de Jesús a Jerusalem, quan té lloc la fugida d'hel·lenistes després de la mort d'Esteve. Aquella primera persecució religiosa no sembla pas afectar gaire la comunitat judeocristiana d'hebraïtzants: els apòstols es queden a Jerusalem. Quins? No ho sabem; hi ha Cefes/**Pere** i ben segur que, entre ells, hi ha **Jaume**, el germà de Jesús, un dels personatges masculins més importants de l'Església primitiva. Qui és? Els evangelistes (Mc 6,3; Mt 13,55) ens el presenten com un dels quatre germans mascles de Jesús, al costat de Josep, Judes [Tomàs] i Simó (Mc 6,3; Mt 13,55). Jaume devia haver presidit la comunitat jerosolimitana i, quan fou lapidat l'any 62, va ser substituït per Simeó. En els textos canònics en tenim algunes altres referències, no gaires, i no hi queda pas massa galdós. Deu ser dels familiars que volen fer passar Jesús per boig (Mc 3,21) i que es miren la seva predicació de lluny estant (Mc 3,31s || Mt 12, 46s || Lc 8,19s). Joan no pot ser més clar: «Els seus germans no creien en ell» (Jn 7,5). Jesús tampoc no se'n devia refiar gaire si confià la seva mare al «deixeble estimat» i no a cap dels seus germans. Tanmateix, alguna cosa devia esdevenir-se amb la Crucifixió-Resurrecció de Jesús que Jaume canvià de soca-rel, cosa que l'impulsà a seguir-ne els ensenyaments i a presidir l'església jerosolimitana amb un tarannà resolt, poc flexible, però molt fidel a la fe dels avantpassats. Segons Pau, Jesús ressuscitat també se li aparegué (1Co 15,7). Fos el que fos, Jaume va arribar a tenir tant de predicament que se li atribuí l'epístola que porta el seu nom, escrita no abans de l'any 75 i no després del 125, i fins i tot el *Protoevangeli de Jaume o de la Nativitat de Maria*, un document no acabat fins al segle IV. La seva comunitat de Jerusalem era una comunitat profètica radical, de comunió de béns; considerava que Déu es manifestaria a Jerusalem mitjançant Jesús gloriós. En la seva absoluta exemplaritat –els seus components renunciaven a tot per esdevenir pobres, purs i sants, a manera de *qahal* o comunitat escatològica–, s'organitzava amb un bisbe-inspector en cap (Jaume) i un grup de preveres al seu entorn, d'acord amb l'estil organitzatiu del Qumran; tenia una consciència sagrada, gairebé legal, i volia ser punt de referència d'altres comunitats seguidores de Jesús.

Aquella persecució-dispersió dels hel·lenojudeocreients de Jerosòlima, que no va afectar els judeocreients hebraïtzants de Jerusalem, va tenir com a conseqüència que el testimoni de Jesús s'estengués de Judea vers Samaria (**Felip**), Damasc (**Ananies**), Fenícia, Xipre, Cirene i, sobretot, Antioquia de Síria. I aquells hel·lenojudeocristians fugitius –que ja tenien debats sobre la interpretació de la Llei enfront dels jueus més conservadors– van ser els qui, de retorn a les ciutats hel·lenitzades de la diàspora, això és, fora de Palestina, van predicar Jesús, van tenir una comprensió singular i aguda de la seva mort i resurrecció i van elaborar-les en clau salvífica. A Jerusalem havien estat testimonis de les seves darreres controvèrsies amb els fariseus, dels sopars amicals de comiat, de la seva mort violenta, de les elucubracions d'alguns que el confessaven viu després de la crucifixió. Per això, de retorn als seus llocs d'origen, referiren les pròpies vivències i les racionalitzaren tot vinculant la mort de Jesús a la pròpia justificació i salvació. Tenien llocs de reunió –les sinagogues de parla grega de la diàspora– per anar elaborant el seu sistema de conviccions i aconseguiren amfitrions disposats a deixar les seves llars a fi que s'hi re/partissin el pa rememorant la mort salvífica de Jesús. (Amb la dispersió s'havia iniciat la tradicionalment denominada segona etapa d'expansió de l'Església, suposant que la primera hagués estat la de la Crucifixió-Ascensió-Pentecosta; la tercera s'esdevindria amb la fundació de la comunitat d'Antioquia.)

1.3. Pau *versus* els apòstols jerosolimitans: els anys quaranta

A ***l'entorn de l'any 40*** Pau puja a Jerusalem a entrevistar-se amb Cefes/Pere. A la comunitat de Damasc –on potser ha après l'ofici dels tendals– devia rebre els ensenyaments fonamentals sobre Jesús (1Co,11,23; 15,3...). N'ha sentit parlar molt, però ara vol parlar amb els que el van conèixer, amb testimonis oculars i vitals i, per això, puja a Jerusalem, on passarà quinze dies. A Judea, el 40/41 és any sabàtic: hi ha una passa de fam. Hi troba també Jaume, el germà de Jesús (Ga 1,8-19). S'entenen cordialment o no? No ho sabem. Però sembla que més aviat va haver de fugir precipitadament de Jerusalem. A Cefes, li devia fer mil preguntes. Tots dos devien raonar el sentit de la mort salvífica de Jesús. Després d'aquell parell de setmanes probablement va sortir enfervorit de Jerusalem. Però, a Jerusalem, hi havia de córrer la brama que el perseguidor d'abans, ara és un fervent seguidor de Jesús (Ga 1,23). Òbviament no hi deixava de ser un home suspecte. Res d'estrany que marxés cap a Antioquia de Síria (Ga 1,21).

Aquesta breu estada de quinze dies de Pau a Jerusalem s'explica de manera diferent als Fets dels Apòstols. A Damasc havia demostrat a tothom que Jesús era el Messies (Ac 9,22s); «passats bastants dies» –tres anys segons la carta als Gàlates– els jueus havien pres l'acord de matar-lo. (Ac 9,22-23). Despenjat per la muralla –ja sabem que, en realitat, fugia dels nabateus–, va a Jerusalem, però els seguidors de Jesús, als quals havia perseguit, per força l'havien de témer (Ac 9,26). Bernabé va actuar de mediador. El presentà als apòstols i explicà a tothom la seva conversió (Ac 9,27). «Des d'aleshores Saule convivia amb ells a Jerusalem i predicava amb valentia el nom del Senyor» (Ac 9,28). Ara bé, quan discuteix amb els jueus de llengua grega, estranyament –els predica que Jesús és el Fill de Déu (Ac 9,20)?– seran aquests hel·lenistes qui el volen matar (Ac 9,29). Els germans el fan embarcar a Cesarea cap a Tars, la capital de Cilícia (Ac 9,30).

L'autor dels Fets dels Apòstols desdobla aquesta primera visita de Pau a Jerusalem per visitar Cefes (Ga 1,18) en dues (Ac 9,26 i 12, 25), la segona després de la mort d'Agripa I, l'any 44, com també n'afegirà una altra entre les seves estades a Corint i a Efes (Ac 18,22), de manera que les tres pujades a la capital de les cartes, en els Fets dels Apòstols són cinc (cf. APÈNDIX 2). Fets dels Apòstols, vulgues no vulgues, des de la intenció irenista de Lluc, resulta força mistificador: fa veure, per exemple, que Pere arriba al rebuig del menjar caixer i a l'acceptació de tot tipus de viandes quan sabem que tindrà un bon conflicte amb Pau, l'any 49 a Antioquia, per aquesta qüestió.

Què fa Pau a Tars, la seva ciutat natal (Ac 22,3), nus de camins, confluència de l'hel·lenisme amb la cultura més oriental, amb la qual es comunicava per les Portes Cilícies i per les Portes Síriques a les muntanyes del Taure? Juli Cèsar, el 47 aC, havia concedit als seus habitants la ciutadania romana. Estrabó, a principis del segle I, diu que Tars «superava Atenes, Alexandria o qualsevol altre lloc on hi hagués escoles i filòsofs que impartissin les seves lliçons». Atenodor, filòsof tars, fou preceptor d'Octavià. Segurament, a més dels ensenyaments sinagogals, Pau havia estudiat de jove amb els estoics grecs de l'Acadèmia i, segons alguns experts, havia agafat la malària, el paludisme o les febres de Malta, «l'espina clavada a la carn» de què parla a 2Co 12,7. Què hi fa Pau aquell any 40? No ho sabem. Més aviat cal pensar que va anar assumint en la soledat de la seva pàtria tot el que havia après i viscut.

Hi fes el que hi fes, Bernabé, que ha estat enviat des de Jerusalem a inspeccionar la comunitat d'Antioquia en auge –Jaume i els seus no es fien que els grecs rebin l'anunci del Senyor Jesús (Ac 11, 20-22)–, en queda fascinat i se'n va a Tars a buscar Pau per endur-se'l a Antioquia (Ac 11,22). Allí deu acabar de madurar espiritualment la seva experiència de Crist. (L'església d'Antioquia no estava governada per cap grup d'ancians sota el lideratge de cap apòstol com la de Jerusalem sinó per tres profetes i dos mestres, amb preferència a la profecia sobre el magisteri). De seguida veurem com els antioquens van voler ajudar amb una col·lecta els creients jerosolimitans que patien una passa de fam. Per cronologia, tanmateix, hem de situar en aquests anys la visió que narra a 2Co 12,2-7:

> Conec un home unit a Crist que, ara fa catorze anys, va ser endut fins al tercer cel. No em pregunteu si va ser amb el cos o només en esperit; sols Déu ho sap. No sé, doncs, si aquest home va ser endut amb el cos o en esperit, perquè tan sols ho sap Déu. El cert és que fou endut al paradís i va sentir-hi paraules inefables, que als humans no és permès de repetir. D'aquest home, sí que me'n podria gloriar, però pel que fa a mi mateix, tan sols em gloriaré de les meves febleses. De fet, si em volgués gloriar, no seria cap insensatesa, ja que diria la veritat, però

m'estimo més no fer-ho; no vull que ningú es formi de mi una opinió superior al que m'ha vist fer o m'ha sentit dir. I perquè no m'enorgulleixi de les revelacions extraordinàries que he tingut, m'ha estat clavada una espina a la carn.

Aquesta gran experiència espiritual datada 14 anys abans de la carta escrita a Efes, vers l'any 54, ens la situa l'any 40/41. Fets dels Apòstols torna a reinterpretar les coses i ens re/presenta com un èxtasi al Temple de Jerusalem (Ac 22,17-18). De fet, és una experiència que l'enforteix com la del camí de Damasc. Les «paraules inefables» el vigoritzen interiorment, l'uneixen amb més profunditat amb el Crist crucificat i ressuscitat i el refermen en la seva missió de donar-lo a conèixer als gentils. Aviat, entre els anys 46 i 48, ell i Bernabé, el predicaran a Xipre, Pisídia i Licaònia.

Però no ens avancem. Tornem a Agripa I. Ensuperbit en veure's rei des del 41 dC, vol construir la tercera muralla de Jerusalem, però Claudi no li ho permetrà de fer i haurà d'aturar les obres. A Jerusalem, Jaume anhelava que la seva església, santa i pobra, fos un punt de referència per a les altres. Però també volgué que ho fos de control i arbitratge de les noves esglésies que s'anaven originant. Això el va dur a constituir vigilants-inspectors d'altres esglésies, de manera que acabarà convertint la seva inicial postura d'integritat radical en integrisme centralista. Després de la persecució dels hel·lenistes, l'autor dels Fets dels Apòstols elabora un atac frontal d'Agripa a l'església jerosolimitana, com si fos un atac a una església unitària i apostòlica, la dels «dotze». Per això Jaume de Zebedeu és executat i Pere empresonat i no ens parla de Jaume, el «germà del Senyor», que no devia pas tenir-les totes.

Ara bé, per què Agripa ataca la cúpula de l'església jerosolimitana? Si ordenéssim els successos dels Fets dels Apòstols podríem reconstruir cronològicament aquesta seqüència:

a) Àgab va de Jerosòlima a Antioquia i hi profetitza una gran fam a Judea. (Ac 11,27a). Ha de ser un any sabàtic, possiblement 40-41 (si bé va ser més dura l'anyada 47-48);

b) Els antioquens fan una col·lecta d'ajut i n'arriben notícies als jerosolimitans que hi envien un inspector, Bernabé, perquè han sentit a dir que els conversos pagans, que conviuen amb els creients jueus (judeocreients), no se circumciden i no saben si poden acceptar la col·lecta (si, en definitiva, és «pura» o no). Bernabé, en comptes de fer cap report negatiu per a la centralista església de Jerusalem, com hem avançat, queda seduït pel comportament de la comunitat antioquena i cerca Saule a Tars perquè l'ajudi (Ac 11, 22-25). A Antioquia faran un tàndem magnífic i Pau aprendrà de Bernabé. Allí, als creients en Jesús com a Crist els van denominar (segurament per befa) «cristians» per primera vegada (Ac 11,26);

c) Segons el redactor dels Fets dels Apòstols, envien la col·lecta, que és acceptada pels judeocreients jerosolimitans, però resulta un escàndol per a certs sectors jueus no convertits. Herodes Agripa ho aprofita i, per congraciar-s'hi, ataca la cúpula de l'església: fa lapidar Jaume el major, el de Zebedeu (any 43-44), i empresona Pere. Qui sap si les crítiques del Summe Sacerdot Teòfil (anys 37-41), un fill d'Annàs, potser el destinatari anys a venir de l'obra atribuïda a Lluc, fou la causa de remoure'l del seu càrrec.

Agripa morirà la primavera del 44 –fet mitificat a Ac 12, 23–, i Judea tornarà a esdevenir província romana procuratorial. Segons els Fets dels Apòstols entre el 46 i el 48, sortits de la comunitat d'Antioquia de Síria (Ac 13,2), Bernabé i Pau escampen la bona nova de Jesús a Xipre, Pisídia i Licaònia (Ac 13,1-15,35), regions meridionals d'Anatòlia que pertanyien a la província romana de Galàcia, però que no eren les regions tradicionals gàlates (situades a l'altiplà central turc, avui Ankara), a les quals sembla referir-se en parlar de les esglésies de Galàcia (Ga 1,2; 1Co 16,1). Salpen de Selèucia acompanyats de Joan, anomenat Marc –no sabem si es tracta del futur evangelista–, cosí de Bernabé (Col 4,10), que havia format part de la comunitat de Jerusalem i que deu actuar com a inspector com havia fet Bernabé. Un cop a Xipre, des de Salamina travessen l'illa fins a Pafos, on són cridats pel procònsol Sergi Pau (Ac 13,7) –Saule sembla canviar-se el nom pel de Pau en aquesta ocasió–, que es convertirà davant de la seva actuació davant del mag Èlimes. Llàstima que en la llista incompleta de procònsols de Xipre de què es disposa, no n'hi figuri cap amb aquest nom! A Pafos s'embarquen cap a Perga de Pamfília (cf. Mapa, *infra*, pàg. 30).

Però, abans, Joan Marc els deixa, cosa que Pau no li ho perdonarà: de fet, l'home serà motiu de separació del tàndem Bernabé-Pau, perquè aquest darrer no el vol amb ell (Ac 15,38). Per què s'ho ha agafat tant a pit? Si aquest Joan és el Joan Marc de la comunitat hel·lenojudeocreient de Jerusalem, no sembla pas que pugui haver actuat d'inspector de Jaume, el germà del Senyor, que no pertanyia pas a cap comunitat grega. O sí? Com sigui, Bernabé i Pau pugen a Antioquia de Pisídia –on prediquen amb èxit a la sinagoga– i per Iconi i Listra –hi curen un coix, són tinguts per divinitats i Pau acaba apedregat– arriben a Derbe. De retorn a la seva comunitat d'Antioquia de Síria –Pau ha après de les maneres de fer de Bernabé– podran exposar les meravelles obrades per Déu durant la seva predicació en aquell primer gran viatge missioner.

Però, a Jerusalem tenen els informes de Joan o de qui sigui. Els gentils conversos a la fe de Jesús no se circumciden. No imposar-los la circumcisió ni cap altra norma jueva era difícil d'acceptar i de pair per als hebraïtzants. (Millor dit: sembla que els jerosolimitans de la comunitat de Jaume no ho acceptaren mai; per això van fer vigilar Pau contínuament i li van amargar l'existència tot vigilant la seva predicació i les seves exitoses carismàtiques comunitats.) Envien nous inspectors des de Jerusalem que exigeixen als d'Antioquia que se circumcidin. Així, les coses no poden anar (Ac 15,1). Per als hebraïtzants o els judeocristians, el tema de la circumcisió és clau. Segons els Fets dels Apòstols Pau, Bernabé i d'altres decideixen pujar a Jerusalem (Ac 15,2). El conflicte ja estava encès. Fets dels Apòstols mistifica les coses. Fa fer un discurs del tot obert als pagans a Pere a 15,7-11 (de fet, s'ha inventat la missió de Pere als pagans com si fos anterior a la de Pau –perícopes de Pere a Jafa i a casa del centurió Corneli, explicades a Ac 11,1-18–, cosa que contradiu la reacció que tenen els jerosolimitans exposada tot seguit: Ac 11,21-22; 15,1-2a) i Jaume arriba a un compromís imposant algunes de les denominades normes noètiques que els jueus feien complir als temorosos de Déu abans del pas al judaisme: abstenir-se «de la carn oferta als ídols, de relacions sexuals il·legítimes, de menjar animals ofegats i de menjar sang» (Ac 15,19). Vet aquí el denominat «Decret de Jerusalem», del qual Pau mai no parla a les seves cartes. (De fet, les normes de Noè eren set: a aquestes s'hi afegien no blasfemar contra Déu, no matar, no robar, no conformar part de tribunals.) Segons Fets dels Apòstols, Jaume i els seus els fan retornar acompanyats de Judes Barsabàs i Siles amb la carta-decret (Ac 15,23-30). Pau, de fet, mai no diu que arribessin a cap pacte ni que acceptés cap carta-decret (Ac 15,23-31).

Per contra, ens ofereix una versió de primera mà molt diferent: puja a Jerusalem amb Bernabé, mogut per una revelació, i s'hi enduu Titus, un pagà convertit, que ningú no farà circumcidar (Ga 2,1-3). Els dirigents de la comunitat no li van imposar res (Ga, 26). Ara, inicialment, la reacció comportà un bon aldarull. Per això, «en una conversa a part amb els dirigents tinguts en més consideració» (Ga 2,2b), els exposa que Déu li ha confiat l'evangelització dels incircumcisos. Escoltem-lo:

«Per això, Jaume, Cefes i Joan, considerats com a columnes, van reconèixer la gràcia que Déu m'ha concedit i en senyal de comunió ens donaren la mà, a Bernabé i a mi, perquè nosaltres anéssim als pagans, i ells, als circumcisos. Només ens van demanar que ens recordéssim dels seus pobres, cosa que he procurat de fer amb tot l'interès». (Pau organitzarà una gran col·lecta a favor d'ells.)

L'expressió «els pobres» no és genèrica; es refereix als membres de la comunitat de Jerusalem (Rm 15,16); ells mateixos s'anomenaven *ebionim*, ebionites. D'aquí s'entén el recapte o col·lecta que voldrà fer Pau en un futur entre les seves comunitats. A la trobada de Jerusalem d'aquell any 49 –falsament denominada «Concili de Jerusalem»– hi ha hagut un terrible malentès, que Pau entendrà sis anys més tard, l'any 55, quan li serà refusada la col·lecta i corregida la seva predicació.

En esquema [de dreta a esquerra, seguint les sagetes, elaboracions de l'autor dels Fets dels Apòstols], tindríem això:

Les reelaboracions de Lluc als Fets dels Apòstols en relació als successos de Jerusalem

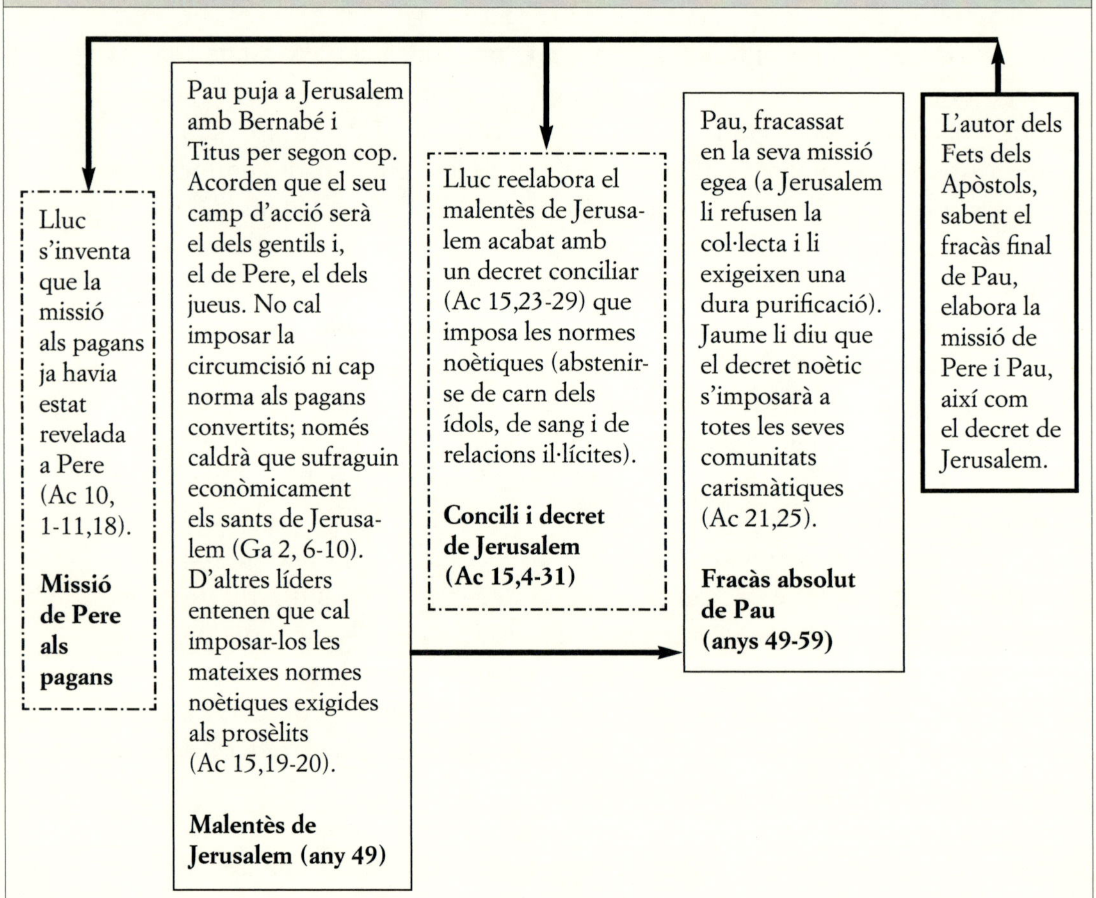

Parlo de «malentès», perquè Pau surt convençut de Jerusalem que té el camí expedit per predicar als pagans mentre es recordi de sufragar els pobres jerosolimitans (Ga 2,6-10); Jaume i els seus pensen, però, que aquest camí lliure atorgat a Pau no exclou les regles noètiques. I per això el vigilaran de lluny estant. Així ho devien consensuar –difícilment ho establiren per decret com manefleja Lluc– sense cap acord amb Bernabé ni Pau, i ben segur que tampoc amb Pere. Sis anys més tard li refregaran pels nassos que tot el seu treball ha estat debades!

Aquell malentès esdevindrà xoc de trens un temps després. La reunió de Jerusalem havia tingut lloc un cop passat l'any sabàtic 47-48, en què les terres es deixaven sense conreu. Els antioquens devien haver palpat la pobresa de la gent i la passa de fam. Segurament correspon a la passa del temps de l'emperador Claudi, esmentada (Ac 11,28). Algú els havia demanat o van pensar de fer una nova col·lecta en pro dels jerosolimitans. De nou Jerusalem envià inspectors per saber si la col·lecta era santa (encara que provingués de paganocristians, havien de complir les lleis noètiques). Abans que no arribés la delegació de Jaume, jueus i no-jueus menjaven junts, sense cap problema. Però, arribada aquesta delegació supervisora, Pere, que es trobava a Antioquia, i que allí feia com tothom, deixà d'anar a menjar a les cases dels paganocristians per no caure en cap impuresa jueva i tan sols participava als àpats –eucarístics?– que es feien a les cases jueves. Bernabé i tot es deixà arrossegar per Pere i els delegats jerosolimitans (era un seu exinspector!). Pau va explotar davant de tots, com ho explica als gàlates, comminant Pere:

> Si tu que ets jueu, no vius com els jueus, com és que obligues els pagans a viure com els jueus? (Ga 2,14)

Era com dir-li: o l'espifiaves abans com a jueu, quan no seguies les normes de puresa jueva, o ho fas ara com a cristià tornant-les a seguir. Això és, era un hipòcrita. La cosa va acabar molt malament. No en sabem els detalls, però van partir alguna cosa més que peres: Pau va ser considerat persona no grata a Antioquia i ja hem anticipat que es va desfer el tàndem evangelitzador d'ell amb Bernabé. Pau començava una nova vida. Substituí Bernabé per Silvà o Siles i, amb ell, des de Tars, travessà la península d'Anatòlia. Timoteu s'afegí a la parella a Licaònia. Començava la seva missió egea, contínuament fiscalitzada per Jerusalem i, des del punt de vista jerosolimità, com hem dit, considerada un desastre.

Mapa on es desenvolupen les missions egees de Pau

Tornaren a visitar les comunitats de Derbe, Listra –on se'ls afegí Timoteu (Ac 16,1)– i Iconi. Segons els Fets dels Apòstols, travessaren Galàcia, Frígia i, de Mísia, volien anar a Bitínia, però «l'Esperit de Jesús els ho impedí» (Ac 16,7). A Ga 4,13, tanmateix, ens explica que la primera vegada que els va predicar l'evangeli als gàlates fou amb motiu d'una malaltia. Fos un rebrot de les febres palúdiques o de la malària (si s'ha d'interpretar així «l'espina a la carn» de 2Co 12,7-8, o si de manera metafòrica s'ha d'interpretar com l'oposició que trobava dels jueus i dels mateixos judeocreients), aquesta contrarietat els imposà una aturada en el viatge i la possibilitat de formar petites comunitats cristianes a Galàcia (l'ús de plural fa pensar en diverses esglésies en petites poblacions: Ancira, Pessino, Tèvio...). Un cop recuperats, seguiren fins a Tròada, on s'embarcaran vers l'illa Samotràcia i Neàpolis i, d'allí, caminaran per la via Egnàcia –la que unia Bizanci i Dirràquium, a l'Adriàtic, d'on sortien els vaixells cap a Bríndisi, ja a la península Itàlica– fins a Filips (Ac 16,11-12). Filips era la segona ciutat més important de Macedònia, habitada sobretot per colons romans, on, després de formar una comunitat cristiana amb la qual mantindrà relacions molt especials –viuran a casa d'una tal Lídia, negociant de porpra–, seran assotats i empresonats a causa de l'alliberament d'una pitonissa, tot i que en sortiran sans i estalvis, terratrèmol i disculpes dels magistrats inclosos (Ac

16,16-38). Per Amfípolis i Apol·lònia, arribaran a Tessalònica, la capital de Macedònia, d'on, després de predicar Jesús tres dissabtes a la sinagoga entre els jueus, hauran de marxar cames ajudeu-me. A Berea estan més tranquils, però sabent els jueus tessalonicencs que hi prediquen Jesús, hi anaren a avalotar (Ac 17,13). Aconsellat pels nous fidels, deixa Siles i Timoteu a Berea (Ac 17,14), vist que no poden retornar a Tessalònica per confirmar la naixent comunitat cristiana, i ell s'embarca per mar fins a Atenes (segurament visita Eleusis), on fracassa amb la seva predicació del Jesús ressuscitat a l'Areòpag (Ac 17,32; cf. APÈNDIX 4). Suposant que no l'hi haguessin acompanyat, a Atenes es retroba amb Siles i Timoteu i opten perquè aquest darrer torni a Tessalònica (1Te 3,5), mentre Siles i ell l'esperaran a Corint, capital de l'Acaia.

Corint, ciutat grega fins a la destrucció del 146 aC, havia estat reconstruïda per Juli Cèsar l'any 44 aC, com a colònia romana; amb una situació estratègica privilegiada –via del Peloponès cap a l'Àtica i Beòcia, s'ubicava a l'istme entre l'Adriàtic i l'Egeu– tenia un port a cada mar, respectivament Lequèon i Cèncrees i, el canal actual era una pista de llambordes que permetia el pas d'embarcacions d'un mar a l'altre sobre rodetes de fusta (cf. APÈNDIX 5). Opulenta, organitzava cada dos anys els jocs ístmics en honor de Posidó (n'hi va haver els anys 51, 53, 55...), tenia molt mala fama (Aristòfanes inventà el verb «corintejar» i Plató parlava de «filla coríntia» en el sentit de 'prostituta'). A mitjans del segle I devia tenir mig milió d'habitants amb dues terceres parts d'esclaus. A Corint Pau es troba amb el matrimoni format per Àquila i Priscil·la, fugits de Roma pel decret de Claudi (Ac 18,2) contra els judeocristians (segurament a finals de l'any 49 o principis del 50). Aleshores Timoteu retorna de Tessalònica amb bones notícies sobre el progrés d'aquella església, bé que algun punt sobre la nova vinguda de Jesús necessita aclariments. Per això tots tres escriuen a la comunitat una carta que ha de ser llegida a tota l'assemblea (1Te 5,27). És una decisió nova. Neix la primera de les cartes de Pau –que esdevindran moltes més–, el primer document del Nou Testament.

1.4. Pau, les cartes i la vida: la dècada dels anys cinquanta

A partir d'aquest moment, ens cal seguir la imbricació que té la vida del darrer dels apòstols amb les seves epístoles, els primers documents del Nou Testament. De la vida de Pau anterior a la conversió en sabem poques coses.

La tradició i el llibre dels Fets dels Apòstols ens diuen que Pau va néixer a Tars i que era ciutadà romà. Els historiadors dubten que Pau emprés aquesta ciutadania al final de la seva vida (Ac 22,25-28), perquè en d'altres moments en devia passar de més crespes i no se n'hauria servit (altrament, un ciutadà romà no podia ser castigat amb assots). Com sigui, ell mai no ens diu que fos de Tars ni que hagués apel·lat al Cèsar –podria perfectament haver estat traslladat a Roma sense haver-ho fet– ni tan sols ciutadà romà, títol que ocasionalment implicava oferir sacrificis als déus per al benestar de l'Imperi, fet que costa de creure en un home tan íntegrament religiós com Pau. Altrament, la ciutadania romana es reservava a l'elit, i sembla que ell provenia de la classe menestral o treballadora: tractava el cuir, ja fent tendes, sandàlies o cinyells (Ac 18,3). Potser els Fets dels Apòstols ha volgut enaltir el seu llinatge intel·lectual fent-lo néixer on millor li escauria? Res d'estrany que Jeroni ens el pugui fer originari de Giscala, una petita població galilea. Els Fets dels Apòstols també ens el posa, de petit, als peus de Gamaliel (Ac 22,3), el rabí més famós de l'època per obtenir la major formació a què es podia aspirar; però Pau no es mostra gens familiaritzat amb les maneres d'interpretació rabínica (ni hebrea ni aramea) i sí que s'hi mostra amb la Septuaginta grega, per on es mou com el peix a l'aigua. L'únic retrat que en tenim surt dels *Fets de Pau i Tecla* (AcPau 3), una llegenda de la segona meitat del segle II, on ens el pinta rabassut, calb, cellajunt, de cames arquejades i nas d'apagallums; un espantall, vaja. (Però és que el relat vol deixar clar que l'admiració que sent per ell la bellíssima verge Tecla no és per cap mena d'atractiu físic.) Jueu, hel·lenitzat –per això el nom de Saül se l'hel·lenitza com a Saule–, de la tribu de Benjamí (Rm 11,1), hebreu i fill d'hebreus (Fl 3,5), això és, bilingüe: amb la seva família podia parlar arameu i ho farà si li convé (Ac 21,40; 22,2). Era fariseu com diu Ac 23,6? Possiblement això és una elaboració de Lluc, per ubicar-lo en una línia espiritual estricta (Ac 26,5), ja que Fl 3,5 és una interpolació; altrament, aquesta pertinença tenia sentit a Palestina, i no pas en un jueu de la Diàspora. Es devia mantenir solter, tot i que considerava la continència com un do de l'Esperit (1Co 7,7).

Dit això, també és sortosament cert que, de la seva vida, hi ha una data cronològica crucial: segons Ac 18,12, Pau ha de comparèixer davant de Gal·lió, procònsol romà de l'Acaia, que tenim històricament identificat. Es tracta de Lucius Junius Gal·lió Novacià, germà del filòsof Sèneca, procònsol de l'Acaia des de principis de juny del 51 fins a maig del 52; ho sabem gràcies a una inscripció de Claudi (41-54) trobada a l'illa de Delfos i datada

Comparativa cronològica de la vida de Saule/Pau segons els experts L. M. W. (L. Michael White) i R. P. N. (Rodolf Puigdollers i Noblom)		
Segons L. M. W.	CRONOLOGIA DE SAULE / PAU [Entre claudàtors, dades tradicionals; *cursiva*: referents històrics]	Segons R. P. N.
-5/5	– Naixement a Tars segons Ac; mai no en parla a les cartes.	3/8
ETAPA INICIAL: 35 (32) fins 37 (35)	– Mort de Jesús.	30
	– [Mort d'Esteve]. – *Any sabàtic a Judea.*	33/34
		36/37
	– Acció de Pau contra les comunitats cristianes	**37**
	– *Victòria d'Aretes IV, rei de Nabatea, sobre Herodes Antipes.*	37
	– Conversió i crida de Pau. Damasc.	
	– Predicació a l'Aràbia nabatea i retorn a Damasc.	
37 (34/35)	– **1a pujada de Pau a Jerusalem** («3 anys després», Ga 1,18). Els hel·lenojueus l'intenten matar, segons Ac 9,29.	39/40
	– Retorna a Tars? (Ac 9, 30).	
	– Experiència «al tercer cel» (2Co 12,2-4).	40
	– Pau a la comunitat d'Antioquia de Síria (Ac 25,11ss).	
ETAPA ANTIOQUENA: 37 (35) fins 48	– *Any sabàtic a Judea.*	40-41
	– *Mort de Jaume de Zebedeu per Agripa I i presó de Pere.*	43/44?
	– [1r VIATGE] Missió de Pau i Bernabé: Xipre, Pisídia, Licaònica, segons Ac 13-14; cap referència a les cartes.	
	– *Mor Herodes Agripa I.*	**44**
	– *Any sabàtic a Judea.*	47/48
	– *L'emperador Claudi expulsa els judeocristians de Roma.*	**49**
47/48	– **2a pujada de Pau a Jerusalem** amb Bernabé i Titus a trobar-se amb Pere i Jaume «14 anys després». [Fals concili de Jerusalem.]	49
48/49	– Retorna a Antioquia. Confrontació amb Pere. Perd davant Bernabé. Persona «non grata» a Antioquia.	49
ETAPA EGEA: 48/49 fins 59/60	– Inicia la missió egea [2n i 3r VIATGES]: [Predicació als gàlates?] Comunitats a Filips (on crea esglésies domèstiques) i Tessalònica. Itinerari posterior: Atenes-Eleusis-Corint, on arriba a finals del 50 o inicis del 51).	50/51
49/51	– **1a estada a Corint**: «1 any i mig». Hi escriu **1Te**.	
51-52	– *Gal·lió, procònsol de l'Acaia* (Ac 18,12).	**51/52**
51-52	– Pau portat pels jueus davant de Gal·lió a Corint.	51
	– De Corint a Efes, on farà estada alguns anys (de «2/3» a 5/6).	Tardor 51
52	– [Visita gàlates.] Escriu **1Co** (*Co A*: tardor del 52; *Co B*: primavera del 53).	51-52
52-54	– El 53 comença **2Co** que almenys conté quatre cartes (*Co C*: estiu del 53; *Co D*: tardor del 53; *Co E* i *F*: estiu del 54).	52-54
52-58		

54-56	– **2a estada a Corint** (hi troba «superapòstols» hebraïtzants). Retorn a Efes i carta de reny «amb llàgrimes». – Serà empresonat a Efes (sense que en sapiguem el motiu). Escriu **Fl** (que almenys són tres cartes, amb dues dels seus interlocutors) i **Flm**.	53
55/57	– Crisi gàlata i **Ga**. N'havia d'existir una d'anterior, perduda, potser escrita des d'Efes abans d'1Co. Envia Timoteu i Titus perquè li preparin visites.	¿52?
55/56	– Alliberament de la presó a Efes. Fuig. A Troas troba Timoteu i Titus a Filips on acaba 2Co.	
	– Any sabàtic a Judea	54
57/58	– **3a estada a Corint**. Hi escriu **Rm** i projecta un viatge a Hispània	Hivern 54
59	– **3a pujada de Pau a Jerusalem** on porta la col·lecta.	54/55
	Rebuig de la col·lecta per part dels capitostos de Jerusalem i detenció de Pau al Temple.	55-56
ETAPA FINAL (59/60 fins 60/62)	– Viacrucis de Pau: Cesarea (dos anys) i dubtosa apel·lació al Cèsar (Neró, 54-68) davant Festus. Viatge, amb naufragi, a Roma. *Militari custodia.*	57-58?
	– Mort. [Tradicionalment, sense cap prova, amb Pere, anys 64/67]	
	– El governador Fèlix cridat per Neró a Roma.	57-60?
	– Lapidació de Jaume, «el germà del Senyor».	62
	– Incendi de Roma i possible mort de Pere.	64

amb seguretat entre gener i agost del 52. Totes aquestes dades palesen que Pau va ser a Corint per primera vegada (sis mesos amunt o avall) l'any 50-51; a partir d'aquí, els experts cronifiquen la seva biografia i la seva epistolografia. Pau es va quedar un any i mig a Corint (Ac 18,11), segurament entre la primavera del 50 i la tardor del 51. Va viure a casa del matrimoni Àquila i Prisca (en diminutiu, Priscil·la), ja que tenien el mateix ofici: *skenopoioi*, «fabricants de tendes de campanya». Timoteu tornà de Tessalònica amb alguns enviats de la comunitat de Filips, amb ajuda econòmica (2Co 11,8-9), cosa que permeté a Pau una major dedicació a la predicació de la bona nova de Jesús. Segurament dins l'Acaia es formaren altres comunitats de creients com la dirigida per Febe (Rm 16,2), al port egeu de Cèncrees –de fet, quan parli de la col·lecta es dirigeix a tots els sants que viuen «arreu de l'Acaia» (2Co 1,1)– i fins i tot convertí el mateix cap de la sinagoga, Crisp, un esdeveniment que sempre considerà important (1Co 1,14), però que portà tensions entre la comunitat jueva; de fet, necessità una revelació interior per convence's de seguir un camí dreturer (Ac 18,9-11). Quan vivia a casa de Tici Just, un grec convers (Ac 18,7), com ja sabem, els jueus, convençuts que profanava la Torà (Ac 18,12), el conduïren davant del procònsol de l'Acaia, Gal·lió, que es negà a judicar-lo (Ac 18,14-15).

Poc després, havent-se rapat els cabells per una prometença, des de Cèncrees, acompanyat d'Àquila i Prisca (Ac 18,18b-19a), es dirigí a la capital de la província d'Àsia, Efes, que prendrà com a cap de pont o base de les seves operacions (cf. APÈNDIX 4). Allà hi havia el prestigiós temple d'Àrtemis, una de les set meravelles del món. Diem des d'ara que l'autor dels Fets dels Apòstols es permet una translocació i una glossa del tot inventada. En primer lloc, a Ac 18,17, trasllada la pallissa del cap de la sinagoga efèsia, un tal Sòstenes –que els experts avui identifiquen amb el personatge de 1Co 1,1b–, potser exagerant-la i tot, com s'hi s'hagués esdevingut a Corint; en segon lloc, com ja hem avançat més amunt, per l'interès que el mou per lligar Pau amb l'església jerosolimitana, a Ac 18,22-23 el fa separar-se d'Àquila i Prisca, per pujar a Jerusalem, tot seguit anar a Antioquia i, després, recórrer el territori de la Galàcia i Frígia (cf. APÈNDIX 2). Tradicionalment aquí acabava el seu segon viatge missioner. Ara bé, llevat d'això darrer, la visita amb Timoteu a les comunitats gàlates, al cap de dos anys d'haver-los anunciat Jesús a causa d'una malaltia (Ga 4,13) –i sembla que els troba en el bon camí (Ga 5,7) i que els demana que col·laborin en la col·lecta per a la comunitat dels pobres de Jerusalem–, històricament el més probable és que hi hagués viatjat des d'Efes, d'on sols es devia moure quan les circumstàncies l'obligaven a fer-ho. No hi va haver cap tercer viatge sinó una llarga missió egea.

Mentre és a Galàcia, a Efes, visita Àquila i Prisca un grup d'una dotzena de judeocristians (19,7), encapçalats per Apol·ló, un home «instruït en el Camí» –aquesta expressió, com a iniciació cristiana, es repetirà sovint– i «versat en les Escriptures» (Ac 18,24). Bé que se'l titlli de conèixer sols el baptisme de Joan (Ac 18,25), Apol·ló vol anar a Corint i predicar-hi Jesús; després d'exposar-li millor el Camí, li fan una carta de recomanació. Apol·ló «va ser una gran ajuda per als creients, amb la gràcia que Déu li havia donat: refutava públicament els jueus amb energia i demostrava amb les Escriptures que Jesús és el Messies» (Ac 18,27-28).

Pau i Timoteu, tornats de la Galàcia, s'incardinen a la petita comunitat efèsia i Pau mostra el baptisme de l'Esperit a una dotzena de creients que sols havien sentit parlar del baptisme de Joan (Ac 19,2-7). Així i tot, hi ha tibantors, primer amb uns exorcistes (Ac 19,13-17), malgrat imposar-se damunt dels practicants de la màgia (Ac 19,18-20), i tot seguit, amb els jueus convertits ja que els judeocreients troben massa obert Pau amb els pagans en no fer-los complir els preceptes de Moisès. Per postres, la conversió de Sòstenes, cap de la sinagoga d'Efes –Pau aprofitava inicialment la sinagoga com a lloc de predicació–, no deuria pas ajudar a calmar els ànims. Per evitar tensions, havia decidit evitar la sinagoga i ensenyar a casa d'un creient grec, un tal Tirà (Ac 19,9). A partir d'Efes naixeran altres comunitats a la província d'Àsia –segurament Colosses, Laodicea, Hieràpolis...–, com ho demostra el fet que envia salutacions de part d'aquestes esglésies (1Co 16,19).

Des d'Efes, Pau i la comunitat de Corint s'han intercanviat missives, avui perdudes (1Co 7,1 i 5,9); tanmateix rebrà una bona alegria quan el visiten amics corintis creients, potser els responsables de la comunitat –Estèfanes, «primícia» dels convertits (1Co 16,15), Fortunat i Acaic–, que l'informen de com progressen. Potser per evitar divisions entre els judeocristians i els paganocristians, escriu una carta per als corintis sobre el sopar del Senyor, com a font d'unitat, i sobre la resurrecció. L'anomenarem *1Co Carta A*, que s'enduran els d'Estèfanes, en contrast a *1Co Carta B*, resposta als del grup judaïtzant d'una tal Cloe. Pau no vol diferències a la comunitat de Corint entre els de procedència jueva (els de Pere i Apol·ló) i els d'origen pagà (els que sent com si fossin seus, els de Pau): és Déu, i no cap predicador, qui fa créixer l'església (1Co 3,6). També respon a d'altres qüestions, entre les quals, la col·lecta que vol fer per a la comunitat de Jerusalem (16,19). Pau projecta celebrar la Pentecosta a Efes (1Co 16,9), passar per Macedònia i arribar a Corint per tornar-se'n abans que el mar quedi tancat o bé passar-hi tot l'hivern. Però, abans de la Pentecosta, té notícies que les comunitats de Galàcia estan en crisi: hi han arribat predicadors des de Jerusalem, segurament per inspeccionar si podien acceptar o no la col·lecta i, en veure que no se circumcidaven, amb l'autoritat de l'església jerosolimitana, els han predicat que ho han de fer, de manera que han sembrat una gran perplexitat entre les comunitats. Davant d'aquella crisi, Pau, apassionat, sincer i rabiüt, escriu la *carta als Gàlates*, potser enviada amb Titus d'emissari (un fragment de la qual és la del nostre text inicial). Li sorprèn molt que s'hagin passat a l'evangeli dels pertorbadors i els dirà que la circumcisió no val res: és una simple mutilació! (Ga 6,15).

> Germans, vull que ho sapigueu: l'evangeli que us vaig anunciar no ve dels homes; jo no el vaig rebre ni aprendre de cap home, sinó per una revelació de Jesucrist (Ga 1,11).

Es necessita ser molt pagat d'un mateix o molt neci, per escriure això. Però quan Pau escriu aquesta carta des d'Efes a meitat dels anys cinquanta està enrabiat i li surten les coses pel broc gros. I està enrabiat perquè ha sabut que d'altres predicadors –encara enviats per Jerusalem?– han pertorbat els membres de les seves comunitats gàlates imposant-los la circumcisió i aquests estan disposats a fer-los cas!

> Que es castrin els qui us hi empenyen! (Ga 5,12). Insensats! Que us quedi clar que no hi ha cap altre evangeli. Només hi ha pertorbadors que volen capgirar l'evangeli de Crist! Maleït sigui qui us anunciï un evangeli diferent del que us vam anunciar, ni que fóssim nosaltres mateixos o un àngel baixat del cel! (Ga 1,6-9).

Que ell mateix sigui maleït, si tergiversa l'Evangeli! És ara quan confessarà que Déu l'havia escollit des de les entranyes del mare per revelar-li el seu Fill a fi que l'anunciés als pagans (Ga 1,15-16). És ara quan es recorda de les seves dues trobades amb Cefes a Jerusalem –la segona amb el malentès que ja coneixem: «no ens van imposar res [...] només ens van demanar que ens recordéssim dels seus pobres» (Ga 6c.10a)– i és ara quan es recorda del greu conflicte a Antioquia. Però com que el seu aprenentatge li vingué directament per revelació de Jesucrist, pot plantar cara a qui sigui! Vet aquí Pau. Vet aquí per què pot anar per les seves, contra vent i marea, contra Pere o contra Jaume.

> Comportant-me així, em vull guanyar el favor dels homes o el favor de Déu, què us sembla? Si encara busqués de plaure els homes, ja no seria servent de Crist (Ga 1,10).

La carta no devia ser gaire ben acollida, perquè entre els representants de les comunitats que portarien la col·lecta a Jerusalem no n'hi haurà cap dels gàlates, com ja veurem.

Timoteu, altrament, arriba a Efes amb noves de les comunitats de l'Acaia: segueixen les divisions a Corint i el prestigi d'Apol·ló nodreix una certa crítica a l'autoritat de Pau. Aquest decideix escriure'ls una carta entre la tardor del 52 i l'inici del 53 conservada a 2Co 2,14-7,4 que, pròpiament, és un recull de diverses missives. L'anomenarem *2Co Carta C* i hi explica per què se sent apòstol de Jesús encara que admeti ser considerat «impostor» (2Co 6,8). Els parla amb franquesa tant contra les infiltracions de paganisme com dels que van contra ell. Segurament l'emissari és Timoteu, que torna amb males notícies: la comunitat coríntia seguia dividida i seguia la fragmentació amb crítiques a l'autoritat de Pau, sobretot per part dels judeocreients. Pau es desdiu del projecte d'anar primer a Macedònia (hi té les comunitats de Filips i Tessalònica) i prefereix d'anar a Corint amb urgència. Després ja anirà a Macedònia i retornarà a Corint perquè l'ajudin a preparar el viatge a Jerusalem (2Co 11,16). Ara cal anar a Corint al més aviat possible. Som a l'estiu del 53. Arribat allí i reunit amb la comunitat, un dels membres insulta Pau (2Co 2,5; 7,12), tot acusant-lo de voler aprofitar-se de la comunitat. Era dubtar de la seva honradesa: cert que no els havia demanat mai diners per a ell, però li insinuen que la col·lecta era una forma amagada de fer-ho (2Co 12,16). L'aigua havia desbordat el got de la seva paciència! Segurament va deixar la reunió indignat, suspengué la recollida de la col·lecta i se'n tornà a Efes.

Havia fet un viatge llampec. Arribat a Efes escriu una carta angoixada i dura, denominada «carta de les llàgrimes» (2Co 2,4). Conservada dins 2Co 10,1-13,10, l'anomenarem *2Co Carta D*. Els diu que no els ha volgut ser mai una càrrega i s'hi queixa que canviïn com penells al vent i que critiquin la seva manca d'audàcia i d'eloqüència en relació als «superapòstols», enviats per Jerusalem a fiscalitzar les seves comunitats. («Veig que, si ve algú i us anuncia un Jesús diferent del que us vam anunciar, [...] ho tolereu amb una gran facilitat. D'altra banda, jo crec que no soc inferior en res a aquests superapòstols. Si voleu, em falla l'eloqüència, però no el coneixement, i us ho he demostrat de moltes maneres en tota ocasió»: 11,4-6). Ridiculitzar Pau era destrossar la comunitat. Per això es fa un autoelogi (2Co 11,22-29) i els notifica, amb Titus d'emissari, que pensa tornar a Corint per tercera vegada.

La carta tindrà efectes positius, però ara, seguint Ac 19,23s, Pau haurà d'enfrontar-se a l'aldarull provocat pels argenters efesis. Si els creients en Jesús augmenten, el negoci de reproducció en plata de la deessa Àrtemis minva. Demetri, un argenter, convoca els orfebres al teatre d'Efes, on arrosseguen companys de Pau. Ell prou s'hi vol presentar, però els deixebles el retenen (Ac 19,29-30). Pau es trobarà amb greus dificultats: els seus enemics són feres (1Co 15,32), li fan perillar la vida (2Co 1,8) i es troba en situació de mort. Som al 53. Serà empresonat (Fl 1,15.17). Des de Filips, li envien ajuda econòmica i la persona d'Èpafres o Epafrodit, perquè el serveixi a la presó (Fl 2,25). Els ho agrairà amb un bitllet (carta I: Fl 4,10-20). Però Èpafres emmalalteix; un cop recuperat, Pau el fa tornar a Filips portant-los la *carta als Filipencs* (carta II: Fl 1,1-4,9.21-23). Encadenat com es troba (Fl 1,7), no deixa d'exhortar-los a l'alegria i a l'acontentament (Fl 4,4). D'altra banda, el contacte amb el presoner Pau produeix una nova conversió: un esclau, Onèsim, escapolit del seu amo, Filèmon, i coneixedor de la veneració que aquest té per Pau, demana a l'apòstol una carta a Filèmon per poder tornar al costat del seu amo sense ser castigat.

Pau, a la presó, deu estar força frisós. Volia portar la col·lecta de les seves comunitats a Jerusalem, com havien acordat (no oblidar-se del pobres d'allí) però, la de l'Acaia està en suspens, fins que no arribi Titus de Corint. I a Macedònia l'esperen debades. Veient que l'empresonament s'allarga, envia Timoteu a Macedònia, per començar a recollir-hi la col·lecta. Prisca i Àquila segurament el salvaran de la presó (Rm 16,4), amb o sense edulcoracions, però a canvi d'una expulsió per sempre d'Efes, després d'haver-hi passat tres anys (de la tardor del 51 a la primavera del 54). L'explicació històrica d'aquest fet sembla evident: en voler-se acomiadar de les comunitats efèsies, reuneix tot els membres a Milet, antiga capital de Jònia, segons Ac 20,17: no pot tornar a trepitjar Efes.

Expulsat d'Efes, doncs, va cap a Macedònia per terra per recollir-hi la col·lecta. Pensa trobar Titus, amb notícies de Corint, a Tròada, però no serà així (2Co 2,12-13). A Macedònia retrobarà Timoteu, que ha preparat la col·lecta a Filips i Tessalònica i, finalment, arribarà Titus, amb la notícia del penediment dels corintis, que li presentaven excuses. Aleshores, Pau i Timoteu els escriuran una nova carta (*2Co carta E*: 1,1-2,13; 7,5-8,24; 13,11-13), i delegaran en Titus i en dos més de les comunitats de l'Acaia la recollida dels diners de la col·lecta (2Co 8,17-19.22- 23). Així es va formant la comitiva representativa de les comunitats paulines que portarà la col·lecta a Jerusalem. Pau i Timoteu han escrit una circular a les comunitats de l'Acaia sobre l'afer (*2Co carta F*: 9,1-15). Després d'això, Pau i Timoteu aniran a trobar la comunitat de Corint per darrera vegada i s'hi quedaran uns quants mesos (Ac 20,3), segurament l'hivern del 54. El projecte és clar: complir l'acord de Jerusalem de l'any 49. Per a l'apòstol, és un projecte cabdal, el colofó de la seva activitat missionera a l'Egeu. Encara que els gàlates acabessin desentenent-se'n, hi col·laboren els macedonis (2Co 8,1-4), els corintis (2Co 8,10-11) i altres germans de la província de l'Acaia (9,2). Les seves comunitats demostraran la solidaritat amb els més pobres, especialment en un any sabàtic com era aquell 54-55 i l'acceptació de l'ajuda significarà el reconeixement de les esglésies nascudes entre els pagans. Més enllà de l'actitud ètica, gairebé n'ha fet teologia eclesiològica. Després d'aquesta comesa, havent anunciat l'evangeli fins a la frontera d'Il·líria (Rm 15,19), la seva il·lusió és visitar la comunitat de Roma perquè li subvencioni el seu viatge a Hispània.

Si mai va arribar o no a Tarragona, és cosa debatuda pels experts. El que és segur és que Pau, mirant-s'hi molt a l'hora d'explicar que allò que ens fa justos davant de Déu és la fe en la seva gràcia per damunt del compliment de les obres de la Llei, escriu la carta als Romans. Sap que la seva persona és molt discutida, que alguns el consideren un renegat i cal precisar els seus punts de vista, els d'un jueu convertit, amb peus de plom. Cal deixar clar que, per a Pau, la seva nova fe cristiana no suposava cap traïció al judaisme sinó la seva màxima comprensió. La Llei, la Torà mosaica, era incapaç per ella mateixa de salvar, perquè l'únic que feia era posar-te el delicte davant els ulls. I qui no era dèbil en algun moment de la vida? Ningú no era capaç d'observar la Llei a la perfecció! Ergo, la Llei et condemnava! La Torà, propedèuticament, t'ajudava a saber el que podies fer i el que no havies de fer i com expiar les teves culpes, però no justificava, no et deixava net com una patena davant de Déu. Com el patriarca Abraham no s'havia justificat per complir la Llei (encara no havia estat donada a Moisès) sinó perquè havia cregut en Déu (Gn 15,6; Ga 3,6; Rm 2,3), la sola fe en Jesús i de Jesús justifica i salva. Perquè Jesús, el Fill de Déu, s'havia donat en expiació per a tots (Is 53,10), a fi que ens salvéssim i consalvéssim amb ell. (No era fàcil d'acceptar-ho, això, per part dels jueus, ni tan sols d'entendre-ho. Suposava acceptar que les bones obres són el termòmetre de la nostra relació amb Déu, però no la medecina; la medecina és la fe. Per això Pau predica un Evangeli sense Llei o Torà, l'Evangeli de la llibertat.)

Traslladar una bona quantitat de diners, en aquell temps, no es podia fer així com així. Pau i els seus preparen una ambaixada que acompanyarà la mà dreta de Pau (Timoteu segons els Fets dels Apòstols, Titus, segons 2Co 8,22-23), sorgida de les comunitats de Macedònia (Aristarc i Segon), Acaia (Sòpatre –potser Sosípatre de Rm 16,21– i Gaius) i Àsia (Tíquic i Tròfim), que s'avancen fins a Tròada segons Ac 20,4-5. Els Fets dels Apòstols parla del viatge a Jerusalem via Macedònia i Tròada, amb representants de les seves comunitats, menys les de Galàcia (Ac 20,3-5), i presenta el comiat dels efesis a Milet a causa de les presses per arribar a Jerusalem per la Pentecosta del 55 (Ac 20,26), perquè ha amagat la presó de Pau. Les salutacions als efesis –esmentarà vint-i-sis persones, que porta al cor– han anat a parar a Rm 16,1-16; tanmateix, el discurs de Pau a Ac 20,18-35 està amarat de tristesa i d'incògnita. Què passarà a Jerusalem? L'itinerari és Cos-Rodes-Xipre-Tir. Allí hi ha deixebles que li supliquen que no pugi a Jerusalem (Ac 21,4). Per què? Ja saben què pensen Jaume i d'altres capitostos jerosolimitans de Pau? Coneixen que el tenen per apòstata i renegat? S'adonen que li perilla la vida? Segurament.

Però Pau va a la seva. Encara visita els germans de la comunitat de Ptolemaida. A Cesarea, seguint els Fets dels Apòstols, s'hostatjarà a casa de Felip. Baixa de Judea el profeta Àgab i profetitza que Pau serà fet presoner (Ac 21,10b-11). Pregat de nou perquè no pugi a Jerusalem, ningú no aconsegueix fer-li canviar de parer. Imaginem-nos les circumstàncies. Pau ha complert rectament el pacte que havia fet amb els capitostos de Jerusalem anys enrere –cal no oblidar la seva opció per la pobresa i ajudar-los– i que, ja ho hem vist, va ser un malentès perquè els de Jaume mai no ho havien acceptat igual.

Qui sap si l'angúnia no se li barreja interiorment amb l'acontentament i felicitat de poder ajudar la comunitat de Jaume amb els recursos dels seus conversos. Pau afronta la situació i es presenta a casa de Jaume, on estan reunits els que presideixen la comunitat (Ac 21,18-19). L'autor dels Fets dels Apòstols ho edulcora: els qui presidien la comunitat «donaven glòria a Déu» (21,20). De fet, li refreguen pels nassos que han aconseguit milers de conversions sense prescindir de la Llei com fa ell (Ac 21,20) i, per postres, li diuen que ja han corregit els pagans convertits imposant-los les lleis noètiques de l'hipotètic decret jerosolimità (Ac 21,25). Per si tot plegat fos poc, l'atemoreixen: molts han sentit dir que Pau ha ensenyat als pagans a apostatar de la Llei i la seva vida corre perill (Ac 21,21-22). El millor que pot fer és sufragar les despeses d'una prometença que han fet quatre membres de la comunitat –tothom sap que ha arribat amb diners de la col·lecta–, purificar-se dins el Temple juntament amb ells durant set dies i, en acabat, presentar una ofrena per cadascun perquè tothom vegi que continua sent un bon observant de la Llei (Ac 21,24).

En altres paraules: la col·lecta és impura i l'han de refusar. Ell mateix s'ha de purificar si vol estar amb contacte amb la comunitat santa de Jerusalem. La seva interpretació de la llibertat de l'Evangeli sense la circumcisió segons la Llei no li és acceptada. Tota la missió a l'Egeu li queda desacreditada! Què havia de fer? Per dins, Pau, havia de bullir. Inicialment s'avé al consell: entrarà al Temple acceptant purificar-se –ve de lluny i es pot haver contaminat (Nm 19,11s)– i, amb diners de la col·lecta, sufragarà a quatre persones l'alliberament del vot de nazireat (Ac 21,24.26); no era barat: calien anyells, ovelles, moltons, pans, coques i tortells (Nm 6,1-21). Però, al setè dia, quan havia de fer les ofrenes per ells, s'arma un aldarull dins el Temple (Ac 21,27). Segons els Fets dels Apòstols, uns jueus d'Àsia mouen un rebombori en contra seva perquè pensaven que havia introduït dins el Temple Tròfim d'Efes, un pagà, cosa condemnada amb la mort. L'autor enterboleix les coses i diu i no diu. Possiblement aquest fos el seu senyal profètic. Ningú com Pau venerava el Temple i ningú com ell havia entès que la llibertat de l'evangeli havia canviat la manera de veure les coses. També els pagans, per la fe, estan empeltats de l'olivera santa d'Israel (Rm 1,7; 11,16). El Temple s'havia d'obrir a tots els pobles als quatre vents. «Tots els qui heu estat batejats en Crist us heu revestit de Crist. Ja no hi ha jueu ni grec, esclau ni lliure, home ni dona: tots sou un de sol en Jesucrist» (Ga 3,27-28). Podem pensar perfectament que Pau introduís Tròfim al Temple. Un sacrilegi! La ciutat s'avalota i un tribú romà li salva la vida i se sorprèn que parli grec (Ac 21,32-37). Encadenat, vol explicar al poble la seva conversió, però acaba a la caserna romana, i es queixa pel fet de ser assotat (Ac 22,25).

Pau és a mans del tribú romà de Jerusalem aquell any 55. Comença la seva passió, escrita amb paral·lels a les de Jeremies i Jesús. La història esdevé llegenda. Difícilment va poder fer cap discurs als jueus com vol Ac 22. La declaració davant del Gran Sacerdot Ananies, fill de Nebedeu (anys 47-59), i del Sanedrí no pot ser més escarida: «He actuat amb consciència recta davant Déu fins al dia d'avui» (Ac 23,1). Va a parar a la presó de Cesarea Marítima, la ciutat del procurador Antoni Fèlix (anys 52-60?), casat amb Drusil·la, germana d'Agripa II. Agripa II, que era motiu d'escàndol perquè vivia amb la seva germana Berenice, havia nascut l'any 27 i era el primogènit d'Agripa I (cf APÈNDIX 9); és esmentat dins els Fets dels Apòstols, perquè va voler conèixer Pau (Ac 25,13,23,26; 26,2.19. 27.28.30.32). El procurador sap que havia arribat amb diners i deu esperar durant dos anys que Pau pagui pel seu alliberament? (Ac 24,26).

No hi ha cap documentació de contactes amb la comunitat de Jerusalem, cosa que no deixa massa bé l'Església dels sants per la qual ell tant s'havia preocupat. No se sap tampoc on van anar a parar els diners de la col·lecta. Quan Fèlix és succeït per Porci Festus –els historiadors ho situen entre l'any 57 i el 60–, segueix empresonat (Ac 24,17). Devem ser sobre l'any 57. Les autoritats jueves li demanen judici i Pau, si ha de pujar a Jerusalem, es veu perdut: camí de la ciutat el poden assassinar. Sortosament –apel·lés o no al Cèsar (Ac 25,12b)– és traslladat a Roma. Fets dels Apòstols elabora el camí cap a Roma com un viacrucis (Ac 27,1-28,16). L'itinerari serà: Sidó – Mira de Lícia – Bells Ports (Creta); la gregalada els porta vora l'illa de Cauda, i per por d'anar a parar a Líbia, tiren l'àncora flotant i es desfan de la càrrega, tot i que el temporal els porta a la deriva (Ac 27,17-18). Després de catorze dies de naufragi, celebra l'eucaristia (Ac 27,35-36) abans d'encallar-se a Malta (Ac 18,1). Tota la tripulació (mariners i presoners) hi passa tres mesos (Ac 28,11), durant els quals Pau fa de taumaturg. Després, fent escala a Siracusa i Règium arriben a Putèols, i d'allà, per Fòrum d'Api i Tres Tavernes, Pau arriba a Roma.

Allí, en un allotjament llogat, *cum militari custodia* (lligat a un soldat amb una cadena), es reuneix amb jueus, que coneixen l'oposició que arreu rep la secta cristiana (Ac 28,22); alguns es converteixen; d'altres, no. A aquests jueus opositors els diu que la salvació serà lliurada als pagans. Hi viu dos anys –almenys fins al 59–, i podia rebre els qui l'anaven a trobar (Ac 28, 16.20.30). No consta cap relació amb Pere ni amb les seves comunitats romanes.

Pau devia morir el 59/60 –no pas el 64, com Pere, crucificat a les festes del circ del turó vaticà per celebrar els deu anys de l'entronització de Neró–, segons la tradició, degollat a l'espasa, com corresponia a un ciutadà romà.

1.4.1. EL CORPUS EPISTOLOGRÀFIC PAULÍ

Gràcies a les epístoles de Pau, que parlen de Jesús però no en donen noves ni en fan cap crònica històrica com els Evangelis, coneixem una gran part de la vida de l'apòstol. Són escrits de vivències de la fe i d'una inicial predicació que esdevé tradició i litúrgia incipients. Aquestes experiències de fe són anteriors als relats evangèlics, encara que cronològicament les Bíblies no ho ordenin així. Altrament cal distingir les cartes autèntiques de Pau –inqüestionables segons els experts–, que, entorn dels anys setanta o abans, formaven una primera col·lecció, d'altres col·leccions de cartes pseudoepigràfiques (és a dir, atribuïdes a Pau per donar-los més rellevància; cf. APÈNDIX 3). Entre aquestes, les de la segona col·lecció afegides a les anteriors a finals del segle I, abans dites «de la captivitat» –Pau hi apareix com a presoner de l'Evangeli–, i les de la tercera, que de fet domestiquen la radicalitat de Pau –dites «pastorals» des el segle XVIII, ja que van dirigides a dos grans pastors com devien ser Titus i Timoteu– i la Carta als Hebreus, un text que no és cap carta ni és de Pau ni és als hebreus, afegit a les col·leccions anteriors pels volts de l'any 150; la tercera col·lecció seria d'entorn els anys 120 i 130.

Aquest procés col·leccionador és important, perquè, analitzant cada compilació, trobem que s'hi esgrimeixen conceptes nous; per posar alguns exemples, Pau «model» de creients (1Co 4,16-17) o la reflexió sobre la saviesa i els perfectes en la segona col·lecció (1Co 2,6-16, com veurem, un afegit) o els conceptes de *bisbes*, *preveres* i *diaques* a la tercera. Altrament les cartes, a la Bíblia, estan ordenades de major extensió a menor i de les comunitàries a les personals. Nosaltres, en el possible, en parlarem per ordre cronològic. Val a dir, a més a més, que l'estat actual d'algunes cartes amaga el possible enfilall d'escrits diferents, encabits en el que podríem dir-ne una carta-marc, o de bitllets curts, així com possibles glosses, interpolacions o afegits al llarg de les còpies dels reculls. Cada compilador va aportar-hi la seva particular visual. El segon, a finals del segle I, per exemple, glossà 1Te de manera que la vinguda del Senyor, en comptes de ser imminent, fos inesperada a partir del fet que 2Te contradiu 1Te. El tercer va fer l'afegit antimontanista a 1Tm 2,11-15a (que passà a 1Co 14,34-35), en què s'obliga les dones a callar en la comunitat (cf. APÈNDIX 7). Fins i tot s'ha escrit que el darrer, en afegir la Carta als Hebreus cap al 150, d'acord amb la col·lecció de les set cartes catòliques, ho va fer per interessos antimarcionites, atès que Marció sols acceptava les 10 primeres cartes de Pau, l'evangeli de Lluc i defugia tot allò que fes flaire jueu (cf. APÈNDIX 3). Caldrà, doncs, tenir present que les cartes de Pau es van anar aplegant en diferents col·leccions, fins a comptar amb una mena de doble número perfecte, 14 documents, d'acord amb aquest esquema:

<table>
<tr><th colspan="6">Corpus epistolar paulí</th></tr>
<tr><td>Corpus epistolar paulí</td><td>Anys d'elaboració</td><td colspan="4">Evolució de les col·leccions de cartes paulines</td></tr>
<tr><td>Cartes inqüestionables
1Tessalonicencs
1Corintis
Gàlates
Filipencs
Filèmon
2Corintis
Romans</td><td>
50
51-53
52 [55 o 57]
53
53-54
53-54
54</td><td>COL·LECCIÓ PRIMITIVA D'ENTORN DELS ANYS SETANTA

(7 CARTES)</td><td rowspan="2">COL·LECCIÓ PRIMITIVA DELS ANYS 90-100

(10 CARTES)</td><td rowspan="3">COL·LECCIÓ DELS ANYS 120-130

(13 CARTES)</td><td rowspan="4">COL·LECCIÓ FINAL DE VERS L'ANY 150

(14 CARTES)</td></tr>
<tr><td>Cartes de l'escola paulina
2Tessalonicencs
Colossencs
Efesis</td><td colspan="2">
75 [-100]
80-85
85-90</td></tr>
<tr><td>Cartes «pastorals»
Titus
1Timoteu
2Timoteu</td><td colspan="3">
110-130
110-130
110-130</td></tr>
<tr><td>Carta especial
Hebreus</td><td colspan="4">100-120 [Abans de la 1Climent, avui datada l'any 100-120, que en cita fragments]</td></tr>
</table>

Les cartes paulines conserven una forma exterior semblant. L'apòstol s'hi presenta amb una *salutació*, que sovint ja dona la idea principal de l'escrit. Les set cartes autèntiques de Pau comencen amb una salutació semblant del tot provocadora. El títol de *Senyor* només es donava al Cèsar i era ell, només ell, el detentor de la 'pau' i qui duia la 'gràcia' als llocs que visitava (per exemple: la construcció d'una font). Denominar Jesús el *Senyor* i el portador de la 'gràcia' i la 'pau' –i, llevat de la de Filèmon, la 'pau' també és a la *fórmula de comiat* de totes–, representava un càustic desafiament.

Salutacions i comiats provocadors en les epístoles de Pau		
	Salutació	Comiat
1Te 1,1; 5,23.28	*...a l'església dels tessalonicencs, que viu en Déu Pare i en Jesucrist, el* **Senyor**. *Us desitgem la* **gràcia** *i la* **pau**.	*...que el mateix Déu de la* **pau** *us santifiqui plenament. ... que la* **gràcia** *de nostre* **Senyor** *Jesucrist sigui amb vosaltres.*
1Co 1,2b-3; 16,11-12	*...a vosaltres, units amb tots els qui pertot arreu invoquen el nom de nostre* **Senyor** *Jesucrist, Senyor d'ells i nostre.* *...us desitjo la* **gràcia** *i la* **pau** *de part de Déu, el nostre Pare, i de Jesucrist, el* **Senyor**.	*Timoteu [...], treballa com jo en l'obra del* **Senyor**. *Que ningú no el menyspreï. Ajudeu-lo perquè torni cap a mi en* **pau**.
Fl 1,2; 4,9	*Us desitgem la* **gràcia** *i la* **pau** *de part de Déu, el nostre Pare, i de Jesucrist, el* **Senyor**	*I el Déu de la* **pau** *serà amb vosaltres.*
Flm 1,3.25	*Us desitgem la* **gràcia** *i la* **pau** *de part de Déu, el nostre Pare, i de Jesucrist, el* **Senyor**.	*Que la* **gràcia** *de Jesucrist, el* **Senyor**, *sigui amb el vostre esperit.*
Ga 1,3; 6,16.18	*Us desitgem la* **gràcia** *i la* **pau** *de part de Déu, el nostre Pare, i de Jesucrist, el* **Senyor**.	*Que la* **pau** *i la misericòrdia davallin sobre tots... que la* **gràcia** *de nostre* **Senyor** *Jesucrist sigui amb el vostre esperit.*
2Co 1,2; 11,b-12a.13	*Us desitgem la* **gràcia** *i la* **pau** *de part de Déu, el nostre Pare, i de Jesucrist, el* **Senyor**.	*...viviu en* **pau**, *i el Déu de l'amor i de la* **pau** *serà amb vosaltres. Saludeu-vos els uns als altres amb el bes de* **pau**. *Que la* **gràcia** *de Jesucrist, el* **Senyor**, *l'amor de Déu i la comunió de l'Esperit Sant siguin amb tots vosaltres.*

Rm 1,7; 16,20	*us desitjo la* ***gràcia*** *i la* ***pau*** *de part de Déu, el nostre Pare, i de Jesucrist, el* ***Senyor***.	*el Déu de la* ***pau*** *esclafarà ben aviat Satanàs [...] Que la* ***gràcia*** *de Jesús, nostre* ***Senyor***, *sigui amb vosaltres.*

La *part central* dels escrits sol ser doble: doctrinal i moral. Al final, al *comiat*, sol donar notícies personals, salutacions i auguris. En la lectura de les Epístoles cal tenir en compte la gradació d'idees que es presenten en l'exposició de la ideologia de l'apòstol, de vegades en forma circular, aparentment repetitiva, amb la qual cosa es fa molt més entenedora la seva doctrina. Aquest desplegament coincideix amb l'ordre cronològic de les redaccions, que no ha estat conservat en la classificació actual, concebuda més aviat segons la importància de cada escrit. En la primera Epístola als Tessalonicencs ens és donada a conèixer la fe de la comunitat primitiva. En les Epístoles als Corintis, Filipencs, Gàlates i Romans, els quatre grans escrits –el penúltim, amb bona part d'autobiografia i exposició planera de la seva teologia, en contrast amb la darrera, elaborada per a una comunitat que pot haver sentit parlar malament d'ell–, l'apòstol es mostra enriquit amb l'experiència de la seva vida espiritual i, alhora, amb l'adquirida en el contacte pastoral amb les diverses comunitats. L'Epístola als Filipencs pertany doctrinalment al grup de les quatre grans Epístoles. La vida interior de Pau va en augment: se sent unit amb el Crist i amb els seus fidels. Tot el porta a les efusions íntimes de les Epístoles als Filipencs i a Filemó i a les exposicions cristològiques de les epístoles als Colossencs, als Efesis i la segona als Tessalonicencs, que ja són dels deixebles paulins. Les darreres cartes, dites «pastorals», ordenacions als deixebles Timoteu i Titus, ja sabem que no són de Pau, com tampoc no ho és l'Epístola als Hebreus, un cas a part, del qual caldrà parlar.

1.4.1.1. Les cartes inqüestionables

1.4.1.1.1. Primera als Tessalonicencs (1Te)

Tessalònica, capital de Macedònia, ciutat lliure administrada per magistrats autòctons, amb port i residència del procurador romà, era llaç d'unió entre l'orient i l'occident i havia esdevingut en temps de Pau una gran centre comercial. L'apòstol la visità, acompanyat de Siles i Timoteu, durant la seva missió a l'Egeu, després dels incidents a Filips, la primavera-estiu de l'any

1Tessalonicencs	Autor	Emissari	Lloc	Data
Conté afegits: 1,10b; 2,15-16; 4,9-12; 5,1-11	Pau, Silvà, Timoteu	Timoteu (o Silvà = Siles)	Des de Corint	50 [51]

50. Començà predicant a la sinagoga, com acostumava a fer, i seguí a casa de Jàson. Un nombre crescut de creients formà la incipient església de Tessalònica. Com li esdevindrà en altres indrets, els jueus rebecs a la nova fe promogueren un avalot i Pau hagué de sortir de la ciutat. La predicació havia durat pocs mesos i la novella comunitat va ser empaitada de nou pels jueus de manera que, sol·lícit, des d'Atenes, Pau els envia Timoteu. Quan Timoteu en va tornar amb bones notícies i, segurament, amb algunes qüestions sobre els difunts i la nova vinguda del Senyor, Pau, que era a Corint, els va escriure aquesta carta (3,6), a finals del 50 o començament de l'any 51.

La carta s'inicia amb la salutació (1,1) i una acció de gràcies (1,2-10). A continuació, Pau recorda el temps en què va anunciar l'evangeli a Tessalònica. L'apòstol subratlla les relacions afectuoses que manté amb la comunitat (2,1-12) i fa un elogi de la fe dels tessalonicencs, que s'han mantingut ferms malgrat les persecucions que han patit de part dels propis compatriotes (a 2,13-16 queda clar que els versets 15-16 estan interpolats, ja que parla d'un càstig ja esdevingut, la destrucció de Jerusalem: «...ja ha caigut sobre ells el càstig, a la fi»: 1Te 2,16b). Pau voldria haver-los visitat i, sortosament, Timoteu n'ha tornat i li ha dut bones notícies (2,17-3,13). Però hem tocat aquí un tema nou: el de les glosses, afegits o interpolacions d'altres redactors més enllà de l'autor, potser els compiladors. A més d'aquesta glossa antijueva (1Te 2,15 16), n'hi ha d'altres com veurem (cf. APÈNDIX 7). A la segona part de la carta, respon les preguntes sobre la vida futura i dona orientacions sobre la vida present (4,1-5,22). Tot seguit tracta d'un tema, que en aquells primers anys de cristianisme és motiu de preocupació per a molts: la data de la vinguda definitiva del Crist i el destí dels qui moren abans del seu retorn. L'escrit de Pau ocupa 4,13-18; fa servir imatges manllevades de l'apocalíptica jueva i apel·la també a l'ensenyament del mateix Senyor, tot responent amb paraules d'esperança i d'alerta. Si Jesús morí i ressuscità, Déu també s'endurà amb Jesús els qui han mort en ell. Però aquesta creença està torpedinada per dues interpolacions que la precedeixen (4,9-12: exhortació a treballar sense esperar cap Parusia imminent) i segueixen (5,1-11: es canvia la imminència de la Parusia per la incertesa). És a dir, el nucli de la carta (1Te 4,13-18) era donar un ensenyament sobre els qui havien mort: els qui restin quan retorni el Senyor, no passaran pas davant dels germans morts (1Te 4,15). L'apòstol pensava que el retorn del Senyor seria imminent. Però, aquesta creença algú la desmentí vint-i-cinc anys després (2 Te 2,1b-2). El compilador, que volia posar les dues cartes a la mateixa col·lecció, resoldrà la contradicció incorporant a 1Te dues glosses que en suavitzin les diferències (1Te 4,9-12 i 5,1-11), com un entrepà. L'editor, així, aconsegueix introduir, a la primera carta, l'exhortació a ocupar-se cadascú de la seva feina i a treballar amb les pròpies mans (4,11) amb el primer afegit i, amb el segon, la idea que el Senyor arribarà d'una manera inesperada, no pas immediata (5,2). Les dues cartes, 1Te i 2Te, ja poden anar juntes. Així, pel que fa al moment de la seva vinguda, es recorda únicament que arribarà com un lladre en plena nit. Si Pau havia imaginat pròxim el retorn del Senyor, cibernèticament s'anirà corregint el propi pensament. Per tant, ningú no s'ha de preocupar per saber quan arribarà el Senyor; més aviat cal viure sempre en estat de vetlla, revestits amb la fe, l'esperança i l'amor. Pau completa aquests ensenyaments amb una exhortació referida a diversos aspectes de la vida cristiana (5,12-22). La carta s'acaba amb unes paraules de comiat (5,23-28).

1.4.1.1.2. Primera als Corintis (1Co)

Pau visita Corint l'any 50, capital de la província romana de l'Acaia, després de l'intent d'evangelització d'Atenes, durant el seu sojorn a Grècia (a Corint, un any i mig entre l'hivern del 50 i l'estiu del 52). Corint, reconstruïda una centúria enrere, gaudia d'una posició privilegiada entre els dos mars Egeu i Jònic, passava del mig milió d'habitants –dos terços dels quals eren esclaus– i era pròspera. Híbrida de races, cultures i religions, resultava plena de vitalitat. Lloc de comerç, havia atret un gran nombre de jueus. Pau deixa entreveure l'ambient que s'hi respirava de corrupció i disbauxa –«corintejar» era dur una vida llicenciosa–, poc propici a la vida cristiana. Amb tot, a força de treball, hi va crear una comunitat molt nombrosa per al Senyor. Pau hi havia trobat el matrimoni format per Àquila i Prisca, expulsat de Roma poc abans i, gràcies a Timoteu i Silvà, mantingué contacte amb les comunitats fundades a Macedònia: Tessalònica i Filips. Arribat Timoteu a Corint des de Tessalònica, ja sabem que van escriure als Tessalonicencs (1Te), primer document del Nou Testament. Després d'haver comparegut davant del tribunal de Gal·lió, procònsol de l'Acaia, juntament amb Àquila i Prisca, es traslladen a Efes, ciutat que emprarà de cap de pont per a la seva missió per l'Egeu. D'entrada, possiblement va aprofitar el canvi de residència per visitar per segona vegada les comunitats de Galàcia. Retornat a Efes, va rebre dues visites consecutives de Corint. La primera va ser de l'Estèfanes i companys (1Co 16,17), i la segona, «la gent de Cloe» (1Co 1,11).

La comunitat de Corint –potser uns quants centenars de persones, de condició social diferent (11,21-22), amb majoria de gent pobra (1,26-29) i esclaus (7,21)–, tanmateix, reflectia alguns desordres. Assabentat d'això per una carta perduda (5,9-13), l'apòstol els respon, però la carta no es conserva. Les dues visites rebudes a Efes l'impulsaren a la redacció dels dos escrits que conservem dins 1Co: la d'Estèfanes i els seus (els quals faran de missatgers) i la del grup d'una tal Cloe. Estèfanes i els seus l'assabenten de discussions internes entre grups diversos (1,11-12), sobretot entre judeocreients i paganocreients, d'egoismes en les celebracions eucarístiques (11,2-34) i d'errors doctrinals sobre la resurrecció dels morts (15,12-34; cf APÈNDIX 6). Cloe i la seva comunitat li han corroborat les divisions i l'han assabentat del cas d'un incestuós, que no ha merescut cap reacció de la comunitat (5,1-2); altrament, hi ha el fet que alguns recorren a tribunals pagans per resoldre qualsevol plet (6,1-11). A més a més, li han demanat claricies sobre el matrimoni (7,1), sobre la possibilitat de poder menjar o no carn que ha estat sacrificada als ídols (8,1), l'han consultat sobre la importància, l'ordenació i l'ús dels dons espirituals (12,1) i sobre la col·lecta a favor dels cristians de Jerusalem (16,1). Pau els respondrà posicionant-se fins i tot contra la seducció de la saviesa i l'eloqüència (1,18-2,16) i l'atracció per les manifestacions espectaculars i secretistes de les anomenades «religions mistèriques», amb el perill que fossin imitades en les reunions cristianes (14,26-38). En una opció d'equilibri, rebutja decididament tot allò que és irreconciliable amb el missatge cristià, i es mostra acollidor amb tot allò que no hi és incompatible.

En esquema, tindríem:

1Corintis	Autor	Emissari	Lloc	Data
Pressupòsits: Li han escrit una carta (al·ludida a 7,1) i ell els n'havia escrit una altra (5,9), que resten perdudes. Avui se solen distingir una carta A, després de la visita d'Estèfanes (16,17), i una carta B, a partir	Pau		Des d'Efes	

de la reacció que provocà aquella carta i que li explicaren a Efes els de Cloe (1,11).				
- **1Co** Carta **A** (6,1-11; 10,1-22; 11,17-34; 15,1-58; 16, 13-18): Demana unitat entre els de procedència jueva i pagana davant de la celebració eucarística i de la creença en la resurrecció: *a)* 6,1-11: desqualifica el recurs als tribunals pagans; *b)* 10,1-22: critica la participació als banquets sagrats pagans; *c)* 11,17-34: El sopar del Senyor en el sentit d'àpat comunitari; *d)* 15,1-58: sentit de la fe en la Resurrecció; i *e)* 16,13-18: recomanacions després de la visita d'Estèfanes i els seus.		Estèfanes i els seus		Tardor [52]
- **1Co** Carta-marc **B** (1,10-5,13; 6,12-9,27; 10,33-11, 16; 12-14; 16,1-12.19-24.34-35): A favor de la unitat entre judeocristians i paganocristians i resposta a altres qüestions: relacions sexuals entre casats (7,1s); opció de vida dels no casats (7,25s); es pot menjar carn oferta als ídols? (8,1s); dons de l'Esperit i pregària (12,1s); col·lecta per a la comunitat de Jerusalem (16,1-4); sobre projectes de viatges d'ell, Timoteu i Apol·ló (16,5-12); comiat i salutacions (16,19-24).		Cloe?		Primavera 53
- Afegits posteriors i/o glosses: 1,2c.16; 2,6-16; 4,16-17; 6,9b; 7,21b; 10,33-11,1; 11,2-16.19; 12,9-10a.28b; 12,29b-30a; 12,31b-14,1a.20b; 14,34-35; 15,9-10.23-28.39-41.56.				

No es pot pas oferir una estructura global organitzada d'un text que n'inclou dos, però la successió dels diversos temes és prou clara i ordenada. Després de la salutació i l'acció de gràcies habituals en els seus escrits (1,1-9), Pau afronta el tema de les divisions a l'interior de la comunitat coríntia (1,10-4,21). No es pot apel·lar dins la comunitat a l'autoritat de mestres diversos com era propi del món hel·lenístic: la veritable saviesa prové de l'Esperit i subratlla que tot el poder de Déu es troba en la creu de Jesucrist, fonament únic de la comunitat cristiana. Tot seguit, Pau s'ocupa de tres fets concrets que han sacsejat la comunitat: un cas de relacions il·legítimes (c. 5), sobre la qüestió de les denúncies judicials entre membres de la comunitat (6,1-11) i sobre els comportaments desordenats (6,12-20). A partir d'aquí, l'apòstol dona la seva resposta a les consultes que li han fet els corintis (cc. 7-15): contra el menyspreu del cos i la permissivita sexual, dirà que matrimoni i virginitat són dons de Déu. Respecte a la carn oferta als ídols (8,1-11,1), a partir del principi que «tot és permès, però no tot convé ni edifica» (6,12; 10,23), s'oposa a la participació dels cristians en els àpats sagrats pagans (10,14-22), però manifesta que és totalment inofensiu menjar la carn que prové d'aquests sacrificis. L'únic límit és l'amor al germà que s'escandalitza veient aquesta actuació. Quant a les reunions eucarístiques (11,2-14,40), no s'han de veure afectades per exaltacions delirants ni comportaments orgiàstics (cf. APÈNDIX 9), com en els àpats pagans, perquè s'hi celebra la unió de la comunitat en el Crist, i proposa uns criteris fonamentals: el reconeixement dels dons de l'Esperit distribuïts a cadascú (12,12-31), l'edificació de la comunitat (c. 14) i, per damunt de tot, l'amor (12,31-13,13). L'últim tema és la resurrecció dels morts (c. 15). Pau no busca raonaments filosòfics, sinó que apel·la al nucli de la fe: «si no hi ha resurrecció dels morts, tampoc Crist no ha ressuscitat» i, per tant, la fe dels corintis seria il·lusòria (15,13-17: Cf. APÈNDIX 6). El cos dels ressuscitats, transformat i incorruptible, participarà del Regne celestial. La cloenda de la carta (c. 16) recull indicacions de Pau sobre la col·lecta a favor de la comunitat de Jerusalem i sobre els seus projectes de viatge, i acaba amb les recomanacions finals i les salutacions. Quant a les interpolacions, l'himne a la caritat, 12,31b-14,1a ho és (només cal adonar-se com lliguen sinonímicament 12,31a i 14,1b) i, pel que fa a 14,34-35 –que contradiu el pensament de Pau que no fa distincions de gènere–, semblen haver-se afegit a partir d'un pensament antimontanista, quan les deixebles de Montà (Prisca, Maximil·la i seguidores) no callaven a les celebracions (cf. APÈNDIX 7). De 1Tm 2, 11 15a l'afegit passà als versets esmentats de 1Co.

1.4.1.1.3. Gàlates (Ga)

La regió de Galàcia, pròpiament, és l'altiplà, al centre de l'Àsia Menor, que es troba entorn de la ciutat d'Ancira (l'actual Ankara). Sabem molt poc de l'evangelització de la província romana de la Galàcia per Pau, un centenar de quilòmetres al nord de Pisídia, Frígia i Licaònia, que havien estat evangelitzades per Pau i Bernabé durant el primer viatge missioner (Ac 13-14), bé que els habitants de la província no eren pas anomenats «gàlates», com fa Ga 3,1. Estrabó a *Geografia* XII,5,1s escriu:

> «Al sud de Paflagònia s'estén la Galàcia o Galogrècia. Dels tres pobles que habiten aquesta comarca, dos, els trocms i els tolistòbogs, deuen els seus noms a antics caps miliars; només el tercer, els tectòsags, ha mantingut el nom d'un dels pobles celtes [...] Els trocms ocupen la part de Galàcia contigua al Pont i a Capadòcia, la més fèrtil [...] Els tectòsags habiten els confins de la gran Frígia, a les regions de Pesinont o Orcaorci. Ancira és la seva plaça forta [...] Els tolistòbogs limiten amb Bitínia i la Frígia Epícteta, i tenen com a places Bluci Peius [...]. El riu Sangàrium (actual Sakarya) passa no lluny de Pessinus...».

Segons Dió Casi, a *Història romana*, LIII, 26,3, August «annexà Galàcia amb Licaònia, imposà un governador romà i parts de la Pamfília governades per Amintes van ser restituïdes al seu territori original».

Hem de pensar, doncs, que Pau formà comunitats en petits nuclis com Pessino (l'actual Balhisar) o Gòrdium (capital de Frígia, actual jaciment de Yassihüyük), d'on prové l'episodi del nus gordià d'Alexandre el Gran, a la riba oriental del riu Sangàrium. Fets dels Apòstols parla de la primera vegada que hi predicà, després del malentès de Jerusalem i del xoc amb Pere l'any 49. L'Esperit els havia impedit predicar a l'Àsia (Ac 16,6). No sabem si volia anar al sud, cap a Efes. Pau és menys metafòric: una malaltia fou l'ocasió per predicar la bona nova als gàlates (Ga 4,13). La segona visita, abans d'establir-se a Efes, fou per confirmar els gàlates en la fe l'any 51 i els troba bé (Ga 5,7). Al cap de pocs anys, però, aquells mateixos gàlates el van decebre: es deixaren «fascinar» (3,1) per uns que els van dir que si no es feien circumcidar d'acord amb la Llei de Moisès no es podien salvar (5,2-3; 6,12-13). La crisi exigia una resposta immediata. Per això Pau escriu la carta. No sabem del cert com va acabar el conflicte. A 2Tm 4,10 ens diu que la comunitat segueix, però més aviat cal pensar que la carta no va ser gaire ben rebuda, perquè en el viatge de la col·lecta portada a Jerusalem no hi ha cap representant d'aquesta comunitat.

Hem dit que desconeixem com va acabar la crisi de Galàcia. Sobre Corint, per exemple, on també hi hagué una crisi comunitària, ens ha arribat una carta sencera de reconciliació (la segona als Corintis) i al·lusions molt valuoses en altres escrits (Ac 20,2-3; Rm 15,23.26). De Galàcia, en canvi, únicament conservem aquesta carta de Pau, escrita de rebot, de pròpia mà (6,11), però no tenim cap notícia, directa o indirecta, que ens permeti de saber el cas que els gàlates en van fer. L'únic text que podem citar sobre la continuïtat de la relació entre Pau i Galàcia és 2Tm 4,10: «Crescent se n'ha anat a Galàcia». Podem pensar, doncs, que algun representant de Galàcia devia acompanyar l'apòstol en el seu viatge a Jerusalem i fins i tot en els possibles viatges posteriors.

Gàlates	**Autor**	**Emissari**	**Lloc**	**Data**
Pressupòsits: Pau havia fundat esglésies a Galàcia abans de la seva etapa egea, però els experts no es posen d'acord en el quan ni en el lloc concret. La zona on es posà malalt (Ga 4,13) havia estat l'altiplà entorn d'Ancira (actual Ankara). Cap al 25 aC la zona s'uní a la de Pisídia i formà la província romana de Galàcia, amb ciutats més meridionals com ara Antioquia, Listra, Iconi, Derbe. Els experts es decanten més per la zona nord, on ja devia haver escrit una carta perduda proposant la col·lecta per a Jerusalem (1C 16,1-4). Tampoc no es pot datar la crisi gàlata ni la carta, que alguns fixen a l'inici de la seva estada a Efes i d'altres, per l'estil, posen més propera a 2Co i, per tant, en sortir de la presó efèsia, com una mena d'esborrany de Rm. El més probable és que escrivís abans de la Pentecosta del 52, després de 1Co i abans de Fl i Flm. – Afegits: 3,5b; 6,6; 6,18b.	Pau	Desconegut (potser Titus)	Des d'Efes	52 [o 55 o 57]

Quant a l'estructura de la carta, després de l'inici (1,1-12: la intangibilitat de l'únic Evangeli) s'articula en tres parts: *a)* 1,13-2,21: l'Evangeli de Pau és l'autèntic, com ho justifica la biografia i la formulació de la pròpia praxi, perquè davant dels defensors de la circumcisió no havia cedit (2,12); *b)* 3,1-5,1: la identitat dels gàlates es confirma per les escriptures, amb dos subnuclis: 3,1-4,7 (la fe d'Abraham el salvà com salva la fe en Jesús davant la Llei, una fe que és do de l'Esperit i reconeixement de la filiació divina) i 4,8-5,1 (el pas de l'esclavatge anterior a la llibertat actual, com en el cas d'Isaac, els ha convertit en fills de la promesa); i *c)* 5,2-6,10: la llibertat dels creients en Crist es manifesta pels dons de l'Esperit. Acaba amb una cloenda de pensaments fonamentals: 6,11-18 (cf. APÈNDIX 6). És a la part *b)* on Pau argumenta als gàlates que Jesucrist ens ha portat la llibertat i que no s'han de deixar arrossegar altra vegada cap a l'esclavatge de la Llei (això és, la circumcisió). Cal contraposar els dons de l'Esperit a les obres de la Llei (3,1-5) i, a partir del relat d'Abraham, entendre que la promesa de Déu al pare del poble d'Israel està destinada a tots els pobles, per mitjà de la fe en Jesucrist (3,6-29). Jesucrist és el qui, en la plenitud del temps, ens ha alliberat de la Llei i ha fet que poguéssim rebre la condició de fills de Déu (4,1-11).

Pau es manifesta apassionat, ja que l'actitud adoptada pels gàlates posa en qüestió tot l'evangeli. D'aquí, que no s'estigui d'explicar el conflicte que va tenir amb Cefes a Antioquia, quan deixà de menjar amb pagans per quedar bé amb els inspectors jerosolimitans de Jaume: o abans no actuava bé o ara es comportava com un hipòcrita (2,14). Vol deixar ben clar que allò que ens fa justos davant de Déu no és el compliment de les obres de la Llei. Per això desenvolupa una reflexió teològica a partir de l'oposició d'aquests termes: «Llei»-«fe», «esclavatge»-«filiació», «Esperit», «desigs terrenals» i farà una defensa aferrissada de la llibertat dels fills de Déu. Aquest nucli de fe el considera tan important que reprendrà aquests temes, amb més amplitud i profunditat, quan s'hagi de presentar als romans. Per això es poden assenyalar relacions entre les dues cartes segons l'esquema adjunt.

Paral·lelismes entre les cartes als Gàlates i als Romans			
Gàlates	Romans	Gàlates	Romans
2,6	2,11	4,6-7	5,5; 8,15-17
2,7-9	1,5; 15,15	4,10	14,5
2,16-21	3,20.21-31	4,23.28	9,7-9
2,19	7,4-6	5,3-6	2,25
3,1-4; 4,4-6	8,1-17	5,13	6,15
3,6-18	4,1-25	5,14	13,8-10
3,6	4,3	5,16.25	8,4-5
3,11	1,17	5,17	7,14-23
3,18;	4,14	5,18	6,14; 8,14
3,19-25	7,1-25	5,19-21	1,29-31
3,19	4,15; 5,20; 7,7	5,24	6,7; 8,13
3,22	3,9-19; 11,32	6,2	8,2; 15,1
3,27 6,5	6,3-4; 13,14	6,3-4; 13,14	14,12
3,29	4,16; 8,17	6,8	6,23

1.4.1.1.4. Filipencs (Fl)

Entorn de l'any 49/50, acompanyat de Siles i Timoteu, Pau va arribar a la ciutat de Filips, que era una colònia militar romana. Arribaven per primera vegada a Europa per la via Egnàcia, que unia Bizanci (la futura Constantinoble) amb Dirràquium, al mar Adriàtic. Els habitants de Filips eren majoritàriament pagans, com ho mostren els noms que desgrana: Lídia (a casa de la qual s'allotgen), Epafrodit, Evòdia, Síntique, Sízig, Climent... Però també hi havia una petita colònia de jueus, que no tenien sinagoga, però que es reunien als afores de la ciutat. El llibre dels Fets dels Apòstols explica el primer contacte de Pau i els companys missioners amb alguns d'aquests jueus (Ac 16,12-40), pels quals començarà com era habitual la seva predicació. La comunitat devia ser reduïda i socialment compacta, un grup que no apareixerà ni en el tema de la col·lecta, però que té cura de Pau quan saben que està empresonat a Efes.

Signes prodigiosos acompanyen la paraula (un esperit pitó o endeví és vençut per Pau) i els missioners són acusats de provocar aldarulls, assotats i empresonats. Prodigiosament l'escarceller mateix es converteix a la nova fe, de manera que Filips i tot Macedònia seran les primícies de l'evangeli a Europa. Amb motiu de l'empresonament de l'apòstol a Efes l'any 53, la comunitat de Filips li envià la seva ofrena generosa per mitjà d'Epafrodit, cosa que ell agraí amb el que denominarem *Carta I* (4,10-20). Aquest es quedà amb Pau, i l'assistia a la presó, fins que caigué malalt; un cop restablert, Pau no tingué inconvenient de desprendre-se'n i, en acomiadar-lo, li devia donar el que denominarem *Carta II* (1-2; 4,4b-7.21-23).

Comença amb una salutació (1,1-2) i l'acció de gràcies a Déu, acompanyada d'una pregària (1,3-11). En una primera part exposa als filipencs la seva situació de presoner per l'evangeli; no sap quin serà el seu futur, però expressa la seva convicció que, tant si ha de morir com si continua vivint, serà per al servei del Crist (1,12-26). Des de la perspectiva dels seus propis sofriments, exhorta els cristians de Filips a mantenir-se ferms i a superar les dificultats en la lluita per l'evangeli (1,27-30). Els demana molt especialment que mantinguin la unitat i l'amor entre ells i que es comportin seguint l'exemple de Jesucrist, que es va fer no-res i per això fou exaltat (2,1-11). Pau reprèn un himne litúrgic, utilitzat en les primeres comunitats, que proclama

Filipencs	**Autor**	**Emissari**	**Lloc**	**Data**
Pressupòsits: Devien existir altres cartes anteriors. Empresonat a Efes, els filipencs li envien ajuda econòmica i Epafrodit (Èpafres en forma abreujada), perquè l'assisteixi. Els dona gràcies (*Carta I*). Des de la presó, escriu la **carta a Filèmon**. Però, Epafrodit se li posa malalt i el fa retornar (amb *Carta II*). - *Carta I*: Fl 4,10-19 (Agraïment per l'arribada d'Epafrodit.) - *Carta marc II*: Fl 1-2 (menys 1,1c i 2,21); 4,4b-7.21-23 (Enviament d'Epafrodit de retorn cap a Filips.) - Afegits:1,1c; 2,21; 3,1b-4,4a. Vestigi d'una carta polèmica: 4, 8-9.	Pau i Timoteu	I:? II: Epafrodit (2,25)	Presó d'Efes (1,7.13)	Inici 53 i finals

l'obra salvadora de Jesucrist, començant pel seu origen diví, passant per la mort en creu i culminant en l'exaltació a la dreta del Pare, de gran importància cristològica. Igualment, la comunitat ha de mantenir-se fidel i obedient, i ha de resplendir davant el món (2,12-18). A continuació, Pau explica la seva intenció d'enviar Timoteu i Epafrodit a Filips (2,19-30).

En la segona part de la carta (3,1-4,9) hi ha un canvi de to. L'apòstol posa en guàrdia els filipencs contra els cristians judaïtzants i recorda com ell mateix, jueu de naixement i fidel observant de la Llei, ha canviat de mentalitat pels avantatges que li proporciona el coneixement de Jesucrist (3,1-21) i els exhorta a la unitat, a la joia i a la pau (4,1-9).

La carta als Filipencs és molt espontània, confiada i cordial. És feliç per la seva contribució a la causa de l'evangeli (1, 4-6), pel fet que el seu arrest fortifiqui d'altres germans i els demana que la gent els reconegui pel seu acontentament de viure (4,4-5). Fa referències constants a l'alegria, cosa molt notable si tenim en compte que és escrita a la presó, i demostra l'afecte de Pau per la comunitat de Filips.

1.4.1.1.5. Filèmon (Flm)

Filèmon	**Autor**	**Emissari**	**Lloc**	**Data**
Pressupòsit: Onèsim ha fugit de casa de Filèmon, cap d'una església familiar que acull Pau. Aquest li demana que rebi l'esclau com si fos ell mateix.	Pau	Onèsim	De la presó d'Efes	53

És la carta més curta de Pau i s'adreça a una persona concreta per tractar una qüestió: l'esclavisme. Amb tot, al començament com al final, les salutacions són col·lectives, potser perquè el receptor, Filèmon, pertany a l'església de Colosses (vv. 1.2.23.24), o a alguna església domèstica constituïda a la casa de Filèmon. Pau li devia adreçar l'escrit des de la presó d'Efes el 53 (2Co 1,8-9). Abans es creia que ho podia haver fet des de Cesarea (anys 58-60; Ac 23,23-24,27) o Roma (anys 61-63; Ac 28,30-31), però avui els experts ho rebutgen. Com sigui, estant a la presó, ha «engendrat en la fe» un fill, Onèsim, un esclau de Filèmon que s'havia escapat de casa del seu amo, segurament després d'algun incident. D'acord amb la legislació romana, Filèmon té dret a recobrar el seu esclau i fer-li pagar el perjudici que li ha causat.

Si Onèsim es queda amb Pau, aquest pot ser acusat d'encobrir un pròfug de la justícia. Davant aquesta situació, Pau escriu a Filèmon per demanar-li confiadament que rebi Onèsim, ara creient gràcies al contacte amb Pau, tal com el rebria a ell mateix. Delicat i suau en la forma –no vol «manar que compleixi el seu deure sinó pregar-lo en nom de l'amor» (vv. 8-9)–, no amaga pas una gran fermesa. No vol imposar res, però demana i suplica des de l'amistat i des de l'autoritat. Amb gran habilitat, va a l'arrel mateixa de la fe. Només pretén de resoldre un cas particular, però obre el camí per al canvi d'unes estructures que mantenen vigent l'esclavisme (cf. APÈNDIX 7).

De fet, Pau, des de la fe en Jesucrist, és radical sobre l'esclavitud: demana als esclaus que aprofitin l'ocasió d'alliberar-se per convertir-se en lliberts del Senyor (1Co 7,20-24). En canvi, en les cartes atribuïdes (Ef 6,5-9; Col 3,22-4,1), es mostraria conservador: encara que afirmi la seva dignitat, no qüestiona que hi hagi esclaus. En la present carta, posa les bases per a la seva abolició, ja que tots els humans som germans (vv. 16-17).

1.4.1.1.6. Segona als Corintis (2Co)

La correspondència de Pau amb l'església de Corint no ens ha pas arribat completa. Ja sabem que, abans de l'escrit que coneixem com a primera carta als Corintis, l'apòstol ja els havia enviat una altra carta (vegeu 1Co 5,9) i que, per tant, aquella (que ja vam veure que n'incloïa dues, **A** i **B**) no era pas la primera que els escrivia. Ara, la segona carta als Corintis és una barrija-barreja de quatre cartes que resumeixen vivències i reflexions molt profundes amb imatges fàcils de recordar, ja que, amb habilitat, utilitza humor, indignació i tendresa, advertiments i elogis, reprensió i estimació. A Corint, el grup judeocreient, en relació al paganocristià, havia trobat en Apol·ló un punt de referència, causa del seu distanciament amb Pau; des d'Efes, Pau els escriu la carta **C**, defensant la seva honorabilitat, però la reacció no devia ser gaire positiva, vist que Pau decidí fer un viatge llampec a Corint. Allà, alguns membres de la comunitat van intervenir de manera ofensiva contra l'apòstol –possiblement insinuant que ell en persona es podia beneficiar de la col·lecta pels jerosolimitans–, de manera que tornà a Efes i els va escriure la dura carta **D**, «amb llàgrimes», que els portà Titus. Deu tenir por que els passi com els gàlates i s'acabin allunyant del veritable evangeli? Els diu que no siguin volubles i que ell no és inferior en res als superapòstols que els

2 Corintis	**Autor**	**Emissari**	**Lloc**	**Data**
Pressupòsits: Hi ha hagut una primera estada a Corint (50-51). Després, des d'Efes, els ha escrit 1Co, que avui desglossem, com vam veure, en dues cartes: **A** i **B** (any 52/53). Davant dels comentaris de Timoteu en tornar d'allà –es qüestiona l'autoritat de Pau–, els escriu de nou nou (53) uns advertiments, possiblement la Carta **C** (2Co 2,14-7,4, per bé que 6,14-7,1 sigui un afegit), que els porta Timoteu. Però aquest torna amb males notícies i Pau hi fa un viatge llampec (53) –segona estada–, on troba els qui es fan passar per «superapòstols» i és insultat i calumniat (2Co 11,5.13; 7,12). Retorna a Efes enrabiat (53) i els escriu una carta de reny «amb llàgrimes», la Carta **D** (2Co 10,1-13,10, on 12,12b és una glossa), anunciant-los una visita, abans de ser empresonat a Efes. En sortir de la presó ha de fugir d'Efes (54). Ja ha enviat Titus a Corint i Timoteu a d'altres esglésies de Macedònia a preparar-li visites per a la col·lecta i ell, per Tròada, va a Macedònia on troba Timoteu i, a Filips, Titus, que li porta bones noves de Corint. Aleshores els escriu amb Timoteu una missiva de reconciliació (Carta **E**: 2Co 1,1-2,13; 7,5-8,24; 13,11-13, en la qual 1,1c és un afegit), a més d'un bitllet a les comunitats de l'Acaia amb instruccions sobre la col·lecta (Carta **F**: 2Co 9,1-15). Tot seguit hi fan cap –tercera estada– i hi passaran tres mesos de l'hivern (54).	Pau i Timoteu	Timoteu (C) Titus (D? i E?)	Des d'Efes, C i D; Des de Macedònia (Filips?), E i F.	C: estiu 53 D: tardor 53 E: estiu 54 F: estiu 54

deuen predicar la circumcisió (11,4-5). Com sabem, Pau, que ja ha passat dificultats a Efes (1Co 15,32), hi acabarà empresonat per la revolta dels argenters, que no volien perdre el negoci del culte a Àrtemis. No pensava pas sortir-ne viu (2Co 1,8s). Segurament per intervenció d'Àquil·la i Prisca és alliberat –a condició d'abandonar per sempre la ciutat– i, aleshores, es troba que no sap el resultat de la missió de Titus i, en comptes d'anar a Corint com havia promès (2Co 1,16.23), decideix iniciar la recollida de la col·lecta a Macedònia. Pensava trobar Titus a Tròada, però aquest es retarda i ell continua fins a Macedònia (2Co 2,12-13), on troba Titus que li porta una notícia joiosa: els corintis s'havien reconciliat amb ell. Aleshores, des de Macedònia (Filips o Tessalònica?), els escriu la carta **E**, que és la carta-marc de 2Co, en la qual, en el capítol vuitè parla de la col·lecta que es troba en la fase final.

Per això la carta **F**, el capítol novè, és una circular a les comunitats d'Acaia amb el mateix tema. Pau acabarà traslladant-se a Corint per acabar la recollida de la col·lecta i trobar-se amb la comunitat reconciliada.

Malgrat l'addició de textos diferents, els experts hi troben globalment tres parts força diferenciades: *a)* 1-8,24 (acció de gràcies i apologia personal contra les calúmnies dels enemics), *b)* 9 (la col·lecta) i *c)* 10-13 (defensa contra els detractors). En *a)*, després de la salutació i l'acció de gràcies, parla de les seves relacions amb l'església coríntia i de la solució satisfactòria de la crisi passada. Tot seguit fa un elogi del ministeri apostòlic (c. 3-4), tot subratllant que la reconciliació de tots els homes amb Déu, al qual s'adreça el seu ministeri, porta els cristians a ser temples seus enmig dels homes (5,11-7,1; cf. APÈNDIX 6). A 7,5-8,24 explica la col·lecta a Macedònia en relació a la seva abans de donar instruccions per fer-la a l'Acaia, al c. 9 de la part *b)*. La col·lecta és un bon mitjà per fer adonar tothom de la comunió entre comunitats més enllà de les diferències i per palesar la unitat del nou poble de Déu, format per jueus i per pagans. La part *c)*, la «carta de les llàgrimes», retorna al tema del ministeri apostòlic, amb el rerefons de la crisi que s'ha produït entre els corintis a causa d'uns contrincants –inspectors de la comunitat jerosolimitana?– que s'han oposat a la predicació de Pau, li han negat l'autoritat i han posat en dubte la coherència de la seva actuació.

Una bona part del text de la segona carta als Corintis és escrit en primera persona. Pau parla ell mateix i, en molts casos, d'ell mateix. Però, quan empra el plural, no és tan fàcil discernir qui parla o de qui es parla: de vegades no hi ha dubte que «nosaltres» és una manera de dir «jo», però en altres moments «nosaltres» designa Pau i els seus col·laboradors. Pau, de fet, es presenta com un «servidor de la nova aliança» gràcies al poder de Déu (3,6), la qual cosa el col·loca fins i tot per damunt de Moisès (3,8-9). En efecte, Moisès va escriure la Llei en taules de pedra, mentre que ell, gràcies a l'Esperit del Déu viu, ha escrit l'aliança nova del Crist en els cors dels corintis, els quals han esdevingut veritablement la seva carta de recomanació: «Vosaltres sou una carta que ve de Crist i que ens ha estat confiada» (3,3).

1.4.1.1.7. Romans (Rm)

Les circumstàncies que motivaren la redacció de la present epístola són ben diferents de les que envolten la redacció de les altres. Pau es troba a Corint

Romans	Autor	Emissari	Lloc	Data
Pressupòsit: Pau fa una carta molt meditada, sabent que la seva persona és molt discutida i que els jueus li diuen renegat. Pretén portar la col·lecta a Jerusalem i, després, viatjar a Roma perquè li subvencionin el viatge a Hispània. – [Afegit: 16,1-16a és un bitllet de comiat de la comunitat d'Efes i de presentació a la mateixa de Febe (potser la portadora de la carta a Roma)]. – Altres afegits: 2,16; 5,6-7; 6,17b; 7,25b; 10,17; 13,1-7; 14,12; 15,4; 15,19a; 16,16b-20a.25-27.	Pau la dicta a Terci	Febe (?)	Corint	54

l'hivern del 54 (Ac 20,2-3), quan la seva missió a Orient pot donar-se per acabada. Fins ara no ha tingut cap contacte amb l'església romana. Però en coneix la floració i auge, i en preveu la influència, pel fet de trobar-se al cap i centre de l'Imperi. La carta, dictada a Terci (Rm 16,22), es considera el seu testament espiritual. Des de casa de Gaius, que acull l'apòstol i tota la comunitat (16,23), potser la diaconessa Febe, a favor de la qual ha escrit un bitllet de presentació a la comunitat d'Efes perquè hi sigui ben acollida, portarà l'escrit als cristians de Roma (16,1), amb el desig d'establir lligams amb ells després de dur a Jerusalem el fruit de la col·lecta que han organitzat les seves comunitats de Macedònia i d'Acaia per ajudar els pobres que hi ha en aquella comunitat (15,25-26). Sent inquietud per aquest viatge, sobretot a causa dels cristians judaïtzants (15,30-31), però manifesta que, en tornar, pretén de passar per Roma tot anant cap a Hispània (15,23-24), on té intenció de fer arribar l'evangeli. Òbviament, Pau encara no sap que la col·lecta li serà rebutjada i que ell acabarà pres a Cesarea Marítima.

El cristianisme havia arribat a Roma molt aviat, gràcies a la facilitat amb què persones i idees accedien a la capital de l'imperi, i gràcies als diversos lligams que els jueus de Roma mantenien amb Jerusalem. Quan, l'any 49, l'emperador Claudi va expulsar els jueus de la capital a causa de diversos aldarulls, potser provocats en part per la predicació del missatge cristià a les sinagogues romanes, entre els expulsats hi havia cristians, com ara el matrimoni format per Àquila i Prisca, que coneixem en haver-se trobat amb Pau a Corint (Ac 18,2) i haver intervingut en el seu alliberament a Efes. Tanmateix no sabem gran cosa més de la situació dels cristians romans. Podem deduir de la carta que seguien les discussions entre els cristians que provenien del paganisme i els provinents del judaisme, per als quals calia seguir la Llei de Moisès, inclosa la circumcisió. Es repetia la crisi gàlata. El que havia escrit als gàlates, amb una intervenció ràpida, sobtada i apassionada, ara és represès i elaborat en una síntesi coherent, sistemàtica i més serena. D'altra banda, sembla que els cristians provinents del paganisme es miraven amb un cert menyspreu, des d'una postura de superioritat, els d'origen jueu (11,17-25; 14,3.10; 15,25-27).

Que aquesta qüestió era preocupant ho prova el fet que, al llarg de la carta, Pau empra molt sovint els binomis jueus-altres pobles, circumcisos-incircumcisos (1,14-16; 2,9.10.25-27; 3,9-29; 4,9-12; 9,24; 10,12; 11,13-25; 15,8-12). Per això els voldrà deixar escarits dos temes del seu pensament, objecte de crítica per part dels judeocreients, que sols deuen haver sentit parlar d'oïdes: la justificació per la fe en Jesucrist i no per les obres de la Llei («No ens podem fer justos pel propi compte»: Rm 10,3) i la necessària obertura del poble d'Israel a les nacions que acullen la fe en Jesús. I els donarà com a prova del nou la col·lecta de les seves comunitats per ajudar els jerosolimitans, traslladada la qual pensa visitar-los (Rm 15,25-28).

La carta als Romans té més l'estil d'una reflexió teològica, una obra doctrinal, que no pas el d'una carta pròpiament dita. Això fa que la majoria de comentaristes acceptin de dividir-la entre una *primera part* doctrinal (1,16-11,36) i una *segona part* de to més exhortatiu (12,1-15,13). La carta s'obre amb una salutació densa i solemne (1,1-7); tot seguit, Pau manifesta el seu desig de visitar-los (1,8-15). La part doctrinal de l'escrit comença amb un enunciat que pot ser qualificat de síntesi de la carta: en l'evangeli, que és poder salvífic de Déu, es revela la justícia salvadora de Déu, en virtut de la fe i amb vista a la fe (1,16-17).

A continuació hi ha una primera secció (1,18-4,25) on Pau, considerant la història des d'un punt de vista teològic, mostra com Déu s'ha manifestat als pagans –a través de les coses creades, i l'han ignorat (1,1181-31)– i als jueus, per mitjà de la Llei de Moisès, que ells han transgredit (2,1-29). Per tant, uns i altres, pagans i jueus, estan sota el domini del pecat (3,1-20). Ha calgut la sang de Jesucrist per redimir-los tots: en efecte, únicament per la fe en Jesucrist, Déu fa justos els incircumcisos i els circumcisos (3,21-31; cf. APÈNDIX 6). Tanmateix, aquest fet, per als jueus, no hauria de suposar cap novetat: Abraham, el pare del poble, va rebre el favor de Déu, no pas en virtut de les seves obres o de la seva circumcisió, sinó gràcies a la seva fe. Així, doncs, Abraham és model del just que viu per la fe, tant si és jueu com si és pagà (4,1-25).

Una segona secció (cc. 5-8), de gran volada teològica i literària, presenta la contraposició entre una humanitat solidària amb el pecat d'un sol home –Adam–, que porta a la mort, i l'amor gratuït i salvador de Déu envers tota la humanitat, que s'ha fet present també a través d'un sol home –Jesucrist– (c. 5). Pau afirma que pel baptisme tots els homes són associats a la mort i resurrecció de Crist, de manera que moren al pecat i a la mort, i emprenen una vida nova, que és eterna (c. 6). La humanitat, que era esclava del pecat i de la Llei (c. 7), ha estat alliberada i ha rebut l'Esperit, que dona la vida plena, la pau i la confiança filial envers Déu, el qual, en Jesucrist, ha manifestat als homes el seu amor immens (c. 8).

En una nova secció, Pau torna a interpretar teològicament la història i es pregunta per la situació del poble d'Israel després de Crist (cc. 9-11). A la llum de la doctrina de la justificació per la fe que ha exposat, reflexiona ara sobre la infidelitat de tants jueus que no han acceptat Jesús com a Messies i Senyor i indica quina ha estat la culpa dels jueus: han buscat la salvació per mitjà de les obres, com si la salvació fos el fruit de l'esforç humà (9,30-10,21). L'apòstol acaba afirmant que, per pura gràcia de Déu, del poble d'Israel n'ha quedat una resta escollida, la qual, juntament amb els pagans que han cregut, formen el nou poble de Déu. Aquest nou poble aplegarà finalment Israel sencer i el conjunt dels pobles pagans (c. 11).

La *segona part* de la carta (12,1-15,13) és una exhortació sobre alguns aspectes de la vida cristiana i de com ha de ser una comunitat cristiana (12,1-8); així, proposa, per exemple, unes normes generals sobre quina ha de ser l'actitud dels cristians davant l'autoritat civil (13,1-7). I també quines relacions hi ha d'haver entre «els febles» i «els forts en la fe» dins la comunitat (14,1-15,13): els uns, provinents del judaisme, no mengen carn per por que no hagi estat sacrificada als ídols i, per tant, que sigui ritualment impura; els altres, provinents del paganisme, judiquen amb menyspreu aquesta actitud temorosa. Pau fa una crida a la comprensió mútua. Finalment, en l'epíleg (15,14-16,27), Pau justifica davant els lectors la tramesa de la carta (15,14-21) i els manifesta el desig d'anar-los a veure personalment (15,22-33). La llarga llista de salutacions (16,1-23) han arribat qui sap com a aquesta carta, però pertany al comiat de la comunitat efèsia, com ja hem dit. L'escrit acaba amb una doxologia (16,25-27), que actua de colofó, no sols de la carta sinó de tot l'aplec de la tercera col·lecció, a fi de concloure les cartes dirigides a les comunitats. Vist que en el cànon Muratori apareixia com a la darrera de les cartes a les esglésies i que el colofó manca en alguns còdexs, cal considerar-lo un afegit. També és un afegit el sotmetiment a les autoritats civils (Rm 13,1-7) en consonància amb 1Tm 2,1-2, Tt 3,1, 1Pe 2,13-17 i fins i tot amb la primera carta de Climent de Roma als corintis. Aquesta sol·licitud de respecte a les autoritats –i, encara menys «pagueu els impostos: els qui s'ocupen de recaptar-los són funcionaris al servei de Déu» (Rm 13,6)– no es pot atribuir a Pau, perquè correspon a la situació de les noves comunitats obertes, i no recloses en les cases, subordinades a l'autoritat civil. Com salta a la vista, en èpoques de persecució, aquest sotmetiment no hauria pas estat possible. Tant aquesta glossa com les cartes pastorals, com ja veurem, es poden datar de l'època de l'emperador Adrià (117-138).

La carta, segurament a causa de la seva gran riquesa doctrinal, ha tingut molta influència en la història del pensament cristià, sobretot en el segle V, amb motiu de les grans controvèrsies sobre el caràcter gratuït de la salvació de Déu, i en el segle XVI, quan va iniciar-se la Reforma. Luter la va meditar en la seva «experiència de la torre» i en va extreure el postulat de la *sola fides*, que va fer reflexionar els participants de Trento i no s'hi van pas poder posicionar en contra.

1.4.1.2. Les cartes pseudoepigràfiques de l'escola paulina

1.4.1.2.1. Segona als Tessalonicencs (2Te)

Aquesta carta, en molts aspectes, sembla una nova edició de la primera. Tret d'un sol fragment (2,1-12) en què se'n distancia, la resta és gairebé idèntica: comença amb una salutació (1,1-2) i acció de gràcies (1,3-12), amb al·lusió a les «persecucions i tribulacions» que sofreixen i passa directament al tema central de la carta: la vinguda del Senyor (c. 2). Alguns cristians, convençuts de la imminència d'aquesta vinguda, es desentenien dels problemes i dels compromisos de cada dia, i vivien sense treballar. De fet, s'atribuïa a Pau una falsa carta o ensenyament, en la qual s'anunciava que «el dia del Senyor és imminent» (2,2) i la carta en seria una reacció.

Tanmateix, el paral·lelisme de molts fragments de les dues cartes contrasta amb els accents diferents emprats a l'hora de parlar de la vinguda del Senyor. Això ha portat força estudiosos a dubtar que Pau sigui l'autor d'aquesta segona carta als Tessalonicencs, tot i que no tothom ho exclou.

Tal com feien els escrits apocalíptics jueus i tal com, segons els relats evangèlics, va fer Jesús mateix (Mt 24 = Mc 13 = Lc 21), la carta afirma que cal allar-

2Tessalonicencs	**Autor**	**Data**
Pressupòsit: Comunitat que sofreix una crisi escatològica després d'una certa persecució. Respon a una suposada carta de Pau on es devia dir que l'eskhaton ('els darrers temps', 'el terme') ja havia arribat. Crida a la resistència i al viure vigilant, ja que la Parusia o nova vinguda del Senyor no serà imminent (abans hi haurà una colla de senyals precursors).	Desconegut [Encapçalada com 1Te 1,1: Pau, Siles i Timoteu]	Entorn del 75

gar indefinidament el temps d'espera de la vinguda del Senyor (2Te 2,1-12). El regne del mal ja ha entrat en acció: les persecucions que pateixen els cristians en són un signe. Però abans que no torni Jesús, el Senyor, encara ha de venir el temps de l'apostasia i de l'aparició de l'Home Malvat, del Fill de la Perdició. Així, doncs, allò que han de fer els tessalonicencs és perseverar en la fe, per tal de poder suportar totes les tribulacions que puguin arribar-los, i no desentendre's de les activitats quotidianes (2,13-17). En aquest sentit, la carta afegeix una exhortació a la pregària i a la perseverança (3,1-5) i a no viure desvagats (3,6-15). Una breu salutació de comiat tanca l'escrit (3,16-18). Segurament, la intenció inicial d'aquesta carta era substituir la primera; quan sigui integrada en la col·lecció rebrà el nom de «segona» carta i, com hem vist, s'interpolaran glosses a la primera per evitar estridències. És, en definitiva, una crida a viure de manera vigilant i activa el moment present, sense deixar-se vèncer per les dificultats i sense desentendre's de la tasca i els compromisos quotidians.

1.4.1.2.2. Als Colossencs (Col)

Colosses era una ciutat de l'Àsia Menor, al sud de la regió de Frígia, a uns 175 km a l'est d'Efes, que destacava, entre altres coses, per una producció tèxtil notable. La societat de Colosses era majoritàriament pagana, però hi havia una colònia jueva important. Sembla que Pau no coneixia personalment la comunitat cristiana d'aquella ciutat, fundada segons la tradició per Èpafres (Col 1,7; 4,12), deixeble de Pau a Efes, que també predicà el missatge cristià a Laodicea i a Hieràpolis, ciutats veïnes de Colosses. Sembla que aquest Èpafres, colossenc, no s'ha de confondre amb el company de presó enviat pels filipencs.

L'escrit ha sortit probablement de les mans d'un deixeble de l'apòstol, preocupat per una mena de reducció de Jesús a simple revelador diví (pregnosi) i a la consideració dels àngels com a regidors del món mereixedors de culte (2,18) i disposat a insistir en Jesucrist com a Senyor de l'univers. La intervenció de Pau és presentada com la resposta a la barreja que feien els colossencs entre creences paganes i judeocristianes (intertestamentàries; cf. APÈNDIX 10). Els cristians de Colosses continuaven observant encara certes pràctiques jueves referents a menjars i festes –a la lluna nova o al xàbat (Col 2,16)–, com també la circumcisió i altres normes de la Llei.

Colossencs	**Autor**	**Data**
Pressupòsit: La comunitat de l'Àsia Menor fa una barrija-barreja de creences cristianes, jueves i paganes, de manera que sembla necessitada d'una exhortació ètica per viure en el món romà i fonamentar-se en els símbols baptismals a fi de mantenir el llegat primigeni de Pau i la torxa de la fe després de la seva mort. Es presenta com una carta escrita conjuntament amb una altra dirigida a la comunitat de Laodicea (Col 4,16).	Deixeble de Pau [Encapçalada per Pau, i Timoteu]	80-85

La carta comença amb l'habitual salutació (1,1-2) i acció de gràcies a Déu (1,3-8), complementada per una pregària a favor de la comunitat (1,9-11). Tanca aquesta secció inicial un himne al Crist –segurament de procedència litúrgica– com a cap de l'Església i de tota la creació (1,12-20), seguit per una interpel·lació als colossencs a mantenir-se fidels a l'evangeli (1,21-23).

A continuació, l'escrit es va acostant al tema central que n'ha originat la redacció (1,24- 2,5). Després de recordar els sofriments que Pau ha de passar per poder fer arribar a tots els pobles l'anunci de l'evangeli, la carta deriva en exhortacions contra el perill de deixar-se enlluernar per doctrines i pràctiques que els allunyarien de la fe en Jesucrist (2,6-15). Cal seguir tement per influxos judaïtzants com en temps de Pau? Només Crist ha estat capaç d'alliberar de l'esclavatge de tota mena de ritus, menjars i doctrines inútils (2,16-23). A partir d'aquí, la carta encara esdevé més exhortativa (3,1-4,6). Els qui s'han unit a Crist han d'abandonar la manera de viure d'abans i comportar-se de manera renovada (3,1-17). Aquest principi general és concretat en diversos aspectes de les relacions personals (3,18-4,1), com també en una invitació a vetllar, pregar i comportar-se assenyadament amb els qui no són cristians (4,2-6). Acaba amb llista de salutacions (4,7-18), que recorden la cloenda de la carta a Filèmon (vv. 23-24).

Darrerament s'ha presentat la carta com un índex que es trobaria a Col 1,21-23: «Vosaltres, en altre temps, estàveu allunyats, i amb les vostres obres us mostràveu contraris a Déu. *(a)* Però ara Déu us ha reconciliat amb ell, per la mort que Crist ha sofert en el seu cos, a fi de portar-vos a la seva presència sants, irreprensibles i sense culpa. *(b)* Cal, però, que us mantingueu ferms en el fonament de la fe, *(c)* sense deixar-vos apartar de l'esperança que us promet l'evangeli que heu sentit i que ara ha estat anunciat a la humanitat sencera arreu de la terra. És d'aquest evangeli que jo, Pau, soc servidor». Els tres temes es desenvoluparien de forma invertida, així: *(c')* l'evangeli de Crist anunciat per Pau (1,24-2,5); *(b')* la fidelitat a la fe evangèlica rebuda (2,6-33); i *(a')* la santedat dels creients per acció de Crist (3,1-46).

La carta insisteix a recordar que Jesucrist, amb la seva mort i resurrecció, ens ha alliberat de l'esclavatge del pecat, de la Llei i de tota mena de superstició. Només en ell hi ha la salvació, tant per a la humanitat com, en especial, per a l'Església i per a l'univers. Se serveix de categories jueves, per exemple, per explicar la culpa de la humanitat com un deute que aquesta té amb Déu. Crist ens salva del pecat (anul·la el document que registra el deute, clavant-lo a la creu) i així reconcilia amb Déu el món i els homes (cf. APÈNDIX 6). D'aquesta manera, per a una comunitat amb creences còsmiques, tots els poders de l'univers queden subjectes a Jesucrist com si fossin el seu trofeu victoriós. El Crist, doncs, es constitueix en el veritable sentit de la creació i, en ell, el cristià és alliberat de qualsevol poder contrari a la seva llibertat. Crist és el centre del món i de la història, és imatge de Déu i primogènit de tota criatura.

1.4.1.2.3. Als Efesis (Ef)

Efes, situada a l'Egeu, era la gran metròpoli de tota l'Àsia Menor. Pel seu port, juntament amb el d'Alexandria i el d'Antioquia de Síria, passava el comerç del Mediterrani oriental. Era un centre comercial, religiós i cultural molt important. La deessa de la fertilitat (anomenada Àrtemis pels grecs i Diana pels romans) centralitzava la vida religiosa de la ciutat i atreia nombrosos pelegrins. El seu culte movia també grans quantitats de diners i donava feina abundant als argenters de la ciutat (Ac 19,23-40) i ja sabem que Pau, que s'hi establí l'any 51 durant dos o tres anys, tot i lluitar per establir-hi l'evangeli amb l'aval de prodigis i miracles (Ac 19,1-40), escriure des d'allí diverses cartes per a les seves comunitats i formar-hi una escola de deixebles, les passà crespes, acabà a la presó i en sortí expulsat per sempre.

La carta als Efesis –inicialment als Laodicencs, per crear una ficció de dues cartes a dues comunitats properes–, tanmateix, no és cap escrit epistolar, sinó més aviat doctrinal. Sorprèn, després d'haver-hi passat tant de temps, que sols esmenti una persona concreta, Tíquic (6,21). L'autor pseudoepigràfic busca un to paulí, però té diferències notables. En parlar del Crist ressuscitat, no fa cap al·lusió a la seva vinguda a la fi dels temps, com és característic de Pau; de l'Església, en dona una perspectiva universal i còsmica; el tema del matrimoni és tractat més àmpliament que a 1Co 7. Tot plegat porta a l'autoria d'un deixeble, ja que no sembla sortir de cap necessitat sinó del desig d'aprofundir alguns temes encetats en altres cartes paulines i, sobretot, en la carta als Colossencs, escrit que presenta grans afinitats literàries i doctrinals amb la carta als Efesis, com ho prova la comparació de les dues cloendes.

Cloendes gairebé literalment idèntiques entre Colossencs i Efesis	
Col 4,7-8 (Cloenda)	Ef 6,21-22 (Cloenda)
L'estimat germà Tíquic, servidor fidel i company de servei *en el Senyor,* us informarà de com em van les coses. *Us l'he enviat precisament perquè tingueu notícies nostres i els vostres cors quedin confortats.*	Vull que també vosaltres conegueu la meva situació, el que ara faig. *Us informarà de tot l'estimat germà Tíquic, servidor fidel en el Senyor. Us l'he enviat precisament perquè tingueu notícies nostres i els vostres cors quedin confortats.*

Com han cercat l'autor o autors d'aquesta carta i de l'anterior l'estil paulí? Utilitzant alguns artificis literaris pouats de les carta als Filipencs i a Filèmon. Primer de tot, introduint-les amb un himne a Jesucrist (Fl 2,6-11; Col 1,15-20; Ef 1,3-14); en segon lloc, situant-les com si fossin escrites des de la presó, com les de Fl i Flm (Fl 1,7.13-17; Flm 10,13; Col 4,18; Ef 6,20); finalment, esmentant un conjunt de companys com Pau havia fet a la carta a Filèmon.

El contingut de l'escrit, emmarcat per un inici compost per una salutació (1,1-2), un ampli càntic de lloança a Déu (1,3-14), una acció de gràcies amb pregària (1,15-123) i un final constituït per la cloenda (6,21-24), té dues parets: un cos central (2,1-3,21) i una exhortació sobre la unitat eclesial (4,1-6,20). La primera part, pròpiament doctrinal (cc. 2-3), és dedicada al misteri de Crist i a l'Església com a culminació de l'obra de Déu realitzada en Jesucrist. Per ell Déu ha fet passar la humanitat de mort a vida (2,1-10) i ha re-

Colossencs	Autor	Data
Pressupòsit: Manuscrits antics tenen l'adreça del capçal en blanc; Marció (mitjans segle II), la té dirigida als laodicencs; d'altres manuscrits antics, als efesis. Sembla que es dirigí inicialment als laodicencs (Col 4,16); després s'eliminà aquesta adreça i quedà dirigida als efesis. Potser complementa Colossencs. →Es tracta d'un tractat doctrinal –entre homilètic i exhortatiu– més que no pas una carta. – Afegit:1,1b	Desconegut. El nom de Pau al capçal.	85-90

conciliat els qui estaven dividits, fins a fer-ne un sol poble (2,11-22). Pau és presentat com el servidor d'aquest designi de Déu, encarregat de fer-lo arribar a tots els pobles (3,1-13). La secció acaba amb un cant a l'amor immens del Crist (3,14-21). La segona part (4,1-6,20) està formada per una sèrie d'exhortacions. En primer lloc hi ha una crida a la unitat en l'edificació de l'Església, cos de Crist (4,1-16); per això cal abandonar els costums antics i viure la novetat que ve de Jesucrist (4,17-24). D'aquest principi se'n dedueixen una colla de normes pràctiques de vida cristiana (4,25-5,20) i altres de més concretes per a les relacions personals (5,21-6,9). Conclou amb una crida a revestir-se amb l'armadura que Déu dona per poder fer front a les dificultats i als atacs del Maligne (6,10-20).

El tema central de la carta als Efesis és el designi de Déu, mantingut amagat durant segles, realitzat en Jesucrist i manifestat a tots els pobles. Aquest designi suposa la reconciliació del món sencer, manifestada en el trencament de la barrera que separava el poble d'Israel de la resta de la humanitat.

L'Església, poble de Déu i cos de Crist, és la realitat nova que neix d'aquest designi salvador de Déu, i té un caràcter universal i definitiu.

1.4.2. Les cartes afegides en la tercera col·lecció dites «pastorals»: una a Titus (Tt) i dues a Timoteu (1, 2 Tm)

A la col·lecció de deu cartes «paulines» –entre cometes, perquè ja hem vist que tres d'elles eren pseudoepigràfiques–, cap al 120 o 130 se n'hi afegeixen tres de noves, avui conegudes com les tritopaulines. Al segle XVIII es denominaren «cartes pastorals». Segurament s'originaren a Roma i s'han d'entendre des de la cultura llatina. Als inicis del segle II ja han aparegut grans comunitats, allunyades de les comunitats domèstiques que es reunien a casa d'algun creient. Sociològicament, la vida cristiana ocupa l'espai públic amb llocs de trobada, concebuts com la «casa de Déu», on el respecte a la fe rebuda s'expressa des de la mentalitat romana de la *pietas*: comença la Gran Església. En la cultura romana de l'època, malgrat els homes gaudien d'un paper preponderant, la dona, la *domus domina*, també exercia el seu paper, cosa que incidí en la funció de les dones en aquelles comunitats cristianes incipients, de manera que apareixeran conflictes en el paper que han de tenir les dones en les reunions.

La trilogia recull un reguitzell d'instruccions de Pau als seus dos deixebles estimats i la devia obrir la carta a Titus, amb el seu inici solemne (Tt 1,1-3).

Titus fou deixeble de Pau, d'origen pagà. Amb ell anà a Jerusalem per assistir al «malentès» de Jerusalem. Trobem Titus a Efes. Des d'aquí, és tramès a Corint per arranjar la situació difícil d'aquella comunitat. Es retrobaran a Filips, on li porta bones noves de Corint i des d'on Pau el torna a enviar amb la carta E i amb l'encàrrec de tenir cura de la col·lecta per als pobres de Jerusalem. La tradició el fa bisbe de Creta.

Timoteu, nascut a Listra de Licaònia, fill de pare pagà i de mare jueva, fou educat en la religió de la seva mare i la seva àvia. En passar Pau per Listra en el primer viatge amb Bernabé, a meitat dels anys quaranta, aconseguí que es convertissin al cristianisme. En tornar-hi l'any 49, després de la separació amb Bernabé, troba ja Timoteu fet un jove i se l'enduu com a company i col·laborador. Durant una desena d'anys, s'associa a l'obra de l'apòstol, i sovint el trobem al seu mateix costat. Segons la tradició, acabà la vida a Efes amb el martiri. La primera epístola suposa que Timoteu és el cap de la comunitat d'Efes amb diversos estaments, condicions i necessitats; per això, es fa finta d'una necessitat de direcció i encoratjament per part d'aquell qui té la seguretat de doctrina, el do de govern i un ànim provat amb les més grans adversitats i contradiccions. La primera a Timoteu parla de les funcions de responsabilitat en les comunitats: l'*episkopós* (bisbe) ha de ser «irreprensible, marit d'una sola muller, sobri, assenyat, educat, acollidor, dotat per ensenyar, no donat al vi, ni violent, sinó de bon tracte, enemic de les baralles i del diner; ha de saber portar bé la pròpia casa i fer-se obeir i respectar pels fills» (3,2-4); els *presbyteroi* (preveres) presideixen la comunitat, prediquen i ensenyen (5,17); els *diakonoi* (diaques, servidors) «han de ser dignes, homes de paraula, no donats a beure molt

<table>
<tr><th>Cartes pastorals a Titus i Timoteu (les tritopaulines)</th><th>Autor</th><th>Data</th></tr>
<tr><td>Pressupòsit: Conjunt de tres cartes atribuïdes a Pau per consolidar la doctrina paulina enfront d'interpretacions divergents que se'n van fer a finals del segle I i inicis del segle II. Denuncien els falsos ensenyaments i pugnen per custodiar el «dipòsit» de la fe i l'organització institucional jeràrquica de l'església en forma de dos col·laboradors de confiança de Pau, com si fossin les darreres instruccions sobre l'organització de les esglésies, cosa del tot falsa.</td><td>Atribuïdes a Pau sense ser-ho.</td><td>Inicis segle II [110-130]</td></tr>
<tr><td colspan="3">A Titus (Tt)</td></tr>
<tr><td colspan="3">La carta a Titus, enquadrada en el marc de la salutació (1,1-4) i un comiat conclusiu inventat (3,12-15), en primer lloc, afronta el tema del nomenament de preveres que han de presidir la comunitat (1,5-16), sol·licitant unes determinades qualitats (1,5-9) i avisant sobre els falsos mestres judaïtzants (1,10-16). Tot seguit, ofereix un codi dels deures familiars tot incidint en la sobrietat (2,1-9) i, entre d'altres exhortacions, sol·licita als joves que tinguin seny, als esclaus a sotmetre's als seus amos (2,6-9) i a tothom a sotmetre's a les autoritats (3,1) i a practicar bones obres fins al punt de l'expulsió dels sectaris de la comunitat (3,10).</td></tr>
<tr><td colspan="3">Primera a Timoteu (1Tm)</td></tr>
<tr><td colspan="3">La primera a Timoteu té com a marc una salutació (1,1-2) i un comiat amb benedicció (6,20-21) i quatre parts: a) l'encàrrec de vigilar amb els falsos mestres de la Llei, fent esment dels blasfems Himeneu i Alexandre (que tornaran a sortir a 2Tm), amb acció de gràcies al Crist per la mercè que li ha atorgat (1,3-20); b) la comunicació a Timoteu de la doctrina segura (2,1-3,16), que inclou respecte a les autoritats per les quals cal pregar (2,1-7), decòrum en l'assemblea (2,8-15), qualitats exigibles a bisbes i diaques (3,1-13) i acaba amb una exhortació i una confessió (3,14-16); c) la vigilància enfront de l'ascetisme que renuncia al sexe i prohibeix determinats menjars.</td></tr>
<tr><td colspan="3">Segona a Timoteu (2Tm)</td></tr>
<tr><td colspan="3">La segona a Timoteu, que fa pinta de ser escrita per Pau des de l'empresonament de Roma, té el mateix marc que l'anterior –salutacions inicials (1,1-2) i comiat final, amb esment d'abandonaments, al·lusió a una primera defensa davant del tribunal i benedicció (4,9-22)– i tres parts: a) Acció de gràcies i recomanació de viure amb esperit de fortalesa (1,3-14); b) instruccions, després de sentir-se abandonat per molts, llevat de la llar d'Onesífor, a compartir els sofriments i a tenir coratge davant les tribulacions (2,1-13), a evitar les disputes tot servint la veritat (2,14-26) i a guardar-se dels falsos mestres dels darrers temps (3,19); c) encàrrecs finals, quan sent arribar la seva hora darrera, en pro de la perseverança i la insistència (3,10-4,8). Es presenta com a testament de Pau, cloenda de tot el seu epistolari (4,6-8).</td></tr>
</table>

de vi, ni a negocis bruts; han de guardar el misteri de la fe amb una consciència neta. Abans de fer-los diaques, la seva vida ha de ser examinada, i si són trobats irreprensibles, llavors podran exercir el seu ministeri». Gairebé tot el contingut de les cartes que se li adrecen es pot dir que va destinat a exhortar Timoteu perquè guardi el dipòsit de la fe, combati els falsos mestres que la volen desfigurar, organitzi i regeixi la jerarquia i es mantingui ferm en les tribulacions.

1.4.3. El cas a part de l'epístola als Hebreus

La carta als Hebreus és un escrit singular dins el conjunt de les cartes de Pau. Vers l'any 150 i, primer a Orient, s'afegí a la col·lecció de tretze cartes per aconseguir un número perfecte (doble de set). En transformar un escrit anònim i sense títol en una carta als Hebreus, s'arrodonia la col·lecció i s'introduïa dins les cartes paulines una carta pseudoepigràfica que presentava Pau escrivint als mateixos hebreus, això és, als judeocreients d'arrels i costums del tot jueus. D'aquí la imatge central de la carta, del tot jueva: la presentació de Jesús com el Gran Sacerdot que ha ofert la seva vida com a sacrifici per al perdó dels pecats i la salvació de tots. S'ha dit, tanmateix, que ni és carta ni és de Pau ni els destinataris són els hebreus. Es tracta d'una «paraula d'exhortació» (He 13,22), és a dir, una espècie d'homilia pastoral. No va signada ni podem fer cas als versets de cloenda, que al·ludeixen Timoteu i saluden des d'Itàlia (13,23-24), perquè són un afegit. L'estil literari (composició molt ordenada, pensament reflexiu, personalitat amagada pel mateix autor) i les categories teològiques (poca atenció al paper de l'Esperit, absència de formulació sobre mort i resurrecció de Jesús i, especialment, interpretació sacerdotal de la persona de Jesucrist, ignorada en els escrits paulins i en la resta del Nou Testament) justifiquen una autoria no paulina. (Per alguna cosa les esglésies occidentals no van inscriure'l fins al segle IV en les llistes del cànon de les Escriptures al costat dels escrits paulins.) Podríem, cert, trobar alguns paral·lelismes amb les cartes de Pau com ara la comprensió de la passió de Jesucrist com a obediència voluntària al Pare (He 5,8 i 10,9 ←→ Rm 5,19 o Fl 2,8), la ineficàcia de la Llei antiga (He 7,11-19 i 10,1-10 ←→ Rm 4,14-15; 5,20 i Ga 3,21-25) o el tema del caràcter sacrificial de la mort de Jesus (He 5,7-10 i 9,11-14 ←→Rm 3,2; 1Co 5,7 i Ef 5,2), però pesen molt més les diferències. A partir del text grec dels LXX, uneix passatges de l'Escriptura per similituds verbals o temàtiques –sobretot del salm 110,1-4, que li serveix per elaborar el sacerdoci etern del Crist «segons el ritu de Melquisedec»– per assolir un nou significat intertextual a l'estil midràixic i de recerca o comentari bíblic.

Es pot fer un esbós del seu autor: és un cristià de la segona generació (2,3), probablement de procedència jueva –utilitza categories jueves com els sacrificis i el Gran Sacerdot–, format en la cultura grega –amb domini excepcional de la llengua–, profund coneixedor de l'Escriptura, d'una penetració teològica excepcional i alhora pastor sol·lícit, preocupat per la situació espiritual dels seus fidels. Tanmateix, el seu nom és desconegut, i això ha estat objecte de moltes conjectures (s'ha pensat, entre altres, en Lluc, Climent de Roma, Bernabé i Apol·ló). Però encara avui és vàlida l'afirmació d'Orígenes: «Només Déu sap qui és l'autor de la carta als Hebreus.»

Tampoc no es pot conèixer amb exactitud la comunitat a la qual l'autor s'adreça. Tenim testimonis del títol «[carta] als Hebreus» des de finals del segle II; ara bé, aquest títol reflecteix una tradició més antiga, segons la qual els destinataris de l'escrit eren cristians d'origen jueu, o d'origen prosèlit, és a dir, pagans convertits, en tot o en part, al judaisme. Seria, doncs, un escrit adreçat als «judeocristians», segurament d'Alexandria. És evident que l'escrit pressuposa un coneixement profund de l'Antic Testament. En realitat, durant segles s'ha dit que la comunitat d'arrels jueves a la qual s'adreça aquest text sentia la temptació de tornar al culte del Temple prescrit en l'Antic Testament. Aquesta opinió volia donar raó de les llargues exposicions dedicades a mostrar la superioritat de la salvació de Jesucrist sobre el culte del Temple, ineficaç i fracassat. L'escrit, però, no diu mai que el retorn al culte del Temple sigui el motiu de l'obra.

L'estudi de 5,11-6,12, ha permès l'elaboració d'una nova teoria, segons la qual els fidels a qui es dirigeix l'escrit han abraçat la fe de fa temps (5,12; 10,32-34) i ara experimenten les temptacions i els perills típics d'una segona generació: la deixadesa i la mediocritat. L'escrit parla d'indolència (5,11; 6,12), de negligència en l'acolliment del do de la fe (2,3), d'absència de les reunions comunitàries (10,25). L'autor, ple d'interès pastoral, considera aquesta situació molt greu (3,12) i evoca el perill de l'abandó definitiu de la fe, que sembla haver afectat alguns membres de la comunitat (6,4-6; 10,29; 12,17). Amb l'escrit es proposa un revifament de la fe de la majoria (12,15) i un enfortiment de l'esperança d'uns cristians més aviat indolents (6,11-12).

Tanmateix, l'àpex de l'escrit és la presentació de Jesucrist, Fill de Déu, com a Gran Sacerdot que ha realitzat una vegada per totes el sacrifici de la seva vida. Les explicacions cristològiques –de les més sublims de tot el Nou Testament– tenen aquesta finalitat (10,19-39).

Pel que fa a la data de composició, sembla un escrit del cristianisme apostòlic (2,3). Caldria situar-la, per tant, després de la destrucció del Temple i abans de la primera carta a Climent, que n'esmenta fragments, tradicionalment datada l'any 95-96, ja que s'identificava Climent amb un tal Flavio Clemens executat per Domicià. Però no existeix connexió directa entre Climent de Roma i la família de Flavio Clemens, parenta de Domicià, de manera que sembla més raonable datar el text d'Hebreus els anys 100-120 dC.

Quant a la forma del contingut homilètic, s'hi poden distingir dos gèneres literaris que es van alternant. Un és l'expositiu: en paràgrafs profunds, llargs i càlids, l'autor desenvolupa la doctrina sobre Jesucrist, el seu sacerdoci i el seu sacrifici salvador (1,1-14; 2,5-18; 3,1-6; 4,14- 5,10; 6,13-10,18; 11,1-40). L'altre és l'exhortatiu: mitjançant tocs d'atenció, amenaces i records personals, el pastor parla directament als seus cristians i cerca de moure'ls a la fe perseverant (2,1-4; 3,7-4,13; 5,11-6,12; 10,19-39; 12,1-13; 12,14-13,19). La distribució d'aquests dos registres literaris en el conjunt de l'escrit té també relació amb la seva estructura general. Seguint les indicacions que apareixen en el text (1,4; 2,17-18; 5,10; 10,39; 12,12-13), com va proposar A. Vanhoye, l'obra es pot dividir en *cinc parts*. Després del pròleg, breu i solemne (1,1-4), la *primera* part (1,5-2,18) parla de la posició de Jesucrist respecte a Déu i respecte als homes, mitjançant la comparació amb els àngels –és Déu, superior als àngels i germà dels homes– i culmina amb la primera presentació de Crist com a Gran Sacerdot. La *segona* (3,1-5,10) mostra que Jesús compleix els trets fonamentals i propis de tot Gran Sacerdot: és digne de confiança davant de Déu, fidel i compassiu envers els homes. La *tercera*, part central (5,11-10,39), és la més llarga i important. Aquí l'autor exposa detalladament el seu pensament teològic, posant en relleu les característiques pròpies del sacerdoci de Crist i la seva novetat, plenitud i eficàcia salvífica, en contrast amb el sacerdoci de l'antiga aliança. La *quarta* part (11,1-12,13) és una exhortació a la fe; la dels antics és un exemple per als cristians, els quals necessiten refermar la constància davant les dificultats. L'*última* part (12,14-13,19) constitueix una exhortació a la santedat i a la pau. L'escrit acaba amb una pregària final (13,20-21). La nota ja hem dit que era un afegitó (13,22-25).

El centre del pensament d'aquest text és el misteri de Jesucrist en dues vessants: primera, el Messies sofrent era el Fill preexistent de Déu, encarnat per morir sacrificialment i ser enaltit als cels (cristologia descendent i ascendent anàloga al quart evangeli, però també al messies sofrent i exaltat de Pau: Fl 2,6-11); segona, el Gran Sacerdoci de Crist constitueix tant la culminació de la seva exaltació com la substitució del temple terrenal d'Israel. Fill de Déu, Gran Sacerdot i salvador eficaç pel seu sacrifici. En tot l'escrit, l'exposició es fonamenta en les categories del culte de l'Antic Testament. Així, Jesucrist realitza la seva missió salvadora com a Gran Sacerdot vessant la pròpia sang i oferint al Pare el sacrifici perfecte i eficaç (7,1-28). I, oferint-se a Déu, assumeix en la seva persona la mort, la resurrecció i l'ascensió, i esdevé el mitjancer i l'intercessor davant de Déu a favor de la humanitat (9,11-14). Ell ens purifica del pecat, ens acosta definitivament a Déu i ens dona així la plenitud (10,14.19-21). En ell s'apropen de nou Déu, l'home i el món (cf. APÈNDIX 6). Per tant, el sacrifici de Jesucrist consisteix en la seva pròpia donació lliure al Pare, en la qual ell ha assolit la plenitud.

Jesús ha esdevingut, doncs, en aquesta carta-exhortació, «*sacerdot etern segons el ritus de Melquisedec*» (Sl 110,4; He 5,6.10; 6,20; 7,1-28), enigmàtic personatge visitat per Abraham (Ge 14,17-20), rei de justícia (He 7,2) i de Salem (és a dir, de Jerusalem) i, per tant, rei de pau (He 7,3), imatge que explota Sl 110, 3-4, per mostrar el domini del Crist en el cel com a pla definitiu de Déu. Així, doncs, el sacrifici de Jesucrist purifica la consciència dels homes i els capacita per oferir a Déu el culte que es mereix (9,13-14). Aquest culte és l'ofrena constant i generosa de la pròpia vida. La purificació dels homes i la seva entrada al santuari gràcies a la sang de Jesucrist desemboca en la fe viscuda, l'esperança ferma i l'amor eficaç i concret (10,19- 25). Aquests són els sacrificis que agraden a Déu i no els d'animals (13,15-16). Per a l'autor d'aquest escrit, el creient només assoleix la plenitud de la vida en la mesura que respon dia rere dia a la invitació de Déu mateix (3,12-14).

1.5. LES CARTES DITES «CATÒLIQUES»

Les cartes dites «catòliques» o «universals», dirigides a tothom, impreses després de les col·leccions de cartes paulines, procedeixen de comunitats no paulines i s'atribueixen pseudoepigràficament a les columnes de l'Església (el grup de judeocreients): Jaume, «el germà del Senyor» (Ga 1,19), que presidí l'església jerosolimitana, Judes, «germà de Jaume» (Jud 1,1), Pere, l'apòstol –i, d'aquí, que s'hi detecti un estil judeocristià– i Joan, no pas l'apòstol, ja que la segona i tercera van signades per «l'Ancià» o «el Prevere», potser l'al·ludit per Papies de Hieràpolis, citat a la *Història Eclesiàstica* d'Eusebi de Cesarea. (Com sigui, a més de l'apòstol, germà de Jaume el Major i fill de Zebedeu, segurament un pescador illetrat, hi hauria hagut almenys dos Joans més –suposant que no se'n digués també l'incògnit «deixeble estimat»–, aquest «Ancià» o «Prevere», cristià potser hel·lenista, probable autor de les cartes, i Joan «el Sacerdot», sacerdot jueu important del grup esseni que prefereix signar «profeta» a l'Apocalipsi, que va escriure unes memòries a partir de les quals Joan «el Prevere» potser confeccionà el quart evangeli.) Entenguem-nos: a Roma s'havia viscut l'impacte de la primera predicació de Marció (85-160), que defensava rebutjar tot allò que en els escrits cristians semblés d'influència jueva (del Nou Testament sols acceptava Lluc i algunes epístoles de Pau, tots dos mutilats). Per això es va anar confeccionant aquesta altra col·lecció de set cartes, denominades «cartes catòliques» o «judeocreients», atribuïdes, com acabem de veure, a jueus (del morro fort) convertits. Aquesta nova col·lecció de set cartes, davant les catorze cartes paulines, servia per demostrar la dimensió catòlica (*katá holós*, 'proper a la totalitat', universal) de l'Església i dels seus escrits: cartes paulines (d'un jueu hel·lenista convertit) i cartes judeocreients (de jueus convertits a la nova religió). Com en el corpus paulí hi va haver també un progrés en la col·lecció de set cartes, que podem esquematitzar així:

<table>
<tr><th>Corpus de les «Cartes catòliques»</th><th>Anys d'elaboració</th><th colspan="2">Evolució de les col·leccions de «Cartes catòliques»</th></tr>
<tr><td>1Jn [no carta]
Jm [escrit esdevingut carta, que seria criticat]
1Pe [autor responsable de la tríade de cartes]</td><td>Entorn de l'any 100</td><td>COL·LECCIÓ PRIMITIVA POSTERIOR A LA 2a COL·LECCIÓ DE CARTES PAULINES
Vers l'any 100
(3 CARTES)</td><td rowspan="2">COL·LECCIÓ DE LA GRAN ESGLÉSIA
Vers l'any 120
(7 CARTES)</td></tr>
<tr><td>2 Jn
3Jn
Jud
2Pe [inspirat en Jud, responsable de la col·lecció de set cartes]</td><td colspan="2">Entorn de l'any 120 tot recuperant Jm</td></tr>
</table>

Més que a una comunitat determinada –llevat de 3Jn, dirigida a Gaius (3, Jn 1)– van dirigides a un conjunt més ampli de creients (cf. Jm 1,1; 1Pe 1,1; 2Pe, 1,1), de manera que es consideren cartes per a totes les comunitats i, per això, a tot el conjunt, almenys des del segle IV, se les denomina «catòliques», és a dir, «universals» o també «canòniques», perquè pertanyen al cànon del Nou Testament, malgrat haver patit dificultats en la seva recepció. Per exemple, Jm, va ser discutida a Orient fins a final del segle III i, a Occident, fins a final del segle IV. La 2Pe no va ser acceptada per Orient i Occident fins a finals del segle V. La dificultat de reconèixer Jud era per les cites que fa de llibres extracanònics com el *Llibre d'Henoc* (Jud 14-15) i l'*Assumpció de Moisès* (Jud 9; cf. APÈNDIX 10).

1.5.1. La primera carta de Joan (1Jn)

La primera carta de Joan, potser escrita per a una comunitat paganocristiana de Síria o Efes, no és cap carta: no s'adreça explícitament a ningú, no té salutacions finals ni tampoc hi és esmentat el nom del qui la tramet. Està escrita en un context polèmic –provocat per la sortida de la comunitat d'un grup de dissidents (1Jn 2,19)– i amb un to peculiar i definit. Els dissidents es diuen posseïdors de l'esperit (4,1-3) –montanistes?–, però no són sinó falsos profetes contraris al Crist i, doncs, anticrists (2,18.22;4,3), perquè, o consideren que Jesús no és Déu com fan certs jueus (4,3-12) o que sols el baptisme, com sostenia l'heretge Cerint, representava la unció de Jesús com a Messies i només des d'aleshores se'l podria considerar com a tal (2,22) o cauen en el docetisme, en considerar simple aparença la humanitat de Jesús (4,2). En un mot, Cerint i els altres heretges capgiren la confessió de fe en la mesura que aquesta s'arrela en la humanitat de Jesús i no valoren la força salvadora universal de la seva mort (2,2; 4,10; 5,6-7). Sembla tenir un llenguatge poper al quart Evangeli com a 1Jn 1,1-2, però existeixen notables diferències quant a l'expectativa escatològica (1Jn 2,18: «Som al dia darrer» o 1Jn 4,17, que convida a mirar sense por el «dia del judici»). Alguns experts pensen que es va escriure abans de l'última redacció del quart Evangeli.

Quant a l'estructura de l'escrit, hi ha un pròleg solemne (1,1-4) i, al final, un epíleg, amb una declaració sobre la intenció de l'obra (5,13-21). Enmig es poden distingir almenys dues parts (1,5-3,10 i 3,11-5,12), que són com dues represes centrades en un sol tema: la fe i la seva confessió a través de l'amor. Literàriament, el context polèmic va subratllat per les freqüents contraposicions entre els qui diuen i no fan, d'una banda, i els qui se senten moguts a actuar com Jesús, de l'altra; entre els qui confessen la seva fe amb les obres i els qui només la confessen de paraula; entre els qui diuen que estimen, però de fet odien, i els qui tenen cura del germà necessitat, entre els qui són del món i els qui són de Déu. El nucli de l'escrit és la confessió cristològica que remarca la iniciativa de Déu («ell ens ha estimat primer», 4,10), la missió de Jesús (4,14), la seva encarnació (4,2-3; 5,6) i la seva mort per nosaltres (3,16). I una cosa deixa ben clara: No es pot estimar Déu sense estimar els germans (4,20).

1.5.2. La carta de Jaume (Jm)

La carta de Jaume comença amb una salutació epistolar, però de seguida es fa evident que el gènere literari és exhortatiu, amb més admonicions morals que referències doctrinals. Presenta semblances, de contingut i de forma, amb els escrits estoics, amb alguns escrits sapiencials de l'Antic Testament (Proverbis i el Siràcida) i amb altres escrits extrabíblics jueus i cristians (cf. APÈNDIX 10). En aquest sentit, bona part de l'escrit és un enfilall de sentències de caire sapiencial: sobre la saviesa, la humilitat, les temptacions, l'escolta de la paraula, la religió veritable, el domini en el parlar, la maledicència, la riquesa, la unció dels malalts (5,14-15), la confessió dels pecats, la pregària... Sembla clar que vol corregir desviacions d'algunes comunitats que han exagerat unilateralment l'ensenyament de Pau –la primacia de la fe enfront de les obres–, fins al punt d'oblidar el lligam entre culte i vida: «La fe sense obres és estèril» (Jm 2,20). I aquesta és la controvèrsia implícita. Per a Pau «ningú no és just davant Déu en virtut de les obres que mana la Llei, sinó per la fe en Jesucrist» (Ga 2,16); per a d'altres, «si [la fe] no es demostra amb les obres, la fe tota sola és morta» (Jm 2,17). Però, aquesta fe demostrada amb obres –les obres només com a termòmetre de la fe– és la veritable fe «activa» de Pau (1Te 1,3).

El fet que la carta sigui escrita en un grec excel·lent i que inclogui nombroses referències a l'Antic Testament, citat sempre segons l'antiga versió grega, fa suposar que s'adreça a hel·lenojudeocristians (potser de procedència essènia) i a paganocristians, que viuen en ciutats de cultura hel·lenística (1,1). L'autor, segurament amb la intenció d'atreure els primers, accentua alguns trets comuns del cristianisme i del judaisme amb més referències als patriarques que a Jesús: la fe en un únic Déu, que es revela ja en l'antiga aliança, una ètica basada en la Llei de Moisès, l'ideal de pobresa i l'espera del dia del Senyor.

Tot i aquesta barreja de temes, els experts hi distingeixen un capítol preliminar (c. 1), on domina el to exhortatiu, una secció destinada a parlar de les conseqüències de la fe (c. 2) i una darrera secció que recull exhortacions diverses (3,1-5,11). La cloenda de l'escrit (5,12-20) també té un caràcter exhortatori i d'advertiment. Tot i el debat que suscità l'acceptació d'aquesta carta –que alguns volien oposar a la doctrina de Pau–, la preocupació de l'autor és la d'avui: com suscitar una fe autèntica, arrelada i compromesa en un medi sociocultural refractari en què es viu.

1.5.3. La primera carta de Pere (1Pe)

L'escrit gairebé homilètic dirigit als «exiliats de la dispersió» (1Pe 1,1), que viuen a les províncies romanes de la part occidental i central d'Anatòlia i es comencen a fer notar de les autoritats, és un testimoni d'esperança preciós enmig de les dificultats que devien patir. Vist que es presenta com un escrit de Pere, amb l'ajuda de Silvà i companyia de Marc, des de Babilònia/Roma, entre les hipòtesis de l'autoria, hi ha qui proposa un membre del «cercle petrí» (del qual devien formar part, entre altres, Silvà i Marc) lligat a Roma i a la figura de Pere, però amb contactes amb algunes comunitats de l'Àsia Menor. Aquest «cercle» provindria del judaisme (això explicaria el coneixement profund de l'Antic Testament, com també dels mètodes jueus d'interpretació que hi trobem), però estaria molt arrelat en el món hel·lenístic (les citacions de l'Antic Testament són tretes de l'antiga versió grega, i el grec emprat en la carta és força bo).

Altrament, posseeix trets típicament paulins i no es descarta que l'obra sigui d'un romà que imiti Pau i invoqui l'autoritat de Pere. Sembla adreçar-se a esglésies isolades les unes de les altres en ciutats i poblacions no gaire grans, situades en zones rurals, escampades per un territori molt extens. Els destinataris, provinents majoritàriament del paganisme, són gent de classes populars, sobretot pagesos i ramaders; n'hi ha que són esclaus domèstics, i altres, tot i ser jurídicament lliures, viuen de fet privats de llibertat, ja que es troben sota un règim econòmic que els obliga a un treball dur en explotacions agrícoles. És plausible la hipòtesi que els cristians als quals s'adreça la carta s'agrupin en «fraternitats», a l'estil de les nombroses associacions que en aquella època hi havia escampades per l'Àsia Menor, no reconegudes per la llei però tolerades per les autoritats. L'entrada a la «fraternitat» es feia a través del baptisme, que integrava responsablement cada nou membre a la comunitat, per bé que hi havia uns «ancians» que hi exercien una funció de direcció i presidència. Justament per això, s'ha escrit que tota la carta és una gran exhortació baptismal (3,18-22), amb la utilització de diversos himnes baptismals litúrgics com ara 1,3-5; 2,6-8 –la pedra angular esdevinguda pedra d'ensopec–, 2,22-24 i 3,18-22). Tanmateix aquestes fraternitats patien l'aïllament social en un ambient hostil. Els qui en formaven part rebien el malnom de «cristians» i, amb aquest penjament, havien de sofrir el rebuig i la calúmnia.

Quant a l'estructura, després de la salutació i d'una acció de gràcies a Déu (1,1-12), comença una primera part (1,13-2,10) en què es recorda als cristians la crida que han rebut a la santedat i on són convidats a abandonar, definitivament, la seva antiga manera de viure. En una nova secció (2,11-4,11), l'autor va repassant els diversos aspectes de la vida cristiana i les diverses situacions en què es troben els creients, per exhortar tothom a comportar-se tal com demana la pròpia condició, amb submissió a l'autoritat romana (2,13-17), complint els deures domèstics (2,18-3,7), cridats a la unitat i a ser justos malgrat haver de sofrir en un món hostil (3,8-17). Per això, l'exemple i l'estil ha de ser el de Jesús (3,18-4,6), amb doxologia inclosa (4,7-11), ja que s'acosta «la fi de totes les coses» (4,7). A la darrera secció, l'escrit conté una sèrie d'exhortacions referides al moment present (4,12-5,11), que els destinataris han de tenir particularment en compte. La carta acaba amb una breu salutació (5,12-14).

En resum, davant la situació conflictiva en què es troben els destinataris, l'autor proposa una resistència activa fonamentada en l'esperança i la unitat dins de la comunitat i l'obertura de cara enfora, amb el convenciment que, encara que estiguin dispersos i siguin ignorats, bandejats o escarnits, posseeixen la plenitud de la salvació en Jesús. El testimoni dels cristians en la manera de comportar-se en la vida social obrirà a d'altres l'entrada a la «fraternitat», dins la qual l'amor intens i el servei faran possible el manteniment de la fe i la recompensa de la glòria.

1.5.4. Segona i tercera de Joan (2 i 3 Jn)

No se sol posar en dubte que les dues darreres cartes atribuïdes a Joan no siguin del mateix autor, dit «Prevere» o «Ancià», de la mateixa manera que es troba una certa relació entre l'autor de la *primera* i el del *quart evangeli*; però cap d'ells no podria ser l'autor de l'Apocalipsi. En uns temps posteriors es van ajuntar aquestes tres unitats literàries diferents com si es tractés d'un únic cos joànic.

La breu carta segona de Joan, adreçada a una comunitat cristiana («a la Senyora, elegida de Déu, i als seus fills», v. 1), exhorta a mantenir-se en el manament de l'amor, rebut des del principi (vv. 5.6.9). L'autor, que es presenta com «l'Ancià» (v. 1) –un home anònim que s'esforça a resoldre problemes derivats dels missioners cristians que viatgen a les esglésies de la regió–, sembla proper a l'autor antidoceta de la primera carta de Joan (si no és el mateix) i encara accentua més el manament d'estimar (v. 4-6). Així, dona resposta als adversaris que, com en la carta de Joan anterior, no accepten la realitat humana de Jesús: el fet de l'encarnació (v. 7) i la seva primera conseqüència, que és la confessió de fe en ell, porten a estimar els germans. El nucli de l'escrit és la confessió cristològica que remarca la iniciativa de Déu («ell ens ha estimat primer», 1Jn 4,10), la missió de Jesús (1Jn 4,14), la seva encarnació (1Jn 4,2-3; 5,6) i la seva mort per nosaltres (1Jn 3,16). No es pot estimar Déu sense estimar els germans (1Jn 4,20). Justament per aquest estil sintètic, s'ha dubtat si era un esbós o una síntesi de la primera.

La tercera carta de Joan, signada de nou per «l'Ancià» (v. 1) i identificat com l'autor de la segona, és adreçada a un tal Gaius, amic, pel que sembla, de l'autor. La situació reflectida sembla prou clara: l'Ancià, responsable d'un grup de comunitats, ha tingut dificultats amb Diòtrefes, el cap d'una d'aquestes comunitats. Diòtrefes ha actuat de forma autoritària (v. 9) i no ha volgut rebre els enviats de l'autor de la carta (v. 10). En canvi, Gaius els ha rebut a casa seva (v. 5). Ara l'autor torna a enviar els seus delegats i demana a Gaius que els atengui i els proveeixi per al viatge (vv. 6-7). El problema de Diòtrefes no sembla pas de desviació de la doctrina –el to no és pas doctrinal com en l'anterior– sinó un problema d'autoritarisme: ni fa ni deixa fer (v. 10)! Però un comportament que atempta contra l'acolliment fratern i contra l'amor, pot tenir greus conseqüències. O d'això avisa l'epistològraf.

1.5.5. LA CARTA DE JUDES (JUD) I LA SEGONA DE PERE (2PE)

Encara que l'autor de la carta de Judes es presenti com a «germà de Jaume» (v. 1) d'acord amb la llista de germans dels evangelis (Mt 13,55 = Mc 6,3), ni ell ni «Judes, fill de Jaume» (Lc 6,16 = Ac 1,13) ni «Tadeu» (Mt 10,3 = Mc 3,18) poden haver escrit una carta sorgida de la generació posterior a la dels apòstols –esmentats a Jud 1,17, com pertanyents a un passat distant–, d'acord amb la data de composició que hem ofert. Altrament, vist que 2Pere utilitza *Judes* com a font fins al punt de copiar-ne seccions senceres (cf. Jud 4-6.17-19 i 2Pe 2,1-4; 3,2-3: dels 25 versets de Jud, 19 es troben a 2Pe), es poden estudiar amb tot fonament com un sol conjunt literari. Totes dues asseguren que «la fi dels temps hi haurà impostors –"sarcàstics", tradueixen alguns– que viuran seguint els seus propis desigs impius. Aquests són els qui creen divisions, es guien per ells mateixos i no tenen l'Esperit». La interrelació de textos reflecteix l'alarma creixent sobre les falses doctrines. Totes dues cartes utilitzen el càstig de Déu als àngels rebels (*1Henoc*) com a advertència de l'Escriptura sobre l'inevitable càstig dels impostors.

Amb aspecte de carta, en realitat l'escrit atribuït a Judes és una exhortació relativa a l'extensió de falsos mestres a l'Església, que l'autor denuncia per la seva vida desordenada i llicenciosa. Cal defensar la fe rebuda contra els qui pertorben la comunitat donant més importància als éssers angèlics que no a Jesucrist, menyspreen la seva sobirania, creen divisions, i actuen i parlen segons el propi interès. Judes respira una atmosfera molt pròxima a la literatura apocalíptica jueva de mitjan segle I dC. S'hi cita el *Llibre d'Henoc* i al·ludeix a un altre llibre apocalíptic, *L'Assumpció de Moisès* (cf. APÈNDIX 10). Això, i el fet que el text sigui ple de referències a l'Antic Testament –per exemple, la revolta de Corè (v.11), per demostrar que Déu actua amb constància al llarg dels temps– ha fet dubtar si els destinataris són cristians provinents del judaisme o del món pagà, exposats a la seducció derivada d'idees jueves contràries al cristianisme i a conductes immorals.

Pel que fa a la segona carta de Pere, més que no pas un escrit pertanyent al gènere epistolar, és un testament als qui «han rebut la fe» (2Pe 1,1), un discurs de comiat com els que trobem en l'Antic Testament (Dt 29-33), en l'anomenada literatura intertestamentària (cf. APÈNDIX 10) i en el Nou Testament mateix (Jn 13-17; Ac 20,17-35): de fet considera el llegat dels seus ensenyaments «després de la meva partença» (1,12- 15) per a uns destinataris en aparença cosmopolites (Roma? Alexandria?), força familiaritzats, tant amb l'Escriptura i les tradicions apocalíptiques jueves, com amb la filosofia grega de l'aigua com a origen del món i el foc com el destructor final. Els versets 1,3-11 tenen forma de decret civil per honorar un individu que, en el seu cas, és Jesús. El fet que la primera generació de cristians ja hagi desaparegut, l'esment d'una col·lecció de cartes de Pau i la utilització que fa de la carta de Judes (escrita entorn del 120), porta a considerar-la com l'escrit més tardà del Nou Testament. S'han trobat afinitats amb el *Pastor* d'Hermes (100-140), *1Climent* (mort després del 100) i hauria estat utilitzada per l'autor de l'*Apocalipsi de Pere* després de la revolta de Bar Kochba en la segona guerra jueva (132-135dC).

El text de comiat situa l'apòstol Pere a punt de traspassar; llavors Pere evoca un esdeveniment decisiu en la seva vida: la visió de la glòria del Fill estimat de Déu a la muntanya de la transfiguració (1,16), fet que anuncia l'esplendor de la seva segona vinguda. L'autor comença refermant la fe rebuda i la memòria de tots els ensenyaments anteriors (c. 1), i adverteix els fidels contra els falsos mestres que neguen la divinitat de Jesucrist i no admeten les doctrines bíbliques de la creació i la salvació (c. 2); els recorda que, malgrat un suposat retard del Senyor, motiu de burles dels impostors, ell tornarà i que, per tant, cal vetllar (3,1-13). La cloenda (3,14-18) insisteix precisament sobre la necessitat de mantenir-se ferms fins a l'arribada del Senyor.

L'autor d'aquest escrit aporta algunes dades significatives sobre allò que cal entendre per Escriptura: n'afirma explícitament el caràcter inspirat, situa en un mateix pla les profecies de l'Antic Testament i el testimoniatge apostòlic, i fa referència al recull de cartes de Pau, que no s'han de tergiversar (3,15-16). Són elements que ens parlen de l'assumpció per part dels cristians, com a paraula inspirada, tant de l'Antic Testament com dels escrits que constituiran allò que posteriorment denominarem el Nou Testament. En definitiva, malgrat la pseudoepigrafia d'aquestes cartes, constitueixen un testimoni privilegiat per intuir les problemàtiques que es van plantejar dins les comunitats cristianes durant el primer quart del segle II.

B. ICONOLOGIA

Arquitectura

• Sant Pau Extramurs és la segona basílica més gran de Roma, després de la de Sant Pere (131,66 metres de llargària, 65 d'amplada i 29,70 d'alt). El 1980 la basílica va ser inclosa en la llista del Patrimoni de la Humanitat a Europa per la UNESCO. L'emperador romà Constantí el Gran (306-337) va crear una petita basílica sobre una necròpoli, on sembla que fou enterrat sant Pau. Sota el regnat conjunt dels emperadors Teodosi I el Gran (379-395), Gracià (367-383) i Valentinià (375-392) va ser erigida la basílica l'estructura de la qual va romandre en peu fins al desastrós incendi de 1823. Aquesta basílica tenia a llevant la Via Ostiense, per la qual cosa va caldre estendre-la cap a ponent. Hi va haver diferents modificacions posteriors. Després de l'incendi de 1823 (el claustre quedà incòlume), Lleó XII (1823-1829) s'ocupà de la reconstrucció. Es guardaren els plànols d'arquitectura paleocristiana i es trià el projecte de Giuseppe Valadier, però la Comissió per a la reconstrucció va confiar els treballs a Pasquale Belli. A la seva mort, va seguir els treballs Luigi Poletti, que realitzà la nova façana. Donacions d'arreu del món col·laboraren a la reconstrucció: ell virrei d'Egipte va enviar pilars d'alabastre; l'emperador de Rússia la preciosa malaquita i lapislàtzuli del tabernacle. Es van tapar les finestres de la nau central per afegir escenes de la vida de sant Pau en dues sèries de mosaics. El mosaic de la façana, del segle XI, va ser substituït per un de nou, allunyat dels cànons estètics paleocristians. Restes del primer mosaic són visibles darrere de l'arc de triomf. El resultat final, encara que guardi la tipologia de basílica paleocristiana, dista molt de l'edifici dels tres emperadors. La basílica actual és un edifici neoclàssic, estil que pren les seves referències de l'Alt Imperi. A la nova basílica s'hi accedeix per un quadripòrtic neoclàssic de 150 columnes dissenyat el 1928 per Calderini. Conté un jardí, en el centre del qual hi ha una estàtua de Sant Pau realitzada per Giuseppe Obici, amb un llibre a una mà com a epistològraf que va ser i l'espasa del martiri en l'altra. Sembla provat arqueològicament que conserva la tomba de l'apòstol.

• A banda d'aquest edifici, hi ha quantitat d'esglésies, temples i catedrals dedicades a Pau, tant en el món catòlic com en el protestant. A Alemanya, la *Paulskirche* protestant de Frankfurt, dessacralitzada des del 1849, és avui dia seu del Parlament. Pensem en la Saint Paul's Cathedral de Londres –amb un frontó oest de Francis Bird, que representa la Conversió de Pau–, i en la Saint Paul's Church de Nova York. Amb aquest nom hi ha una església luterana a Estrasburg, una d'anglicana a Birmingham i una de catòlica a la ciutat de Mèxic. També són catòliques les de Braga i Almada (Portugal), la de Fatano (San Marino) i, això, sense comptar les dedicades a Pere i Pau (una parella que precisament perquè no va anar a l'una la tradició ens vol fer creure el contrari) com les de Vilna (Lituània) o Tiflis (Geòrgia). A Espanya hi ha moltes esglésies dedicades a Sant Pau; només per fer una llista de capitals de província: Albacete, Jaén Cadis, Màlaga, Múrcia, Oviedo, Palència, Salamanca, Sevilla, Valladolid –amb 250 escultures a la façana– i Saragossa, aquesta darrera amb la joia d'un retaule gòtic de Damià Forment, amb estàtua exempta de l'apòstol i escenes de la seva vida <wikipedia.org/wiki/Iglesia_de_San_Pablo_(Zaragoza)>.

• Hi ha altres edificis dedicats a Pau i n'és un bon paradigma el recinte modernista de l'Hospital de la Santa Creu i de Sant Pau de Barcelona.

Escultura

• Pau ha estat representat en capitells, portalades, retaules, arcs, sarcòfags, places i ponts amb el seu nom i, sobretot, escultures de tota mena. De les representacions més antigues, Sant Pau presoner, escena del Sarcòfag de Junius Bassus, Roma, segle IV: <http://pendientedemigracion.ucm.es/centros/ cont/descargas/documento35215.pdf-Z>. Pensem, també, en les escultures romàniques del *Pòrtic de la Glòria* de la catedral de sant Jaume de Compostel·la <wikipedia.org/wiki/Escultura_romànica>, en el retaule major en alabastre policromat, del segle XV, realitzat per l'escultor tarragoní Pere Joan, de la catedral de Santa Maria de Tarragona, amb *Sant Pau i Santa Tecla*, en el Sant Pau renaixentista realitzat en marbre blanc per Miquel Àngel entre 1501 i 1504, avui a l'altar Piccolomini de la catedral de l'Assumpció de Siena <wikipedia.org/wiki/san_Pablo_(Miguel_Ángel)>, en les escultures a fora i dins del Vaticà. També el trobem en escultures al timpà de la Porta del Bisbe de la catedral de Zamora (segle XII) i en d'altres capelles de la mateixa Seu, en la talla policromada d'Écija, obra de Juan Bautista Vázquez, el Viejo, i el seu deixeble Gaspar del Águila, datada el 1575, d'estil manierista, tot i presentar un aspecte cromàtic barroc, a causa d'una repolicromia soferta el 1770 <conservacion-y-restauracion-catalogo-de-obras-restauradas/contenido/san_pablo_ecija.htm>. Ja més ençà, són dignes de menció el *Cap de sant Pau* barroc (1707), de Juan Alonso Vilabrille al Museu de Valladolid, representat en un terra pedregós amb les tres fonts que, segons la tradició brotaren en caure després de la decapitació <http://museoescultura.mcu.es/coleccion/obrasImprescindibles/gal19.html>, en el sant Pau, obra de Jaume Padró realitzada en terracota policromada (1775-1803), avui al museu de Cervera <http://visitmuseum.gencat.cat/ca/museu-comarcalde-cervera/objecte/escultura-de-sant-pau/>, en escultura del segle XX com el *Sant Pau* de la façana de la catedral de Girona, de Josep M. Bohigas i Masoliver (1906-1971), o al templet de l'Hospital de la Santa Creu i de Sant Pau.

Pintura

• Més enllà d'apòstols acompanyant pantocràtors i retaules, la vida de Pau de Tars ha estat representada pictòricament des de molt antic (cf. Pintura mural de la Catacumba de Santa Tecla (Roma, segle III): <https://xdoc.mx/preview/san-pablo-prisionero-5f0cc6c265 814>. Entre les millors obres medievals, *Sant Pau escrivint*, manuscrit del segle IX de les Cartes Paulines per l'escriba Wolfcoz, procedent de l'Escriptori del Monestir de St. Gallen, Württembergische Landesbibliothek Stuttgart; *Sant Pau entre Titus i Timoteu*, trona de la catedral de Pisa (1159-1162) del mestre Guglielmo, traslladat a la catedral de Càller el 1312: <https://it.wikipedia.org/wiki/Pergamo_di_Guglielmo>; *Sant Pau*, trencallums de sant Pere de Moissac, segle XII; *Sant Pere* (o un profeta) *i Sant Pau en el molí eucarístic*, capitell de l'església de la Magdalena de Vezelay, segle XII; *Sant Pau*, mitjacanya amb retrat del sant per Giotto, basílica superior d'Assís, finals del segle XIII; *Sant Pau rebent la llei de Crist*, pintura mural de Berzé la Ville, Borgonya, segle XI; *Sant Pau*, inicial historiada, miniatura de l'Escriptori de Winchester, segle XII; *Sant Pau*, baldaquí de l'església de Tost, MNAC, Barcelona, segle XII. També l'obra del Greco al Museo del Prado: <https://www.museodelprado.es/coleccion/obra-de-arte/san-pablo/c14bc64c-38ad-4098-a96b-bc203e302266>. En aquest sentit es pot consultar Santiago Manzarbeitia Valle: «San Pablo» *Base de dades digital d'iconografia medieval*, Universidad Complutense de Madrid, (2012), en línia: <HYPERLINK

"https://www.ucm.es/%20bdiconografiamedieval/san-pablo" https://www.ucm.es/bdiconografiamedieval/san-pablo>. També: <https://www.gettyimages.com.mx/fotos/san-pablo-ap%C3%B3stol>. Un pintor català, Sergi Barnils, a la petja de *l'action painting* o pintura gestual de Jackson Pollock, Mark Rothko o Clyfford Still, emmirallat en els expressionistes abstractes místics de la Northwest School americana –Mark Tobey (1890-1976), Willem De Kooning (1904-1997), Kenneth Callahan (1905-1986), Guy Anderson (1906-1998), Morris Graves (19010-2001), ha ofert darrerament exposicions basades en la Bíblia i en les cartes de Pau, com per exemple *Maran ata* (catàleg Fundació Vila Casas, Barcelona, 2017).

Pel que fa a plasmacions de la biografia paulina, oferim alguns episodis:

– ***Lapidació d'Esteve***: Miniatura en el Menologi de Basili II, avui a la col·lecció escrits grecs de la Biblioteca Apostòlica vaticana; pintura romànica de Boí, de cap al 1100, avui al Museu Nacional d'Art de Catalunya (MNAC); retaule gòtic dels sagraments, avui al Museu Sant Pius V de València (http://valenciaapedacitos.blogspot.com.es/2015/03/retablo-de-los-sacramentos.html); Rembrandt, datat al 1625, al Museu de les Belles Arts de Lió; Giorgio Vasari (1511-1574), als Museus Vaticans; Pietro di Cortona (1596-1659), pintada el 1640-1642, també als Museus Vaticans, a partir d'una anterior.

– ***Caiguda del cavall, ceguesa i conversió amb Ananies***. Miniatura de la Bíblia de Carles el Calb segle IX, Basílica de sant Pau Extramurs, Roma: <http://pendientedemigracion.ucm.es/centros/cont/descargas/documento35215.pdf>; Lorenzo Veneziano (1370), A. Durero (1471-1528) [gravat]. A partir del manierisme és tema molt tractat: destaquem obra de Parmigianino (1527), Pietro de Cortona (1630), Hans Spekaert (1540- 1577), Bonifazio Veronese (1545-50, Galeria dels Uffizi de Florència). També Miquel Ángel, el 1549, a la Capella Paulina del Vaticà; Caravaggio, a la col·lecció Odescalchi i a Santa Maria del Popolo de Roma (1600); Palma «il Giovane» [Jacopo Negretti] (1590-1595), Museu del Prado; Juan Bautista Maíno (1569-1649) al MNAC de Barcelona. Encara podríem citar obres de Rubens (ca. 1620), Francisco Camilo (1615-173) –al museu de Segòvia–, Murillo (1617-1682) –un oli no anterior a 1675–, Luca Giordano (1634-1705) –obra de vers 1690–, Brueghel el Vell (1789), Vincenzo Camuccini (1834) i del pintor mexicà Marcos Gama (2010).

– ***Sant Pau ermità*** Representat en un oli de José de Ribera (segle XVII), avui al Louvre de París: <http://www.preguntasantoral.es/2011/01/san-pablo-el-ermitano/>. Influí en l'obra del mateix títol d'Antonio de Pereda.

– ***Escrivint epístoles i/o estudiant l'Escriptura***: Obra del neerlandès Jan Lievens (1607-1674) <https://juancarlosboverimuseos.wordpress.com/category/pinturas-del-museo-agnes-etherington>. A més de la pintura de l'església de St. Séverin de París, caldria esmentar les obres de Bartolomeo Montagna (1482 avui al Museu Poldi de Pezzoli, Milà), El Greco i tants d'altres.

– ***Debatent amb Sant Pere***: José de Ribera, el Españoleto (1591-1652), el Greco (1541-1614), del 1595-160 –avui al MNAC–, Rubens (1611) a la The National Gallery of Victoria de Melbourne), Rembrandt (1626).

– ***Predicant a l'Areòpag***: Des d'un cartró renaixentista de Rafael elaborat per a un tapís el 1315-16 dins una sèrie de set, avui conservats a Londres, passant per la pintura de Marià Fortuny (1855-56), al MNAC, fins a Leonard Porter, en una obra de l'apòstol predicant a l'Areòpag del 2010.

– ***Picat per un escurçó***: Pintura mural de la capella de Sant Anselm de la catedral de Canterbury (~1160): <https://www.ucm.es/bdiconografiamedieval/san-pablo>.

– ***Decapitat***: El cap de Pau, segons la tradició, va fer tres salts i van néixer tres fonts (*Tre fontane*, de Roma). La seva decapitació, doncs, ha seduït molts artistes des de Mario Minniti, pintor sicilià amic de Caravaggio a Juan de Valdés (1650), Llanos Valdés (1670) i Enrique Simonet (1866-1927), que signa *La decapitación de Pablo* a Roma, el 1887, donada després per la família a la catedral de Màlaga.

Música

• Zbigniew Preisner és autor de la música del film *Blau* (*Azul: Tres colores*) de Krzysztof Kieslowski (1993), on la protagonista acaba l'ambiciosa partitura del seu marit titulada *Song for the unification of Europe* («Concert per a la unificació d'Europa»), basada en la versió grega original d'1Co 13. És d'aquelles cançons que arriben a l'ànima!

• Després del Concili Vaticà II, el P. Lucien Deiss (1921-2007), compositor, animà la litúrgia francesa, hispànica i catalana amb cançons amb referència a les epístoles de Pau; cf. el disc *Pueblo de reyes*, enregistrat a la catedral de Sant Jaume de Compostel·la per l'*Schola Cantorum* del Seminari Major Compostel·là. A la Xarxa es poden trobar diferents cançons com *Un solo Señor* o *Maranatta*.

• L'Any Paulí 2008-09, l'editorial San Pablo va celebrar-ho editant un CD sota el títol *En ti vivimos*, un veritable recopilatori de textos de Pau com aquests: «La vida es Cristo» del disc *Amarás*, de Maite López; «El amor» del disc *Tierra de bendición*; «Nada Soy» del disc *Con tu mismo amor*, de M. Ángeles Ruiz; «Si me falta el amor» del disc *Instrumento de tu paz*, de Gonzalo García Santos o «Te basta mi gracia» del disco *Alégrate* d'Ain Karem).

• Val la pena la recopilació *Es Cristo que vive en mí. Canciones a San Pablo*, editat també per la Librería virtual San Pablo. Comprèn 12 cançons inspirades en la figura de l'apòstol, amb temes pouats de cançoners populars i d'altres creats en ocasió de l'any paulí. Inclou l'himne oficial, *Si habéis resucitado con Cristo*, escrit per Johannes Paul Abrahamowicz O.S.B., monjo de l'Abadia de Sant Pau Extramurs, que evoca les epístoles als Romans i als Colossencs. La direcció musical i els arranjaments són de Jonatan Narváez, i la interpretació de diversos músics convidats, entre els quals Jézabel Narváez, Cintia Asesor, Christian López i Paula Recondo.

• Interessant també *San Pablo Apóstol de todas las razas*, d'Evelyn Candia (2009), i *Canción a San Pablo*, de Marisol Carrasco (2014).

Cinema

• *Hechos de los apóstoles* (*Atti degli apostoli*), en cinc episodis per a TV, de Roberto Rossellini (1969).

• *Pedro y Pablo*, de Robert Day (1981).

• *Los hechos de los apóstoles*, d'Edward Dew (1982). Documental de 20'.

• *Pablo, el emisario*, de Robert Marcarelli (1997).

• *Hechos de los apóstoles*, de Reghardt van den Bergh (2004); existeix en DVD.

• *Pedro* ['San Pietro'], de Giulio Base (2005).

• *Pablo de Tarso, el útimo viaje*, de Pablo Moreno (2010).

• Diferents esglésies i productores protestants o mormones han fet algunes incursions en films, vídeos i/o documentals sobre Pau; per exemple: *Los hechos de los apóstoles* i *Pablo el hombre de Tarso*, John W di P. (Elias Produccions: 1995) o bé *Camino de Damasco* i *San Pablo, apóstol de los gentiles*, vídeos mormons sobre la Bíblia. També el documental *El apóstol Pablo* (Khaled el Khaled (2015).

• Diferents canals de TV també s'han proposat dur la vida de Pau a les imatges com, per exemple, *Cómo san Pablo propagó el cristianismo* i *Templo de Artemisa: cómo Pablo se convierte en santo en el cristianismo* (Story Channel, 2013).

• *La Biblia: Pablo de Tarso* o bé *San Pablo, el apóstol misionero* (Títol original: *San Paolo*: dos episodis de TV), de Roger Young (2000).

• *La Biblia continúa*, 12 episodis per TV seguint els Fets dels Apòstols, d'aquests directors: Ciaran Donnelly, Brian Kelly, Tony Mitchell, Rob Evans, Paul Wilmshurst (2015).

C. BIBLIOGRAFIA PER SABER-NE MÉS

• Vida de Pau de Tars en el seu context

Álvarez, D.: *Pablo y el Imperio romano* (Salamanca: Sígueme, 2009).

Barbaglio, G.: *Pablo de Tarso y los orígenes cristianos* (Salamanca: Sígueme, 1992).

Barbaglio, G.: *Jesús de Nazaret y Pablo de Tarso. Confrontación histórica* (Salamanca: Secretariado Trinitario, 2009).

Bartolomé, J. J.: *Pablo de Tarso. Una introducción a la vida y la obra de un apóstol de Cristo* (Madrid: Ed CCS, 2010³).

Becker, J.: *Pablo, el apóstol de los paganos* (Salamanca: Sígueme, 1996).

Blázquez Martínez, J.M.: «Los nabateos», *Revista de Arqueología*, 25 (mayo 1983), pp. 30-36

Borg, M. J. - Crossan, J. D.: *El primer Pablo. La recuperación de un visionario radical* (Estella: Verbo Divino, 2009).

Bornkamm, G.: *Pablo de Tarso* (Salamanca Sígueme, 1978).

Crossan, J. D. - Reed, J. L.: *En busca de Pablo. El imperio de Roma y el imperio de Dios frente a frente* (Estella: Verbo Divino, 2006).

Dreyfus, P.: *Pablo de Tarso: Ciudadano del Imperio* (Madrid: Ed Palabra, 2001).

Dunn, J. D.: *El cristianismo en sus comienzos, vol II: Comenzando desde Jerusalén*, 2 vol. (Estella: Verbo Divino, 2012).

Fabris, R.: *Pablo. El apóstol de las gentes* (Madrid: Ed. San Pablo, Madrid, 1999).

Gnilka, J.: *Pablo de Tarso. Apóstol y testigo* (Barcelona: Herder, 1998).

Gunther, J. J.: *St. Paul's Opponents and their Background: A Study of a Apocalyptic and Jewish Sectarian Teachings* (Leiden: Brill, 1973).

Legasse, S.: *Pablo apóstol. Ensayo de biografía crítica* (Bilbao: Desclée de Brouwer, 2005).

Martini, C. M.: *Confesiones de San Pablo. Meditaciones* (Bogotà: Ed. Paulinas, 1983).

Mena, E.: *«También los griegos» (Hch 11,20): factores del inicio de la misión a los gentiles en Antioquía de Siria* (Salamanca: Publicaciones de la Universidad Pontificia, 2007).

Meeks, W. A.: *Los primeros cristianos urbanos* (Salamanca: Sígueme, 1988).

Murphy-O'Connor, J.: *Pablo, su historia* (Madrid: Ed. San Pablo, 2008).

Pesce, M.: *Le due fasi della predicazione di Paolo* (Bolònia: EDB, 1994).

Plácido Suárez, D.: «La pietas romana, el culto imperial y las religiones de salvación», a *Scripta antiqua: in honmorem Ángel Montenegro et José M. Blázquez Martínez*, coord. per A. Alonso i S. Crespo (Valladolid: Universidad de Valladolid, 2002).

Puigdollers i Noblom, R.: *Vida de Pau de Tars, apòstol del Messies Jesús* (Barcelona: Ed. Claret, 2010).

Puigdollers i Noblom, R.: «Els grans sacerdots jueus des de l'època d'Herodes el Gran fins a la guerra jueva», *Revista Catalana de Teologia*, 2005, p. 49-89.

Puigdollers i Noblom, R.: «Alternança de moderació i radicalisme en les autoritats jueves a Jerusalem en els anys 30 a 70 i la seva repercussió en les comunitats de deixebles de Jesús de Natzaret», en *Miscel.lània d'homenatge al Dr. Josep Rius-Camps*, *Revista Catalana de Teologia*, 2010, p. 539-579.

Puigdollers i Noblom, R.: «La col·lecta de Pau segons les seves cartes», *Butlletí de l'Associació Bíblica de Catalunya* 120 (2015), p. 25-54.

Read-Heimendinger, J: «Pau i la col·lecta», dins Puig i Tàrrech, A. (ed.): *Pau, fundador del cristianisme?* (Barcelona: ABC/PAM, 2012).

Rius-Camps, J. i Read-Heimerdinger, J.: *Demostració a Teòfil / Evangeli i Fets dels Apòstols segons el còdex Beza* (Barcelona: Fragmenta, 2009).

Sabugal, S.: *La conversión de san Pablo. Damasco: La ciudad de Siria o región de Qumran?* (Barcelona: Herder, 1976).

Sánchez Bosch, J.: *Nascut a temps. Una vida de Pau, l'apòstol* (Barcelona: Ed. Claret, 1998²).

Schürer, E.: *Historia del pueblo judío en tiempos de Jesús*, 2 vol. (Madrid: Ed. Cristiandad, 1985).

Vidal, A.: T*ras las huellas de San Pablo* (Barcelona: Ed. Vilamala, 1963).

Vidal, S.: *Pablo. De Tarso a Roma* (Santander: Sal Terrae, Santander, 2007)

Vidal, S.: *Iniciación a Pablo* (Santander: Sal Terrae, Santander, 2008).

Vouga, F.: *Los primeros pasos del cristianismo*; col. «Ágora», 7 (Estella: Verbo Divino, 2000).

Vouga, F., *Yo, Pablo. Las confesiones del Apóstol* (Santander: Sal Terrae, 2007).

• Introducció general a les cartes paulines

González Ruiz, J. M.: *El evangelio de Pablo* (Santander: Ed. Sal Terrae, 1988²).

Pastor-Ramis, F.: *Para mí, vivir es Cristo* (Estella: Verbo Divino, 2010).

Pervo, R. I.: *Pablo después de Pablo. Cómo vieron los primeros cristianos al apóstol de los gentiles* (Salamanca: Sígueme, 2012).

Puigdollers, R.: «Les cartes de Sant Pau: Introducció a l'epistolari paulí», Quaderns, 115 (Barcelona: Fundació Maragall/Claret, 2017), p. 9-14.

Sánchez Bosch, J.: *Escritos paulinos* (Estella: Verbo Divino, 1998).

Sánchez Bosch, J.: *Mestre dels pobles. Una teologia de Pau, l'apòstol* (Barcelona: Facultat de Teologia de Catalunya, 2003).

Taubes, J.: *Teologia política de Pau. Schmitt, Benjamin, Nietzsche, Freud* (Barcelona: Ed. Pòrtic, 2005).

Vidal, S.: *El proyecto mesiánico de Pablo* (Salamanca: Sígueme, 2005).

Vidal, S.: *Nuevo Testamento* (Santander: Sal Terrae, 2014).

• Les cartes originals

Alegre Santamaría, X.: *Carta a los romanos* (Estella: Verbo Divino, 2011).

Díaz Rodelas, J. M.: *1 Corintios* (Estella: Verbo Divino, 2013).

Gil Arbiol, C. J.: *Primera y segunda cartas a los tesalonicenses* (Estella: Verbo Divino, 2004).

González Ruiz, J. M.: *Epístola de san Pablo a los Gálatas* (Madrid: Instituto Español de Estudios Eclesásticos, 1964).

González Ruíz, J. M.: *Cartas de la cautividad* (Madrid: Instituto Español de Estudios Eclesiásticos, 1956).

LÉMONON, J.-P.: *Para leer la Carta a los Gálatas* (Estella: Verbo Divino, 1986).

PENNA, R.: *Carta a los romanos* (Estella: Verbo Divino, 2013).

PUIGDOLLERS I NOBLOM, R: «La primera col·lecció de cartes paulines: les cartes autèntiques» en *La Bíblia i el Mediterrani*, vol. II (Barcelona: ABC/ PAM, 1997), p. 329-350.

PUIGDOLLERS I NOBLOM, R: «Classificació i datació de les glosses en les col·leccions de cartes paulines», I i II, dins *Revista Catalana de Teologia*, núm. 26 (1001), p. 229-266 i núm. 27 (2002), p. 43-66.

SCHELKLE, K. M.: *Segunda carta a los Corintios* (Barcelona: Herder, 1969).

SCHLIER, H.: *La carta a los Gálatas* (Salamanca: Sígueme, 1975)

SCHLIER, H.: *El Apóstol y su comunidad. I Tesalonicenses. Texto y comentario* (Madrid: Fax, 1974).

SCHNEIDER, G.: *Carta a los gálatas* (Barcelona: Herder, 1967).

SCHÜRMANN, H.: *Primera carta a los tesalonicenses* (Barcelona: Herder, 1975).

TRAGAN, P. R.: «Un texte ancien sur l'organitsation de l'Église. 1 Thessaloniciens, 5-12-13» dins D. A.: *Ministères et célébration de l'Eucharistie. Sacramentum 1* (Roma: Studia Anselmiana, 1973).

VIDAL, S.: *Las cartas originales de Pablo* (Madrid: Trotta, 1996)

VIDAL, S.: *Las cartas auténticas de Pablo* (Bilbao: Mensajero, 2012)

VIDAL, S.: *El primer escrito cristiano. Texto bilingüe y comentario de 1 Tesalonicenses* (Salamanca: Sígueme, 2006)

WALTER, E., *Primera carta a los Corintios* (Barcelona. Herder, 1971).

WILCKENS, U., *La carta a los romanos*, 2vol. (Salamanca: Sígueme, 1997).

• LES PRIMERES CARTES PSEUDOEPIGRÀFIQUES:

ALETTI, J-.N.: *Épitre aux Colossiens* (París: Gavaldà, 1993).

BOISMARD, M.-É: *L'énigme de la letre aux Éphésiens* (París: Gavaldà, 1999).

COTHENET, E: *Las cartas a los colosenses y a los efesios* (Estella: Verbo Divino, 1994).

EGENOLF, H.-A.: *Segunda carta a los tesalonicenses* (Barcelona: Herder, 1970).

MCDONALD, M. Y.: «Efesios 5 y la política matrimonial» dins MCDONALD, M. Y., OSIEK, C. i TULLOCH, J. H.: *El lugar de la mujer en la Iglesia primitiva* (Salamanca. Sígueme: 2007).

MCDONALD, M. Y.: *Las comunidades paulinas. Estudio socio-histórico de la institucionalización en los escritos paulinos y deuteropaulinos* (Salamanca: Sígueme, 1994).

SÁNCHEZ BOSCH, J.: *Efesis i Colossencs: dues cartes de Pau?* (Barcelona: Facultat de Teologia de Catalunya, Barcelona, 2007).

SCHLIER, H.: *La carta a los Efesios. Comentario* (Salamanca: Sígueme, 1991).

SCHWEIZER, E., *La carta a los Colosenses* (Salamanca: Sígueme, 1987).

STAAB, D. - BROX, N.: *Cartas a los Tesalonicenses - Cartas de la Cautividad - Cartas Pastorales* (Barcelona: Herder, 1974).

TÁMEZ, E.: *Luchas de poder en los orígenes del cristianismo. Un estudio de la Primera Carta a Timoteo* (Santander: Sal Terrae, 2005).

• Les cartes pastorals

Brox, N.: «Las Cartas Pastorales», a Staab, D. - Brox, N.: *Cartas a los Tesalonicenses - Cartas de la Cautividad - Cartas Pastorales* (Barcelona: Herder, 1974).

Cothenet, E.: *Las cartas pastorales* (Estella: Verbo Divino, 1991).

Jeremias, J.: *Epístolas a Timoteo y a Tito* (Madrid: Fax, 1970).

Malina, B. J.: *Timothy: Paul's, Closest Associate* (Collegeville: Liturgical Press, 2008).

Puigdollers i Noblom, R., *Casa de Déu i casa de tots. Les cartes paulines a Titus i Timoteu* ([Granollers: La Torreta], 2011).

Pedalié, Y., «Las cartas pastorales», a Marguerat, D. (ed.), *Introducción al Nuevo Testamento* (Bilbao: Ed. Desclée de Brouwer, 2008), p. 307-326.

Reuss, J.: *Primera carta a Timoteo* (Barcelona: Herder, 1967).

Reuss, J.: *Segunda carta a Timoteo* (Barcelona: Herder, 1970).

Reuss, J.: *Carta a Tito* (Barcelona: Herder, 1968).

Sánchez Bosch, J., «Las cartas pastorales», a *Escritos paulinos* (Estella: Verbo Divino, 1998), p. 429-466.

• La Carta als hebreus:

Cervera i Valls, J.: *Jesús en la Carta als Hebreus. Una cristologia de matriu jueva* «Col·lectània Sant Pacià», 110 (Barcelona: Facultat de Teologia, 2015).

Mora Bartres, G.: *La Carta a los Hebreos como escrito pastoral* (Barcelona: Herder, 1975).

Puigdollers i Noblom, R.: «La carta a los hebreos y su inserción en las Cartas paulinas», *Estudios bíblicos*, LXXIV (2016), p. 51-76.

Schierse, F. J.: *Carta a los Hebreos* (Barcelona: Herder, 1970).

Strathmann, H.: *La epístola a los Hebreos* (Madrid: Ed. Fax, 1971).

Vanhoye, A.: *El mensaje de la Carta a los Hebreos* (Estella: Verbo Divino, 1990).

• Les cartes catòliques o universals

Becquet, G.: *La carta de Santiago: lectura socio-lingüística* (Estella: Verbo Divino, 1996).

Bonsirven, J.: *Cartas de san Juan* (Madrid: Ed. Paulinas, 1966).

Brown, R.E.: *Evangelio y epístolas de san Juan* (Santander: Sal Terrae, 1973).

Brox, N.: *La primera carta de Pedro* (Salamanca: Sígueme, 1994).

Cothenet, E.: *Cartas de Pedro* (Estella: Verbo Divino, 1987).

Dalton, W. J.: «Primera Carta de Pedro», a *Nuevo Comentario Bíblico San Jerónimo*. Vol. II. Nuevo Testamento (Estella: Verbo Divino, 2014) .

Knoch, O.: *Carta de Santiago* (Barcelona: Herder, 1969).

Leahy, T. W.: «Carta de Santiago», a *Nuevo Comentario Bíblico San Jerónimo*. Vol. III. *Nuevo Testamento*, Brown, R. E., Fitzmyer, J. A. i Murphy, R. E., eds. (Estella: Verbo Divino, 2001[4]), p. 476ss.

León Azcárate, J. L.: *Santiago, el hermano del Señor* (Estella: Verbo Divino, 1998).

Lugo H. Rodríguez, R. i López Rosas, R.: *Hebreos y cartas católicas: Santiago, 1 y 2 Pedro, Judas, 1,2 y 3 Juan* «Biblioteca Bíblica Básica», 21 (Estella: Verbo Divino, 2008).

Morgen, M.: *Las cartas de Juan* «Cuadernos bíblicos», 62 (Estella: Verbo Divino, 1988).

MUÑOZ LEÓN, D.: *Cartas de Juan* (Comentarios a la Nueva Biblia de Jerusalén) (Bilbao: Desclée de Brouwer, 2010).

NEYREY, J. H., «Segunda Carta de Pedro», dins *Nuevo Comentario Bíblico San Jerónimo, ibídem*, p. 634s.

NEYREY, J. H., «Carta de Judas», dins *Nuevo Comentario Bíblico San Jerónimo, ibídem*, p. 488ss.

TRIMAILLE, M., «Cartas Católicas», a M. CARREZ-P. DORNIER-M. DUMAIS-M. TRIMAILLE: *Cartas de Pablo y Cartas Católicas* (Madrid: Cristiandad, 1985).

PUIGDOLLERS I NOBLOM, R., «Origen i datació de les cartes catòliques», *Revista Catalana de Teologia* (2006), p. 35-51.

SCHELKLE, K. H.: *Cartas de Pedro. Carta de Judas. Texto y comentario* (Madrid: Ed. Fax, 1974).

SCHNACKENBURG, R.: *Cartas de San Juan. Versión, introducción y comentario* (Barcelona: Herder, 1980).

SCHWANK, B.: *Primera carta de san Pedro* (Barcelona: Herder, 1970).

STOEGER, A., *Carta de san Judas. Segunda carta de san Pedro* (Barcelona: Herder, 1967).

THÜSING, W.: *Las cartas de san Juan* (Barcelona: Herder, 1973).

TRIMAILLE, M.: «Cartas católicas», a CARREZ, M.-DORNIER, P.-DUMAIS. M.-TRIMAILLE, M.: *Cartas de Pablo y Cartas Católicas* (Madrid: Ed. Cristiandad, 1985).

TUÑÍ, J.-O.-ALEGRE, X.: «Cartas de Juan», a TUÑÍ, J.-O.-ALEGRE, X.: *Escritos joánicos y cartas católicas* (Estella: Verbo Divino, 1998[3]), p. 173-212.

TUÑÍ, J.-O.-ALEGRE, X.: «Cartas católicas», a TUÑÍ, J.-O.-ALEGRE, X.: *Escritos joánicos y cartas católicas* (Estella: Verbo Divino, 1998[3]), p. 289-379.

FIGURAS
HOMBRES DIBUJADOS CON
53

2 Jesús: els evangelis, els Fets dels Apòstols i l'Apocalipsi

A. TEXT INICIAL

....els jueus, amb més afany, buscaven de matar-lo, perquè veien que, a més de violar el repòs del dissabte, afirmava que Déu era el seu Pare i es feia així igual a Déu.*

Llavors Jesús prengué la paraula i els digué: «Us ben asseguro que el Fill no pot fer res pel seu compte, fora d'allò que veu fer al Pare: allò que fa el Pare, ho fa igualment el Fill. El Pare estima el Fill i li mostra tot el que fa. I encara li mostrarà obres més grans que aquestes, i en quedareu meravellats. Perquè així com el Pare ressuscita els morts i els dona la vida, també el Fill dona la vida a qui vol. I el Pare no s'ha reservat de judicar ningú, sinó que ha confiat al Fill tot el judici, perquè tots honorin el Fill com honoren el Pare.** El qui no honora el Fill, tampoc no honora el Pare que l'ha enviat. Us ben asseguro que els qui escolten la meva paraula i creuen en el qui m'ha enviat, tenen vida eterna; i en el judici no seran condemnats, perquè ja han passat de la mort a la vida. Us ben asseguro que arriba l'hora, més ben dit, és ara, que els morts sentiran la veu del Fill de Déu, i els qui l'hauran escoltada viuran. Perquè així com el Pare té vida en ell mateix, també ha concedit al Fill que tingui vida en ell mateix. I li ha donat poder de judicar, ja que és el Fill de l'home. [...] Vosaltres investigueu les Escriptures, perquè us penseu que gràcies a elles obtindreu vida eterna. Doncs les Escriptures també donen testimoni de mi. [...] No us penseu que seré jo qui us acusarà davant el Pare: el qui us acusa és Moisès, en qui teniu posada l'esperança. Perquè, si creguéssiu Moisès, em creuríeu a mi, ja que ell va escriure de mi.*** Però si no creieu els seus escrits, com creureu les meves paraules? [...] No he baixat del cel per fer la meva voluntat, sinó la voluntat del qui m'ha enviat.[...] Això us escandalitza? Doncs què direu quan veureu el Fill de l'home pujant on era abans? [...]»

De fet, ni els seus germans no creien en ell. Els va dir: «El meu temps encara no ha arribat [...] Us ho ben asseguro: des d'abans que Abraham nasqués, jo soc».**** [...]

Els jueus tornaren a agafar pedres per apedregar-lo. Jesús els digué: «M'heu vist fer moltes obres bones, que venien del meu Pare. Per quina d'elles em voleu apedregar?» Els jueus li respongueren: «No et volem apedregar per cap obra bona, sinó per blasfèmia, perquè tu, que ets un home, et fas Déu». Jesús els replicà: «En la vostra Llei no hi ha escrit: Jo declaro que sou déus?***** Per tant, si l'Escriptura, que no es pot anul·lar, anomena déus els qui van rebre la paraula de Déu, per què a mi, a qui el Pare ha consagrat i enviat al món, m'acuseu de blasfèmia quan declaro que soc Fill de Déu? Si no faig les obres del meu Pare, no em cregueu, però si les faig, i a mi no em creieu, creieu almenys aquestes obres. Així sabreu i coneixereu que el Pare està en mi, i jo, en el Pare.» [...]

Caifàs, que aquell any era el Gran Sacerdot, els digué: «Vosaltres no enteneu res. No us adoneu que val més que un sol home mori pel poble, i no pas que es perdi tot el poble?»

Jn 5,18-27.39-40.45-47; 6,38.61b-62; 7,5-6a; 8,58b; 10,31-38; 11,49b-50.

***Notes de la** Bíblia Catalana Interconfessional:*

* De la pretensió de ser fill no es dedueix necessàriament la igualtat amb el Pare, però el text recull la confessió de la fe de la comunitat joànica sobre Jesús.

** Jutjar els homes és una prerrogativa divina. En els escrits del NT sovint és atribuïda a Jesús.

*** Vistes des d'una perspectiva cristiana, les Escriptures (de qui es feia autor Moisès), és a dir, l'AT, són una preparació i un anunci de Jesús; per tant, parlen d'ell.

**** Afirmació fonamental, com a 8,27; la frase «jo soc» sense atribut, recorda la revelació que Déu fa del seu nom a Moisès (Ex 3,14-16)]

***** Llei, aquí, designa totes les Escriptures sagrades dels jueus (TNK). La referència és el Salm 82,6. Cal notar que Jesús parla de la «vostra» Llei, com si se'n distanciés.

2.1. Les diferents imatges de Jesús

Nascuts i nodrits enmig de la cultura occidental, tots tenim una imatge de Jesús. N'hem sentit dir mil coses: hem visitat esglésies, n'hem escoltat xerrades, debats i catequesis, ens hem format entre pintures, escultures, músiques, llibres, representacions teatrals –«pastorets» i «passions» són molt pròpies de casa nostra–, films i programes de televisió. Tots portem al damunt determinades concepcions, veritables crostes que sovint ens en separen i no ens deixen afinar-ne prou objectivament la visió. I això que les fonts per al Jesús històric són clares (cf. APÈNDIX 8). Les imatges, malauradament, no valen més que les paraules, però tenen molt de pes. Un simple exemple: tothom té al cap una fisonomia determinada de Sanxo Panza, l'escuder del Quixot: baixet, panxacontent i camacurt. Cervantes, al *Quixot*, ens el descriu, en canvi, ben camallarg –*zancas largas*– fins al punt que un dels seus àlies és «*Zancas*» (I, IX). Però a veure qui és el valent, amb la concepció que hi ha del personatge, d'ençà de les il·lustracions de Gustave Doré (1863), de pintar-lo amb les cames llargarudes i primes!

Amb Jesús passa el mateix multiplicat per mil; en primer lloc, perquè segons l'estadístic nord-americà D. B. Barrett, cada sis hores es publica al món un llibre sobre Jesús i, en segon lloc, perquè el llenguatge religiós –el que s'empra per parlar de Jesús– és mític i, per tant, no històric sinó metahistòric. I això no vol pas dir que sigui inventat o fals. Lluís Duch escriu: «El mite és una *narració*, no una *explicació*, d'allò que altrament romandria en l'àmbit de l'inexpressable, i doncs, de l'inexistent per a l'ésser humà concret.» Paul Ricoeur posà en relleu que mite i realitat històrica es troben, almenys a Occident, en una situació de reciprocitat. Sobretot després de l'escissió cosmoteàndrica. Pot esdevenir-se, doncs, que dins del llenguatge religiós la *literalitat* de les narracions –que no són simples explicacions– no sigui històricament verificable, però allò que volen dir, és a dir, el camp semàntic que obren, sí que és ver i, en la varietat de contextos i situacions ens permeten certes orientacions enmig del caos immanent a la nostra condició humana. Res d'estrany que darrerament s'hagi parlat molt de la recerca històrica de Jesús –la vida de Jesús ha deixat de ser literatura pietosa o devocional, perquè apareixen biografies aplicant tota la metodologia crítica i transdisciplinària de què disposen avui les ciències històriques– davant la preocupació de si aquest Jesús històric és el mateix que el Crist de la fe o hi ha un abisme infranquejable entre l'un i l'altre.

Això, que no és difícil d'entendre, és difícil de ser assumit pels nostres models mentals i, sovint, inconscientment, ens fem trampes al solitari. Un parell d'exemples cabdals. Tots sabem què és el pessebre com a representació del naixement de Jesús a Betlem. Però els experts actualment ens diuen que Jesús va néixer molt probablement a Natzaret i que Betlem és una simple dada teològica, perquè s'havia interpretat una profecia (Mi 5,1) en aquest sentit (els mags, de fet, el troben en una casa segons Mt 2,11). Aleshores no podem assegurar res històricament? Vet aquí on hi ha la trampa: voler convertir en històric el que és mític. Betlem potser no és cap dada històrica, però ens assegura que Jesús va néixer en la més completa indigència i que els primers a qui es manifestà van ser uns pastors que vivien al ras –no pas xirois com els dels nostres «Pastorets» ni edulcorats com els de les figures del pessebre– i uns mags gentils i estrangers, no jueus, als quals estrafem com a *Reis* per poder-los manipular millor; és a dir, a dos dels estaments més mal vistos a Israel: pastors, sempre conflictius amb els amos de les terres on pasturaven, i mags, l'ofici dels quals a Israel es castigava amb la mort (Lv 20,27). El mite ens obre sempre uns camps de significació molt més profunds que la simple veritat històrica. El segon exemple podria ser el de la resurrecció de Jesús. Ja Tomàs d'Aquino assegurava que els apòstols no van pas veure el Ressuscitat sensiblement –ni ells ni ningú–, sinó amb els ulls oberts de la fe (*oculata fidei viderunt*, III, q. 55 a 2 ad I). Avui el jesuïta F. Riera Figueras escriu que «ni el fotògraf ni el notari haurien pogut testimoniar la Resurrecció». Cap càmera de televisió, encara que s'hagués passat la nit i matinada de Pasqua davant del sepulcre, no l'hauria pogut retransmetre. La fe en el fet que un home com Jesús no podia acabar a cap fossa, pou de calç o carner, prové de la fe israelita d'aquells que creien ineluctablement en el just perseguit; aquest havia de ser finalment premiat. En tenim múltiples exemples: de Josep, acusat per la muller de Putifar (Gn 39,41), passant per Tobit (Tb 1,18-22) fins a Daniel (Dn 6,13s); dels que creuen en una justícia postmortal com en el quart cant del Servent de Jahvè (Is 52,13-53,12) fins al llibre de la Saviesa (2,4-5.23;3,1-9; 5,15-16) i, sobretot, al segon llibre dels Macabeus (6,19.28-7,42;14,41-46); justament a 7,14, el germà torturat i moribund s'encara a Antíoc Epífanes així: «Val més morir a mans dels homes quan s'espera que Déu ens ressuscitarà tal com ha promès. Però per a tu no hi haurà pas resurrecció a la vida.» La resurrecció és mítica i no històrica; el que és històric és que els deixebles de Jesús hi van creure i van identificar –amb aparicions incloses– el Crucificat amb el Ressuscitat! I què enriqueix més la ment humana, la comprensió mítica o la reducció d'allò que és només verificable sensorialment, històricament?

Avui, l'existència històrica de Jesús no és gens discutida. Tenim testimonis del segle I, tant romans (Gai Vel·lei Patercle), com hel·lenístics (Mara bar Sarapió) i jueus (Josep Flavi, malgrat algunes interpolacions, avui conegudes, del seu text d'*Antiguitats judaiques*: 8, 63-64). També del segle II tenim testimonis grecs (Llucià de Samòsata) i romans (Tàcit, Plini el Jove, Suetoni). Per no parlar del grec Dió Cassi (segle III) i d'alguns testimoniatges arqueològics (per exemple, inscripcions en pedra de personatges contemporanis com Pilat o Caifàs). Els textos jueus posteriors a Josep Flavi són escassos i polèmics. Al *Talmud de Babilònic* –no acabat fins al segle V dC– es denigra Maria (*Sanedrí 106a* la qualifica de 'prostituta'), acusa Jesús i els seus deixebles de practicar la màgia negra i la fetilleria, de portar els jueus pel camí de la idolatria (*Sanedrí 4a*) i, fins i tot, es demana que es cremin els llibres cristians –el Nou Testament–, un testimoni més, bé que tardà, de la seva existència i expansió. Altrament, els descobriments de la denominada biblioteca de Nag Hammadi (1945) i dels manuscrits del Qumran (1947-1956), juntament amb els avenços de l'exegesi bíblica, han complementat escrits intertestamentaris que deixen copsar millor el context on es va moure Jesús en els moviments politicosocioreligiosos de la Palestina del seu temps (cf. APÈNDIXS 1 i 11).

Per a un historiador romà, Jesús, nascut el 7-5 aC, hauria estat poc més que un avalotador i, precisament per això, mor a la creu l'any 30 dC. Un historiador jueu potser filaria més prim i escriuria que un grup d'itinerants seguidors del Baptista, que predicava una conversió perquè s'acostaven els darrers temps, es polititzà amb Pere i Jesús, que acabà encapçalant el grup com el seu *hasid* carismàtic; ara bé, a l'Hort de les Oliveres de Jerusalem, quan preparaven un cop de mà politicoreligiós, foren desbaratats una nit, cosa que havia de costar-li la vida a Jesús. Un cop mort, es va creure que havia estat un home excepcional: uns van voler mantenir el seu record posant per escrit –primer, segurament, en arameu– la seva predicació; d'altres, emparentats amb Jesús, fundaren una comunitat a Jerusalem recordant el seu darrer sopar amical, no pas sense tensions amb un altre grup d'hel·lenojueus també creients en ell, un cap dels quals, Esteve, ho va pagar amb la vida, l'any 36 o 37. És a dir, mitja dotzena d'anys després de la mort del seu líder.

Gosaria dir, tanmateix, que la imatge que puguem tenir de Jesús és una imatge hologramàtica. Els hologrames permeten reproduir en tres dimensions la imatge d'un objecte. Ara bé, un observador atent no sols pot veure la imatge tridimensional d'aquest objecte, sinó que, en desplaçar-se, pot apreciar-lo en diferents perspectives (els entesos parlarien de diferències de paral·laxi); ara bé, més enllà d'un cert límit, en voler constrènyer la visió forçant el desplaçament per assolir una altra perspectiva anhelada com a més escarida, pots perdre la totalitat de la visió. En aquest sentit hauríem de disposar-nos a ser terra verge per entendre Jesús, com ho va ser Pau.

Encara que s'hagi dit que Pau no s'interessa per la biografia de Jesús, de les seves cartes en podríem extreure aquesta fitxa acabada de perfilar entorn de l'any 55, quan escriu la seva darrera carta als Romans:

> Jesús era del llinatge de David (Rm 1,3), nascut d'una dona normal i sotmès a la Llei de Moisès (Ga 4,4). Va formar un grup de Dotze deixebles (1Co 15,3), els envià a predicar com a apòstols; entre ells es trobava Simó Pere, dit Cefes (1Co 9,5; Ga 1,18), reputat com una columna de la comunitat jerosolimitana (Ga 2,9). Un dels germans de Jesús es deia Jaume (Ga 1,19). Tant els apòstols com els germans de Jesús i Cefes acostumaven d'anar acompanyats, com una germana, d'una dona creient (1Co 9,5). La nit abans de ser traït i detingut, s'acomiadà dels seus a taula en un sopar (1Co 11,23). Va morir crucificat i fou sepultat o llençat a una fossa comuna, en la proximitat de la festa jueva de la Pasqua (1Co 5,7-8). Els seus deixebles el predicaven ressuscitat el tercer dia com una Bona Nova o Evangeli (1Co 15,1), perquè no sols hauria demostrat que un altre món era possible, capgirant l'imperi del Cèsar pel del Regne de Déu de «la justícia, la pau i el goig» (Rm 14,17), sinó que hauria estat considerat el veritable Messies (Crist), capaç d'obtenir-nos la salvació i el blanqueig de les nostres responsabilitats (1Co 15,2-3) en morir gratuïtament per tota la humanitat. Aquests deixebles consideraven que n'havien tingut experiències en què es presentava viu, com va ser el cas de Cefes, els Dotze, Jaume i els apòstols, molts altres deixebles –cinc-cents germans– i el mateix Pau (1Co 15,5-8). Com a Ungit o Crist ha de regnar fins que Déu haurà posat tots els enemics sota els seus peus (1Co 15,25); per això, el considero provocativament *Senyor* (Kýrios), títol només donat a l'emperador de Roma, i estic disposat a fer-lo conèixer als gentils (Ga 2,9). En tornar de l'Aràbia nabatea, vaig pujar a Jerusalem i vaig passar quinze dies amb Cefes, on també vaig conèixer Jaume, el germà de Jesús (Ga 1,18; cf. APÈNDIXS 2, 3 i 6).

Uns vint-i-cinc anys després, cap a l'any 80, Lluc relata aquesta síntesi, aquest cop feta per un dels deixebles d'Emmaús, tres dies després de la crucifixió:

Jesús de Natzaret, un profeta poderós en obres i en paraules davant de Déu i de tot el poble: els nostres grans sacerdots i els altres dirigents el van entregar perquè el condemnessin a mort, i el van crucificar (cf. APÈNDIXS 6 i 14). Nosaltres esperàvem que ell seria el qui havia d'alliberar Israel. Però ara ja som al tercer dia des que han passat aquestes coses! És cert que algunes dones del nostre grup ens han esverat: avui han anat de bon matí al sepulcre, no hi han trobat el seu cos i han tornat dient que fins havien tingut una visió d'àngels, els quals asseguraven que ell viu. Alguns dels qui són amb nosaltres han anat també al sepulcre i ho han trobat tot tal com les dones havien dit, però a ell no l'han vist pas (Lc 24,19b-23).

I Pere, en la mateixa època, per boca de l'autor dels Fets dels Apòstols, fa un altre resum no pas gaire diferent de la fitxa que hem pouat de Pau:

Israelites, escolteu aquestes paraules: Jesús de Natzaret era un home que Déu va acreditar davant vostre, obrant entre vosaltres, per mitjà d'ell, miracles, prodigis i senyals (cf. APÈNDIX 13). Tots ho sabeu prou. Doncs bé, aquest Jesús va ser entregat d'acord amb la decisió que Déu havia pres i fixat per endavant, i vosaltres el vau matar fent-lo clavar a la creu per uns impius. Però Déu l'ha ressuscitat alliberant-lo dels dolors de la mort, que de cap manera no podia continuar retenint-lo sota el seu poder. Perquè David, referint-se a ell, deia [*es refereix al Salm 16, 8-11*]: «Sempre tinc present el Senyor;/ amb ell a la dreta, mai no cauré./ El meu cor se n'alegra/ i en faig festa tot jo;/ fins el meu cos reposa confiat:/ no abandonaràs la meva vida/ enmig dels morts/ ni deixaràs/ que el teu Sant es corrompi./ M'ensenyaràs/ el camí que duu a la vida:/ joia i festa a desdir al teu davant.»

Germans, permeteu que us parli clarament. El patriarca David va morir i va ser enterrat, i encara avui podem veure el seu sepulcre. Però ell, que era profeta i coneixia el jurament que Déu li havia fet de posar en el seu tron un dels seus descendents, va veure per endavant la resurrecció de Crist i en va parlar quan deia que no havia estat abandonat enmig dels morts i que el seu cos no s'havia corromput. A aquest Jesús, doncs, Déu l'ha ressuscitat; tots nosaltres en som testimonis. La dreta de Déu l'ha enaltit, i ell ha rebut del Pare l'Esperit Sant promès, i ara l'ha donat amb abundància: això és el que vosaltres veieu i sentiu. Perquè David no va pujar pas al cel, però va dir [*esmenta el Salm 110,1*]: «Oracle del Senyor al meu Senyor:/ Seu a la meva dreta,/ i espera que posi els enemics/ com a escambell dels teus peus.» Per tant, que sàpiga de cert tot el poble d'Israel que Déu ha constituït Senyor i Messies aquest Jesús que vosaltres vau crucificar. (Ac 2,22-36).

Han passat només 50 anys d'ençà de la mort de Jesús. Un creient actual com podria ser qualsevol de nosaltres podria fer la seva fitxa de la imatge que té de Jesús. L'any 2010, al meu llibre *Carta al Papa d'un creient crític*, oferia més o menys aquesta meva fitxa per al papa Benet XVI abans de la consagració de la basílica de la Sagrada Família barcelonina:

> Jesús (*Iexua*, abreviació de Josuè) no sols no va tenir cap llinatge immaculat (esguardem només la genealogia de Mateu!), sinó que va néixer de manera sospitosa (Jn 8, 41 reflecteix la controvèrsia anticristiana), segurament a Natzaret, un vilatge de 200/300 habitants, l'any 7/5aC. [La data del 25 de desembre substituí l'antiga festa romana del naixement del Sol Invicte.] Per què aquesta por de dir que era un membre més d'una família nombrosa constituïda, almenys, per quatre germans més (Jaume, Josep, Judes –potser, Tomàs, bessó de Jesús, com asseguren alguns experts–, Simó i, almenys, un parell de noies) com diuen els Evangelis (Mc 6,3; Mt 13,55)? [...].
>
> Jesús viu en un poble miserable i desconegut la major part de la seva vida (no en podia sortir res de bo!, diu Jn 1,46; cf. APÈNDIX 11), parla en arameu, com tots els jueus després de l'exili babilònic –l'hebreu sols s'usava en les lectures de la litúrgia sinagogal–, potser xampurreja un xic el grec, aprèn oralment i de manera profunda els continguts de la creença jahvista que sempre va viure i manifestar, tot i ser analfabet (Jn 7,15), mastega la indefugible resistència insurgent dels galileus, es compromet amb el vot del nazireu (Nm 6,1ss) –mai no se li digué «natzaretà» ni l'expressió «Jesús de Natzaret» surt al Nou Testament–, i cap a l'any 28 segueix el moviment Baptista, que ni era fill de sacerdot ni cosí seu.
>
> Havia de ser un noi difícil. Quan els pares el perden al Temple se'ls hi encara i els renya: «Per què em buscàveu?» (Lc 2,49). Quan els seus el volen fer passar per boig (Mc 3,21), vol superar les estretors del nucli cultural familiar assegurant que la mare i els germans veritables són els que fan la voluntat de Déu. Sobretot per a la mare, no devia ser fàcil. Quan elogien els pits que el van alletar, exclama que són més sortosos els que escolten la paraula de Déu i la guarden que no pas els pits que el van nodrir (Lc 11,28).
>
> Aprèn molt del Baptista. El mitifica –és més que profeta (Mt 11,9)– i el converteix en l'home més gran nascut de dona (Lc 7,28). I d'ell assumeix part del profetisme apocalíptic: el Temple està prostituït i un dia baixarà foc del cel i ho farà tot nou de dalt a baix. Però resulta que Déu no baixa i Herodes Antipes decapita el Baptista a la quinta forca, a Maquerunt. Deu trigar setmanes a assabentar-se'n i a indignar-se. Antipes també el busca per matar-lo (Lc 9,9; 13,31). «Digueu a aquell escurçó que m'estic guanyant una mort-resurrecció més escandalosa que la de Joan; però, si a mi em volen matar, serà a Jerusalem, enmig de la gent, i no en un lloc apartat» (Lc 13, 31-33).

Aleshores ja ha pres consciència que Déu no baixarà del Cel a arranjar allò que podem arranjar els homes. Comença una segona etapa en la seva vida. Cal canviar el món de soca-rel perquè es deixi d'oprimir els més indigents d'una vegada. Cal un món alternatiu al del Cèsar Tiberi. En dirà Regne de Déu –un Déu vist com un pare (pregària del Parenostre)– i pressuposa la proximitat de l'acció de Déu en la història humana. «*El més petit en el Regne de Déu és més gran que el Baptista*» (Lc 17,29; cf. APÈNDIXS 12 i 13). Som els homes els que ens hem d'arromangar les mànigues de la camisa i pugnar per arranjar el món. Només així ens salvarem amb ell. Ens cal consalvar-nos junts. El conflicte és clar. Jesús no el defuig i el presenta diàfanament davant dels seus quan els demana que escampin la Bona Nova pels pobles. «Tenim una tasca difícil. Si no us fan cas, espolseu-vos la pols dels peus en testimoni contra ells» (Lc 9, 5). «La sort de Sodoma i Gomorra serà més suportable en el dia del judici que el d'aquella població» (Mt 10, 15). El poble senzill el va seguir. I escoltava les seves sentències i paràboles, i s'admirava dels seus exorcismes i comentava la seva predicació d'un Déu misericordiós, sempre a punt de perdonar (cf. APÈNDIX 13). No sabem si la seva predicació va durar tres anys (com sembla dissenyar l'Evangeli de Joan) o només un (segons els altres Evangelis). Els del terròs, els *Am ha-àrets*, i els qui no posseïen res, els *dal·lat ha-ares*, que es consideraven indignes fins i tot de trepitjar el Temple, aprenien sorprenentment de Jesús que Déu era més a prop d'ells, els més senzills, que no pas dels sacerdots. I li confiaven les guaricions dels mals, aprenien que no calia destriar menjar caixer d'altres menjars i que Déu se'ls escoltava i els atenia sense cap necessitat de passar pel Temple a bescanviar diners i pagar tots els tributs estipulats.

I, per si fos poc, encara els ho va fer més palès, després d'un moment de crisi entre els seguidors. En primer lloc, purificà el Temple expulsant-ne els banquers-canvistes, acció vista com un gest profètic (Mc 11,15; Mt 21,10ss). Avui sabem que al Temple sols s'admetia moneda tíria, famosa pel seu bon aliatge, i els experts posen pes en aquest fet com una de les causes de la seva condemna: amb un simple granet de sorra va engegar a rodar el sistema econòmic dels sacerdots jerosolimitans en uns dies de grans entrades econòmiques i guanys sense mesura. Una cosa així (i perdoneu la franquesa) com si algú assolís posar *sottosopra* les finances vaticanes! En segon lloc, si seguim l'Evangeli de Mateu, Jesús es posà a denunciar la hipocresia dels mestres i dels que «s'han assegut a la càtedra de Moisès» (Mt 23,1ss). De fet, la seva era una proposta de comunitat alternativa a les comunitats existents, la comunitat del Regne, en la qual els components no es deixen dir rabins ni pares ni guies, perquè el més important de tot és servir. I, per això, les malaurances: «Ai dels que bloquegeu o falsegeu la novetat de Déu!» (Mt 23,13). En traducció lliure: «Ai dels que malegeu prosèlits! Ai dels que eludiu els compromisos cínicament! Ai dels que compliu detalls externs i abandoneu els deures interns de justícia i estimació! "Coleu un mosquit i us empasseu un camell!" Ai de la vostra rapacitat i cobdícia interna! Ai de la vostra impuresa interior! Cria d'escurçons, ai de vosaltres, que en el vostre actuar us equipareu als assassins dels profetes! La vostra generació ho ha de pagar car!» (Mt 23,15-36). Amb quin dolor devia escriure aquestes coses, el jueu Mateu!

Com a coronament de tot, Jesús va sortir del Temple, per no tornar-hi mai més (Mt 24,1). Els deixebles encara estaven una mica embadalits per les construccions d'Herodes el Gran (cf. APÈNDIX 9), com hi queden els visitants o turistes a la Plaça de Sant Pere. Jesús no vol que la columnata de Bernini ni els marbres robats a mitja Roma els enlluernin els ulls ni els emboirin el cervell: «Ho veieu, oi? Doncs no en quedarà pedra sobre pedra: tot serà enderrocat!» (Mt 24,2).

Jesús abandonà el Temple a la seva sort. Els savis i lletrats l'havien titllat d'endimoniat. Aviat construiran el «seu» relat i el convertiran en un golut i un bevedor, amic de pecadors i prostitutes (Mt 11,19). Al final, els mateixos representants de Déu, asseguts a la càtedra de Moisès, el declararan heretge i blasfem! I, tot considerant-lo impostor (Mt 27,63), cercaren la conxorxa dels representants polítics de la civilització i la *pax romana* perquè el declaressin terrorista i se l'executés extramurs amb la mort més ignominiosa de totes les conegudes: la crucifixió (cf. APÈNDIX 14).

Ja està. «Morta la cuca, mort el verí», diem els catalans. I no. Encara que els autors dels Evangelis es contradiguin –l'evangeli de Marc s'acaba amb la tomba buida; el de Mateu afegeix que el Jesús reviscut precedeix els deixebles a Galilea; segons el de Lluc no s'han de moure de Jerusalem; per a Joan, només la Magdalena el veurà inicialment–, coincideixen a fer-nos entendre que els seus seguidors creien que el Natzarè no podia haver acabat en cap mena de sepultura. Era viu i no pas enterrat i sepultat! [...] Aquell Jesús vivia en una altra dimensió! El Crucificat era el Ressuscitat!

Ens trobem en plena elaboració literària d'un fet crucial. S'ha anat imposant la concepció d'una crònica televisiva, com si Jesús s'hagués alçat del sepulcre amb vestits resplendents, un focus de llum i amb l'*Al·leluia* de Haendel de fons! [...] Cap evangeli no ens explicita com succeí la resurrecció de Jesús, tret de l'apòcrif de Pere (que ho fa amb una metàfora preciosa identificant Resurrecció i Salvació!). Cap càmera de televisió no hauria pogut enregistrar la resurrecció de Jesús encara que l'haguessin plantada durant tota una setmana davant d'on va ser enterrat! El mateix s'esdevé amb les aparicions –elaborades molt més tard que la convicció que Jesús seguia viu, i capaç de menjar i tot, per demostrar que no era cap fantasma ni cap ànima en pena (Lc 24,41-42) [...] Només des d'aquesta senzillesa és fàcil d'entendre que ben aviat es cregués en Jesús com la revelació de Déu. «Exaltat, doncs, a la dreta de Déu, i després de rebre del Pare l'Esperit Sant promès, l'ha vessat amb profusió; això és el que vosaltres veieu i sentiu», proclamarà Pere (Ac 2, 33). [...]

Era aquest el meu retrat de Jesús per al Papa de Roma abans de visitar Barcelona. Afegia:

> No us ho mostraran ni tindreu temps de veure-ho, Sant Pare, però Gaudí, que va voler bastir el temple amb les tres façanes del Rosari, supera la materialitat formal del Rosari i no posa pas l'Ascensió i la baixada de l'Esperit Sant a la façana de la Glòria, sinó que els fa esculpir a la façana de la Passió i hi posa també l'Alenada Sagrada de l'Esperit en forma de Colom. A la façana de la Passió! Als misteris de dolor! (Per a un cristià, el dolor no s'entén sense la joia i viceversa!) Tres festes per significar el mateix. Gaudí havia entès perfectament que Resurrecció, Ascensió i Pentecosta són tres representacions d'un mateix fet: que Jesús venç la mort com el primer de tots els humans i, a la dreta de Déu, vessa la seva Santa Alenada en el nostre interior. L'Església encara sembla voler distingir litúrgicament les tres, cadascuna per la seva banda, com si fossin tres realitats diferents!

Acabava assegurant que no pretenia pas dir l'última paraula de Jesús perquè Jesús sempre serà notícia nova i bona notícia. Però li demanava que l'Església deixés d'adulterar Jesús. Jesús no ens salva de cap de les nostres passivitats, sinó que ens salva incitant-nos a salvar-nos en Ell, de manera que ens consalvem amb ell, vaig escriure. Massa sovint hem convertit l'home radicalment fidel a Déu en un ídol. Li demanava una imatge d'un Jesús fet i condret, nu de tots els oripells que se li han penjat. El Jesús de les Benaurances, el Jesús afamat de justícia, amb una opció radical pels pobres, és una amenaça. Perquè Jesús, presentat en la seva veracitat, engresca i sedueix.

2.2. JESÚS I ELS TEXTOS EVANGÈLICS: INTERDEPENDÈNCIES I CARACTERÍSTIQUES

La veritable imatge de Jesús ens l'ofereixen els Evangelis. Els Evangelis no són història, encara que tinguin història; ni crònica periodística, encara que s'acostin al gènere de la crònica. No són biografia, encara que en continguin. Són evangeli, *bona nova*, *notícia bomba*, vista des de la perspectiva d'algú que la interpreta com a bona en cada temps, lloc i circumstància, a la llum de Jesús. Un «cristià» que escolta aquesta *notícia* la considera *bona* en cada època, encara que sigui inconscientment, perquè la seva perspectiva canvia: l'alliberament que suposa l'Evangeli no és el mateix per a un esclau del segle I dins l'imperi romà que per a una persona del segle XXI, amb les problemàtiques, posem per cas, dels paradisos fiscals, de les migracions o de les multinacionals que produeixen guanys econòmics a costa dels mercats laborals infantils asiàtics. Jesús, gràcies als Evangelis, és constantment reactualitzat. Els evangelis van ser escrits des de la fe, per la fe i per a la fe, justament perquè des de la fe els seguidors de Jesús puguem reinterpretar-los i actualitzar-los en cada època. Volíem crònica històrica o periodisme? El problema és nostre. Tenim evangelis que ens interpel·len a interpretar-los i aplicar-los a cada moment!

Quan vam abordar Pau i les seves cartes, vam parlar de les tres primeres dècades després de la mort de Jesús. Si parléssim de generacions, inspirats en L. Michael White, podríem fer aquest esquema dels escrits evangèlics i d'altres escrits importants per al naixement del cristianisme:

Escriptures canòniques i no canòniques ordenades cronològicament per generacions		
Generacions	**Llibres canònics del Nou Testament (27)**	**Llibres reconstruïts, apòcrifs o extracanònics**
Primera (anys 30-70)	– Tradicions orals i fórmules prepaulines: 1Co 11, 23-25; 15,3-5. – Relat primitiu de la passió? (50) **– *Set cartes inqüestionables de Pau*** (50-59): ***1Te*** (50), ***1Co*** (51-52), ***Ga*** (52), ***Fl*** (53), ***Flm*** (53-54), ***2Co*** (52-54) i ***Rm*** (54).	[Filó d'Alexandria (25 aC-50 dC)] – Document *Q*: font de Mt i Lc: sentències, paràboles, històries curtes (~40) – Relat primitiu de la *Passió*, reconstruït a partir de la de Mc, Jn i *Evangeli de Pere* (~40-50) – Font del llibre dels *Signes*, reconstruït a partir de Jn (~40-50) – Primer estrat *Evangeli de Pere* (*EvPe1*) (mitjans segle I) – Primer estrat *Evangeli de Tomàs* (*EvTm1*) (50-60)
Segona (70-110)	**– Evangeli de Marc** (~70 a partir d'estrats anteriors) **– Evangeli de Mateu** (~75-80) -***2Te*** (75-100) **– Evangeli de Lluc + Fets dels Apòstols** (entorn 80) – ***Col*** (80-85)	

	– ***Ef*** (85-95) – **Apocalipsi** (86-90) – **Evangeli de Joan** (entorn del 100 [a partir d'estrats anteriors]) – ***1Jn*, *Jm*, *1Pe*** (~100-110)	– *EvTom: Evangeli de Tomàs* (tombant del segle I) – *Apocalipsi d'Isaïes* (~90-110) – Did: *Didakhé o Ensenyament dels apòstols* (~100) – *1 de Climent Romà als Corintis* (100-120) – *Carta de Bernabé* (100-120)
Tercera (110-150)	– ***Hebreus* (*He*)** (~100-120) – ***2*** i ***3Jn***, i ***Judes* (*Jud*)** (~120) – Cartes pastorals: ***1*** i ***2 Timoteu* (*Tm*)** i ***Titus* (*Tt*)** – ***2Pe*** (~120-130)	– *Evangeli de Judes / Evangeli dels Egipcis / Apocalipsi d'Adam / Ascensió d'Isaïes / Odes de Salomó* (~110) – Set cartes d'Ignasi d'Antioquia (110-117 o 117-138) – *Kerigma Petrou* (*Predicació de Pere*) (~110-120) – *Policarp d'Esmirna als Filipencs* (~135) – Fragments de Papies (~130-140) – *Pastor*, d'Hermas (~140) – *Evangeli de Pere* (~130-150) – *Epístola de Diognet* (140-200) – *Evangeli de Marc Secret* (primera meitat segle II)) – *Diàleg del Salvador/Apocalipsi de Pau* (mitjans segle II) – *Evangeli de la Veritat* (140-160), de Valentí (~100-160)
Quarta (150-200)		– ***Elaboració cristiana d'escriptures jueves*** (*1 Henoc; Vida d'Adam i Eva; Martiri i ascensió d'Isaïes; 4, 5, i 6 d'Esdres; 3 Baruc; Testament dels dotze patriarques, Odes de Salomó...*) – ***Literatura lligada a zones i a personatges*** com la Verge (*Protoevangeli de Jaume*), Magdalena (*Evangeli de Maria [Magdalena]*), Tomàs (*Actes de Tomàs. Llibres de Tomàs el contendent, Evangeli de la infància de Tomàs...*) i d'altres com *Actes de Pau i Tecla* (finals segle II) i també actes i apocalipsis d'Andreu, Jaume, Pere..., que s'han considerat llegendes i novel·les apostòliques amb reminiscències d'algun evangeli com l'*Evangeli de Judes*, l'*Evangeli dels Egipcis*, l'*Evangeli dels Hebreus*, etc., o alguna epístola com l'*Apòcrif de Jaume, Primer Apocalipsi de Jaume o Carta de Pere a Felip* (de la segona meitat del segle II). – ***Inèdits***: Papir Egerton 2 [fragments d'Evangeli desconegut].

		– ***Pensament heterodox***: neoplatonismes, **gnosticismes**, **Cels** (~170), **Mani** (~216-273). – **Pensament herètic** (vist des d'avui): **Basílides** (~120-145), **Marció** (~144), **Tacià** (~172), **Valentí** (100-180), **Montà** (~172), **Sabel·li** (~215), **Tertulià** (160-220). – **Els pares apologetes** enfront del cristianisme perseguit i d'altres intel·lectuals: Ireneu (130-202), Climent d'Alexandria (150-215), Justí (153-155)...

Històricament, la destrucció de Jerusalem l'any 70 va ser un fet crucial per als jueus i per a les comunitats cristianes naixents. Alguns escribes van quedar desenfeinats. La brama que corria de Jesús feia anys devia interessar. Sembla que hi va haver molts tipus d'escrits sobre ell, fins i tot d'escrits evangèlics. Davant d'aquesta abundor –Lluc mateix diu que «són molts els qui han emprès la tasca d'escriure un relat dels fets que s'han acomplert entre nosaltres» (Lc 1,1)–, hi ha qui en distingeix de quatre tipus: *1) Evangelis de «dites»* (Q i EvTom, el primer una font hipotètica descoberta en Mt-Lc, i el segon, un document escrit de 114 sentències atribuïdes a Jesús considerat gnòstic); *2) Evangelis biogràfics* (Mt, Mc, Lc, Jo, en els quals Jesús és situat cronològicament i topogràfica en la seva pàtria jueva a fi que parli o actuï directament o indirecta en les noves situacions de les comunitats dels anys 70, 80 i 90); *3) Evangelis discursius*, que comencen on acaben els altres, perquè sol ser Jesús ressuscitat qui parla als deixebles, entre els quals esmentem només *La Saviesa* (o *Sofia*) *de Jesucrist*, de mitjans segle II, trobat a Nag Hammadi el 1945, o, vist que els tenim en català, el *Diàleg del Salvador* i l'*Evangeli de Maria* [*Magdalena*], d'entre mitjans i finals del segle II; en darrer terme, *4) Evangelis biograficodiscursius*, que suposen un caràcter híbrid, entre els quals l'*Epistula Apostolorum* (o *Carta dels Apòstols* de la segona meitat del segle II) o la *Predicació evangèlica de Joan*, incorporada a *Actes de Joan* de la mateixa època.

Crossan, que denomina sarcofília el monisme de l'esperit necessàriament revestit de carn (l'ésser humà entès com a conjunció de carn i esperit) i sarcofòbia el dualisme de l'esperit accidentalment embolcallat de carn (cos contra l'esperit, separat d'ell), exposa que els evangelis biogràfics van ser evangelis programàtics d'un cristianisme sarcòfil i, per això, es van imposar als discursius, programats des d'un cristianisme més sarcofòbic. Els evangelis de dites, més primitius, es van poder moure en totes dues direccions (d'aquí que Q acabés als biogràfics i EvTom, no). Els evangelis biograficodiscursius van servir als uns i els altres. En resum, el cànon tindria quatre evangelis del mateix tipus biogràfic per insistir en la total historicitat encarnada de Jesús, mentre els evangelis discursius considerarien errònia aquesta insistència.

Malgrat que els quatre evangelis que considerem en el cànon siguin de tipus biogràfic, de sempre s'hi han trobat notables divergències. Tacià, al segle II, amb bona fe, intentà una concordança de tots quatre (*Diatessaron*), sense adonar-se potser que ens feia perdre justament la singularitat de cadascun. I com s'explica la diversitat? Davant d'un mateix objecte, quatre pintors faran quatre re/presentacions diferents. Davant d'uns mateixos fets, tampoc un relator no farà mai el mateix relat. Ara bé, resulta que en els evangelis, tot i les diferències, hi ha un mateix ordre i, en alguns fragments, coincidències de les mateixes paraules. Cal pensar que no es tracta de quatre narracions independents, sinó que hi ha una influència literària entre els evangelis, sobretot entre els tres primers (Mc, Mt i Lc), dits sinòptics des del segle XVIII perquè, posats en columnes, amb un cop d'ull se'n podia copsar la unitat. Cal pensar que hi ha una influència literària entre els diversos evangelis. I ho prova un simple quadre de coincidències i divergències entre els sinòptics:

Coincidències i divergències en els Evangelis sinòptics						
Sinòptics	**Versets coincidents**	**Mc/Mt**	**Mc/Lc**	**Mt/Mc**	**Versets propis**	**Total**
Marc	330	178	100		53	661
Mateu	330	178		230	330	1.068
Lc	330		100	230	500	1.100

Quin depèn de quin? Aquesta pregunta constitueix la denominada «qüestió sinòptica».

Teoria del doble document

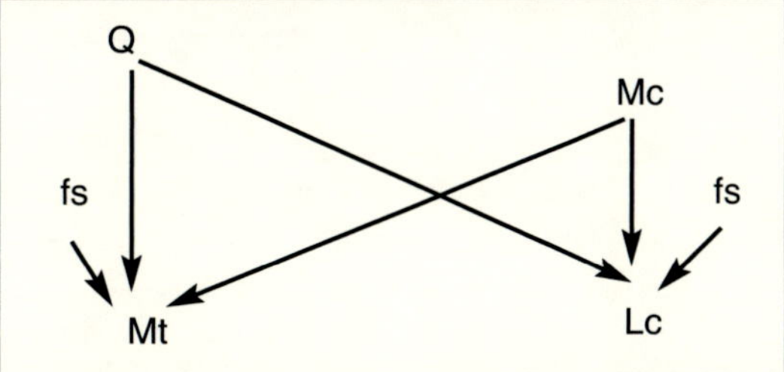

Ha fet anar de corcoll molts experts. Tradicionalment s'ha acceptat amb un cert consens la teoria del doble document, presentada el 1838 pels biblistes alemanys C. G. Wilke i C. H. Weise, de manera que Mateu i Lluc beurien d'una font desconeguda per Marc (a l'esquema Q, de l'ale-

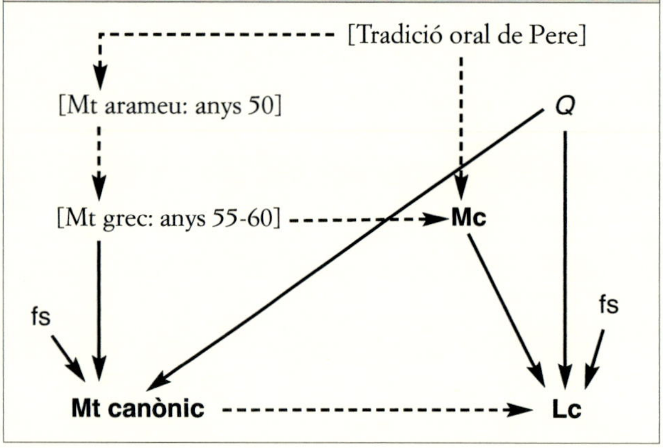

Esmenes a la teoria anterior

many *Quelle*), tots dos dependrien de Marc, bé que tots dos tindrien fonts suplementàries (fs) pròpies. Hi ha qui esmena l'esquema encabint-hi el Mateu arameu, de manera que Mc, a més d'oferir-nos la tradició oral de Pere, s'hauria servit d'una versió grega primicera de Mt, molt anterior al Mateu canònic; aquest, tanmateix, continuaria depenent d'una font comuna amb Lluc (Q) desconeguda per Marc, a banda de les pròpies fonts suplementàries. Totes aquestes solucions són del tot ortodoxes i acceptades per l'Església. Aquestes teories, però, no saben com explicar que certs textos de Lc semblin reinterpretacions de Mt. Per això M. Farrer (1904-1968) defensà el 1955 que Lc també té com a font Mt, cosa que explica els passatges comuns entre Mt i Lc i la dependència d'aquest respecte a aquell.

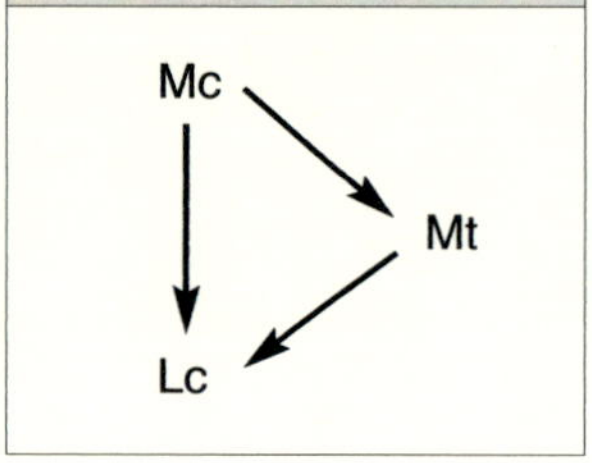

Tesi de M. Farrer

Avui, tanmateix, pren cos la diversitat d'estadis redaccionals que semblen presentar tots quatre evangelis. M.-E. Boismard, a més de la font Q, ha distingit tres documents primitius (A, B i C) que haurien ori-

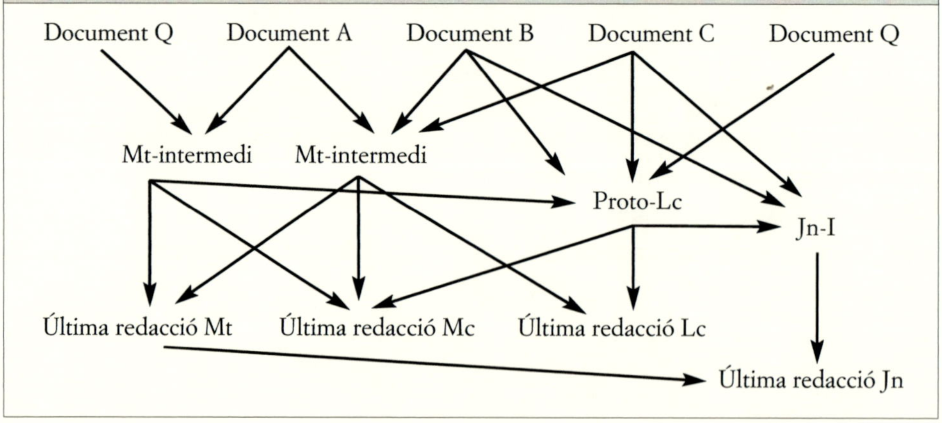

Estadis redaccionals segons M.E. Boismard

ginat els sinòptics, en els quals caldria distingir dos estadis. Un primer estadi denominat Mt-intermedi, Mc-intermedi i Proto-Lluc, i una darrera redacció de cadascun dels Evangelis, com hem esquematitzat a la pàgina anterior.

Aquesta triple distinció d'estadis redaccionals, malgrat la seva complexitat, permet explicar la gran diversitat d'influències mútues, com per exemple la influència del Proto-Lc en la darrera redacció de Mc. Respecte a Joan, Boismard, que inicialment presentava dos estadis, més tard, juntament amb Lomouille, distingí, a més dels estadis del document C i Jn-I, tres estadis redaccionals més: Jn-IIA, JN-IIB i Jn-III, que seria la darrera redacció. I encara caldria pensar en les influències entre aquests evangelis canònics i d'altres d'extracanònics!

Rius-Camps presentà tres nivells redaccionals de Marc (Mc1, de vers l'any 42 a Jerusalem; Mc2, de vers el 52, a Xipre, i Mc3, d'entorn del 65, a Alexandria o Roma). Això permet especular amb una nova teoria de formació dels quatre evangelis en la qual, avui –quan es dubta de l'evidència que Q sigui font comuna de Lc i Mt, ja que Lc sembla conèixer i reinterpretar Mt–, es tenen en compte uns paràmetres molt diferents dels tradicionals: *a)* les influències literàries entre els diversos evangelis no es poden explicar només per una mateixa tradició oral ni tradició comuna; *b)* Mc és la font principal dels altres; *c)* Jn no es pot considerar plenament independent i, per tant, s'ha de seguir investigant per relacionar la formació del quart evangeli amb els sinòptics; *d)* Cal comptar amb la diversitat d'estadis redaccionals en els diferents evangelis.

Els estrats de Mc segons Rius-Camps

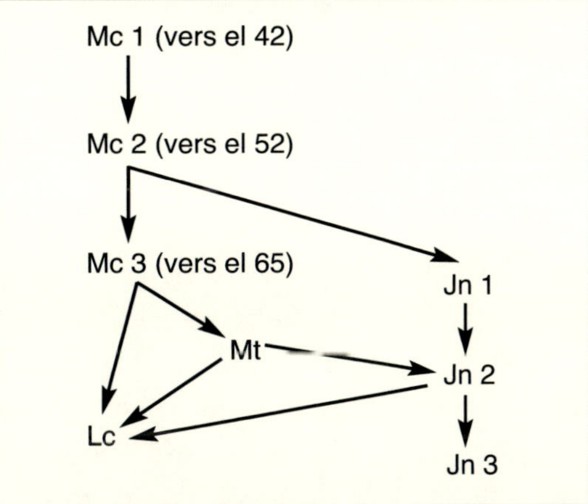

Altrament, sembla que no va ser fins a finals del segle I que no es van recollir en un volum –en forma de còdex– els tres sinòptics, segurament quan es devia suprimir el relat de l'adúltera en Mc i Mt, que aniria a parar a Joan (Jn 8,2-11). És en aquest moment que es devien afegir les glosses de Mt 5,31-32, Mt 19,19 i Lc 16,15-18 (tots tres sobre el repudi o divorci, bé que el de

Lc posa terme a Llei i Profetes). Cap a l'any 120, en canvi, a la col·lecció dels tres sinòptics s'hi devia afegir Jn, amb l'episodi de l'adúltera i el final de Marc (Mc 16,9-20), amb els relats d'aparicions que es pouaren dels altres evangelis, ja que ell no els havia escrit.

Cal comptar, a més a més, amb el fenomen comunicatiu dels evangelis. Encara que des d'un punt de vista literari, funcionen com un relat qualsevol, de manera que no es pot confondre l'*esdeveniment* narrat de la *narració* de l'esdeveniment, des del punt de vista del sistema comunicatiu i dels registres té les seves singularitats. L'*emissor*, òbviament, és un Evangelista plural, que parteix de l'oralitat i elabora un *missatge* amb un text fluid, inicialment no fixat ni tancat ans permeable a diferents versions (el *codi* lingüístic és la llengua grega), que té un *referent* especial, la notícia de la mort i resurrecció de Jesús, el Messies, la qual fa circular fins al *receptor* per un *canal* determinat: sembla que els evangelis es van aplegar en còdexs en forma de libres, no en rotlles, com potser haurien estat les dues primeres col·leccions de cartes paulines. El receptor o destinatari –llevat del cas de l'obra de Lluc que sembla ser Teòfil, Gran Sacerdot dels anys 37 al 41– serà el lector. Ara bé, com tot missatge textual, el *context* o entorn lingüístic del text, serà del tot rellevant i encara més la *situació* comunicativa, ja que –ho veurem tot seguit–, per molt que inicialment el missatge transmès nasqués de la predicació oral adreçada a una comunitat concreta –en queden traces en Mc i també en Mt, malgrat que ja estigui més treballat catequèticament–, ha esdevingut un text escrit –codificat– per a un lector o lectors determinats (són «coses escrites» segons Jn 20,31 i també en Lluc, per a uns lectors especials, interessats a creure en Jesús). Per això cal considerar tota la implicació de registres o variants en funció de la situació comunicativa que la lingüística observa per a qualsevol text. Per esmentar-ne quatre, *el mode* de producció o transmissió del text, ja hem dit que acaba essent escrit, tot i començar a elaborar-se de forma oral; el *tema* o camp de la referència real del text és el relat sobre Jesús, però un relat amb una *funció*, *intenció* o *propòsit* crucial, fruit de la vivència de fe postpasqual, que el mateix autor comunica amarat d'un cert esglai o commoció: la mort i resurrecció de Jesús i l'efusió de l'Alenada divina. Aquests fets els té tan interioritzats que són els que mouen l'autor-emissor a elaborar la seva obra (i com sempre s'ha dit, escriurà el seu relat a l'inrevés, començant pel final, la passió, mort i resurrecció que és el que més el somou). Per això, finalment la *relació interpersonal* que cerquen els evangelistes amb els seus destinataris té una certa formalitat cercant un acostament senzill i familiar que, llevat de les teofanies, defuig la solemnitat i mai no cau tampoc en la vulgaritat.

Dit això, podem apropar-nos als Evangelis a partir del seu inici. Marc dona una pauta inicial que els altres tindran molt en compte: «Principi de l'Evangeli de Jesús, el Messies, Fill de Déu» (Mc 1,1). Hagi estat de l'Evangelista o de la comunitat posterior aquest començament, fixem-nos que enceta el text amb un mot, «Principi» (*archê*), en referència benvolguda a l'inici de tota la Bíblia. Com en el Gènesi, sembla voler inaugurar un món nou. Mt, Lc i Jn també faran referència a aquest mot inicial: Mt ho farà a la seva manera, també en referència al llibre del Gènesi. La segona expressió, el genitiu «de l'Evangeli», dona significat a tota la resta. L'autor no fa cap crònica sinó que vol comunicar el que avui en diríem una notícia inesperada, una notícia espectacular, com una victòria militar o el naixement d'un rei. (Lc, per la seva banda, temptejarà una «narració ordenada» dels fets acomplerts sense deixar l'anunci de 'bones noves'.) El tractament de Jn és *sui generis* (a Mt manca). La tercera expressió és «Jesús», nom esmentat pels tres sinòptics i, en Joan, Paraula de Déu encarnada. Jesús té el títol de Messies (= Crist <'*Christós*', en grec), per a Mateu «el meu Senyor» –i aquest títol el posava a l'altura del Cèsar emperador– i, en una segona aposició, aquest sintagma equival a «*Fill de Déu*», expressió explícita en tots quatre (en Jn, encara és més punyent, a la seva manera). Els quatre autors o les comunitats d'on surt l'escrit creuen ja en Jesús com a Fill de Déu.

Comparació de l'inici dels quatre evangelis canònics					
Referències a l'AT	**Mc 1,1**	**Mt 1,1.16.18**	**Lc 1,1-3.31.32.35**	**Jn 1,1.9.12.17**	**Explicació**
Gn 1,1: «Al **principi**, Déu va fer el cel i la terra». [Inici de la Bíblia] Gn 2,4a: Llibre de la gènesi del cel i de la terra.	«**Principi**	«Llibre de la **gènesi**	Molts s'han valgut per escriure «del que ens van transmetre els qui **des del principi** en foren testimonis oculars [...] havent-me informat de tot **des dels orígens...**»	«Al **principi** era la Paraula/ i la Paraula estava en Déu/ i la Paraula era Déu»	Els Evangelistes s'adonen que difonen una cosa nova, un principi, una nova creació.
No és cap biografia a Is, 40,9: «...portes **bones**	**de l'Evangeli**	ø	«v. 1:...**fets** que s'han **acomplert** [...] en una	«Existia el qui és la **llum veritable**...	Bona Notícia com a Mt 4,23; 9,35; 24,14.

noves a Sió» (Cf.: 2Sa 4,10; Is 52,7; 60,6...) No és cap biografia a l'ús sinó una Notícia que marca època, com una victòria militar o el naixement d'un príncep.			narració ordenada» «v.3 :...m'ha enviat per anunciar-te aquestes **bones noves...»**	i il·lumina tots els homes».	
Genitiu amb doble significat, subjectiu (Jesús l'anuncia) i objectiu (ell ho és).	**de Jesús**,	**de Jesús,**	[v. 31: li posaràs el nom de **Jesús**.]	[«El qui és la Paraula s'ha fet home»]	No es tracta de cap personatge fora de la història humana.
El "Christós" (=Messies], l'Ungit per l'Esperit de Déu.	**el Mes-sies**,	**el Messies** [v. 18: *repeteix* Jesús, el Messies.]	[v 44:Qui soc jo perquè la mare del **meu Senyor** em vingui a visitar?]	«La Llei fou donada per Moisès, però la gràcia i la veritat han vingut per **Jesucrist**.»	Ac 2,36; 17,3. No és cap Messies triomfant, sinó mort en la creu.
És fill i Senyor de David (Sl 110,1) i Senyor de tots (com Senyor era l'Emperador), per a Pau.	**Fill de Déu**.»	**fill de David**, fill d'Abraham.	[v.32.35: l'anomenaran fill de l'Altíssim... **fill de Déu**.]	[v. 12: a tots els qui l'han rebut, als qui creuen en el seu nom, els ha concedit de ser **fills de Déu**.]	Senyor de David (Mc 12,25) i, segons Pau, Senyor de tots. «Tot s'ha escrit perquè cregueu que Jesús és el Messies, el Fill de Déu» (Jn 20,31).

Abans de fer un comentari a cada evangeli en particular, podríem oferir un quadre comparatiu global de l'eix i context de producció dels textos, amb el benentès que, encara que pouem les dades de les obres més actuals, no tots els autors coincideixen en les mateixes dades.

Eix i context de producció dels Evangelis i dels Fets o Actes dels Apòstols				
Autor i context	**Datació i lloc de redacció**	**Destinataris**	**Estil**	**Intenció**
Mc Joan Marc, fill de Maria (Ac12,12), que acompanyà Pau i el deixà plantat (Ac 12,25; 13,5.13) i cosí de Bernabé? Traductor i col·laborador de Pere al grec? Cf.: Col 4,10; 2Tm 4,11; 1Pe 5,13. *Símbol*: Lleó.	1a redacció cap a l'any 42 a Jerusalem. 2a redacció a partir de les vivències amb els cristians de Xipre entorn del 52. 3a redacció realitzada a Roma (potser a Alexandria o Antioquia), entorn del 65 segons uns i després dels 70, segons altres, afegeix converses privades de Jesús amb els seus deixebles. Alguns autors situen estrats intermedis a Síria. Considerat el «segon evangeli», és el més antic. Tradició petrina amb influències paulines.	Pagans (explica costums jueus com a 7,3-4) i judeocreients hel·lenistes (grecoparlants), primers a obrir-se a predicar Jesús als pagans i a distanciar-se de les prescripcions rituals, de la celebració del xàbat i del menjar caixer. Comunitat marginal amb possibilitats de ser perseguida.	Pobre, sintètic (escrit amb «dits curts» segons Hipòlit de Roma), rígid, popular, amb pauses de silencis. (On acaba la paraula, comença la vivència.) Però molt viu, realista, vital i espontani. No és cap abreviació de Mt; avui se'l considera font de Mt i Lc.	Catequètica. Manifestació reservada –denominada «secret messiànic»– del Messies crucificat (dit *Fill de l'home* seguint el llibre de Dn). Trama: revelació progressiva de Jesús com a Fill de Déu
Mt Judeocristià que mai no va conèixer Jesús. Potser rabí. No pas el publicà anomenat Mateu (Mt 9,9). No s'accepta l'antiga creença d'una 1a redacció en arameu. *Símbol*: home amb ales (àngel)	Entorn del 75-80, després de la destrucció de Jerusalem. Altres autors, després de Jàmnia, anys 85-90, escrit al nord de Galilea, sud de Síria (Antioquia) –millor que a Alexandria–, des d'un retaule hel·lenista i jueu (cf. 27,32-44), on hi ha ressons de Sv. El seu judaisme messiànic entre en conflicte amb el judaisme fariseu centrat en la Llei (i també amb Pau, cf.: 5,17-19).	Judeocristians de Palestina (o Alexandria), als quals critica el rebuig de Jesús. Comunitat en conflicte amb el judaisme fariseu. Obert als pagans. Conté afirmacions judeocristianes com la prohibició de predicar a samaritans i gentils (Mt 10,5-6) i la contrària, oberta a tots els pobles (Mt,28,19).	Reelaboració de Mc, amb moltes sentències. Hieràtic, distant. Sintaxi rítmica, però amb molts semitismes. Lúcids esments a l'Antic Testament. S'inicia amb els relats de la infantesa i acaba amb relats d'aparicions.	Manual catequètic per a judeocristians de cultura jueva. Vol provar que Jesús és el Messies, Fill de David, que compleix les velles profecies.

Jn Desconegut. Potser Joan *el prevere* («el Vell»), cristià hel·lenista, sobre unes memòries de Joan «el Sacerdot», que per a alguns era el «deixeble estimat» de Jesús (Jn 21,20. 24), diferent del pescador apòstol dit Boanerge. *Símbol*: àguila.	Diversos estadis redaccionals escrits en llocs diferents: 1r, basat en tradicions de Mc, vers l'any 70-80, a l'entorn de Jerusalem i potser en cercles samaritans; 2n, abans o després de l'escissió de la comunitat joànica; 3r, vers el 90-100; 4t redacció final potser a Galilea. Anomenat «quart evangeli». El cap. 1 sembla un afegitó tardà, provinent d'Alexandria, potser a través de Filó i també l'episodi de la dona adúltera (7,53-8,11), afegit cap al 120. Per a alguns, cap 15-17 també afegits.	Comunitats judeohel·lenístes sortides de Jerusalem amb pas per Samaria i meta a Galilea o Síria. Avui es rebutja el testimoni d'Ireneu de Lió de cap al 180, que identifica l'autor amb el Joan reclinat sobre Jesús en el darrer sopar (l'«estimat»?) i que l'hauria escrit «mentre vivia a Efes d'Àsia» .	Molt elaborat d'un segon nivell de reflexió sobre la significació de Jesús. Respon a les necessitats pastorals i catequètiques de les comunitats joàniques: Jesús llum (cura cec), aigua viva (samaritana) i resurrecció (Llàtzer).	Catequètica: Jesús baixa del cel al món a salvar els homes i retorna al Pare on dirigeix els seus (cf. Jn 20, 30-31). Frases «Jo soc» i «Jo soc x» (x = pa de vida, llum del món, cep veritable, la porta...) 7 senyals-miracles / festes.
Lc Incert. Atribuït al metge company de Pau (Col 4,14; 2 Tm 4,11), sobretot per les seccions «nosaltres» d'Ac (16,10-17; 20,5-15; 21,1-18; 27,1-28,16). Judeohel·lenista antioquè, d'origen jueu, culte; domina el grec i les tècniques d'argumentació jueva (rabí?). *Símbol:* brau.	Després de Mt, potser vers el 80-90, en temps de les persecucions de Domicià. Redactat en una ciutat important de l'Imperi (a l'Acaia o a Roma mateix). Redactor final uneix **Lc+Ac**, per bé que Ac es redactés a tongades o amb diversos estrats. Val a dir que el Còdex Beza distingeix entre *Jerusalem* (nom hebreu que es refereix a la dimensió sagrada de la ciutat i el Temple, que segueixen freqüentant els judeocristians del grup de Jaume) i	Fins fa poc es creia que anava destinat a paganocristians. Recentment s'ha identificat l'«il·lustre Teòfil» de Lc 1,3 i Ac 1,1, que s'interpretava com un nom simbòlic, 'Estimat de Déu'), com una persona real, un jueu culte, Teòfil, fill d'Annàs, que exercí de Gran Sacerdot els anys 37-41 i potser ha estat el mecenes dels dos llibres de Lluc, colpit per les informacions que li han arribat de Jesús.	Si acceptem la dedicació a Teòfil, no es tracta de cap Evangeli predicat, sinó d'un escrit reeditat recentment com a *Demostració*, en el sentit d'invitació a acceptar uns fets (*monstratio*). Dúctil, amb gran i bon domini del grec. Conciliador. Vol reformular Mateu. Jesús esdevé el centre de la història.	Informa sobre la personalitat de Jesús i el seu missatge. Argumenta que la salvació esdevé universal després del refús als jueus. Un sol protagonista: l'Esperit Sant. Distingeix tres temps: el d'Israel, el de Jesús i el de l'Església.

Ac Obra conjunta amb l'anterior; separada d'ella vers l'any 120, quan s'aplegaren conjuntament els 4 evangelis	*Jerosòlima*, nom grec que indica la ciutat considerada en forma neutra. (A Ac 8,1 tenim que la persecució es desencadena contra *Jerosòlima* –església perseguida pels jueus i judeohel·lenistes no convertits), mentre els apòstols es queden a *Jerusalem*, desentenent-se'n.) Té tres fonts: jerosolimitanes, antioquenes i dels viatges.	Teòfil esmentat a 1,1. Li explica l'extensió de l'Església de Jerusalem a Roma i com les profecies veterotestamentàries es compleixen en Jesús.	Formes narratives molt diverses, que cal llegir en referència a l'Evangeli, ja que vol exposar l'extensió i la difusió eclesials com a obra de l'Esperit.	Relatar-nos la vida dels deixebles de Jesús després de la seva mort i de la creença en la resurrecció. Focalitza en Pau.

Cal acceptar aquesta sinopsi amb prudència ja que, sovint, la claredat esquemàtica està renyida amb la complexitat de les coses. Ja hem dit que d'Evangelis n'hi va haver molts i diversos, que s'influenciaren uns i altres, canònics i extracanònics, i que hi va haver interessos tant per homogeneïtzar-los com per fer tot el contrari. Per això farem tot seguit una exposició detallada de cada Evangeli. Tanmateix, en els dos primers, cercarem de demostrar una hipòtesi insinuada per alguns experts: molt possiblement, abans dels evangelis, van córrer de mà en mà escrits amb llistes de profecies que palesaven que Jesús era el *Messies*, el *Fill de Déu*, com hem vist que proclamen els Evangelis des dels seus inicis.

Als jueus convertits a la nova creença (ho hem vist en el cas dels destinataris de Mt), els havia de colpir saber que Jesús complia determinades profecies. La predicació de Pere els havia de sacsejar per dins: «Aquell Jesús que vosaltres vau crucificar, Déu l'ha ressuscitat: tots nosaltres en som testimonis», adduïa el dia de Pentecosta. «Exaltat, doncs, a la dreta de Déu, i després de rebre del Pare l'Esperit Sant promès, l'ha vessat amb profusió; això és el que vosaltres veieu i sentiu» (Ac 2, 33). Jesús continuava en l'Esperit dels seus creients. Per als seus seguidors, era l'*Ungit de Déu* (el *Messies*, el *Crist*, títol aleshores considerat amb poder reial i sacerdotal). Pau l'havia anomenat revulsivament *Senyor* per equiparar-lo a l'Emperador romà, i no era pas simplement *Kýrios* per als creients, sinó el veritable *Salvador*, el *Fill de Déu*, títol jurídic atorgat als prínceps d'Israel, que també hem trobat a l'inici dels Evangelis. Els seguidors de Jesús estaven pugnant per assolir superar els tres grans poders d'aleshores i d'imposar-hi: el religiós del sanedrí jueu, el cultural de la saviesa grega i el polític de l'imperi romà. Un jueu culte com Teòfil i molts com ell s'havien de sentir interpel·lats per tot això. Jesús era realment el *Messies* esperat?

Si Jesús morí entorn de l'any 30, hi ha un lapse de vint anys fins a la primera carta de Pau i de quaranta anys fins al primer Evangeli de Marc. En aquest ínterim hi hagué comunitats cristianes sòlidament creients en Jesús –les judeocristianes i hel·lenojudeocristianes–, que ja consideraven Jesús com a *Messies*. Quines raons tenien per creure-ho així, si molts només n'havien pogut sentir ecos de segones o terceres persones? En quin brou de cultiu es van elaborar els evangelis enmig de les comunitats de creients? Com feien els possibles per demostrar les seves conviccions els creients en Jesús?

És cosa sabuda que l'Antic Testament és ple de referències i profecies sobre el *Messies*: se l'anuncia explícitament i implícita, se l'espera, es diu que un dia vindrà amb tota la seva glòria i salvarà el poble jueu, renovant el seu pacte amb Déu o Jahvè. Això feia que el poble esperés un Messies poderós, a la imatge del mite que s'havien fet del rei David. També existien d'altres imatges menys populars del Messies, que el presentaven com a creient humil i, fins i tot, com a servent sofrent capaç de carregar les culpes d'altri, com el presentava el segon Isaïes en les quatre peces líriques dels denominats «Cants del Servent»: a) 42, 1-9; b) 49,1-9a; c) 50, 4-11; i, d) 52,13-53,12. Aquest saber, recopilat al llarg de segles, era perfectament conegut pels jueus i predicat a les sinagogues els dissabtes, on la majoria de fidels era capaç d'aprendre's els salms de memòria. Però Mc i Mt ofereixen en els seus escrits molts altres esments. Podria ser certa la hipòtesi d'alguns especialistes que, entre els anys 30 i els de l'aparició del primer evangeli canònic (el de Marc, entorn de l'any 70), havia d'existir una col·lecció de mencions o cites veterotestamentàries sobre el Messies que facilitessin la seva aplicació a Jesús? En d'altres paraules: va existir un rotlle o còdex –avui òbviament perdut– que reportés un llistat d'aquestes profecies suposadament acomplertes en Jesús? En esquema devia anar així:

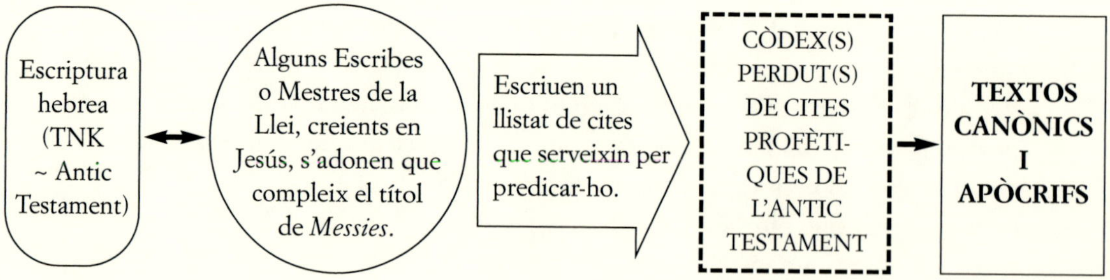

La recerca, òbviament, ha d'anar en sentit contrari de les fletxes. A partir dels textos finals, que esmenten perícopes veterotestamentàries, es podria mirar d'obtenir el còdex perdut (cf. APÈNDIX 10 del volum II). Cal, doncs, anar dels *textos actuals* al *text hipotètic.* No durem pas a terme aquí aquesta exhaustiva investigació, però a l'hora d'esquematitzar els dos evangelis esmentats n'oferirem alguns trets.

2.3. L'Evangeli de Marc: anàlisi i estructura (Mc)

2.3.1. Estil i gèneres

El *gènere literari* és el tipus d'expressió que un ambient cultural determinat ofereix a un autor en cada època d'acord amb la finalitat global de la seva obra. Està constituït per un conjunt de constants retòriques i semiòtiques com a norma de cohesió: no és el mateix una obra lírica que una de dramàtica, una peça d'oratòria que una d'èpica, una *epídeixis* o *exposició demostrativa* (com s'entén avui Ac) que una epístola (com són les cartes paulines). Dins dels gèneres se solen considerar les *formes literàries* o sistemes sígnics que s'interaccionen a diversos nivells corresponents a unitats literàries menors; dins la lírica, per exemple, un epinici no és pas cap sirventès; dins la narrativa, no és el mateix un relat epifànic (manifestació divina) que un relat midràixic (reinterpretació de relats antics).

Els textos bíblics, impregnats del llenguatge mític –l'únic que es pot emprar per expressar realitats transcendents–, no es poden interpretar al peu de la lletra estricta, sinó al peu de l'esperit. I cal entendre'ls dins formes, gèneres, estils i tipologies textuals, amb un gran reguitzell de relacions i influències, no sols de fonts, sinó de referències que l'autor té al cap especialment quan des del Nou Testament fa referència a textos de l'Antic. I d'això se'n diu *intertextualitat*, que caldrà tenir molt en compte si volem tenir indicis d'aquells còdexs perduts hipotètics de què hem parlat.

Altrament, en els relats evangèlics hi trobem generalment, entre d'altres, *formes discursives* i *formes narratives*. Entre les discursives cal distingir les *sentències* (*lòguions*, en grec, com en el cas de Mc 6,4), les *paràboles* (Mc4), els *discursos*, els *apotegmes*, *khreies* o *sentències emmarcades* (breus relats acabats amb una punta o sentència de Jesús: Mc 2,18-22; 2,23-28; 9,33-37; cf. APÈNDIX 13), les *controvèrsies* (Mc 12,13-17), les *converses* (Mc 1,38), les *pregàries*. Entre les formes *narratives*, els *relats epifànics o cristofànics* (en els quals es manifesta Déu o la glòria del Crist: Mc 1,9-11; Mc 9,2-13 i Mc 16,1-8), els *relats de vocació* (1,16-20; 2,13-14...), els *relats de missió* (Mc 9,35-36), els *relats d'accions simbòliques* (Jn 13, rentament de peus), els *relats de prodigis* (Mc 1,40-45; 2,1-12), els relats *de predicció de la passió* (Mc 8,31-32a; 9,30-32; 10,32-34) i de la *passió* (Mc 13,1-16,8). Encara en segons quins evangelis trobaríem altres formes com les *genealogies* (Mt 1,1-17; Lc 3,23-38), els *relats d'anunciació* (Lc 1,26-38), *relats midràixics* (els mags de Mt 2,1-2 al·ludeixen Num 24,17, on Balaam profetitza un estel pres en sentit messiànic), *càntics* com el «Magníficat» (Lc 1,46-55) o *relats d'aparicions* (l'afegit Mc 16,9-20).

2.3.2. Anàlisi i estructura de Marc

Estructurem l'evangeli de Marc, seguint Francesc Riera, en dues grans parts que titulem *Jesús, alliberador «d'una altra manera»* (***Llibre primer***) i *Jesús, Messies i Fill de Déu, «d'una altra manera»* (***Llibre segon***). Val a dir que l'autor que s'amagui darrere de Marc ens ha volgut deixar un Evangeli truncat, inconclús. Si el primer llibre –set blocs, del b) a l'h)– va precedit d'una introducció interpolada (a) i acaba amb un bloc que és la confessió de Jesús com a Messies o Crist per Pere, el segon –vuit blocs, de l'i) al q), que podrien ser també set, si uníssim o) i p)–, el segueix un epíleg interpolat, que no compta. El que compta, en canvi, és que, malgrat els anuncis de la passió, el sepulcre buit produeix en les dones confusió i no pas fe i, en canvi, qui proclama Jesús Fill de Déu és el centurió pagà al peu de la creu. És el cop de puny de l'evangelista al ventre d'aquelles comunitats a les quals costa de creure en Jesús: els pagans hi creuen abans que els mateixos jueus.

La disposició que presentem en la nostra anàlisi té diferents columnes; a l'esquerra, el contingut dels apartats ve indicat pels versets tot seguint l'Evangeli fil per randa, amb la nota d'**(A)**, **(B)**, **(C)** segons si es tracta del primer, segon o tercer estrat de redacció; indiquem amb **(*)** episodis no recollits pels evangelistes posteriors. Tot seguit, posem en relleu, en una columna més àmplia, el text o el contingut de les perícopes respectives; a la dreta d'aquesta columna, les referències veterotestamentàries, al·ludides a la columna de més a la dreta perquè ens serveixin de record; seria agosarat dir que hi apleguem les cites de l'Antic Testament que més emprava Jesús, però no que hi trobarem els esments veterotestamentaris de què se serviren alguns mestres de la Llei i escribes interessats per subratllar que Jesús era veritablement el Messies (d'aquí caldria que sortís el *còdex perdut* de què hem parlat). Per això, en una darrera columna (Al·lusions i valoració), al record de les cites de la columna anterior, hi afegim signes de (++, +, +-, -) segons incideixin de més a menys en la concepció de Jesús com a Messies o Fill de Déu.

<table>
<tr><th colspan="6">INTRODUCCIÓ</th></tr>
<tr><th colspan="6">a) 1, 1-13 : L'HOME JESÚS ÉS L'ALLIBERADOR I EL FILL DE DÉU
(Versicles inicials afegits segons molts experts)</th></tr>
<tr><th colspan="3">Seccions de Mc</th><th>Contingut</th><th>Referències a l'AT</th><th>Al·lusions i valoració</th></tr>
<tr><td rowspan="4">L'home Jesús és alliberador i el Fill de Déu (1,1-13). (A)</td><td colspan="2">Títol (1,1)</td><td>Anunci: Comença la bona nova de Jesús, el Messies, Fill de Déu.</td><td>Mc 1,11; ≈9,7</td><td>Són referències del NT i no de l'AT. (++)</td></tr>
<tr><td rowspan="3">Tres quadres (1,2-13)</td><td>2-8: El Baptista</td><td>Preparació del Ministeri de Jesús en Isaïes: I envio davant teu el meu missatger perquè et prepari el camí [...] És la veu d'un que crida en el desert: Prepareu el camí del Senyor, aplaneu les seves rutes.
Joan Baptista estrafà els grans profetes: Elies i Isaïes.</td><td>Is 40,3

Ex 23,20 combinat amb Ml 3,1</td><td>–Una veu clama: En el desert obriu el camí de Jahvè... que les valls siguin elevades i les muntanyes rebaixades... (Is 40,3). ++
–Jo envio un àngel davant teu... (Ex 23,20, per preparar l'entrada a Canaan). ++
–Jo envio un missatger perquè obri camí davant meu...: Ml (també citat a Mateu 3, 3) Referències messiàniques (++)</td></tr>
<tr><td>9-11: El Baptisme</td><td>Teofania: Tu ets el meu Fill, el meu estimat; amb tu m'he complagut.</td><td>Is 42,1</td><td>Vet aquí el meu servent, a qui recolzo; el meu elegit, en qui em complac. (++)</td></tr>
<tr><td>12-13: Temptacions</td><td>L'Esperit empenyé Jesús al desert... quaranta dies... els àngels l'assistien.</td><td>Ex 24,18; Gn 32,2; Sl 91,11; Dn 4,14</td><td>Moisès passà quaranta dies al Sinaí. (++) ...donarà ordre als seus àngels de guardar-te en tots els camins (Sl). A Dn els àngels decreten sentències.</td></tr>
</table>

A. LLIBRE PRIMER (1,14-8,30): JESÚS, ALLIBERADOR «D'UNA ALTRA MANERA»				
b) 1,14-45: PRIMERA JORNADA: JESÚS ALLIBERA – CEGUESA DELS DE L'ENTORN				
Inici de l'activitat de Jesús i predicació a Galilea. Primera jornada de Jesús a Cafarnaüm: crida, ensenya i guareix (1,14-45).	14-15 **(B)**:	***Resum***: Jesús va a Galilea i vol predicar la Bona Nova de Déu: *El temps s'ha acomplert.* [Déu es disposa a regnar!] *El Regne de Déu és a prop. Convertiu-vos i creieu en la Bona Nova (cf.* APÈNDIX 12*).*	Sv 3,18; Jdt 16,17; Pro 11,4; 16,4; Jr 23,20; 30, 24; Is 48,3	La plenitud del temps entès com a moment de realització de l'obra de Déu: Dia del judici (Sv i altres sapiencials) i fi del temps (Jr i Is). (++)
	16-20 **(B)**	***Crida*** dels deixebles: Simó, el seu germà Andreu; Jaume i Joan, fills del Zebedeu.		Déu crida Adam, Caín, Moisès... (+-)
	21-28 **(A)**	1) Ensenya amb estil propi i una autoritat que no és la dels **escribes**. El boig marginat: *Ets el Sant de Déu... Calla! Surt d'aquest home!* La gent comenta que mana els esperits impurs.	Lv 11,44; Is 6,3	Sant de Déu (=Fill de Déu) → Messies. Comença «secret messiànic». (Lv 17,1). Obediència dels esperits. (+)
	29-31 **(A)**	2) Curació de la sogra de Simó (que els serveix).		Guarició: signe messiànic. (+-)
	32-34 **(A)**	3) Guareix molts malalts, però no deixa parlar els dimonis [els esperits saben que és el Messies i no ho vol esbombar].		Els dimonis saben qui és: signe messiànic. (+-)
	35-39 **(A)**	4) Discussió amb Pere perquè es distancia a pregar; vol anar-se'n a d'altres indrets de Galilea expulsant dimonis.		
	40-45 **(A)**	5) Guarició del leprós de qui fuig la gent. Li digué: *–Vigila de no dir res a ningú. –Ves només a ferte examinar pel sacerdot i compleix el que va prescriure Moisès.* Ell, però, ho esbomba. Jesús no pot anar enlloc. Acudeixen a Ell de tot arreu.	Lv 14, 2-32	Aquesta és la llei per al qui ha estat declarat leprós: el sacerdot immolarà dos ocells per purificar-lo. (+-)

c) 2,1-3, 7a: JESÚS ALLIBERA – CEGUESA DELS ESCRIBES I FARISEUS				
Primera confrontació amb els poders religiosos: **5 discussions** (2,1-3,7a).	2,1-12 **(B)**:	Tornat a Cafarnaüm perdona els pecats al paralític i el cura per demostrar als **escribes** que el pecat no paralitza l'home; s'anomena *Fill de l'home* seguint el profeta Daniel.	(Os 6,1-2.14-15; Jr 3,22; 30,17; 33,6... Dn 7,13	Els guariments depenen de Déu. Només Déu pot perdonar els pecats. (++)
	13-14 **(A)**:	La crida de Leví, fill d'Alfeu i cobrador d'impostos, un venut a l'imperialisme romà.	Lv 25,23:	Segons el Levític, era un impur: la terra és de Déu i no hi ha impostos que valguin. (-)
	15-17 **(B)**:	Comparteix taula amb publicans i pecadors i argüeix contra els **fariseus** que ell no ha vingut per als justos.	Pr 15,15	Per qui està content cada dia és festa, és un convit.
	18-22 **(B)**:	Els deixebles de Jesús no són escrupolosos amb els dejunis com **els de Joan** o els **fariseus**, perquè no cal: tenen el nuvi amb ell; al Nou món no hi caben pedaços vells ni botes velles.	Lv 23,24	Regne de Déu = Nou món → banquet de noces (+-)
	23-28 **(A)**:	El cas de les espigues arrencades en dissabte pels deixebles afamats: crítica dels fariseus i justificació de Jesús en David en temps d'Ahimèlec (confós per Mc com Abiatar). I els deia: *–El dissabte ha estat fet per a l'home i no l'home per al dissabte. El Fill de l'home és senyor del dissabte.*	Ex 20, 8-10 1 Sa 20,20; 21, 2-7	Manament del dissabte: *Recorda't de consagrar-me el repòs del dissabte. Tens sis dies per treballar i fer totes les feines que calgui. Però el dia setè és el dia de repòs dedicat al Senyor, el teu Déu.* El cas de fam de David i els seus companys: es van menjar els pans de l'ofrena. Jesús mana damunt del xàbat. (+)
	3,1-7a **(B)**:	A la Sinagoga cura l'home de la mà seca malgrat ser dissabte. **Fariseus** i **herodians** conxorxats contra Jesús. Es retira (3,7a).		Jesús mana damunt del xàbat. (+)

d) 3,7b-4,34: JESÚS ALLIBERA – CEGUESA DEL POBLE (I)				
«Els de fora» (familiars i escribes) no entenen i ha	3,7b-12 **(A)**	***Resum***: La gent acudeix d'arreu, ha de tenir una barca a punt i els esperits impurs el proclamen «Fill de Déu», bé que els ho prohibeix.		«Fill de Déu» és messiànic. (++)

d'ensenyar **3 paràboles del Regne**.	13-19 **(A)**	***Crida***: Constitució dels Dotze.		Dotze tribus d'Israel? (-)
	20-21 **(A)**	*Incomprensió* dels **familiars**: el volen protegir paralitzant-lo amb l'excusa que està boig.	Jb 31,34	No l'espanta el rebuig dels familiars. (-)
	22-30 **(B)**	Parèntesi a la intervenció familiar: *Incomprensió* dels **escribes** o **mestres de la Llei**: satanització de Jesús i resposta. Pecat contra l'Esperit.		Blasfemar contra l'Esperit Sant equival a acusar Jesús d'estar posseït per Satanàs. (-)
	31-35 **(A)**	*Incomprensió* de la **mare i germans**: els qui el segueixen i fan la voluntat de Déu són la seva veritable família.		(-)
	4,1-2a **(A)**	***Escenari***: Ensenya des d'una barca.		(-)
	4,2b-9 **(A)**	**1a Paràbola del Sembrador**: El Regne de Déu s'ha sembrat (ja és aquí almenys com a llavor) i ara cadascú l'acull com vol.	Ex 23,10; Am 9,13; Sl 126,6	Sembrat i guaret. (+-)
	10-25 **(C)**	Explicació als que es queden i als Dotze: *A vosaltres, us és confiat el misteri del Regne de Déu; en canvi, als de fora, tot els arriba en paràboles, per tal que mirin, però no hi vegin; escoltin, però no comprenguin, no fos cas que es convertissin, i fossin perdonats.*	Is 6,9-10: Jr 5,21	*Ves a dir a aquest poble: Escoltareu, però no entendreu; mirareu, però no comprendreu...* (Is) (++)
		Explicació de la paràbola (13-20). [Afegit?]	Dt 8,7	La terra promesa és bona i fèrtil.
		Paràbola explicativa: la llàntia, com la Paraula, no es posa sota cap mesura.	Sv 6,22	*Missatge implícit*: no cal amagar-se de ningú, ni dels fariseus. (-)
		Res no serà amagat. Us mesuraran segons la vostra mesura amb propina. Al qui té més se li donarà més (21-25). [Nou afegit?]	Pr 28,13; Jr 10,24; 46,28	Corregir amb mesura justa. (++)
	26-29 **(*)**	**2a Paràbola**: La llavor del Regne creix sola per ella mateixa.		

	30-32 **(A)**	**3a Paràbola**: És una llavor mínima (com un gra de mostassa), però té un futur esplendorós de vida (amb unes branques tan grosses que *els ocells del cel poden fer niu a la seva ombra*).	Sl 104,12	A les seves ribes nien els ocells i refilen entre les branques [les ribes de les fonts del Senyor.] (+-) Vist a Mateu 13,32
	33-34 **(A)**	Cloenda de l'ensenyament en paràboles.		

e) 4,35-5,42: JESÚS ALLIBERA – CEGUESA DEL POBLE (II)				
Tres/ quatre senyals: el Regne es va acostant.	**4**,35 -41 **(A)**	De fosc, vol passar a l'altra riba. Gran tempesta mentre dorm. Fa emmudir el mar i calma la tempesta. El mar i el vent l'obeeixen.	Sl 89,10; Sl 93, 3-4; Sl 107, 23-32	*–Domines l'arrogància del mar, amanseixes les onades que s'encrespen./ –Les fonts abismals, Senyor, les fonts abismals fan sentir el seu bramul. Les fonts abismals fan sentir la remor./ Més fort que el bramul dels oceans, més potent que les onades del mar, és potent a les altures el Senyor.* (++)
	5,1-20 **(B)**	L'endimoniat de Gèrasa li diu Fill de l'Altíssim. [Els gerasencs foragiten Jesús perquè els ha estimbat un ramat o «legió» (romana?) de porcs.]	Gn 14,18; Dt 32,8 i molts d'altres	L'Altíssim és Déu. (++)
	21-42 **(B)**	De nou a la riba inicial, Jaire, cap de la sinagoga, li prega perquè curi la filla de 12 anys. Quan el segueix, cura l'hemorroïsa. En arribar la noieta és morta: *Talita, cum*. La noia s'alça. Prohibició d'escampar ho.	Lv 15, 25; Ez 36,17	La sang menstrual, impuresa? Curació i revitalització. Dos senyals messiànics. (++)

f) 6,1-6,56: JESÚS ALLIBERA – CEGUESA DELS DEIXEBLES (I)				
Els deixebles tampoc no comprenen que Déu es manifesta en Jesús a favor de la vida.	**6**,1-6a **(B)**	***Resum***: Jesús menystingut i rebutjat al «seu poble» [no diu Natzaret]. *Ningú no es profeta al seu poble, ni entre els seus parents ni a casa seva.* Pocs senyals.	Jr 38, 9	Els profetes de l'AT no són ben rebuts perquè diuen la veritat. (+-)
	6b-13 **(A)**	***Crida***: Recorre els pobles i envia els Dotze de dos en dos en missió: ni sarró ni diners ni dos vestits, sols un bastó. Han d'acceptar l'acolliment o espolsar-se la pols de les sandàlies si no l'obtenen. Molts senyals.	Ne 5,13	Nehemies s'espolsa la bossa del mantell. Jesús envia apòstols com Déu envia profetes a Israel. (+-)

	14-16 **(A)** 17-29 **(B)**	**Parèntesi i analepsi**: Herodes Antipes creu que Jesús és Joan rediviu, que va fer degollar per haver denunciat que s'havia casat amb la seva neboda Herodies, esposa del seu germanastre Herodes Filip, cosa que contravenia la llei de puresa (Lv 18, 16). Promet el que li demani a la filla d'Herodies, Salomé; serà el cap del Baptista	Referències llegendàries a Est 5,3-6; 7,2	*–Què et passa, reina Ester? Què demanes? Et donaré ni que sigui la meitat del meu regne.* (-)
	30-32 **(B)**	***Final del parèntesi***: Retorn dels enviats. Fracàs? Sols en la barca, una multitud els segueix.	Gn 43,21	Retorn dels germans de Josuè
	33-56 **(B)**	Quatre actes d'una catequesi: a) 33-44: multiplicació dels pans per compassió de la gentada com «ovelles sense pastor». b) 45-46: Tall sec [abans que no el vulguin fer líder polític]: mana els deixebles navegar fins l'altra riba, mentre ell acomiada els retardats i prega. c) 47-52: A trenc d'alba els va a l'encontre i camina damunt del mar. «Soc jo.» Puja a la barca i el vent amaina. Els deixebles no entenen res. d) 53-56: Cura tothom a Genesaret.	Nm 27,17; 1Re 22,17; 2Cr 18,6 Sl 77,20; Ex 3,14s; Ex 33,21-23	*...que la comunitat del Senyor no sigui com ovelles sense pastor.* (+-) Al Mar Roig i Jordà, JHWH camina sobre l'aigua. «Jo soc.» (++) Moisès suplica al Senyor, però no pot veure el rostre de Déu.

g) 7,1-8,26: JESÚS ALLIBERA – CEGUESA DELS DEIXEBLES (i II)				
Mentre ni els Mestres de la Llei ni els seus deixebles no l'entenen, els estrangers, com la sirofenícia, sí (quatre miracles).	7,1-16 **(A)**	***Conflicte sobre la puresa i ensenyament als seus:*** a) 1-5: Fariseus i mestres de la Llei jerosolimitans es queixen que els deixebles mengen sense rentar-se les mans [inclou que no mengen *caixer*?]. b) 6-13: Jesús els replica amb la queixa d'Isaïes (*Aquest poble m'honora amb els llavis, però el seu cor es manté lluny de mi*) i exemplifica la seva hipocresia amb el tema del *corban*. c) 14-16: Conclusió: No hi ha res que entri dins l'home des de fora que el faci impur. d) 17-23: Explicació als deixebles:	Lv 11; Pr 9 17 Is 29,13 Ex 20,12; 21-17;	El c. 11 del Lv parla del menjar prohibit. Els béns dedicats per vot al *corban* (arameu: 'ofrena sagrada') no permetia als pares reclamar-los ni en cas de necessitat, segons el Talmud oral. El vot, però, era una escapatòria per no assistir ni ajudar els progenitors ancians, ja que no requeria cap donació veritable.

	17-23 **(C)**	tots els aliments són purs. El que fa impur és el que surt de dins.	Dt 5, 16; Lv 20,9	Es carrega totes les prohibicions alimentàries. (++)
	24-30 **(A)**	Jesús passa la frontera, però no pot passar desapercebut. ***4 miracles***: La sirofenícia, que li demana un exorcisme per a la filla; tot i que ell li argumenta «a l'antiga», li guanya el cor.	Tb 3,17	Els fills són el poble d'Israel; els quissos o gossets són els pagans com la dona. El relat reflecteix un conflicte dels anys 50/60 de les primeres comunitats. Jesús no devia anar mai als voltants de Tir. (+-)
	31-37 **(A)**	Itinerari inventat per terres paganes. Cura d'un sord-mut «Efatà!». Es comenta: *Tot ho ha fet bé: fa que els sords hi sentin i que els muts parlin.*	Is 35, 5-6	*Llavors es desclouran els ulls dels cecs i les orelles dels sords s'obriran. Llavors el coix saltarà com un cérvol i la llengua del mut cridarà de goig* [...] Signes messiànics (++)
	8,1-9 **(A)**	Duplicació de la multiplicació de pans.	Ex 23,25; 1Sa 25,18; 1Re 17,15	Banquet del Regne als pagans? (+-)
	10-13 **(A)**	Voguen fins Dalmanuta (població desconeguda). Els **fariseus** li demanen uns senyal del cel. Els diu que no serà donat a aquesta generació.		[En d'altres llocs (Mt 12,40) es diu que sols hi haurà el senyal de Jonàs: tres dies enterrat al ventre del gran peix.]
	8,14-21 **(C)**	Aconsellable tornar a l'altra riba, a l'estranger. Els deixebles discuteixen perquè no s'han endut provisions. Els cita Jr 5,21: «*Teniu ulls, però no hi veieu, orelles, però no hi sentiu*».	Jr 5,21 Ez 12,2	*Escolta bé això que et dic, poble insensat, incapaç de comprendre: Teniu ulls, però no hi veieu, orelles, però no hi sentiu.* *–Tu, fill d'home, vius enmig d'un poble rebel, que té ulls per veure-hi i no hi veu, i orelles per escoltar i no escolta: és un poble rebel.* (+-)
	22-26 **(C)**	A Betsaida cura un cec.	Is 35,5; 42,7	El cec emblematitza el deixeble de Jesús a qui va obrint els ulls. (++)

h) 8,27-30: CIM O PUNT CENTRAL DE LA PRIMERA PART: «TU ETS EL CRIST»				
	27-30 **(B)**	*–Qui diu la gent que soc jo?* *–Joan Baptista... Elies...* Pere el confessa Crist (Messies) i Jesús els prohibeix d'escampar-ho.	Mt 17,10 (creença en Elies com a precursor).	La tradició veterotestamentària espera el Messies= el sant de Déu= el Fill de l'home, però sembla original que Pere identifiqui aquest personatge amb Jesús. (++)

B. LLIBRE SEGON (8,31-15,47): JESÚS ÉS EL MESSIES, FILL DE DÉU, «D'UNA ALTRA MANERA»				
		i) 8,31-9,32: CAMÍ DE JERUSALEM		
Primer anunci de la Passió: incomprensió i instruccions sobre el messianisme.	31-32a **(B)**	***Primer anunci de la Passió ex eventu:*** El Messies, que es presenta com a *Fill de l'home*, no és com l'esperen: serà sofrent, condemnat pels ancians o notables, grans sacerdots i mestres de la Llei.	Dn 7,13ss Is 52-53: messies sofrent	Fill de l'home. Messies=Servent de Yahvè. (++)
	32b-33 **(B)**	***Incomprensió***: Pere li vol donar lliçons perquè entén el Messies a la manera antiga (triomfant): Jesús li diu Satanàs i se'l treu del davant.	1Cr 21,1	Esment de Satanàs. Per a Pere, el Messies havia d'arribar amb poder. (+-)
	8,34-9,1 **(B)**	***A la multitud postpasqual***: Cal prendre la creu i seguir Jesús, el Fill del'home, oferint la pròpia vida: *Qui vulgui salvar la seva vida, la perdrà* (diu a deixebles i gent). No ens podem avergonyir de Jesús enmig dels idòlatres i pecadors, perquè ell s'avergonyirà de nosaltres quan arribi amb els seus àngels. Alguns veuran arribar amb poder el Regne de Déu abans de morir [error de Jesús].	Dn 7, 13-14	Aquest fragment ja és creença de les primeres comunitats *...tot mirant aquella visió nocturna, vaig veure venir amb els núvols del cel algú semblant a un fill d'home; arribà fins a l'ancià carregat d'anys [...] i li van donar el poder, la glòria i la reialesa. La gent de tots els pobles, nacions i llengües li faran homenatge; el seu poder és etern, no passarà mai; el seu regne no es desfarà.* (Dn) (++) Dos problemes: a) 2a vinguda de Jesús; b) Alguns d'aquesta generació veuran implantat el Regne de Déu.
Sis dies després, amb Pere, Jaume i Joan: **Transfiguració.** Conseqüències del secret manat fins a la resurrecció.	9,2-8 **(B)**	Jesús enmig d'Elies i Moisès, per mostrar que és superior. Un núvol els anà cobrint, i del núvol va sortir una veu *–Aquest és el meu Fill, el meu estimat; escolteu-lo.*	Ex 40, 35: Is 42,1:	*Moisès ja no pogué entrar a la tenda, perquè s'hi havia posat el núvol* [símbol de Déu] *i la presència gloriosa del Senyor havia omplert tot el Tabernacle.* *Heusací el meu Elegit, amb qui e complac.* (++) Citat a Mt 3,17 (en un context diferent) i Mt 17,5.
	9,9-13 **(B)**	Després preguntaven a Jesús: *–Com és que els mestres de la Llei diuen que primer ha de venir Elies?*	Ml 3, 23-24	*Abans que arribi el dia del Senyor, dia gran i temible, jo us enviaré el profeta Elies.*

		Elies ho ha de restablir tot, però el Fill de l'home ha de ser anorreat. Elies (identificat amb Joan el Baptista, la mort del qual anuncia la passió i mort de Jesús) ja ha vingut.		La cita de Marc també és en Mateu (17, 11) que remet a Ml. (++)
Fe i pregària alliberen un endimoniat.	9,14-27 **(B)** 28-29 **(C)**	La fe i la pregària alliberen un endimoniat o esperit sordmut (catequesi sobre la pregària davant de la impotència).	Pocs exorcismes en AT. 2Re 4, 31ss	Text colorista, pertanyent a la comunitat primera, incapaç d'expulsar els dimonis que pul·lulen per les estructures socials. El deixeble d'Eliseu no pot guarir el fill d'una xunemita. En tots dos casos (Jesús i Eliseu) el noi acaba guarit, tot i que els aprenents (Guehazí/deixebles) no se'n surten. (++)
Segon anunci de la Passió i incomprensió.	9,30-32 **(A)**	***Segon anunci de la Passió ex eventu:*** Travessant Galilea: El Fill de l'home serà entregat i mort i ressuscitarà. Els deixebles no l'entenen; els reca fer-li preguntes.	Dn 7,13	Tornem al Messies sofrent d'Isaïes i al Fill de l'home de Daniel. *...vaig veure venir amb els núvols del cel algú semblant a un fill d'home; arribà fins a l'ancià carregat d'anys, el van presentar davant d'ell.* (++)

j) 9,32-10,52: CAMÍ DE JERUSALEM: INSTRUCCIONS VERS UNA COMUNITAT ALTERNATIVA

Instruccions (9,33-50).	9,33-37.42 **(A)**	***Sobre el poder i el prestigi en la comunitat:*** Discussió entre deixebles sobre qui serà més important. *Qui vulgui ser el primer, que es faci el darrer i el servidor de tots. Qui acull un infant, a mi m'acull. Però ai qui faci caure en pecat un d'ells!*	1Re 18,31; Esd 6,17; 1Cr 6,48	Encara els dotze discuteixen sobre qui regnarà les dotze tribus? (-) Qui fa caure en pecat un infant, mereix un càstig sever.
	38-40 **(A)**	***Sobre el sectarisme:*** Els deixebles impedeixen a un que no ho és de fer exorcismes. *Qui no està contra nosaltres, està amb nosaltres...*	2Mc 7,33	*«Déu es reconciliarà amb nosaltres.»* Mt 12,39 canviarà el sentit: *Qui no està amb mi, està contra mi...* (+-)
	41 (A)	***Recompensa:*** Un simple got d'aigua perquè sou de Crist tindrà recompensa.	Ez 14,21; Ez 311,23	Retribució: Ez 14,21; Jr 12,1-5 (el malvats prosperen); 31,23; Si 7,36 i d'altres. (+-)
	41 (A)	***Prou mitges tintes: sigueu gent amb sal*** (signe d'hospitalitat al món grec). Talla't la mà, el peu o l'ull si t'és oca-	Lv 2,13	La sal simbolitza l'aliança amb Déu Referències a la Vall d'Hinnom, terme del qual deriva «Gehenna»,

		sió de pecat abans de merèixer la Gehenna.	Lv 2,13	lloc de culte idolàtric o «cremador»: 2Re 23,10; Jr 7,31s. Esdevindrà lloc del càstig definitiu dels pecadors. Is 66,22-24.(-)
Subversió radical de cinc valors (10,1-52).	**10,** 1-9 **(B)**	***Drets de la dona i amor incondicional:*** Camí de Judea, uns fariseus el posen a prova sobre el divorci. Moisès permet el repudi prèvia acta de divorci. Però, des del principi de la Creació, Déu va voler una unió íntima, una sola carn o principi de vida.	Dt 24,1 Gn 1, 27; 2,24	Si la muller li desagrada, li farà un libel de repudi.
	10-12 **(C)**	Explicació als deixebles: hi ha divorciats adúlters (10-12).	Gn 1,27; 2,24	*Déu va crear l'home a imatge seva, el va crear a imatge de Déu, creà l'home i la dona... Per això, l'home deixa el pare i la mare per unir-se a la seva dona, i tots dos formen una sola carn.* (+-)
	13-16 **(B)**	***Els infants, que no compten, són els importants en el Regne.*** Els beneïa i imposava les mans.	Dt 32,36; Is 57,5	Infants immolats? (+-)
	17-22 **(B)**	***Contradicció entre riquesa i Regne.*** El jove ric sap els manaments: No matis, no robis, no cometis adulteri, no acusis ningú falsament, no facis cap frau, honra el pare i la mare. No és capaç de donar-ho tot als pobres.	Ex 20, 12-16; Dt 5, 16-26	Manaments. (+-)
	23-31 **(B)**	***Desmitificació de la riquesa:*** És més fàcil que un camell passi per l'ull d'un arc que no pas que un ric entri al Regne. *–Qui pot salvar-se? /–Per Déu tot és possible!*	Pr 3,16; 8,18; 10,15	La riquesa i la prosperitat es consideraven senyals de benedicció divina en els llibres sapiencials: *La riquesa és la plaça forta del ric; la pobresa, la ruïna del pobre.* (+-)
	28-31 **(B)**	***El seguiment és una inversió al cent per u.***	Gn 26,12 Sv 116,13	*Isaac cull el cent per u.* I textos relacionats amb retribució com Sv 16, 13, Sl, Coh, Sir...
Tercer anunci i conseqüències: incomprensió,	32-34 **(B)**	Camí de Jerusalem, amb els deixebles espantats, Jesús anuncia als Dotze que *El Fill de l'home serà fet a mans dels grans sacerdots i dels mestres de la Llei, el condemnaran a mort, el lliuraran als pagans, el mataran i al cap de tres dies ressuscitarà.*	Dn 7,13	Profecia *ex eventu.* (++)

instrucció i conclusió (els cecs hi veuen).	35-41 **(B)**	Els deixebles no entenen aquest messianisme i Jaume i Joan li demanen ser a la dreta i l'esquerra del seu reialme. El que demanen no ho pot concedir. Els altres deu s'indignen: estan al mateix nivell.	1Re 22,19	*Micàiehu va afegir: –Doncs escolta encara la paraula del Senyor! He vist el Senyor assegut en el seu tron i tots els estols celestials que l'assistien, a dreta i esquerra.* Els deixebles entenen el messianisme com la restauració d'un reialme amb les dotze tribus d'Israel (+-)
	42-45 **(B)**	El primer entre vosaltres ha de servir els altres i no fer com els caps de les nacions que les governen com dictadors i els magnats, amb opressió. Exemple: *El Fill de l'home es dona com a preu de rescat per a tothom.*	Is 53, 12; Ex 30, 12.16; Nm 18,15; Sl 49,8; Jb 33, 24; Pr 13,8	Tornem al *Fill de l'home* de Daniel i al segon Isaïes, però també al concepte de *rescat.* (+-)
	46-52 **(B)**	Prop de Jericó, curació de Bartimeu, que l'anomena *Jesús, Fill de David* i *Rabbuni* ('mestre meu'). I el seguia pel camí. La fe el salva.	Is 35,5; 42,7.16	Evocació de la crida dels primers deixebles, comunitat alternativa de Jesús. (+-)

k) 11,1-26: A JERUSALEM: JUDICI QUE MEREIX A JESÚS AQUELL «CENTRE RELIGIÓS» JEROSOLIMITÀ

Entrada humil a Jerusalem a cavall d'un ruc i visita al temple.	**11**,1-11 **(B)**	Pujada de Jesús a Jerusalem contrària a una pujada triomfal. Molts van estendre els mantells pel camí, i d'altres, ramatges que tallaven dels camps. *Hosanna! Beneït el qui ve en nom del Senyor. Beneït el Regne que arriba del nostre pare David. Hosanna dalt del Cel.* Jesús pren consciència panoràmica de la situació del Temple, però no hi entra, perquè era tard. (De fet, de nits, s'amaga a Betània amb els Dotze.)	Za 9,9 i 2Re 9,13 Sl 2,1s; 118, 25-26; Sa 7,16; 148,1. 1Re 1, 38-40	Text no històric que s'inspira en Za: *Alegra't, ciutat de Sió [...] el teu rei arriba humilment, muntat en un ase, en un pollí, un fill de somera.* Segons 2Re, a Jehú, ungit per Eliseu, els companys li van posar els mantells sota els peus. *S'acosta el Just muntant un ase... Beneït el qui ve en nom del Senyor! [...] Al·leluia! Lloeu el Senyor des del Cel, lloeu-lo en les altures*: exclamacions messiàniques. 1Re: Coronació de Salomó sobre una mula. (++)
Dues accions profètiques: la figuera i el temple i	12-14 **(A)**	L'endemà, surt de Betània amb gana, cerca figues en una figuera sense serne el temps i la maleeix. (Emblema del Temple, grandiós, però sense donar fruits per al poble –mai no és el temps propici– com voldrien les primeres comunitats).	Os 9,16	*Efraïm ha rebut molts cops, les seves arrels s'han assecat i no podrà donar més fruit. I si encara tinguessin fills, faré morir el fruit preciós de les seves entranyes.* Israel no dona el fruit que hauria de donar i serà castigat. (+-)

anul·lació del sistema econòmic (més que purificació) del temple.	15-19 **(A)**	Expulsa mercaders i canvistes purificant del Temple. *No diu l'Escriptura: El meu temple serà anomenat casa d'oració per a tots els pobles? Però vosaltres n'heu fet una cova de lladres!* De nit es torna a amagar a Betània.	Is 56,7 Jr 7,11	*–[...] Perquè el meu temple serà anomenat casa d'oració per a tots els pobles.* *–Aquest temple que porta el meu nom, ¿us penseu que és una cova de lladres? Doncs sí, això és el que jo veig! Ho dic jo, el Senyor.* (+-) [Citat a Mateu 24, 2]
	20-26 **(B)**	L'endemà al matí, davant la figuera seca que havia maleït, instrueix sobre la fe, la força de la pregària i la necessitat del perdó.	Ha 3,17; Ag 2,19	

l) 11,27-12,44: : A JERUSALEM: SEGUEIX EL JUDICI DE JESÚS SOBRE EL «CENTRE RELIGIÓS» DE JERUSALEM				
Desautorització de l'autoritat cultual, intel·lec-tual i legislativa jueves (L'autoritatde Jesús és diferent).	27-33 **(B)**	Mestres de la Llei (el poder intel·lectual dels teòlegs), grans sacerdots (poder religiós i cúltic) i notables (nissagues patriarcals del poder econòmic) el van a trobar a l'esplanada del Temple pel que ha fet i li demanen amb quina autoritat actua. Accepta la controvèrsia i, dialècticament, en una mena de repte, els demana si el **baptisme de Joan** venia de Déu o dels homes. I com que no li volen/saben respondre, els diu que tampoc no els respon.	Dn 2,18; Ne 2,20	Sobre l'autoritat. Parlar de Joan Baptista és repetir totes les referències messiàniques que hem vist abans. (++)
	12, 1-12 **(B)**	Jesús es posà a parlar-los en paràboles: paràbola dels **vinyaters homicides**. L'amo de la vinya (Déu) exterminarà els assassins del fill i confiarà la vinya a uns altres. *La pedra refusada ha esdevingut pedra angular. És el Senyor qui ho ha fet, i els nostres ulls se'n meravellen.* Volien agafar-lo, però van tenir por de la gent.	Is 5,1-7 Sl 118, 22-23	La vinya del Senyor de l'Univers sou vosaltres, poble d'Israel. (La vinya és una metàfora del poble jueu.) (++)
Desautorització de Roma.	13-17 **(B)**	**Fariseus** i **herodians** el tempten sobre si cal pagar tribut al Cèsar.		Cal tornar a Roma els seus ídols (el denari duia imatge del Cèsar amb el títol «diví»). (+-)
Desautorització	18-27 **(B)**	Els **saduceus**, que no creien en la resurrecció, li demanen que si un home		Llei del levirat: *Si dos germans viuen plegats i un d'ells mor sense fills, la*

de la teologia saducea sobre la resurrecció.		s'ha casat amb les germanes de la seva muller complint la llei del levirat, de quina serà marit. *Aneu equivocats [...] Quan ressuscitin, ja no prendran muller ni marit, sinó que seran com àngels del cel.* I els afegeix una torna per provar-los la resurrecció: Jahvè, a la bardissa ardent, diu a Moisès que és *el Déu d'Abraham, d'Isaac i de Jacob*, un Déu de vius i no de morts!	Ex 3,6	*vídua no es casarà amb un estrany [...] El seu cunyat té el deure de casar-s'hi.* (+-)
Desautorització de la jerarquia i dels 613 preceptes fariseus (248 prescripcions i 365 prohibicions).	28-34 **(B)**	Un Mestre de la Llei li demana a Jesús quin és el **primer manament** de tots. Jesús li respon d'acord amb la Torà: *El primer és: Escolta Israel: el Senyor és el nostre Déu, el Senyor és l'únic. Estima el Senyor, el teu Déu, amb tot el cor, amb tota l'ànima, amb tot el pensament i amb totes les forces. El segon és aquest: Estima els altres com a tu mateix. No hi ha cap manament més gran que aquest.* L'escriba sintonitza amb Jesús i li respon: *Tens raó quan dius que és l'únic i que estimar-lo a ell i als altres com a si mateix val més que tots els holocaustos i sacrificis del temple.* L'home no està lluny del Regne ni ho estaria el Temple si se situés al cor dels preceptes, sense jerarquies d'importància dels preceptes.	Dt 6,4-5 Js 22,5 Lv 19,18; Dt 4,35; 32,39 Is 45,21 Os 6,6; 1Sa 15,22	*–Escolta Israel: el Senyor és el nostre Déu, el Senyor és l'únic. Estima el Senyor, el teu Déu, amb tot el cor, amb tota l'ànima i amb totes les forces.* *–Us demano només que mireu de posar en pràctica els manaments i la llei que Moisès, servent del Senyor, us va donar: [...]* *–Estima els altres com a tu mateix. Jo soc el Senyor.* *–El Senyor, i ningú més, és Déu. Només jo soc, i no hi ha altres déus fora de mi.* *–Ningú no és Déu fora de mi.* *–Vull amor i justícia i no sacrificis i holocaustos. (++)*
El Messies ha de ser més que un simple Fill de David.	35-37 **(B)**	Al Temple, citant el salm 110,1, cloenda sobre l'essència del Messies: si David li diu Senyor, el títol «Fill de David» no esgota la realitat del Messies.	Sl 110,1	Gran cloenda després de les desautoritzacions. (++)
Dos apèndixs.	38-40 **(B)**	**Desautorització** dels mestres de la Llei o escribes perquè volen ser honorats.		(-)
	41-44 **(B)**	Lloança de la vídua pobra, perquè ha donat el que necessitava per viure i no pas el que li sobrava.		(-)

m) 13,1-13,37: A JERUSALEM, FINAL DEL JUDICI QUE EL «CENTRE RELIGIÓS» MEREIX A JESÚS: EL MÓN VELL, AMB AQUESTA RELIGIOSITAT EPIDÈRMICA, NO S'AGUANTA				
Pròleg / Anunci de la destrucció del Temple.	**13,** 1-2 **(B)**	Surten del Temple (Jesús ja no hi tornarà). Davant de l'admiració de la magnificència de la construcció, assegura que no quedarà pedra sobre pedra.	1Re 7,11	Sobre els fonaments s'alçaven altres carreus de bona pedra i de mides semblants, amb filades de cedre entremig.
Explicació en privat i **discurs apocalíptic.** Pregunta de quan serà i quin senyal tindrem (3-4) i resposta sobre el senyal (5-31) i el quan (32-37).	5-23 **(C)**	Tres deixebles li demanen quan passarà tot plegat i quins senyals poden tenir contemplant-lo des de la muntanya de les Oliveres. ***Conflictes d'abans de l'arribada del Regne:*** **a)** molts es faran passar per salvadors i «messies» i desorientaran; **b)** guerres, terratrèmols i fam, no són la fi del món; **c)** sereu perseguits i portats a tribunals per causa meva i donareu testimoni, el qual ha de precedir la fi i qui aguanti ferm, se salvarà; **d)** *Quan veureu l'abominació devastadora instal·lada on no hauria d'estar* [l'estàtua d'Apol·lo instal·lada al Temple de Jerusalem com durant el temps dels macabeus], *llavors els qui es trobin a Judea que fugin a les muntanyes...*, perquè el Temple serà destruït i la guerra (potser l'autor ja l'ha vista), cruelíssima; **e)** els falsos messies faran prodigis, però no us en refieu.	Dn 12, 1 Dn 9,27 Dt 13,2-4	*En aquell temps s'alçarà Miquel, el gran àngel que fa costat als fills del teu poble. Hi haurà un temps de tribulació com no n'hi ha hagut cap des que existeixen les nacions en aquell moment...* Apol·ló al Temple (*abominació devastadora*). *Si surt un profeta o un visionari enmig teu i t'anuncia un senyal o prodigi, però, a més, et proposa de seguir i adorar altres déus* [...] (+-) [Es relaten fets «viscuts»: persecució contra cristians a Roma l'any 64; Vespasià reconquereix Galilea el 67 amb 60.000 legionaris; el 69 se sotmet Judea i el 70 Titus entra a Jerusalem.]
	24-32 **(C)**	***Arribada del Regne: caiguda de les «estrelles mítiques» d'aquest món i adveniment del Fill de l'home que porta el món nou del Regne de Déu.*** Després de la tribulació, el vell sol s'enfosquirà, la lluna ja no farà claror (Sol i Lluna són el Crist!); les «estrelles mítiques» aniran caient del cel, i els estols celestials trontollaran. I veuran *el Fill de l'home venint entre núvols*. I els missatgers aplegaran els escollits dels quatre punts cardinals.	Is 13,10; Is 34,4 Dn 7,13-14	*Estrelles i constel·lacions deixaran de lluir; el sol, quan surti, s'enfosquirà i la lluna ja no farà claror.* *S'esfuma tot l'exèrcit dels cels.* Contra Babilònia [nació esclavitzadora com Grècia o Roma] *Després, tot mirant aquella visió nocturna, vaig veure venir amb els núvols del cel algú semblant a un fill d'home [...] el seu poder és etern, no passarà mai* [...] (++) [Possible interpolació.]

		No passarà aquesta generació fins que no hagi succeït tot això! [Del dia i l'hora ningú no en sap res, només el Pare.]		
	33-37 **(C)**	Crida al realisme: no defugir el compromís! Cal estar alerta. Paràbola de qui deixa els seus vetllant.		(+-)

n) 14,1-52: PASSIÓ DE JESÚS: EL GRAN ESCÀNDOL (PREPARATIUS, SOPAR, HORT)				
Pròleg: Preparatius.	**14, 1-2 (A)**	***Preparatius del complot dels enemics:*** A l'avantvigília de la Pasqua i els Àzims, els Grans sacerdots i els mestres de la Llei volen apoderar-se de Jesús més enllà de la festa.	Ex 12, 1-27	Record de la primera Pasqua: menja familiar d'un anyell, amb pa àzim per nodrir-se abans de la caminada de l'èxode i untar amb la sang les llindes de les portes. (-)
	3-9 **(B)**	***Preparatius per a la sepultura (Unció):*** Una dona va a cal Simó el leprós (Betània) i ungeix el cap de Jesús amb un perfum de nard caríssim. Quan la renyen, Jesús l'elogia dient que s'ha anticipat a perfumar el seu cos per a la sepultura, cosa que farà que tothom es recordi d'ella per sempre.	Dt 15, 11	*Mai no faltaran pobres a la terra.* (+-)
	10-11 **(A)**	***Preparatius de Judes:*** Conxorxa amb els sacerdots per lliurar-lo. (Mc sols parla de diners).	Za 11,10. 12...	Jornal de «30 sicles de plata». (-)
Sopar Paqual: el lliurament viscut en signes abans dels esdeveniments reals.	12-16 **(A)**	***Preparació del sopar pasqual dins la ciutat:*** Primer dia dels Àzims [Dia de la preparació (dels Àzims)= dijous 14 de Nissan; el vespre començava el dia següent.]	1Sa 10,1ss;	Per a Sanders el sopar comença al vespre de Pasqua, dj 14 de Nissan, 1r dia de la dels Pans Àzims, que durava del 15 (crucifixió) al 21. [La crucifixió el dia de Pasqua identifica Jesús i Anyell Pasqual] Per a Puig, la Pasqua era el ds 15, de manera que la crucifixió al vespre del 14 va ser pasqual (Jesús identificat amb anyells escorxats) i el sopar no va ser pasqual (es va fer el dj 13)] (++)
	17-21 **(B)**	***Entaulament i anunci de la traïció:*** *El Fill del'home se'n va, tal com l'Escriptura ha dit d'ell. Ai d'aquell qui traeix el Fill de l'home!*		L'Escriptura no diu enlloc que el Fill de l'home se'n vagi; no es refereix a cap text concret, sinó al compliment del designi de Déu. (++)

	17-21 **(B)**	***Entaulament i anunci de la traïció:*** *El Fill del'home se'n va, tal com l'Escriptura ha dit d'ell. Ai d'aquell qui traeix el Fill de l'home!*		L'Escriptura no diu enlloc que el Fill de l'home se'n vagi; no es refereix a cap text concret, sinó al compliment del designi de Déu. (++)
	22-25 **(A)**	***Eucaristia (Acció de gràcies):*** *Això és el meu cos... Aquesta és la sang de l'Aliança vessada per tothom.... Ja no beuré més del fruit de la vinya fins al dia que en begui vi nou en el Regne de Deu.*	Ex 24, 8; Is 53,11; Za 9,11 Is 25,6s, Jr 35, 8-11	*Aquesta és la sang de l'aliança de JHWH* (Ex) *Per haver-se lliurat a mort, li donaré multituds per herència...* (Is) / *Per la sang de l'aliança, alliberaré els captius de la fossa* (Za) *El Senyor oferirà banquet amb plats gustosos i vins selectes...* Els recabites es van mantenir ferms sense beure vi. (++)
	26-31 **(B)**	***Canten els salms (115-118) i se'n van a la Muntanya de les Oliveres mentre els anuncia la dispersió i les negacions:*** *Tots fallareu, perquè diu l'Escriptura: colpiré el pastor, i les ovelles es dispersaran. Abans del segon cant del gall, m'hauràs negat tres vegades.*	Sl 43,5; Za 13,7	*La meva ànima està trista...* *Colpeix el pastor, i les ovelles es dispersaran. La meva mà ferirà fins i tot els petits del ramat.* (+-)
Hort (lliurament viscut a l'avançada.	32-42 **(A)**	***Pregària*** de Jesús a Getsemaní: *Abbà, Pare, tot t'és possible. Aparta de mi aquesta copa. Però que no es faci el que jo vull...* Tres vegades per reafirmar la seva actitud de vetlla.	Sl 42, 6	*Per què aquesta tristor, ànima meva? Per què aquest torbament? Espera en Déu. Jo el tornaré a lloar, salvador meu i Déu meu.* (+-) (El salm proclama la fe en Déu per damunt dels dubtes.)
Prendiment de Jesús.	43-52 **(A)**	**Arrest i dispersió:** Traïció de Judes amb un bes. *M'agafeu com un bandoler... S'han de complir les escriptures. Llavors, tots, l'abandonaren i fugiren.* Fins i tot el jove nu cobert amb un llençol (51-52) és **(A)** o bé **(*)**.		(+-)

o) 14,53-15,19: PASSIÓ DE JESÚS: EL GRAN ESCÀNDOL DEL JUDICI RELIGIÓS				
Judici religiós: la revelació del Messies.	53-65 **(B)**	***A casa del Sacerdot, de nit*** [Això s'ho imagina la comunitat: el Sanedrí tenia prohibit reunir-se de nit per a processos.] Jesús calla davant dels *falsos testimonis* llevat de quan el Gran Sacerdot [Caifàs] el conjura	Sl 110, 1 Is 53,7 Dn 7, 13-14	*Seu a la meva dreta mentre faig dels enemics l'escambell dels teus peus.* Referit a David. Jesús calla. *Després, tot mirant aquella visió nocturna, vaig veure venir amb els núvols*

		demanant-li si és el Messies, el Fill de Déu Beneït. «Sí, soc jo; *veureu el Fill de l'home assegut a la dreta del Totpoderós i venint entre els núvols del cel.*» El Gran Sacerdot s'esquinça les vestidures i deixa anar que ha blasfemat. [Era reu de lapidació.]	Lv 24, 16 Nm 15, 30	*del cel algú semblant a un fill d'home; arribà fins l'ancià carregat d'anys, el van presentar davant d'ell* [...]. *Qui blasfemi contra el Senyor serà condemnat a mort.* (++)
	66-72 **(B)**	***Negació de Pere***, mentre Jesús és davant del Sanedrí, que acaba amb un esclat de plors.	Sir 18,21	*Si peques, mostra penediment.* Oposició comunitària a la desesperació de Judes. (+-)
	15,1 **(A)**	***El Sanedrí***, a punta de dia, ***el condemna oficialment: el lliguen i el porten a Pilat.***	Is 53,7	*Quan era maltractat, s'humiliava i no obria boca.* (+-)

p) 15,2-20: PASSIÓ DE JESÚS: EL GRAN ESCÀNDOL DEL JUDICI CIVIL				
Judici civil.	2-5 **(A)**	***Pilat li demana si es rei dels jueus.*** Por d'usurpació del poder. No ho nega.	Is 9,1-10,16 i textos qumrànics	El Messies és doble, sacerdotal i reial (corrent monàrquic). (+-)
	6-15 **(A)**	La historieta de **Barrabàs** per quedar bé amb els romans. Els sacerdots manipulen la gent perquè demani la crucifixió. Pilat el fa flagel·lar i s'avé a crucificar-lo.	Sir 18,21	*Si peques, mostra penediment.* Oposició comunitària a la desesperació de Judes. (+-)
	16-20 **(A)**	La **flagel·lació esdevé una burla** (el vesteixen de porpra i el coronen d'espines).	Is, 50,6ss	El Servent no amaga la cara a les escopinades i als flagells.

q) 15, 21-47: MORT I REVELACIÓ DEL FILL DE DÉU				
Crucifixió.	21-32 **(A)**	Calvari. Simó de Cirene, pare de dos coneguts de la comunitat. Llavors el *van crucificar* al Gòlgota enmig de dos bandolers, li donen vi amb mirra i es repartiren els seus vestits jugant-se'ls als daus. [V.28: *Comptat entre malfactors*, interpolació.] Insultat com a riota del Messies i rei d'Israel pels mestres de la Llei. Fins i tot els companys crucificats se'n burlen.	Sl 22, 19 Sl 22,9	*Es reparteixen entre ells els meus vestits, es juguen als daus la meva roba.* *Que Jahvè el salvi...*

Mort i revelació del fill de Déu.	33-41 **(A)**	A migdia ***s'estén la foscor*** [en sentit metafòric] que dura fins a les 3 de la tarda. *Eloí, Eloí, lemà sabactani?* (arameu) [*Déu meu, Déu meu, per què m'heu abandonat?*] pres com una referència a Elies. Esponja xopa de vinagre. Expira amb un gran crit. La cortina del temple s'esquinça i un centurió –un pagà– proclama Jesús Fill de Déu. Les dones que l'havien seguit (Magdalena, la mare de Jaume el menor i Josep [Maria d'Alfeu o la mare de Jesús?], i Salomé, ho contemplen *de lluny estant.* [Cap deixeble mascle!]	Sl 22,2 Sl 69,22	*Déu meu, Déu meu, per què m'has abandonat? Estàs lluny de salvar-me, no t'arriba el meu clam.* *Em desassedegaren amb vinagre.* (++)
Sepultura.	42-47 **(A)**	Les dones [M.Magdalena i la mare de Jaume el menor] vigilen on el posen després de la maniobra de Josep d'Arimatea davant Pilat.	Sl 38,12	*Els meus companys i amics s'aparten del meu turment...* (+-)

C. EPÍLEG DE L'EVANGELI

***r)* 16,1-8 [«ha ressuscitat» del v. 6 és interpolació]: EL CRUCIFICAT ÉS EL RESSUSCITAT!**				
El sepulcre buit.	16, 1-4 **(A)**	***Passat el dissabte, les dones que volen embalsamar Jesús troben la pedra del sepulcre remoguda.*** [Primer dia nou de la setmana nova.]		
De la buidor a la plenitud.	5-7 **(A)**	**Sepulcre buit.** Provoca desconcert, confusió, no fe. Cal l'anunci: *El Crucificat no és aquí.* [*S'ha aixecat! (=Ha ressuscitat!*, per a alguns, una interpolació innecessària.] *Aneu a dir a Pere i als deixebles que us precedeix a Galilea* [on inicià la pugna pel Regne].	Sl 119,25	*Fes-me viure com em vas prometre»* (Sl). Marc amb el sepulcre buit que s'inventa, segons Crossan, vol provocar desconcert en les dones, que acaben sense entendre el que ha entès el centurió romà (un pagà!).
Reacció de no creença.	8 **(A)**	**Final truncat:** *Entendre Jesús no és fàcil*: Surten i, de por que tenen, no diuen res a ningú: ni les dones han entès Jesús.		Espaordides, no diuen res. [És obvi que el·lípticament hem d'entendre que alguna cosa van comunicar si avui interessa l'evangeli de Jesús.]
Apèndix interpolat a finals segle II.	9-20 (segle II)	Aparicions a Magdalena (9-11), a dos deixebles (12-13), als Onze (14-18) i ascensió i confirmació de la predicació de la Paraula (19-20).		Afegit com a colofó de l'edició dels quatre evangelis.

2.3.3. Punts d'arribada

Si analitzem la *Introducció* (1,1-13) –apartat a)–, que segurament és una interpolació posterior a la redacció final de l'Evangeli, és obvi que totes les perícopes posen el focus a palesar el messianisme de Jesús: Mc 1,1 anuncia Jesús com a Messies i Fill de Déu, d'acord amb la teofania baptismal d'1,11, repetida a la de la transfiguració (Mc 9,7). La base, com hem vist, rau en el llibre de l'Èxode 8, «*Jo envio el meu àngel davant teu...*», en el segon Isaïes (Is II) i en un profeta més desconegut, com Malaquies. Qui ha fet aquesta Introducció és ja un creient total en Jesús com a Messies i Fill de Déu.

D'aquest fragment podem extreure aquestes concepcions del Messies aplicades a Jesús i que podien ser en el nostre llibre hipotètic:

- Déu enviaria un missatger/preceptor/herald davant seu, segons **Is II** i **Ml** (es compleix en Joan el Baptista);
- Déu el consideraria Fill seu i es complauria en ell, segons **Is II**;
- Les forces del mal es congriarien contra la seva tasca, però els àngels l'assistirien segons llibres sapiencials (**Sl 91,11**) i apocalíptics (**Dn 4,14** i d'altres).

Anem tot seguit al *Llibre primer* –apartats del b) a l'h)–, on dominen els textos de la Torà (sobretot Ex i Lv) i un cert tipus de profetes (Os, Jr i el primer Is). L'inici és espectacular: amb el temps acomplert, s'imposa el Regne de Déu per damunt del regne injust del Cèsar, l'imperi romà (cf. APÈNDIXS 12 i 13). Aquest moment curull, els profetes l'anunciaven com el dia de la fi del temps (Jr 23,20; 30,24); els sapiencials com el dia del judici (Sv 3,18) –no pas entès com a judici final, sinó com a final d'etapa d'una generació determinada, a la qual se li demana el fruit de les circumstàncies del seu temps. Per al judaisme, també era el moment de la vinguda del Messies, una arribada gloriosa, ja que l'esperaven plena de majestat i prodigis celestes; en canvi, en l'Evangeli, es manifesta inicialment com una crida de deixebles per part de Jesús i uns primers ensenyaments acompanyats de guaricions i exorcismes; tanmateix, els esperits impurs proclamen Jesús com a Messies, Sant de Déu, fill de Déu Altíssim (Mc 1,24; 5,7) i, malgrat els imposi el silenci de mantenir-ho en secret, la seva anomenada creix. En aquest sentit, es dona una contradicció que sembla interessar al redactor final de Mc: els esperits impurs aclamen Jesús com a Fill de Déu i als creients en ell els costa acceptar-ho, d'acord amb Is 6,9 («Escoltareu, però no entendreu;

mirareu, però no comprendreu») i Jr 5,21 («Teniu ulls, però no hi veieu, orelles, però no hi sentiu»), que Mc cita explícitament. Per això, per a l'evangelista, els profetes no són ben rebuts a la pròpia pàtria (Mc 6,1s, narra la visita de Jesús a Natzaret, on no pot fer signes messiànics per la manca de fe, i refà Jr 38, quan el profeta és castigat per dir la veritat). I, en darrer terme, Jesús podrà emular Isaies I: «Aquest poble m'honora amb els llavis, però el seu cor es manté lluny de mi» (Is 29,13). Encara queden en l'Evangeli residus d'antigues creences, de la restauració política del regne d'Israel seguint les dotze tribus davídiques (per això l'elecció dels Dotze apòstols en Mc 3,13-19 i les baralles entre ells sobre qui serà més important en el regne restaurat), però tot l'Evangeli és una mena d'ensenyament per capgirar aquella concepció de la restauració messiànica.

Aquest temps messiànic va in crescendo en l'Evangeli: d'una banda, és un temps joiós, perquè el nuvi –Jesús– és present, i per això no calen dejunis (Mc 2,18-22), i de l'altra, res no hi serà amagat, bé que se'ns mesurarà amb magnanimitat (Mc 4,21-24), d'acord amb Jr 10,24 («Corregeix-me, Senyor,/ però amb mesura;/ no amb enuig,/ que no en quedaria res»). Els signes de guarició de cossos i esperits per part de Jesús esdevenen perdó dels pecats d'acord amb Jr 30,17; 33,6. Des de Mc 2, 10, Jesús s'autoanomena *Fill de l'home*, d'acord amb Dn 7,13-14 («...tot mirant aquella visió nocturna, vaig veure venir amb els núvols del cel algú semblant a un Fill d'home; arribà fins a l'ancià carregat d'anys, el van presentar davant d'ell i li van donar el poder, la glòria i la reialesa. La gent de tots els pobles, nacions i llengües li faran homenatge; el seu poder és etern, no passarà mai; el seu regne no es desfarà»), un títol equivalent al de Messies, però que sembla valorar com menys conflictiu i que tornarem a trobar al llarg de l'Evangeli (en aquesta part a Mc 2,28, quan Jesús es considera senyor del xàbat, i en el llibre segon moltes més vegades, com ja esmentarem).

Després d'emprar aquest profetisme de segona onada –si entenem Elies, Eliseu, Natan i d'altres sense textos escrits en una mena de primera, i el profetisme apocalíptic com a tercera–, el darrer redactor de l'Evangeli passa als llibres sapiencials i, si Jesús pot perdonar els pecats i és Senyor del xàbat, li atribueix signes extraordinaris sobre fenòmens naturals (domina el mar i el vent de les tempestes seguint el Sl 89,10), episodis que per a res cal considerar històrics. Tanmateix, el redactor de l'Evangeli ha entès que Jesús és Déu i li posa a la boca els mots de Jahvè a Moisés: «Soc jo». El senyal de la multiplicació de pans (reduplicada), malgrat el que suposa de banquet messiànic i escatològic anunciat pels profetes –amb referències als pans del santuari en les lluites Saül-David (1Sa 25,18) o a la farina de la vídua amb què va socórrer Elies (1Re 17,15)–, cal considerar-la una catequesi sobre l'eucaristia. En canvi, malgrat que, des de l'inici d'aquest bloc, la mare i germans de Jesús el volen fer passar per boig, perquè temen que entri en col·lisió amb les autoritats (Mc 3,20-21.31.35), els conflictes comencen cap al final de l'apartat, en especial pel que fa al tema de la puresa i dels menjars prohibits; Jesús es carrega totes les prohibicions alimentàries, encara que els seus no ho entenguin. El bloc acaba amb una proclama de Jesús: tant el menjar caixer com el *corban* són pura hipocresia! Es carrega, doncs, preceptes del Levític i del Deuteronomi basant-se en Jeremies i Ezequiel. I quan els fariseus li demanen un senyal del cel, els diu que no els en serà donat cap. Els deixebles no ho entenen, són cecs, i per això cal obrir-los els ulls (Mc 7,31ss; 8,22ss).

Però, aleshores, arriba la cirereta del pastís, el punt central d'aquest darrer bloc: quan Jesús demana qui diu la gent que ell és –sap perfectament que l'han pres per l'esperit rediviu d'Elies o del Baptista–, Pere el confessa com el Crist, el Messies. D'altres evangelistes ens conten que Jesús li respon que aquella confessió no surt pas d'ell mateix, sinó que ha estat una gràcia de Déu. Mc, no. Mc només corrobora de nou la prohibició d'escampar-ho. Cal mantenir-ho en secret. De fet Pere, com tot el judaisme, espera encara un Messies triomfant; per això Jesús, quan anuncia per primer cop la seva passió (relat *ex eventu*), se'l traurà del davant titllant-lo de Satanàs.

No ens avancem. Resumim aquest bloc que va des de l'acompliment del temps fins a la confessió de Pere. Fixem-nos quins profetes ha emprat (especialment els de la segona onada) i les poques incursions que ha fet als llibres sapiencials i apocalíptics:

- El temps s'ha acomplert (Mc 1-15): arriba el temps messiànic del regnat de Déu versus el de l'emperador romà (cf. APÈNDIXS 12 i 13).
- El temps messiànic es caracteritza pels ensenyaments, les guaricions i els exorcismes (**Is I 35,5**: «ulls i orelles s'obriran»), signes del poder de Déu per **Os**. I també per un judici benigne (**Jr 10,24**).
- Mentre els esperits impurs dels malalts proclamen Jesús com a Messies, hi ha qui mirant no hi veu i escoltant no hi sent (**Is I i Jr**).
- Els signes de guarició de cossos i esperits de Jesús esdevenen perdó dels pecats d'acord amb **Jr** (30,17; 33,6), cosa només atribuïble a Déu igual que el domini de mars i vents (**Sl** 89)

· Jesús s'atorga el títol de *Fill de l'home* pouat de **Dn** (7,13s; 8,17)
· Jesús es carrega preceptes com el del menjar caixer i l'ofrena del *corban* basant-se en **Jr** i **Ez**, que asseguren que el poble «té ulls i no hi veu, orelles i no escolta».
· Vist que fins i tot els fariseus demanen senyals del Cel, cal obrir els ulls al poble, guarir-li la ceguesa.
· Pere, malgrat que la gent pren Jesús com l'esperit rediviu d'Elies o el Baptista, el confessa Messies.

Entrem ara al *Llibre segon* –apartats de l'i) al q)–, on, ja en el primer bloc, es matisen dues qüestions del punt de partença dels anteriors. En primer lloc, la teofania d'a) del bateig, ara es repeteix en la Transfiguració: aquí, però, Jesús és enmig dels dos personatges clau del judaisme, Moisès i Elies, per demostrar-lo superior. El redactor final de l'Evangeli creu en Jesús de totes totes i li sap greu que d'altres jueus, segurament de la pròpia comunitat, no hi acabin de creure del tot. El *Fill de l'home* danièlic és el Messies, sí, però no pas cap Messies triomfant com l'esperen, sinó un Messies sofrent, capaç de carregar les culpes d'altri a la pròpia esquena, humilment. Ara hem passat d'Is I a Is II (Is 40-55, el denominat *Llibre de la consolació*), i, més justament, als magnífics quatre cants del «Servent de Jahvè», que ja hem vist abans. Altrament, ara, aquest sintagma *Fill de l'home* es repetirà recursivament (8,31.38; 9,9.12; 10,33,45; 13,26) i serà equivalent a d'altres com *Fill de David* (10,47.48; 12,25), bé que supera aquest títol (Mc 12,27). En segon lloc, Elies, un personatge que en temps de Jesús tenia predicament, perquè segons el profeta Malaquies, abans del gran Dia del Senyor, havia de tornar a la terra, queda del tot enquadrat per Jesús. Elies, identificat amb el Baptista, ja ha vingut, escriurà l'Evangelista (Mc 8,13).

Els discurs apocalíptic del capítol 13 justament cal interpretar-lo en aquest context danièlic, passada ja la caiguda històrica de Jerusalem: Hi haurà un nou sol i una nova lluna que serà el Crist, el Fill de l'home anorreat en la crucifixió i, per això mateix, enaltit i albirat entre els núvols del transcendent.

Amb aquests pressupòsits, l'autor de Marc fa tres anuncis de la passió (*ex eventu*, és a dir, escrits després que els fets haguessin succeït), no pas entesos pels seus (a Mc 10,35ss encara se li demana ser a la dreta i esquerra del poder quan s'hagi reconstituït el reialme de les dotze tribus) i proposa dos conceptes nous com són el de la *retribució* (Mc 10,28) i el del rescat (Mc 10,45), que ja trobem en la Torà –sobretot en el Levític–, però que els llibres sapiencials reelaboren (Sl 49,8; Jb 33,24; Pr 13,8). Arribats aquí els ensenyaments de Jesús semblen conformar una comunitat «alternativa» a les d'aleshores (n'hi havia de tendències filosòfiques diverses). Així dona instruccions originals, i subverteix valors ètics: dona preeminència als nens (que eren considerats no-res) i a les dones, desmitifica la riquesa (venerada en el judaisme com a senyal del favor de Déu) i, sobretot, desautoritza els poders polítics forans («Al Cèsar el que és del Cèsar») i els religiosos, tant intel·lectuals (mestres de la Llei), com cultuals (sacerdots); també, els econòmics i legals (notables i ancians sanedrites): la seva és una autoritat profètica com la de Joan; per això pot oferir ensenyaments nous: existeix la resurrecció perquè Jahvè és Déu de vius, o bé que després de la resurrecció serem «com àngels del cel»...

La passió de Jesús ha estat escrita –historitzada, s'ha dit– a partir de salms i profecies, perquè no hem d'oblidar que els deixebles el van abandonar. Interessant la prolepsi de la unció a Betània, anticipació de l'embalsamament del cos de Jesús, molt possiblement enterrat en una fossa comuna o un pou de calç com se solia fer amb tots els crucificats, i més si l'enterrament corria pressa. Mc, com els altres sinòptics que el copien, identifica Jesús amb l'Anyell Pasqual amb què els jueus celebren la Pasqua (Pas de l'àngel exterminador, fugida i travessa del Mar Roig) i li fa celebrar el sopar de Pasqua el dijous 14 de Nissan (vigília de la setmana dels Àzims), de manera que moriria el divendres 15. Jesús és la Pasqua! Les referències al Fill de l'home queden superades per la institució de l'Eucaristia, a partir de cites diferents, tot donant entenent que es tracta d'una nova aliança com la sinaítica amb valor redemptor; aquestes cites són de la Torà («Aquesta és la sang de l'aliança de Jahvè»: Ex 24,8), Is I («Per haver-se lliurat a mort, li donaré multituds per herència...»: Is 25,6s) i Zacaries («Per la sang de l'aliança, alliberaré els captius de la fossa»: Za 9,11). Cal recordar que una imatge dels temps finals era la d'un gran banquet i, en Marc, Jesús assegura que no beurà vi de la vinya fins que no begui vi nou del Regne (Mc, 14-25) –i la referència es troba en els recabites de Jeremies 35,8-11–, però el gran banquet es dona per suposat: «El Senyor oferirà banquet amb plats gustosos i vins selectes...» (Is 25, 6).

Les escenes de Getsemaní i de la passió, amarades del Fill de l'home danièlic, remeten a salms (22, 38, 69...) i al Servent de Jahvè d'Is II.

En resum, tindríem el que segueix:

· Jesús, entès com a *Fill de l'home* segons **Dn** i *Servent de Jahvè* segons Is II, subverteix el tipus de messianisme esperat i, tanmateix, supera el títol de simple *Fill de David*, perquè David li diu «Senyor» (Mc 12,27 esmentant el **Sl** 110,1).
· Jesús, realçat enmig de les figures de Moisès i Elies, estimat per Jahvè com a Elegit en la Transfiguració (Is 42,1).
· Abans de l'arribada del Regne hi haurà confusió segons **Is I** i **Dn** (discurs apocalíptic), però hi haurà un nou sol i una nova lluna: el Crist, Fill de l'home, baixant entre núvols.
· Aquest Messies ve a rescatar tothom, concepte de la Torà, reelaborat pels sapiencials (**Sl**, **Jb**, **Pr**).
· Jesús corregeix Malaquies, perquè Elies ja ha vingut en la figura de Joan el Baptista.
· El retorn als orígens suposa moltes subversions com la del lligam matrimonial interpretat amb rigidesa (Gn 2,24).
· El Messies reinterpreta els conceptes de *retribució* i *rescat* reelaborats pels sapiencials (**Sl**, **Jb**, **Pr**...).
· L'Eucaristia (pa i vi), entesa com a nova aliança en relació a la de la Torà (Ex 24,8), en el context del banquet del temps finals amb valor redemptor segons **Is I** i **Za**.
· Passió d'acord amb els salms i el Servent de Jahvè d'**Is II**.

Quant a l'*Epíleg* –apartat *r*)– sembla del tot original de Marc com assegura Crossan, per a qui la invenció de la sepultura de Josep d'Arimatea i la troballa del sepulcre buit per les dones té la funció d'enllaçar 15,47 amb 15,40 i 16,1. El fet que a 16,7 les dones no obeeixin el mandat de l'àngel d'anar-ho a notificar tot a Pere i als deixebles (el final brusc de la redacció de Marc, ens diu que les dones fugen temoroses sense dir res a ningú segons 16,8), cal entendre-ho com una el·lipsi, en el benentès que elles, tard o d'hora, van explicar les coses, perquè, d'altra manera, no hi hauria hagut Evangeli.

2.4. L'EVANGELI DE MATEU: ANÀLISI I ESTRUCTURA (Mt)

2.4.1. CARACTERÍSTIQUES

Veritable manual de catequesi per als que s'iniciaven, l'Evangeli de Mateu va ser el més popular de l'antiga Església. Reelaboració de Marc, al gran nombre de narracions que conté aquell, hi afegeix moltes sentències de Jesús (cf. APÈNDIX 13). La comunitat judeocristiana de Mateu estava oberta als pagans com ho mostra el fet que barregi afirmacions judeocristianes amb d'altres de paganocristianes. Un parell d'exemples entre molts: la prohibició de predicar als samaritans (10,5-6) és contrastada pel mandat del Ressuscitat de predicar a tots els pobles (28,19); el fet de mantenir la Llei (5,17-20) s'interpreta de manera més universal (5,5; 11,19).

Entre les característiques d'aquest Evangeli esmentem les següents: *a)* els relats d'infància –amb midraixos com la fugida a Egipte i la matança d'innocents–, escrits segurament contra els que pensaven que Jesús sols tenia aparença d'home (més tard seria la doctrina doceta, del verb *dokeô*, 'semblar'); *b)* les sentències de Jesús es presenten en sis grans discursos, com ja veurem en l'anàlisi que farem; *c)* la presentació d'aparicions al final, amb una de conclusiva; *d)* el fet que la plenitud de la Llei es trobi en el manament de Jesús: la regla d'or (7,12) conté la Llei i els Profetes, perquè estimar Déu és estimar els altres (22,40); *e*) és un evangeli molt crític amb les autoritats clericals (c.13) –fins i tot amb insults d''hipòcrites', 'estúpids', 'cecs', que contradiuen 5,22– i amb els fariseus (cosa que demostra que s'escriu quan es produeix la ruptura entre el judaisme majoritari i la comunitat de seguidors de Jesús); *f)* destaca la figura de Pere com a fonament de l'Església (16, 13-20), de qui no amaga les febleses, però sí que omet el nom de ser ell qui brandà l'espasa a Getsemaní; *g)* conté textos molt coneguts com els de les Benaurances, el Parenostre, la crida de Mateu, el publicà (que cal no confondre amb l'autor de l'Evangeli) i l'al·legoria del Judici final (25,31-46), fragment denominat «Evangeli dels ateus»; *h)* es vincula amb la tradició petrina amb perícopes en exclusiva (14,28-33; 17,24-27 i 16,17-18) i es distancia de la paulina (5,19), vist que, segons alguns autors, a Ga 1,11s Pau polemitzaria amb la tradició encara oral de Mateu; *i)* finalment, en un text ple d'esments explícits i no tan explícits de l'Antic Testament, cal destacar les anomenades «cites d'acompliment», en les quals s'utilitza una fórmula semblant per indicar la realització d'allò anunciat en les escriptures. Ara bé, algunes estan agafades pels pèls. D'aquestes cites, sense voler ser exhaustius, n'esmentarem aquestes (i en fem una breu valoració a la segona columna):

1. Is 7,14	Mt 1,22-23 (errònia)	**8.** Is 52,4	Mt 8,17
2. Mi 5,1	Mt 2,6 (discutible)	**9.** Is 42,1-4	Mt 12,18-21
3. Os 11,1	Mt 2,15 (discutible)	**10.** Is 6, 10	Mt 13,14-15
4. Jr 31,15	Mt 2,17-18 (discutible)	**11.** Sl 78,2	Mt 13,35
5. Ø [No es diu enlloc]	Mt 2,23 (fals)	**12.** Is 29,13; Sl 78, 36s	Mt 15, 8-9
6. Is 40,3	Mt 3,3	**13.** Za 9,9; Is 62,12	Mt 21,4-5
7. Dt 8,3; Sl 91,11; Dt 6,13.16; Is 8,23-9,1	Mt 4,4-16	**14.** Jr 32,9; Is 11,12-13	Mt 27, 9-10

Algunes, certament, van com l'anell al dit, però n'hi ha que són ben discutibles; d'altres semblen forçades, com si es fes entrar un clau per la cabota. En definitiva, més a favor nostre, més a favor de la hipòtesi que hem plantejat de l'existència d'un còdex perdut ple d'esments d'acompliment de textos veterotestamentaris en la figura de Jesús com a Messies.

Quant a l'estructura, els experts consideren que Mateu, després dels relats d'infància (*a-b* en l'esquema que exposarem tot seguit) i acabant amb aparicions (*t*), segueix un ordre semblant al de Marc: Baptisme (*c*)→Predicació a Galilea i reaccions (*d-l*)→Pujada a Jerusalem (*m-q*, anunciat des de *k*)→Relat de la passió (*r-s*), alternant conjunts narratius i discursos. Aquests són cinc, en paral·lel als llibres del Pentateuc: Sermó de la Muntanya (c. 5-7), discurs de missió (10), discurs en paràboles (13), discurs comunitari o eclesial (18) i discurs escatològic (23-25), que abraça un discurs contra els fariseus, un altre sobre la destrucció del Temple i un de final sobre el judici. La fi de cada discurs i l'inici del conjunt narratiu següent es caracteritza per una frase: «I, quan Jesús va haver acabat aquestes paraules/ instruccions/ paràboles... succeí [tal cosa]» (Mt 7,28; 11,1; 15,53; 19,1; 26,1).

2.4.2. ESTRUCTURA O DISPOSICIÓ DE MATEU

Com hem fet en l'Evangeli de Marc, oferim en diferents parts, indicades amb lletres majúscules, els nuclis de l'Evangeli, assenyalats aquests amb lletres minúscules, i el subnuclis en les tres primers columnes de l'esquema, deixant per a les dues de la dreta les cites referents a l'Antic Testament, en el sentit de conformar aquell hipotètic còdex de cites perdut de què havíem parlat, per al·ludir-les a tall de record en la columna final (Al·lusions i valoració) juntament amb la seva estimació en relació al messianisme i a la filiació divina (de ++ a -). A més a més, els episodis recollits de Marc van assenyalats així (→Mc); els propis, que seran recollits per Lluc, s'indiquen d'aquesta guisa (Lc→); els que es troben tan sols en aquest evangeli els indiquem d'aquesta altra manera: (*). Així doncs, tindríem:

A. INICI: NEIX UN HOME ESPECIAL

a) 1,1-25: RELATS D' INFANTESA: LLIBRE DE LA GÈNESI DE JESÚS				
Seccions de Mt		**Contingut**	**Referències a l'AT**	**Al·lusions i valoració de la referència anterior**
1,1-17: Genealogia **(Lc→)**	**1**,1	Jesús, el Messies, fill de David, fill d'Abraham.	2Sa 7, 12-16	*Fill de David* és títol messiànic. (++)
	1,17	Josep, l'espòs de Maria, de la qual nasqué Jesús, l'anomenat Messies.		Josep, pare legal de Jesús, prové de la línia davídica.
1,18-25: Anunci a Josep i gènesi de Jesús, el Messies **(Lc→)**	1,18	Gènesi de Jesús: Acord matrimonial entre Maria i Josep i concepció abans de viure junts.		Generacions veterotestamentàries.
	1,19-21	Àngel a Josep: és obra de l'Esperit, es dirà Jesús i salvarà el poble dels pecats.		*Salvar* és funció messiànica. (++)
	1,22-25	Es compleix *La Verge concebrà... li posarà Emmanuel ('Déu amb nosaltres')*? El nom és Jesús. Josep no ha mantingut relacions conjugals amb Maria.	Is, 7,14	Confusió idiomàtica noia / verge (+). Is sols profetitza el naxiement del fill d'Acaz, el príncep Ezequies. Naixement portentós?

b) 2,1-23: DE L'ÀMBIT REDUÏT D'ISRAEL AL MÓN UNIVERSAL				
2,1-12: Homenatge d'uns «savis» pagans **(Lc→)**	**2**,1-3	Estel dels mags.	Nm 24,17	*Un estel ha sortit de Jacob*... Evocació de la monarquia davídica i del Messies. (++)
	2,4-12	*El Messies ha de néixer a Betlem de Judea.*	Mi 5,1 (Jn 7,42 = 2Sa 7,12)	*I tu, Betlem,...no ets pas la més petita.* (++)

	2,13-15 (*)	Fugida llegendària a Egipte.	Os 11,1	*De l'Egipte he cridat el meu fill.* (+-)
	2,16-18 (*)	Matança d'innocents llegendària a fi que es complís Jeremies.	Jr 31, 15	*...Raquel plora els seus fills...* (+-)
	2,19-23 **(Lc→)**	Oracle dels profetes: *Li diran Natzarè* (no natzaretà!).	Nm 6; Is 11,1	Nm 6,1ss (vot de natzareat). (+-)
c) 3,1-4,11: DEL BAPTISTA A LES TEMPTACIONS				
El Messianisme que esperava Joan i el Messies que presenta el Pare	**3**,1-12 **(→Mc)**	Predicació de Joan el Baptista. Joan és la veu de què parlava Isaïes: *Veu del que crida al desert.* [Vestit de Joan = vestit d'Elies.] Tothom va a trobar Joan a la riba del Jordà, i ell els purifica. Fariseus i saduceus van a batejar-se, i els avisa que el Messies *ja té la pala a les mans i ventarà el blat* (i castigarà els dolents al foc de la Gehenna).	Is 40,3 2R 1,8 Is, 41,16; Jr 15,7	*Veu del que crida al desert* (-) Elias. (-) Gehenna: So 1,18; Is, 66,24; Jdt 16,17; Ecli 7,17.
	3,13-17 **(→Mc)**	Baptisme de Jesús. Confrontació d'estils: Joan i Jesús. Joan exclama: *Soc jo el qui necessita ser batejat per tu, i tu vens a mi!* El cel s'obre i un colom es posa sobre Jesús. Teofania. Veu bateig: *Aquest és el meu fill, l'estimat, en qui tinc posada la meva complaença.*	Is 11, 1 Ps 2,7; Is 42,1	El descendent de David: *L'esperit del Senyor reposarà damunt d'ell.* (+) Messies = Servent. (+)
El Messies que molts devien esperar	**4**,1-11 Temptat al desert **(Lc→)**	*No sols de pa viu l'home.* Temptació: *Els àngels et portaran a les mans.* *No temptaràs el Senyor, el teu Déu. Adoraràs el Senyor, el teu Déu...*	Dt 8,3; Sl 91,11s Dt 6,16; Det 6, 13.16.23	Proves al desert i mannà. (+-)

B. EL GOIG DE LA PROCLAMACIÓ DEL REGNE DELS CELS A GALILEA

d) 4, 12-4, 25: RETORN A GALILEA				
Jesús a la Galilea dels pagans	**4**,12-25 **(→Mc)**	Jesús abandona Natzaret i va a viure a Cafarnaüm, terra de Zabuló i Neftalí, i hi comença a proclamar el Regne dels Cels. Elegeix deixebles: Simó i Andreu, Jaume i Joan del Zabedeu. Li porten malalts. Fama.	Is 8,23; 9,1	Terra de Zabuló i Neftalí, camí del mar, l'altra banda del Jordà, Galilea dels pagans: *El poble que caminava en la fosca ha vist una gran llum.* (-+)

e) 5,1-7,27: DISCURS PRIMER: SERMÓ DE LA MUNTANYA				
SERMÓ DE LA MUNTANYA Benaurances: 5,1-12 Lc→)	**5**,1-2 Escenari	En veure les multituds, Jesús puja a la muntanya i comença el discurs.	Ex 19,3	Moisès puja al Sinaí. Muntanya = símbol de teofania.
	3-12: Preàmbul	Benaurances: l'obertura que insinua tot el tema del Sermó que segueix. Jesús capgira l'estil del seu temps predicant un missatge d'alegria per a tots els desgraciats, estafats, pobres, per la seva pròpia bondat. *Feliços els qui ploren, perquè seran consolats.*	Is 61,2	*...a proclamar l'any de gràcia del Senyor [...] a consolar tots els qui estan de dol...* (+)
Sal de la terra. Llum del món. Llei	13-16: Sal de la terra i llum **(→Mc)**	*Vosaltres sou la sal de la terra... la llum del món.* El deixeble és llum humil, però brillant, enmig de les foscors de la vida.	Lv 2, 13	*No deixis mai que falti la sal en cap ofrena: és símbol de l'aliança.*
	17-20: Jesús i la Llei **(→Lc)**	*No us penseu que he vingut a anul·lar la Llei o els Profetes: no he vingut a anul·lar-los, sinó a dur-los a la plenitud.*	Dt 32,46	*Ordeneu als vostres fills que mirin de posar en pràctica totes les paraules d'aquesta Llei.* (+-)
Relació del deixeble amb els altres (5,21-48)	21-26: L'homicidi (*)	La lògica del Regne no permet ni tan sols la còlera amb els germans: tots som dignes del més gran respecte. *El qui s'irriti amb el germà serà condemnat pel tribunal.*	Ex 20,14	*No matis.* (+-)
	27-30: Adulteri (*)	El respecte envers l'altre, en aquest cas la parella, és bàsic en el Regne de Déu (cf. APÈNDIXS 12 i 13).	Ex 20,14	*No cometis adulteri.* (+-)
	31-32: Divorci o repudi **(→Mc)**	*També es va dir: Si algú es divorcia de la seva dona, que li doni un document de divorci. Doncs jo us dic: Tothom qui es divorcia de la seva dona [...] l'empeny a l'adulteri...* [Supera el Dt?].	Dt 24,1	*...un home un dia ja no se la mira amb bons ulls [...] llavors escriu un document de divorci, l'hi dona i la treu de casa.* (+-)
	33-37 Juraments (*)	El Regne, comunitat alternativa. *Doncs jo us dic: No juris mai...; ni pel cel [...] ni per la terra, que és l'escambell dels seus peus; ni per Jerusalem, que és la ciutat del gran rei.*	Lv 19, 12; Dt 23, 22-24; Is 66,1; Sl 48,3	*No jureu en fals... Quan facis un vot al Senyor [...] no triguis a complir-lo [...].* (Dt) (+-)
	38-42: Venjança **(Lc→)**	*Ja sabeu que es va dir: Ull per ull, dent per dent. Doncs jo us dic: No us hi torneu, contra el qui us fa mal. Si algú et pega a la galta dreta, para-li l'altra.*	Ex 21, 24; 24, 20	*Ull per ull, dent per dent, mà per mà, peu per peu* (Ex). *...ull per ull, dent per dent* (Lv). (+-)

	43-48: Estimar enemics **7**,1-5	La misericòrdia estesa fins estimar l'enemic constitueix la perfecció dels fills de Déu. *Doncs jo us dic: Estimeu els vostres enemics.*	Ex 15, 10.12; Lv 19,18; Sl 55, 12-14	*No siguis venjatiu ni guardis rancúnia contra ningú... Estima els altres com a tu mateix* (Lv). (+-)
Relació del deixeble amb Déu (6,1-18)	**6**,1-4: Almoina **(*)**	L'almoina com el contrari d'una autojustificació i sense voler-ne treure cap profit propi de cap mena.	Tb 4, 11	*Qui fa una almoina ofereix a l'Altíssim...* (+-)
	5-15: Pregària **(Lc→)**	Es pregava tres cops al dia: matí, migdia i vespre, així que sovint tocava ferho en llocs públics. Qui busca Déu de veritat es reclou. El *Parenostre*, la nova pregària.	2Re 4,33; Is 26,20; Ez 36,23; Coh 5,1; Sir 7,14	*Jo santificaré el meu gran nom...* (Ez) (+-)
	16-18: Dejuni **(*)**	Els fariseus dejunaven dues vegades la setmana i posaven mala cara perquè tothom se n'adonés: *Tu, quan dejunis, perfuma't el cap i renta't la cara.*	Is 58,5	*Us penseu que jo tinc per un dejuni, que un home faci súpliques tot el dia...? D'això en dieu un dejuni...?* (--)
Relació amb ell mateix (6,19-7,5)	**19**-21: Tresors al cel **(→Mc)**	La pobresa del cor: *Reuniu tresors en el cel [...] Perquè on tens el tresor, hi tindràs el cor.*	Pr 7,1; Jb2 22,24-26	*Fill meu, observa el que et dic, guarda com un tresor els meus preceptes.* (--)
	22-23: L'ull, llum del cos **(Lc→)**	*si el teu ull és dolent, tot el teu cos quedarà a les fosques.*	Pr 22,9	La ceguesa espiritual pitjor que la física. (-+)
	24: Déu i el diner (Lc→)	*No podeu servir alhora Déu i el diner.*	Pr 21,5; 22,7	*...el qui manlleva és esclau del creditor.* (--)
	25-34: Confiança i neguit **(Lc→)**	Recerca de l'essencial (que no és el menjar ni el vestit). Exemple flors i ocells. Cal abandonar-se a la Providència.	1Re 10,1-29; Is 51,1	Les grans riqueses de Salomó, petites al costat de la creació de Déu. (--)
	7,1-5: Jutjar **(Lc→)**	No judicar els altres: Només Déu pot judicar. *No jutgeu i no sereu jutjats.*	Dt 1,17	No hem de jutjar perquè Déu no ens jutgi. (--)
Dues actituds fins a la REGLA	7,6: Donar (Lc→)	*No doneu als gossos les coses santes* [aliments oferts al temple] *ni tireu les perles als porcs.* Text sever: l'ala ju-	Ex 29, 33-34; Lv 2,3;	«Gossos» = 'pagans' en temps de Jesús.

D'OR (7,6-12)	7,6: Donar (Lc→)	daïtzant reclama que no es prediqui l'evangeli als pagans (seria una profanació).	Nm 18, 9-10; Pro 23,9	(--)
	7-11: Demanar **(Lc→)**	Saber demanar als altres, perquè això significa creure en el seu cor generós. *Demaneu, i us donaran.*	Dt 4,29; Za 10,1	*Demaneu al Senyor.* (--)
	12: Fer **(Lc→)**	***Resum*** [REGLA D'OR]: *Feu als altres tot allò que voleu que ells us facin: aquest és el resum de la Llei i els profetes.*	Tb 4, 15	Textual. (--)
Quatre crides a la lucidesa a partir de dualismes (7,13-27)	13-14: Dos camins i dues portes **(Lc→)**	No és fàcil consalvar el món: *Entreu per la porta estreta, perquè és ampla la porta i espaiós el camí que mena a la perdició.*	Dt 13,15 Sl 1,1	«Porta estreta» = Vida eterna. *Feliç l'home que no es guia pels consells dels injustos.* (-+)
	15-20: Dos fruits **(Lc→)**	*Avís* contra els falsos profetes: *Pels seus fruits els coneixereu*: raïm-cards; figues-arços.	Jr 23,32	*Estic contra els profetes que expliquen somnis falsos i desvien el meu poble...* (-+)
	21-23: Dues actituds **(Lc→)**	Dir i fer. *No tothom qui em diu: 'Senyor, Senyor', entrarà al Regne del cel.*	Am 5,21; Sl 6, 9	*Detesto les vostres festes.* (-+)
	24-27: Dues cases **(Lc→)**	Casa fonamentada en una roca o en la sorra.	Ez 13, 10-14	*La paret caurà: perquè vindran una pluja torrencial i una pedregada... i veureu la paret enderrocada!* (--)
	28-29: Reacció gent **(→Mc)**	La gent, admirada, s'adona que Jesús ensenya amb autoritat i supera els deu manaments de la Llei.		Jesús acabarà els cinc discursos de manera semblant. (-+)

C. REACCIONS I ENFRONTAMENTS DAVANT LA PREDICACIÓ DEL REGNE

f) 8,1-9,35: ACTIVITATS DE JESÚS

Tres guaricions	**8**,1-4: Guarició leprós **(→Mc)**	Baixa de la muntanya i guareix un leprós.	Lv 13	Funció sacerdotal davant la lepra. Secret messiànic. (-+)

	5-13: Guarició del criat d'un centurió **(Lc→)**	*Senyor, jo no soc digne que entris a casa meva; digues només una paraula i el meu criat es posarà bo.*	Sl 33,9; 107,20	*El Senyor envià la seva paraula per guarir-los.* (-+)
	14-17: Guarició de la sogra de Pere i altres **(→Mc)**	*...li tocà la mà, i la febre va deixar-la*; guaricions i exorcismes perquè es complís. Is 53,5.	Is 53,5	*Les seves ferides ens curaven.* (+)
Dues crides	8,18-22 **(Lc→)**	A un mestre de la Llei que el vol seguir li diu que no és fàcil. Nega d'enterrar el pare a un deixeble.	Gn 50,5; Tb 4,3	Josep i Tobit enterren els pares. (--)
Tres prodigis	8,23-9,8: Tres prodigis **(→Mc)**	Tempestat calmada, guarició de dos endimoniats a Gàdara (que li diuen Fill de Déu) i guarició d'un paralític.	Dn 7,13-14.22; Jn 5,27	El Fill de l'home té poder sobre la natura, per perdonar els pecats i per guarir. (++)
Crida a Mateu	9,9-10a: Crida al publicà Mateu **(→Mc)**	El publicà era un pecador públic, impur, perquè recollia impostos per a Roma.	Jr 40,4	Mateu és Leví? (-)
Dos debats amb: fariseus i baptistes	10b-17: Crítiques dels fariseus i dels baptistes pel dejuni **(→Mc)**	Tot sopant a casa de Mateu, els fariseus el critiquen; Jesús els respon amb una dita del profeta Osees; als altres amb una metàfora: els temps messiànics ja han començat i cal celebrar-ho i no dejunar mentre Jesús sigui present entre els seus (un dia no hi serà).	Os 6,6	*Vull justícia i no sacrificis* (Os). (+)
Quatre nous prodigis fruit de la fe i reaccions.	18-26: L'hemorroïsa i resurrecció de la filla d'un cappare **(→Mc)**	L'hemorroïsa pensa que si el pot tocar se salvarà. La persona important creu que Jesús pot retornar la filla a la vida.	Tenim exemples d'Elies i Eliseu	(+-)
	27-31: Guarició de dos cecs (*)	Li ho demanen donant-li els títols de Fill de David i Senyor.		Són títols messiànics. (+)
	32-33a: Guarició d'un mut endimoniat **(Lc→)**	Exorcisme (cf. APÈNDIX 13).		(+-)

	33b-34 **(Lc→)**	La gent, meravellada; els fariseus li diuen que treu els dimonis amb el poder del príncep dels dimonis.	Ez 34,5	Gent meravellada: ramat sense pastor. (-+)

g) 9,35-11,1: DISCURS SEGON (APOSTÒLIC): JESÚS ASSOCIA ELS SEUS A LA MISSIÓ				
Intro-ducció	9,35-38 **(→Mc)**	En veure les multituds que el segueixen, se'n compadeix, perquè estaven cansades i abatudes *com ovelles sense pastor.*	Nm 27,17; 1R 22,17; Is 40,11	El bon pastor és senyal messiànic. (++)
	10,1-4 **(→Mc)**	Jesús escull els seus **Dotze** apòstols.	Sl 33,9; 107,20	(+-)
Discurs de la missió	5-42 **(→Mc)**	Instrucció als Dotze per tal que prediquin amb actes la vinguda del Regne: predicció de persecucions, a no tenir por, a renunciar-se a si mateixos.	Ex 4,10-12; Jr 1,6-10; Dt 33,9; Mi 7,6	*Poso les meves paraules a la teva boca* (Jr). *...els enemics de cadascú seran la gent de casa seva* (Mi). (+-)
Con-clusió	**11**,1 **(Lc→)**	Jesús torna a predicar a d'altres pobles, enllaçant l'acció amb l'inici del Sermó.		(+-)

h) 11,2-12,50: EL REGNE CREIX, PERÒ LES COSES COMENCEN A NO ANAR BÉ: NARRACIONS DE FE I D'INCREDULITAT				
Primera topada amb els baptistes: la proximitat perplexa	11,2-19: Enviats del Baptista. **(Lc→)**	El Baptista envia els seus deixebles a *qüestionar* l'activitat de Jesús. *Ets tu el qui ha de venir?* Resposta amb Is. Elogi del Baptista com a missatger i comparació amb Elies.	Is 29, 18-19; 35, 5-6; 61,1; Ml 3,1	El *qui ha de venir* és un títol messiànic. També tenir un herald. (++)
	16-19: Les obres de la Saviesa! **(Lc→)**	Judici de la generació: ni ballen ni s'entristeixen. Són el gos de l'hortolà. Joan titllat d'asceta, i Jesús, de golut. Però el designi de Déu fa el seu camí segons les obres de la Saviesa de Déu.	Sir 1,1. 4.8.10. 28-29; Sv 7,22-23-25-8,1	Altres judicis de la pròpia generació (23,34). (+-)
	20-24: Incredulitat de Galilea. **(Lc→)**	Contra Corazín, Betsaida i Cafarnaüm: *Et penses que t'alçaràs fins al cel? Al país dels morts, baixaràs!*	Is 14, 13-15	Tu pensaves: *Pujaré fins al cel. [...] De fet, però, has baixat al país dels morts, al fons de tot dels inferns.* (-)
	25-30: Pregària de Jesús: lloança a Déu per revelar-se als senzills. **(Lc→)**	Tres revelacions: a) la lògica de l'època dels bots nous (*has revelat als senzills tot això que has amagat als savis*); b) es manifesta la identitat de Jesús (*Fill del Pare*); i c) s'indica el camí de la pau: *el meu jou és suau...*	Sir 3,19; 24,20; Os 2,13; Sv 2,13; Jr 6,16; Pr 3,17	*El Senyor només revela als humils els seus secrets* (Sir). (-+)

Dues topades amb els fariseus pel xàbat	**12**,1-8: Les espigues arrencades en dissabte. (**→Mc**)	Els fariseus retreuen a Jesús de no respectar el dissabte. Jesús respon amb 1Sa 21,1-7: David i els seus van menjar els pans sagrats.	Os 6,6	*El que jo vull és amor, i no sacrificis; coneixement de Déu, i no holocaustos.* (++)
	9-14: Curació d'una mà en dissabte. (**→Mc**)	És lícit guarir en dissabte. Guanya la polèmica. Els fariseus planegen, per primer cop, fer morir Jesús. (*Poca versemblança!*)	Ex 20,8	Jesús transcendeix el dissabte. (+)
	15-21: Jesús, el servent escollit. (*)	Jesús segueix curant, però demana que es mantingui el secret messiànic. És el servent d'Is, amb cita completa.	Is 42,1-4	Profecia messiànica. (++)
	22-37: Jesús i Beelzebul. (**→Mc**)	Curació d'un endimoniat cec i mut. La gent es pregunta si no pot ser el Fill de David. Els fariseus l'acusen d'estar posseït. No pot treure els dimonis pel poder de Beelzebul perquè aniria contra ell mateix. *Qui no està amb mi, està contra mi.* El pecat contra l'Esperit Sant és imperdonable. L'arbre dolent no dona bon fruit. Tota calúmnia es tindrà en compte el dia del judici.	2 Re 1,2 Beelzebul (=divinitat cananea identificada amb Satanàs)	Fill de David és títol messiànic. Si Jesús és Beelzebul i foragita els dimonis, el Regne de Déu és a prop perquè s'estaria derrotant a si mateix; si Jesús actua a través de l'Esperit, el Regne segur que és a prop. (++) [Afirmar que l'Esperit és Beelzebul és imperdonable, com ho és negar les obres de l'Esperit.]
	38-45: Mestres i fariseus demanen un senyal. (**→Mc**)	Davant d'una generació malèvola i adúltera, només els serà donat el senyal de Jonàs: *el Fill de l'home estarà tres dies i tres nits enterrat.* Estrangers de Nínive i Saba condemnaran aquesta generació posseïda per set dimonis.	Jo 2, 1	Jonàs va estar dintre del ventre del gran peix tres dies i tres nits. (++)
	46-50: La veritable família de Jesús (**→Mc**)	Troballa de la veritable família en els deixebles i en els que compleixen la voluntat del Pare celestial.		El parentiu espiritual passa per davant del carnal. (-+)

i) 13,1-52: DISCURS TERCER: LES PARÀBOLES				
Tríptic inicial: com va el	**13**,1-9 (**→Mc**)	Paràbola del sembrador.	Jr 4, 3-4	*Arrabasseu noves terres/ i no sembreu més entre espines.* (+-)

teu cor, cristià?	10-23 (**→Mc**)	El perquè de les paràboles amb cita d'Is i explicació de l'anterior.	Is 6,9-10	*Escoltareu, però no entendreu; mirareu, però no comprendreu...* (++)
	24-30 (*)	Paràbola del blat i el jull (gramínia metzinosa).		Regne del Cel es fa entre blat i jull, bons i dolents. (-+)
	31-32: Gra (**→Mc**)	Paràbola del gra de mostassa que es fa gran com un arbre on nien ocells.	Sl 104, 12; Ez 17,23; 31,6; Dn 4,9-18	*Hi nien els ocells i refilen entre les branques.* El Regne ara és petit, però es farà gran. (-+)
Segon tríptic: la decebedora situació del Regne en el món	33: El llevat (**Lc→**)	Paràbola del llevat (que fermenta la farina).	1Cr 23,29	Inicis modestos del Regne (-+)
	34-35: El perquè de les paràboles (**Lc→**)	Jesús només parla en paràboles, complint l'anunci dels «profetes» (només es cita en un salm).	Sl 78, 1-2	*...Els meus llavis es valdran de paràboles, aclariré enigmes del temps antic.*
	36-43: Judici final (*)	Explicació de la paràbola del blat i el jull i anunci del dia del judici (dolents→fornal ardent).	So 1,3; Dn 3,6; Dn 12,3	*Recolliré homes i bèsties [...], juntament amb els malvats.* Judici= signe messiànic. (++)
Tercer tríptic: els deixebles i l'hora de la veritat	44-46: Tresor i perla (*)	Paràboles del tresor amagat i la perla.	Pr 2,4	Desitja-les, recerca-les com un tresor [sensatesa i intel·ligència]. (+-)
	47-50: Xarxa de peixos (*)	Paràbola de la xarxa (segona sobre el judici).	Jo 2,1	Es parla de nou de la *fornal ardent* (13,42) com a reacció per no haver pres el Regne en el moment oportú. (++)
Conclusió	51-53 (*)	Mestre de la Llei, deixeble del Regne (Mt mateix?).		Disposa de l'AT i del NT. (-+)

j) 13,54-16,20: DAVANT L'HOSTILITAT, JESÚS CREUA LA FRONTERA				
Pròleg: dos relats	**13**, 54-58 (**→Mc**)	Jesús és rebutjat a Natzaret. *Ningú no és profeta a la seva terra.*	Ez 2,2-5	Israel és obstinat contra els profetes. (-+)
	14,1-12 (**→Mc**)	Provocació d'Herodes i mort de Joan Baptista.	Lv 18,10s	El Lv no permetia el matrimoni d'Herodes. (--)

Primera retirada: davant l'hostilitat d'Herodes, marxa a un lloc despoblat	13-23a **(→Mc)**	Primer prodigi dels pans i els peixos.	2Re 4, 42-44	*Dona-ho [vint pans d'ordi...] a la gent i que en mengi...* (-+)
	23b-33 **(→Mc)**	Mandat de passar a l'altra riba. Jesús camina sobre l'aigua i Pere no pot, per la manca de fe; tema recursiu a Mt 6,30; 8,26; 12,28; 16,8; 17,20.	Aigua i meteors obedients	Revelació del Fill de Déu. (++)
	34-36 **(→Mc)**	Primer resum de guaricions a Genesaret.	Guaricions	Guarir és messiànic. (-+)
	15,1-20: debat amb fariseus **(→Mc)**	Fariseus retreuen a Jesús que els deixebles no fan les ablucions rituals. Ell els respon amb la pràctica hipòcrita del *corban* ('ofrena sagrada'), amb què substitueixen l'obligació d'honorar els pares, i cita Is. No hi ha menjars impurs.	Ex 20,12; 21,17; Dt 5,16; Lv 20,9 Is 29, 13	El Senyor diu: *Aquest poble se m'acosta de paraula, m'honora amb els llavis, però el seu cor es manté lluny de mi. La veneració que em tenen és tan sols un precepte humà, una rutina apresa.* (-+)
Segona retirada: a Fenícia (Tir i Sidó)	22-28: guarició **(→Mc)**	Guarició de la filla d'una sirofenícia o cananea. Va més enllà d'Israel. Ell es resisteix, però els arguments de la dona el «vencen».	La casa d'Israel té preeminència.	Gossets=pagans L'influx messiànic esdevé universal. (-+)
	29-38 **(→Mc)**	Vora el llac, *segon* resum de guaricions i segona multiplicació dels pans.	Més guaricions	Dos signes messiànics, el segon, eucarístic. (+)
Tercera retirada: cap a Cesarea de Filip	15,39-16, 4: Volen senyals **(→Mc)**	A Magadan [topografia desconeguda] es presenten els fariseus i els saduceus. Segona petició de senyals. Idèntica resposta.	Jo 2, 1	Al 12,38 ja s'ha demanat; encara hi tornaran.
	5-12: El mal llevat **(→Mc)**	Cal guardar-se de fariseus i saduceus.		El llevat que fermenta la massa per fer pa pot també corrompre-la.
	13-20 «Qui és el Fill de l'home?» **(→Mc)**	Pere reconeix Jesús com a Messies, Fill de Déu. Nomenat majordom i fonament del nou Regne. Segueix el secret messiànic.	Nm 16,33	Surt per primer cop el nom d'Església. Les portes del reialme de la mort, l'Hades o Xeol. (++)

D. EL CAMÍ A JERUSALEM

k) 16,21-17,27: JESÚS ANUNCIA L'ANADA A JERUSALEM

Un nou «inici de l'Evangeli»: el primer anunci de la Passió, la transfiguració, exorcisme, segon anunci de la passió i el Fill que no hauria de pagar cap impost	**16**, 21-28 **(→Mc)**	Primera predicció de la mort i resurrecció. Pere, contrari. Dificultats de seguir Jesús. Anunci de la parusia i del judici (doctrina de la retribució, molt tardana entre els jueus).	Jr 17, 10; 32,19; Ez 18,30; Sl 62, 13; Jb 34, 11; Pr 24, 12; Sir 16,14	*...ell pagarà a cadascú segons les seves obres* (Pr). (-+)
	17, 1-13 **(→Mc)**	Transfiguració de Jesús (Teofania al costat de Moisès i Elies). Prohibició de dir res fins passada la resurrecció i identificació d'Elies i el Baptista.	Sl 33,9; 107,20	*Aquí teniu el meu servent,/ que jo sostinc,/ el meu elegit,/ en qui m'he complagut* (Is). (++)
	14-21 **(→Mc)**	Guarició d'un epilèptic (endimoniat) i manca de fe dels deixebles.		Exorcisme com a senyal messiànic. (+)
	22-23 **(→Mc)**	Segon anunci de la Passió.		(++)
	24-27 **(*)**	A Cafarnaüm un cobrador reclama a Pere el tribut del Temple. Jesús, condescendent (miracle mític): Els fills no paguen tributs, però no vol escandalitzar.		Jesús es fa fill de qui s'adora al Temple. (+)

l) 18,1-35: DISCURS COMUNITARI (QUART): L'ESGLÉSIA QUE JESÚS VOLIA

Els més importants a la comunitat són els petits	**18**, 1-9 **(→Mc)**	Qui és el més gran del Regne són els infants. Qui els escandalitzi patirà el foc de la Gehenna! *Si l'ull t'és ocasió de pecat, arrenca-te'l i llença'l.*	Lv 18,31	*Gehenna*: Vall de Jerusalem profanat pel sacrifici de nens; més tard, lloc dels condemnats (cf. Mc 9,43).
	10-14 **(Lc→)**	Paràbola de l'ovella perduda.	1Sa 17,34; Ez 34, 1.4.16	*El teu servent és pastor del ramat... Si ve un lleó o un ós i s'emporta una ovella del ramat, el persegueixo, l'ataco i li prenc la presa de la boca.* (++)
Corregiu-vos, allibereu-vos de càrregues i pregueu	15-20 **(Lc→)**	Correcció fraterna en la comunitat.	Lv 19,7; Dt 19,15	*... La qüestió ha de ser resolta per la declaració de dos o tres testimonis.* (+-)
	21-35 **(Lc→)**	Cal perdonar sempre. Paràbola del servent sense compassió.	Za 4,10	*...els set ulls del Senyor que inspeccionen el país.* (+-)

m) 19,1-20,34: FENT EL CAMÍ CAP A JERUSALEM				
Jesús a Judea i la proximitat del Regne d'acord amb els signes i semblances	**19**,1-2	Jesús abandona Galilea i va a Judea.		
	3-12: Qüestió del repudi **(→Mc)**	En els matrimonis, Jesús supera la Llei. Hi ha un nou tipus d'eunucs o celibataris: els que renuncien a casar-se per causa del Regne.	Gn 1,27; Gn 2,24; Dt 24,1	*L'home que vulgui divorciar-se que doni a la seva muller un document de divorci* (Dt). (+-)
	13-15: els infants **(→Mc)**	*El Regne del Cel és dels qui són com ells.*		Contra la marginació que sofrien els nens. (-+)
	16-29: El jove ric **(→Mc)**	El jove ha complert tots els manaments (és un home ètic), però no és capaç de superar la Llei i desprendre's de tot («complir» ←→ «seguir»). És difícil la salvació dels rics, però els que segueixen Jesús es rescabalen amb sobreabundància. Els primers seran darrers.	Ex 20, 12-16; Dt 5, 16-20; Lv 19,18	*No matis, no cometis adulteri, no robis, no acusis ningú falsament, honra el pare i la mare, i estima els altres com a tu mateix.* (+-)
	19,30-**20**,16: Treballadors de la vinya **(*)**	Paràbola en què el propietari paga igual a tots els treballadors, per poc que hagin treballat: el Regne dels Cels té lleis diferents.	Lv 19,13; Dt 24, 14-15	El Regne dels Cels supera el pagament dreturer de jornals. (+-)
	17-19 **(*)**	Tercer anunci de la passió.		Ja n'hi hagut a Mt 16,21-28 i Mt 17,22-23. (++)
	20-28: Petició de la dona del Zebedeu **(→Mc)**	La mare dels fills de Zebedeu vol que seguin a la dreta i a l'esquerra d'ell en el nou Regne. (Ròssec encara del Regne de les 12 tribus.) Encara que beuran del seu calze –això és, participaran de la seva passió–, això toca a Déu concedir-ho. Indignació companys.	Is 51,17; 53,10-11.	Insistència en un Messies servidor que ve a donar la vida *com a rescat per a tothom.*
	29-34: Dos cecs **(→Mc)**	Guarició de dos cecs a Jericó. *A l'instant hi veieren i el van seguir.*		(+-)

n) 21,1-13: ENTRADA «TRIOMFAL INVERSA» (= MESSIÀNICA) I PRIMER DIA A JERUSALEM				
Entrada de Jesús a Jerusalem	**21**,1-11: Entrada, i rebuda	a) Jesús entra a Jerusalem sobre la somera i el pollí, que els deixebles han agafat com a préstec;	a) Za 9, 9; 14,4; Is 62,11	(a) *Alegra't, ciutat de Sió, crida de goig, Jerusalem. [...] el teu rei que ve cap a tu, just*

	inquietant **(→Mc)**	b) Molts que ho veuen estenen els mantells pel camí; c) i canten *Hosanna al fill de David!*; d) Es presenta públicament com a Messies, recordant l'entronització de Salomó. [Segurament, entrada llegendària.]	b), 2Re 9,13 c), Sl 118, 25 d), 1Re 1,38-40	*i victoriós; [...] muntat en un ase, en un pollí, un fill de somera* (Is). [Les multituds són de creients; la ciutat s'inquieta, no el surt pas a rebre.] (++)
Purificació del Temple	12-17: **(→Mc)**	a) Jesús entra al Temple i bolca les taules dels canvistes i venedors; b) Exclama com Jeremies que la casa d'oració no pot haver esdevingut cap banc: *El meu temple serà anomenat casa d'oració, però vosaltres en feu una cova de lladres.* c) Cura cecs i coixos. Els nens criden *Hosanna al Fill de David.* d) Els grans sacerdots s'indignen. Jesús els respon amb el salm 8,3.	a), Za 14, 21; b), Jr 7, 11; Is 56, 7 c), Sl 118,25 d), Sl 8,3	(a) *I aquell dia no hi haurà més negociant al temple del Senyor.* (b) *Aquest temple que porta el meu nom, us penseu que és una cova de lladres?* (c) La paraula dels infants convertida en baluard. [Fer callar els infants seria contrariar l'Escriptura.] (++)
Apèndix	18-22: La figuera estèril **(→Mc)**	Ha descansat a Betània i, tornant a ciutat, de bon matí, té gana. Jesús vol figues, però no n'és temps, i maleeix la figuera, que s'assecarà.	Ha 3,17	[La figuera que no té fruit és metàfora del Temple, que no troba mai el temps per donar fruit.] (-)

o) 21,23-22,46: UNA JORNADA D'ENSENYAMENT DEL MESSIES EN EL TEMPLE				
Duresa de la resistència al Messies: primer tempteig de desautorització amb tres apèndixs	21,23-27: L'autoritat de Jesús **(→Mc)**	Els grans sacerdots i els notables qüestionen el fet que Jesús ensenyi al Temple. Ell respon amb una pregunta trampa: *El baptisme de Joan venia de Déu o dels homes?* Vist que no volen respondre, ell tampoc no ho fa.	Jr 26, 7-9	*Com t'atreveixes a profetitzar en nom del Senyor...?* [Jesús contesta amb «autoritat» sense voler exercir el «poder».] (-+)
	28-32: *1r apèndix*: els dos fills **(*)**	De dos fills, un que s'hi nega, acaba anant a treballar a la vinya i l'altre, que diu que ho farà, no hi va. *Els publicans i les prostitutes us passen davant, perquè van creure en Joan...* [Ara deixa clar que el baptisme de Joan venia de Déu.]		[Els notables i sacerdots diuen que van a la vinya del Pare, però no hi van. Cop de puny metafòric, que fan finta de no entendre.] (-+)
	33-46: *2n apèndix*: els vinyaters	Paràbola on la vinya simbolitza Israel, i els vinyaters, els notables, que no fan fructificar el camp i maten els servents i el fill del Senyor.	Is 5,1-2; 8,14; Sl 118, 22-23;	*N'esperava bon raïm, però ha sortit agre. ... La pedra rebutjada pels constructors, ara és la pedra principal.* [Crítica clara als sa-

	homicides (**→Mc**)	Els sacerdots troben lògic que l'amo mati els mals vinyaters i els canviï per uns de millors. Els tira a la cara el Sl 118,23-24.	Dn 3,34.44	cerdots, fariseus, saduceus, etc., perquè han mort al llarg de generacions els diversos profetes.] (-+)
	22,1-14: *3r apèndix*: El banquet de noces (**Lc→**)	El Regne del cel és com un rei que busca convidats a les noces del fill, però es troba amb excuses de manera que els extermina i convida captaires dels camins. Però el Senyor expulsa del banquet i castiga un que no porta el vestit de noces. [Haver entrat a la sala (baptisme extern) no és cap garantia de ser bon cristià.]	Sacerdots i notables s'adonen que la paràbola va per a ells	El càstig actua de toc d'atenció per a la comunitat cristiana. La invitació al convit del Regne no es pot prendre a la lleugera. *Allà hi haurà plors, i el cruixit de les dents* és imatge bíblica molt usada a Mateu que sols simbolitza la indignació dels dolents davant el goig dels justos. (-+)
Segon tempteig dialèctic de desautorització: tres provocacions	15-22: El tribut al Cèsar (**→Mc**)	Els fariseus i herodians tempten Jesús demanant-li si s'ha de pagar tribut al Cèsar. Podríem traduir la resposta així: *Retireu del Cèsar el que pertany a Déu*. [Retornar-li la seva pròpia efígie representava que no es pagava tribut, perquè aquella no era cap moneda jueva. No es pot divinitzar ningú.]	Ex 20,3	La moneda és idolàtrica: Tiberi era considerat Déu. (-+)
	23-33: Els saduceus i la resurrecció (**→Mc**)	Els saduceus, que neguen la resurrecció, li plantegen la «llei del levirat» (el germà d'un mort s'ha de casar amb la cunyada vídua per donar descendència familiar al difunt). Si hi ha set germans i la vídua del primer es va casant un per un amb la resta que va morint, de qui serà muller després de la resurrecció? Dues respostes: Serem com àngels, ja que Déu és Déu de vius, que venç la mort.	Gn 38,8; Dt 25,5; Ex 3,6	*I va afegir: Jo soc el Déu del teu pare, el Déu d'Abraham, el Déu d'Isaac i el Déu de Jacob.* [Hi ha discontinuïtat entre la vida terrenal i l'eterna: no és una simple reanimació del cos. Per això la resposta: El Déu de Moisès és més fort que la mort; és un Déu de vius.] (-+)
	34-40: El primer manament (**→Mc**)	Un mestre de la Llei li fa a Jesús la pregunta del milió: quin és el manament més important. Jesús respon amb Dt 6,5 i Lv 19,18.	Dt 6,5 Lv 19,18; Js 22,5	*Estima el Senyor, el teu Déu, amb tot el cor, amb tota l'ànima i amb totes les forces. Estima els altres com a tu mateix.*
Cloenda: contraatac?	41-46: De qui ha de ser fill el Crist? (**→Mc**)	Jesús pregunta de qui ha de ser fill el Messies. Fariseus responen «de David». Cita el salm 110,1 i pregunta: *Per tant, si David l'anomena Senyor, com pot ser fill seu?*	Sl 110,1	*Seu a la meva dreta, mentre faig dels enemics l'escambell dels teus peus.* [David inferior al Messies.] (++)

p) 23,1-24,2: CINQUÈ DISCURS: FURIBUNDA CRÍTICA ANTICLERICAL ACABADA AMB LA SORTIDA DEL TEMPLE PER NO TORNAR-HI A ENTRAR MAI MÉS

Recomanacions (1-12), set acusacions o malaurances contra la hipocresia farisaica (13-33), judici sobre Israel (34-39) i sortida del Temple per no tornar-hi mai més (24,1-2)	**23**,1-33: Consells als deixebles i a la gent **(*)**	Recomana fer el que diuen els fariseus, però no actuar com ells. Cal rebutjar títols *–rabí, pare, guia–*, perquè només n'hi ha un. *El qui s'enalteixi serà humiliat, però el que s'humiliï serà enaltit.* Raons de les set malaurances: 1. Bloquejar la novetat de Déu; 2. Fer un infern de la vida dels convertits; 3. Eludir amb astúcia els compromisos; 4. Colar un mosquit i empassar-se un camell; 5. Buscar l'honorabilitat externa amb rapacitat interior; 6. Voler semblar justos i ser plens d'hipocresia; 7. Tenir unes actuacions com les dels assassins de profetes (al·lusió a la Passió).	Pr 18, 12 1Re 6, 21,22. 30; 7, 48-50 Lv 27, 30; Dt 14,22; Lv 11, 4.20	*L'orgull sempre s'encamina al desastre: primer la humilitat, després la glòria.* [Demana no actuar de cara a la galeria. Les filactèries eren caixetes amb fragments de la Bíblia lligades al canell o al front per tenir-la sempre present.] Referència a l'or que cobria tot el santuari o al del tresor del Temple. Obligacions dels delmes i menjars
	34-36: Judici **(*)**	Judici sobre Israel: Aquesta generació pagarà pel que ha fet des d'Abel a Zacaries.		Zacaries de 2Cr 24,35?
	37-39: Lamentació sobre Jerusalem **(Lc→)**	Jerusalem ha rebutjat la salvació i ara serà anorreada. Des d'ara no em veureu més fins que direu: *Beneït el qui ve en nom del Senyor.*	Jr 7,14; 12,7; Ez 11, 23; Sl 118, 26	*Amb el vostre temple faré el mateix que he fet amb Siló.* (++)
	24,1-2: Anunci i fugida del temple **(→Mc)**	Anuncia la destrucció de Jerusalem: Jesús abandona el Temple per sempre més. *Veieu tot això? No quedarà pedra sobre pedra.*	1Re 9, 7-8; Jr 12, 7; 22,5	*...he deixat en mans dels enemics allò que més estimava.*

q) 24,3-25,46: LA CADUCITAT DEL MÓN (DISCURS ESCATOLÒGIC O SISÈ DISCURS)

Primera part: El com i el quan del temps final i la fi (3-44),	3: Quan i com **(→Mc)**	A la muntanya de les Oliveres li pregunten pel quan i quin senyal tindran de la fi.		
	4-31: Resposta al com:	1. Els falsos profetes (no us deixeu enredar!: 4-5); 2. L'horror de les guerres (no és la fi: 6-8); 3. Les perse-	Dn 12,1; 7,13-14; Am 8,9;	*Hi haurà un temps de tribulació com no n'hi ha hagut cap des que existeixen les nacions...*

expressats en llenguatge apocalíptic. (24,1-2)	cinc «patiments» abans de l'arribada del Regne. **(→Mc)**	cucions (Mantingueu-vos ferms!: 9-14); 4. La profanació del sagrat (15-22: Fugiu, no ho vulgueu salvar!); 5. Els falsos Messies (No us deixeu ensarronar! L'arribada del Fill de l'home serà patent: 23-28). Després, la Parusia del Messies alliberador serà tan esclatant com un cataclisme còsmic (29-31).	Dt 13,2-4; 1Ma 9,27; Ex 13, 22; Is 13,9-10; Za 12, 10-12	[L'*abominació*, motiu de la tribulació, era l'estàtua del Zeus olímpic que presidia el temple com en temps d'Antíoc Epífanes.] *Estrelles i constel·lacions deixaran de lluir...* (++)
Segona part: Exhortació als creients perquè se situïn en el «mentrestant», amb vigilància, astúcia i gosadia com s'esmalta amb tres paràboles (24,45- 25, 30	32-44: Resposta al quan **(→Mc)**	Si observant una figuera sabem quan arriba l'estiu, també quan captem aquells senyals dels astres, hem de saber que és propera l'arriba-da del fill de l'home. «No passarà aquesta generació sense que tot això hagi succeït.» Però el dia i l'hora exacta és un secret del Pare. Ara, en arribar, no farà forrolla; serà imprevisible, com el Diluvi o un lladre nocturn. Per tant, cal vigilar.	Per Noè, veure Gn 6, 9-7,24	Quan parla de «generació» es refereix a la dels contemporanis que veuran la destrucció de Jerusalem (Mt 24,2), no a la fi del món (cf. Mt 16,28).
	Tres paràboles: servent (45-51) **(Lc→)**, les deu verges (**25**,1-13) **(*)** i els talents (14-30) **(Lc→)**	–Al servent fidel se li confia tot; a l'infidel, se'l castiga. [*Ergo*: En el «mentrestant» cal administrar sàviament.] –Les deu noies nècies, vençudes per la lassitud o la indolència, no comptaven amb la demora o retard de l'espòs. [*Ergo*: Cal prendre mesures per si l'espera s'allarga.] –Un servent és castigat per no fer rendir el que té i n'és desposseït. [*Ergo*: Cal viure agosaradament fent rendir el millor que tenim.]	Dn 12, 1-3	*Els assenyats resplendiran com la llum del firmament...* Un talent eren 6000 denaris, el total del salari de 15 anys de treball d'un obrer: una fortuna!
Tercera part: L'hora de la veritat (al·legoria del Judici final)	31-46: ovelles i cabrits **(*)**	El Fill de l'home no separarà els bons dels dolents, sinó que destriarà les dues dimensions de cada persona, ja que el mateix home, en part, se salva i, en part, es condemna. Comptaran els fets misericordiosos, no les pràctiques religioses. La no-salvació repugna a Déu que «vol que tots els homes se salvin» (1Tm 2,4). Perícope denominada «Evangeli dels ateus».	Is, 58,7; Za 14, 5; Jb 22,6; Sir 7,35	Destriaments anteriors: blat-palla (3,12), blat-jull (13,24-30); peixos (13,47-50), homes camperols i dones molineres (24,40-41)... [Mots com *càstig*, *foc*, *infern*, *cruixir de dents*... formen part del llenguatge dels gèneres apocalíptics.]

r) 26,1-56: JESÚS S'ENTREGA: SOPAR DE COMIAT I PRENDIMENT A GETSEMANÍ (CONTEMPLACIÓ PASQUAL INICIAL DEL GRAN FRACÀS)				
Quatre contemplacions o enfocs (26,1-16) **(→Mc)** Judes s'ofereix per trair Jesús	**26**,1-2: Predicció	Dos dies abans de Pasqua Jesús prediu als seus deixebles que serà crucificat.	Ex 12, 1-27; Am 9,9	Pasqua era la festa més important de l'any.
	3-5: Complot eclesiàstic i civil	Els gran sacerdots i notables del poble es reuneixen a casa de Caifàs per matar-lo després de la festa. Temen el poble.	Sl 2,1-2	Josep Caifàs, Gran Sacerdot de l'any 18 al 36, gendre d'Anàs.
	6-13: Unció a Betània	A casa de Simó el leprós, una dona buida un perfum car sobre el cap de Jesús. Renyada pels deixebles, Jesús els diu que de pobres en tindran sempre, però això és a compte de la seva sepultura. (No tindrà cap unció!.	Dt 15,11	*Mai no faltaran pobres en el país...* (+-)
	14-16: Traïció de Judes	Judes Iscariot ofereix Jesús als sacerdots a canvi de trenta monedes de plata.	Ex 21, 32; Za 11,12	Trenta monedes (sicles) de plata són el preu d'un esclau segons la Llei. (+-)
El Testament del Senyor (17-35) **(→Mc)**	17-19: Preparatius del sopar	El dia abans de la festa dels Àzims (dijous 14) els deixebles preparen el lloc on faran el sopar pasqual amb Jesús.	Ex 12, 15-20	*Durant set dies menjareu pa sense llevat...* Pasqua era el primer dia dels Àzims.
	20-25: 1r fracàs	Jesús anuncia la traïció d'un que suca amb mi el mateix plat (Judes). Tristesa de tots. A Judes li manifesta que sap que és ell.	Sl 41, 400	*Fins l'amic millor, en qui jo confiava, el qui compartia el meu pa, m'ha traït...*
	26-30a: El testament nou: pa i vi repartits	Benediccions i acció de gràcies sobre el pa i vi, *la meva sang de l'aliança vessada per tothom en remissió dels pecats*. Catarsi: Fins que ens reveurem al Regne! Cant dels salms (115-118).	Ex 24,8; Za 9,11; Is 25,6s; 53,12; Jr 365, 8-11	*Ell ha portat damunt seu els pecats de tots i ha intercedit per les seves infidelitats.* (++)
	30b-35: 2n fracàs.	Anunci de la triple negació de Pere i de la feblesa dels altres.	Za 13,7	*Colpeix el pastor, i les ovelles es dispersaran.* (++)
Getsemaní: comença el gran espoli (36-56)	36-46: Lliurat a la soledat i a la buidor	Jesús va a pregar a l'hort de Getsemaní amb Pere i els dos fills de Zebedeu (els presents en la transfiguració). Comença a sentir angoixa i tristor. Voldria estalviar-se el calze, però se	Sl 31, 10-11; 42,7; 43,5; 55,5;	*Per què aquesta tristor, ànima meva? Per què aquest torbament? Espera en Déu...* [La copa és una imatge de dolor en els profetes.] (++)

(→Mc)		sotmet a la voluntat del Senyor. Per tres vegades troba els deixebles adormits.	Is 51, 17-22; Jr 25,15; Ez 23, 32-34; Sl 75,4	
	47-56: Lliurat als homes, detingut i abandonat dels seus	Judes arriba amb gent armada i besa Jesús per assenyalar-lo (dient-li «Salve, Rabí»). Un dels seus [Pere] respon amb violència i li fa guardar l'espasa. *Els qui empunyen l'espasa, per l'espasa moriran. Cada dia estava al temple ensenyant, i no em vau detenir.* (Compliment rigorós de les Escriptures.) Els deixebles fugen.	2Sa 20, 9-10 Gn 9,5; Za 13,7	Joab clava l'espasa al ventre d'Amassà després de saludar-lo amb un bes. *Qualsevol home qui en mati un altre, li demanaré comptes d'aquella vida.*

s) 26,57-27,66: JUDICIS (RELIGIÓS I CIVIL), PASSIÓ I MORT (CONTEMPLACIÓ PASQUAL FINAL DEL GRAN FRACÀS)				
Primera revelació a casa del Gran	**26**,57-58: Arribada de Jesús i Pere	Porten Jesús a casa de Caifàs, on s'han reunit els notables i teòlegs (mestres de la Llei). Pere els segueix de lluny i seu amb els guardes al pati.		
Sacerdot (26,57-27,10) **(→Mc)**	59-63a: Testimonis	Busquen testimonis ni que siguin falsos. En troben dos. Jesús calla. [La comunitat de Mt és noviolenta.]	Nm 35, 30; Dt 17, 6; 19,15	Per presentar una acusació feien falta, com a mínim, dos testimonis.
	63b-66: La primera revelació	Caifàs li pregunta si és el Messies. *Tu ho has dit. Us ho asseguro: des d'ara veureu el Fill de l'home assegut a la dreta del Totpoderós i venint sobre els núvols del cel.* [Confessió de fe de la comunitat!] Caifàs s'esquinça els vestits per la «blasfèmia». Els altres demanen la seva mort.	Sl 110,1; Dn 7,13; 2Re 18, 35.47; Lv 24,16	*Seu a la meva dreta, mentre faig dels enemics l'escambell dels teus peus.* *Després, vaig veure venir amb els núvols del cel algú semblant a un fill d'home...* (++)
	67-68: Primer escarni	Llavors es posaren a escopir-li a la cara i a donar-li cops de puny. Altres li pegaven bufetades. Li diuen Messies per escarnir-lo.	Nm 15, 30; Is 50, 6s	*Llavors el cap del palau reial* [i altres], *es van presentar al rei Ezequies amb els vestits esquinçats.* (++)
	69-75: Negacions de Pere	Al pati, Pere nega tres vegades Jesús. En sentir cantar el gall plora amargament.	Sir 18,21	*Si peques, mostra penediment.* (+-)

Segona revelació al Palau de Pilat (27,11-31) (**→Mc**)	**27**,1-2: Acord en la sentència	Sacerdots arriben a l'acord de matar Jesús, i el porten davant de Pilat (al poder civil).	Sl 41, 400	*A punta de dia* (a la nit, hauria estat il·legal; tanmateix, fer-ho el dia de Pasqua és inversemblant).
	3-10: Les 30 monedes	Judes, penedit, torna les monedes dient que ha pecat condemnant sang innocent; llença les monedes i es penja. *He pecat entregant a la mort sang innocent.* No es poden tirar al tresor del temple i per això compren el Camp del Terrisser.	Dt 27,25; 2Sa 17,23; Dt 23,19; Za 11, 12-13; Jr 18,6; 32,9	*Maleït el qui es deixi subornar i assassini un innocent!*
	11-14: Un jutge de l'Imperi li demana la identitat	Pilat li pregunta si és o no el Rei dels jueus. *Ho dius tu.* Sacerdots i notables l'acusen, però no diu res més, cosa que sorprèn Pilat.	Is 9,1-10,16	Jesús es confessa rei davant Pilat? (+)
	15-23: Estira i arronsa. L'Imperi no té res contra Jesús	Per Pasqua, el governador deixava un pres lliure, triat pel poble. Pilat proposa Jesús [dit el Crist] (sap que l'acusació és per enveja). La dona de Pilat reconeix que Jesús és innocent. Els sacerdots, però, convencen la gent a favor de Barrabàs. Pilat es renta les mans. El poble reclama que la sang caigui damunt d'ell...	Dt 21,6-8: Sl 26,6; 73,13; 2Sa 1,16; 3,28-29; 16,8; 1Re 2,32-33; Jr 51,35	[És incert que Pilat, un home sense escrúpols, volgués salvar Jesús. Les primeres comunitats van voler estar bé amb els romans vencedors. Fins i tot sortiren textos apòcrifs que el feren sant!]
	24-26: Pilat s'eximeix	Pilat es renta les mans i entrega Jesús a l'estament clerical perquè sigui crucificat (amb col·laboració del poder civil).	Is 53,12	Procediment en cas d'un assassí no identificat (els ancians es renten les mans sobre una vedella desnucada prop d'una riera).
	27-31: Burles dels soldats	El despullen, li posen capa escarlata i una corona d'espines i li fan befa.	Is 50,6-7; 52,14	*He parat l'esquena als qui m'assotaven,/ i les galtes als qui m'arrencaven la barba.*
Tercera revelació, al Gòlgota (32-56) **(→Mc)**	32-38: Viacrucis i crucifixió	Pugen al Gòlgota amb l'ajut de Simó de Cirene. Els soldats li donen vi amb fel en comptes de mirra, com se solia fer. Es juguen a daus els seus vestits. Pengen un rètol que el fa *Rei dels jueus* i crucifiquen dos bandolers al seu costat.	Sl 69,22; Os 9,14; Sl 22,19	*Em tiren fel al menjar; quan tinc set, em fan beure vinagre.* *...es reparteixen entre ells els meus vestits, es juguen als daus la meva roba.*

	39-44: Vassallatge com a escarni	Els transeünts i els sacerdots el tempten de salvar-se, si és el Fill de Déu. També l'insulten els dos bandolers (com Mc; en canvi Lc en farà un de bo).	Is 53, 12; Sl 22,8	*Comptat entre els malfactors.*
	45-50: Contemplació cristiana de la mort del Senyor	Foscor [el sol no il·lumina l'escena]. Cap a les 3 Jesús prega el salm 22,1. Li donen vinagre, crida amb tota la força (?) i expira.	Am 8,9-10; Sl 22,1-2; 69,22; Is 54,10	*...apagaré el sol al mig del cel... Déu meu, Déu meu, per què m'has abandonat? Em tiren fel al menjar; quan tinc set, em fan beure vinagre.* (++)
	32-54: Reaccions de la natura i del centurió	Triple resposta de la comunitat creient: S'esquinça la cortina del Santuari (fi del Temple i de l'AT!), terratrèmol i resurrecció de morts. Resposta de fe del centurió romà: *Era el Fill de Déu.*	Nm 15, 30; Is 50, 6s	Fi del culte antic. Commoció còsmica. Roma reconeix Jesús.
	55-56: Les dones mirant la creu	Maria Magdalena, Maria, mare de Jaume el menor i de Josep [l'esposa d'Alfeu o Clofàs o la mare de Jesús, esmentada pels dos fills vius, com diuen alguns experts?], i la mare dels fills de Zebedeu (Jaume el major i Joan). [Aquesta última es podria dir (Maria) Salomé com diu Mc 15,40?].	Sl 38,12	No hi ha cap deixeble mascle. [Els romans no deixaven acostar ningú, ni familiars, durant l'agonia dels crucificats.]
La llavor sembrada a la terra i custodiada (57-66)	57-61: Josep d'Arimatea **(→Mc)**	El notable Josep d'Arimatea demana el cos a Pilat, l'embolcalla amb un llençol nou i el diposita en un sepulcre tallat a la roca. La Magdalena i l'altra Maria [la mare de Jaume el menor i Josep?], presents.	Sl 34,21; Za 12,20; Ex 12,46; Nm 9,12	Les dones són testimonis de la mort, la sepultura i la resurrecció de Jesús. (Segons Dt 19,15, calien dues persones –homes!– perquè un testimoni fos vàlid.) (-)
	62-66: La guàrdia del sepulcre (*)	Dissabte (cosa estranya!), l'endemà de la Preparació, els grans sacerdots i fariseus demanen guardians a Pilat.	Is 53,9	[Contrallegenda cristiana a la llegenda gentil que s'havia robat el cos de Jesús; continua a 28,11-15] (-)

t) 28,1-19: RESURRECCIÓ: PRIMER DIA DEL MÓN NOU O IRRUPCIÓ DEL REGNE

De la tenebra brolla la llum	**28**,1: Primer dia de la setmana: Diumenge	El diumenge a primera hora, Magdalena i l'altra Maria visiten el sepulcre (per ungir el cos com en Mc i Lc).		Clareja el *primer dia de la setmana*, el primer dia de la nova creació. (--)

nova (28,1-10) **(→Mc)**	2-4: Un terratrèmol acaba amb el «món d'abans»	Apareix un àngel resplendent, que fa rodolar la pedra. Els guàrdies es desmaien i les dones escolten que Jesús és viu i va cap a Galilea.	Dn 7,9	Els vestits de l'àngel són com els de Déu. La tradició de la tomba buida podia ser catequètica o litúrgica. (-+)
	5-8: Pregó pasqual	Tres misatges: a) No tingueu por; b) Busqueu el crucificat però no és aquí. [Interpolació: *Ha ressuscitat tal com va dir.*] c) Aneu a dir als deixebles que ha ressuscitat d'entre els morts i us precedeix a Galilea. Amb por i joia van a anunciar-ho als deixebles.		Trobaran Jesús a la Galilea dels pagans. A Jerusalem només hi ha una tomba buida. (++)
	9-10: Aparició a les dones	Jesús els surt al pas i l'adoren. Els diu que anunciïn als germans que vagin a Galilea.		(++)
Impostura dels sacerdots amb la complicitat dels soldats	11-15: Informe dels guàrdies (*)	Assabentats de tot, els sacerdots i notables subornen els soldats per tal que facin córrer la veu que els deixebles han robat el cos de Jesús.		[Contrallegenda cristiana a la llegenda pagana del robatori del cos.] (--)
Una aparició oficial i solemne clou l'Evangeli **(→Mc)**	16-20: Enviament dels deixebles	Els onze van a Galilea, a la muntanya indicada (?); en veure'l, l'adoren, però alguns dubten. Des de l'autoritat plena al cel i a la terra, els dona la missió de fer deixebles a tots els pobles de la terra perquè entrin en la dinàmica de la Bona Notícia, amb la promesa de fer-los costat per sempre.	Dn 7,14	Mt concentra en un relat únic l'experiència pasqual dels deixebles. (++)

2.4.3. RELACIÓ ENTRE ELS DOS EVANGELIS

Després d'aquesta anàlisi, no explicitarem pas, com com vam fer en el cas de Marc, els punts d'arribada sobre la nostra hipòtesi: Va existir, abans dels evangelis, cap llibre perdut que explicités amb cites de l'Antic Testament que Jesús complia els trets per ser denominat Messies? Ja hem indicat algunes de les denominades «cites d'acompliment» i, a més a més, de les dues columnes de la dreta se'n pot inferir perfectament el resultat. Des de l'aclaparadora genealogia inicial –apartat *a*)–, en què Jesús porta el títol de Fill de David, fins al darrer dels apartats en què Jesús ha rebut «plena autoritat al cel i a la terra» (Mt 28,18), ressò del llibre de Daniel, no hi ha dubte que, per a l'Evangelista, Jesús és el veritable Messies, cosa que rebla tant amb cites del Pentateuc, com dels profetes (Is, Jr, Dn, Am, Os, Mi, Ml, So, Za), i també, encara que en menys quantitat, dels sapiencials (Sl, Sv, Pr, Sir, Jb). Si aquest fos el lloc d'un treball exhaustiu podríem comparar les cites d'aquests llibres en els dos evangelis analitzats. Valgui el botó de mostra del primer Isaïes:

Is I	**Mc**	**Mt**
5,1ss: Cançó de la vinya.	12,1ss: Paràbola dels vinyaters homicides.	21,33ss: Paràbola dels vinyaters homicides.
6,3: Visió de Jahvè *Sant, Sant, Sant.*	1,24: «Ets el Sant de Déu».	
6,9-10: *Escoltareu, però no entendreu; mirareu, però no comprendreu.*	4,10-12: *Textual.*	13,15: *Textual.*
7,14s: *Una noia concebrà i infantarà un fill que tindrà el nom d'Emmanuel.*	Ø	1,23s: *Textual* (problemes d'*al-mà* i *bethulà*: 'noia'/'verge').
8,23-9,1: *...El poble que caminava en la fosca/ ha vist una gran llum.*	Ø	4,15-16: *Textual.*
13,9-10: *El dia del Senyor s'acosta implacable... Estrelles i constel·lacions deixaran de lluir.*	13, 24-32: Arribada del Fill de l'home. *Textual.*	24,29: Vinguda del Fill de l'home.
14,13-15: Tu pensaves: *Pujaré fins al cel [...] De fet, però, has baixat al país dels morts, al fons de tot dels inferns.*	Ø	11,23: *I tu, Cafarnaüm, et penses que seràs enaltida? Al país dels morts, baixaràs!*
29,12-13: *Aquest poble m'honora amb la boca, però soc lluny del seu cor.*	7,6-13: *Textual.*	15,8-9 *Textual.*
26,19; 29,18-19: *Aquell dia els sords entendran la lectura del llibre i els cecs hi veuran.*	Ø	11,2-6: Els enviats de Joan el Baptista. *Els cecs hi veuen, els coixos caminen, els leprosos queden purs, els sords hi senten, els morts ressusciten [...].*
34,4: Càstig de les nacions (de la petita Apocalipsi d'Isaïes I).	13,24-32: Arribada Fill de l'home.	24,29s: Arribada Fill de l'home.

35,5: *Llavors es desclouran els ulls dels cecs i les orelles dels sords s'obriran.*	7,37: Guarició d'un sordmut: «Estaven completament admirats i deien: tot ho ha fet bé, fa que els sords hi sentin i que els muts parlin.» 8,22-26: Guarició d'un cec a Betsaida. 10,46-52: Guarició del cec Bartimeu.	Mt 8,3s; Mt 20,29-34.

En canvi, i per acabar l'anàlisi de l'Evangeli de Mateu, pot ser interessant una comparativa dels dos evangelis, per mostrar en grans línies els canvis d'ordre i els afegits realitzats:

Comparativa entre els evangelis de Marc i de Mateu		
Evangeli de Marc		**Evangeli de Mateu**
1,1-13	Ø	Relats d'infantesa (1-2)
	Jesús i el Baptista Baptisme Temptacions	Jesús i el Baptista (3,1-4,11) Baptisme Temptacions
1,14-6,6	Ministeri, Fase I: Galilea Rebuig de Natzaret (6,1-6)	Ministeri, Fase I: Galilea **I. Sermó de la muntanya (5,1-7,21)** **II. Sermó de la missió (9,35-10,43)**
6,7-9,50	Ministeri, Fase II: Fora de Galilea Missió dels Dotze (6,7-13) Confessió de Cesarea de Filip (8,27-33) Transfiguració (9,2-8) Predicció de la Passió (9,31)	**III. Sermó de les paràboles (13,1-52)** Rebuig de Natzaret (13,53-58) Ministeri, Fase II: fora de Galilea (14,1 18,35) Confessió (16,13-23) Transfiguració (17,1-8) Predicció de la Passió (10,32-34) **IV. Sermó comunitari (infants i perdó, 18.1-35)**
10,1-52	Ministeri, Fase III: Judea Predicció de la Passió (10,32-34)	Desplaçament a Judea (19,1-20,16)
11, 1-13,57	Predicació a Jerusalem Entrada triomfal (11,1-10) Purificació del Temple i maledicció de la figuera (1,11-25) Conspiració (11,18) Ensenyament en el Temple (11,27-12,44) Discurs sobre la destrucció del Temple i l'*eschaton* (13,1-35)	Predicació a Jerusalem (21,1-25,46) Entrada triomfal (21,1-9) Purificació del Temple (21,10-22) **V.** **Sermó versus fariseus (23,1-36)** **Sermó escatològic sobre la destrucció del Temple (24,1-6)** **Sermó sobre el Judici (25.1-46)**

14,1-16,8	El relat de la passió Conspiració (14,1-2) Unció de Betània (14,3-9) Conxorxa per a la traïció (14,10-11) Últim sopar (14,117-31) Oració i arrest (14,32-52 Judici davant del Sanedrí (14,52-72) Jesús davant Pilat (15,1.21) Cucifixió i mort (15,22-41) Enterrament (15,42-47) La tomba buida (16,1-8)	→ El relat de la passió (26,1-28,20)

2.5. El quart Evangeli dit de Joan (Jn)

2.5.1. Característiques

L'Evangeli atribuït a Joan, qualificat per Climent d'Alexandria (inicis del segle III) com un evangeli espiritual, és una obra que s'acaba de redactar en un moment ben determinat (darrers anys del segle I) i en un context força específic (confrontació de l'Església cristiana amb el judaisme d'orientació farisea i amb el gnosticisme). Pretén d'envigorir i aprofundir la confessió de la fe cristiana en un context cultural nou i divers. Si els evangelis que hem vist segueixen els fets de la vida de Jesús, aquest, des d'un segon nivell de reflexió, pretén que resplendeixi amb més força la confessió de fe en Jesús com a Messies, Fill de Déu. Això explica que, d'acord amb el seu objectiu, utilitzi un vocabulari peculiar, es prengui una gran llibertat en el relat dels fets i dels discursos i presenti un esquema de fons diferent de l'ordre dels evangelis sinòptics; per distingir-lo dels altres tres i pel lloc final que ocupa en les Bíblies se'l denomina Quart Evangeli. Tot plegat fa que la seva lectura i comprensió no siguin una tasca senzilla. C. K. Barret, un dels grans experts en aquest evangeli, ve a dir que allò que es percep amb més claredat que en els evangelis predecessors «és que Jesús és l'Evangeli i l'Evangeli és Jesús», en el sentit que, en ser ofert als membres de la comunitat de creients, «era Crist mateix el que se'ls oferia i el qui acollien». Això mateix és el que expressa en la seva primera conclusió: «Jesús va fer en presència dels seus deixebles molts altres senyals prodigiosos que no es troben escrits en aquest llibre. Els que hi ha aquí han estat escrits perquè cregueu que Jesús és el Messies, el Fill de Déu, i, creient, tingueu vida en el seu nom» (Jn 20,30-31).

L'obra, sorgida en ambients hel·lenojudeocristians –això és, comunitats hel·lenistes d'origen jueu que empraven la llengua grega i s'havien fet creients en Jesús–, es va gestar en el decurs d'un bon nombre d'anys i anà enriquint-se i arrodonint-se a mesura que les circumstàncies demanaven aclariments i aprofundiments del seu missatge fonamental. El nucli de tradicions més antigues sobre Jesús hi és encara perceptible; es tracta d'un material que es devia anar configurant força en paral·lel a la tradició sinòptica en ambients jerosolimitans. Ara bé, en el moment en què s'escriu el cos central de l'evangeli, l'autor refon aquest material amb un estil personal i característic, de manera que és molt difícil distingir en el text les tradicions més antigues. Així i tot, es parla de diversos nivells redaccionals: el més antic, amb alguns materials propis i d'altres dels sinòptics (sobretot de Mc), en fa una reinterpretació gràcies a l'auxili de deixebles samaritans a l'entorn de l'any 70; un segon nivell ampliaria aquest primer amb influències de Mateu després de l'any 75. En aquest nivell se situaria la purificació del temple cap a l'inici (Jn 2,12-25) i s'hauria posat l'accent en les festes jueves, presentant Jesús com el veritable temple i, el seu traspàs, com la Pasqua d'alliberament. (Si en els sinòptics el darrer sopar és el dijous 14 de Nissan, en el qual Jesús celebra la Pasqua, per morir el dia de Pasqua com l'Anyell Pasqual menjat, en el Quart Evangeli el darrer sopar amical de comiat és el 13 de Nissan i Jesús mor la vigília de Pasqua, el divendres 14, el dia en què s'escorxaven els anyells al Temple. És l'Anyell sacrificat!)

Amb anterioritat o posterioritat a la redacció d'aquest nivell en les comunitats joàniques –que la tradició situava entorn d'Efes, la capital romana de la província d'Àsia, però que avui s'opta més per Galilea (Sèpforis) o Síria–, es produeix una greu escissió d'un grup important de membres (ho reflectiria 1Jn 2,19), potser extremant una interpretació espiritualista o gnòstica de la persona de Jesús. (Alguns voldrien que aquesta interpretació secessionista estigués lligada a comunitats gnòstiques presidides per Maria Magdalena.) Justament el darrer nivell redaccional realitzat cap a finals del segle I matisaria aquesta problemàtica i amagaria la implicació de la Magdalena com a protoevangelista, suposant que ho fos, bé que d'aquella renúncia en sortirien els escrits gnòstics que s'hi referirien com per exemple l'incomplet *Evangeli de Maria [Magdalena]* del segle II (vuit pàgines de papir antic). En esquema tindríem una cosa així:

Estadis progressius en l'elaboració de l'Evangeli de Joan

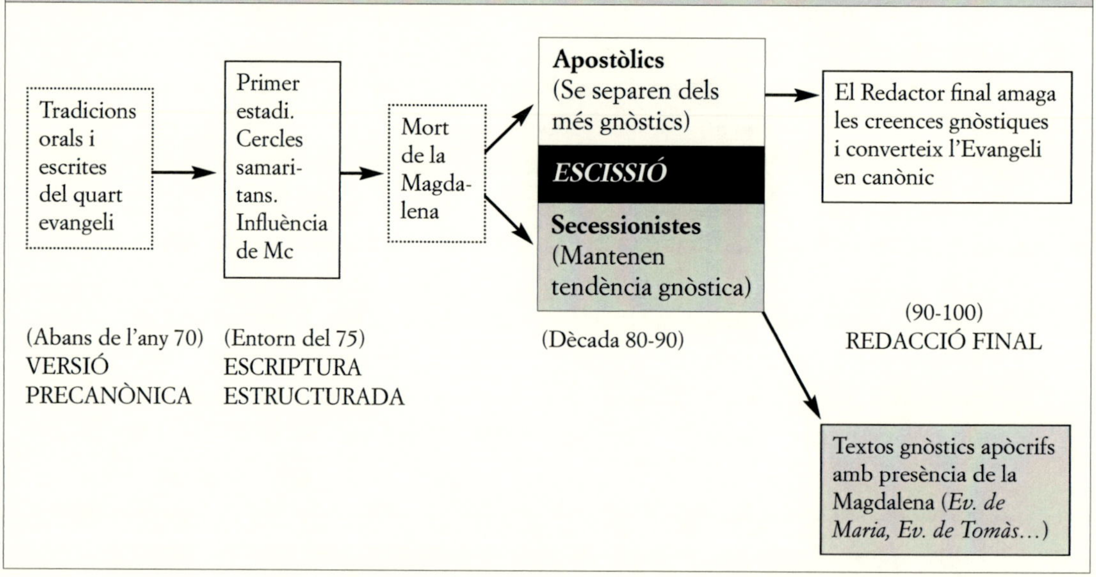

Aquest darrer estadi redaccional es caracteritza per l'afegit de petites glosses que harmonitzen més el text amb els sinòptics, subratllen una escatologia final (12,44-50) i l'obra de l'Esperit Sant (14,21-24; 20,21-23), desenvolupen el tema del pastor i les ovelles (10,11-18), donen una visió més sagramental de la vida cristiana (6,51-c-58-64b-71) i desenvolupen la figura del «deixeble estimat» (13,23-29; 18,15-16; 19,25-27; 20,2b-10). També en aquest estadi s'hauria realitzat un canvi d'ordre dels cc. 5-6, s'haurien afegit després de 14,31, els cc. 15-17 en el discurs de comiat del darrer sopar, així com, potser, el segon epíleg del c. 21. Encara cap a l'any 120, s'hauria afegit l'episodi de la dona adúltera (manca en manuscrits grecs antics com els Còdexs Vaticà, Sinaític i Alexandrí), un text que es trobava en algun dels sinòptics (potser en Mc i Lc), i que es retirà per no expressar una certa permissivitat moral per part de Jesús.

Segons la teòloga Carmen Bernabé, que considera el corpus joànic (evangeli i cartes, sense l'Apocalipsi) nascut entre comunitats hel·lenojuevocristianes a l'entorn de Jerusalem, un dels trets característics del quart evangeli és que Jesús hi apareix fent llargs discursos i monòlegs. Això no obstant, si s'eliminen aquests discursos, el relat, tant en els seus materials (miracles, sentències, passió, gestos) com en la seva estructura és molt similar als sinòptics, cosa que dona a entendre que van ser elaborats en una fase posterior, amb la finalitat d'aprofundir el sentit teològic del que es narrava. Aleshores no té sentit cercar el nom de cap autor (i, de fet, Bernabé, ni tan sols li interessa si n'és el «deixeble estimat»). S'hauria partit d'un evangeli bàsic previ, on es recollien determinades tradicions sense fixar-les de forma definitiva, perquè seguia transmès de forma oral, llegit comunitàriament, cosa que permetia reelaboracions posteriors Aquest evangeli començaria amb una trobada entre el Baptista i Jesús, la formació d'un grup entorn d'aquest, seguit per la seva activitat sanadora, amb coneixement d'algunes sentències de Jesús, acabat amb la passió i els relats pasquals. En el seu procés progressiu arriba fins a la frontera entre la segona i tercera generació, que acaba rellegint les escriptures veterotestamentàries des de Jesús, amb tècniques deràsiques (deràs: recerca del sentit ple de les Escriptures), i se serveix de polèmiques, converses, discursos i controvèrsies per explicitar i justificar les seves creences diferents dels punts d'arribada dels escindits. El cas de Nicodem pot servir d'exemple: el que devia començar com una simple controvèrsia amb un mestre de la Llei, acaba amb una conversa discursiva en què es parla del Baptisme, de l'Esperit i de la procedència celestial de Jesús. En esquema, el desenvolupament seria aquest:

Procés d'elaboració progressiva de l'Evangeli de Joan segons la teòloga Carmen Bernabé Ubieta		
Jerusalem (70-80)	**Evangeli bàsic previ** (com el de Mc, sense discursos, elaborat a Jerusalem). ←	1. Llibre dels 7 signes o senyals prodigiosos (2,11; 2,23; 4,54 fins a 20,30-31) 2. Tradicions esparses (el Baptista, Canà, Sicar, Efraïm...) 3. Relat de la Passió.
Samaria (de pas) (~100-110)	–La comunitat joànica surt de Jerusalem per les crisis d'Esteve (35-36), Calígula (40-41), Jaume (44), guerres jueves (66-70), quan ja s'ha format el relat oral de la Passió. A Samaria, lloc de pas integren tradicions (p. ex.: preexistència de Jesús). **ESCISSIÓ** de la comunitat per temes teològics (es relativitza la humanitat de Jesús), exigències de fe (possessió de l'Esperit) i jeràrquics (xoc d'autoritats). →Com a resposta sorgeixen les ***Cartes: 1Jn, 2Jn i 3Jn.*** Reelaboració pregona amb discursos centrats en la relació Jesús-Déu.	Afegits com a correccions dels secessionistes: –cristològics: 6,51c.58.66-71;19,34; –compromís ètic de la fe: 14,14-15; 15,7u.16; 16,23b-24.26-27; Relacions intracomunitàries: 13,34-35; 115,9-17; 11,20-26

Galilea (o Síria) (~110: frontera entre segona i tercera generació	Segurament a Sépforis (o a Cesarea de Filip a la Gaulanítide i menys probable a Antioquia de Síria): Lluita per la identitat jueva amb altres grups jueus enfront de les esperances escatològiques dels joànics. Jesús = Paraula /Saviesa enviada pel Pare. S'afegeix posteriorment l'**Epíleg** (cap 21.)	Tradició de dites, pròleg, acceptació de Pere, inicialment rebutjat... Es reflexiona, s'interpreta i es presenta la figura de Jesús en l'horitzó de les tradicions jueves més importants (Abraham, Jacob, Moisès...), cosa que provoca tensions.
	Evangeli de Joan	

Altres exegetes, contràriament, parlen sols de dues redaccions obra del «deixeble estimat», que només es faria present a la segona (la tercera sols abraçaria 17,1-26). Característic d'aquest evangeli és el pròleg (1,1-18), que tracta de la Paraula (Logos) de Déu abans de la creació feta «carn» com a expressió de la Saviesa Divina –ho vam veure a l'hora d'explicar els sapiencials–, és a dir, del projecte salvador de Déu.

En segon lloc, podem dir que és un evangeli amb només set narracions de prodigis i cap exorcisme: 1) la conversió d'aigua en vi a Canà (2,1-11); 2) la guarició del fill d'un funcionari reial (4,43-54); 3) la guarició d'un malalt a la piscina de Betzata (5,1-18); 4) la multiplicació dels pans (6,1-15); 5) el caminar de Jesús sobre les aigües (6,16-21); 6) la guarició d'un cec de naixement (9,1-41); 7) la resurrecció de Llàtzer (11,1-44). D'aquests, només 2), 4) i 5) són paral·lels als sinòptics; 3) i 6) presenten semblances de gènere; 1) i 7) presenten característiques del tot singulars (cf. APÈNDIX 13).

Un altre tret diferencial serien les set festes jueves referides (cf. APÈNDIX 11): unes noces (2,1), la Pasqua (2,13.23), una festa [potser Pentecosta] (5,1), la Pasqua (6,4), els Tabernacles (7.2.10.14.37), la Dedicació (10,22) i de nou la Pasqua (12,1; 13,1). La referència per tres cops a la festa de la Pasqua posa en qüestió la durada de la vida pública de Jesús: durà un any, com semblen indicar els sinòptics, o tres, com insinua Joan? Potser la recursivitat de la festa significa que tota la vida de Jesús és vista a la llum de la seva Pasqua (ell és el Temple en la primera Pasqua, el pa de vida en la segona, ungit per la seva hora en la darrera).

Alguns comentaristes han subratllat la correspondència entre festes i prodigis, de manera que es podria ordenar l'Evangeli així; festa de noces→conversió de l'aigua en vi; 1a Pasqua→guarició del fill del funcionari reial; festa dels jueus→guarició del malalt; 2a Pasqua→multiplicació dels pans i caminar sobre les aigües; festa dels tabernacles→guarició cec de naixement; festa de la Dedicació→reanimació de Llàtzer; 3a Pasqua→mort i resurrecció de Jesús.

En un quart punt tocaria dir que l'església primitiva va prendre per a la preparació baptismal algunes perícopes d'aquest evangeli per demostrar que Jesús és aigua viva (episodi de la samaritana), és llum del món (guarició del cec de naixement) i és la resurrecció i la vida (reanimació de Llàtzer).

En cinquè lloc, no podem deixar d'esmentar que aquest és l'únic evangeli que fa referència al «deixeble que Jesús estimava» (13,23; 20,2; 21,7.20) i a «l'altre deixeble» (18,15-16; 20,8), que sembla que cal identificar i coincideix amb el qui fa la cloenda de l'evangeli: «Aquest és el deixeble que dona testimoni de tot això...» (21,24). La vella tradició l'havia identificat amb Joan, fill de Zebedeu, però no hi ha cap base per fer-ho i els experts d'avui el consideren una figura enigmàtica, que no apareix fins al sopar de comiat de Jesús (és el que reclina el cap sobre el seu pit per saber qui és el traïdor segons 13,23-26) i inicialment queda en una situació de superioritat respecte a Pere. En efecte, ell pot entrar a casa del Gran Sacerdot, mentre Pere s'ha de quedar al pati (18,15-16), on negarà Jesús; és al peu de la creu amb la seva mare (19,25-27), la qual li és confiada; arriba primer a la tomba (20,2-9) –on, en contrast amb Pere, «va veure i va creure» (20,8-9)–; finalment, és l'únic que el reconeix a Tiberíades (21, 7a). Malgrat el desdeny de Pere en aquest evangeli i aquest estatus de proximitat amb Jesús de l'«estimat», Pere rebrà l'encàrrec de vetllar per les ovelles i els anyells (l'Església sencera).

Quan s'escriu el text evangèlic Pere ja ha mort (21,18-19) i l'enigmàtic «estimat» també, ja que Jesús mai no va dir que no moriria (21,23). Però la finta que fa és que abans de la mort ha volgut fer d'aquest evangeli del qual se sent autor, per damunt de tot, un testimoni. Un testimoni que ja trobàvem en el pròleg, i que és doble: el de Jesús sobre Déu (1,18) i el de la comunitat sobre Jesús (1,14).

Encara cal ressenyar quatre noves característiques d'aquest evangeli. Cal indicar que fa un desenvolupament singular de la figura de la mare de Jesús, lligant Canà (2,4: «*Dona*, i jo què hi tinc a veure? Encara no ha arribat la meva *hora*») i la seva presència a la Creu (26b-27: «"Dona, aquí tens el teu fill." Després digué al deixeble: "Aquí tens la teva mare."»), quan, aleshores sí que ha arribat la seva *hora* (16,25.32 i 17,1: «Pare, ha arribat l'*hora*. Glorifica el teu Fill, perquè el teu Fill et glorifiqui, ja que li has concedit poder sobre tot home, perquè doni vida eterna a tots els qui li has confiat».) Altrament, si Mateu tenia llargs discursos i moltes paràboles, aquest és un evangeli amb llargues converses i controvèrsies i poques paràboles. Entre les primeres, la que té amb Nicodem, sobre l'aigua i l'Esperit (2,23-3,21) i la de la samaritana sobre el culte en Esperit i veritat (4,1-42); entre les segones, la que segueix a la multiplicació dels pans a la sinagoga de Cafarnaüm (6,1-59) i la que segueix a la guarició del cec de naixement (7,14-9,41). Entre els llargs discursos cal destacar el de comiat (14-16) i l'anomenada Pregària sacerdotal (17), per alguns experts afegits a darrera hora. Quant a les paràboles, aquí es denominen comparacions (10,6; 16, 25. 29); assenyalem les del gra de blat (12,24), el bon pastor (10,1-18) i la del cep i els sarments (15,1-3).

Finalment, ressenyem que, en tot el text, es troben en boca de Jesús frases amb l'expressió «Jo soc» (*Ego eimí*), cosa que es relaciona amb solemnitat del nom de Déu quan es presenta a Moisès: «Digues als israelites "Jo soc" m'envia a vosaltres» (Ex 3,14). Aquestes frases, que poden ser absolutes o amb atribut, volen subratllar la seva identitat com a Fill de Déu.

«Jo soc» utilitzat a l'evangeli de Joan		
Utilitzacions absolutes del «Jo soc»	4,26 6,20 8,28 8,58 13,19 18,5.6	«Jo soc, el qui et parla» (a la samaritana). «Jo soc, no tingueu por» (als deixebles). «Quan m'haureu enlairat, coneixereu que jo soc.» «Abans que Abraham nasqués, jo soc.» «Us ho dic perquè quan passi cregueu que jo soc.» «Jo soc» (als qui el volen detenir).
Utilitzacions amb atribut: «jo soc ...x»	6,35.41.48.51 8,12 10,7.9 15,1.5	«...el pa de vida» «...la llum del món» «...la porta» «...el cep veritable»

L'evangeli segons Joan és una obra amb dos fronts o nivells que s'entrellacen i que s'il·luminen mútuament: la vida de Jesús, que ha sorgit de Déu i a Déu torna a pujar abans del seu retorn, és el moll de l'os de la vida de la comunitat que creu en aquest mateix Jesús. Tots dos nivells coexisteixen i estan referits l'un a l'altre en el text de l'evangeli. Per això el text joànic integra en la vida de Jesús esdeveniments que pertanyen a la vida de la comunitat, com per exemple, quan els creients en Jesús són expulsats de la sinagoga (9,22) perquè confessen que Jesús és el Messies.

2.5.2. Anàlisi i estructura

Des del punt de vista estructural, després de l'himne poètic o pròleg inicial **A)**, té dues grans parts, **B)** el llibre dels Signes (1,19-12,50; cf. APÈNDIX 13) i **C)** el llibre de la Glòria o de l'Hora de Jesús, que inclou passió i mort (13-20), que s'aboquen a una primera conclusió **D)** (20,30-31) i amb el capítol 21 com a *apèndix* o segona cloenda **E)**. Els capítols de **B)** giren al voltant d'un eix vertebrador: les discussions de Jesús amb els «jueus» (els representants del poble d'Israel que no volen creure en Jesús) i els seus diàlegs amb altres personatges que li són pròxims (Nicodem, la samaritana, les germanes de Llàtzer). El marc geogràfic de moltes d'aquestes escenes és fonamentalment Jerusalem i, més en concret, el Temple. Les festes jueves i la seva significació teològica són el fil conductor intern que serveix per presentar la figura de Jesús. Ens trobem amb una confrontació entre Jesús i el judaisme farisaic en pugna per imposar-se, que respon més al temps en què s'escriu l'evangeli que no pas al temps en què Jesús va viure. D'altra banda, els diàlegs, que emmarquen els senyals prodigiosos realitzats per Jesús, serveixen per aprofundir alguns elements centrals de la fe de la comunitat que respira sota les pàgines d'aquesta obra: el baptisme, el culte, l'eucaristia, la resurrecció. Els capítols compresos en **C)** parlen de l'hora de la glòria de Jesús, el Fill, en el marc d'un sopar de comiat (cc.13-17). Són capítols cabdals, en els quals Jesús s'adreça directament a la comunitat (el lector) i li anuncia l'esdevenidor, que serà marcat per l'acció i la presència de l'Esperit Sant (el Paràclit o Defensor). El qui parla en aquesta secció és Jesús ressuscitat i glorificat. El lector es troba, doncs, transportat al moment en què Jesús se'n va: és un més dels deixebles i escolta Jesús que il·lumina la seva vida i les seves dificultats i angoixes presents. La resta (cc. 18-20) és formada pels relats de la passió i la resurrecció. La tradició sobre la passió, comuna als altres evangelis, ha estat encabida en l'esquema cristològic de l'obra; així la passió es converteix en una marxa triomfal de Jesús vers la creu, la qual és presentada més com un tron que com un patíbul. Jesús és exaltat i glorificat en la seva reialesa («el rei dels jueus», 19,19). La mort de Jesús és el començament de l'existència de la comunitat (19,25-27), que coincideix amb el do de l'Esperit (19,30). Els relats de les aparicions tenen com a nucli fonamental l'explicació del pas de la vida terrenal de Jesús a la seva nova presència («Feliços els qui creuran sense haver vist!», 20,29). El capítol 21 ens situa en la vida de la comunitat de després de Pasqua i s'hi recupera l'oblidada figura de Pere (es reconeix la seva funció en el si de les comunitats cristianes primitives) i presenta el «deixeble estimat» com a model de fe i com a autor de la redacció final de l'evangeli (Jn 21,24b), encara que l'apèndix **E)** hagi estat elaborat després de la seva mort.

Sense cercar les referències veterotestamentàries com hem fet amb Mc i Mt –tot el quart evangeli vol demostrar que Jesús és el Messies i no ens estarem d'oferir-ne pinzellades que ho recalquen!–, en l'esquema que oferim tot seguit s'indiquen els episodis que semblen tenir coneixença de Mc així: (→Mc), els episodis que suposen tenir coneixement de Mt d'aquesta altra manera: (→Mt); no marquem els propis, però els que pertanyen a alguns dels darrers estadis, ho fem així (*):

A) PRÒLEG: Himne inicial (1,1-18): *Al principi era la Paraula.*

B) EL LLIBRE DELS SIGNES

a) 1,19-2,11. Testimoni de Joan Baptista i manifestació de la glòria de Jesús a Canà: la conversió de l'aigua en vi		
La glòria de Jesús en el Baptista i a Canà	**1**,19-28	**Testimoni de Joan el Baptista:** *Soc la veu d'un que crida en el desert...* (Is 40,3) **(→Mc)**
	1,29-34	**Jesús, Anyell de Déu:** *Mireu l'anyell de Déu...»* (Is 53,7-12); v.34: *...dono testimoni que aquest és el Fill de Déu.* **(→Mc)**
	1,35-42	**Primers deixebles:** Andreu i Simó Pere. **(→Mc)**
	1,43-51	**Felip**, de Betsaida, i **Natanael**, de Canà: *Hem trobat aquell de qui va escriure Moisès [...] De Natzaret en pot sortir res de bo?*
	2,1-11	**Les noces de Canà:** L'aigua convertida en vi. Primer senyal.

b) 2,12-4,54. Jesús veritable Temple, Espòs i Messies: la Pasqua dels jueus i la guarició del fill del funcionari reial		
Jesús, veritable Temple, veritable Espòs, veritable Messies	2,13-22	**Purificació del temple:** *El zel del teu temple em consumeix* (Za 14,21); *Destruïu aquest santuari, i en tres dies l'aixecaré.* **(→Mc)**
	2,23-**3**,21	**Conversa amb Nicodem:** *Ningú no pot entrar al Regne de Déu si no neix de l'aigua i de l'Esperit. [...] Com Moisès va enlairar la serp en el desert* (Nm 21,4-9), *també el Fill de l'home ha de ser enlairat.*
	3,22-36	**Darrer testimoni del Baptista:** *El qui té l'esposa és l'espòs* [Jesús ha iniciat les núpcies messiàniques], *però l'amic de l'espòs té una gran joia. [...] El qui ve de dalt està per damunt de tots* (v. 33). *Els qui creuen en el Fill tenen vida eterna* (v. 36). **(→Mt)**

	4,1-42	**Conversa amb la samaritana:** *Arriba l'hora que el lloc on adorareu el Pare no serà ni Garizim ni Jerusalem. [...] Sé que ha de venir el Messies... Jesús li respon: «Soc jo, el qui et parla».*
	4,43-54	**Guarició del fill d'un funcionari reial:** Segon senyal. *I van creure ell i tota la seva família.* **(→Mt)**

c) 5,1-47. Jesús, Fill de Déu i testimoni del Pare: una festa dels jueus i guarició d'un home a la piscina de Betzata

Testimonis del Baptista, Moisès i Déu a favor de l'autoritat de Jesús. Segueixen els senyals.	**5**,1-18	**Guarició d'un malalt a la piscina de Betzata de Jerusalem en dissabte o en una festa jueva:** *...afirmava que Déu era el seu Pare i es feia així igual a Déu.* **(→Mc)**
	5,19-47	**L'autoritat del Fill:** El fill no pot fer res pel seu compte fora d'allò que veu fer al Pare, que li ha confiat el judici (vv. 19.22). *Els qui escolten la meva paraula i creuen en el qui m'ha enviat, tenen vida eterna* (v. 24). Té a favor el testimoni del Baptista i de les obres que Déu li ha donat (vv. 33.36). Els qui no accepten el seu testimoni no permeten que la paraula de Déu els amari: *Sé que no teniu dins vostre l'amor de Déu* (v. 42). Moisès mateix els acusarà: *Si creguéssiu Moisès, em creuríeu a mi, ja que ell va escriure de mi* (v. 46).

d) 6,1-71. Jesús es manifesta com el Pa de Vida: la Pasqua dels jueus i la multiplicació dels pans

Jesús, nodriment de Vida eterna	**6**,1-15	**Multiplicació dels pans:** *...els bocins d'aquells cinc pans d'ordi ompliren dotze cistelles: eren les sobres després d'haver menjat.* **(→Mc)**
	6,16-21	**Jesús camina sobre el mar:** *...van veure que Jesús s'acostava a la barca caminant sobre l'aigua.* **(→Mc)**
	6,22-59	Jesús, pa de vida: *Jo soc el pa de vida.* La voluntat del Pare és que tots els qui creuen en el Fill tinguin vida eterna. *Qui menja la meva carn i beu la meva sang, té vida eterna, i jo el ressuscitaré el darrer dia.* [Catequesi eucarística.]
	6,60-71	**Reaccions dels deixebles:** *Això us escandalitza? Doncs què direu quan veureu el Fill de l'home pujant on era abans?* Pere: *Només tu tens paraules de vida eterna.* Insinuació del traïdor: *Un de vosaltres és un diable!* (v. 70).

e) 7,1-10,21. Jesús es manifesta com la Llum del món: la festa dels Tabernacles i la guarició d'un cec de naixement

Jesús és la llum del món, en el doble sentit de	**7**,1-13	**Incredulitat dels germans de Jesús:** Els germans, que no creuen en ell, el pressionen perquè vagi a la festa dels Tabernacles a Jerusalem, on perilla. Hi anirà d'amagat.
	7,14-31	**Ensenyament de Jesús** (sense haver-se instruït, v. 14). Es pronuncia contra el xàbat, però ningú no gosarà agafar-lo.

<table>
<tr><td rowspan="12">denunciar les injustícies (i proposar el camí de superar-les amb misericòrdia i fraternitat) i de manifestar la filiació divina, cosa que provoca reaccions entre els jueus</td><td>7,32-36</td><td>Uns guardes del Temple enviats a detenir-lo: Fariseus i grans sacerdots el volen detenir. Me'n vaig al qui m'ha enviat; vosaltres no hi podeu venir.</td></tr>
<tr><td>7,37-44</td><td>Manifestació solemne de Jesús: Si algú té set, que vingui a mi..., referint-se a Is 55,1-3. L'aigua és l'Esperit. La gent discuteix si és o no el Messies.</td></tr>
<tr><td>7,45-53</td><td>Incredulitat de les autoritats jueves: Les autoritats renyen els guardes perquè no l'han agafat. Nicodem surt en defensa seva: no es pot condemnar ningú sense escoltar-lo abans (v. 51).</td></tr>
<tr><td>8,1-11</td><td>Jesús perdona l'adúltera [Afegit l'any 120].</td></tr>
<tr><td>8,12-20</td><td>Jesús, llum del món: Si em coneguéssiu a mi, també coneixeríeu el meu Pare.</td></tr>
<tr><td>8,21-30</td><td>Jesús, enviat del Pare: Vosaltres sou d'aquí baix, jo soc d'allà dalt [...] Quan haureu enlairat el Fill de l'home [crucifixió], coneixereu que jo soc.</td></tr>
<tr><td>8,31-59</td><td>Jesús i Abraham: Des d'abans que Abraham nasqués, jo soc.</td></tr>
<tr><td>9,1-12</td><td>Guarició del cec de naixement: Es rentà a la piscina de Siloè i tornà veient-hi. (→Mc)</td></tr>
<tr><td>9,13-34</td><td>Discussió amb els fariseus: Els seus pares [...] tenien por dels jueus, que llavors ja havien acordat expulsar de la sinagoga tothom qui confessés que Jesús era el Messies [...]. Si aquest no vingués de Déu, no hauria pogut obrir els ulls d'un cec de naixement. (Vivència de la comunitat.)</td></tr>
<tr><td>9,35-41</td><td>La ceguesa incurable: Creus en el Fill de l'home? [...] és el qui et parla. «Hi crec, Senyor». I el va adorar. Com que els fariseus tenen ulls, el seu pecat persisteix.</td></tr>
<tr><td>10,1-18</td><td>La paràbola del bon pastor: Jo soc el bon pastor: conec les meves ovelles, i elles em coneixen a mi, tal com el Pare em coneix, i jo conec el Pare. (*)</td></tr>
<tr><td>10,19-21</td><td>Reacció dels jueus: Es divideixen. Uns l'acusen d'endimoniat, però d'altres ho refusen.</td></tr>
</table>

<table>
<tr><th colspan="4">f) 10,22-12,50. Jesús es manifesta com la Resurrecció i la Vida:
la festa de la Dedicació i la resurrecció de Llàtzer</th></tr>
<tr><td rowspan="3">Jesús és la Resurrecció i el qui dona la Vida eterna</td><td colspan="2">10,22-42</td><td>Debat en la festa de la Dedicació: Jo i el Pare som u. Raons per apedregar-lo: Tu, que ets un home, et fas Déu. En la vostra Llei no hi ha escrit: Jo declaro que sou déus? (Sl 82,6).</td></tr>
<tr><td rowspan="2">11,1-44 Mort i revitalització de Llàtzer</td><td>11,1-16</td><td>La mort de Llàtzer: Per la malaltia de Llàtzer el Fill de Déu serà glorificat (v. 4).</td></tr>
<tr><td>11,17-27</td><td>Jesús, resurrecció i vida: Marta reprèn Jesús que es contorba. Jo soc la resurrecció i la vida. Qui creu en mi, encara que mori, viurà; i tot aquell qui viu i creu en mi, no morirà mai més. Ho creus, això? Sí, Senyor: jo crec que tu ets el Messies, el Fill de Déu, el qui havia de venir al món.</td></tr>
</table>

		11,28-38	***El dol per Llàtzer:*** Maria deixa el dol i va a trobar Jesús. Aquest plora. Es fa acompanyar a la tomba.
		11, 39-44	***La revitalització de Llàtzer:*** «*Llàtzer, surt a fora!*» *I el mort sortí amb benes d'amortallar...*
	11,45-12,11 **Mort de Jesús, propera**	11,45-57	***Decisió de matar Jesús:*** Reunió al Sanedrí. Caifàs: *Val més que un sol home mori pel poble, i no pas que es perdi tot el poble. Aquell dia van decidir que el matarien.* Jesús s'amaga. **(→Mc)**
		12,1-8	***Unció a Betània:*** Maria ungeix els peus de Jesús amb perfum de nard, preunció de la sepultura. De pobres, sempre n'hi haurà. **(→Mc)**
		12,9-11	***Decisió de matar Llàtzer:*** Perquè a causa d'ell molts creuen.
	12,12-19		**Entrada a Jerusalem:** Amb rams de palmera canten el Salm 118,25. Els fariseus constaten que la gent el segueix. **(→Mc)**
	12,20-36a		**Anunci de la futura glorificació de Jesús vista pels jueus hel·lenístics:** *I jo, quan seré enlairat damunt la terra, atrauré tothom cap a mi [...] Camineu mentre teniu la llum, abans que no arribi la tenebra...*
	12,36b-43 **Conclusió: incredulitat dels jueus**	12,36b-43	***...sobre els senyals prodigiosos:*** Isaïes parlava d'ell quan no creien els senyals prodigiosos: Is 6,9s; 53,1.
		12,44-50	***...sobre la doctrina de Jesús:*** *Els qui creuen en mi, més que creure en mi, creuen en el qui m'ha enviat [...] el Pare mateix que m'ha enviat, m'ha manat què havia de dir i de predicar.*

C) EL LLIBRE DE LA GLÒRIA O DE L'HORA DE JESÚS

g) 13,1-19,16a. Relat de la Passió: darrer sopar tenyit de celebració pasqual, prendiment, procés i condemna a mort

13,1-**19**, 16a. Relat del darrer sopar amical (que no és cap celebració pasqual com en els sinòptics, tot i sentir-se'n la flaire),	cc. 13-17 **Darrer Sopar (dj 13 de Nissan i no dj 14 com els sinòptics)**	**13**,1-20	**Rentament de peus:** *Jesús sabia que havia arribat la seva hora, l'hora de passar d'aquest món al Pare. [...] Us heu de rentar els peus els uns als altres...* Esment salm 41,10.
		13, 21-35	**Anunci de la traïció i manament nou:** *Un de vosaltres m'ha de trair*; el «deixeble estimat» reclina el pit sobre Jesús i s'assabenta que es tracta de Judes. *Estimeu-vos els uns als altres tal com jo us he estimat.* **(→Mc)**
		13, 36-38	**Anunci de les negacions de Pere:** *No cantarà el gall que no m'hagis negat tres vegades.* **(→Mc)**

prendiment, procés i condemna a mort [En Jn se celebra el dj 13 Nissan i mor el dv 14, dia del sopar pasqual dels jueus; en els sinòptics el sopar té lloc el dj 14 i mor el dv 15 (Pasqua).]		cc. 14-17	Discurs de comiat: L'Esperit Sant de la Veritat donarà testimoni de Jesús i guiarà vers la veritat sencera.	**14**, 1-14	***Jesús, Camí que porta al Pare***: *Jo soc el camí, la veritat i la vida. [...] Allò que demanareu al Pare en nom meu, jo ho faré...*
				14, 15-31	***La promesa de l'Esperit:*** *...el Defensor, l'Esperit Sant que el Pare enviarà en nom meu, us farà recordar tot el que jo us he dit, i us ho farà entendre. Us deixo la pau, us dono la meva pau. Jo us dono la pau que el món no dona.*
				15, 1-17	***Jesús, cep veritable:*** Jesús és el Cep, el Pare el vinyater i els deixebles els sarments. Ningú no té un amor més gran que el qui dona la vida pels seus amics. **(*)**
				15,18-**16**,4a	***L'odi del món:*** *Vosaltres no sou del món [...] per això el món us odia.* **(*)**
				16, 4b-15	***L'acció de l'Esperit:*** *Us expulsaran de les sinagogues. [...] L'Esperit de veritat us guiarà a la veritat sencera.* **(*)**
				16, 16-24	***De la tristesa a l'alegria:*** La tristesa per la separació de Jesús es convertirà en alegria. **(*)**
				16, 25-33	***Jesús ha vençut el món:*** *He sortit del Pare i he vingut al món; ara deixo el món i me'n torno al Pare. [...] Passareu tribulacions, però tingueu confiança: Jo he vençut el món.* **(*)**
				17,1-26	***Pregària de Jesús***: *Que tots siguin u, com tu, Pare, estàs en mi i jo en tu. Que també ells estiguin en nosaltres, perquè el món cregui que tu m'has enviat.* **(*)**
	18,1-12 **Prendiment de Jesús**:		Jesús va a l'hort amb els seus. Judes amb la cohort de romans [exageració!] i guardes del temple que el detenen. Tres vegades respon «Jo soc». Demana que els deixebles puguin marxar. *No n'he perdut ni un de sol.* Fa tornar a la beina l'espasa de Pere. És lligat. **(→Mc)**		
	18, 13-**19**, 16a **Procés contra Jesús**	18, 13-27 **Jesús davant d'Annàs i Caifàs**	18,13-18	**Portat lligat davant d'Annàs i primera negació de Pere.** L'«altre deixeble» [=«deixeble estimat»], conegut del gran sacerdot, fa entrar Pere al pati del palau del Gran Sacerdot, on nega Jesús. **(→Mc)**	
			18,19-23	**Interrogatori de Jesús:** Jesús li diu que mai no s'ha amagat del que ha dit i rep una bufetada. **(→Mc)**	
			18,24-27	**Portat davant de Caifàs, gran sacerdot, i noves negacions de Pere:** El nega al pati de la casa d'Annàs dues vegades més i el gall canta. **(→Mc)**	

		18,28-**19**,16a **Jesús davant Pilat**	18,28-38a	**Portat davant de Pilat:** *La meva reialesa no és d'aquest món...* **(→Mc)**
			18,38b-19,4	**Barrabàs, preferit:** No troba motius d'inculpació, proposa alliberar-lo i els sacerdots prefereixen que s'indulti Barrabàs. **(→Mc)**
			19,5-16a	**Condemna a mort:** Assotat, bufetejat i escarnit amb mantell vermell i corona d'espines, no en tenen prou i demanen la crucifixió, primer perquè s'ha fet Fill de Déu, i, després, perquè es proclama rei, i això va contra el Cèsar. Pilat els el lliura [als grans sacerdots] per ser crucificat. **(→Mc)**

h) 19,16b-20,29. Crucifixió, mort, sepultura, resurrecció i aparicions			
Jesús és la Resurrecció i el qui dona la Vida eterna. (Glòria = Triomf sobre la mort.)	19,16b-27 **Crucifixió**	19,16b-24	**Crucifixió de Jesús:** Al Gòlgota. Pilat no enretira el rètol: «Rei dels jueus». Quatre parts del mantell i sorteig de la túnica perquè es compleixi el salm 22,19. **(→Mc)**
		19,25-27	**La mare de Jesús i el «deixeble estimat»:** Jesús confia al «deixeble estimat» la seva mare –no a cap germà–, present [de lluny] amb la Magdalena i amb una o dues persones més (si una, la germana de la mare era Maria, muller de Cleofàs; si dues, eren dues tietes, la germana de la seva mare i la muller de Cleofàs, germà de Josep i oncle de Jesús). **(*)**
	19,28-37 **La mort**	19,28-30	**Mort de Jesús:** Després de prendre vinagre, inclina el cap i lliura majestàticament l'esperit. **(→Mc)**
		19,31-37	**El costat traspassat:** En comptes de trencar-li les cames, li travessen el costat amb una llança, d'on raja sang i aigua [baptismal] segons testimoni del «deixeble estimat». Es compleixen Sl 34,21 i Za 12,10.
	19,38-42 **Sepultura**		**Sepultura de Jesús:** Josep d'Arimatea demana el cos a Pilat, el despengen, l'ungeixen amb mirra i àloe, l'embolcallen i l'enterren en un sepulcre nou. **(→Mc)**
	20,1-10 **Sepulcre buit**		**El sepulcre buit:** De bon matí del primer dia de la setmana Magdalena, sola (no com en Mc i Mt), troba el sepulcre buit, corre a dir-ho a Pere i al «deixeble estimat», que hi van, però només aquest *veu i creu.* (→Mc)
	20,11-29 **Aparicions**	20,11-18	**A Maria Magdalena:** Magdalena s'hi queda, veu dos àngels i confon el Ressuscitat amb l'hortolà. En adonar-se de tot, l'adora. *Deixa'm anar, que encara no he pujat al Pare.* **(→Mt)**
		20,19-23	**Als deixebles sense Tomàs:** Aquell mateix vespre es presenta on són els deixebles, els confereix l'Esperit Sant i el poder de perdonar els pecats. **(→Mt)**

		20,24-29	**Als deixebles amb Tomàs:** Tomàs, el bessó, que és fora, no es creu res. *Si no li veig a les mans la marca dels claus, si no fico el dit a la ferida dels claus i no li poso la mà dins el costat, jo no creuré pas!* Es torna a aparèixer al cap de vuit dies i se li prostrarà als peus confessant-lo Senyor. *Feliços els qui creuran sense haver vist!*

D) PRIMERA CONCLUSIÓ (20,30-31).

Jesús va fer en presència dels seus deixebles molts altres senyals prodigiosos que no es troben escrits en aquest llibre. Els que hi ha aquí han estat escrits perquè cregueu que Jesús és el Messies, el Fill de Déu, i, creient, tingueu vida en el seu nom.

E) APÈNDIX (21,1-25)

Apèndix	**21**,1-14	**Aparició a set deixebles vora el llac de Tiberíades:** Després de no pescar res, a punta de dia, Jesús, a qui no coneixen, els diu de tirar la xarxa, a la dreta. Pesquen 153 peixos [número de la *vesica piscis*: 165:153=1,07843...]. El «deixeble estimat» el reconeix. Eucaristia amb pa i peix. (*)
	21,15-19	**Jesús i Pere:** Li demana tres vegades si l'estima. Li indica que morirà màrtir i li fa que el segueixi. (*)
	21,20-23	**Jesús i el «deixeble estimat»:** Pere el segueix, s'adona que també ho fa el «deixeble estimat» i li demana què serà d'ell. *Si vull que es quedi fins que jo vingui, què hi tens a dir? Tu segueix-me.* L'evangelista nega que Jesús digués que no moriria. (*)
	21,24-25	**Segona conclusió:** *Aquest és el deixeble que dona testimoni de tot això. Ell ho ha escrit, i sabem que el seu testimoni és digne de crèdit. Jesús va fer encara moltes altres coses. I si algú volgués escriure-les una per una, em sembla que els llibres que es podrien escriure no cabrien en el món sencer.* (*)

2.5.3. MARIA MAGDALENA, POSSIBLE EVANGELISTA?

Com hem insinuat més amunt, avui dia, bé que no tothom l'accepta, s'ha estès l'opinió que l'incògnit «deixeble estimat» hauria intervingut en algun dels nivells redaccionals del quart evangeli. Recentment el pare Ramon K. Jusino ha posat damunt la taula una doble hipòtesi: *a*) cal identificar la Magdalena amb el desconegut «deixeble estimat» en la tradició anterior de la comunitat del quart evangeli; *b*) la Magdalena es postula, doncs, com a fundadora i capdavantera del que s'ha conegut com a comunitat joànica.

Les seves teories recolzen en les investigacions de Raymon E. Brown, un dels grans experts en el tema, en l'evidència interna del text i en les proves i lligams externs, especialment en la relació amb les troballes de la biblioteca gnòstica de Nag Hammadi. Avui no hi ha cap problema a admetre que la versió escrita de les tradicions del quart evangeli formà part de la trajectòria vital de la comunitat joànica, conformada pels seguidors del «deixeble estimat», ni que durés algunes dècades.

Brown ofereix la hipòtesi d'una composició després de l'expulsió dels cristians de les sinagogues. I, semblantment com hem escrit més amunt, esbossa tres fases: 1) una versió precanònica, originada pel «deixeble estimat»; 2) l'escriptura de l'evangeli per part de l'autor principal (l'evangelista pròpiament dit); 3) una redacció final després de la mort del «deixeble estimat» que acabaria esdevenint la versió canònica. Com que, per a Brown, l'autor d'un text evangèlic és la persona a partir de les idees de la qual el llibre s'origina i no pas aquell qui el fixa en el papir amb un càlam, Jusino afirma que la contribució de la Magdalena s'esdevingué en la primera fase; que després l'Evangeli passà per diferents estadis de modificació i que el resultat redaccional final va ser, per raons que desconeixem, la supressió del nom de la Magdalena com a líder de la seva comunitat i com a autora-promotora del quart Evangeli. En aquesta evolució, Brown postula que la comunitat joànica es va dividir en dues –l'escissió que hem plasmat en el nostre esquema– abans de la redacció final de l'evangeli per un desacord cristològic intern: la majoria (Brown els denomina Secessionistes) va anar a parar a sectes gnòstiques, al docetisme i al montanisme; la minoria (denominats Apostòlics) es devia anar amalgamant en l'església ortodoxa emergent. Jusino addueix que la versió precanònica de l'evangeli, en l'època del cisma, identificava la Magdalena com el «deixeble estimat», la fundadora de la comunitat, fins que el redactor final procuraria aombrar i fer desaparèixer aquesta presència femenina tinguda per escandalosa. Les dades de les etapes redaccionals no varien gaire de les que hem proposat. En l'esquema que hem plantejat més amunt hem seguit aquestes denominacions.

Al redactor final correspon el darrer nivell –el text actual–, amb la finalitat de matisar temes que havien causat la secessió de la comunitat i d'oferir una versió més espiritualista de Jesús. Ja hem esmentat abans les inclusions en aquest darrer estadi. Ara bé, va aconseguir el redactor final fer desaparèixer la Magdalena com a «deixeble estimada»? Caldrà que analitzem la coherència interna de l'Evangeli en els moments en què es refereix al «deixeble estimat».

El redactor final amaga la identitat del «deixeble estimat»		
Jo	**Context i text**	**Comentari**
1,35-40	El Baptista fa que dos dels seus deixebles segueixin Jesús: *...un dels dos era Andreu, germà de Simó Pere...*	Se suposa que «l'altre» dels dos era el mateix evangelista. No es pot dir encara que sigui el «deixeble estimat», perquè encara no és 'deixeble' tan sols; ara bé, el text és del tot enrevessat i hi palesa la intenció de no anomenar el deixeble de qui es tracta.
13,23-26	Jesús anuncia la traïció de Judes: *Un dels deixebles, el qui Jesús estimava, era a taula al costat d'ell. Simó Pere li fa senyes...*	Punt clau dels estudis actuals d'iconologia. Jesús, al seu costat, hi té el «deixeble estimat»: un home (Joan) o una dona (Magdalena)? (Pere vol saber la identitat del traïdor i Jesús, interpel·lat pel «deixeble estimat», dona com a senyal pa sucat a Judes. (Pere i els altres es queden a l'escapça.) Canviar el femení pel masculí com vol Jusino seria fàcil.
18,15-16	Jesús a casa d'Annàs: *Simó Pere i un altre deixeble seguien Jesús...* L'altre, *conegut del gran sacerdot*, entra al pati; Pere, a fora, negarà Jesús.	Segons *BCI* l'«altre deixeble» probablement (no és segur) sigui l'«estimat», però no es diu enlloc que sigui cap dels dotze apòstols. Ara bé, si és Magdalena, és «coneguda» del gran sacerdot o «a la casa» d'aquest? De fet, parla amb la portera per franquejar l'entrada a Pere. La tesi dels qui creuen que aquest «altre deixeble» és un sacerdot de nom Joan, potser quadraria més, però tampoc no resulta aberrant que es tracti de Magdalena.
19,25-27	Crucifixió: *...hi havia la seva mare, i la germana de la seva mare, Maria, muller de Cleofàs, i Maria Magdalena. Quan Jesús veié la seva mare, i al costat d'ella, el deixeble que ell estimava, digué a la seva mare: Dona, aquí tens el teu fill.* [...] *I d'aleshores ençà el deixeble la va acollir a casa seva.*	El text, al v. 25, esmenta 3 o 4 dones vora la creu (segons interpretem les aposicions), però no cap «deixeble estimat», el qual apareix com un bolet al v. 26. El redactor fa que Jesús tracti de «dona» la seva mare (com a 2,4), la deixi sota la protecció d'un estrany a la seva família i ens diu que *d'aleshores ençà la va acollir*; és a dir, el redactor, des d'un passat tràgic, es posa en un present que encara dura. Realment, es nota molt de tràfec redaccional en aquesta perícope («el deixeble» estimat no s'esmenta al peu de la creu i, quan apareix, a ell va a parar la mare del crucificat fins al moment present de la redacció del text). Si la mare ha estat acollida per la Magdalena i possiblement en la redacció final del text, ja siguin difuntes totes dues, no es va saber res de cert durant els estadis d'escriptura del text? O es va voler deixar una versió precanònica expressament?
20,1-11	Magdalena troba la pedra treta de l'entrada del sepulcre i corre *a trobar Simó Pere i l'altre deixeble,*	Tenim aquí simultaneïtat de presència entre el «deixeble estimat» i la Magdalena, fet en principi, contrari a la tesi de Jusino d'identificar-los. Què cal dir? Jusino explica que el redactor-corrector final no podia negar la tradició

	aquell que Jesús estimava [...] *l'altre deixeble s'avançà... i veié aplanat el llençol d'amortallar*. Espera que primer entri Pere. Quan ell entra, *ho veié i cregué*, però ambdós tornen a casa. *Maria s'estava a fora plorant.*	que posa la Magdalena al peu de la creu i al sepulcre, ja que era una dada coneguda i comuna a diverses comunitats cristianes primitives, fins al punt que havia esdevingut la capdvantera de les dones. Com podia esborrar que la Magdalena fos la fundadora de la comunitat joànica sense treure-la dels relats de la crucifixió i enterrament? Doncs fent aparèixer junts la Magdalena i el «deixeble estimat», tant a 19,25-26 (sense crear cap conflicte) com aquí. I això es pot provar per incoherències estructurals que ja exposen perfectament Brown i Setzer (en especial, aparició/desaparició de la Magdalena i creença/no-creença i singular/plural en vv. 8-10).
21,7	Pesca a Tiberíades i aparició. Després d'enxarxar més peix del compte segons indicacions d'un desconegut *aquell deixeble que Jesús estimava diu a Pere: «És el Senyor»*.	Simó Pere, Tomàs, Natanael, els fills de Zebedeu van a pescar. Dos més es queden (un d'ells és l'incògnit «estimat», esmentat explícitament). L'«estimat» no sols el reconeix, sinó que el confessa Senyor. Podria ser la Magdalena? Què hi faria enmig d'homes? Haver seguit les indicacions de l'àngel de la Resurrecció de tornar a Galilea? Almenys no repugna.
21,20-24	Apèndix i ressò de la brama que corria que l'«estimat» arribaria viu al segon adveniment de Jesús: *Senyor, d'aquest, què en serà?* [...] *Si vull que es quedi fins que jo vingui, què hi tens a dir?* [...] *Aquest és el deixeble que dona testimoni de tot això.*	En la cloenda se'ns diu que l'Evangeli va ser originat pel «deixeble estimat» (*Ell ho ha escrit i sabem que el seu testimoni és digne de crèdit*), encara que tot el capítol 21, que de fet és un segon apèndix, hagi estat escrit per un darrer redactor després de la mort del «deixeble estimat» (de fet dona testimoni que Jesús no va pas dir que no moriria). Cap problema perquè aquest text també amagui la Magdalena.

L'anàlisi interna, resisteix doncs, la hipòtesi. Des del punt de vista extern, admès que l'Evangeli surt en la comunitat joànica, cal saber, tot seguit, que el text va ser tan estimat per cristians gnòstics i que el primer comentari que se'n coneix és obra del gnòstic Heraclió (vers el 180). Altrament, en alguns dels escrits gnòstics –per exemple, en el mateix *Evangeli de Maria [Magdalena]*–, es manté la rivalitat entre Pere i l'«estimat», com apareix en el final del canònic, de la qual cosa es dedueix alguna mena de relació entre el quart evangeli i els textos de la biblioteca gnòstica de Nag Hammadi. Jusino, davant d'aquesta relació, proposa tres explicacions: *a*) no hi ha connexió entre textos gnòstics i quart evangeli; *b*) primer existiria el quart evangeli i els gnòstics en deduïren la Magdalena com a «deixeble estimada»; *c*) les escriptures gnòstiques reflecteixen una dependència del quart evangeli, que els «apostòlics» evitaren, perquè suposaven que els líders institucionals de l'església emergent mai no acceptarien en el cànon un evangeli escrit per una dona. La seva posició és la tercera, òbviament. I, malauradament, afegeix: «L'Església institucional probablement mai no reconeixerà la Magdalena com a autora d'un evangeli del Nou Testament». Sortosament, avui, alguns experts resten oberts a la participació de la Magdalena en la denominada comunitat joànica i en l'elaboració, en fases inicials, del quart evangeli.

2.6. Els dos llibres atribuïts a Lluc (Lc)

Malgrat que les nostres bíblies presenten el tercer evangeli de Lluc abans del quart evangeli i, al darrere d'aquest, l'obra dels Fets dels Apòstols, cal considerar aquests dos llibres, l'evangeli de Lluc i Fets dels Apòstols, com dos volums d'una mateixa obra. El primer té com a objectiu informar sobre la persona de Jesús i el seu missatge, en mots del mateix autor, «tot el que Jesús va fer i ensenyar» (Ac 1,1); el segon ens informa de l'expansió del seu testimoniatge de Jerusalem a Roma i fins als confins de la terra durant el període dels anys 30-60, encara que s'escrivís a tongades entorn dels anys 80-90, com ja vam dir en referència al primer llibre: «Quan l'Esperit Sant vindrà damunt vostre, rebreu una força que us farà testimonis meus a Jerusalem, a tot Judea, a Samaria i fins a l'extrem de la terra» (Ac 1,8). En d'altres paraules, tracta de les moltes dificultats i obstacles que van haver de superar els seus deixebles per arribar a comprendre que Jesús era el Messies i conformar les primeres comunitats que el celebraven, a banda de dulcificar el paper de Pau, un home discutit entre els judeocristians. La separació de les dues obres es devia produir al voltant de l'any 120, quan es volgué unir el quart evangeli als tres sinòptics ja aplegats a finals del segle I, la qual cosa no significa pas que l'aplec dels quatre evangelis suposés una exclusió de Fets dels Apòstols com testimonia el Còdex papiraci Chester Beatty I (P^{45}): aquest, del segle III, anterior als còdexs Vaticà i Sinaític, conté els evangelis de Mateu, Joan, Lluc i Marc –per aquest ordre–, seguits del text dels Fets dels Apòstols. El segon llibre de Lluc, doncs, s'emmiralla en el primer, que amb les paraules i fets de Jesús marca els criteris d'interpretació dels personatges i comunitats del segon. Val a dir, tanmateix, que el text grec del segon ens ha arribat en dues formes diferents: una, la més curta, anomenada alexandrina o egípcia –basada en l'autoritat del Còdex Vaticà i secundada, sovint, pel Còdex Sinaític, tots dos del segle IV– es considera que ofereix les millors garanties i és seguida per la majoria de traduccions; l'altra, anomenada occidental, més llarga, sembla conservar un text més primitiu que la majoria d'altres còdexs, bé que hauria estat font de traduccions antigues al siríac, copte i llatí. Aquest text occidental, dut el 1546 al concili de Trento, salvat el 1562 d'un assalt pel calvinista Teodor de Beza (1519-1605) i dipositat a la biblioteca de la Universitat de Cambridge, prové de l'avui denominat còdex Beza de finals del segle IV, del qual s'haurien servit autors com Ireneu i Tertul·lià. L'any 2009, el teòleg català J. Rius-Camps i la lingüista bíblica J. Read-Heimerdinger, després de quinze anys de treball comú, seguint el còdex Beza, publicaren en edició bilingüe grec-català, els dos llibres atribuïts a Lluc en un sol volum titulat *Demostració a Teòfil.*

Ja vam esmentar la incertesa de l'autor, un hel·lenojudeocristià desconegut, potser antioquè, dominador del grec i de les tècniques d'argumentació jueva, per bé que tradicionalment s'atribuís al metge company de Pau (Flm 24; Col 4,14, on li diu «metge estimat»; 2 Tm 4,11), sobretot per les seccions «nosaltres» d'Ac (16,10-17; 20,5-15; 21,1-18; 27,1-28,16). Es tracta de fragments redactats en primera persona del plural com si acompanyés Pau en els viatges o s'inclogués entre els seus companys; avui dia es pensa que podrien estar trets d'algun dietari d'algun dels companys que anotava llocs, distàncies, temps i d'altres incidències del viatge. També vam assenyalar que devia escriure posteriorment a Mateu, entorn de l'any 80, i vam parlar del destinatari, un jueu culte –Teòfil, un dels fills d'Annàs, Gran Sacerdot entre els anys 37 i 41, que potser hauria actuat de mecenes–, interessat a saber qui era de veritat aquell Jesús crucificat, quan el seu cunyat Caifàs exercia el gran sacerdoci. S'havia amarat dels seus ensenyaments? Podia ser el Messies, el Fill de Déu? Res d'estrany que l'autor vagi amb peus de plom i presenti un marc històric de personatges (Lc 1,3: Herodes; Lc 2,1 i 3,1: Tiberi Cèsar August, Quirini governador de Síria i Ponç Pilat governador de Judea) i episodis concrets i reals (cens, governadors, pontificats...). El text evangèlic comença així (la *cursiva* és meva):

> «Són molts els qui han emprès la tasca d'escriure *un relat dels fets que s'han acomplert* entre nosaltres, valent-se del que ens van transmetre els qui des del principi en foren *testimonis oculars* i després esdevingueren servidors de la Paraula. Ara jo, havent-me informat *minuciosament* de tot *des dels orígens*, he decidit d'escriure-t'ho, il·lustre Teòfil, en una narració ordenada, perquè constatis la solidesa de l'ensenyament que has rebut.»

Fixem-nos-hi: molts ja han escrit, valent-se del que transmetien (oralment?) els testimonis oculars; jo, ara, m'he informat fil per randa des del principi i he escrit un relat ordenat per a tu. Fets dels Apòstols comença així:

> «En el meu primer llibre he parlat, Teòfil, de tot el que Jesús va fer i va ensenyar fins al dia que fou endut al cel, després d'haver donat instruccions als apòstols que ell havia escollit, mogut per l'Esperit Sant».

En el·lipsi, s'entén que ara inicia un segon llibre. Un segon llibre, per al qual ha emprat fonts diverses, encara debatudes entre els experts, si bé solen coincidir en el fet que hauria estat més a punt una redacció final de la segona part (cc. 9-28) que no pas de la primera (i encara potser alguns blocs finals d'aquesta segona van poder precedir els primers, amb l'objectiu de suavitzar les ja conegudes tenses relacions entre Pere i Pau). Val a dir que la primera part (cc. 1-8) amaga una barrija-barreja d'un redactor final amb la intenció de lligar moltes coses: els inicis idealitzats de la comunitat de Jerusalem, la focalització de personatges en particular –Felip, Pere, Simó el Mag, Esteve...–, tot excloent-ne d'altres com Jaume, germà del Senyor, i el seguiment de la comunitat d'Antioquia fins a la conversió de Pau.

No es tracta, doncs, de cap evangeli predicat, sinó d'uns escrits per demostrar que Jesús, el crucificat, era el Messies, el Fill de Déu. Una demostració, no pas en el sentit històric de les *bios* ('vides') gregues d'altres evangelis com el de Marc –les vides paral·leles de Jesús i del Baptista a l'inici de l'Evangeli o l'Ascensió de Jesús semblant a la de Ròmul a l'inici de Fets dels Apòstols havien fet pensar en les *Vides paral·leles* de Plutarc (46-120 dC)– ni en el sentit retòric, argumentatiu o científic actual, sinó en el d'una exposició ordenada (*monstratio*), com una invitació a acceptar les coses i a fer-ne cas.

Aquesta *monstratio* atribuïda a Lluc es caracteritza per exposar l'acció de l'Esperit Sant sobre l'activitat de Jesús i els seus deixebles, això és, no sols de l'activitat, mort i resurrecció d'Aquell en qui creu, sinó de la predicació dels seus deixebles i de la formació de comunitats de seguidors, a Jerusalem, Judea, Samaria, Síria... fins a Roma. Per a l'autor, la difusió de l'evangeli comença amb el do de l'Esperit Sant (24,49). Aquesta efusió de l'Esperit als deixebles (Ac 2) constitueix un signe de continuïtat entre la vida de Jesús i la vida de l'Església. En altres paraules, aquesta obra dual és l'únic escrit que estableix un nexe d'unió entre l'obra de Jesús i el naixement de l'Església, una Església molt plural, entesa com a comunitats diverses de creients en ell. L'autor concep la història penetrada tota ella per la presència del Déu que salva, la qual té com a punt culminant Jesús –centre de la història–, el Messies, el Salvador anunciat pels profetes i predicat per l'Església apostòlica. En aquest sentit, Jerusalem/Jerosòlima serveix d'eix entre l'evangeli i el llibre dels Fets dels Apòstols (missió des de Jerusalem). La importància de Jerusalem i del Temple és ben remarcada tot al llarg de l'obra. (La *Demostració a Teòfil* del còdex Beza, com sabem, distingeix dues comunitats a la capital, la jueva dirigida per Jaume «el germà del Senyor» amb el nom hebreu de Jerusalem, que resultarà fiscalitzadora i centralista, i l'hel·lenista, més oberta, denominada Jerosòlima.)

2.6.1. L'EVANGELI O PRIMER VOLUM DE L'OBRA LUCANA

2.6.1.1. Característiques

Quant a les fonts de l'evangeli de Lc, s'han assenyalat Marc, el document Q que conté les perícopes comunes de Mt i Lc –publicat en edició crítica per primera vegada l'any 2000– i fonts pròpies (cf. APÈNDIX 8). Hi ha opinions minoritàries que pensen que Lc disposà de Mt, perquè, més enllà dels passatges discursius comuns (hipòtesi de Q), té els relats d'infantesa; d'altres opinen que Lc disposà de Jn, però, si fos el cas, seria d'algun estrat redaccional precedent al final de què ara disposem.

Transposicions lucanes		
Mc	**Referència**	**Lc**
6,7-18	Empresonament de Joan.	3,19-20: avançat.
6,1-6	Jesús a la sinagoga de Natzaret.	4,16-30: avançat.
1,16-20	Crida primers deixebles.	5,1-11: retardat.
3,7-8.10-11a. 13-19	Elecció dels Dotze i trobada amb multituds.	6,12-19: amb inversió d'ordre.
3,31-35 + paràbola sembrador	Mare i germans.	8,19-21: abans de la paràbola.
14,18-21	Anunci de la traïció.	22,21-23: amb inversió d'ordre.
14,64b-72	Negacions de Pere.	22,54b-62: amb inversió d'ordre.

Aquest text, en general, segueix l'ordre de Mc amb algunes excepcions. Aquests episodis situats en un altre lloc narratiu reben el nom de «transposicions lucanes», com hem vist a la pàgina anterior.

El material propi de Lc és abundant, ja sigui sense cap precedent, ja sigui reinterpretant Mt (especialment en els relats d'infantesa i aparicions). Cal destacar, en aquest material propi, la gran abundància de paràboles, en total disset (cf. APÈNDIX 13): *1)* deutes de dos homes a un prestador (7,40-43); *2)* el bon samarità (25,37s); *3)* l'amic inoportú (15,7-8); *4)* el ric sensat (12,16-21); *5)* els criats que esperen l'amo (12,35-38); *6)* el servent infidel (12,47-48); *7)* la figuera estèril (13,6-9); *8)* els qui romanen fora quan la porta es tanca (13,25-28a); *9)* la construcció d'una torre (14,28-30); *10)* el rei que va a la guerra (14, 31-32); *11)* la dracma perduda (15,8-10); *12)* el pare i els dos germans (15,11-32); *13)* l'administrador astut (16,1-8); *14)* l'home ric i el pobre Llàtzer (16,18-312); *15)* el servent que torna del camp (17,7-19); *16)* el jutge i la vídua (18,1-8); i *17)* el fariseu i el publicà (18,9-14).

Tanmateix, hi ha un gran nucli de Mc (Mc 6,45-8,21), que Lc no recull malgrat trobar-se també en Mt. Aquest bloc comprèn aquests textos: el relat de Jesús caminant sobre el mar (Mc 6,45-52; Mt 14, 22-33); les guaricions a Genesaret (Mc 6,53-56; Mt 14, 34-36); la tradició de purificacions dels antics (Mc 7,1-23; Mt 15,1-10); la curació de la filla d'una sirofenícia o cananea (Mc 7,24-32; Mt 15,21-28); segona multiplicació de pans (Mc 8,1-10; Mt 15,32-39); petició d'un senyal (Mc 8,11-13, Mt 16,1-4); el llevat dels fariseus i d'Herodes (Mc 8,14-21; Mt 5,12). Com s'explica, això? S'explicaria perquè els episodis de Mc no recollits per Lc es refereixen a la predicació de l'Evangeli als pagans, circumstància que l'autor deixa per anunciar-la en el segon volum de Fets dels Apòstols.

L'obra comença amb el pròleg (1,1-4). Immediatament Lluc relata les infàncies, posades en paral·lel, de Joan Baptista i de Jesús (cc. 1-2). A destacar la visitació amb el càntic de Maria (1,39-56), el naixement del Baptista amb el càntic de Zacaries (1,57-80), l'anunci als pastors (2,8-20), la presentació de Jesús al Temple amb el càntic de Simeó (2,22-38) i l'anada de Jesús al Temple (2,41-52). Encara es ressenya la predicació i l'empresonament de Joan Baptista, el Precursor (3,1-20), abans de donar pas als episodis que precedeixen l'actuació pròpiament dita de Jesús, el Messies: el baptisme amb la genealogia i les temptacions (3,21-4,13).

El ministeri de Jesús, que es desenvolupa primerament a Galilea (4,14-9,50), s'obre, de manera programàtica, amb la predicació a la sinagoga de

Natzaret: des d'aquest moment sabem que Jesús compleix allò que l'Escriptura anunciava: «L'Esperit del Senyor reposa sobre meu,/ perquè el Senyor m'ha ungit. (Is 61,1-2) [...]. Avui es compleix aquesta escriptura que acabeu d'escoltar» (Lc 4,18-21). Ell és, en efecte, el Messies esperat. Per això no ens caldrà analitzar les perícopes que incidirien en aquell còdex primigeni de profecies que demostraven que Jesús era l'Ungit de Déu com hem fet en Marc i en Mateu: tot l'evangei de Lluc es dirigeix a aquesta demostració. D'ara endavant haurà de fer front al refús d'aquest fet.

El gran viatge de Jesús cap a Jerusalem domina la secció central de l'obra (9,51-19,35). Aquesta llarga secció també conté bon nombre d'escenes, paràboles i personatges que tan sols trobem en l'Evangeli segons Lluc; recordem només les paràboles del bon samarità (10,30-35), del fill pròdig (15,11-32), del ric i Llàtzer (16,19-31), del fariseu i el publicà (18,9-14). En aquestes paràboles, Jesús revela l'amor de Déu als pobres, als perduts, als marginats, als pecadors, sense cap mena d'exclusió. Els episodis finals de l'Evangeli tenen lloc a Jerusalem (19,36-24,53). Allí celebra el sopar pasqual amb els deixebles i, un cop detingut a Getsemaní, comença la seva passió que el portarà a la mort i a la resurrecció (22,1-24,49). Les narracions pasquals contenen dos episodis propis de Lluc: el dels deixebles d'Emmaús (24,13-35) i l'aparició del ressuscitat als deixebles, a Jerusalem (24,36-49). L'evangeli s'acaba amb la breu escena de l'ascensió (24,50-54). Aquest és l'epíleg que farà de pont amb la segona part de l'obra, el llibre dels Fets dels Apòstols.

Altrament, Lc sembla realitzar una alternança entre perícopes inspirades en Mc i perícopes inspirades en Mt. En línies generals hi ha qui ha fet aquest esquema:

Alternança en Lc de Mt i Mc	
Lc 1-2. Relats d'infantesa.	Recreació a partir de **Mt** 1-2.
Lc 3,1-6,19: Des dels relats introductoris a l'elecció dels Dotze.	El mateix ordre que **Mc**.
Lc 6,20-8,3: Proclama del Regne, guarició del criat del centurió, pregunta dels baptistes sobre Jesús i elogi de Joan.	Inspirat en el Sermó de la Muntanya i en les preguntes dels baptistes a Jesús segons **Mt**.
Lc 8,4-9,50: Paràboles, la mare i els germans de Jesús, la tempesta calmada, l'endimoniat de Gèrasa, revitalització de la filla del cap de la sinagoga, missió dels Dotze, interrogants d'Herodes, multiplicació	El mateix ordre que **Mc**.

dels pans, confessió de Pere, transfiguració, guarició d'un noi. Incomprensió dels deixebles.	
Lc 9,51-18,14: El camí cap a Jerusalem.	Recreació a partir de **Mt**.
Lc 18,15-24,11: Guarició d'un cec, entrada a Jerusalem, ensenyament al Temple i relat de la Passió.	El mateix ordre que **Mc**.
Lc 24, 12-52. Aparicions i comiat.	Recreació a partir de les aparicions de **Mt**.

2.6.1.2. Anàlisi i estructura

El pla estructural del primer volum de Lc es troba indicat de forma molt resumida quan els grans sacerdots acusen Jesús davant Pilat perquè «revolta el poble amb les seves doctrines per tot el país dels jueus, des de Galilea, on va començar, fins aquí» (Lc 23,5). El primer volum ressegueix, doncs, vida i fets de Jesús, de Galilea a Jerusalem; el segon, anunciarà com la seva obra s'escamparà per l'Imperi i arribarà fins a Roma. L'esquema narratiu segueix Mc i Mt; cada bloc narratiu sol anar marcat per sumaris, que indiquen la fi o principi de cada conjunt. Indicarem els textos segons siguin propis així: (*); si provenen de Mt o de Q, d'aquesta forma (→Mt); si s'originen en Mc, d'aquesta altra: (→Mc). No cal dir que totes les referències profètiques que esmentarem portarien a aquell(s) còdex(s) inicial(s) perdut(s) de cites profètiques de l'Antic Testament probatòries del messianisme de Jesús. Ho esquematitzarem així:

PRÒLEG (1,1-4)

a) 1,1-4: DEDICATÒRIA INTERPEL·LATIVA A TEÒFIL TOT EXPOSANT-LI EL TARANNÀ DE L'ESCRIT QUE LI OFEREIX (*)

A) PREPARACIÓ DEL MINISTERI DE JESÚS (1,5-4,13)

b) 1,5-2,52: RELATS D'INFANTESA DE JESÚS I DE JOAN BAPTISTA

Anuncis de la concepció	1,5-25	Gabriel ***anuncia al sacerdot Zacaries*** que la seva muller Elisabet concebrà. Emmudeix. **(*)**
	1,26-38	Gabriel ***anuncia a Maria de Natzaret***, compromesa amb Josep, la concepció de Jesús. **(→Mt)**

	1,39-56		Visita de Maria a Elisabet en plena gestació. Li diu *Beneïda entre les dones*. Resposta: *Magníficat*! **(*)**
Naixement, circumcisió, nom i creixement de Joan i de Jesús	1,57-80: **Joan**	57-58	Naixement. (*)
		59-79	Circumcisió de Joan i imposició del nom. El pare torna a parlar: *Càntic de Zacaries*. (*)
		80	Creixement del Baptista. S'enforteix en l'Esperit i viu en el desert. **(*)**
	2,1-39: **Jesús**	1-7	Naixement de Jesús en una menjadora de Betlem per un edicte de cens. **(→Mt)**
		8-20	Adoració dels pastors a Betlem després de l'anunci d'un àngel. **(→Mt)**
		21	Circumcisió i imposició del nom: Jesús. **(*)**
		22-38	Presentació al Temple i benedicció de Simeó, que té el do de l'Esperit Sant, i de la profetessa Anna, que espera la redempció de Jerusalem [els temps messiànics]. **(*)**
		39-40	Creixement a Natzaret de Galilea: *Déu li havia donat el seu favor*. **(*)**
		41-52	Jesús perdut i retrobat al temple: *No sabíeu que jo havia d'estar a casa del meu Pare?* Es farà gran amb el favor de Déu i dels homes. **(*)**

c) 3,1-4,13: RELATS PREPARATORIS			
Baptisme de Jesús, el Messies, Fill de Déu, genealogia i temptacions	**3**,1-20		Predicació de Joan Baptista en el desert, en temps de Tiberi, Pilat i Herodes, d'acord amb Is 40,3-5. Per a Joan, s'acosta el temps del judici de Déu. Herodes l'empresona. **(→Mc)**
	3, 21-38: **Jesús, Messies, Fill de Déu**	21-22	Baptisme de Jesús. Colom i veu del cel (Sl 2,7): *Tu ets el meu Fill, el meu estimat...* **(→Mc)**
		23-38	Genealogia [Jesús és fill d'Adam més que de David]. **(→Mt)**
	4,1-13		Temptacions de Jesús en el desert. Respostes del Dt 8,3; 6,13.16. **(→Mt)**

B) MINISTERI A GALILEA (4,14-9,50)

d) 4,14-42: L'ESPERIT SANT GUIA JESÚS A GALILEA: NATZARET, CAFARNAÜM I ALTRES LLOCS		
Jesús, mogut per l'Esperit a	4,14-30	Jesús s'inicia programàticament en una fictícia sinagoga de Natzaret on llegeix Is 61,1-2: *L'Esperit del Senyor m'ha enviat a portar la bona nova als pobres i a proclamar als captius la llibertat*. I diu: *Avui es compleix aquesta escriptura*. Elies

predicar i alliberar pobres, captius, malalts i oprimits, compleix els trets del Messies i és denominat Fill de Déu		i Eliseu no van ser enviats a Israel, sinó a una vídua de Sidó i a Naaman de Síria (a pagans). Ira dels presents, que el volen estimbar. **(→Mc)**
	4,31-37	Guarició d'un endimoniat a la sinagoga de Cafarnaüm, que l'anomena *Sant de Déu*. Sorpresa de tothom. **(→Mc)**
	4,38-41	Guarició de la sogra de Simó i d'altres malalts. Els dimonis li diuen *Fill de Déu.* **(→Mc)**
	4,42-44	Predicació per tot Galilea anunciant el Regne. **(→Mc)**

e) 5,1-6,11: PRIMERES CRIDES AL SEGUIMENT, GUARICIONS I DEBATS QUE IDENTIFIQUEN JESÚS AMB EL MESSIES

Crides, guaricions en dissabte i debats per mostrar que Jesús és el Messies. **(→Mc)**	**5**,1-11	Crida de Simó i pesca insospitada. *Senyor, soc un pecador. [...] D'ara endavant seràs pescador d'homes.*
	5,12,16	Purificació d'un leprós que l'adora com a Senyor.
	5,17-26	Curació d'un paralític, després que fariseus i mestres de la Llei s'escandalitzin d'haver-li perdonat els pecats.
	5,27-32	Crida de Leví, cobrador d'impostos, i banquet amb publicans. *No he vingut a cridar justos, sinó pecadors.*
	5,33-39	Debat sobre el dejuni. Els deixebles de Jesús no dejunen com els fariseus i baptistes perquè Jesús és amb ells: ningú no posa pedaços en vestits nous ni vi vell en bots nous.
	6,1-5	Les espigues arrencades en dissabte són menys del que va fer David (1Sa 21,2-7): *El fill de l'home és senyor del dissabte.*
	6,6-11	Guarició en dissabte d'un home amb la mà atrofiada. Reaccions negatives.

f) 6,12-8,56: INICI DE LA REUNIÓ DE L'ISRAEL MESSIÀNIC

El **nou Israel** creu en Jesús i escolta amb fruïció les seves paraules, estima els enemics, no judica i té un cor bo	6, 12-16		Elecció dels Dotze, després d'una nit de pregària. **(→Mc)**
	6,17-49: **Sermó de la plana**	17-19	Jesús i les multituds: a la plana la gent vol acostar-s'hi: *Sortia d'ell una força que guaria tothom.* **(→Mc)**
		20-26	Quatre benaurances i quatre malaurances aparellades: pobres-rics, famolencs-tips, ploraners-riallers, desacreditats-famosos. **(→Mt)**
		27-36	Estimar els enemics: Parar la galta i tractar els altres com volem que ells ens tractin: regla d'or. **(→Mt)**
		37-42	No judicar els altres. *Tal com mesureu sereu mesurats.* Un cec no pot guiar un altre cec. La brossa a l'ull i la biga. **(→Mt)**

		43-45	Els dos fruits. Cap arbre bo dona fruits dolents. *Del que sobreïx del cor, en parla la boca.* **(→Mt)**
		46-49	Les dues cases. La casa assentada en fonaments sobre roca és com qui escolta Jesús i compleix les meves paraules. Qui l'escolta i no compleix, és com una casa sense fonaments. **(→Mt)**
	7,1-10		Guarició del criat d'un centurió a Cafarnaüm: *Jo no soc digne que entris a casa meva* [...] *Us asseguro que ni a Israel he trobat tanta fe.* **(→Mt)**
En el **nou Israel** els malalts són curats, els pobres evangelitzats, els pecadors perdonats i la mort perd poder, però no hi ha lloc per als que ni fan ni deixen fer	7,11-17		Revitalització del fill d'una vidua de Naïm. La gent comenta: *Déu ha visitat el seu poble.* **(*)**
	7,18-23		Els enviats del Baptista pregunten a Jesús si és el Messies. Respon amb els pronòstics messiànics d'Is 26,29. **(→Mt)**
	7,24-35		Elogi de Joan com a profeta: Anunciat per Ml 3,1. *Entre els nascuts de dona no hi ha ningú més gran que Joan.* Rebuig de fariseus i mestres de la Llei. Jesús estigmatitza la pròpia generació com la que ni fa ni deixa fer. **(→Mt)**
	7,36-50		Una pecadora ungeix els peus de Jesús en un àpat a casa de Simó, un fariseu, que lamenta que Jesús no s'adoni de la mena de dona que és. Li explica la paràbola dels dos deutors d'un prestador. Qui més deu, més agraït està. Així la dona, a qui perdona els pecats, perquè *estima molt.* Reaccions negatives. **(→Mc)**
La família del **nou Israel** no distingeix sexes, sinó que la formen els que guarden la Paraula de Déu	**8**, 1-3		Un grup de dones –Maria, l'anomenada Magdalena, Joana, la muller de Cuses, administrador d'Herodes, Susanna i moltes altres, que els proveïen amb els seus béns–, a més dels Dotze, segueixen Jesús. **(*)**
	8, 4-8		Paràbola del sembrador. *Qui tingui orelles per escoltar, que ho faci.* **(→Mc)**
	8, 9-18		Explicació de la paràbola (menció d'Is 69s) i la paràbola de la llàntia sota un atuell o en el portallànties. *No hi ha res d'amagat que no s'hagi de descobrir.* **(→Mc)**
	8, 19-21		La mare i els veritables germans de Jesús: *La meva mare i els meus germans són els qui escolten la paraula de Déu i la compleixen.* **(→Mc)**
Senyals del **nou Israel**: el Messies és Senyor de la natura i de la vida **(→Mc)**	8, 22-25		La tempesta calmada.
	8, 26-39		Guarició d'un endimoniat a Gèrasa. El dimoni, Legió [al·lusió als exèrcits romans], li diu: *Jesús, Fill de Déu Altíssim.*
	8, 40-56		Guarició d'una dona amb hemorràgies i revitalització de la filla del cap de la sinagoga.

g) 9,1-50: PROCLAMACIÓ DE JESÚS COM A MESSIES SOFRENT I VICTORIÓS		
El Regne de Déu s'escampa i nodreix la gent a bastament. **(→Mc)**	**9**,1-6	Missió dels Dotze: anunciar arreu el regne de Déu, amb poder de curar i exorcitzar, però sense bastó ni sarró ni pa ni diners ni vestit per canviar-se.
	9,7-9	Interrogants d'Herodes: pensa que Jesús és Elies o el Baptista redivius.
	9, 10-11	Retorn dels apòstols: expliquen el que han fet (fracàs?).
	9, 12-17	La multiplicació dels pans prop de Betsaida: sobren dotze cistelles de bocins.
Jesús, Messies sofrent, no pas guerrer ni potent, però victoriós. El bon deixeble dona la vida per ell. **(→Mc)**	9,18-27	Pere confessa Jesús com a Messies Fill de Déu i **1a predicció** de la mort i resurrecció de Jesús: *Cal que el Fill de l'home pateixi molt. [..] ha de ser mort i ha de ressuscitar el tercer dia. Qui vulgui salvar la seva vida, la perdrà, però el qui la perdi per mi, la salvarà.*
	9,28-36	Transfiguració de Jesús: *Aquest és el meu Fill, el meu elegit; escolteu-lo.*
	9,37-43a	Guarició d'un noi posseït d'un esperit maligne que no han pogut curar els deixebles.
	9,43b-50	**2a predicció** de la mort de Jesús: *El Fill de l'home ha de ser entregat en mans dels homes.* Cal acollir els infants. *Qui no està contra vosaltres, està amb vosaltres.*

C) EL VIATGE A JERUSALEM (9,51-19,27)

h) 9,51-19,27: El Regne de Déu s'escampa per Judea		
La predicació del **Regne de Déu**, malgrat les dificultats, i l'exigència de seguir Jesús fan camí per Judea	9,51-56	Jesús decideix acarar-se amb Jerusalem; fent-hi camí, un poble de Samaria no els acull. **(*)**
	9,57-62	La radicalitat dels seguiment de Jesús exigeix viure al ras i no permet comiats ni enterraments. **(→Mc)**
	10,1-16	Designació d'altres 72 deixebles (12x6): els envia de dos en dos com anyells enmig de llops. Malaurances per a les poblacions que no els acullen (Corazín, Betsaida i Cafarnaüm). **(*)**
	10,17-24	Retorn dels setanta-dos deixebles que conten que els mals esperits se'ls han sotmès (v.17) **(*)**; goig de Jesús que veu Satanàs caient del cel com un llamp i pregària d'agraïment al Pare per haver revelat les coses del Regne als senzills. *Ningú no coneix qui és el Fill, fora del Pare, i ningú no coneix qui és el Pare, fora del Fill i d'aquells a qui el Fill el vol revelar.* **(→Mt** i potser **Jn)**
Estimar Déu i els	10, 25-37	Què cal fer per obtenir la vida eterna, pregunta un mestre de la Llei **(→Mc)**; resposta amb la paràbola del bon samarità. **(*)**

altres són el camí del **Regne de Déu** i dona felicitat	10, 38-42		La veritable acollida: Marta i Maria. Maria escull la part bona: escoltar la paraula (però millor el tot: escoltar i servir). **(*)**
	11,1-13		Eficàcia de la pregària: El Parenostre. *Demaneu, i Déu us donarà.* L'amic inoportú. El do de l'Esperit. **(→Mt)**
	11,14-35: **On és el Regne?**	14-26	Jesús i Beelzebul: Si Jesús tragués dimonis amb el poder de Beelzebul, el regne demoníac estaria dividit; si ho fa amb el poder de Déu, *és que ha arribat a vosaltres el Regne de Déu [...] Qui no està amb mi, està contra mi.* Els mals esperits foragitats poden tornar on eren. **(→Mc)**
		27-28	Són més feliços els que escolten la paraula de Déu i la guarden que els pits que alletaren Jesús. **(*)**
		29-36	El senyal de Jonàs: Saba i Nínive (paganes) judicaran la malesa d'aquesta generació. **(→Mc)**
Denúncies i advertiments: cal penedir-se, tenir coratge, no ser hipòcrites i discernir els temps en el nou **Regne de Déu**	11,37-54 Denúncies contra fariseus i Mestres de la Llei.		La falsa purificació en un àpat a casa d'un fariseu (contra fariseus i mestres de la Llei). *Ai de vosaltres, fariseus!*, repetit. Reacció negativa. **(→Mt)**
	12,1-53 **Advertiments als deixebles**, malgrat la gent *s'havia aglomerat a milers* (12,1)	1-12	Contra la hipocresia dels fariseus. No s'ha de tenir por dels que sols maten el cos. *A tot aquell qui em reconegui davant els homes, també el Fill de l'home el reconeixerà davant els àngels de Déu.* Si sou presos, l'Esperit Sant us ensenyarà a defensar-vos. **(→Mt)**
		13-21	Paràbola del ric insensat: Volia acumular collites i béns, però morí inesperadament. **(*)**
		22-53	Invitació a cercar el Regne de Déu amb confiança, sense pensar en menjars o vestits. Invitació a vetllar i paràboles de l'amo i el lladre i del servent infidel. *He vingut a calar foc a la terra.* Dividiré pares i fills i sogres i nores. **(→Mt)**
	12,54-13,9 **Crides a la conversió.**	12,54-59	Cal saber discernir els signes del temps: Abans d'arribar al magistrat procura arribar a un acord amb el teu oponent. **(→Mt)**
		13,1-5	Invitació al penediment: Ni els galileus que sacrificà Pilat ni els 18 que van morir a Siloè eren més pecadors que vosaltres. **(*)**
		13,6-9	Paràbola de la figuera estèril: L'amo la vol tallar, però el camperol li demana un any més per femar-la i tenir-ne cura. **(*)**
El **Regne de Déu** creix entre els que escolten	13,10-21: **Ensenyaments sobre el Regne en xàbat.**	10-17	Guarició a la sinagoga d'una dona encorbada per un mal esperit. Queixes del cap de la sinagoga. *Hipòcrites! deslligueu el bou i l'ase de l'estable i els porteu a l'abeurador?* **(*)**
		18,21	El Regne de Déu és com el gra de mostassa que es fa un arbre esponerós **(→Mc)** o com el llevat que fa pujar la farina. **(→Mt)**

ensenyaments i paràboles de Jesús, ratificats amb els seus fets (cf. APÈNDIXS 12 i 13)	13,22-35: **Paraules fent camí.**	22-30	Tot fent camí, paràbola de la porta estreta del Regne; si el cap de casa la tanca, no us coneixerà. *Hi ha darrers que seran primers, i primers que seran darrers.* **(→Mt)**
		31-32	Missatge contra la guineu d'Herodes Antipes, de qui l'informen que el vol matar. **(→Mt)**
		33-35	Lamentació i invectiva contra Jerusalem. *No em veureu més*: Sl 118,26. **(→Mt)**
	14,1-21: **Nou ensenyament a casa d'un dirigent fariseu en dissabte.**	1-6	Guarició d'un hidròpic en un àpat a casa d'un cap fariseu en xàbat. **(*)**
		7-11	Consells als convidats: ocupar els darrers llocs. *Qui s'enalteix serà humiliat.* **(*)**
		12-14	Consells a l'amfitrió; convidar els que no ho poden recompensar *i Déu t'ho recompensarà quan ressuscitin els justos!* **(*)**
		15-24	Paràbola del banquet del Regne: els convidats s'excusen. *Cap dels convidats no tastarà el meu banquet.* **(→Mt)**
	14,25-15,32: **Invitació a la gent i als publicans.**	25-35	Invitació al seguiment, encara que sigui exigent, ja que demana renunciar a béns i família. Però ningú no emprèn una obra o fa una guerra sense calcular els recursos de què disposa. **(*)**
		15,1-32	Tres paràboles: l'ovella perduda **(→Mt)**, la dracma perduda **(*)** i la dels dos germans. El germà gran s'indigna perquè el pare celebra amb una festa el retorn del fill escampa. **(*)**
	16,1-17,10: **Noves instruccions als deixebles i als fariseus.**	**16**,1-13	Paràbola de l'administrador astut: perdona als deutors del seu amo part del deute que tenen amb ell. *Els homes d'aquest món són més astuts que els fills de la llum. [...] No es pot servir alhora Déu i el diner.* **(*)**
		14-18	Tres ensenyaments. Els fariseus es riuen del que diu Jesús sobre el diner, però els diu que Déu coneix els seus cors. **(*)** La Llei i els Profetes (l'AT) duraren fins a Joan; després, tenim el Regne de Déu. **(*)** Contra el divorci i el repudi. **(→Mc)**
		19-31	Paràbola de l'home ric i el pobre Llàtzer. **(*)**
		17,1-10	Advertiment als deixebles: Ai del qui faci caure en pecat un nen! Cal perdonar sempre. Davant de Déu som servents que fem el que toca i no mereixem res. **(→Mt)**
	17,11-19 **Contra la ingratitud**		Purificació de deu leprosos i només ho agraeix un samarità. **(*)**

El **Regne de Déu** es fa present en la salvació dels petits, els malalts i els pecadors: als qui no s'arrisquen, se'ls prendrà el poc que se'ls hagi donat	17,20-37: **El regne de Déu.**	20-21	L'arribada del Regne no serà en cap lloc ni cap temps previsible. **(→Mc)**
		22-37	La manifestació del Fill de l'home serà com la d'un llampec i, mentre un serà pres, el seu company serà deixat. **(→Mc)**
	18,1-14: **Noves indicacions sobre la pregària.**	1-8	Noves indicacions sobre la pregària: un jutge injust atén una vídua perquè deixi d'amoïnar-lo. *Però el Fill de l'home, quan vingui, trobarà fe a la terra?* **(*)**
		9-14	Paràbola del fariseu i del publicà: *Qui s'humilia serà enaltit.* **(*)**
	18,15-17 **El Regne és dels nens.**		Els petits acullen el Regne: *Deixeu que els infants vinguin a mi: el Regne de Déu és dels qui són com ells.* **(→Mc)**
	18,18-30 **Els rics, llunyans del Regne**		Què cal fer per heretar la vida eterna?, pregunta un home important que compleix la Llei, però és incapaç de renunciar a les riqueses. *Es més fàcil que un camell passi pel forat d'una agulla que no pas que un ric entri al Regne de Déu.* **(→Mc)**
	18,31-34 **Incomprensió dels Dotze**		**3a predicció** de la mort i la resurrecció de Jesús: *Es complirà tot allò que els profetes van escriure del Fill de l'home.* **(→Mc)**
	18,35-19,27: **A Jericó, camí de Jerusalem.**	35-43	Guarició d'un cec a Jericó. Li diu *Fill de David* i glorifica Déu. **(→Mc)**
		19,1-10	Jesús i Zaqueu, cap dels recaptadors i ric, a Jericó. Dona als pobres la meitat dels seus béns i rescabala en quatre vegades els que ha extorsionat. *Avui ha entrat la salvació en aquesta casa.* **(*)**
		11-27	Paràbola, a casa de Zaqueu, dels diners. Un home que ha d'absentar-se, per rebre la investidura reial, reparteix els diners als seus servents. El servent que no els rendibilitza n'és desposseït a favor de qui ha negociat millor i severament castigat. **(→Mt)**

D) A JERUSALEM (19,28-24,53)

i) 19,28-48: Arribada messiànica a Jerusalem i purificació del Temple

Arribada a Jerusalem i expulsió dels canvistes (→Mc)	19,28-44 Arribada messiànica.	Des de Betània, entrada messiànica a Jerusalem: damunt d'un pollí, amb estesa de mantells pel camí i crits d'alegria. Sl 118,36. *Si aquests callen, cridaran les pedres.* Lament sobre la ciutat.
	19,45-48 Purificació del Temple.	Expulsió dels canvistes i mercaders i purificació del Temple: Is 56,7; Jr 7,11. *Els grans sacerdots, els mestres de la Llei i els principals del poble buscaven de fer-lo morir.*

Jesús, per damunt de David (David anomena Senyor el Messies), ensenya amb autoritat en el recinte del Temple.	**20**,1-21,18 Paràbola dels vinyaters, tribut al Cèsar, resurrecció i elogi de l'almoina.	**20**, 1-19	L'autoritat de Jesús: *El baptisme de Joan, venia de Déu o dels homes? [...] Jo tampoc no us dic amb quina autoritat faig tot això.* Paràbola dels vinyaters homicides. Escribes i sacerdots s'adonen que va per a ells. **(→Mc)**
		10-26	El tribut al Cèsar: *Doneu al Cèsar el que és del Cèsar, i a Déu el que és de Déu.* **(→Mc)**
		27-40	Els saduceus i la resurrecció. Diversos germans que queden vidus i es casen amb la mateixa dona per la llei de levirat, si ressuscitem, quin d'ells serà el seu marit? *Som com els àngels. I Déu és Déu de vius i no de morts.* **(→Mc)**
		41-44	El Messies Fill de Déu: Si David anomena Senyor el Messies al salm 110,1, com pot ser fill seu? Avís sobre els mestres de la Llei: seran judicats amb rigor. **(→Mc)**
		21, 1-4	L'ofrena d'una vídua pobra a la sala del tresor és elogiada perquè era el que tenia per viure. **(→Mc)**
Discurs escatològic i doble predicció	5-36: Destrucció de Jerusalem i fi del món		Predicció de la destrucció del temple. Primer vindran guerres i confusió, fam, pestes i senyals al cel fins que, a la fi del món, el Fill de l'home vindrà amb un núvol. Aleshores *el vostre alliberament s'acosta.* En la figuera no destrieu els signes dels temps? Doncs, vetlleu. **(→Mc)**
Colofó	37-38		Colofó: De dia ensenyava al Temple, però passava les nits a al muntanya de les Oliveres. **(*)**

j) 22,1-23,56: Relat de la passió de Jesús			
Sopar pasqual de Jesús, pregària a Getsemaní i detenció (**22**,1-53) **(→Mc)**	**22**,1-2		Plans contra Jesús: els grans sacerdots i escribes busquen matar-lo prop de la festa dels Àzims.
	22,3-6		Traïció de Judes, que s'ofereix per lliurar-lo sense avalots.
	22,7-39: **El sopar pasqual** (dj 14 de Nissan, vigília de la Pasqua, com els altres sinòptics)	7-13	Preparatius del sopar pasqual: Pere i Joan enviats a preparar les coses i a cercar la sala.
		14-23	Acció de gràcies de Jesús. *Desitjava menjar amb vosaltres aquest sopar pasqual [...] Prengué una copa, digué l'acció de gràcies i afegí: –Preneu això i repartiu-vos-ho... [...] Després prengué el pa.* I nova copa. Anunci de la traïció i perplexitat dels assistents.
		24-39	Paraules de Jesús: El qui mana ha de prendre el lloc de qui serveix. *El meu Pare m'ha concedit la reialesa, jo també us la concedeixo a vosaltres: menjareu i beureu a la meva taula en el meu regne, us asseureu en trons i jutjareu les dotze tribus d'Israel.* Pronòstic de les negacions de Pere. Arriba el moment crucial: qui no tingui espasa que se la compri. N'hi ha dues. *Massa i tot!*

	22,40-46		Pregària de Jesús a Getsemaní: *Pare, si ho vols, aparta de mi aquesta copa. Però que no es faci la meva voluntat, sinó la teva.*
	22, 47-53		Prendiment de Jesús: *Judes, amb un bes traeixes el Fill de l'home?* Tallen l'orella dreta d'un criat i Jesús l'hi cura.
22,54-23,25: Procés contra Jesús	22,54-**23**,1: **Davant del Gran Sacerdot**	54-62	Triple negació de Pere al pati de la casa del Gran Sacerdot. **(→Mc)**
		63-65	Burles dels carcellers: l'escarneixen, el peguen i li demanen que endevini qui ho ha fet. **(→Mc)**
	22,66-**23**,1 [Reunió prohibida en vigília de festa.]		Reunió del Sanedrí en fer-se de dia per fer comparèixer Jesús: *Ets el Fill de Déu? Vosaltres mateixos dieu que ho sóc.* No els calen testimonis. **(→Mc)**
	23,2-25: **Davant Pilat i Herodes**	2-7	El porten a Pilat i l'acusen de tres coses: anar contra el tribut, dir-se Messies i rei. Interrogatori de Pilat. No li troba res. *Revolta tot el poble amb les seves doctrines.* **(→Mc)**
		8-12	Davant Herodes Jesús no contesta res. (*)
		13-5	Pilat el vol fer assotar i deixar-lo lliure. Li demanen que alliberi Barrabàs i crucifiqui Jesús i s'hi avé. **(→Mc)**
23,26-53 Crucifixió, mort i sepultura. **(→Mc)**	23,26-43: **Via Crucis i Crucifixió**	26-31	Fan portar la creu a Simó de Cirene i diu a les dones de Jerusalem que no plorin per ell.
		32-43	A la Calavera, crucifixió de Jesús amb dos criminals. *Pare, perdona'ls.* S'acompleix Sl 22,19. Ultratges dels soldats. Assegura a un dels criminals que serà amb ell al Paradís.
		44-48	Mort de Jesús resant el salm 31,6, després d'enfosquir-se el cel i esquinçar-se el vel del temple.
	23,49-53 **Enterrament**		Les dones que l'havien seguit des de Galilea [sense especificar] i coneguts ho contemplen a distància. Josep d'Arimatea demana el cos a Pilat, el despenja, l'embolcalla amb un llençol i l'enterra en un sepulcre nou excavat en una roca. Les dones segueixen l'operació «a distància»; després, preparen olis aromàtics i perfums, però observaren el dissabte.

k) 24,1-53: El sepulcre buit, proclamació de la resurrecció de Jesús i aparicions		
Resurrecció, aparicions	**24**, 1-12	A la matinada del primer dia de la setmana (diumenge), Magdalena, Joana [esmentada a Lc 8, 3, i substituta de Salomé en relació a Mc i Mt] i Maria, la mare de Jaume [seguim sense saber si és mare de Jaume el menor o del germà de Jesús], troben la pedra apartada i el sepulcre buit. Dos àngels els diuen: *Per què busqueu entre els*

i ascensió		*morts aquell qui viu*? [*L'ha ressuscitat*, interpolació?] Els recorda que havia dit que ressuscitaria i ho van a dir als Onze. No se les creuen. Pere va al sepulcre i s'estranya de trobar-lo sense el cadàver com li han dit. **(→Mc)**
	24, 13-35	Aparició als deixebles d'Emmaús [Cleofàs, germà de Josep, i la seva muller [Maria?]: *Ets l'únic foraster que no saps el que ha passat aquests dies a Jerusalem?* En reconèixer-lo, retornen a Jerusalem i s'assabenten que s'ha aparegut a Simó. **(*)**
	24, 36-49	Aparició a tots els deixebles. Menja perquè ningú cregui que és cap fantasma. Els diu que es quedin a Jerusalem fins a la Pentecosta (a Mt 28,10, se'ls mana d'anar a Galilea). Els instrueix fent-los veure el que Llei, Profetes i Salms pronosticaven d'ell. Els promet l'Esperit. Tot seguit se'ls endú fora de la ciutat. **(→Mc)**
	24, 50-53	Comiat de Jesús: A prop de Betània (a Mt 28,16: a una muntanya de Galilea) els beneeix i ascendeix al cel. **(→Mc)**

2.6.2. ELS FETS DELS APÒSTOLS O SEGON VOLUM DE L'OBRA LUCANA

2.6.2.1. Característiques

Els Fets (o Actes) dels Apòstols com a segon volum de l'obra lucana és un text singular. La major part de dades històriques de les primeres comunitats cristianes, malgrat la idealització, les coneixem a partir d'aquest llibre únic, que també ens permet comparar algunes dades subministrades d'aquestes comunitats primiceres i d'alguns personatges –sobretot, Pere i Pau– amb les cartes més autobiogràfiques de Pau. Per això, és un llibre que s'ha de llegir amb prudència. Dins el Nou Testament no n'hi ha cap altre d'equiparable; caldria anar als escrits apòcrifs per trobar-ne alguns que imiten aquest. La seva lectura s'ha de fer tenint com a referència el primer volum

En el primer, com sabem, l'autor havia presentat el temps de la vida de Jesús com el centre de la història: Jesús, identificat com a Messies i Senyor, porta als homes la salvació de Déu. En el volum dels Fets dels Apòstols explica la manera concreta com aquesta salvació es realitza i comença d'arribar a tot arreu. Els apòstols continuen el ministeri de Jesús anunciant la seva mort, resurrecció i ascensió. Ells exposen la fe en Jesucrist, Messies (4,26-27), Servent (3,13.26; 4,27.30) i alhora Fill de Déu (9,20; 13,33), capdavanter i salvador (5,31), que acompleix les promeses d'Israel (13,23). El camí de Jesús és vist, doncs, com el del compliment de les profecies (2,24-32; 13,34-37); l'Escriptura, inspirada per l'Esperit Sant, assenyala el designi salvador de Déu, realitzat en Jesucrist (1,16; 4,25; 28,25-28). D'aquí que sigui tan important l'ensenyament dels qui van conviure amb ell, convertits ara en testimonis de la seva resurrecció (1,21-22). L'Ascensió i la Pentecosta, per a l'autor, més que fets històrics esdevenen dues escenes més de la Resurrecció, que reblen una mateixa realitat: Jesús és viu, a la dreta del Pare.

L'estil d'aquest segon llibre, com passava ja amb el primer de l'evangeli, manifesta que l'autor sap alternar de manera molt adequada diversos nivells de llenguatge, des del més popular fins al més elaborat. Un gènere que domina en aquest segon és el del discurs. Els discursos són explicacions particularment interessants del nucli del missatge cristià (*kerigma*) i ocupen gairebé una tercera part del llibre. N'hi ha que són adreçats als jueus (2,14-39; 3,12-26; 4,8-12; 5,29-32; 7,2-53; 10,34-43; 13,16-41) i d'altres que ho són als pagans (14,15-17; 17,22-31). Un dels discursos, el que Pau fa davant els dirigents de l'església d'Efes, és de comiat (20,17-35). Tot i que estan molt marcats per l'estil de l'autor, els discursos conserven sens dubte elements típics de la predicació cristiana primitiva. En el seu lloc actual, compleixen la funció d'oferir una interpretació determinada dels fets i de precisar-ne el significat.

Un altre tret interessant del llibre és que, en més d'una ocasió, el text estableix paral·lelismes entre personatges i situacions. A l'interior del llibre, per exemple, hi ha elements de correspondència entre la presentació de Pere i la de Pau (es poden comparar 3,1-26 i 14,8-17), però encara és més significativa la relació entre episodis dels Fets dels Apòstols i escenes de l'evangeli, cosa que permet d'establir i accentuar la continuïtat entre Jesús i els primers cristians. Cal esmentar encara alguns fragments del llibre coneguts amb el nom de seccions «nosaltres» –a les quals ja ens hem referit–, per l'ús que es fa de la primera persona del plural (16,10-17; 20,5-15; 21,1-18; 27,1-28,16): sembla talment que el narrador hagi acompanyat Pau en els seus viatges, s'hagi servit d'algun dietari d'un altre acompanyant o simplement faci ús d'un recurs literari per donar vivesa i proximitat a la seva narració com avui dia opinen els experts.

Per esmentar algunes claus de lectura del llibre, cal indicar, en primer lloc, el pes del que podríem denominar dos actants literaris: Jerusalem i l'Esperit Sant. Recordem que l'Evangeli acaba quan el Ressuscitat demana als deixebles que es quedin a Jerusalem. A Jerusalem substitueixen Judes per Maties i allí se'ls infon l'Esperit. Qui hi ha a Jerusalem? A Ac1,13 se'ns dona el nom d'onze apòstols sense Judes i s'afegeix: «Tots ells eren constants i unànimes en la pregària, [juntament amb algunes dones (amb Maria, la mare de Jesús, i amb els germans d'ell)]». Acabem de fer la cita amb claudàtors i parèntesis perquè hi ha autors que, considerant aquest l'únic lloc on se'ns diu el que diu, ho considen una interpolació. Ja sabem que el text grec occidental distingeix Jerusalem (nom hebreu referit a la dimensió sagrada de la ciutat) de Jerosòlima (nom grec que denota la ciutat considerada en forma neutra), cosa que normalment les nostres traduccions no distingeixen.

Pel que fa a l'Esperit, cal adonar-se que el discurs pentecostal de Pere a Jerusalem (Ac 2,14-21) –paral·lel al de Lc 4,16-21, quan Jesús llegeix Isaïes 6,1-2 a la hipotètica sinagoga de Natzaret i proclama que s'acaba de complir aquella escriptura– és el discurs dels «darrers dies» (*eschatais hemerais*), quan Déu abocarà el seu Esperit sobre tothom i fa al·lusió a Jl 3,1-5: «Després d'això, abocaré el meu esperit sobre tothom», fet que requereix una plena submissió a l'obra de l'Alenada Santa. Hi ha qui és «ple de l'Esperit» (*plêrês pneumatos*) i qui és «mogut per l'Esperit» (*plêstheis pneumatos*). La primera expressió –com en el cas d'Esteve (Ac 7,55)– indica la plena docilitat a l'Esperit, mentre la segona –com en el cas de Pere davant del Sanedrí (Ac 4,8)– indica tan sols la docilitat en una situació concreta, sense pressuposar que totes les actuacions posteriors del mateix personatge gaudeixin de la mateixa plenitud i mal·leabilitat. És l'Esperit qui dirigeix la vida i les accions de les primeres comunitats, com també l'activitat missionera dels apòstols (4,8.31; 8,29; 10,19; 13,2.4; 16,6-7) i qui orienta les gran etapes de la difusió de l'evangeli. L'Esperit, doncs, ens és presentat com el qui pren la iniciativa en els moments decisius (15,28), i en alguns moments concrets hi ha manifestacions extraordinàries de la seva presència (2,4; 10,44-46). Ell du a terme una acció constant enmig de l'Església dels inicis.

S'ha escrit també que el tractament breu d'un personatge indica la seva total obediència a l'Esperit (per exemple, Bernabé), mentre que el tractament continuat d'un altre indicaria les dificultats que aquest tindria per obrir-se plenament a l'Esperit, com és el cas de Pere i Pau. Així, la triple narració de la conversió de Pau indicaria la dificultat de comprendre i acceptar del tot la crida rebuda d'obertura als pagans. No deixa de ser del tot palès que la predicació primer la fa en sinagogues jueves i, només en un segon temps, es dedica als pagans. Tanmateix, després de la detenció de Pau al Temple, en la seva darrera pujada a Jerusalem, presoner a Cesarea i Roma, sí que la predicació ha arribat a terme, perquè el llibre acaba així:

> «Sapigueu-ho, doncs: aquesta salvació de Déu ha estat enviada als pagans; ells sí que escoltaran! [...] Els anunciava el Regne de Déu i els instruïa sobre el Senyor Jesucrist, amb tota valentia (*parrêsia*) i sense cap impediment» (Ac 28,28.31).

I ja que hem esmentat Pere i Pau, una altra bona clau de lectura del text és adonar-se que l'autor s'interessa més per harmonitzar la història que no pas per referir els fets objectius. Desitja, per exemple, presentar una figura tan discutible com la de Pau, a fi que sigui acceptada per tothom, judeocreients i paganocreients, encara que sigui a costa de filtrar o silenciar aspectes aspres i polèmics, que coneixem per les seves cartes, com per exemple el debat que van tenir a Antioquia ell i Pere sobre el menjar caixer. Per això, li interessa fer precedir la revelació que no hi ha aliments impurs a Pere (Ac 10,1-11-18) abans que sobre el tema prengui postura Pau i silenciar l'esmentada topada que van tenir a Antioquia (segons Ga 2,11s). També l'oposició de Pau amb Jaume, el germà el Senyor, que no se n'acabava de refiar i contínuament li enviava inspectors a revisar les seves comunitats carismàtiques, com sabem, queda del tot matisada per l'autor. Ja vam dir que l'assemblea o concili de Jerusalem va ser un malentès. Mentre Pau entén que té via lliure per predicar l'Evangeli als pagans sense haver de passar abans per la Llei judaica –i, per tant, per la circumcisió, mentre es recordi de l'Església pobra de Jerusalem (Ga 2,6-10), i, justament per això, organitzarà una col·lecta–, Jaume i els seus adlàters estan disposats a imposar-los les tres darreres de les set normes noètiques dels prosèlits: no blasfemar contra Déu, no matar, no robar, no formar part de tribunals, abstenir-se de contaminacions d'ídols, de relacions sexuals il·lícites i de menjar sang. Quan Pau arribi amb la col·lecta a Jerusalem i es presenti davant Jaume, no només no la hi acceptaran, sinó que li refregaran pels nassos que ells han convertit «milers i milers de jueus» sense que hagin abandonat la circumcisió (Ac 21,10). Pitjor: havent-se escampat la seva fama de contravenir la Llei, corre perill (Ac 21,21). El millor que pot fer és anar-se a purificar al Temple, li diuen, com ja sabem, i mistificarà l'entrada forçada de Tròfim.

L'autor d'Ac també silencia les raons sorprenents de la dependència del Temple dels judeocreients en relació als hel·lenojudeocreients, que seran els primers perseguits i no sabem res del comportament del grup anterior en relació a aquella persecució. Altrament, l'autor d'Ac coincideix amb Ga 1,18, quan ens parla de la pujada de Pau a Jerusalem per visitar Cefes a Ac 9,26, però aquesta pujada la desdobla a 12,25, després de la mort d'Agripa, i n'afegeix una altra entre l'estada a Corint i Efes, a 18,22. Tot això contrasta amb la cura amb què prepara la seva tercera pujada (no era tan fàcil al seu temps traslladar diners prenent un vaixell: calia esperar el bon temps i el carés dels vents), la qual cosa ha portat a revisar els tres viatges de Pau tradicionals i considerar que, en realitat, després de trencar amb Bernabé, es va moure poc de les ribes de l'Egeu. Les cinc visites de Pau a Jerusalem en realitat foren tres (cf. APÈNDIX 2). En definitiva, l'autor de Fets dels Apòstols és un home que posa interès a utilitzar materials històrics i referències reals en els seus llibres i ho tracta tot en funció dels seus interessos temàtics i teològics.

Val a dir que, en aquest segon llibre dels Fets dels Apòstols, hi ha textos singulars i molt coneguts, que mereixen un mínim comentari: *a*) L'Ascensió del Senyor (1,3-11), presentada de manera diferent del final de Lc (24,51), no és en cap altre evangeli canònic, però cal saber que en alguns còdexs es troba també al final de Mc; *b*) L'únic relat de la Pentecosta (2,11-23), que narra la primera efusió de l'Esperit sobre els deixebles reunits, es renova en altres moments del relat (8,17; 10,44-47; 11,15; 15,8; 19,6); *c*) La institució dels Set (6,1-7), denominada incorrectament «institució dels diaques», mot que no és enlloc del text, culminada amb la mort d'un d'ells, Esteve, el protomàrtir col·laborador dels apòstols (6,54-81), capaç d'elaborar un discurs com l'apòstol més adoctrinat, té la presència de Saule/Pau; *d*) La mort de Jaume, fill de Zebedeu, i la presó de Pere (12,1-19) l'any 44 són accions d'Herodes Agripa I per congraciar-se els jueus (cf. APÈNDIX 9); *e*) Ens ofereix també pinzellades d'una mínima biografia de Pere, ja que en els sinòptics, malgrat haver-ho deixat tot (Lc 5,11) i la confessió de Jesús com a Fill de Déu (Mt 16,16-20), Pere/Cefes hi quedava retratat com un home sense fe (Mc 14,30-31), titllat de Satanàs (Mc 8,3), feble (Lc 22,31-32), incapaç d'entendre la multiplicació dels pans (Mc 6,52) o el lavatori de peus (Jn 13,7), ben disposat a negar el Mestre (Mc 14, 68.70-71) i sense entendre la tomba buida (cf. Lc 24,12 en relació a Jn 20,8); aquí a Fets dels Apòstols, llevat d'uns anys en què formà part dels Dotze de la comunitat jerosolimitana (anys 32-42, durant els quals res no ens diu de la seva actitud en la lapidació d'Esteve el 34), a partir de l'alliberament de la presó d'Agripa I (Ac 12,7-12), es presenta a la comunitat hel·lenista de Jerosòlima i sembla que deixi la seva responsabilitat de l'església jerosolimitana a Jaume («"Feu-ho saber a Jaume i als germans." I se n'anà a un altre lloc», es diu a Ac 12,12-17). Alguns autors, a partir d'aquestes circumstàncies, l'han vist com una ànima en pena, entre Jerusalem i Antioquia –on va tenir lloc el seu terrible conflicte amb Pau, que l'autor mistifica (15,1-2)–, però és obvi que, abans o després, visità Samaria, on curà Enees a Lida (9,34), revitalitzà Talita/Dorques a Jafa (9,41) i, allà mateix, tingué la visió que no hi ha menjars impurs, refermada a casa de Corneli a Cesarea (10,1-11,18), quan entén que tampoc no hi ha persones impures, punt clau en què els experts situen la seva conversió total al projecte de Jesús. En efecte, ha acceptat els pagans sense fer cap mena de discriminació de persones, cosa que fa intranscendent tornar-lo a trobar en el malentès del concili de Jerusalem (15,7b-12), perquè tot seguit desapareix del llibre. Enfront d'aquests trets biogràfics de Pere, tenim els de Pau: la seva conversió de Saule-Pau (9,1-8), exposada tres vegades, i tota la seva vida –subratllada especialment pels episodis del viatge missioner amb Bernabé (13,1ss), la implicació en l'assemblea o concili de Jerusalem, on es pren vulgues no vulgues la decisió d'acollir els pagans sense exigir-los la circumcisió, els seus quasi sis anys de missió a l'Egeu–, acaba en fracàs, es a dir, amb el rebuig de la col·lecta a Jerusalem, el seu empresonament a Cesarea i el seu viatge-passió a Roma.

2.6.2.2. Anàlisi i estructura

INICI			
a) 1,1-14: Pròleg: dedicatòria i lligam amb el volum anterior			
La llavor del Regne (cf. APÈNDIXS 12 i 13)	**1**,1-2		Dedicatòria a Teòfil i lligam amb el volum anterior.
	1,3: **40 dies**	3	Després de la passió, va ser amb ells quaranta dies parlant-los del Regne i instruint-los.
		4-5	Promesa de l'Esperit Sant.
		6-8	Enfront del debat sobre l'antic regne d'Israel, Jesús respon amb el Regne de Déu. *Quan l'Esperit Sant vindrà damunt vostre, rebreu una força que us farà testimonis meus a Jerusalem, a tot Judea, a Samaria i fins a l'extrem de la terra.*
	1,9-11		Ascensió al cel des de la muntanya de les Oliveres. Un àngel anuncia als deixebles que tornarà.
	1,12-14		Retorn dels apòstols a Jerusalem *constants i unànimes en la pregària, [juntament amb algunes dones (amb Maria, la mare de Jesús, i amb els germans d'ell)].*

A) PRIMERA PART: «DE JERUSALEM A JUDEA, SAMARIA I ANTIOQUIA DE SÍRIA...»		
b) 1,15-5,42: L'església judeocristiana de Jerusalem		
1,15-2,4: Reconstitució	22,1-2	Reemplaçament del dotzè apòstol per Maties, un cop Judes s'ha estimbat; Sl 69,20 i 109,8.

<table>
<tr><td>dels Dotze i efusió de l'Esperit Sant</td><td colspan="2">2,1-4</td><td>Pentecosta: Efusió de l'Esperit Sant i naixement de l'Església.</td></tr>
<tr><td rowspan="3">2,5-47: Manifestació universal de l'Esperit</td><td colspan="2">2,5-13</td><td>Presència de totes les nacions a Jerusalem.</td></tr>
<tr><td colspan="2">2,14-40</td><td>Discurs de Pere amb citacions de Jl 3,1-5 Is 2,2 i Sl 16,8-11; 110,1, amb referències al «Dia de Jahvè» d'Am 5,18. Déu ressuscità Jesús, l'exaltà a la seva dreta i ha vessat el seu Esperit.</td></tr>
<tr><td colspan="2">2,41-47</td><td>Sumari idealitzat: La vida de l'Església de Jerusalem. Comunió fraterna, venda de propietats i comunió de béns. Eucaristies domèstiques.</td></tr>
<tr><td rowspan="6">3,1-4,35: Manifestació pública de l'Església apostòlica a Israel</td><td colspan="2">3,1-10</td><td>Guarició d'un invàlid per part de Pere i Joan a la porta Bonica, quan van al Temple.</td></tr>
<tr><td colspan="2">3,11-26</td><td>Discurs de Pere en el pòrtic de Salomó (cita Is 52,13, Ml 3,23-24).</td></tr>
<tr><td colspan="2">4,1-4</td><td>Empresonament de Pere i Joan pel cap de la guàrdia del Temple (Eliazar?); els sacerdots i els saduceus, indignats per la predicació de la resurrecció de Jesús.</td></tr>
<tr><td colspan="2">4,5-21a</td><td>Reunió del Sanedrí i discurs de Pere a causa de l'invàlid curat. Prohibeixen a Pere i Joan parlar de Jesús. Decidiu vosaltres mateixos si és just davant de Déu que us obeïm a vosaltres més que no pas a ell.</td></tr>
<tr><td colspan="2">4,21b-31</td><td>Alliberament de Pere i Joan, pregària (Sl 2,1-2) i nova efusió de l'Esperit que els dona coratge.</td></tr>
<tr><td colspan="2">4,32-35:</td><td>Sumari: L'ideal de comunitat. Un sol cor, una sola ànima i tot en comú.</td></tr>
<tr><td rowspan="5">4,36-5,42: Creixement i persecució de l'Església apostòlica de Jerusalem</td><td colspan="2">4,36-37</td><td>El bon exemple del terreny venut per Bernabé, levita originari de Xipre: posa als peus dels apòstols l'import.</td></tr>
<tr><td colspan="2">5,1-11</td><td>El mal exemple del terreny venut per Ananies i Safira; simulen de fer com Bernabé, però es queden la meitat de l'import del camp i moren.</td></tr>
<tr><td colspan="2">5,12-16</td><td>Tercer sumari: Senyals i prodigis de mans dels apòstols. Curen malalts i possessos al pòrtic de Salomó. L'Església creix.</td></tr>
<tr><td rowspan="2">5,17-40: Persecució per part del Sanedrí</td><td>17-21a</td><td>Gelosia del gran sacerdot (Josep dit Caifàs?) i dels saduceus i empresonament dels apòstols. Un àngel els allibera de nit i els diu que vagin al Temple i prediqueu al poble tot aquest missatge de vida, cosa que fan.</td></tr>
<tr><td>21b-26</td><td>Preparatius per a la reunió del Sanedrí. Quan van a cercar els apòstols a la presó, els diuen que són al Temple predicant. Els porten al Sanedrí sense violència.</td></tr>
</table>

		27 -33	Reunió del Sanedrí. Els diuen que els havien prohibit parlar de Jesús. *Cal obeir Déu abans que els homes*, els responen. *El Déu dels nostres pares ha ressuscitat Jesús, que vosaltres vau matar penjant-lo en un patíbul. La dreta de Déu l'ha enaltit com a capdavanter i salvador, per concedir a Israel la conversió i el perdó dels pecats.* Es corsequen i els volen matar.
		34 -39	Intervenció de Gamaliel. Referències a Teudes i a Judes el Galileu. Si el moviment de Jesús *ve dels homes, es destruirà tot sol; però si és de Déu, no aconseguireu pas destruir-los. I alerta que no us trobéssiu lluitant contra Déu!*
	5,40-42		Alliberament dels apòstols després d'assotar-los. Segueixen predicant que Jesús és el Messies al Temple i per les cases.

c) 6,1-12,25: L'església judeocristiana de Jerusalem			
6,1-8,1a: Persecució de l'Església hel·leno-judeocre-ient	**6**,1-7		Queixes dels hel·lenojudeocreients contra els judeocreients, per la desatenció social de les seves vídues. Constitució del grup hel·lenista dels Set per servir les taules, entre els quals Esteve i Felip. Els creients es multipliquen.
	6,8-15		Testimoni d'Esteve. Han disputat amb ell els de la sinagoga dels lliberts i li lleven el fals testimoni d'anar contra la Llei, contra el Temple i contra Moisès per sollevar la gent. Portat al Sanedrí.
	7,1-56		Discurs d'Esteve davant del Sanedrí amb referències bíbliques a tota la història d'Israel per demostrar que Jesús és el Messies. *Veig obert el cel, i el Fill de l'home a la dreta de Déu.*
	7,57-**8**,1a		Lapidació d'Esteve fora de la ciutat. Els testimonis posen els vestits als peus de Saule, que aprova la seva mort.
8,1b-11-30: La predicació sobre Jesús s'escampa sense obstacles mitjançant Felip. Joan, Pere i Saule/ Pau per Judea i Samaria fins a la	8,1b-3		Persecució contra els hel·lenojudeocreients i dispersió per les regions de Judea i Samaria [*persecució i opressió contra l'església que era a Jerosòlima [...] amb l'excepció dels apòstols, els quals van restar a Jerusalem*, diu el còdex Deza per demostrar l'oposició de les dues comunitats ja ben constituïdes, la segona de les quals es desentén de la primera]. Inhumanen Esteve, mentre Saule *assolava l'Església, entrant de casa en casa i arrossegant homes i dones a la presó.*
	8,4-40: **Felip a Samaria**	4-13	Felip a Samaria. Els samaritans acullen l'Evangeli i fins i tot Simó el Mag es fa batejar i no s'aparta de Felip.
		14-24	Pere i Joan a Samaria per imposar les mans als convertits a fi que rebin l'Esperit. Simó el Mag ofereix diners per tenir aquest poder. El reprenen i es converteix.
		25-40	Felip bateja l'eunuc etíop, tresorer de la reina, camí de Gaza.

manifestació pública de l'Església d'Antioquia a Jerusalem	**9**,1-30: **Crida de Saule**	1-9	Topada de Saule amb Jesús a frec de Damasc. *«Saule, Saule, per què em persegueixes?» Ell preguntà: «Qui ets, Senyor?». Li respongué: «Jo soc Jesús, el qui tu persegueixes. Aixeca't, entra a la ciutat, i allà et diran el que has de fer»*. Ceguesa.	
		10-16	Ananies s'assabenta en una visió que Pau, de qui no es refia, ha estat cridat a escampar l'Evangeli als gentils.	
		17-19	Ananies li imposa les mans [el bateja], rep l'Esperit Sant i recobra la vista i les forces. [Catecumenat de Pau a Damasc.]	
		20-23	Predicació a Damasc (Jesús és el Fill de Déu), però els jueus damascens el volen matar. [S'amaga la predicació a l'Aràbia nabatea i que és l'etnarca nabateu del rei Aretes que el vol detenir i fuig despenjat per la muralla.]	
		24-30	Fuig a Jerusalem, Bernabé el presenta, però els judeohel·lenistes són contraris a Pau.	
	9,31-11,18: **Pere obert als pagans**	31-43	L'Església es consolida en pau a Palestina. Pere, a Lida, cura el paralític Enees i, a Jafa, reanima Tabita.	*Aquesta obertura de Pere als gentils prescindint del menjar caixer prèvia a la de Pau, amb la baixada de l'Esperit Sant als pagans (baptisme), és una elaboració de l'autor per fer més digerible la postura de Pau i fer comprendre que l'evangeli està destinat a tothom. Per a molts experts, és ara quan Pere es converteix plenament al projecte de Jesús en acceptar els pagans sense cap discriminació.*
		10,1-11,2	Pere té a Jafa la visió que no hi ha menjars impurs i Corneli el fa anar a Cesarea. Entra a casa seva (no hi ha impuresa en els pagans), predica a tota la família que Jesús és el Messies i hi ha una efusió de l'Esperit Sant. Bateig. A Jerusalem tenen notícia de tot i li ho retreuen.	
		11, 3-18	Informe de Pere als apòstols. Els explica que no hi ha menjars impurs ni individus: Déu no fa accepcions de persones.	
	11,19-26b: **La comunitat d'Antioquia**	19-21	L'Església d'Antioquia [més carismàtica i menys jerarquitzada que la de Jerusalem] està conformada per gent indiscriminada, ja que hi han arribat predicadors de Xipre, Cirene (Àfrica) i altres llocs i prediquen l'Evangeli no sols als jueus sinó també als grecs (pagans).	
		22-24	L'església fiscalitzadora de Jerusalem hi envia Bernabé com a inspector i queda seduït per la convivència entre judeocristians i paganocreients.	
		25-26a	Bernabé va a cercar Saule en un lloc prop de Tars i l'exhorta d'anar amb ell a Antioquia.	
		26b	Un any a Antioquia en convivència de judeocrients i paganocreients sense discriminacions.	
		26c	A Antioquia els creients reben el nom de «cristians» (mofa?)	

	11,27-30: **Antioquia ajuda Jerusalem**	27-30	Després d'unes profecies d'Àgab sobre una gran fam a la terra en època de l'emperador Claudi (anys 41-54), Bernabé i Saule porten una col·lecta d'ajut d'Antioquia a Jerusalem (A Judea els anys 40-41 i 47-48 foren anys sabàtics, cosa que agreujaria la fam que van passar molts províncies de l'imperi).	*La col·lecta deu ser real, però el viatge pot ser una elaboració de l'autor com la d'Ac 22,27-18, desdoblament de 9,26, per relacionar Pau amb el Jerusalem apostòlic i justificar que no anava per les seves.*
12,1-25: La Paraula de Déu creixia i es multiplicava malgrat les persecucions a Jerusalem	**12**, 1-23: **Persecució**	1-4	Persecució de l'Església a Judea per Herodes Agripa (possible motiu: l'acceptació de la col·lecta criticada pels jueus), decapitació de Jaume el Zebedeu i detenció de Pere.	
		5-17	Alliberament de Pere de la presó: va a casa de Maria, mare de Joan Marc. [Comunitat hel·lenojudeocreient? Sigui com sigui, es distancia de Jaume, germà del Senyor.]	
		18-23	Mort d'Herodes Agripa I (any 44) i alliberament enfront d'Israel.	
	12,24-25		Creixement de la paraula de Déu [12,25: *La pujada a Jerusalem és un desdoblament de 9,26* (cf. APÈNDIX 2)].	

B) SEGONA PART: «...FINS ALS CONFINS DE LA TERRA»

d) 13,1-14, 27: La missió des d'Antioquia

13,1-14,27: Missió amb Bernabé: predicació als jueus a Xipre i Pisídia i als pagans a Iconi, Listra i Derbe	**13**,1-52: **Predicació als jueus a Xipre i Pisídia**	1-3	Components de l'església d'Antioquia formada per profetes i mestres (Bernabé, Saule, Simeó el Negre i, Lluci de Cirene i Manaén). Missió de la comunitat encomanda per l'Esperit Sant a Bernabé i Saule, que s'emporten d'ajudant Joan (Marc?).
		4-12	Xipre: De Selèucia a Salamina (on prediquen a les sinagogues) i Pafos (on fulmina el mag Elimes). Conversió del porcònsol (Sergi Pau?). L'autor canvia el nom de Saule pel de Pau, posat en aquest ambient romà.
		13	Pamfília: Perga.
		14-52	Pisídia: Joan-Marc se'n torna a Jerosòlima. (Feia d'inspector de Jerusalem? Pau no li ho perdonarà!) A Antioquia de Pisídia, inicial bona rebuda i èxit de la seva predicació a la sinagoga (gran discurs) fins que els jueus s'hi oposen. Alegria dels pagans en sentir que la salvació es giraria vers ells fins que Pau i Bernabé són expulsats del territori.
	14,1-37: **Obertura als pagans**	1-7a	Frígia: Iconi. Discrepàncies en la recepció. Alguns els volen apedregar.
		7b-21a	Licaònia: Listra. Els diuen Zeus i Hermes perquè han curat un paralític. Arriba gent d'Iconi. Fan apedregar Pau i el deixen per mort. Marxen Pau i Bernabé a Derbe. Hi fan deixebles.

	3,11-26	21b -28	Retorn a Antioquia de Síria pel mateix itinerari reconfortant les comunitats originades, on expliquen com Déu havia *obert als pagans la porta de la fe*.

e) 14,28-15,35: Davant l'assemblea de Jerusalem: el malentès			
15,1-15,35: El malentès de Jerusalem	**15**,1-2	Baixen judeocristians de Judea a predicar la circumcisió. Gran debat amb Pau i Bernabé. Els germans decideixen que pugin a Jerusalem a debatre-ho amb els apòstols.	
	15,3-29	L'assemblea de Jerusalem i el malentès: d'una banda, no s'han de posar obstacles als pagans –i així ho entén Pau segons la seva carta als Gàlates–; de l'altra, *s'han d'abstenir de la carn oferta als ídols, de relacions sexuals il·legítimes, de menjar animals ofegats o sang* [normes noètiques per als prosèlits]. Pau entén que té el camp obert per dur l'Evangeli als pagans.	*L'autor s'inventa una mena de carta-decret que porten a Antioquia Judes Barsabàs i Siles o Silvà (i afegirà que Jaume, germà del Senyor, l'acabrà imposant: Ac 21, 25).*
	15,30-35	La carta-decret a Antioquia. Segons l'autor, no enutja els antioquens: *els va alegrar i encoratjar.*	

f) 15, 36-19,40: Missió a l'Egeu I (anys 49-55)			
15,36-19,40: Sis anys de missió a l'Egeu	15,36-16,10: **Inicis**	36-41	Conflicte amb motiu de Joan Marc. Pau, que no el vol, trenca amb Bernabé, que s'enduu Joan Marc a Xipre. *[L'autor amaga el conflicte de Pau amb Pere que sabem per Ga 2,11-14.]* Pau enforteix les comunitats de Síria i Cilícia (amb Siles o Silvà).
		16,1-4	Pren per company Timoteu, fill d'un pagà, a Pisídia [*Invenció de l'autor que, per on passaven, comunicaven les normes decretades a l'assemblea de Jerusalem*].
		5 10	Pau cridat a Macedònia després d'estar a Frígia i Galàcia (l'Esperit no els permet anar a l'Àsia ni a Bitínia).
	6,11-18,23: **Per Macedònia i l'Acaia**	11-15	Arribada a Filips per Troa-Samotràcia-Neàpolis i conversió de Lídia, venedora de porpra, que els acull.
		16-40	Empresonament a Filips (han curat una pitonissa possessa i són titllats de pertorbadors). La parella de Pau ara és Siles (=Silvà; Timoteu sembla desaparèixer en el relat; reapareix a 17,14). Terratrèmol, alliberament per l'escarceller, que es converteix. Quan els magistrats els volen alliberar, Pau es queixa que se l'hagi assotat i empresonat sense tenir en compte la seva ciutadania romana.

	17,1-9	Tessalònica. Hi arriben per Amfípolis. Els acull Jàson. Prediquen tres dissabtes a la sinagoga. Els jueus provoquen disturbis i rep Jàson.
	10-13	Pau i Siles (=Silvà) a Berea. Els de Tessalònica creen conflictes. Pau surt per mar fins a Atenes i Siles i Timoteu es queden a Berea fins que el retrobaran a Corint.
	14-34	Pau predica a l'Areòpag d'Atenes: fracàs.
	18,1-17	Pau a Corint, on troba Àquila i Prisca (expulsats de Roma pel decret de Claudi [any 49]) i on s'hi reuneixen Timoteu i Siles. Viurà a casa de Tici i hi resta un any i mig. Interpel·lat pel procònsol Gal·lió (estiu any 51). Crisp (18,8) i Sòstenes caps de la sinagoga. [*El segon ho era d'Efes (1Co 1,1s); el nom de 18,17 és erroni.*]
	18-20a	Pau va a Efes amb Àquila i Prisca des de Cèncrees. Segurament va a Galàcia amb Timoteu.
	21b-23	[*L'autor, des d'Efes, el fa retornar a Cesarea, pujar a Jerusalem i va anar a Antioquia de Síria, amb un subsegüent viatge a Galàcia i Frígia. D'aquesta invenció s'origina l'error de considerar, amb el de Bernabé, tres viatges de Pau, quan simplement passà de Corint a Efes* (cf. APÈNDIX 2).]
18,24-19, 7: **Efes, cap de pont a l'Àsia**	24-28	Apol·ló, instruït en el Camí o Via del Senyor [*primera vegada que s'esmenta*], predica a Efes influenciat pels ensenyaments del Baptista. Àquila i Prisca l'instrueixen millor i l'ajuden per anar a l'Acaia mentre Pau és fora, segurament a Galàcia.
	19,1-7	Pau, en arribar a Efes, troba deixebles sols instruïts en la doctrina del Baptista i els imposa les mans perquè rebin l'Esperit Sant.
19,8-40: **Estada de Pau a Efes**	8-10	Sumari de l'estada de dos anys: Predica tres mesos a la sinagoga i, atesa l'animadversió dels jueus, ensenya a l'escola de Tirà.
	11-17	Exorcismes. Alguns, com els fills del gran sacerdot Esceva, volen imitar els prodigis de Pau i curar possessos en nom de Jesús. El posseït els ataca perquè diu conèixer Jesús i Pau, però no els qui els invoquen, cosa que produeix temor.
	18-20	Renúncia a la màgia dels convertits a la fe i crema de llibres.
	21-22	Perllongada estada de Pau a l'Àsia: el pla, seguint l'Esperit, és passar per Macedònia (on envia Timoteu i Erast) i l'Acaia abans de tornar a Jerusalem amb la col·lecta.
	23-40	L'avalot de Demetri i els argenters: el seu negoci de reproduccions del temple d'Àrtemis o de la deessa se'n va en orris per culpa de Pau i el Camí del Senyor. [*L'autor amaga que fou empresonat –els filipencs li*

<table>
<tr><td></td><td></td><td></td><td>oferiren la companyia d'Epafrodit– i que va haver de sortir d'Efes sense poder tornar-hi. Per Tròada va anar a Macedònia on trobà Timoteu, arribat de Filips i Tessalònica, i Titus, que venia de Corint. Li preocupa molt la col·lecta a Jerusalem i retornarà amb Timoteu a Corint.]</td></tr>
</table>

<table>
<tr><th colspan="4">g) 20,1-26,32: El camí cap a Roma i detenció a Jerosòlima (acompliment de l'anunci profètic)</th></tr>
<tr><td rowspan="5">20,1-21,14: Pau, camí de Jerusalem</td><td colspan="2">20,1-5</td><td>Pau viatja de Macedònia a l'Acaia. Prepara comitiva per dur la col·lecta a Jerusalem (mena de vigilants dels diners). Davant del perill d'una emboscada per mar, torna per Macedònia: va a Filips amb part de la comitiva, mentre els altres s'han avançat fins a Tròada.</td></tr>
<tr><td colspan="2">20,6-12</td><td>Des de Filips navega fins a Tròada, on troba companys; hi reanima un noiet mort.</td></tr>
<tr><td colspan="2">20,13-21,1a</td><td>Comiat a Milet dels efesis. [L'autor amaga que Pau no pot tornar a Efes.]</td></tr>
<tr><td colspan="2">21,1b-6</td><td>Navegació: Cos-Rodes-Pàtara fins a Tir. Els deixebles li demanen que no pugi a Jerusalem.</td></tr>
<tr><td colspan="2">21,7-14</td><td>De Ptolemaida a Cesarea Marítima. A casa de Felip. Àgab profetitza que Pau serà fet presoner a Jerusalem. Li supliquen que no hi vagi.</td></tr>
<tr><td rowspan="5">21,15-27,1: Arribada a Jerusalem, purificació, detenció i empresonament. Comença la passió de Pau, paral·lela a la de Jesús</td><td colspan="2">21,15-17</td><td>Arribada a Jerusalem i allotjament a casa d'un deixeble dit Mnasó. No es fia dels de Jaume? Amaga els diners?</td></tr>
<tr><td colspan="2">21,18-26: Jaume i els seus critiquen Pau i no li accepten la col·lecta</td><td>Quan va a trobar Jaume, aquest li refrega pels nassos que han convertit milers de jueus sense apartar-se de la Llei de Moisès, mentre ell ha fet tot el contrari (no ha fet circumcidar els convertits). En bones paraules, li diu que no és prou pur per a la seva comunitat i que, pel que s'ha dit d'ell, la seva vida perilla. Li aconsella que es purifiqui al Temple juntament amb quatre homes (vot del nazireat) i es faci càrrec de les despeses amb diners de la col·lecta. Així, tothom sabrà que segueix complint la Llei. Altrament, als pagans conversos ja els han enviat el decret de l'assemblea de Jerusalem.</td></tr>
<tr><td rowspan="3">21,27-22,29: Detenció i apologia</td><td>21,27-34</td><td>A punt de complir-se els set dies, motí dels hel·lenojueus perquè ha fet entrar al Temple un pagà, Tròfim d'Efes. Detenció de Pau. Quan el volen matar intervé Claudi Lísies, tribú de la cohort romana que l'encadena (l'ha confós amb un terrorista denominat l'Egipci).</td></tr>
<tr><td>21,35-22,24</td><td>Apologia de Pau en els esglaons de la fortalesa Antònia. Explica la seva conversió (2a vegada) i l'autor li fa tenir un èxtasi on se li presenta Jesús [Segons les cartes l'experiència del «tercer cel» (22,17) fou dels primers temps d'Antioquia (any 40) o una mica abans]. Davant l'aldarull el tribú manà fer entrar Pau a la fortalesa i assotar-lo.</td></tr>
<tr><td>25-29</td><td>Pau dins la fortalesa Antònia se salva dels assots gràcies a reivindicar la ciutadania romana.</td></tr>
</table>

22,30-**23**,10: **Davant el Sanedrí**		Pau portat davant del Sanedrí: *He actuat amb consciència recta davant de Déu fins al dia d'avui.* Fa que fariseus i saduceus discuteixin sobre la resurrecció i el tribú el treu de l'avalot.
23,11-35: **Trasllat a Cesarea**	11-30	El Senyor l'infon coratge, però, de bon matí, uns jueus es conxorxen a matar-lo. Li preparen una emboscada. Assabentat el seu nebot, li ho va a dir. El tribú, Claudi Lísies, fa una carta al governador Fèlix i prepara el trasllat a Cesarea.
	31-35	Per Antípatris, arriba a Cesarea. [*L'autor el fa anar al pretori d'Herodes (palau del governador) per fer millor el paral·lelisme amb la passió de Jesús.*]
24,1-**25**,12: **Davant els procuradors romans**	**24**,1-23	Defensa de Pau davant el procurador Fèlix, contra Tertul, l'advocat del Sanedrí, que acompanya el gran sacerdot Ananies i altres notables del Sanedrí. Diu seguir el Camí i se sent més jueu que mai i no cap sectari. El governador vol esperar el tribú abans de decidir res.
	24,24-26	Interès de Drusil·la, filla d'Herodes a Agripa I, jueva i esposa de Fèlix, per conèixer Pau. Fèlix espera diners de Pau. Hi conversa.
	24,27-**25**,12	Al cap de dos anys, Porci Festus substitueix Fèlix. No permet el trasllat de Pau a Jerusalem. Davant de les acusacions del Sanedrí, abans de ser traslladat a Jerusalem, apel·la al Cèsar de Roma.
25,13-26,32: **Davant d'Agripa II**	25,13-27	Arribada del rei jueu Herodes Agripa II i la seva germana Bernice, fills d'Agripa I, a Cesarea. Fèlix exposa el cas de Pau a Agripa II i aquest li demana de poder-lo escoltar (cf. APÈNDIX 9).
	26,1-32	Defensa de Pau davant Agripa II. Explica de nou (3a vegada) la conversió camí de Damasc i gairebé el convenç. Festus comenta que se'l podria posar en llibertat si no hagués apel·lat al Cèsar.

h) 27,1-2-28,31: Passió de Pau: naufragi i salvació en el viatge cap a Roma		
27,1-**28**,31: Naufragi i salvació camí de Roma i del martiri	**27**,1-26	Pau i altres presos confiats al centurió Juli es fan a la mar. A Sidó pot visitar els creients. A recer de Xipre, arriben a Mira de Lícia. Pugen a una nau alexandrina. Per Cnidos naveguen a recer de Creta fins que una gregalada els porta a la deriva. El temporal de vent huracanat els fa desfer de la càrrega, però Pau encoratja tothom perquè una revelació li ha dit que ningú no moriria.
	27,27-32	La catorzena nit a la deriva en el mar Adriàtic i uns soldats volen escapolir-se amb el bot. Pau els fa tornar enrere: la salvació ha de ser comunitària.
	27,33-38	Presa d'aliment (Eucaristia?) al capvespre del catorzè dia (276 persones?).
	27,39-**28**,1	En fer-se de dia, s'encallen a la sorra de l'illa de Malta; el centurió no permet que els soldats matin els possibles fugitius i tots se salven.

	28,2-6	Plou. Els naturals de l'illa els acullen amb un gran foc. Pau salvat de la picada d'un escurçó.
	28,7-10	Pau acollit tres mesos a casa de Publi, el principal de l'illa, el qual guareix de febres de Malta.
	28,11-16	Sortida cap a Roma en una nau alexandrina, tres mesos després: Siracusa-Règion-Putèols [port proper a Neàpolis (Nàpols)]-Roma. Els germans el saluden. Permís per viure en una casa particular amb un soldat que el vigila (*«retentio cum militari custodia»*).
	28,17-29	Tres dies després d'arribar a Roma, Pau es reuneix amb els jueus principals de la ciutat (no pas amb els creients). [*L'autor els fa dir que ni han rebut cap carta contra seva, ni han sentit res de mal d'ell. La carta als Romans devia córrer entre grups creients. Cap al·lusió a les comunitats de Pere, si ja era a Roma.*] Predica Jesús com a Messies. Alguns ho accepten i altres s'hi resisteixen. Els esmenta Is 6,9-10 i els diu que els pagans sí que acceptaran l'obra salvífica de Déu.
	28,30-31	Colofó: *Pau es va quedar dos anys sencers a l'allotjament que havia llogat i rebia tots els qui l'anaven a trobar. Els anunciava el Regne de Déu i els instruïa sobre el Senyor Jesucrist, amb tota valentia i sense cap impediment.* [El missatge evangèlic, havent arribat a Roma, melic del món, s'ha escampat per tota la terra i, segons el programa de l'autor, ha passat dels jueus als pagans.]

2.6.2.3. L'escatologia en Lc-Ac

Per a l'autor d'aquest volum dual –ja hem indicat els dos discursos paral·lels a la sinagoga de Natzaret (Lc 4,16-21) i de Pere, en la diada de Pentecosta (Ac 2,14-21)– es compleixen totes les profecies en la persona de Jesús, Messies i Senyor. Jesús és el centre del temps. L'any de gràcia del Senyor és l'efusió de l'Esperit. El redactor final, que s'ha servit de dades històriques, té un programa *historiogràfic* que ens fa entendre per què narra les coses d'una manera i no d'una altra.

La selectiva utilització que fa de personatges i esdeveniments romans forma part també del seu desig per situar apologèticament el moviment de Jesús en l'escenari mundial de l'Imperi romà. Josep Flavi també havia fet l'apologia del judaisme en general. Per entendre'l bé, cal recordar que, enmig de la primera i segona generació cristiana, amb sintonia amb el tradicional pensament apocalíptic jueu, hi havia l'expectativa d'una escatologia imminent. El Messies havia de marcar l'inici de l'*eschata*, és a dir, dels «darrers dies». Marc assegura que alguns no moriran i veuran venir el Regne de Déu (Mc 9,1). Malgrat que es pot interpretar de moltes maneres, el pes de la concepció d'una escatologia imminent s'escampa (1Te 1,9-10; Rm 13,11-12) i la destrucció de Jerusalem l'any 70 hi devia jugar el seu paper.

Però, què passa quan el temps s'allarga i els signes del retorn de Jesús, la Parusia, no es materialitzen? És la «crisi del retard de la parusia». L'any 70 potser molts havien pensat que la guerra era el senyal de l'arribada imminent del Regne i... res de res. Marc explicarà que els signes associats a la guerra eren un engany (Mc 13,21-23), però el conjunt, sobretot la destrucció del Temple, constituïa un senyal del retorn imminent de Jesús (Mc 13,24-29): aquella generació contemplaria la parusia (Mc 13,30-32).

L'autor de Lc-Ac fa una reinterpretació diferent. El Regne ja ha arribat el dia de la Pentecosta. Els esdeveniments de Pentecosta s'identifiquen ex-

La historiografia en la visual de l'autor de Lc i Ac
ÈPOCA DE LA LLEI I ELS PROFETES (*Des d'Abraham fins a Joan el Baptista*) «El temps de la Llei i dels Profetes ha durat fins a Joan. Des d'aleshores és anunciada la bona nova del Regne de Déu, i tothom s'esforça per entrar-hi» (Lc 16,16).
Acaba amb l'arrest i mort de Joan Baptista (Lc 3,119-20). Noti's la ubicació de la genealogia lucana com a interludi (Lc 3,23-38).
ÈPOCA MESSIÀNICA DE LA PROCLAMACIÓ DEL REGNE (*Període del ministeri i mort de Jesús*) «L'Esperit del Senyor reposa sobre meu,/ perquè ell m'ha ungit./ M'ha enviat/a portar la bona nova als pobres,/ a proclamar als captius la llibertat/ i als cecs el retorn de la llum,/ a posar en llibertat els oprimits,/ a proclamar/ l'any de gràcia del Senyor» (Lc 4,18-19).
El ministeri de Jesús comença amb el «discurs i rebuig a Natzaret» (Lc 4,14-30) i conclou amb l'ascensió (Ac 1,9-11).
ÈPOCA DEL REGNE O DE L'ESGLÉSIA (*Iniciada el dia de la Pentecosta*) «Ells, doncs, que es trobaven reunits, li preguntaren: "Senyor, és ara que restabliràs el Regne a favor d'Israel?" Ell els contestà: "No és cosa vostra de saber els temps i els moments que el Pare ha fixat amb la seva autoritat. Però vosaltres, quan l'Esperit Sant vindrà damunt vostre, rebreu una força que us farà testimonis meus a Jerusalem, a tot Judea, a Samaria i fins a l'extrem de la terra".»
L'arribada de l'Esperit a la Pentecosta (Ac 2,1-16). El discurs de Pere el mateix dia i el compliment de les profecies (Ac 2,17-47).

plícitament amb l'arribada del Regne (Ac 1,6) i l'arribada de l'*eschata* o els dies darrers (Ac 2,17). Tanmateix, aquests esdeveniments, no es poden identificar amb el retorn de Jesús. La destrucció del Temple és un càstig als pecats d'Israel (Lc 21,8-36), però elimina l'expectativa del retorn de Jesús o Parusia. En conseqüència, aquest reton es remet a un punt més distant en un futur no especificat, d'una manera semblant a algunes reinterpretacions rabíniques i d'acord amb la concepció paulina del «ja sí, però encara no». Aquesta reinterpretació permet que es compleixi l'esperança mentre es deixa per al futur la consumació escatològica final. En l'ínterim, el retard deixa de ser problemàtic i amb el temps s'institucionalitzarà teològicament com «el temps de l'Església». Aquest canvi comporta que el retorn final de Jesús se separi de l'arribada d'un regne terrenal; s'ha transformat en un «judici final» i en l'arribada d'un regne celestial. Els teòlegs s'han afanyat a denominar aquesta concepció com la de l'«escatologia iniciada».

2.7. EL LLIBRE DE L'APOCALIPSI

2.7.1. UNES NOCIONS INICIALS: APOCALÍPTICA JUEVA I CRISTIANA, ESCATOLOGIA, PARUSIA I *KAIRÓS*

Primer de tot: Apocalipsi no vol dir 'catàstrofe final' ni 'daltabaix' ni 'cataclisme' ni 'tràngol desgraciat'; apocalipsi significa 'revelació', en el sentit de 'desvelar', això és, l'acció de treure el vel que tapa allò que estava ocult (*apokalypsis*: 're-velació'). L'apocalíptica és un gènere d'origen jueu que neix en temps de crisi –situacions de caos, exclusió, opressió permanent o persecució– perquè serveixi de revulsiu. El trobem ja a l'Antic Testament, en alguns fragments de l'Èxode, en alguns profetes i sobretot, en el llibre de Daniel, en els escrits del Qumran. És un gènere literari jueu, emprat, sobretot, entre el segle II aC i el segle II dC i conforma bona part de la literatura intertestamentària (cf. APÈNDIX 10). L'apocalíptica jueva va lligada a moments de crisi i dificultats i adquireix una doble funció catàrtica: mantenir la resistència del judaisme contra la pèrdua de la pròpia identitat política i cultural, d'una banda, i, de l'altra, ajudar a assimilar les pèrdues d'identitat ja sofertes. Utilitza un llenguatge ple de símbols d'animals, números, pedres precioses... Motivat per la persecució d'Antíoc IV Epífanes (135 aC), que volia hel·lenitzar Palestina de forma violenta, a més de *Daniel* que arribà al cànon, sorgiren altres textos apocalíptics: *Llibre dels Jubileus*, *Testament de Moisès*, la part final del primer *Llibre d'Henoc* (1He 83-90)... Després de la profanació del Temple per part de Pompeu (60 aC) es van escriure *Salms de Salomó* i la part central del primer *Llibre d'Henoc* (1He 37-71). Acabada la guerra jueva i la destrucció del Temple (70 dC), sorgiren amb el nom de personatges rellevants de l'exili babilònic *Segon* i *Tercer llibre de Baruc*, *Quart llibre d'Esdres*, *Apocalipsi d'Abraham*... Aquesta apocalíptica, que avui considerem apòcrifa (els escrits no van ser admesos al cànon), interpreta Jahvè tot disposant el seu pla en els esdeveniments puntuals de la història, d'acord amb una lògica determinista de caire teologicomoral: els pecats –i «el pecat fa forat», com diem en català– tard o d'hora se'ns fan presents i ens afebleixen, mentre la fidelitat acaba amb una recompensa, encara que sigui al final de tot. L'apocalíptica, doncs, serveix tant per consolar els fidels del seu fracàs tot oferint-los l'esperança d'un judici escatològic (així les tradicions d'Henoc, l'*Apocalipsi de Matussalem*, l'*Apocalipsi de les deu setmanes*...), com per anunciar idealment l'última victòria dels justos sobre els inics.

Acabem de parlar de judici escatològic. Malgrat que es fa sovint, caldria no barrejar els termes apocalipsi i escatologia. Són dos significants diferents. *Escatologia* ve d'*éskhata* ('les darreres coses') i se sol referir a un final, un terme (*éskhaton*), on es beslluma un judici; altrament la *fi*, el *terme*, el *judici final*, en mentalitat hebrea no significa pas el mateix que en la mentalitat d'avui: vol dir el judici d'una comunitat en aquella generació cronològica que li ha tocat viure. Si Jesús parla en termes negatius de la pròpia generació (Mc 9,9.19.41; Mt 12, 39.45; 17,17), si anuncia que serà jutjada negativament, és perquè la valora en la seva contemporaneïtat per no haver sabut discernir els signes del seu temps, com potser la generació de l'any 70 mereixeria un nou judici negatiu per no haver sabut afrontar el problema romà i haver acabat amb la destrucció del Temple. Jesús empra (o li fan emprar) imatges apocalíptiques (Mt 26,27; Mc 13,16; Lc 17,24) heretades de la seva tradició. Amb elles només pretén dir que l'esperança s'ha fet realitat. Per això, els discursos escatològics dels evangelis (Mc 13; Mt 24; Lc 21,5-36) i els fragments de les cartes paulines (1Te 4,15-17) i no paulines (2Te 2; 1Pe 3,18-22; 2Pe 2,4-16; Jud 5-6).

Ara bé, la dramatització cristiana de la crisi palestina i de la guerra jueva, si, d'una banda, manté una certa continuïtat amb les formes jueves de l'apocalíptica, de l'altra, se'n separa. La continuïtat rau en el fet d'interpretar l'enderrocament del Temple i la destrucció de la ciutat com un càstig. Més encara: jueus i cristians interpreten la crisi com a signes de la proximitat del judici final. Les divergències sorgeixen en les diferents interpretacions de la història i en l'aplicació dels esquemes apocalíptics com a judicis de valor sobre els esdeveniments històrics i sobre els comportaments personals. Ja hem vist, en aquest sentit, com n'era de diferent la historiografia lucana en relació a Mc (i també ho podríem dir en relació a Mt). Per a l'apocalíptica cristiana, ni la derrota política d'Israel ni la destrucció del Temple –previsible o esdevinguda– plantegen problemes. Allò que es planteja com a problemàtic és la incredulitat del poble, que apedrega els enviats i mata els profetes. I així i tot, malgrat tots els malgrats, la fi del món encara no esdevé consumada. L'acabament de la història del món i de la salvació arribarà amb la *Parusia*: el retorn final del Fill de l'home (Lc 13,35). Aquest retorn o bé pressuposa una conversió d'Israel, com s'imagina a Is 59,20-21 o Rm 11,26-27, o no serà altra cosa que la confirmació de la desobediència d'Israel?

Marc no ho resol, per bé que distingeixi la fi i els signes de la fi (i ho planteja a Mc 13,4), de tal manera que guerres i fams –allò que havia de veure la pròpia generació segons Mc 13,30– no formen part dels darrers temps (de l'escatologia), sinó del curs normal de la història dels homes. Els signes veritables no arribaran fins a les catàstrofes còsmiques (Mc 13,24). Aleshores les intencions de l'ús del gènere apocalíptic a Mc i a Lc, les seves respectives comprensions de Déu resulten diametralment oposades. Per a Mc, el Messies anava lligat a l'*escatologia*, als darrers temps. Només pot subratllar que cal estar alerta, perquè tota especulació apocalíptica sobre el dia i l'hora és debades (Mc 13,32). L'accent posat en el futur només té per finalitat exhortar a mantenir-se vigilants (Mc 13,33-37) i a no deixar-se enganyar (Mc 13, 5-8.21-23). El seu objectiu és evident: cal prendre distàncies crítiques. En conjunt, doncs, especialment la destrucció del Temple, constituïa un senyal de la *Parusia*, del retorn imminent de Jesús (Mc 13,24-29): aquella generació la contemplaria (Mc 13, 28-31). El curs normal de la història dels homes, amb guerres, fams, pseudoprofetes i falsos messies segons Marc és brutalment interromput per un altre, curull de catàstrofes còsmiques (Mc 13, 24s), que refarien el món de dalt a baix. I «entre els núvols el Fill de l'home vindrà amb poder i majestat» (Mc 13,26). Aquesta intervenció de Déu en la història humana, per a ell, s'esdevindria molt aviat (13, 28-29). Vam parlar d'aquesta «escatologia imminent» de les primeres generacions cristianes que amarà algunes cartes paulines i tot (1Te 1,9-10; Rm 13,11-12). Marc suposa un tast breu i intens del llibre de l'Apocalipsi, amb el qual es tanca el cànon cristià.

El llibre, com veurem, davant dels convertits temptats de sincretisme i de pèrdua de les pròpies conviccions, mostrarà que no es pot servir a dos senyors alhora, a la Bèstia i a l'Anyell –i la Bèstia serà l'Emperador de Babilònia (=Roma) i les seves institucions, i l'Anyell, Déu i el seu Regne– i assegura la victòria de Déu amb la creació d'un món nou, una terra i un cel nous de trinca, arran de la coincidència ineluctable de l'escatologia i la Parusia. En esquema tindríem:

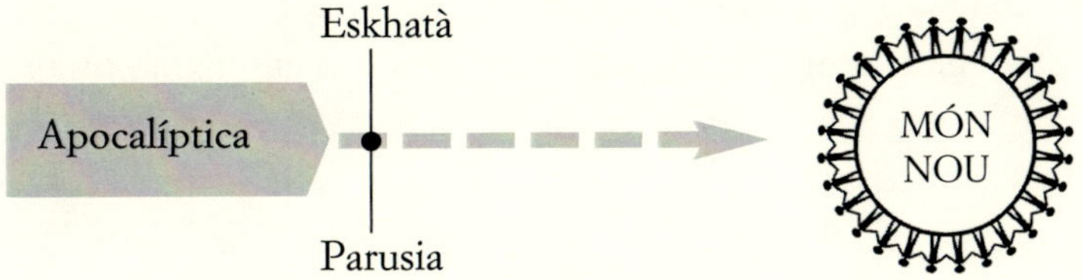

L'apocalíptica, doncs, revela un camí que arriba a terme (*éskhaton*), la culminació del qual és la Parusia o retorn de Jesús amb la recreació d'un món nou. Vam explicar que l'autor de Lc-Ac feia una reinterpretació diferent. El Regne *ja* havia arribat el dia de la Pentecosta. En mots de L. M. Xirinacs: «Després de Jesús no hi ha després. L'Home-Nou, Déu-Carn esdevingut una sola cosa, és definitiu. És l'*éskhaton*. I *éskhaton* és tota carn amarada amb l'oli de l'Esperit. Batejada amb foc de l'Esperit. Som en presència de l'"anunci joiós del Regne" (Lc 4,31). Tothom qui viu aquesta síntesi és *éskhaton*, fi de la història, home adult emancipat que ha vençut la carn i ha esquinçat el cel...»

Els esdeveniments de Pentecosta s'identifiquen explícitament amb l'arribada del Regne (Ac 1,6) i l'arribada de l'*éskhata* o els dies darrers (Ac 2,17). Tanmateix, aquests esdeveniments no es poden identificar amb la Parusia o retorn de Jesús. La destrucció del Temple com a càstig als pecats d'Israel (Lc 21,8-36) encara segueix l'apocalíptica jueva, però elimina l'expectativa del retorn de Jesús o Parusia, que s'esdevindrà en un futur més llunyà i no especificat. *Ja* gaudim dels darrers temps, però *encara no* en gaudim plenament acomplerts fins a la consumació escatològica final. Lluc beu de Pau. Dèiem que els teòlegs s'afanyaren a denominar aquesta concepció com la d'una «escatologia iniciada» i que l'ínterim entre l'ara i la consumació era «el temps de l'Església». Però, aquest canvi comporta que el retorn final de Jesús se separa de l'arribada del món nou o regne terrenal i la Parusia es transforma en un «judici final» i en l'arribada d'un Cel Nou o Regne celestial en la consumació final.

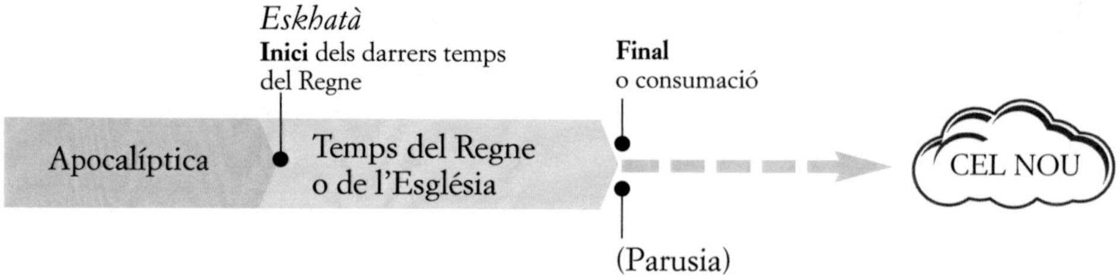

El cardenal Carlo M. Martini va deixar escrit que, per a un creient, la història ha estat vista sempre més clarament com un camí vers una metàfora de la història mateixa i no pas immanent a ella. La història no és cap simple suma de fets absurds o banals; es projecta enllà d'ella mateixa i, més que estar oberta al càlcul, està oberta a l'esperança. Els esdeveniments contingents són el lloc ètic en què es decideix el futur metahistòric de l'aventura humana.

L'escatologia del llibre de l'Apocalipsi es realitza fonamentalment en el *temps present*. El fet central i àlgid que transforma la història és la mort i resurrecció de Jesús. La resurrecció transforma el *temps present* en *Kairós*, 'moment de gràcia i conversió', temps de resistència i construcció del Regne de Déu. Res d'estrany que un biblista com Xavier Alegre pugui escriure que el llibre apareix com «una obra subversiva respecte als poders polítics injustos de l'època en la qual l'autor escriu. Per això desemascara la seva mentida i adverteix als cristians que no es deixin enganyar per la propaganda religiosa de l'Imperi romà (simbolitzada per la Bèstia de la terra a Ap 13,11-17 o pel seu equivalent, el Fals Profeta, a Ap 20,10) que vol enganyar els incauts tot seduint-los amb la seva propaganda». Aleshores, com avui.

2.7.2. L'APOCALIPSI: AUTOR, GÈNERE, DESTINATARIS, DATACIÓ I ALTRES CARACTERÍSTIQUES

L'apocalíptica, doncs, representa un moviment important en els orígens del cristianisme i compleix en l'Església una funció crítica de resistència davant de la romanització del cristianisme i la seva institucionalització autoritària i patriarcal. Recuperar l'apocalíptica és arribar a una dimensió fonamental del moviment de Jesús i podria ser llavor d'una nova manera de ser cristians en el nostre món. En les darreres dècades del segle I, proliferen escrits diversos, alguns dels quals palesen les constants diferències inicials del moviment de Jesús. Aquest moviment incipient és plural. Lc, Ac, Col i Ef adapten els elements ètics de la tradició de Pau. La primera carta de Pere utilitza codis de deures domèstics com a expressió de recolzament cristià de l'ordre social, però fins i tot arriba a demanar que «es respecti l'emperador» (1Pe 2,17). Per a d'altres, aquesta adaptació al sistema romà era del tot detestable, de manera que reaccionaren d'una manera vehement i diametralment oposada. Un d'ells fou l'autor de l'Apocalipsi.

Cap a final del regnat de l'emperador Domicià (81-96), a la província romana d'Àsia, a l'extrem occidental de la península d'Anatòlia (a l'actual Turquia), s'havia desenvolupat el culte a l'emperador, com si es tractés d'una figura divina a causa del distanciament personal (solia viure a Roma). Les comunitats cristianes, que confessaven Jesús com el Senyor, el Fill de Déu, eren absolutament contràries a aquest culte imperial, cosa que els causava problemes cada vegada més grans i freqüents, fins al punt de trobar-se a la ratlla de la persecució. Calia un text que els animés en la seva fe. A Efes, d'ençà que Pau hi havia residit els primers 50, hi havia comunitats fetes al seu estil, obertes en relació a la població pagana, per bé que, a finals del segle I, també n'hi havia d'estil joànic (es va transmetre la tradició que un tal Joan hi havia viscut i hi havia estat enterrat). Aquests grups eren més tancats a la cultura grega a causa de les seves arrels palestinenques. Aquesta diferència era palesa en un tema que portava cua de temps: era lícit menjar carn oferta als ídols? Els corintis ja li ho havien demanat a Pau. Sabem que un escrit de resposta els dirà això: vist que aquesta mena de sacrificis no són oferts a Déu sinó als dimonis, no es pot «participar en la taula del Senyor i en la dels dimonis» (1Co 10,20.21); ara bé, davant de la consideració que els ídols no són res, Pau acabarà matisant la seva resposta i acaba permetent de menjar de tot el que es ven al mercat, llevat de quan s'escandalitza algú, per la qual cosa demana contenció (1Co 10,25.28). En les cartes a les set esglésies el tema tornarà a sortir, perquè, probablement, les comunitats joàniques eren més refractàries a menjar aquella mena de carn.

L'Apocalipsi (d'ara endavant, Ap) empra un estil encriptat a fi que no sigui fàcil d'entendre per a les autoritats dominants sinó per als creients. Sol emprar imatgeria veterotestamentària i sol situar el relat en una època anterior a la qual es refereix; de la mateixa manera que Dn, que volia criticar Antíoc IV, feia finta de referir-se als darrers reis perses, l'Ap que té Domicià al punt de mira, a causa de les tensions creades entre les comunitats cristianes, fa veure que es refereix a Neró, causant de la repressió dels cristians després de l'incendi de Roma de l'any 64. És, doncs, una ficció literària, encara que exposi el títol des del començament del llibre:

«Revelació de Jesucrist, que Déu li donà perquè fes conèixer als seus servents allò que aviat s'ha de complir. Jesucrist envià el seu àngel per comunicar-la a Joan, el seu servent, i Joan ha donat testimoni de tot el que ha vist, que és paraula de Déu i ha estat confirmat pel mateix Jesucrist. Feliç aquell que segueix aquesta profecia...!» (Ap 1,1-3a).

Aquest inici ens ofereix no sols el nom de l'autor, Joan, repetit a 1,4.9 i 2,8, sinó que ens presenta l'escrit com una profecia (Ap 1,3; 22,7-8.18). I al verset següent al·ludeix als destinataris: «Joan, a les set esglésies que hi ha a la província de l'Àsia» (Ap 1,4a). Les set esglésies de la província romana d'Àsia –a les quals enviarà una carta individualitzada als cc. 2-3– són esmentades aviat, després d'exposar que va escriure-les quan es trobava exiliat a Patmos (Ap 1,9) –una de les dotze illes del Dodecanès, en el golf d'Efes, a migjorn de Samos i a xaloc de la mar egea– per haver donat testimoni de Jesucrist (1,9); les set esglésies són aquestes: Efes, Esmirna, Pèrgam, Tiatira, Sardes, Filadèlfia i Laodicea (1,11).

Va escriure des de Patmos (a llevant hi tenia les set esglésies) o des d'Efes? Alguns especialistes asseguren que la polèmica contra Roma, denominada «la prostituta» (17,7-18), pressuposa el coneixement del culte imperial romà d'Efes. Aquí cal una explicació. Durant la guerra civil entre Marc Antoni i Octavi, Efes s'havia posat de part del primer; per contra, Pèrgam era favorable a Octavi. Vencedor Octavi a Actium (31 aC), un cop va haver adoptat el títol d'August (28aC), va permetre que algunes ciutats erigissin temples consagrats al culte imperial al seu honor, com el mateix Herodes va fer a Cesarea Marítima. L'honor d'erigir un temple per al culte imperial, tanmateix, es barrà a Efes (August li mostrà el seu rancor fins a la mort) i s'atorgà a Pèrgam. Pèrgam, doncs, fou la seu del culte imperial a la província romana d'Àsia amb el títol de *neokoros* ('guardiana del temple'), didascalia que expressava la seva singular distinció. Al seu temps, el seu altar a Zeus (180-160 aC), que evocava la forma d'un tron immens, es considerava una de les vuit meravelles del món. Res d'estrany que l'Ap la denomini «el lloc on Satanàs té el seu tron» (2,13). És una referència al seu famós altar de Zeus o al temple dedicat al culte imperial? Durant Tiberi, també s'havia atorgat un centre de culte imperial a Esmirna, però quan el llibre s'hi refereix (2,8-11), no en fa cap esment. Altrament, amb Domicià, el fill petit de Vespasià, canvià l'atzar d'Efes, ja que autoritzà als efesis el bastiment del temple dels *Sebastoi* flavians, en honor a la dinastia dels Flavis (Vespasià, Titus i Domicià), de manera que el nou temple, una meravella arquitectònica suspès a la falda de ponent, arribà a duplicar les mesures de l'àgora romana: a la fi Efes havia assolit el títol de *neokoros*. Dins s'hi venerava una colossal escultura de Domicià, trobada en les excavacions arqueològiques, justament la referida a 13,15, l'«estàtua de la bèstia». Vist que s'han trobat monedes del segle III dC, que encara plasmen el culte imperial al temple efesi, cal suposar l'autor familiaritzat amb la ciutat. Domicià és la bèstia que «puja del mar» amb deu banyes i set caps (13,1). La bèstia que «puja de la terra», amb dues banyes com un anyell i veu de drac, es pot referir al governador d'Àsia o al sacerdot del culte imperial flavià; aquesta bèstia, al servei de l'anterior, té el poder d'exterminar els qui no adoren la primera bèstia (13,15), de manera que fa portar a tothom, al canell o al front, una marca (13,18), amb el nom de la bèstia, la xifra 666 corresponent a un home (13,16-18): fent la correspondència numerològica de les lletres de l'alfabet hebreu amb aquesta xifra (l'art de la correspondència de xifres i lletres rep el nom de guematria o isopsefia), segons els experts, es pot llegir «Neró Cèsar»: *nrwn qsr* (50+200+6 +50+100+60+200 = 666).

Qui era aquest Joan, que es confessa autor? Avui dia no s'identifica pas aquest Joan, que s'autoproclama «servent de Jesucrit» i que prefereix passar per «profeta», ni amb l'apòstol fill de Zebedeu ni amb Joan el «Prevere» o «Ancià» esmentat a 2Jn i 3Jn ni amb el redactor final del quart evangeli. Potser ni es deia Joan i el nom és pseudoepigràfic per acostar-lo a la mateixa escola joànica. Els tres tipus d'escrits –evangeli, cartes i apocalipsi– tradicionalment es consideraven textos pertanyents a un mateix conjunt de comunitats que conformen el «corpus joànic», però no es poden pas considerar tots sorgits de la mateixa mà. Com a molt es podria distingir entre cartes i evangeli dirigits a comunitats joàniques hel·lenistes, és a dir, juedeohel·lenocristianes, i l'Apocalipsi, dirigit a comunitats hebraïtzants, això és, judeocristianes. Avui se sol dir que l'Ap –darrerament separat pels experts del «corpus joànic»– fou escrit per un personatge important de les comunitats joàniques, en un estil palestinenc, presentat com una visió profètica, atribuïda per la tradició amb l'apòstol, que era el referent d'aquelles comunitats.

Quant a la datació, es presenta com si hagués estat escrit en època de Vespasià (69-70), successor de Neró, és a dir, en l'època de la destrucció de Jerusalem. Els set turons de 17,9-11 semblen referir-se als set turons de la ciutat de Roma, però són al mateix temps set emperadors: els cinc que ja han caigut són Octavi August (27 aC-17 dC), Tiberi (14-37), Calígula (37-41), Claudi (41-54) i Neró (54-68). (S'omet el període confós de l'any 69 amb tres emperadors al mateix temps: Galba, Otó i Vitel·li.) El sisè, «que és aquí», es refereix a l'emperador Vespasià (69-70), temps en el qual semblaria que l'autor vol situar el seu relat. L'expressió «l'altre que no ha arribat, però quan vingui haurà de durar poc» (17,10), sembla referir-se a Titus Flavi, que havia acabat el setge de Jerusalem quan el seu pare Vespasià va ser nomenat emperador, i que regnà sols del 79 al 81. El vuitè, que vindria després, ha de ser, doncs, Domicià (81-96). D'aquest vuitè, però, es diu que «també pertanyia als set» (17,11). Sembla voler-se referir a la llegenda *Nero redivivus*, segons la qual el cruel Neró retornaria viu en un emperador posterior. Ap 13,3, en al·ludir a un dels set caps que semblava mort (Neró), però era viu (en Domicià), se'n fa ressò. D'aquesta llegenda se'n troben ecos antics en historiadors com Tàcit (*Històries*, 28), Suetoni (*Vita Neronis*, 57) i Dió Cassi (*Historia romana*, 66, 19,3) i fins i tot als *Oracles sibil·lins*. Els creients en Jesús que coneixien (i alguns l'havien viscut) la persecució sota el regnat de Neró de l'any 64, veien en Domicià, que també va perseguir els cristians i s'havia fet atorgar en vida el títol de *Dominus et Deus*, un nou Neró. Així, aquell vuitè (Domicià) pertanyia a un dels set (Neró). Això vol dir que l'escriptura real de l'escrit s'ha de situar al final de Domicià, cap al a l'any 95-96.

En el seu estat actual no és fàcil de llegir ni d'interpretar perquè presenta duplicats, talls en el relat de les visions, fragments que semblen descontextualitzats. Tot plegat s'ha mirat d'explicar de diverses maneres, entre les quals, a més de fonts diverses o desplaçaments accidentals de fragments, hi ha la d'un doble escrit en dades diferents però d'un mateix autor, fusionats en un sol text per una altra mà, almenys la part pròpiament profètica del llibre d'acord amb l'esquema, que proposem tot seguit, pouat de la *Bíblia de Jerusalem*. (Les cartes a les set esglésies també haurien format part d'un text primitiu independent.) Ara bé, cal considerar l'obra final com una unitat, de manera que a l'hora d'oferir-ne una estructura no tindrem pas en compte aquesta escissió proposada.

Els dos textos d'èpoques diferents i unificats més tard		
Continguts	**Text I**	**Text II**
Pròleg: el llibre devorat		10,1-2a.3-4.8-11
Satanàs contra l'Església	12,1-6.13-17	12,7-12

La Bèstia contra l'Església		13
Anunci i senyals del Dia de la Còlera	4-9; 10,1.2b.5-7; 11,14-18	14-16
El Gran Dia de la Còlera Presentació de Babilònia Caiguda de Babilònia Els elegits preservats Laments sobre Babilònia Cants de triomf	 17,1-9.15-18 18,1-3 18,9-13-15-19.21.24 19,10	 17,10.12-14 (cf. 14,8) 18,4-8 18,14.22-23 18,20 (cf 16,5-7)
El regne messiànic	20,1-6	
El combat escatològic	20,7-10	19,11-21
El judici	20,13-15	20,11-12
La Jerusalem futura	21,9-22,2; 22.6-15	21,1-8; 22,3-5
Apèndix: Els dos testimonis		11,1-13,19

Tot i ser un llibre profètic, l'Apocalipsi és un llibre, en cert sentit, 'històric', que cal interpretar críticament, en el context en el qual va néixer. La història hi pren dues dimensions, una visible i empírica (a nivell de «terra») i una altra pregona i transcendent («el Cel»). Déu i el Messies actuen en aquesta història alliberant-nos de l'opressió i la mort i construint un món alternatiu que anticipa el futur. P. Richard ha escrit que l'Apocalipsi «és revelació (des-ocultació) de la presència transcendent i alliberadora de Crist ressuscitat en la història. I també és còlera i càstig per als opressors i Bona Notícia per als oprimits i exclosos per l'Imperi pel fet de voler ser fidels a Jesús. És la Revelació de Déu en el món dels pobres, oprimits i marginats».

L'Apocalipsi, altrament, s'expressa mitjançant *símbols* i *mites*. El mite reconstrueix la consciència col·lectiva i la praxi social del poble de Déu. Sempre sol ser ambigu i polisèmic, això és, disponible per ser reinterpretat amb noves significacions. En podem donar exemples: el cavall blanc de 6,2, tradicionalment interpretat com a victòriós, avui se'l veu més aviat negativament, com la d'una falsa victòria de l'aparença i la violència, simbolitzada per l'arc del seu genet; els «dos testimonis» d'11,3 han estat interpretats, seguint Za, com Zorobabel i Jeixuà; però també com a Moisès i Elies, Pere i Pau i, en canvi, avui s'interpreten com una imatge doble de Jesús, objecte i subjecte de la Bona Nova; la dona amb la lluna i les estrelles (imatge treta de Gn 37,9), que lluita amb el Drac (12,1-18), caldrà interpretar-la com a Eva, mare de tots els vivents (Gn 3,20), però també, i a la vegada, com el poble d'Israel (la «verge filla de Sió» de 2 Re 19,21; Is 37,2...), identificada amb la mateixa Església o Poble de Déu, i també amb Maria, mare de Jesús que en la tradició joànica és anomenada simplement «dona» (Jn 2,4; 19,26); finalment, per fer un darrer exemple, les copes del quart septenari poden resultar plenes d'amargor o de felicitat a causa d'un brindis. La polisèmia de les paraules, doncs, és evident. Ara bé, l'apocalíptica sol crear mites alliberadors i subvertir els mites dominants. Aquest llibre, de fet, ens ensenya a descobrir el poder dels mites. Altrament, les *visions* de l'Ap transmeten una convicció fonamental i una certesa històrica: la visió transmet força i expressa espiritualitat històrica. És també memòria i parènesi o exhortació: desenvolupa la imaginació creativa de la comunitat i la cerca d'alternatives a una situació determinada. L'*odi* i la *violència* dels textos expressen les situacions límit de la comunitat. El judici de Déu expressat amb fúria, foc i plagues, tanmateix, amaga, en el fons, el seu amor salvador: Déu no vol condemnar el món sinó salvar-lo (Jn 3,17-19). L'Ap vol provocar en els seus oients una catarsi (alleujament interior i purificació) i transformar d'aquesta manera l'odi acumulat en consciència. La violència de l'Ap és més literària que real. Jesús ressuscitat hi apareix com un Anyell degollat: el seu triomf és la creu. Els màrtirs derroten Satanàs amb el seu coratge testimonial. La praxi apocalíptica és la força de l'Esperit, la força de la consciència, el poder dels mites, i el que s'origina en els testimoniatges i en la Paraula (el que avui denominaríem estratègia de la noviolència com a força espiritual emprada pels oprimits).

Altrament un llibre com aquest sol ser ric en textos, contextos i intertextos. Podríem esquematitzar la novetat d'alguns noms en què es presenta Jesús, per exemple, a les set esglésies:

Noms, atributs i presentacions de Jesús a les set esglésies de la província romana d'Àsia		
Ap	**Presentacions antonomàsiques de Jesús**	**Referències**
2,1	«El qui té a la mà dreta les set estrelles i es passeja enmig dels set lampadaris d'or.»	Ap 1,13.16a
2,8	«El primer i el darrer, el qui era mort però ha tornat a la vida.»	Ap 1,17-18

2,12	«El qui té l'espasa esmolada de dos talls.»	Ap 1,16; Is 49,2
2,18	«El Fill de Déu, el qui té els ulls com una flama i els peus semblants a metall incandescent.»	Ap,1-14-15
3,1	«El qui té els set esperits de Déu i les set estrelles.»	Ap 1,4.16a
3,7	«El Sant, el Veraç, el qui té la clau de David, el qui obre, i ningú no pot tancar, el qui tanca, i ningú no pot obrir.»	Is 22,22
3,14	«L'Amén, el testimoni fidel i veraç, l'origen de tot el que Déu ha creat.»	Gn 1,1; Sir 4,17; Col 1,15; Jn 1,1; Ap 1,5

I en trobaríem d'altres: «Jo soc l'Alfa i l'Omega, el principi i la fi» (21,6); «Jo soc el rebrot del llinatge de David, l'estel resplendent del matí» (Ap 22,16). Tot plegat ens diu que, cercant la seguretat de les referències bíbliques, el llenguatge d'aquest llibre resulta del tot nou i desacostumat en molts aspectes; per exemple, és capaç d'establir set noves benaurances en relació a les evangèliques: (1,3; 14,13; 16,15; 19,19; 20,6; 22,7; 22,14; cf. APÈNDIX 15) o de presentar-nos la Núvia, esposa de l'Anyell, a partir de set afirmacions: *a*) Ve de Déu (21,9-11); *b*) La seva muralla té dotze portes i dotze fonaments (21,12-21); *c*) No té temple, perquè el seu temple és el Senyor i l'Anyell (21,22); *d*) La seva il·luminació és la glòria de Déu i de l'Anyell (21,23); *e*) Està oberta dia i nit a tothom menys als impurs (21,24-27); f) Del tron de Déu i de l'Anyell neix un riu d'aigua viva i, enmig de la plaça, l'arbre de la vida (22,1-2); *g*) En ella, Déu i l'Anyell hi tindran el seu tron. Els jocs de set afirmacions són constants. Per exemple, a l'hora de descriure la nova Jerusalem (21,2b) i també són set les afirmacions que Déu fa a continuació (21, 5-6).

L'Ap uneix *apocalíptica* i *profecia*. Crida a la conversió i ofereix una salvació universal. No és un llibre d'arquetips absoluts ni de dicotomies maniquees, sinó una reconstrucció de l'Èxode en el cor de l'Imperi romà. També uneix *escatalogia* i *política*, mite i praxi. La història no sols la compon Déu; els màrtirs, els profetes, els que no adoren la Bèstia, fan realment història: derroten Satanàs, destrueixen els poders del mal i regnen sobre la terra. Es pot anticipar el futur que al final arribarà. A l'Ap hi ha un enfrontament econòmic, polític, cultural, social i religiós del poble de Déu amb l'Imperi romà i les forces del mal. De fet, inspira una societat alternativa. Però cal saber-ho interpretar a partir de tota la seva *simbologia*. Cap altre llibre del Nou Testament no mostra, respecte a l'Antic, una dependència literària, simbòlica i doctrinal, tan profunda com l'Ap. Els llibres veterotestamentaris que l'han influenciat són els de la Torà –especialment Gn i Ex–, però també llibres profètics –sobretot Is, Ez, Dn i Za– sense oblidar el llibre dels salms. En la simbologia de colors destaquen el blanc (símbol de puresa i victòria), el negre (de misèria i de desgràcia), el vermell (violència i opressió), el cendrós o verdós (mort), el porpra i escarlata (luxe). Quan a les expressions, algunes procedeixen o han passat al llenguatge litúrgic, com és el cas dels mots en hebreu *Amén* (Ap 5,14; 19,4) i *Al·leluia* (Ap 19,1.3-4.6).

Entre els símbols, els experts distingeixen els set estructurals dels altres. Els primers se'ls denomina així perquè estructuren set septenaris o sèries de set elements amb què sembla que s'organitza el llibre, com veurem tot seguit. Aquests elements són els següents: 1) les *cartes*, enteses com escrits per comunicar-se amb una persona o comunitat i transmetre-li un missatge; 2) els *segells*, en el sentit de marques de lacre o d'autentificació d'una escriptura, llibre o altre document, que resta tancat i clos mentre els segells no hagin estat oberts (cf. 1 Re 21,8); 3) les *trompetes*, instruments musicals de vent utilitzats per convocar els exèrcits a una batalla, per anunciar la victòria sobre l'enemic o fer altres nuncis importants tant positius –com l'arribada d'un rei (cf Js 6,5; 2Re 11,14) o el naixement d'un príncep– com negatius –per exemple, avisar d'un perill o d'una malaltia contagiosa–; 4) les *copes* (fíales, concs, copons o copes sense peu) en el sentit de recipients per beure o fer libacions que poden expressar benediccions o malediccions sobre objectes i/o persones (2Cr 4,8); finalment, 5) les *visions*, fenòmens de penetració de realitats profundes en relació a la transcendència, a la divinitat o a referents semblants. Entre d'altres símbols, podem oferir aquest quadre ordenat alfabèticament:

Algunes imatges emblemàtiques emprades a l'Apocalipsi			
	Cites d'Ap	**Significació**	**Origen explicatiu**
2 testimonis a la terra (= oliveres, lampadaris)	11,4	Potser el cap civil i religiós (Zorobabel i Jeixua) dels temps de la restauració; o bé Moisès i Elies; o bé Pere i Pau. O bé imatge doble de Jesús, objecte i subjecte de la Bona Notícia, segons J. P. Charlier.	Za 4,3
4 genets en cavalls blanc, negre, roig i cendrós	6,2-7	Quatre plagues amb què Jahvè amenaçava l'Israel pervertit: feres salvatges, guerra, fam, pesta.	Za 1,8-10; 6,1-3; Dt 32,24; Ez 5,17; 14,13-21

7 estrelles, 7 lampadaris	1,12.16	Els àngels de cadascuna i les set esglésies d'Àsia.	Ap 1,20
7 torxes, 7 esperits de Déu	4,4	Els set àngels que s'estan davant del tron de Déu.	Tb 12,15
7 banyes i 7 ulls	5,6	Símbols de poder i coneixement del Crist, que els posseeix en plenitud (número 7).	Za 4,10
42 mesos = 3 anys i mig = 1260 dies = meitat de set anys = un temps, dos temps i la meitat d'un temps	11,2; 12,14	3 anys i mig: durada de tota persecució en l'època d'Antícoc IV Epífanes al segle II aC. Aquí, sembla referir-se a la persecució de Neró de Roma.	Dn 7,25
666, xifra de la Bèstia	13,18	*Neró Cèsar*. [Alguns manuscrits posen 616, i aleshores es referiria a Dioclecià o a Calígula.]	Guematria: valor numèric de les lletres en hebreu.
1000 anys	20,3.7	Xifra simbòlica i teològica que designa el present del Regne o de l'Església des de la Resurrecció de Jesús fins al Judici final.	Alguns apòcrifs configuren la història amb 7 dies de mil anys.
1260 dies	11,3; 12,6; 12,14	42 mesos; 3 anys i mig = un temps, dos temps i la meitat d'un temps (Dn 7,25; 12,7). Temps que durà la persecució d'Antíoc IV Epífanes.	Dn 7,25
144.000 escolllits	7,4; 14,1.3…	Totalitat dels salvats: 144 és el quadrat de dotze (= molts).	12 tribus de tot Israel.
Abadon i Apol·liont	9,11	Àngels dels abismes en hebreu i grec ('destructor' i 'destrucció').	Apòcrifs?
Absenta	8,11	S'imposa l'amargor de la mentida davant les falses veritats.	Jr 9,15; 23,15
Alfa i Omega	1,8; 21,6; 22,13…	Jesucrist, origen i final de totes les coses.	Is 44,6
Anyell (degollat) dret	5,6-7; 6,1-12…	Jesús, el Messies o Crist, mort, ressuscitat i victoriós.	Is 53, 7; Ez 46, 13-15; 1Co 5,7
Arbre de la vida	2,7; 22, 2.14.19	En referència al relat del Gènesi.	Gn 2,9; 3, 17.22.24
Babilònia = Gran ciutat	11,8; 14,8	Roma [també dita *Sodoma*, emblema de la immoralitat, o *Egipte*, que ho era de la idolatria].	Is 21,9;51,17; Jr 25,15
Banyes	9,13 i altres	Senyal de poder.	Ex 30,1-3

Bèstia del mar amb 10 banyes amb diadema i 7 caps amb noms blasfems (fals Messies)	13,1	A Dn les 10 banyes designen la dinastia selèucida. Aquí, l'Imperi romà amb 10 emperadors i 7 regnes vassalls. Més endavant, a Ap 17,3, seran 7 caps i 10 banyes. Símbol d'autoritat i poder. Neró rediviu en Domicià. Dues Bèsties + Drac = caricatura trinitària.	Dn 7,3.7.21
Bèstia de la terra o Fals Profeta	13,11-17	El culte imperial que sedueix els homes i els obliga a una marca: *Neró Cèsar* = 666? Governador o sacerdots responsables del culte imperial.	Dn 3,5-7.15
Ceptre (vara) de ferro	2,26-27; 19,15	Senyal de govern amb poder de regir.	Gn 49,10; Sl 45,6
Dona amb corona de 12 estrelles* [patriarques o apòstols] *i dolors de part	12,1	El Poble de Déu messiànic que engendra un fill (el Messies) arrabassat al tron de Déu i fuig al desert com ha de fer l'Església. Allunyar-se del món i nodrir-se de Déu.	Gn 3,15
Dona embriaga de sang dels màrtirs que cavalca la Bèstia de 7 caps i 10 banyes	17,9-15	Roma. La dona porta perles i pedres precioses = pobles que han acceptat el culte imperial. Les 10 banyes = regnes vassalls. Els 7 caps = 7 emperadors, 5 d'ells caiguts i el 6è *és aquí*, el 7è durarà *poc* i el 8è pertanyia als 7 (Ap 17,10-11). Els caiguts són Octavi August (27aC-17dC), Tiberi (14-37), Calígula (37-41), Claudi (41-54) i Neró (54-68). [S'omet el període confós de l'any 69 amb tres emperadors al mateix temps: Galba, Otó i Vitel·li.] El sisè, *que és aquí*, és l'emperador Vespasià (69-70). El que durarà poc, Titus Flavi (79-81). El 8è, Domicià (81-96), entès com a Neró rediviu.	Original.
Desert	12,6.14-17; 17,3	Lloc ambivalent: refugi del Déu proper i protector (12, 6), però també on actuen les forces diabòliques (17,3).	Ex 2,15 ; Is 21, 1s; Mc 1,12-13
Drac [o serpent] roig amb 7 caps amb diadema i 10 banyes	12,3	Diable [Satanàs = 'Acusador']. Precipita a la terra 1/3 part dels estels [àngels caiguts] i pugna amb la Dona revestida de sol i el seu Nen (el Messies). Passarà els seus atributs a la Bèstia del mar.	Dn 7,7.21
Estany de foc (cf. Mort segona)	19,20; 20,10; 21,8	On són llençats la Bèstia, el Fals profeta i el Drac o Satanàs. I també els impius.	Mc 9,43
Fill d'home	1,13	Jesucrist en el seu retorn escatològic. En funcions de jutge té els atributs de sacerdoci (túnica), reialesa (cenyidor d'or), eternitat (cabells blancs), ciència divina (ulls de flama), justicier (espasa de dos fils)...	Dn 7,13
Gog i Magog	10,7	Nacions paganes coalitzades contra l'Església.	Ez 38-39
Hades	1,18	Estatge dels morts, equivalent a l'hebreu Xeol.	Pr 30,15-16; Coh 9,10; Sl 55,15

Harmaguedon	16,27	Lloc atziac per a la gran batalla del gran Dia de Déu. Prové del turó de Meguidó, on es produí la derrota de Sisserà i on van morir Ahazià i, sobretot, Josies a mans del faraó.	Jt 5,9; 2Re 9,27; 2Re 23,29-30; Za 12,11
Llagostes (4 grups)	9,3.7-11	Invasors: Parts. 4 grups: assiris, perses, grecs, romans.	Jl 1-2; Jr 51,27
Llibre de la vida	3,15; 20, 12; 13,5	Llibre amb el nom dels salvats.	Dn 7,10
Mar de vidre com glaç	4,5; 15,2	Sòl del setial de Déu; al·lusió a les aigües sobre la volta del cel segons antigues concepcions.	Gn 1,7; Sl 104,3
Meteors: llamps, trons, pedra, terratrèmols	6,12, 8,5, etc.	Presència de la divinitat.	A tota la Bíblia.
Mort primera	Implícita a 2,11	La mort del cos o dormició en espera de la resurrecció.	
Mort segona	2,11; 20,6.14; 21,8	La mort eterna descrita com estany de foc, no-res, perquè després del Judici final, la mort serà reduïda a la impotència i l'Hades serà aniquilat.	
Noces de l'Anyell	19,7	Noces de Crist amb l'Església (nova i estreta aliança).	Os 2,1; Mc 2,19
Nom nou desconegut	19,12	És el del Messies: *Paraula de Déu*, *Rei de reis*, *Senyor de senyors*.	Ez 1,1-3
Nova Jerusalem	3,12; 21,2-3	Figura de l'Església escatològica.	Ez 40.48; Mt 23,37; Lc 13,34
Pantocràtor	1,8…	Déu omnipotent, creador i senyor de l'univers.	
Porta oberta	3,8	Camp lliure per a l'apostolat.	Ac 14,27
Resurrecció primera	20,5.6	Resurrecció a frec de Crist a partir del Baptisme; per a alguns, des de la Resurrecció de Crist fins al Judici final; per a d'altres renovació de l'Església amb els màrtirs de les persecucions.	Is 26,19
Resurrecció segona	Implícita a 20,5.6	L'eterna i definitiva després del judici final.	Ap 4,2-8
Riu [i arbre] de la vida	22.1-2	El riu surt de Déu i de l'Anyell, ja que ells són el temple de la Jerusalem celestial i rega l'arbre de la vida que fruita amb l'abundor pròpia dels temps messiànics.	Ex 47,1-12; Gn 2,10
Sant , sant, sant	4,8	Aplicat a Déu.	Is 6,3

Tetramorf o 4 vivents	4,6-7...	Lleó, àguila, brau i home, símbols dels evangelistes.	Ez 10,14
Trepitjar el cup	19,16	Aniquilar enemics dels elegits.	Is 63,3

2.7.3. ESTRUCTURA, JUSTIFICACIÓ I ANÀLISI

2.7.3.1. Estructura de l'Apocalipsi

Ja hem dit més amunt que s'han proposat moltes estructures del llibre i que, suposant que fos veritat la hipòtesi d'haver estat escrit en dues tongades, ens calia obtenir una unitat global de com ara el tenim (cf. APÈNDIX 15). Seguint l'escripturista jesuïta Xavier Alegre proposem aquesta disposició del llibre:

(A) Pròleg i salutació epistolar (1,1-3 + 4-8)
(B) Les set CARTES (1,9-4,11)
- *Visió preparatòria* (1,9-20)
- LES SET CARTES (2,1-3,22)
- *Litúrgia final en el cel* (4,1-11)

(C) Els set SEGELLS (5,1-8,1)
- *Visió preparatòria* (5,1-14)
- ELS SET SEGELLS (6,1-17: els sis primers; cf. 8,1: el setè)

> *Intermedi:* Els 144.000 elegits segellats (7,1-8)

- *Litúrgia final en el cel* (7,9-17)
  Obertura del setè segell (8,1)

(D) Les set TROMPETES (8,2-14,5)
- *Visió preparatòria* (8,2-5)
- LES SIS PRIMERES TROMPETES (8,6-9,21)

> *Intermedi (10,1-11,13)*: a) Vocació profètica de Joan (10,1-11)
> b) Missió profètica dels cristians (11,1-14)
> *Anunci de la SETENA TROMPETA* (11,15a)
> *Veus potents i pregària en el cel* amb aparició de l'Arca de la Aliança (11,15b-19)
> *Intermedi* (12,1-13,18): a) Lluita entre el poble de Déu i el Drac (12)
> b) Aliats del Drac: les dues Bèsties (13)

– *Litúrgia final en el cel* (14,1-5)

(C') **Les set COPES (14,6-19,8)**

– *Visió preparatòria* (14,6-20

– LES SET COPES (15,1-18,24)

Intermedi (17-18): Identificació de Babilònia amb Roma (17) Cant per la caiguda de Babilònia (18)

– *Litúrgia final en el cel* (19,1-8)

(B') **Les set VISIONS (19,9-22,5)**

– *Introducció* (19,9-10)

– LES SET VISIONS (19,11-22,5):

1a) Aparició del Messies, Jutge i Victoriós (19,11-16).
2a) Anunci de la victòria (19,17-18).
3a) Primer combat escatològic (19,19-21).
4a) Derrota i encadenament de Satanàs (20,1-3).
5a) Regnat de mil anys i segon combat escatològic (20,4-10).
6a) Judici final (20,11-15).
7a) El món nou i la nova Jerusalem baixada del cel (21,1-22,5).

(A') **Epíleg i salutació epistolar (22,6-20 + 21)**

2.7.3.2. Justificació

Per poca atenció que hi posem, ens adonarem com l'estructura és concèntrica (cf. APÈNDIX 15). És a dir, hi ha correlació tant entre el *pròleg* o introducció (1,1-8) i el final o *epíleg* (22,6-21), com entre els cinc diferents septenaris: els septenaris primer i cinquè estan estructurats concèntricament ja que les *set cartes* corresponen a les *set visions*. I també el segon septenari dels *segells* amb el quart de les *copes*. Això vol dir que la significació del llibre té dues dimensions: la *lineal* o *progressiva*, de l'inici al final, on s'indica per les lleis recursives de la història el pas de l'Església Militant (primer septenari) a l'Església Triomfant (setè septenari) amb les set visions finals de la victòria de Jesucrist, i la *concèntrica*, deixant al bell mig dels cinc septenaris el tercer –en la sinopsi, el central de les set trompetes–, quan la setena trompeta revela que el domini del qui era, és i serà per sempre, Déu i el seu Messies i, en una mena de moment àlgid, apareix l'arca de l'aliança, d'acord amb la creença jueva que reapareixeria als darrers temps, lligada a l'aparició de dos senyals, la Dona (el poble de Déu) i el Drac (el Maligne), que persegueix la seva descendència. Vet aquí una estructura paral·lela dels septenaris centrals:

Els septenaris nuclears de l'Apocalipsi		
SEGELLS (2n septenari)	**TROMPETES (3r septenari)**	**COPES (4t septenari)**
5,1-14: ***Introducció:*** *Preparació en el cel.* [L'Anyell trenca els segells i obre el document.]	**8,2.6:** ***Introducció:*** *Preparació en el cel.* [7 àngels reben 7 trompetes (vv. 3.5 braser d'or, encens i pregàries del poble sant a la presència de Déu). Es disposen a tocar-les.] S'aboca foc a la terra.	**16,1:** ***Introducció:*** *Preparació en el cel.* [Una veu diu als 7 àngels que aboquin a la terra les 7 copes dels càstigs de Déu.]
6,1s: *1r segell:* Cavall blanc, amb genet amb arc (violència) coronat de falsa victòria.	**8,7:** *1a trompeta:* Es llança sobre la *terra* pedra i foc barrejat amb sang: crema de la vegetació.	**v. 2:** *1a copa:* vessada sobre la *terra* produeix llagues als servidors dels ídols; cf. 6a. Plaga (Ex 9,9s; Dt 28,27-35).
v. 3s: *2n segell:* Cavall roig, amb genet amb espasa i poder d'arrencar la pau de la terra (guerra i violència).	**8,8s:** *2a trompeta:* 1/3 del mar *es converteix en sang* per la muntanya ardent: 1/3 de les seves *criatures* moren.	**v. 3:** *2a copa:* vessada al *mar, que es converteix en sang*; totes les *criatures* moren.
v. 5s: *3r segell:* Cavall negre, amb genet amb una balança a la mà per mesurar blat i ordi (fam, injustícia, desigualtat).	**8,10s:** *3a trompeta*: 1/3 de les aigües dolces –rius i fonts– esdevenen amargues per un astre ardent (Absenta).	**v. 4:** *3a copa*: abocada a les *aigües dolces* –rius i fonts–, que esdevenen sang.
	8,13: **Interludi:** Tres ***ais****!*	***16,5-7: Interludi.*** Subratlla la justícia de Déu (Llei del talió). Dona a beure sang als qui mataren els justos (cf. Dt 32,4; Is 49,26). Les 4 primeres copes es vessen sobre la natura; les tres últimes sobre l'Imperi.
v. 8: *4t segell:* Cavall cendrós amb la Mort per genet i l'Hades de seguici amb poder sobre 1/4 part dels humans per matar-los amb guerres, bèsties, fam i pesta.	**8,12:** *4a trompeta*: es destrueix 1/3 part del sol i de la lluna i els estels, i s'enfosqueix en 1/3 la llum del dia i de la nit.	**16,8s:** *4a copa:* abocada pel sol i és concedit a l'astre de cremar els homes amb foc, però segueixen endurits com el Faraó (Ex 7,3.22; 8,15.28...) i *blasfemen sense convertir-se* (cf. Sl 121,6; Jl 4,8; Is,49,10).
v. 9-11: *5è segell:* Veu les ànimes dels màrtirs sota l'altar demanant	**9,1-11:** *5a trompeta:* S'obre el pou dels abismes i en surt una	**v. 10s:** *5a copa:* buidada damunt el tron de la bèstia que queda

justícia; se'ls atorga un vestit blanc i se'ls demana un temps d'espera. **v. 12-17:** *6è segell:* Desastres de la natura, terratrèmols i cataclismes còsmics: els magnats, rics i poderosos s'amaguen dins les muntanyes perquè el dia terrible del judici de Déu ja ha arribat.	fumarada enfosquint el sol i l'aire i en surten llagostes que piquen amb la cua d'escorpí. Dolor dels homes. El primer ***ai***! ja ha passat. **9,13-21**: *6a trompeta:* Es deslliguen 4 àngels encadenats vora l'Eufrates, Cavalleria infernal. 1/3 part de la humanitat exterminada i encara els homes adoren ídols i cometen malvestats. *El segon* ***ai****! ja ha passat; de seguida arribarà el tercer.*	cobert de tenebres; els homes es mosseguen la llengua de dolor (cf. Ex 10,21s, la 9a plaga), però segueixen *blasfemant i no es converteixen.* **v. 12:** *6a copa:* Vessada sobre l'Eufrates, que s'eixuga i deixa via lliure als reis d'Orient.
7,1-8: Intermedi: 144.000 elegits segellats de les 12 tribus d'Israel (12x12.000). La humanitat salvada per Jesucrist, l'Anyell degollat. ***7,9-17***: *Litúrgia celestial:* Els vestits de blanc són els qui venen de la gran tribulació.	***10,1-11,14: Intermedi:*** Vocació profètica de Joan (10,1-11); Missió profètica dels cristians (11,1-14).	***16,13-16: Intermedi:*** La batalla d'Harmagedon convocada pels esperits immunds (convertits en tres gripaus) de la Bèstia, el Drac i el fals profeta (cf. Ex 7,26-8,11). Senyals per enganyar. ***16,15b:*** *Litúrgia:* Feliços els qui vetllen sense treure's els vestits.
8,1: *7è segell:* Es fa un silenci com de mitja hora abans de repartir les trompetes als àngels. Moment de plenitud. Amb l'obertura del darrer dels segells tots els enigmes de la història humana han quedat desvelats.	**11,15a**: *7a trompeta*: toc **11,15b-19a**: *Veus potents* que proclamen: *El domini del món és ara del Senyor nostre i del seu Messies, i regnarà pels segles dels segles!* Els ancians adoren Déu i s'obre *el temple de Déu que hi ha al cel, i dins el temple va aparèixer* ***l'Arca de l'aliança*** *de Déu.* **19b**: *esclataven* ***llamps i tronades, la terra tremolava*** *i queia una gran* ***calamarsada de pedres*** com a senyal de presència de Déu.	16,17-21: *7a copa* abocada a l'espai. *De dintre el temple, del tron de Déu, va sortir una veu forta que deia: «Ja s'ha complert!».* Van esclatar ***llamps*** i ***tronades***, i la ***terra tremolava***... Babilònia es partí en tres trossos i totes les ciutats paganes s'esfondren. Una ***calamarsada de pedres*** de quintar (40 kg) cau sobre els homes (cf. Ex 9,22, 8a plaga), per rebutjar tot allò que pertany a la Bèstia i no a l'Anyell. Però els homes encara *blasfemen* contra Déu i no es converteixen.
	12,1-13,18: Intermedi: *[2 senyals: Dona i Drac]* a) Lluita entre el poble de Déu i el Drac (12); b) Aliats del Drac: les dues Bèsties (13)	***17-18: Intermedi*** a) Identificació Babilònia i Roma (17); b) Cant per la caiguda de Babilònia (18).
Litúrgia final [avançada a 7,9-17]	*14,1-5: Litúrgia final en el cel.*	*19,1-8: Litúrgia final en el cel.*

Ja hem vist que cada septenari consta d'una visió preparatòria, del septenari en qüestió i d'una litúrgia final (llevat del cinquè, perquè en el Món Nou ja no cal). Altrament, el setè segell (posat després de la litúrgia final!) i la setena trompeta no són descrits (només es diu que és obert o que sona): això aporta dinamisme al relat i ajuda al lector a adonar-se que sense la lectura del següent septenari no es pot comprendre el que es diu en el septenari en qüestió. Entre els septenaris segon, tercer i quart hi ha un cert paral·lelisme: miren els mateixos esdeveniments del món, però des de perspectives diferents. Hi ha un progrés en la duresa de les proves o plagues (i són una crida a la conversió!: es veu clarament a Ap 9,21), tal com succeeix en les plagues de l'*Èxode*: en el segon septenari (cf. Ap 6,8) es castiga una quarta part; en el tercer (cf. Ap 8,7-12) es puneix una tercera part i, en el quart (cf. Ap 16), es destrueix tot l'imperi.

En el tercer septenari, s'*intercalen* uns textos a mena d'interludis que emmarquen l'anunci del setè moment del tercer septenari: aquests textos donen les claus de lectura teològica de la història cristiana. En l'estructura els hem anomenat *intermedis* (en el segon i quart septenari precedeixen la litúrgia final i canten el triomf dels màrtirs en contraposició amb la condemna de Babilònia/Roma). També hi trobem *3 ais* (s'anuncien a Ap 8,13 i es recorda que van passant a Ap 9,12, Ap 11,14 i Ap 18,10.16.19) i *3 grans signes en el cel* (Ap 12,1, Ap 12,3 i Ap 15,1). Els ais no són laments ni anuncis de cap càstig, sinó una crida a la conversió. Allò que s'ha anunciat i està arribant –la manifestació de l'amor de Déu en Jesucrist– ha de produir en tothom un canvi radical. Els dos primers senyals prodigiosos –la dona i el Drac– preparen la batalla definitiva entre Miquel i el Diable ('Acusador calumniós', en grec) o Satanàs ('Adversari', en hebreu); el darrer senyals, els set àngels de les set plagues, inicien el judici de les nacions, el rebuig per part de Déu del que és dolent i evoquen en ordre invers el pas del Mar Roig (15,2), el càntic nou –que ara ha esdevingut càntic a l'Anyell (15,3)– i les set copes que porten les plagues de la condemna.

Hi ha uns *motius teològics* que es repeteixen en el primer i en el setè septenari de l'Ap: l'arbre de la vida en el Paradís (Ap 2,9 i 22,2), la segona mort (Ap 2,11 i 20,14; 21,8), el nom nou que ningú coneix (Ap 2,17 i 19,12), el ceptre de ferro amb el qual el Crist regeix les nacions (Ap 2,26-27 i 19,15), el llibre de la vida (Ap 3,15 i 20,12), la nova Jerusalem baixada del cel (Ap 3,12 i 21,2-3), seure amb Crist en el tron (Ap 3,21 i 20,4). També hi ha una relació entre el pròleg i l'epíleg (cf. APÈNDIX 15).

Amb la seva presentació, l'autor vol destacar la *fidelitat de Déu* que, de manera regular, *actua alliberadorament en la història* a favor del seu poble empobrit i humiliat pels poders del mal, encarnat en els diferents imperis que, també de manera regular, volen destruir els valors propis de la fe cristiana (i, abans, jueva). La mort dels màrtirs no és mai la darrera paraula de Déu sobre la història. Les estructures concèntriques, a la vegada que donen raó de la unitat interna dels septenaris primer i cinquè, revelen la unitat global de l'Ap i l'estil de l'actuació de Déu en el món. Ell és i continua sent el vertader Senyor del món i de la història (si ho va ser en el passat, també ho serà en el futur). Per això, l'autor no es cansa d'anomenar Déu (i només Ell!) el Totpoderós (Ap 1,8; 4,8; 11,17; 16,7.14; 19,15; 21,22). Descriu el seu «nom» com «el qui és, el qui era i el qui ha de venir» (Ap 1,4; 4,8; cf. també 11,17 i 16,5, on ja no es diu «el que ha de venir», perquè se suposa que des del toc de la setena trompeta a 11,15a, Déu ha vingut ja al món per assumir definitivament el seu regnat).

A la vegada, la concatenació dels diferents septenaris mostra una preocupació fonamental de l'autor: revelar que en el món no es dona un etern retorn de totes les coses (això desanimaria la comunitat i no es correspondria amb la realitat), sinó un cert progrés de la història en el sentit que es va apropant al moment en el qual Déu ho serà tot en tots (cf. Ap 21,4). El final de la història, però, serà una nova creació que superarà amb escreix les expectatives del poble creient.

La descripció, en el primer septenari, de l'Església militant convida a llegir l'obra, no com una especulació sobre la fi del món, sinó com un exercici de discerniment cristià que ens ajudi a descobrir com en un món dominat per les forces del mal es passa de l'Església militant a l'Església triomfant.

2.7.3.3 Pla, esquema i anàlisi

A) 1,1-8: Proemi
Títol (1,3): 'Revelació' de **Jesucrist**, oferta per Déu i comunicada a **Joan**, el seu servent, que en dona testimoni, mitjançant un **àngel**, enviat per Jesucrist. Salutació (4-8) a les 7 esglésies que hi ha a la província de l'Àsia. *Jo soc l'Alfa i l'Omega, diu el Senyor Déu, el qui és, el qui era i el qui ve, el Déu de l'univers.*

B) 1,9-4,11: El SEPTENARI de les CARTES: **Viure les dificultats de l'Església sense impureses**	
1,9-20: *Visió introductòria*	El Fill de l'home gloriós disposat a impartir justícia enmig de les esglésies.
2,1-3,22: Les cartes a les 7 esglésies (Efes, Esmirna, Pèrgam, Tiatira, Sardes, Filadèlfia i Laodicea) tenen una estructura semblant: Presentació, situació de la comunitat, correcció i doble final	**Efes** ha sofert i detesta els nicolaïtes (secta paganognòstica, que consumia carn sacrificada als ídols), però no té l'amor d'abans. **Esmirna** lluita contra els falsos jueus, la sinagoga de Satanàs (els veritables jueus segueixen Crist). A **Pèrgam** hi té el tron Satanàs (hi ha culte imperial) i hi ha nicolaïtes (referències a Balaam de Nm 25,1-3; 31,16) com a **Tiatira**, emblematitzats en Jezabel (2Re 9,22), perquè segueixen la prostitució en menjar carn sacrificada als ídols. **Sardes** no vetlla prou i és una comunitat negligent. A **Filadèlfia** li deixa oberta la porta de l'apostolat vers els falsos jueus. A **Laodicea** no són ni freds ni calents i està a punt de vomitar-los; la riquesa material no els deixa adonar-se de la pròpia misèria espiritual.
4,1-11: *Litúrgia de cloenda*: El setial del Senyor Déu, sobirà de tot	L'Esperit li fa veure el tron de Déu, rodejat de 24 trons amb 24 ancians (les 24 classes de sacerdots segons 1Cr 24,1-9 o bé la suma dels 12 patriarques i dels 12 apòstols) que fan una funció litúrgica: el lloen i l'ajuden en el govern (exercint funcions sacerdotals i reials). I el tetramorf repeteix *Sant, Sant, Sant* i tots adoren Déu i el proclamen creador de tot.

C) 5,1-8,1: El SEPTENARI dels SEGELLS: **Viure com a cristians en el món en el nus de la història**	
5,1-14: *Visió introductòria*: El llibre-rotlle segellat i l'Anyell	Sols l'Anyell degollat és digne d'obrir el document escrit per totes dues cares i tancat amb 7 segells. El pren de qui és al tron i els 4 vivents i els 24 ancians canten un càntic de lloança dient que l'Anyell és digne d'obrir el document, perquè ha comprat amb la seva sang gent d'arreu i s'hi afegeix una multitud d'àngels adorant-lo. [És a dir: el nus o misteri de la història es troba en mans del Crist mort i ressuscitat.]
6,1-17: L'obertura dels sis primers segells. S'anuncia i prepara l'extermini de l'Imperi romà mentre...	–Els quatre genets dels profetes: *1r segell*: Cavall blanc, amb genet amb arc coronat de victòria (=els parts, considerats «feres salvatges»). *2n segell*: Cavall roig, amb genet amb espasa i poder d'arrencar la pau de la terra (=la violència, la guerra). *3r segell*: Cavall negre, amb genet amb una balança a la mà per racionar blat i ordi (=fam, injustícia, desigualtat). *4t segell*: Cavall cendrós amb la Mort per genet seguit de l'Hades amb potestat sobre ¼ part dels vius (=pesta i corrupció). –*5è segell*: Veu les ànimes dels màrtirs sota l'altar clamant justícia; se'ls atorga un vestit blanc i se'ls demana un temps d'espera fins a completar el nombre d'elegits.

	–6è segell: Terratrèmol i cataclismes còsmics: els magnats, rics i poderosos s'amaguen dins les muntanyes perquè el Dia terrible de la ira de l'Anyell ja ha arribat.
[*Intermedi*: 7,1-8] ... la multitud de salvats és marcada amb el segell de Déu	***7,1-8: Intermedi:*** Els humans no estem abandonats enmig de les calamitats naturals ni de les persecucions o violències: 144.000 elegits segellats de les 12 tribus d'Israel (12x12.000), que equival a una gran multitud. Quatre àngels subjecten els vents perquè un altre àngel, amb el segell de Déu viu, marqui o segelli els salvats.
7,9-17: *Litúrgia de cloenda* i obertura del *setè segell* a 8,1	Els vestits de blanc, que criden que la salvació prové de Déu i de l'Anyell, són els qui venen de la gran tribulació (les persecucions): ja no patiran més, ni tindran gana o set. El silenci solemne precedeix l'arribada de Jahvè segons la tradició profètica. L'obertura del setè segell suposa la plenitud final, l'encontre definitiu amb Déu, que il·lumina el sentit de tota la creació.

D) 8,2-14,5: El SEPTENARI de les TROMPETES: L'encarnació de Déu en la història		
8,2-5: *Visió introductòria*: La pregària dels sants ha estat escoltada		Es donen trompetes als 7 àngels de davant l'altar de Déu, per anunciar l'arribada d'aquell que ha vingut, ve i vindrà. Un altre àngel es posa davant l'altar dels holocaustos amb el braser d'or. Li donen perfums i puja la flaire de l'encens i les pregàries. Omple el braser amb foc de l'altar i l'aboca damunt la terra.
8,6-13,8: El toc de les trompetes o l'execució del càstig a l'Imperi. Nucli fonamental: anunci d'una nova creació (l'arribada del Regne de Nostre Senyor Jesucrist després del judici de Déu)	8,6-9,21: Les 6 primeres amb 3 *ais*! d'interludi al v. 13	*1a trompeta*: Es llança sobre la *terra* pedra i foc barrejat amb sang: crema de la vegetació. *2a trompeta*: 1/3 del mar *es converteix en sang* per la muntanya ardent: 1/3 de les seves *criatures* moren [S'evoquen les plagues d'Egipte: Ex 7-10.] *3a trompeta*: 1/3 de les *aigües dolces* –rius i fonts– esdevenen amargues per l'astre ardent [àngel caigut anomenat Absenta, infusió amarga per excel·lència]. *4a trompeta*: es destrueix 1/3 part del sol i de la lluna i els estels, i s'enfosqueix en 1/3 la llum del dia i de la nit. [*8,13: Tres ais! de l'àguila*] *5a trompeta*: Un estel caigut (el Maligne, Satanàs?) obre el pou dels abismes (presó de les potències infernals; els àngels caiguts hi esperen el càstig) i en surt una fumarada enfosquint el sol i l'aire, així com cavalls-llagostes que piquen amb la cua d'escorpí [=parts]. Sols poden picar els que no porten al front la marca de Déu. Dolor dels homes durant 5 mesos (un temps breu). [*El primer ai! Ja ha passat: en vindran dos més.*] *6a trompeta*: Es fan deslligar 4 àngels encadenats vora l'Eufrates [frontera amb els parts], identificats amb una cavalleria infernal [la dels parts]. 1/3 part de la humanitat exterminada (els pagans) i encara els homes adoren ídols i cometen malvestats. [*El segon ai! ja ha passat; de seguida arribarà el tercer* (la caiguda de Babilònia del c. 17).]

10,1-11,14: Intermedi nuclear: arribada de la bona notícia de la salvació definitiva (l'Església testimonial vencedora a Roma com Jesús ressuscità a Jerusalem).	***10,1-11,14: Intermedi:*** a) *Vocació profètica de Joan* (10,1-11): Un àngel poderós, eixancarrat entre el mar i la terra, porta un rotlle obert (l'Evangeli) a l'autor. Set retrunys de tro parlen, però una veu del cel li mana guardar el secret del que han dit fins al toc de l'àngel 7è. L'àngel crida que no hi haurà més retard: quan el 7è àngel toqui, es complirà el designi secret de Déu [la salvació definitiva quan els seus enemics siguin anorreats] i la veu li mana que es mengi el llibret. Les entranyes se li omplen d'amargor perquè entén que ha de seguir profetitzant. b) *Missió testimonial dels cristians* (11,1-14): Amb una vara de mesurar ha de prendre mides del Santuari de Déu en senyal de ser respectat [l'Església fidel que serà sotmesa a persecucions per l'Imperi]. No cal mesurar el pati, perquè serà lliurat als pagans durant 42 mesos [persecució de Neró a Roma]. Durant 1260 dies dos testimonis –oliveres / lampadaris– [els màrtirs? Pere i Pau? imatge doble de Jesús?] profetitzaran amb poder, però al final, la Bèstia [Neró] els assassinarà. Els cadàvers quedaran a Roma durant 3 dies i mig, però, tot seguit, una veu potent els fa pujar al cel a la vista dels seus enemics. Un terratrèmol esfondra 1/10 part de la ciutat i mata 7000 persones. Els supervivents donen glòria al Déu dels cels. [*Ja ha passat el segon ai!*]
11,15a: Toc	**11,15a:** *7a trompeta*: toc. Instauració del Regnat de Déu.
11,15b-19: Proclamació, prec i adoració	**11,15b-19a:** Veus potents que proclamen [o canten]: *El domini del món és ara del Senyor nostre i del seu Messies, i regnarà pels segles dels segles!* Els ancians adoren Déu i s'obre *el temple de Déu que hi ha al cel, i dins el temple* apareix l'Arca de l'aliança de Déu [que segons el judaisme, a la fi del temps, havia de reaparèixer, aquí lligada a la Dona dels vv. posteriors]. 19b: *esclataven llamps i tronades, la terra tremolava i queia una gran calamarsada de pedres* com a senyal de presència de Déu.
12,1-13,18: Intermedi	***12,1-13,18: Intermedi:*** *[2 senyals al cel: Dona i Drac]* a) *Lluita entre el poble de Déu i el Drac-Serpent* (12): Una Dona revestida de sol i coronada d'estels (Gn 37,9) infanta un fill, endut vers Déu perquè el Drac l'hi vol devorar, mentre ella es refugia al desert, apartada del món, on serà nodrida 3 anys i mig. Gran batalla entre Miquel («Qui com Déu?») i els seus àngels i el Drac-Serpent roig –amb set caps amb diadema i deu banyes– i els seus; el Drac-Serpent serà precipitat a terra. Passarà els atributs a la Bèstia marina aliada. Veu de victòria al cel. El Drac vol perseguir la dona i el nen, però no pot fer res i es disposa a combatre els seus descendents, els que donen testimoni de Jesús. b) *Aliats del Drac: les dues Bèsties* (13). L'autor, *davant del mar*, veu sorgir una Bèstia [poder de l'Imperi romà] amb deu banyes amb diadema [emperadors] i set caps –un ferit de mort (Neró), reencarnat en Domicià– amb noms blasfems [reis vassalls]. (Blasfèmia a 13,4: «Qui com la Bèstia?») Pugna contra els homes i l'adoren els que no tenen el nom inscrit en el llibre de la vida. De la terra sorgeix una segona Bèstia [el culte imperial

		propagandístic, al servei de la primera Bèstia], amb dues banyes com un anyell i veu de drac; que sedueix els homes –els obliga a adorar una estàtua de la Bèstia– i els marca amb el seu encuny (666). Aviat s'identificarà amb el fals profeta [Neró].
14,1-5: *Litúrgia de cloenda*: Visió de l'Anyell i dels 144.000 del seu seguici		L'Anyell dret, a la muntanya de Sió (Jesús ressuscitat) amb els 144.000 salvats, després de la prova i la victòria dels seus seguidors contra les Bèsties. I davant del tron, dels vivents i dels ancians canten un càntic nou de glòria, que sols poden entonar ells perquè són verges. Són irreprensibles i han estat adquirits per Déu i per l'Anyell.

C') 14,6-19,8: El SEPTENARI de les COPES: Els Imperis d'aquest món passen	
14,6-20: *Visió introductòria*: Anunci de l'hora de la sentència per als seguidors de la Bèstia	3 àngels inviten a la conversió (14,6-12): el 1r demana lloances al Déu creador; el 2n anuncia la caiguda de Babilònia; el 3r amenaça els que duen l'encuny de la Bèstia o adorin la seva estàtua. Una veu: *Feliços els morts en el Senyor!* El Fill d'home sega la terra i un àngel la verema. La sang del càstig definitiu de l'Imperi romà és moltíssima: 1.600 estadis (1 estadi=185m). Tot el món és objecte del judici de Déu.
15,1-16,21: Les 7 copes amb les 7 plagues com a última oportunitat davant el judici de Déu en Jesucrist; però els impius no es converteixen. Tanmateix, després del domini dels grans imperis (el Drac i les dues Bèsties), es manifesta la victòria de Jesucrist com a Fill de l'home	7 àngels porten 7 plagues [abans del càstig definitiu Déu, com a Egipte, enviarà plagues als impius però, com el faraó, enduriran cor]. Els que havien triomfat de la Bèstia canten el càntic de Moisès i el càntic de l'Anyell. S'obre al cel un temple, el tabernacle de l'aliança, i un dels vivents ofereix 7 copes plenes de la ira de Déu als àngels que duien les plagues i el temple s'omple de la glòria de Déu. I una veu diu als àngels que aboquin a la terra les 7 copes dels càstigs de Déu. 1a copa: vessada sobre la *terra*, produeix llagues als que duen la marca de la Bèstia; cf. 6a plaga (Ex 9,9s; Dt 28,27-35). *2a copa*: vessada al *mar*, *que es converteix en sang*; totes les *criatures* moren. *3a copa*: abocada a les *aigües dolces* –rius i fonts–, que esdevenen sang.
	16,5-7: Interludi. L'àngel de les aigües i la veu de l'altar subratllen la justícia de Déu (Llei del talió). Els impius mereixen beure la sang dels justos que han vessat (cf. Dt 32,4; Is 49,26). Les 4 primeres copes es vessen sobre la natura; les 3 últimes sobre l'Imperi.
	4a copa: abocada pel sol i és concedit a l'astre de cremar els homes amb foc, però segueixen endurits com el Faraó (Ex 7,3.22; 8,15.28...) i *blasfemen sense convertir-se* (cf. Sl 121,6; Jl 4,8; Is, 49,10). *5a copa* buidada damunt el tron de la Bèstia: el seu reialme queda cobert de tenebres; els homes es mosseguen la llengua de dolor (cf. Ex 10,21s, la 9a plaga), però segueixen *blasfemant i no es converteixen*: *6a copa*: vessada sobre l'Eufrates, que s'eixuga i deixa via lliure als reis d'Orient.

	16,13-16: Intermedi. De les boques del Drac, de la Bèstia i del Fals profeta (Ex 7,26-8,11) surten esperits immunds i diabòlics, convertits en gripaus amb poders per enganyar, i convoquen els reis de la terra a la terrible batalla del gran Dia, a Harmagedon (16,16): el nom sol evoca derrota. La vinguda del Fill de l'home és una incògnita (Mt 24,36-44): feliç el qui vetlla i va amb el vestit com cal.
	7a copa abocada a l'espai. *De dintre el temple, del tron de Déu, va sortir una veu forta que deia: «Ja s'ha complert!». Van esclatar llamps i tronades, i la terra tremolava...* Es rebutja tot el que és al servei de la Bèstia i no de l'Anyell. Illes i muntanyes desapareixen. Babilònia es partí en tres trossos i totes les ciutats paganes s'esfondraren. Una *calamarsada de pedres* de quintar (40 kg) va caure sobre els homes (cf. Ex 9,22, 8a plaga). Però els homes encara *blasfemen* contra Déu i no es converteixen.
[*Intermedi*: 17-18]	Un dels àngels mostra a l'autor la caiguda de la gran prostituta [Roma]. Li fa veure una prostituta embriagada de la sang dels màrtirs, que cavalca la Bèstia escarlata de 7 caps (més un que «pertany als set») i 10 banyes. Els 7 caps són els set turons de Roma (Palatí, Capitoli, Quirinal, Viminal, Esquilí, Celi i Aventí), però es refereix també als 7 primers emperadors, cinc d'ells caiguts –Octavi August, Tiberi, Calígula, Claudi, Neró–, «el sisè és aquí» –Vespasià (69-79)–, «l'altre encara no ha arribat, però quan vingui haurà de durar poc» –Titus Flavi (79-81)–, «el vuitè també pertany als set» –Domicià (81-96), germà de Titus i reencarnació de Neró. [Es tracta d'un indicador de l'època convulsa en què va ser escrit el Llibre: ja sap que l'emperador anterior durà poc.] Les 10 banyes, reis vassalls de Roma de pobles que «acabaran odiant la prostituta». Tots combatran l'Anyell, però aquest els vencerà. La dona du una copa d'or plena d'abominacions i al front el nom de Babilònia (17). Després, un àngel poderós anuncia la caiguda de Babilònia i la condemna de Déu: tindrà turment i dol per la seva pompa i luxe (s'enumeren, com en una factura, 29 productes exòtics). Tres lamentacions amb ai! ai! dels reis, mercaders i navegants [*El tercer ai!*] Els salvats en fugiran i la ciutat desapareixerà de la faç de la terra. A la fi s'ha fet justícia (18).
19,1-8: *Litúrgia de cloenda*: Anunci de l'hora de les noces de l'Anyell amb l'Església	Una gran gentada al cel proclama alegrement la salvació. Ancians i vivents adoren Déu proclamant «Amén» i «Al·leluia» i una gran multitud alegrement proclama que *el Déu de l'univers ha instaurat el seu Regne*: *Ha arribat l'hora de les noces de l'Anyell, i la seva esposa ja està engalanada. Li ha estat concedit de vestir-se de lli blanc i resplendent, que són les bones obres del poble sant.*

B') 19,9-22,5: El SEPTENARI de les VISIONS: La renovació de tot en el Messies	
19,9-10: *Escena introductòria*: L'Esperit de profecia és el testimoni de Jesús	Un àngel fa escriure a l'autor: *Feliços els convidats al banquet de les noces de l'Anyell!* Els convidats a les noces de l'Anyell són els qui donen testimoni de Jesús. Aleshores es prosterna i el vol adorar, però no li ho deixa fer perquè és un simple servent de Déu *com tu i els teus germans que mantenen ferm el testimoni de Jesús.*

19,11-22,5: Les set visions de la victòria final i absoluta de Jesucrist	–**Anunci de la victòria de Jesús** (19,11-16): Fidel i Veraç, damunt un cavall blanc, apareix el Messies, Jutge i Victoriós, amb vara de ferro, baixat del Cel com la Paraula de Déu que és el seu nom. Comanda els exèrcits del cel i és Rei de reis i Senyor de senyors. –**Derrota dels poderosos i violents** (19,17-18): Un àngel dret al sol crida a les aus rapinyaires que s'apropin al banquet de la justícia de Déu perquè tindran carn de tota mena d'homes per menjar. –**Primer combat escatològic i victòria sobre la Bèstia i el Fals Profeta** (19,19-21): La bèstia i els reis combaten els exèrcits del cel. Capturats la Bèstia i el Fals Profeta són llançats a l'estany del foc i sofre; els que quedaven vius, eren morts per l'espasa i les rapinyaires s'afartaren del carnatge. –**Derrota i encadenament de Satanàs per 1000 anys** (20,1-3): Un àngel, amb la clau de l'abisme i una gran cadena, tanca el Drac-Serpent, Satanàs, a l'abisme per *mil anys*. Després, serà deixada anar per *poc temps*. [Davant de la dificultat de vèncer el mal, la seva derrota s'ofereix de forma progressiva.] –**Regnat de mil anys i segon combat escatològic** (20,4-10): Les ànimes que no havien adorat la Bèstia o la seva estàtua ni duien el seu encuny, tornats a la vida [la 1a resurrecció designaria el baptisme], s'asseuen en un tron amb poder de judicar i regnen amb Crist durant 1000 anys (els altres morts hauran d'esperar aquest temps). La segona mort [mort eterna] no té poder sobre ells. I, un cop desencadenat, Satanàs enganyarà molts (Gog, rei de Magog, ressò d'Ez 38,2s emblema de les nacions paganes), però baixarà foc del cel i serà llançat a l'estany de foc, on són la Bèstia i el Fals Profeta, i turmentat pels segles dels segles. –**Judici final (=fugida de la terra i el cel) i victòria definitiva sobre la mort i l'Hades** (20,12-15): Déu, des del setial blanc, davant dels morts drets repassa els registres de les accions humanes i els judica segons siguin o no al llibre de la vida; i els que no hi consten són llançats a l'estany de foc, així com la Mort i el reialme de l'Hades (2ª mort o mort definitiva). –**El món nou i la nova Jerusalem baixada del cel**: Llavors, en un cel nou i una terra nova, veu baixar del cel una nova Jerusalem [l'Església] engalanada com una núvia per al seu espòs [el Messies triomfant en la plenitud de la Parusia] i una veu proclama la plenitud de l'aliança de Déu amb els homes. Ja no existiran dol ni sofriment ni mort. Mana escriure a l'autor que tot és nou. Tot s'ha complert. Déu és alfa i omega. I un dels àngels de les copes li mostra la núvia, la Jerusalem celestial en la seva màxima perfecció i bellesa, on no hi ha cap temple *perquè el seu temple és el Senyor, Déu de l'univers, junt amb l'Anyell*. No hi haurà més foscor: la glòria de Déu l'omple de llum. I l'àngel li mostra el riu de la vida que rega l'arbre de la vida ple de l'abundor dels temps messiànics. Els servents adoraran Déu i l'Anyell, el veuran cara a cara i portaran el seu nom escrit al front.
[No cal cap litúrgia final]	[Som en un món nou on tot i res és litúrgia *<leós+ergon* ('obra', 'acció' del poble)]

A') 22,6-21: Cloenda
22,6-11: **L'àngel** ratifica la veritat de les seves paraules a l'autor, però no permet que l'adori. Li mana de no guardar les profecies del seu llibre en secret perquè *l'hora s'acosta* (ja no cal el secret d'Ap 10,4, ja que la fi del temps és propera). 22,11-17: **Jesús**, alfa i omega, parla. Feliços els que es renten els vestits (es penedeixen) per entrar a la ciutat. Ell és qui ha enviat l'àngel a explicar les circumstàncies de les esglésies (no com a l'inici, Ap 1,2, quan Jesús envia l'àngel a Joan, sinó que ara l'àngel és Joan). 22,18-21: **Joan** protegeix amb amenaces la seva escriptura santa de qualsevol esmena, supressió o addició i pren en boca seva la promesa de Jesús de venir tot seguit.

Hi ha experts que prefereixen considerar la nostra darrera visió –el cel nou, la terra nova i la baixada de la nova Jerusalem (21,1-22,5)– com una gran litúrgia final, amb presentació de la núvia seguint l'estil dels càntics de noces (Ct 4,1-16; 6,4-7,10). Aleshores divideixen el nostre penúltim septenari en dos, de manera que la sisena visió es contindria només a 20,11: el judici final entès com el «gran tron blanc i el que hi seia», símbol de la presència de Déu, davant del qual, fins i tot la creació de la terra i el cel «perden el lloc que ocupen». Aleshores consideren com a setena visió del darrer septenari la victòria definitiva sobre la mort i l'Hades (20,12-15). Així, òbviament, s'interessen molt pel cel nou i la terra nova, sense mar (21,1), ja que es tracta d'una nova creació; i, també, per la descripció de la núvia o nova Jerusalem (21,11-22,5): no importa si el perímetre de la muralla (de jaspi i or) fos de dotze mil estadis i la seva alçada de cent quaranta-quatre colzades (21,16-17), com diu el text, correspondria a una muralla de 2.130 km i a un gruix o alçada de 64 metres. El que importa és que té dotze portes i dotze fonaments (de jaspi, safir, calcedònia, maragda, sardònix, sarda, crisòlit, beril, topazi, àgata, jacint i ametista), que són al mateix temps les dotze tribus d'Israel i els dotze apòstols de l'Anyell. I que no té temples. I que no li calen lluminàries. I que les nacions s'hi dirigiran i hi trobaran sempre les portes obertes, tot i que no hi entrarà mai res d'impur. I que s'hi troba el riu d'aigua viva i l'arbre de la vida perquè és el lloc de la presència de Déu.

2.7.3.4. L'Apocalipsi com a colofó del Nou Testament

Tradicionalment l'Apocalipsi, tot i no ser-ho cronològicament, es presenta com el darrer dels llibres del Bíblia, el darrer dels 27 llibres del Nou Testament, tots ells vertebrats per un eix que els enllaça tots: la creença en Jesús com a Messies de Déu. Més que per motius cronològics, es tracta de ressaltar el seu contingut exhortatiu com a tancament de la resta de llibres neotestamentaris. És un llibre animador perquè acaba amb la victòria del Messies i de l'Església i en la recreació d'un cel nou i una terra nova nodrida per l'aigua de la vida de Déu. Però, des del primer septenari, invita les esglésies que pateixen dificultats a estar alerta. El segon, el dels segells, recorda que el sentit de la història humana rau en el misteri de Crist. El tercer –el central, el de les trompetes– proclama de forma simbòlica la victòria sobre les forces del mal, encarnades en l'Imperi romà (i en imperis semblants), pel misteri de la mort i resurrecció de Jesucrist com a font de la vida veritable. El quart, el de les copes, palesa amb cruesa que tota la realitat serà judicada justament des d'aquesta sola perspectiva, la del Crist mort i ressuscitat. El cinquè, el de les visions, fins i tot la mort i el mal són anorreats davant de la nova creació. En aquest final, justament, Jesús parla, com a l'inici, que ha enviat el seu àngel a l'autor: «"Jo soc el rebrot del llinatge de David, l'estel resplendent del matí. L'Esperit i l'esposa diuen: "Vine!"» L'Esperit i l'Església anhelen la nova vinguda de Jesucrist. Per això el lector creient s'uneix a aquest clam d'esperança: «Els qui escolten, que diguin: "Vine!"» L'Apocalipsi convida, doncs, els creients en dificultat a una vida oberta contínuament a l'Esperit.

2.8. Els llibres apòcrifs

Etimològicament, *apòcrif* significa 'secret', 'ocult' (d'*apo*, 'des de' i *kryptô*, 'ocultar'). Tant es pot tractar de textos que mai no van entrar al cànon cristià (els llibres acceptats per les esglésies d'Orient i Occident com a part del Nou Testament i que acabaren essent 27) com textos de grups cristians que volien transmetre un ensenyament «amagat» als no iniciats, és a dir, una revelació oculta, presentada com a superior –o, almenys, diferent– a aquella que contenien els llibres utilitzats habitualment en les assemblees i que acabaren establint la llista canònica (cf. APÈNDIX 8). En aquest sentit, es tractava d'un ensenyament esotèric, com una doctrina més sublim de la que podia assimilar la gent senzilla i ignorant que conformava la gran Església i que es quedaven amb un coneixement molt extern de Jesús. Que no fossin llegits en les primeres assemblees comunitàries portà al fet que l'adjectiu *apòcrif* s'estengués entre les comunitats com a llibres que no havien de ser llegis en les litúrgies.

Encara que han tingut gran predicament en la tradició eclesial –els noms dels pares de Maria, Joaquim i Anna, per exemple, surten de l'apòcrif *Protoevangeli de Jaume*, amb estrats del segle II, però segurament no acabat fins al segle IV–, ara com ara s'entenen com a tals els oposats als *canònics*, per bé que les comunitats protestants també denominen 'apòcrifs' els llibres de la Bíblia grega que no pertanyen a la Bíblia hebrea. L'arqueologia ha permès descobrir en els darrers anys alguns d'aquests escrits (cf. APÈNDIXS 8 i 10): per exemple, el 1886, a Akhmim, es trobà un llarg fragment de la passió de Jesús, avui conegut com *Evangeli de Pere*; des de començaments de segle, a la zona d'Oxirinc (a 200 km al sud del Caire), es trobaren els denominats «Papirs d'Oxirinc», amb fragments de dites de Jesús, de l'*Evangeli als hebreus* i de l'Apocalipsi; el 1945, es trobà l'avui denominada «Biblioteca de Nag Hammadi», en un llogarret d'Egipte no lluny de l'antiga ciutat de Khenoboskion, una veritable col·lecció de 13 còdexs de papir amb 53 manuscrits de caire gnòstic copiats pels monjos entorn del 367 dC, amb l'*Evangeli de Tomàs*, l'*Evangeli de Felip* o l'*Evangeli de la Veritat*, entre d'altres. A partir de 1947, i fins al 1956, es descobriren els Manuscrits del Mar Mort o Rotlles del Qumran, més de 900 textos en arameu, hebreu i grec, que es poden datar entre el 200 aC i el 66 dC, no publicats fins al final de la dècada dels noranta del segle passat. L'*Evangeli de Maria [Magdalena]* no es pogué publicar per diferents circumstàncies fins al 1955; el 1958 es descobrí l'*Evangeli secret de Marc*, malgrat que se'n discuteix l'autenticitat; l'*Evangeli de Judes* fou reconstruït tot just el 2006... I hem d'estar oberts a nous descobriments.

Tanmateix, avui encara es discuteix sobre els estrats de formació de l'*Evangeli de Tomàs* –un escrit evangèlic sense relat narratiu, on només hi ha 114 sentències de Jesús, algunes igual que en els evangelis canònics, i que comença així: «Aquestes són les paraules *secretes* que digué Jesús, el Vivent»– i que, datat cap al 140, resulta difícil d'establir si fou anterior o posterior als considerats més antics –anteriors a la segona meitat del segle II– com l'*Evangeli dels Egipcis o Llibre Sagrat del gran Esperit invisible* (~140), l'*Evangeli de Pere* (~130-150) o l'*Evangeli dels Ebionites* (~150). Recordem que, al voltant de l'any 100, se situen les *Odes de Salomó* i segueixen alguns dels escrits denominats «apostòlics» –textos del tot venerables, però no llegits tampoc en les assemblees litúrgiques– com la *Didakhé o Ensenyament dels apòstols* (~100), la *Primera carta de Climent*, la de *Policarp d'Esmirna als Filipencs* (~135), el *Pastor*, d'Hermas (~140), l'*Epístola de Diognet* (140-200)... Entre els apòcrifs, caldria situar cap a mitjans del segle II els esmentats *Evangeli de Maria [Magdalena]*, *Evangeli de Judes* i *Protoevangeli de Jaume*, a més de l'*Evangeli de la veritat*, segurament escrit per un gnòstic com Valentí, per no parlar dels *Apòcrifs* de Joan i Jaume. Són llibres que pertanyen a la tercera i quarta generació cristiana i en vam esmentar alguns al seu lloc corresponent (*supra*, punt 2.2), A tocar del segle III tindríem la *Saviesa de Jesucrist*, i encara les *Actes de Pilat o Evangeli de Nicodem*, redactat al segle IV amb fonts del II, quan ja anaven derivant vers un gènere entre llegendari i devocional.

Els apòcrifs tenen interès per l'atenció que han rebut de la gran Església i la seva influència en les tradicions (per exemple: la de la presentació de la Verge al Temple), festes i iconografia. També per adonar-nos que el cànon es va originar en el xup-xup d'una època d'hesitació en què hi havia mutus transvasaments de textos (per exemple, entre els evangelis canònics i l'*Evangeli de Tomàs*). Però ofereixen poc interès per a la construcció i estudi de la vida de Jesús, perquè, des de la mentalitat gnòstica de la majoria, no donen importància al seu context històric i humà. Com ja sabem, avui disposem en català d'alguns d'aquests evangelis, en edició d'Armand Puig: *Els evangelis apòcrifs* (2008) i *Els evangelis apòcrifs: textos gnòstics* (2015).

B. ICONOLOGIA

ART

És un fet que, malauradament, el cristianisme, havent-se d'imposar a altres religions, va malmetre quantitat d'obres d'art clàssiques; en aquest sentit, cf. NIXEY, C.: *La edad de la penumbra: cómo el cristianismo destruyó al mundo clásico* (Madrid: Taurus, 2018).

☐ PINTURA

La Sagrada Família –Jesús, Maria i Josep–, la Magdalena i els apòstols, són, per aquest ordre, els personatges més representats plàsticament en l'art de tot el món. Encara que hi hagi una certa desproporció en la reproducció de determinats temes del Nou Testament –sobretot guanyarien els més llegendaris i mítics–, oferirem els episodis més importants i coneguts de la vida de Jesús, distingint quatre períodes, amb l'adreça digital d'aquells que tinguin més dificultats a l'hora d'identificar-los. Els que no explicitem es poden trobar fàcilment navegant per Google, per biblical-art o a la Viquipèdia):

▪ **Infantesa de Jesús**

1) ANUNCIACIÓ (exemple de la humilitat i la disposició de Maria):

• Frontal de l'altar de Santa Maria d'Avià (1170-1190), conservat al MNAC: <http://www.museunacional.cat/en/colleccio/altar-frontal-avia/anonim/015784-000>.

• *L'Anunciació* de Duccio di Buoinsegna (1308), a la National Gallery de Londres. Aquest autor de l'època gòtica té un esplèndid retaule dit *La Maestà* a la catedral de Siena (1308-1311), on representa diverses escenes de la vida de la mare de Jesús relacionada amb el seu fill i els apòstols: <https://ca.wikipedia.org/wiki/Maest%C3%A0_de_la_catedral_de_Siena>.

• *L'Anunciació* de Simone Martini (1333), tríptic pintat amb Lipo Memmi, considerat l'obra mestra del gòtic sienès a la Galleria dels Uffizi: <https://es.wikipedia.org/wiki/Anunciaci%C3%B3n_entre_los_santos_Ansano_ y_Marga-rita>.

• *L'Anunciació* de Fra Angelico (1427), pintada amb altres escenes bíbliques al Convent de Sant Marc de Florència (1425-28), ben diferent de la de 1426, que es troba al Museu del Prado de Madrid: <https://es.wikipedia.org/wiki/La_Anunciaci%C3%B3n_(Fra_Ang%C3%A9lico,_Florencia)> i <https://cs.wikipedia.org/wiki/La_Anunciaci%C3% B3n_(Fra_Angelico,_Madrid)>.

• *L'Anunciació* dita *Mellon* de Van Eyck, mostra del primitiu flamenc (1434), a la Gallery of Art de Washington: <https://ca.wikipedia.org/wiki/L%27Anunciaci%C3%B3_(Van_Eyck,_Washington)>.

• *L'Anunciació* de Filippo Lippi, una sobre fusta a l'Alte Pinakothek de Munic (~1443) i una altra sobre taula a la Galleria Doria Pamphili de Roma (1445-1450). Aquest autor té moltes obres de la Mare de Déu entronitzada amb l'infant.

• *L'Anunciació* de Giovanni Bellini (1464).

• *L'Anunciació* de Leonardo da Vinci, oli sobre taula, del període 1472-1475: <https://ca.wikipedia.org/wiki/L%27Anunciaci%C3%B3_(Leonardo_da_Vinci)>.

• *L'Anunciació* de Boticelli dita *de Cestelo* (1489), de la Galeria dels Uffizi, diferent de *L'Anunciació* (~1490) del museu de Kelvingrove Art Galley de Glasgow (Regne Unit): <http: //humanitats.blogs.uoc.edu/2015 07/27/sandro-botticelli-lanunciacio-cestello/ i <https:// en.wikipedia.org/wiki/Annunciation_(Botticelli, _Glasgow)>.

• Luca Signorelli, de cap a finals del quatre-cents, pinta diversos episodis dels inicis de la vida de la Verge com ara *Sagrada Família* (~1490), a la Galeria dels Uffizi, *Circumcisió de Crist* (~ 1491) a la National Gallery de Londres, *Esposalles de la Mare de Déu* (~1491), a la National Gallery of art de Londres o *Mare de Déu i Infant, sant Josep i altre sant* (1492), a la Galeria Palatina del Palau Pitti de Florència.

• *L'Anunciació* del Greco (1570), al Museu del Prado (Madrid).

• Per a una mostra del barroc, Giulio Benso, el fresc *Annunciazione della Vergine* (~1640-1644), a la Basílica de la Santísima Anunciació del Vastato (Gènova).

• *L'Anunciació* de Rembrant (1645).

• Entre les moltes pintures dedicades a la Verge per Bartolomé Esteban Murillo destaca *L'Anunciació* de (1660), avui al Museo del Prado: <https://www.museodelprado.es/coleccion/obra-de-arte/la-anunciacion/971fbc95-3a0d-4559-8859-270e54bc153c>.

• En la col·lecció de llibres d'art (Nova York: Phaidon), que recull una esplèndida selecció d'episodis del Nou Testament, la que està dedicada a l'Anunciació conté 121 mostres (edició espanyola de 2004). A més d'algunes ja esmentades, s'hi pot trobar la d'Henry Osava Tanner (1898), on l'àngel és sols una llum, avui al Museu d'Art de Filadèlfia: <http://www. preguntasantoral.es/2011/03/la-anunciacion/henry-ossawa-tanner-the-annunciation-1898-oil-on-canvas-57-%C3%97-71-philadelphia-museum-of-art/>.

2) LA VISITACIÓ (model d'acollida i solidaritat de Maria envers Elisabet, rarament es troba sola; sol anar acompanyada amb temes sobre la infantesa de Jesús, els misteris del rosari o el «Magnificat»):

• El frontal de Santa Maria d'Avià (segle XII), ja esmentat.

• La taula lateral de l'altar de l'església de Sant Andreu de Sagàs (segle XII), al Museu de Solsona.

• La frontal de Santa Maria de Lluçà (segle XIII), té un compartiment dedicat a la Visitació, avui al Museu de Vic: <http://www.museuepiscopalvic.com/coleccions_more.asp?id= 86&r=1>.

• Portal de la catedral de Notre-Dame de Reims, amb un timpà dedicat a la Mare de Déu (1250). Té baixos relleus dedicats als darrers moments de la seva vida: dormició, enterrament, assumpció...

• Fresc del Giotto. *Maria i Elisabet*, a l'església de Sant Francesc d'Assís (1302-1305): <http://www.artehistoria.com/v2/obras/15322.htm>.

• Giusto de' Menabuoi (segle XIV), al baptisteri de la catedral de Pàdua (1375-76): <http: //matemolivares.blogia.com/2014/121301-el-baptisterio-de-la-catedral-de-padua-geometria-divina.php>.

• Fra Angelico: *La Visitació* (1433-34), Museu diocesà de Cortona: <http://www.biblical-art.com/artwork.asp?id_artwork=11339&showmode=Full>.

• Giulio Benso (segle XVII): *La visitació*, avui al Louvre (París): <http://www.biblical-art.com/artwork.asp?id_artwork =33748&showmode=Full>.

• Konrad Witz: *La Trinitat i la Visitació* (1444), avui a la Gemäldgalerie de Berlín: <www.harteconhache.com/2012/01/los-origenes-de-la-ecografia-3d.html>.

• Pietro Perugino: *La Visitació* (1470-1473).

• Domenico Ghirlandaio: *La Visitació* (1485-1490).

• Rafael (1517), al Museu del Prado.

• Mariotto Albertinelli: *Visitació* (1503), a la Galleria degli Uffizi: <http://www.biblical-art.com/artwork.asp?id_artwork=3778&showmode= Full# artwork>.

• Taula conservada a Galeria Nacional de Budapest d'un pintor conegut com el Mestre de la Visitació (1506).

• Marx Reichlich representa la *Visitació* com una trobada gairebé casual (1505-1510), avui a Viena.

• Jacopo Pontorno: *La Visitació* (1528).

• Tintoretto: V*isitació* (1587-1588), a la Scuola Grande di San Rocco deVenècia.

• Rubens: *La Visitació* (batent esquerre del tríptic del *Descendiment de la Creu* del 1612). I també de 1612, *La Visitació* de Pierre Mignard.

• Kate Kollwitz : *Maria i Isabe*l (*Visitació*, xilografia de 1928).

3) NAIXEMENT DE JESÚS (Juntament amb la crucifixió deu ser l'episodi més plasmat en l'art de tot el món; només cal recordar com alguns Christmas de Nadal recreen aquesta escena. Com sol passar en la majoria d'escenes bíbliques, l'esquematisme i simplicitat de les primeres versions van prenent formes més complexes amb el pas del temps.)

• El frontal de Santa Maria d'Avià (segle XII), ja esmentat.

• Es pot visionar per internet el film *Natividad en los grandes maestros de la pintura*, de Coitan films, on trobem nativitats de Mantegna, Giorgione, Da Vinci, Veronese, Roamano, Zurbarán, Rubens, Gossaert, Romano, el Greco, Ribera, Botticelli, Murillo, Durero, Tiarini, Mantegna, Bronzoni, Ghirlandaio, Correggio, Filippo, Giotto, Jean Hey, Murillo, Fra Angelico, Piero della Francesca, Orozco, Van der Weyden, Caravaggio, Tintoretto i Velázquez: <https://www.youtube.com/watch?v=wGjjYA6rpOk>.

• També, *Natividad de Jesús en el arte*, un vídeo dividit en aquests episodis: *a*) l'Anunciació (que abraça *El somni de Josep*, de Ciseri); *b*) la Visitació; *c*) el cens (amb obres de P. Brueghel), *d*) la Nativitat (amb obres de Baldung Grien, Chagall, Altdorfer, Rublev, D. Ferrari, Costa, De la Tour, Poussin, Caravaggio, Rembrandt, Champaigne, el Mestre de Peribleptos); *e*) l'adoració dels pastors (amb obres de Gasddi, el Greco, Rembrandt, Caravaggio, van Honthorst...); *f*) la Presentació al temple; *g*) l'adoració dels mags; *h*) la matança dels innocents i la fugida a Egipte.

• Es poden contemplar les 24 pintures més famoses de la Nativitat des del segle IX al segle XIX (Gauguin) a <http://the-creative-business.com/24-famous-paintings-nativity/>.

• Amb *El Messies* de Haendel de fons, per la Filharmònica de Chicago i Cor, es pot fer tot un visionat de pintures amb les seqüències anteriors a <https://www.youtube.com/watch?v=v573ORgIpqM>.

• *El Nacimiento de Jesús en el arte*: <http://arte.about.com/od/Obras-De-Arte/ss/El-Nacimiento-De-Jesus-En-El-Arte-Historia-E-Imagenes.htm#step1>.

• Les millors figures de pessebre amb els oficis del temps de Jesús a <http://artnativity.com/>.

• *Naixement* del Giotto, frescos de la Capella dels Scrovegni (~1304). En els murs d'aquesta capella (inicis segle XIV), dedicada a Santa Maria de la Caritat, Giotto va realitzar uns frescos que alguns consideren la seva obra mestra. A la banda superior del mur esquerre, s'explica la vida de Joaquim i Anna, pares de Maria segons els apòcrifs. A continuació, hi ha la història de Maria, amb episodis com *La presentació de la Verge al Temple.* Tornant a començar per l'esquerra hi ha els episodis del naixement i infància de Jesús, com la *Fugida a Egipte.* A l'altra banda hi ha la *Disputa amb els doctors* i altres escenes com *El baptisme al Jordà*, *El miracle de les noces de Canà*, *La resurrecció de Llàtzer*, *L'Entrada a Jerusalem* i *L'expulsió dels mercaders del temple.* A la part inferior dels dos murs, s'hi mostra *La Passió*, *La lamentació sobre Crist mort* i *La Resurrecció.* L'últim dels 36 quadres representa el miracle de Pentecosta, l'inici simbòlic de l'acció de l'Església a la terra. Encara a l'arc triomfal d'accés a l'absis es representa l'Anunciació de la Verge i Déu acomiadant Gabriel, que va a complir la seva missió. A la paret oposada, als peus de l'església, es representa un gran *Judici final*, on, segons els crítics, Giotto va cedir part del treball als seus aprenents. En les bandes inferiors dels murs, per sota de les escenes de la vida de Crist, Giotto va pintar 14 al·legories de Vicis i Virtuts.

• Filippo Lippi: *Naixement* (~1455), al Convent dels dominicans de Prato: <https://www.youtube.com/watch?v=uIa6edNxYBM>. Aquest pintor té moltes escenes de la vida de Jesús: <https://www.youtube.com/watch?v= nslBLxmdXH0>.

• *Naixement*, d'Hugo van der Goes (1477-78), a la Galleria degli Uffizi: <G/I/Hugo van der Goes>.

• *Nativitat mística*, de Sandro Botticelli (1501, a la National Gallery de Londres.

• *Nativitat*, Giovanni Battista Tiepolo (1732), a la basílica de Sant Marc de Venècia.

En aquest apartat caldria incloure totes les representacions de la Sagrada Famíla, en especial les de Rafael com *La Sagrada Família de l'Anyell* (1507), al Museu del Prado, i altres: *La sagrada família de la perla* amb Joan i Jesús, infants– *La Verge del peix*, *La Verge de la rosa*, *la del roure...*: <http://www.foroxerbar.com/viewtopic.php?t=3402>.

4) Adoració dels pastors (Sol acompanyar el tema de la Nativitat.)

• Taddeo Gaddi: *Adoració dels pastors* (1327); fresc a la Capella Baroncelli de la Santa Creu (Florència): <https://es.wikipedia.org/wiki/Taddeo_Gaddi>.

• Correggio: *La Nit. Adoració dels pastors* (1528): <http://www.artehistoria.com/v2/obras/7043.htm>.

• El Bosco, tríptic, juntament amb Naixement de la Verge i Anunciació (abans de 1550), al Museu del Prado: <https://www.museodelprado.es/coleccion/obra-de-arte/nacimiento-de-la-virgen-anunciacion-adoracion-de/11619e55-2fef-4a5b-a9b4-8412f998a3c0>.

• Fray Juan B. Maíno de Castro (1612-1614): <https://www.museodelprado.es/coleccion/obra-de-arte/adoracion-de-los-pastores/103e1807-2917-4906-87ce-71a3a027f37e>.

• La Tour (1644): <www.wikiwand.com/es/La_adoración_de_los_pastores_(La_Tour)>.

• Rubens: *Adoració dels Pastors*, al Prado: <http://www.europeana.eu/portal/record/2058610/pages_Main_idt_142679_inventary_DE20324_table_FMUS_museum_MCA.html>.

• Rembrandt (1646): *Adoració dels pastors*, a la National Gallery de Londres: <http://www.artehistoria.com/v2/obras/160.htm>.

• Murillo (1650) al Prado: <https://www.museodelprado.es/coleccion/obra-de-arte/adoracion-de-los-pastores/612bacfa-afd6-4325-b17d-df6febb13b7c>.

5) Presentació al temple

• Buoninsegna, a la *Maestà* de la catedral de Siena, ja esmentada.

• Ambroggio Lorenzetti (1290-1348): *Mare de Déu amb l'infant*.

• Mestre de Canapost (segle xv): Portes de l'orgue de la catedral de la Seu d'Urgell.

• Mantegna (1455) al Gemäldegalerie (Berlín): <https://ca.wikipedia.org/wiki/Presentaci%C3%B3_al_Temple_(Mantegna)>.

• Giovanni Bellini (1460), reinterpretació de l'anterior.

• Hans Memling (1470) al Museu del Prado: <G/I/memling prado>.

• Diego Valentín Díaz (1630): <http://www.europeana.eu/portal/record/2022703/oai_euromuseos_mcu_es_euromuseos_MNEV_CE1742.html>.

• Rembrandt: *El càntic de Simeó* (1639), un gravat de 1654 i la seva darrera pintura de 1669.

• Simon Vouet (1640) al Louvre: <https://es.wikipedia.org/wiki/Presentaci%C3%B3n_en_el_templo_(Vouet)>.

6) L'adoració dels mags (Sovint representats com les tres edats de la vida.)

• A Sant Apol·linar Nou de Ravenna (segle vi), en ple estil bizantí, van abillats a la manera oriental. El romànic els converteix en nobles reis com es pot veure al frontal d'Espinelves, al Museu Episcopal de Vic.

• L'obra de Masaccio (1426) es troba al Gemäldegalerie de Berlín: <http://www.artehistoria.com/v2/obras/ 4724.htm>.

• Paolo Uccello: Predel·la (bancal d'un retaule) de *Adoració dels Mags* de Quarate (1435), al Museu de l'Arquebisbat de Florència: <http://es.wahooart.com/@@/8Y3KKS-Paolo-Uccello-Adoraci%C3%B3n-de-los-Magos-(Quarate-predela)>.

• Van der Weyden (1445-1448): *Tríptic* de l'altar de Santa Columba de Colònia, on a l'esquerra hi ha l'*Anunciació*, a la dreta, la *Presentació*, al mig l'*Adoració dels reis mags*: <https://es.wikipedia.org/wiki/Tr%C3%ADptico_del_altar_de_Santa_Columba>.

• Benozzo Gozzoli, a la decoració de la capella del Palau Medici-Ricardi de Florènca (1459-65), presenta un sumptuós seguici: <G/I/gozzoli palazzo medici ricardi>.

• Mantegna (1462), a la Galleria dels Uffizi de Florència: <G/I/Mantegna Uffizi>.

• El Bosco: *Adoració dels Mags* o *Tríptic de l'Epifania*, gòtic (1485-1500), al Museu del Prado.

• Leonardo da Vinci (1481), a la Galleria dels Uffizi de Florència.

• Durero (1504), a la Galleria dels Uffizi de Florència: <G/I/Durero Uffizi>.

• Rubens: *Adoració dels Reis Mags* (1629) al Museu del Prado: <https://es.wikipedia.org/wiki/La_Adoraci%C3%B3n_de_los_Reyes_Magos_(Rubens,_Prado)>.

• *Adoración dos Magos*, atribuït a Gregorio Lopes i/o Jorge Leal, d'entre 1520-1525, procedeix del Monasterio de San Benito da Saúde, avui a Lisboa: <http://www.viajeuniversal.com/portugal/lisboa/quever/ museoarteantiguo_ 7adoraciondelosmagos.htm>.

• Tiziano (segle XVI), al Museu del Prado: <https://www.museodelprado.es/coleccion/obra-de-arte/adoracion-de-los-reyes-magos/302fbd60-3d63-4276-a888-a7cd66805a05>.

• Pintures d'aquest episodi de Brueghel, Diziani, Bourdon, Aertzen, Rubens, Rembrandt, Murillo: <http://www. artbible.org/es/pintura-episodio-la-adoracion-de-los-magos-400209 /#.VyzTeISLTZ4>.

7) Fugida a Egipte (llegendària)

• Jaume Ferrer: Retaule gòtic de Santa Maria de Verdú (1432-34), al Museu episcopal de Vic.

• Giotto (1304-1312), fresc a la Capella Scrovegni de Pàdua: <G7I/ScronegniGiotto www.christusrex.com>.

• Rembrandt: *Descans en la Fugida* (1647), a la National Gallery de Dublín: <http://www.artehistoria.com/v2/obras/4464.htm>; també té un aiguafort de *Fugida a Egipte de nit*: <http://expositions.bnf.fr/rembrandt/esp/grand/033_1.htm>.

8) Matança d'innocents (llegendària)

• *Matança dels Innocents*, al *Codex Egberti*, segle X (Trèveris, Stadtbibliothek).

• Pintura mural del Panteó reial de Sant Isidor de Lleó (segle XII): <http://www.artehistoria.com/v2/obras/20221. htm>.

• Giotto, fresc a la capella dels Scrovegni (1302-05): <http://www.artehistoria.com/v2/obras/15338.htm>.

• Lluís Borrassà, introductor del gòtic internacional, al retaule de Santa Clara (Museu Episcopal de Vic) de 1415: <http://www.edu3.cat/Edu3tv/ Fitxa?p_id=22249>.

• Rafael: dibuix de *La massacre dels innocents*, del qual se'n van fer dos gravats, un al Rijksmuseum d'Amsterdam (1509).

• P. Brueghel: *El cens i la matança* (1566), al Kunshistoriches Museum deViena: <https://blocdejavier.wordpress.com/2012/12/28/brueghel-1566-el-censo-de-belen-y-la-matanza-de-los-inocentes/>.

• N. Poussin: *Matança dels innocents* (1628), al Museu Condé de Chantilly: <http://www. tuitearte.es/la-masacre-de-los-inocentes/>.

• Rubens (1610-12): <http://las-20-pinturas-mas-caras-del-mundo.es.tl/ %26%238220%3BLa-masacre-de-los-inocentes%26%238221%3B,-Peter-Paul-Rubens.htm>.

• Guido Reni (1611) per a la basílica de Sant Domènec de Bolònia, avui a la Pinacoteca Nacional: <https://es.wikipedia.org/wiki/Matanza_de_los_inocentes_(Guido_Reni)>.

9) Jesús entre els doctors de la llei

• Giotto: fresc de 1306 a la Capella dels Scrovegni (Pàdua).

• Duccio di Buoninsegna: 1308. Museo dell'Opera del Duomo a Siena.

• Pinturicchio (1501) fresc a la Col·legiata di Santa Maria Maggiore (Spello).

• Durero, avui al Museu Thyssen-Bornemisza de Madrid (1506): <http://www.museo thyssen.org/thyssen/ ficha_obra/459>. Aquest és diferent del de l'última dècada del segle XV, avui a la Gemäldegalerie (Dresde). També un video sobre el pintor a: <https://www.you-tube .com/watch?v= lL94byuzRr4>.

• Il Veronese (1560), al Museu del Prado :<G/I/Veronés Prado>.

• Ribera: *Jesús entre los doctors* (1614), a Ville de Langres (Champagne).

• Paulus Bor: mostra de barroc holandès a *Crist als 12 anys en el Temple* (1635-68).

▪ La vida adulta: els fets i les paraules de Jesús

• Classificació per categories de pintures sobre Jesús:<https://es.wikipedia.org/wiki/Ca-tegor%C3%ADa:Pinturas_representando _a_Jes%C3% BAs>.

• Vídeo sobre les millors pintures històriques de Jesús: <https://www.youtube.com /watch?v=gEXWbSY4D38>.

• Les considerades millors pintures sobre Jesús: <http://zonaj.net/noticia/2063/11/las-10-mejores-pinturas-de-jesus-de-la-historia/>, <http://listas. 20minutos.es/lista/las-mejores-pinturas-historicas-de-jesucristo-358137/>.

• Vida i fets de Jesús en pintures: <http://www.mscperu.org/grafic/biblia/pint/Jesus/ 1jespintIndex.htm>.

• William Hole: 80 aquarel·les sobre la vida de Jesús (1900-1906), exposades a la Fine Art Society de Londres.

1) El Baptista

• Comparem els mosaics dels dos baptisteris de Ravenna, ortodox (segle V) i l'arià (segle VI): ull! El geni del riu Jordà del segon no es pot confondre amb Déu Pare, perquè porta un cranc al cap; tots dos a <www.clasicalmosaics.com>.

• Giotto (1302-05), a la capella dels Srovegni de Pàdua.

• Piero della Francesca (1450): National Gallery de Londres: <https:// www.youtube. com/watch?v= tMJ75jikiTE >.

• Verrocchio (1475-78): Galleria degli Uffizi de Florència.

• Perugino i Pinturicchio (1481-83): Mur lateral de la capella Sixtina <http://webfly. es/viajes/index.php/zonas/270-vaticano2?start=4>. Aquest mur té altres escenes de la vida de Jesús com *Les temptacions* (Botticelli, 1481-2), *Sermó de la Muntanya* i *Miracles* (Cosimo Rosselli i Piero di Cosimo, 1481-82).

• Tintoretto (1585), al Museu del Prado: <https://www.museodelprado.es/coleccion/ obra-de-arte/bautismo-de-cristo/f589ac3d-b7ad-4427-8c1d-e9b4e249b0ee>.

• El Greco (1596-1600), al Museu del Prado: <https://www.museodelprado.es/colec cion/obra-de-arte/bautismo-de-cristo/388206cf-943c-46ac-911c-3b63a0ac0200>.

2) Noces de Canà

• Giotto: *Les bodes de Canà* (1302-05), a la Capella dels Scrovegni de Pàdua: <http:// www.artehistoria.com/v2/obras/15392.htm>.

• El Bosco (1475-180), al museu Boymans-van Beuningen (Rotterdam): <http://www. artehistoria.com/v2/ obras/4929.htm>.

• Veronese (1562-63), al Prado i al Louvre; al Prado: <https://www.museodelprado.es/coleccion/obra-de-arte/las-bodas-de-cana/e09e2827-44a2-480a-ac3b-26cdca74e840>; al Louvre: <http://arelarte.blogspot.com.es/2010/03/verones-las-bodas-de-cana.html> i <https://www.youtube.com/watch?v=Xa9RVjPQ37E>.

• Murillo (1670-75), al Museu Barber Institute of Fine Arts: <http://www. artehistoria.com/v2/obras/ 10701.htm>.

3) La vocació de Mateu i d'altres apòstols i deixebles

• Rostres de Pere, Andreu i Joan (amb Pau) a les catacumbes de Santa Tecla pintades a finals del segle IV o a inicis del segle V: <http://infocatolica. com/?t=noticia&cod=6659>.

• Vocació d'Andreu i Pere al mosaic bizantí de Sant Apol·linar Nou de Ravenna (segle VI), on en una altra escena, Jesús separa ovelles i cabrits segons Mt 25, 31-46.

• D. Ghirlandaio: *Vocació dels primers apòstols* (1481-1482), fresc al lateral de la Capella Sixtina: <http://webfly.es/viajes/index.php/zonas/270-vaticano2?start=4>.

• Caravaggio (1599-1600), a l'Església de Sant Lluís dels Francesos (Roma), trasllada l'escena de la crida a Mateu a una taverna romana i alguns crítics la consideren la seva obra mestra. Cal llegir aquest quadre amb l'ajut d'algun expert; aquí va un vídeo i uns apunts d'ajuda: <https://www.youtube.com/watch?v= kFhYT6zM5zU> i <http://apuntes.santanderlasalle.es/arte/barroco/pintura/italia/caravaggio_san_luis_franceses_vocacion_san_mateo.htm>.

4) Claus a Pere i sermó muntanya

• Cosimo Rosselli i Piero di Cosimo: *Sermó de la Muntanya i miracles* (1481-82), al mur nord de la Capella Sixtina.

• Perugino al mur nord de la Sixtina (1482), amb la intenció d'exaltar el poder papal: <www.christusrex.com>.

• Rafael Sanzio: *La càrrega de Crist a Pere* (1515): <http://www.artbible.org/es/pintura-libro-mateo-40/4/#.VzBRoo SLTZ4>.

• Jean Auguste Dominique Ingres: *Jesús oferint a sant Pere les claus del Paradís* (1820).

5) Jesús i la samaritana

• Duccio di Buoninsegna: *Crist i la samaritana* (1310-1311), al Museu Thyssen-Bornemisza (Madrid): <http://www.museothyssen.org/thyssen/ficha_obra/458>.

• Il Guercino [Giovanni Francesco Barbieri]: *Jesús i la samaritana al pou* (~1640-1641) al Museu Thyssen-Bornemisza (Madrid): <http://www.museothyssen.org/thyssen/ficha_obra/298 >.

• Pieter de Grebber (1635): <http://www.artbible.org/es/pintura-libro-juan-43/#jesus-y-la-mujer-samaritana> i <https://es.pinterest.com/pin/533 184043354009688/>.

• Rembrandt: té diversos gravats i un oli de 1659, al Staatliche Museen (Berlín): <http://www.artbible.org/es/pintura-juan-rembrandt-cristo-y-la-mujer-de-samaria-425/#.VzBii4 SLTZ4>.

• González Velázquez, Antonio [atribució]: *Crist i la samaritana* (1780), al Museu Nacional d'Escultura de Valladolid.

6) El debat del tribut al Cèsar

• Masaccio: fresc a Santa Maria del Carmine (1427): <G/I/Masaccio> i <https://es.wikipedia.org/wiki/El_pago_del_ tributo_(Masaccio)>.

• Valentin de Boulogne: *Le Tribut de César* (1620), al Palau de Versalles: <http://www. artbible.org/es/pintura-mateo-valentin-de-boulogne-el-tributo-al-cesar-100/#.VzBpbYSLTZ5>.

• Antonio Arias: *La moneda del César* (1646), al Museu del Prado: <https://es.wikipedia.org/wiki/Antonio_Arias_ (pintor)>.

7) L'adúltera

• Tintoretto té una versió de 1547 i una altra de 1556-58: <http://artebiblica.blogspot.com.es/2015/08/ jesus -y-la-mujer-adultera.html>.

• P. Brueghel (1565): pintura prestada per fer un gravat el 1579 (Paul Perret), al Cortauld Institute of Arts de Londres.

• Rembrandt (1644), a la National Gallery de Londres: <http://pinturasdiversas-demeza.blogspot.com.es/2013/05/cristo-y-la-mujer-adultera-de-rembrandth.html>.

• Poussin (1653), al museu del Louvre: <http://www.artehistoria.com/v2/obras/3105.htm>.

• Aert de Gelder (1683) al Museu Thyssen-Bornemisza de Madrid: <http://www.museothyssen.org/thyssen/ficha_obra/1094>.

• Polenov (1888): <http://artebiblica.blogspot.com.es/2015/08/jesus-y-la-mujer-adultera.html>.

8) El fill pròdig i el germà gelós

• Rembrandt, al final de la seva vida, pinta *El retorn del fill pròdig* (1662), avui a l'Hermitage de Sant Petersburg; val la pena contextualitzar aquesta obra amb aquestes ajudes: <http://www.foroxerbar.com/viewtopic.php?t=3844>, <http://www.ejoven.net/dentro/recursos/barroco/archiv/analisis.htm> i <https://www.youtube.com/watch?v= 25PjL57Ym0k>.

• Murillo pinta l'episodi el 1669, avui a la National Gallery de Washington: <http://www.artehistoria.com/v2/obras/10694.htm>.

9) El bon samarità

• Diverses obres sobre aquest tema: <http://arsvitaevitabrevis.blogspot.com.es/ 2013/04/el-buen-samaritano.html> i <https://www.google.es/search?q=Pinturas+del+Buen +samaritano&rlz =1C1CAFB_enES622ES622&espv>.

• Jacopo Bassano: *El bon samarità* (1562), a la National Gallery de Londres: <http://ojodeltiempo.tumblr.com/post/141641743870/jacopo-bassano-el-buen-samaritano-h1562-1563>.

• Rembrandt (1630), col·lecció Wallace (Londres), del qual es va fer un gravat tres anys després: <http://rembrandtfecit2.blogspot.com.es/2015/02/rembrandtel-buen-samaritano-wallace.html>.

• Pelegrí Clavé, oli del català de 1838, avui a la Reial Acadèmia Catalana de Belles Arts de Sant Jordi: <http://www.racba.org/es/mostrarobra2.php? id=265>.

• Eugène Delacroix (1849), avui la seva obra és als Museus vaticans: <http://elespleen-deparis.tumblr. com/post/80694755132/eug%C3%A8ne-delacroix-1789-1863-el-buen-samaritano>.

• Teofilo Patini (1859), pintura avui a Pesaro, adquirida per la Banca Popolare Adriatico: <https://commons.wikimedia.org/wiki/File:Teofilo_Patini_-_Buon_samaritano_-_Banca_Popolare_Adriatico,_Pesaro.jpg>.

• Aimé Morot (1880), pintura al Museu del Petit Palais (París): <https://es.pinterest.com/pin/4524710937 84063673/>.

• Ferdinand Hodler: *El bon samarità* (1885), al Künsthaus de Zúric: <https://es.pinterest.com/jloonvan/ferdinand-hodler/>.

• Van Gogh: *El bon samarità* (1890), al Museu Kröller-Müller a Otrterlo (Països Baixos): <http://www. vggallery.com/visitors/major/navarro/32.htm>.

10) Mort del baptista

• Mosaic bizantí de la dansa de Salomé i la decapitació del Baptista a la volta de la pila baptismal (segle XI) de la basílica de Sant Marc de Venècia: <https://es.pinterest.com/pin /162481499031795301/>. Val a dir que la basílica, entre murs i voltes, conté 8.000 m^2 de mosaics, amb escenes tant de l'Antic Testament (Gènesi i Èxode, especialment) com del Nou, sobretot de la vida de Jesús, dels Apòstols i de Maria. Les tres voltes de la nau reben el nom de la dels Profetes, la de l'Ascensió i la de la Pentecosta.

• Filippo Lippi, frescos a la catedral de Prato: <https://www.youtube.com/watch?v= nslBLxmdXH0>.

• Botticcelli: *Salomé amb el cap del Baptista* (1488), a la Galleria degli Uffizi de Florència. Es poden visitar algunes galeries del Museu virtualment: <http://www.uffizi.org/es/las-salas/sala-10-14-botticelli/>.

• Andrea Solari: *Salomé amb el cap del Baptista* (1507): <http://www.artbible.org/es/ pintura-mateo-andrea-solari-salome-con-la-cabeza-de-san-juan-bautista-78/#.VzDf44 SLTZ4>.

• L. Cranach, una obra del 1509 al Museu Nacional de Arte Antiga de Lisboa: <http://www.artbible.org/es/pintura-mateo-lucas-cranach-salome-con-la-cabeza-de-san-juan-bautista-84/#.VzDhXISLTZ4>; una altra 1530 al Szépművészeti Múzeum, Budapest: <https: //es.pinterest.com/pin/16008 8961725841086/>.

• A. Berruguete: *Salomé amb el cap del Baptista* (1512-1517): <http://www.lahornacina.com/selecciones berruguete05.htm>.

• Tiziano té dues obres, una de 1515 i una altra de 1550, avui al Museu del Prado: <https://www.museodelprado.es/coleccion/obra-de-arte/salome/0f359b90-2055-4326-bbbe -775 db fa7c504>.

• Guido Reni: *Salomé amb el cap de sant Joan Baptista* (1639-1640), Museu d'Osca: <http: //www.europeana.u/portal/record/2022703/oai_euromuseos_mcu_es_euromuseos_ MHU_ 00027.html>.

• Caravaggio: Tres obres diferents del tema de *Salomé amb el cap del Baptista*, una a la National Gallery (1607): <http://www.artehistoria.com /v2/obras/2371.htm>; una altra del mateix any conservada a la Concatedral de Sant Joan de La Valetta (Malta) i una altra al Palau Reial de Madrid (1609): <http://www.artehistoria.com/ v2/obras/2382.htm>.

• Bartholomäus Strobel (1630-1633) hi dedica un dels quadres més grans de tot el Museu del Prado en una gran festa: <https://www.museodelprado.es/coleccion/obra-de-arte /degollacion-de-san-juan-bautista-y-banquete-de/7a4dcfb5-87e4-4dee-ac27-cffaf448e4c5>.

• Hogers: *Salomé dansa per a Herodes* (1634-72), al Rijksmuseum d'Amsterdam: <https: //commons.wikimedia.org/wiki/File:Salome_danst_voor_Herodes_Rijksmuseum_SK-A-804.jpeg>.

• Carlo Dolci (1665-1670), a la col·lecció reial del Windsor Palace: <http://arsmagazine. com/el-hiperrealismo-de-carlo-dolci/>.

• Moreau: *Salomé* (1876): <http://arte.laguia2000.com/pintura/salome-de-gustave-moreau>.

• Picasso fa un dibuix de Salomé dansant a punta seca el 1905, avui a l'Israel Museum de Jerusalem: <http://www.wikiart. org/en/pablo-picasso/salome-1905>; també *Salomé dasant pour Hérode*, gravats de 1971 per al Christie's de Nova York: <http://www.artvalue.fr/ auctionresult--picasso-pablo-1881-1973-spain-salome-dansant-pour-herode-2066455.htm>.

11) TRANSFIGURACIÓ

• Mosaic de la Transfiguració a la basílica del mateix nom al mont Tabor (Israel): <http: //www.preguntasantoral.es/2012/ 08/la-transfiguracion-ii/>.

• Bernat Martorell: *Retaule de la Transfiguració* de la catedral de Barcelona (1445-52): <https://ca.wikipedia.org/wiki/Retaule_de_la_Transfiguraci%C3%B3_(Martorell)>.

• Bellini: dues, una, *La Transfiguració*, al Museu Correr de Venècia (1455-60) i una altra al Museu di Capodimone de Nàpols: <https://en.wikipedia.org/wiki/Transfiguration_of_ Christ_(Bellini)>.

• Lotto (1511): *Transfiguració* a la Pinacoteca Comunal de Recatani (Itàlia): <https://es. wikipedia.org/ wiki/Lorenzo_Lotto>.

• Rafael (1517-20), obra tardana, potser la més complexa del pintor, avui als Museus Vaticans: <https://en.wikipedia.org/wiki/Transfiguration_of_ Christ_(Bellini)>; al final del mateix vídeo d'<artehistoria.com> s'expliquen altres obres: *La verge amb el Nen*, de Piero della Francesca; *Les set obres de la Misericòrdia* de Caravaggio, a l'Esglesia del Monte Pio de Nàpols i d'altres per entendre l'evolució de la pintura: Massaccio, della Francesca, Mantegna, Leonardo da Vinci, Miquel Àngel, Rafel, Tiziano, Caravaggio, Rubens, Rembrandt, Velázquez, Murillo, Alonso Cano, Valdés Leal, Tiépolo, Goya, Delacroix, Ingres, Moreau...

• Carl Heinrich Bloch: *La Transfiguració* (1872): <https://observandoelparaiso.wordpress.com/>.

12) REVITALITZACIÓ DE LLÀTZER I ALTRES MIRACLES

• L. Borrassà, al retaule de l'altar major de l'església de Sant Pere de Terrassa, pinta escenes de la vida de Pere entre les quals el miracle de Jesús, que el salva de les aigües: <https: //ca.wikipedia.org/wiki/Llu%C3%ADs_Borrass%C3 %A0>.

• Lorenzo Veneziano, el 1370, també pintà *Jesús salva Pere al mar*, avui al Gemäldegalerie de Berlín. Repetí el miracle Paul Bril, paisatgista flamenc, que va pintar Jesús caminant sobre el mar tempestuós de Galilea amb efectisme barroc.

• Murillo: *La curació del paralític* (1670), avui a la National Gallery de Londres: <http: //www.artehistoria.com/v2/obras/10693.htm>.

• Daniel Hallé, per al refectori de Sant-Ouen a Rouen, pinta *La multiplicació dels pans* el 1664. Repetirà el miracle el rus neoclàssic Alexander Ivanov: <http://www.artbible.org/es/pintura-libro-juan-43/2/#la-recuperacion- en-el-estanque-de-betesda>.

• James Tissot pinta *La curació de 10 leprosos* [Brooklyn Museum].

• Duccio di Buoninsegna: *La resurrecció de Llàtzer* (1308-11): <http://imagenessagradas.blogspot.com.es/2014 /04/duccio-di-buoninsgna-la-resurreccion-de.html>. El mateix miracle el pintarà, a la seva manera, Caravaggio, avui al Museu Regional de Messina (1608-9): <http://www.artbible.org/es/pintura-juan-caravaggio-la-resurreccion-de-lazaro-454/#.VzBwdoSLTZ4>; el repetirà Rembrandt (1633), en una obra avui al Museu del Comtat de Los Ángeles: <http://www.artbible.org/es/pintura-juan-caravaggio-la-resurreccion-de-lazaro-454/#.VzBwdoS LTZ4> o <http://www.todocuadros.es/pintores-famosos/ rembrandt/> i Vincent van Gogh (1890): <http://www.artbible.org/es/pintura-libro-juan-43/2/#la-resurreccion-de-lazaro>.

▪ **Passió i mort de Jesús**

1) Entrada a Jerusalem

• Pintures diverses a <http://www.artbible.org/es/pintura-libro-juan-43/3/#la-entrada-de-jesucristo-en-jerusalen>.

• Giotto: *Entrada de Jesús a Jerusalem* (1305-06), a la capella dels Scrovegni de Pàdua: <http://www.artehistoria.com/v2/obras/15342.htm>.

• Lorenzetti: frescos a la basílica inferior de Sant Francesc d'Assís (1320-30): <https://www.google.es/ webhp?sourceid=chrome-instant&ion=1&es pv=2&ie=UTF-8#q=Lorenzetti+Entrada+Jerusalem>.

• A. van Dyck: *Entrada de Crist a Jerusalem* (1617): <http://www.artbible.org /es/pintura-mateo-sir-anthony-van-dyck-entrada-de-cristo-en-jerusalen-99/#.VzGsCYSLTZ4>.

• Benjamin Robert Haydon (1786), al Mount St. Mary's Seminary of the West: <http://es.wahooart.com/@@/9DGDAL-Benjamin-Robert-Haydon-Entrada-en-Jerusal%C3%A9n-de-Cristo>.

• J.-L. Gérôme (1897), al Museu Georges-Garret,Vesou: <http://www.art bible.org/es /pintura-juan-gerome-entrada-de-cristo-en-jerusalen-457/#.VzG4OYSLTZ4>.

2) Darrer sopar i lavatori de peus

• Mosaics (segle xii) a la basílica de Sant Marc de Venècia.

• Duccio (1308-11), al Museu dell'Opera del Duomo de Siena: <https://gospelart.wordpress.com/ 2009/03/14/ l%E2%80%99ultima-cena-secondo-duccio-2/>.

• Andrea del Castagno (1447), a Santa Apolònia de Florència: <http://www.elcuadrodeldia.com/post/141602239458/andrea-del-castagno-la-%C3%BAltima-cena-1445-1450>.

• Fra Angèlico: a més d'una pintura sobre la institució eucarística, *Crist dona la comunió als apòstols* (1450), Convent de Sant Marc de Florència: <http://www.artehistoria.com/v2/obras/15252.htm>.

• Cosimo Rosselli (1481-82): fresc al lateral nord de la Capella Sixtina; es pot explorar l'esmentada capella amb aquest link: <http://www.vatican.va/various/cappelle/sistina_vr /index.html>.

• Ghirlandaio (1486-92): Museu de Sant Marc: <http://www.aparences. net/es/arte-y-mecenazgo/los-fresquistas-florentinos/frescos-de-domenico-ghirlandaio/>.

• Leonardo da Vinci: *El Darrer sopar* (1495-7) al Convent de Santa Maria delle Grazie de Milà: <http://sdelbiombo.blogia.com/2013/042001-leonardo-da-vinci-la-ultima-cena.-analisis-y-comentario.php>.

• Tintoreto, al Museu del Prado, té un lavatori de peus sense oblidar el diàleg entre Pere i Jesús (1547): <https://www.museodelprado.es/aprende/enciclopedia/voz/lavatorio-el-tin toretto/6815b2a0-5e55-4aff-bca6-96e4ebe73 d98>.

• Juan de Juanes (~1562) al Museu del Prado: <https://www.museodelprado.es/coleccion/obra-de-arte/la-ultima-cena/2800c04d-a3ad-41eb-a75b-fe359d7d1dde>.

• Veronese: va pintar diversos quadres amb el mateix tema. *El Lavatori de peus* (1548), és al Museu del Prado: <https://www.museodelprado.es/coleccion/obra-de-arte/el-lavatorio/77d1 fd63-1918-40b7-a79e-6d427e19bed8>. *El Darrer sopar* (1573), avui a la Galleria dell'Academia de Venècia (confós per la Inquisició per *Les bodes de Canà*, avui al Louvre), ara porta per títol *Sopar a casa de Leví*: <https://es.wikipedia.org/wiki/Cena_en_casa_de_ Lev%C3%AD>.

• Bronzino [Alessandro di Cristofano di Lorenzo del Bronzino Allori] té diversos *Darrers sopars*, entre els quals, el de 1580, a l'Abadia de l'Arcàngel Sant Miquel a Passignano; el de 1582, a l'església de Santa Maria del Carme de Florència i el complex del Cenacle de Santa Maria la Novella de Florència (1585-97): <https://es.wikipedia.org/wiki/Alessandro _Allori> i <https://it.wikipedia.org/wiki/Cenacolo_di_Santa_Maria_Novella>.

• Rubens (1631-32): Pinacoteca de Brea de Milà: <https://es.pinterest.com/pin/3226407 60777952398/>.

• Nicolas Poussin: *La institució de l'Eucaristia* (1640), al Museu del Louvre: <https:// www.flickr.com/photos/mcd/1991517741>.

• Philippe de Champaigne: *El darrer sopar* (1652), al Museu del Louvre: <http://www.art bible.org/es/pintura-mateo-philippe-de-champaigne-la-ultima-cena-219/#.VzHCVYSL TZ4>.

• Salvador Dalí: *El sagrament del darrer sopar* (1955), a la National Gallery de Washington: <https://ca.wikipedia.org/wiki/L%27%C3%9Altim_Sopar_(Dal%C3%AD)>.

3) Oració a l'hort de Getsemaní

• Bellini: *Agonia a l'hort* (1469), a la National Gallery de Londres: <http://www.artbi ble.org/es/pintura- marcos-giovanni-bellini-agonia-en-el-huerto-229/#.VzHGLISLTZ4>.

• Botticelli (1498-1500), a la Capella Reial de Granada: <https://es.wikipedia.org/wiki/ Oraci%C3%B3n_del_Huerto_(Botticelli)>.

• Mantegna (1455), a la National Gallery de Londres: <https://ca.wikipedia.org/wiki/ Oraci%C3%B3_a_l%27hort_de_Getseman%C3%AD>.

• Veronese (1583-84), a la Pinacoteca de Brera de Milà: <http://www.artbible.org/es/pintura-marcos-paolo-veronese-christ-en-el-huerto-de-gethsemane-228/#.VzHHn4SLT Z4>.

• El Greco en fa diverses versions, com la de 1590 (National Gallery de Londres), una còpia d'aquesta entre 1590 i 1595 (avui al Museum of Art, Toledo, Ohio [EUA]) i una de diferent el 1608 (avui al Museum of Fine Arts de Budapest): <http://domuspucelae.blogs pot.com.es/2014/01/visita-virtual-la-oracion-del-huerto-el.html>.

• Caravaggio fa diverses versions fins a la de 1604-95: <http://www.artbible.org/es/ pintura-episodio-la-oracion-en-el-huerto-de-getsemani-411432/#.VzHLGISLTZ4>, completada amb la del petó de Judes (1602): <https://es.wikipedia.org/wiki/La_captura_de_ Cristo>.

• Carl Heinrich Bloch va realitzar entre 1865 i 1879 vint-i-tres pintures sobre la vida de Jesús per a la capella del Palau Frederiksborg, entre les quals *Gethsemane*: <http:/www.carl bloch.org/Christ-at-Gethsemane-II.html> i <https://www.youtube.com/watch?v= UO7zN4 EmHj0>.

• Goya: *Crist a l'hort de les oliveres* (1819), Escoles Pies de San Antón de Madrid: <https: //es.wikipedia.org/wiki/Cristo_en_el_Huerto_de_los_Olivos>.

4) Detenció, petó de Judes i judicis de Jesús

• Duccio, en el ja esmentat retaule *La Maestà* a la catedral de Siena (1308-1311), integra la detenció amb el bes de Judes, el cop d'espasa de Pere a l'orella de Maltus i la fugida dels deixebles: <https://www.khanacademy.org/humanities/renaissance-reformation/late-gothic-italy/siena-late-gothic/v/duccio-maesta-front-1308-11>.

• Tintoretto: *Crist davant Pilat* (1566-67), a la Scuola Grande di San Rocco de Venècia: <http://www.artehistoria.com/v2/obras/6358.htm>.

• Giuseppe Cesari: *Jesús detingut* (1597), al Museumslandschaft Hessen Kassel: <https: //es.pinterest.com/pin/483714 816201402595/>

• G. van Honthorst: *El judici de Crist* (1617), a la National Gallery de Londres: <http:// www.artbible.org/es/pintura-mateo-gerrit-van-honthorst-el-juicio-de-cristo-132/#.VzIE5 oSLTZ4>.

• Nicolaes Maes: *Crist davant Pilat* (1649-50), Museu d'Art de Budapest: <http://www. aplicaciones.info/jesus/ jesma43.htm>.

• Goya: *El prendiment de Crist* (1798), al Museu del Prado: <https://www.museodelpra do.es/coleccion/obra-de-arte/el-prendimiento-de-cristo/8023b449-f5f9-413f-9514-ce37 a28b4164>.

• Gustave Doré il·lustrà la Bíblia el 1865-66, d'on destaquem *El petó de Judes* (1866); el 1867 va haver de fer una gran exposició de les seves obres a Londres, fet que li va permetre fundar-hi la Doré Gallery.

• Mihály Munkácsy: *Crist davant Pilat* (1881), al Déri Museum (Debrecen): <http:// www.artbible.org/es/pintura-libro-mateo-40/5/#cristo-ante-poncio-pilato>.

• N. Nicolaevitx: *Què és la veritat? Jesús i Pilat (*1890), a la Tretyakov Gallery, Moscow, Rússia: <http://www.allposters.com/-sp/What-is-Truth-Christ-and-Pilate-1890-Posters_i129 19506_.htm>.

5) Fagel·lació i coronació d'espines

• El Bosco: *Jesús coronat d'espines* (1485-1500), National Gallery de Londres: <http: //www.foroxerbar.com/viewtopic.php?t=3704>; també *Tríptic dels Improperis* del Museu Nacional de València [atribució] (1510-23).

• L. Cranach: *Crist a la columna, adorat pels sants* (1515): <http://www.artbible.org/es/pintura-libro-juan-43/4/#la-crucifixion>.

• Caravaggio: *Coronació d'espines* (1604), al Palau dels Alberti de Prato (Itàlia): <https://es.wikipedia.org/wiki/La_coronaci%C3%B3n_de_espinas_(Caravaggio,_Prato)>; també *La flagel·lació* (1607), Pinacoteca de Capodimonte: <http://www.artehistoria.com/v2/obras/2368.htm>.

• A. van Dick: *Coronació d'Espines* (1618-20), al Museu del Prado: <https://www.museodelprado.es/coleccion/obra-de-arte/la-coronacion-de-espinas/8115e55f-004f-45c3-b574-fb9880c2fb57>.

• Guercino: *La flagel·lació de Crist* (1657), Galleria Nazionale d'Arte Antica de Roma: <http://www.artbible.org/es/pintura-mateo-guercino-la-flagelacion-de-cristo-139/#.VzJdC4SLTZ4>.

• Rembrandt: *La coronación de espinas*, al Museo del Prado: <https://www.museodelprado.es/coleccion/obra-de-arte/la-coronacion-de-espinas/8115e55f-004f-45c3-b574-fb9880c2fb57>.

6) Ecce Homo

• Bosco: *Ecce Homo* (1475-80), Bosch Hieronymus <http://www.foroxerbar.com/viewtopic.php?t=3704>.

• J. Gossart: *Christ on the Cold Stone* (1527), Szépmûvészeti Múzeum de Budapest: <http://www.artbible.org/es/pintura-mateo-jan-gossart-christ-on-the-cold-stone-138/>.

• A. Isenbrandt: *Ecce homo i la Verge dels Dolors* (1535-40), al Museu Metropolità de Nova York: <http://imagenes sagradas.blogspot.com.es/2015/03/adrian-isenbrandt-ecce-homo-y-la-virgen.html>.

• Caravaggio: *Ecce Homo* (1606), al Palazzo Rosso de Gènova: <http://www.artbible.org/es/pintura-lucas-caravaggio-ecce-homo-369/#.VzLxYISLTZ4>.

• L. Cigoli: *Ecce Homo* (1607), a la Galleria Palatina del Palau Pitti (Florència): <http://www.artbible.org/es/pintura-lucas-lodovico-cigoli-ecce-homo-372/#.VzLx-ISLTZ4 >.

• Rembrandt: *Ecce homo* (1634), a la National Gallery de Londres: <https://www.nationalgallery.org.uk/paintings/rembrandt-ecce-homo>.

• Ramon Amadeu (1745-1821): *Ecce homo*, Santuari del Tura (Olot).

• Mihály Munkácsy: *Ecce Homo* (1896), al Déri Museum de Debrecen: <http://www.artbible.org/paintings-matthew-mihaly-munkacsy-ecce-homo-129/#.VzLy34SLTZ4>.

• George Grosz, pseudònim de George Ehrenfried (1893-1969) en la seva sèrie *Ecce Homo* dibuixa *Crist amb una màscara de gas* (1928).

• Picasso: *Ecce Homo segons Rembrandt* (1970), al Museu d'Art Modern (MOMA) de Nova York; amb còpies al Museu Picasso de Barcelona i a la Tate Gallery de Londres: <http://www.moma.org/explore/inside_out/ 2009/12/10/picasso-on-rembrandt>.

7) Via Crucis

• Hans Memling: *Escenes de la passió de Crist* [en síntesi] (1470-71): <http://desdeelotroladodelcuadro.blogspot.com.es/2011/04/la-pasion-de-cristo-hans-memling.html>.

• El Bosco: *Crist amb la creu a coll* (~1500), Museu d'Història de l'Art de Viena i una rèplica (1510-35) al Museu de Belles Arts de Gante: <http://www.foroxerbar.com/viewtopic.php?t=3704>.

• Rafael: *Caiguda camí del Calvari* (1515-16), al Museu del Prado: <https://www.museodelprado.es/coleccion/obra-de-arte/caida-en-el-camino-del-calvario/870c8293-1691-4a90-88ff-b554a2bc3fe8>.

• V. Macip: *Crist amb la creu al coll* (1517), Museu del Prado: <https://www.museodelprado.es/coleccion/obra-de-arte/cristo-con-la-cruz-a-cuestas/18673ef9-906d-4fec-a995-aeab015ab878>.

• S. del Piombo: *Jesús amb la creu al coll* (1532-35), Museu del Prado: <https://www.museodelprado.es/coleccion/obra-de-arte/cristo-con-la-cruz-a-cuestas/657fa964-0040-48df-971e-88f0de5c6714>.

• Tiziano: *Crist amb la creu al coll* (1565), Museu del Prado: <https://www.museodelprado.es/coleccion/obra-de-arte/cristo-con-la-cruz-a-cuestas/657fa964-0040-48df-971e-88f0de5c6714>.

• El Greco: *El Crist abraçant a la creu* (1580-90?): Museu Parroquial Sant Esteve (Olot).

8) Crucifixió al calvari

• L. Borrassà, introductor del gòtic a casa nostra: Retaule de l'advocació franciscana del Convent de Santa Clara de Vic amb una crucifixió estilitzada a dalt de tot (1415), actualment al Museu Episcopal de Vic: <http://www. monestirs.cat/monst/osona/os48clar.htm>.

• G. Bellini: *El Calvari: Crucifixió* (1465-70), al Museu del Louvre de París: <http://www.artbible.org/es/pintura-mateo-giovanni-bellini-el-calvario-144/#.VzL4mYSLTZ4>.

• El Bosco: *Crucifixió amb donant* (1480-85) Museu de la Real Academia de Belles Arts de Brusel·les: <https://www. aciprensa.com/arte/Bosco/cruxificcion.htm>.

• Botticelli: *Crucifixió amb la Magdalena* (1497-1500), al Fogg Art Museum a Cambridge (Massacchussets): <http://www.artehistoria.com/v2/obras/4640.htm>.

• L. Signorelli: *La Crucifixió* (1504-5), a la National Gallery de Washington: <https://www.artsy.net/artwork/luca-signorelli-the-crucifixion>.

• M. Grünewald: *Crucifixió* (1515-16), al Museu d'Unterlinden, de Colmar (França): <https://es.wikipedia.org/wiki/Crucifixi%C3%B3n_(Gr%C3%BCnewald)>.

• Bronzino [Alessandro di Cristofano di Lorenzo del Bronzino Allori]: *Crucifixió* (~1545) [amb 3 claus sense cordes i un hipopòdium de suport], al Museu de Belles Arts de Niça: <https://ca.wikipedia.org/wiki/Crucifixi%C3%B3_de_Jes%C3%BAs#/media/File:Bronzino-Christ-Nice. jpg>.

• Tintoretto: *Crucifixió* (1565), a la Scuola Grande di San Rocco de Venècia: <http://www.artehistoria.com/v2/obras/26569.htm>.

• Veronese: *Crucifixió* (1580-82), a la Galeria de l'Acadèmia de Venècia: <http://www.artbible.org/es/pintura-libro-mateo-40/6/#la-muerte-de-jesus>.

• El Greco: *Crist en la creu amb les dues Maries i sant Joan* (1588), Galeria Nacional d'Atenes: <http://www.artbible.org/es/pintura-juan-el-greco-cristo-en-la-cruz-con-las-dos-marias-y-san-juan-487/#.VzMBMISLTZ4>. També *La Crucifixión*, al Museu del Prado:

<https://www.museodelprado.es/coleccion/obra-de-arte/la-crucifixion/9fd77a93-ec76-4482-8721-cc06ef0af815>.

• Rubens: *Crist en la creu entre dos lladres* (1618-20), al Koninklijk Museum voor Schone Kunsten (Antwerp): <http://www.artbible.org/es/pintura-mateo-rubens-cristo-en-la-cruz-entre-los-dos-ladrones-143/#.VzMBlYSLTZ4>.

• A. van Dyck: *Crucifixió* (1622), a San Zaccaria de Venècia: <http://www.artbible.org/es/pintura-mateo-sir-anthony-van-dyck-crucifixion-141/#.VzMB_4SLTZ4>.

• Zurbarán: *Crist en la creu* (1627), a l'Institut d'Art de Chicago: <https://es.wikipedia.org/wiki/Cristo_en_la_Cruz_(Zurbar%C3%A1n)>.

• Velázquez: *Crist crucificat* (1632), al Museu del Prado: <https://www.museodelprado.es/coleccion/obra-de-arte/cristo-crucificado/72cbb57e-f622-4531-9b25-27ff0a9559d7>.

• Rembrandt: *Crucifixió* [amb autoretrat del pintor] (1633): <http://www. jesus-story. net/painting_crucifixion.htm> i l'aiguafort de *Les tres creus* (1653): <https://ca.wikipedia.org/wiki/Rembrandt_van_Rijn#/media/File:Rembrandt_The_Three_Crosses_1653.jpg>.

• Murillo té diverses crucifixions: les del Museu del Prado (*Crist en la creu*, de 1675, i *Crist crucificat*, de 1677) i la de l'Hermitage de Sant Petersburg que sembla més tardana (1675-82): <https://www.museodelprado.es/coleccion/obra-de-arte/cristo-en-la-cruz/58bc382a-3b50-440d-90de-866fb 809e15e> i <https://www.museodelprado.es/coleccion/obra-de-arte/cristo-crucificado/4cc5628b-c77f-4e4e-8b06-f529d42bd57e>.

• Karel Dujardin: *Calvari* (1661), al Museu del Louvre: <http://www.artbible.org/es/pintura-mateo-karel-dujardin-calvario-142/#.VzMLKISLTZ4>.

• C. H. Bloch: *Crucifixió* (1870), al Museu d'Història Natural de Dinamarca: <https://teremike1991.wordpress.com/2015/06/15/una-crucifixion-dramatica-y-familiar/>.

• J. Tissot (1836-1902), entre les 350 aquarel·les amb què il·lustrà la vida de Jesús, té una particular mirada de *La crucifixió des de la creu* (1890), avui al Museu de Brooklyn: <https://lospilaresdelarte.wordpress.com/2014/02/12/james-tissot/> i <http://cofrades.sevilla.abc.es/profiles/blogs/james-tissot-recreo-la-mirada>.

• El pintor rus Nikolai Ge va patir prohibicions per part de les autoritats en il·lustrar escenes de la passió de Jesús. Ja hem esmentat l'obra *Què és la Veritat? Crist i Pilat* (1890), que fou expulsada d'una exposició; *El judici del Sanedrí: ell és culpable* (1892) va ser censurada per l'Acadèmia russa a l'exposició anual de les arts; *El Calvari (Gólgota)* (1893) va quedar sense acabar; *La Crucifixió* (1894) va ser prohibida pel tsar Alexandre III.

• T. Eakins: *Crucifixió* (1880), al Museu d'Art de Filadèlfia: <http://mavcor.yale.edu/conversations/object-narratives/thomas-eakins-crucifixion>.

• G. Rouault (1871-1958), expressionista profundament creient, potser un dels pintors religiosos moderns més singulars, va realitzar moltes obres religioses, entre les quals una sèrie de gravats titulats *Miserere* (1913), que des de 1922 ornen la capella del Santíssim o Mansard de l'església de Saint-Séverin de París (editats per Ed. du Cerf 2004); l'any següent aquesta editorial parisenca va editar *Passion*. Podem contemplar també *Crist a la Creu* (1920): <http://www.rouault.org/site/images/popup/Christ/OP0867_ChristEnCroix.htm> i *Crucifixió* (1920): <http://arte.laguia2000.com/pintura/la-crucifixion-de-rouault>. I encara en té d'altres: <http://www.artepinturaygenios.com/2012/04/georges-rouault-inclasificable-y.html>.

• Francis Bacon: *Tres estudis per a figures al peu d'una crucifixió* (1944), a la Tate Britain (Westminster): <http://arteinterpretado.blogspot.com.es/2014/03/viernes-artisticos-hoy-tres-estudios-de.html> i <https://ca.wikipedia.org/wiki/Tres_estudis_per_a_figures_al_peu_d%27una _crucifixi%C3%B3>. També: *Fragment de la Crucifixió* (1950).

• Paul Gauguin: *Le Crist Jaune* (1889), a la Galeria d'Art Albright-Knox (Buffalo).

• Pablo Picasso: *Crucifixió* (1930), al museu Picasso de París: <http://www.pablopicasso.org/crucifixion.jsp>.

• Marc Chagall: té moltíssims quadres dedicats a la crucifixió, d'entre els més famosos dels quals destacarem aquests: *Crucifixió blanca* (1938), a l'Instituto de Arte de Chicago (EUA); *Descendiment de la creu* (1941); *Crucifixió groga* (1943), al Museu National d'Art Modern de París; *El crucificat* (1944), al Museu d'Israel (Jerusalem); *Apocalipsis en lila, Capriccio* (1945); *Le Christ et le peintre* (1951), als Museus Vaticans; *Exodus* (1952-66)...

• Max Beckmann (1870-1938): *La crucifixió* i *Resurrecció* (ambdues de 1909).

• Emile Nolde: *La crucifixió* (1911-1912) <https://www.elcuadrodeldia.com/post/90337642433/emil-nolde-la-crucifixi%C3%B3n-1911-1912-panel>.

• Oskar Kokoschka (1886-1980): *Crucifixió (Gòlgota)* (1912) i altres litografies posteriors.

• Otto Dix (1891-1969) va fer sèries de litografies de la vida de Jesús, entre les quals, *La Crucifixió*, que passaria a l'oli (1947-1949).

• G. Sutherland: *Crucifixió* (1946), Tate Gallery de Londres <http://www.tate.org.uk/art/artworks/sutherland-crucifixion-n05774>. També *Study for the Crucifixion* als Museus Vaticans: <https://www.smp.org/resourcecenter/ resource/2024/>.

• Henri Matisse (1869-1954): *Via Crucis* (1948-51), Capella del rosari del monestir dominic de Vence.

• Antonio Saura (1930-1998): *Crucifixión* (1959–63), al Museu Guggenheim Bilbao, és una de les pintures més impressionants de l'autor sobre aquest tema, que començà a tractar el 1957 i no abandonà fins a la seva mort, com ho demostra *Crucifixió* (1979), al Museu Reina Sofía. Valgui com a representant del col·lectiu «El Paso» amb pintors que també s'han interessat per la vida i mort de Jesús com Manolo Millares Suárez.

• Salvador Dalí: *El Crist de Sant Joan de la Creu* (1951), Kelvingrove Art Gallery and Museum, Glasgow; explicació: <https://www.youtube.com/ watch?v=2vu29 DUM-kc> i <http://www.wikilingua.net/ca/articles/c/r/i/Cristo_de_San_Juan_de_la_Cruz_c124.html>. També *Crucifixió (Cos hipercúbic)*, del 1954, al Metropolitan Museum of Art de Nova York: <https://en.wikipedia.org/wiki/Crucifixion_(Corpus_Hypercubus)>. I, del 1954, *Crucifixió*, als Museus Vaticans: <https://www.smp.org/resourcecenter/resource/2102/>.

• Josep Guinovart (1927-2007): *Crist* (1955) i *El Crist del penjador* (1970), col·lecció Alorda-Derksen. <http://jclaplanaviapulchritudinis.blogspot.com. es/2013/09/6-un-crist-de-josep-guinovart.html>.

• Molts altres artistes des d'aleshores han incidit en aquest tema. La llista es faria poc menys que inexhaurible.

9) Davallament, pietat i enterrament

• Representacions de l'apòstol Pere, Jesús i els evangelistes al retaule de l'altar major de Sant Pere de Terrassa del segle xi, encara de tipus preromànic: <https://ca.wikipedia.org/wiki/Esgl%C3%A9sies_de_Sant_Pere_de_Terrassa>.

• Roger van der Weyden: *El davallament de la Creu* (1435), al Museu del Prado: <https://ca.wikipedia.org/wiki/El_davallament_de_la_Creu_(Van_der_Weyden)> i <https://sites.google.com/site/museudelprado/escoles-centroeuropees-francesa-i-britanica/van-der-weyden---el-davallament-de-la-creu-1435>.

• Mantegna: *Lamentació sobre Crist mort* (1480-90), a la Pinacoteca de Brera de Milà: <https://es.wikipedia.org/wiki/Lamentaci%C3%B3n_sobre_Cristo_muerto_(Mantegna)>.

• Pontorno: *El davallament* (1523-25) a Certosa di Galluzo: <https://ca.wikipedia.org/wiki/Pontormo#/media/File:Jacopo_Pontormo_-_Kreuzabnahme_Christi.jpg>.

• El Bronzino: *Davallament de Crist* (1540-45), Musée des Beaux-Arts et d'Archéologie de Besançon: <https://commons.wikimedia.org/wiki/File:D%C3%A9ploration_sur_le_Christ_mort_(Bronzino).jpg> i *El cos de Crist entre dos àngels* (~1600), al Szépmûvészeti Múzeum de Budapest: <https://es.pinterest.com/pin/177118197822082330/>.

• Tiziano: *L'enterrament de Crist* (1559), al Museu del Prado: <https://www.museodelprado.es/coleccion/obra-de-arte/entierro-de-cristo/81836f2-095f-4ae9-bdf8-6e9b7e853c98>.

• El Greco: *L'enterrament de Crist* (1560), Museo Alexandros Soutzos de Atenas: <http://www.artbible.org/es/pintura-mateo-el-greco-el-entierro-de-cristo-152/#.VzNyR4SLTZ4>.

• Caravaggio: *El sant enterrament* (1602-03) als Museus Vaticans: <https://es.wikipedia.org/wiki/Santo_Entierro_(Caravaggio)> i <https://es.wikipe dia.org/wiki/Museos_Vaticanos#/media/File:The_Deposition_of_ Christ_(Caravaggio).jpg>.

• Rubens: *Enterrament* (1611-12), al National Gallery del Canadà (Ottawa): <http://www.artbible.org/es/pintura-mateo-rubens-el-entierro-151/#. VzNyw4SLTZ4>.

• A. van Dick: *La lamentació* (1618-20), al Museu del Prado: <https://www.museodelprado.es/coleccion/obra-de-arte/la-lamentacion/428bc8a8-8336-4aa7-800b-69fccd834254?searchid=61cb45de-07c9-8cac-68ba-4e6a3ab614>.

• Rembrandt: *Descendiment de la creu* (1633), a l'antiga Pinacoteca de Múnic: <https://en.wikipedia.org/wiki/ The_Raising_of_the_Cross>; també *L'enterrament de Crist* (1635), al Hunterian Museum and Art Gallery: <http://www. artbible.org/es/pintura-mateo-rembrandt-el-entierro-de-cristo-153/#.VzN0ooSLTZ4>.

• J. Jordaens: *Pietà* (1650–60) Museu del Prado: <https://www.museodelprado.es/coleccion/obra-de-arte/la-piedad/05d1877d-11c5-4eb6-a0cf-6ff315ed351e>.

Cabrien en aquest apartat totes les representacions de la Mare de Déu dels Dolors –de gran veneració arreu del món; cf.: <https://es.wikipedia.org/wiki/Nuestra_Se%C3% B1ora_de_los_Dolores>–, de la vida de la Verge, de Maria Magdalena (icònicament, la tercera figura bíblica més plasmada en l'art) i dels apòstols...

▪ **Resurrecció, aparicions, Ascensió i Pentecosta**

• Fra Angelico: *La resurrecció* (1440-1441), a la cel·la 8 del convent de Sant Marc de Florència; a l'1 hi ha el *Noli me tangere* [literalment Jesús diu a la Magdalena: = «No em toquis»]: <http://arteinternacional.blogspot.com.es/2012/08/pintura-del-quatrocento-fra- angelico.html>. I *Noli me tangere* (1441) al mateix convent de Sant Marc: <http://www.arte historia.com/v2/obras/15249.htm>.

• Piero della Francesca: *La resurrecció* (1463-1465), Museo Cívico de Sansepolcro (Arezzo): <http://slideshowes.com/doc/89063/4-piero-della-francesca-%E2%80%93-la-resur reccion-2014>.

• Rafael: *La resurrección de Cristo* (1499), al Museu d'Art de São Paulo: http://www. epdlp.com/cuadro.php?id=3449>.

• M. Grünewald: *La resurrecció* (1512-1516), Museo de Unterlindem, Colmar: <http:// www.evangelizarconelarte.com/cuadros-del-mes/abril-2011-la-crucifixi%C3%B3n-de-gr% C3%BCnewald-1516/>.

• Correggio: *Noli me tangere* (1525), al Museu el Prado: <https://www.museodelprado .es/coleccion/obra-de-arte/noli-me-tangere/d5bb017a-4c8f-4293-a08d-4d97e7057d2b>. També *María Magdalena* (1534): <http://www.artbible. org/es/pintura-libro-mateo-40 /6/#la-aparicion-de-cristo-resucitado-a-sus-discipulos>.

• J. Cósida: *Noli me tangere* (1570), al Museu el Prado: <https://www.museodelprado. es/coleccion/obra-de-arte/noli-me-tangere/79a4be3a-5b92-4c14-a286-205d801b48c2>.

• Giorgio Vasari: *La incredulitat de Tomàs* (1572), a Santa Croce de Florència: <http:// www.artbible.org/es/pintura-juan-giorgio-vasari-la-incredulidad-de-santo-tomas-511 /#.VzOrPISLTZ4>.

• Hendrick van der Broech (1572-75), sobre el tema que havia fet Girlandaio a la Capella Sixtina i es destruí.

• El Greco: *La resurrecció* (1597-1600), al Museu del Prado: <https://www.museodelpra do.es/coleccion/obra-de-arte/la-resurreccion-de-cristo/2267dcd8-2b87-43b7-8104-0fb5070c4b5c>. També, *Pentecosta* (1600), al Museu del Prado: <https://www.museodel prado.es/coleccion/obra-de-arte/pentecostesesaa-apentecost/f83b921d-2380-4dc9-8532-b3c597dab1e8>.

• Caravaggio: *La incredulitat de Tomàs* (1601-02), al Neue Palais de Postdam: <http:// www.artehistoria.com/v2/ obras/2350.htm>.

• J. B. Maíno: *La Resurrecció* (1612-1614); Museu del Prado: <https://www.museodel prado.es/coleccion/obra-de-arte/la-resurreccion/528d18b5-73c4-4775-87fd-d9680f95f 2bb>.

• Rubens: *Crist Ressuscitat* (1616); Galleria Palatina del Palazzo Pitti de Florència: <http: //www.artbible.org/es/pintura-mateo-rubens-cristo-resucitado-158/#.VzOveYSLTZ4>.

• F. Buoneri: *Resurrecció de Jesús* (1619–20); Charles H. and Mary F. S. Worcester Collection: <http://www.artic.edu/aic/collections/artwork/19336>.

• G. Seghers: *La Resurrecció de Crist* (1620), al Museu del Louvre: <http://www.art bible.org/es/pintura-mateo-gerard-seghers-la-resurreccion-de-cristo-156/#.VzOwZ4S LTZ4>.

• Rembrant: *L'Ascensió* (1636), a la Vella Pinacoteca de Múnic: <http://www.abbeville. com/interiors.asp?ISBN= 0789201445&CaptionNumber=05>; també, *El Crist Ressuscitat s'apareix a la Magdalena* (1638): <http://www.artbible.org/es/pintura-libro-mateo-40/6/#la-aparicion-de-cristo-resucitado-a-sus-discipulos>.

• Bartolomé Esteban Murillo: *L'Ascensió* (1650-1660), a l'Academia de Arte de San Fernando de Madrid: <http://aznalfarache.blogspot.com.es/2012/03/murillo-la-resurreccion-del-senor.html>.

• Rembrandt: *El Crist Ressuscitat s'apareix a la Magdalen*a (1638); Palau de Buckingham: <http://www.artbible.org/es/pintura-mateo-rembrandt-el-cristo-resucitado-se-aparece-a-maria-magdalena-161/#.VzOyM4S LTZ4>.

• Laurent La Hyre: *Jesús s'apareix a les tres Maries* (1650): <http://www.artbible.org/es/pintura-mateo-laurent-la-hire-jesus-se-aparece-a-las-tres-marias-160/#.VzOymoSLTZ4>.

• Luca Giordano: *Resurrección* (1665); Residenzgalerie, Salzburg: <https://commons.wikimedia.org/wiki/File:Luca_Giordano_-_Resurrection_-_WGA09020.jpg>.

• E.Burne-Jones. *El matí de la Resurrecció* (1882): <http://es.slideshare.net/lilamagritte/burnejones>.

▪ **Darreries: El llibre de l'Apocalipsi**

Els simbolismes del llibre de l'Apocalipsi han exercit una gran atracció i han originat una gran diversitat d'interpretacions, tant literàries com plàstiques, i de menes diferents:

Els Beatus. Sorgeixen en moments de conflicte, com per exemple quan l'arianisme no admetia el llibre. El cèlebre monjo Beat (~735-798), del monestir benedictí de Sant Martí de Turieno, a la comarca de Liébana (Cantàbria), va escriure les seves interpretacions els anys 776-786, convertint-lo en una mena d'arma teològica de resistència, quan les terres hispàniques, on dominaven els arians, havien estat ocupades per l'islam, que prohibia el culte cristià: avui és sant Beatus segons el santoral catòlic. Babilònia no era Roma sinó Còrdova, capital de l'emirat. Al segle IX, justament abans de l'any 1000, el text i els seus comentaris foren difosos amb unes impressionants il·lustracions conegudes com les de Beat de Liébana: <http://www.moleiro.com/es/beato-de-liebana/beato-de-fernando-i-beato-de-liebana-miniatura/4fdae604d2616>. A partir d'elles, entre el IX i l'XI es van fer una colla de comentaris il·lustrats, anomenats *Beatus* o *beats*. Se'n conserven una trentena, entre els quals el *Beatus de Girona* de l'any 975 i el *Beatus d'Urgell* de finals del segle X (del qual se'n sol reproduir una de les 67 il·lustracions, la del triomf de l'Anyell). Cf. Cagigós Soro, A.: *El Beato de la Seu d'Urgell y todas sus miniaturas* (La Seu d'Urgell: Museu Diocesà d'Urgell, 2000).

Pintures murals: Altrament, la força colorista del llibre també seduí comunitats antigues per tal d'il·lustrar els absis de les seves esglésies. A Catalunya en tenim molts exemples; podríem visitar l'absis de l'altar major de l'església de Sant Quirze de Pedret (prop de Berga), amb pintures preromàniques i romàniques (segles X-XI), algunes conservades al Museu diocesà de Solsona: <https://ca.wikipedia.org/wiki/Sant_Quirze_de_Pedret>.

Les Maiestas Domini, on es posa de manifest la Majestat del Senyor, assegut sobre la volta del cel dins una màndorla i voltat dels quatre vivents (quatre evangelistes, en forma de lleó, brau, home alat i àguila). Així, a l'absis de l'església de Sant Climent de Taüll, inspirat en Ap 1,13-17 i 4,2-8. També en tenim mostres diferents al nostre país com per exemple la

Maiestas Domini de Sant Pere de Burgal i altres pintures murals del segle xi o inicis del segle xii, avui al Museu d'Art de Catalunya: <http://www.aldeaglobal.net/artmedieval/sant% 20pere% 20del%20burgal.htm>.

Pantocràtors, semblants a les *Maiestates* (tradueixen en dues representacions plàstiques el mateix concepte teològic). En l'art bizantí i romànic, amb el terme pantocràtor, es designa la imatge que representa la manifestació de Déu Totpoderós, senyor de l'Univers, en Crist. La figura, sempre majestàtica i vista de front, porta barba, té els cabells llargs i mostra el Crist amb un nimbe al voltant del seu cap. Té la seva mà dreta aixecada per beneir, mentre que amb la seva esquerra sosté el «Llibre de la Vida». És famós el pantocràtor, en mosaic, de Santa Caterina del Sinaí (segle vii), bé que proliferaren a partir del segle xi com el de la cúpula del Monestir de Dafni o el dels absis de la Catedral de Monreale, la Catedral de Cefalù i la Capella Palatina de Palerm. A Catalunya tenim mostres esplèndides i una joia de l'art català en l'església de Sant Climent de Taüll (segle xii), avui el MNAC; ens en podem fer càrrec si cliquem: <http://pantocrator.cat/>; per una explicació: <https://ca.wikipedia.org/wiki/Absis_central_deSant_Climent_de_Ta%C3% BCll> o bé <http://blogs.sapiens.cat/socialsenxarxa/2011/12/05/el-pantocrator-de-sant-climent-de-taull/>.

Anyells de Déu. Imatge sorgida del sacrifici d'Isaac per Abraham i de l'Apocalipsi, que presenta simbòlicament Jesús mort (anyell degollat) i ressuscitat (anyell dret). Així, *L'adoració de l'Anyell místic* dels germans Hubert i Jan van Eyck en el *Políptic de l'Anyell místic* (1432), a la catedral de sant Bavó de Gant: <https://ca.wikipedia.org/wiki/L%27adora ci%C3%B3_de_l%27Anyell_M%C3%ADstic>. Per la tècnica (oli de llinosa) i la figuració retratista, s'ha trobat una certa concomitància amb *La Mare de Déu dels Consellers*, una taula pintada a l'oli per l'artista Lluís Dalmau el 1445 i que es troba al Museu Nacional d'Art de Catalunya: <https://ca.wikipedia.org/wiki/Mare_de_D%C3%A9u_dels_Consellers>.

Els genets, les visions, els canelobres o segells

- Albrecht Dürer [Durero], el 1498 realitza uns gravats del *Llibre de l'Apocalipsi*, conservada com a l'obra mestra de l'artista, amb els reconeguts *Quatre genets de l'Apocalipsi*. N'hi ha exemplars arreu: Fons Rotschild del Louvre, Palau de Buckingham de Londres, Monestir de l'Escorial, Institut Städel de Frankfurt: <http://www.artehistoria. com/ v2/obras/3960.htm>.
- El Greco: *Visió de l'Apocalipsi* o *Visió de Sant Joan* o bé *El cinquè segell de l'Apocalipsi* (1609-1614), al Museu Metropolitan de Nova York: <http://www.metmuseum.org/art/co llection/search/436576>.
- L'exposició *Apocalipsi* al CAC de Màlaga el 2010, palesa els horrors de la Guerra i la pobresa produïts pel poder econòmic, la violència de gènere i el terrorisme d'avui.

La dona vestida de sol (imatge originada en la lluita apocalíptica entre la dona i el drac d'Ap 12,1-18). La tenim en moltes miniatures de diferents *Beatus*, com el de la Seu d'Urgell: <http://www.talleraquitania.com/index.php?main_page=product_info&cPath=

5_69_23&products_id=152>. Una mostra de miniaturisme actual: <https://www.youtube.com/watch?v= r_5CoM14 NvA>. Aquesta representació iconogràfica, amb el temps, derivà cap a representacions de la *Immaculada Concepció* com les de Velázquez (1618-19), conservada a la National Gallery de Londres, juntament amb la seva parella, *Sant Joan a l'illa de Patmos*: <https://www.nationalgallery.co.uk/products/the-immaculate-conception-print/p_NG6 424>; Zurbarán (1632), al MNAC: <http://www.museunacional.cat/ca/colleccio/immaculada-concepcio/francisco-de-zurbaran/065578-000>; i també la *Immaculada dels Venerables* de Murillo (1678): <https://www.museodelprado.es/coleccion/obra-de-arte/la-inmaculada-concepcion-de-los-venerables/76179d81-beaf-4f9e-9a05-ef9 2340a00d1>; abans d'aquesta, havia pintat la *Immaculada de l'Escorial* (~1664), dues més de 1665 al 1675, i també la *Immaculada d'Aranjuez* (1675).

ELS JUDICIS FINALS.

• Anònim: fresc del *Judici final* (1080-1150) a l'església de Sant Joan de Clyton (Sussex): <http://artealasocho.blogspot.com.es/ 2014/03/el-juicio-final-de-la-iglesia-de-san.html>.

• Mosaic anònim del *Judici final* a la cúpula del Baptisteri de Sant Joan de Florència de 1225: <https://it.wikipedia.org/wiki/ Mosaici_del_battistero_di_Firenze>.

• Fra Angèlico: *Judici universal* (1425-31), avui al Museu de sant Marc de Florència: <https://es.wikipedia.org/wiki/El_Juicio_Final_(Fra_Angelico)>. No confondre amb *Últim Judici*, avui a la Gemäldegalerie de Berlín (1450): <https://in.pinterest.com/pin/3262295 66737785148/>.

• Hans Memling: *Judici final* (1466-73), al museu Narodowede Gdańsk: <https://ca.wikipedia.org/wiki/El_Judici_Final_(Memling)>.

• El Bosco: *Tríptic del judici final* (1482), a l'Acadèmia de Belles Arts de Viena: <https://es.wikipedia.org/wiki/Tr%C3%ADptico_del_Juicio_de_Viena>.

• L. Signorelli: Cicle de decoració al fresc del *Judici final* a la capella de sant Brizio de la catedral d'Orvieto (1499-1503), considerada la seva obra mestra: <http://www.dantezaragoza.com/2013/02/06/la-capilla-de-san-brizio-la-otra-capilla-sixtina/>.

• L. van Leyden realitza el tríptic *El judici final* el 1526 per a l'església de Sant Pere de Leiden conservat actualment al Museu Stedelijk de la mateixa ciutat.

• Miquel Àngel: *Judici final* (1537-41): avui, ens podem moure per la Sixtina: <http: //www.vatican.va/various/cappelle/sistina_vr/index.html>. També: <http://es.slideshare.net/NARCISOSANCHO/nalisis-profundo-del-juicio-final-de-miguel-angel>.

• E.C. Burne-Jones, teòleg i pintor prerafaelita *Judici final* (1874): <http://es.slideshare .net/lilamagritte/burnejones>.

PINTORS ANTICS I ACTUALS

L'Apocalipsi ha interessat molt en la història de la pintura. Podem admirar des dels gravats de Dürer (segle XV) o les pintures del Bosco fins a l'obra Brueghel el Vell (*El triomf de la Mort*, 1562-63), per no parlar del Greco del darrers temps, de Cranach el Vell, de Renoir, Rembrandt, Gustave Doré, Friedrich, Blake, Otto Dix, Max Beckmann, Georges Rouault, Chagall, Picasso, Miró, Dalí i, ja en aquest segle XXI, l'obra recursiva del pintor Sergi Barnils, que ha ofert diferents mostres en relació a l'Apocalipsi: *La glòria de Déu il·lumina la ciutat*

(Clusone, 2005), *Pedra de jaspi* (Imbersago 2005), *Pedra d'àgata* (Torí, 2007), *Els colors de la vida* (Piacenza, 2008), *Pedra de jacint* (Borgomanero, 2009), *De la nova Jerusalem* (Roma, 2006), *Aigua de vida* (Palau del Podestà, Castell'Arquato, 2007)...

▪ **Altres representacions pictòriques**

– No hem d'oblidar els milers de representacions de la Mare de Déu amb tots els sobrenoms posats des de la Mare de Déu de la Paciència a la de l'Ecologia. Per fer dos exemples, el primer Giotto: *La Madonna di Ognisanti* (1310), avui als Uffizi de Florència: <www.uffizi.org/it/opere/madonna-di-ognissanti-di-giotto/>; el segon, Andrea Mantegana, la *Madonna della Vittoria* (1496), avui al Louvre: <http://mini-site.louvre.fr/mantegna/acc/xmlen/section_7_0.html>.

– També caldria analitzar les representacions dels Misteris del Rosari, especialment els de goig, en relació a l'Assumpció i Coronació de la Mare de Déu: <http://www.franciscanos.org/oracion/rosario.html>. Per exemple Tiziano: *Assumpció de la Verge* de Santa Maria dei Frari a Venècia (1515-16), amb dinàmica composició triangular: <https://www.youtube.com/watch?v=eG3rcu2pn3Y> i <http://ies.rosachacel.colmenarviejo.educa.madrid.org/gallery2/main.php?g2_itemId=1772>.

– La vida dels deixebles de Jesús, especialment de la Magdalena, ha estat molt seguida en la història de l'art. Tant de Maria com de Magdalena vaig fer un seguiment panoràmic de la seva plasmació en pintura a *Els evangelis secrets de Maria i de la Magdalena: la història amagada* (Barcelona: Ara Llibres, 2008).

☐ ESCULTURA

No repetirem pas aquí el mateix repàs d'episodis de la vida de Jesús, la seva família i el seus deixebles, que hem fet amb la pintura. Diem que trobarem diferents representacions escultòriques de la fe que generà segons les èpoques, des de l'art bizantí i romànic, passant pel gòtic i el renaixentista fins a l'actual. Per a l'escultura romànica: <https://ca.wikipedia.org/wiki/Escultura_ rom%C3%A0nica>.

– Destaquem del **romànic**:

FAÇANES I RELLEUS DE PEDRA: LLINDES, TIMPANS, PÒRTICS, FORNÍCULES I FAÇANES DE TRIOMF. Substituïen l'alfabetització. Exemples:

• Llinda del monestir de Sant Genís de Fontanes (1020): <https://ca.wikipedia.org/wiki/Llinda_del_monestir_de_Sant_Gen%C3%ADs_de_Fontanes>.

• Timpà de la portada de la Catedral de Saint Lazare (1120-46), a Autun (França), amb el *Judici Final* (una de les escenes típiques del timpà romànic: Crist entronitzat en el centre d'una *màndorla*, amb la mà dreta indica els escollits per al Paradís, i, amb l'esquerra, la sentència per als condemnats a l'Infern: <https://www.youtube.com/watch?v=uKKmnpcz97Q>. Per una visió de l'Autun antic i modern: <https://www.youtube.com/watch?v=3d2lSBRB te0>.

• *Maiestas Domini* (1094-1096), d'inspiració carolíngia, al deambulatori de la Basílica de Sant Serni de Tolosa de Llenguadoc, al timpà de l'església de Sant Tròfim d'Arle o a la Porta del claustre de la Catedral de Tarragona: <https://ca.wikipedia.org/wiki/Maiestas_Domini>.

• *Pòrtic de Santa Maria de Ripoll* (mitjans segle XII): <https://ca.wikipedia .org/wiki/P%C3%B2rtic_de_Santa_Maria_de_Ripoll> i <http://es.slideshare.net/mcarmearanda/portalada de-ripoll>.

• *Pòrtic de la Glòria* de Sant Jaume de Galícia (1168-88), que vol significar la Parusia: <https://www.youtube.com/watch?v=EW5C6vwihtc> i <http://www.arteguias.com/porticomateo.htm>.

• *Pòrtic del Paradís* de la catedral d'Orense (gòtic i policromat): <https://www.arteguias.com/catedral/porticoparaiso.htm>.

• Façanes de la catedral de Sant Pere d'Angulema (1100): <http://siguealconejoblanco.es/offtopic/arte/la-catedral-de-san-pedro-de-angouleme/> i el front de l'abadia de Sant Geli a la Provença (1120-1160): <https://ca.wikipedia.org/wiki/Abadia_de_Sant_Geli>.

CAPITELLS: SEGLES X, XI I XII

• Al segle X, al nord d'Itàlia, els primers capitells amb poca ornamentació es troben a criptes i deambulatoris com a l'abadia de Sant'Antimo a Montalcino (Siena) i la Basílica de Santo Stefano de Verona. Després, la decoració vegetal va passar a la figuració.

• Al segle XI trobem representacions com la del rei David a la catedral de Jaca o el rentament de Peus al monestir de Sant Cugat.

• Del segle XII és el claustre del monestir de Santa Maria de l'Estany; té una galeria nord amb una iconografia complexa i on trobem un vertader discurs bíblic amb escenes del Gènesi (*Creació d'Adam i Eva*, *Pecat original*, *Expulsió del Paradís*), escenes de la vida de la Verge (*Presentació al temple*, *Anunciació, visitació a la seva cosina Isabel*), escenes relacionades amb el naixement i la infància de Jesús (*Nativitat*, *Mags davant Herodes*, *Matança dels innocents*, *Epifania*, *Presentació al temple*), escenes de la vida pública de Jesús (*Baptisme, noces de Canà, temptacions de Jesús, entrada a Jerusalem*), escenes de la passió de Jesús (*Sant Sopar, Jesús renta els peus dels deixebles*, *Arrest de Jesús*, *Bes de Judes*, *Flagel·lació*, *Crucifixió*) i finalment una escena apocalíptica (*pesada d'una ànima*). Aquestes escenes figurades es combinen amb elements vegetals i motius animals: <http://www.festacatalunya.cat/articles-mostra-4705-cat-claustre_del_monestir_de_santa_maria_de_lestany. htm>. També el claustre superior de Santo Domingo de Silos, amb capitells que són veritables obres mestres de l'escultura romànica. Hi trobem, a l'angle sud-est: *L'ascensió* i *Pentecosta*; al nord-est: *El sepulcre* i *El descendiment*; al nord-oest: *Els deixebles d'Emaús* i *El dubte de Sant Tomás*; al sud-oest: *L'anunciació a Maria* i *L'arbre de Jessé*: <http://www.monestirs.cat/ monst/annex/espa/calleo/burgos/csilosR.htm>.

• Molt importants també els capitells de la catedral de Saint Lazare: <http://domuspucelae.blogspot.com.es/2010/ 12/visita-virtual-capiteles-de-san-lazaro.html>.

• Sant Serni de Tolosa de Llenguadoc: <http://www.arteguias.com/catedral/sansernin-toulouse.htm>.

IMATGERIA: CRIST EN MAJESTAT O MAJESTATS, MARE DE DÉU AMB L'INFANT I DAVALLAMENTS:

A les Majestats romàniques se sol representar el Crist crucificat amb el *perizonium* o faldilla curta o amb la túnica llarga, emblemes de reialesa o sacerdoci. La crucifixió era tan escandalosa, que Jesús fou representat a la creu majestuosament, amb ornaments reials o sacerdotals. Representant-lo, tanmateix, en el seu sacrifici, com a únic sacerdot mitjancer entre Déu i els homes, fou mal vist més enllà de l'art bizantí i el romànic, i la representació esdevingué sense ornaments. En el sentit sacerdotal tenim la policromada *Majestat Batlló* (segle XII), al Museu d'Art Nacional de Catalunya (relacionada amb el *Volto santo* de la catedral de Lucca): <https://ca.wikipedia.org/wiki/Majestat_ Batll%C3%B3>.

• Davallament d'Eril la Vall, de la catedral de Volterra, i de Sant Llorenç de Tívoli i de Sant Joan de les Abadesses: <https://ca.wikipedia.org/wiki/Davallament_d%27Erill_la_ Val>.

ARTS SUMPTUÀRIES: PORTES DE BRONZE, ORFEBRERIA ESCULTÒRICA, CADIRAM I TALLES EN IVORI.

• Càtedra episcopal (1096) de Sant Nicolau de Bari: <https://upload.wikimedia.org/wikipedia/commons/a/a8/ Cattedra_ vescovo_Elia_Bari_2005 .jpg>.

– Per al **gòtic** clicar: <https://ca.wikipedia.org/wiki/Escultura_g%C3% B2tica>.

– Per a l'escultura **renaixentista**, **manierista** i **barroca**: <https://ca.wikipedia.org /wiki /Escultura_del_Renaixement>, <https://prezi.com/_ugnq xnv4pg8/lescultura-renaixentista-i-barroca/> i <https://ca.wikipedia.org/ wiki/Barroc>. Recordem obres cabdals com els episodis de la vida de Jesús, de Ghiberti, a la porta nord de Bronze del Baptisteri de Sant Joan de Florència, l'obra de Verrochio *La incredulitat de Tomàs* (1466), a Orsanmichele de Florència: <https://commons.wikimedia.org/wiki/File:Orsanmichele-Verrocchio.jpg>; les quatre Pietà de Miquel Àngel: <http://yo-y-el-arte.blogspot.com.es/2012/02/las-cuatro-piedad-de-miguel-angel.html> o l'*Éxtasis de Santa Teresa*, de Bernini (1647-1651): <https://es.wikipedia.org/wiki/Escultura_barroca>.

– Per al **neoclassicisme**: <https://ca.wikipedia.org/wiki/Neoclassicisme>.

– Per al **romanticisme** recordem noms com Rodin (amb *El fill pròdig* de 1889) o, entre nosaltres, Ricard Bellver amb l'*Àngel Caigut* (al Retiro de Madrid) o Marià Benlliure, precursor del **modernisme** amb un escultor insigne autor de diverses Maternitats: Miquel Blay.

– Del **segle XX** podríem estudiar la infuència de la religió en l'obra de González (*La Montserrat* de 1936-37), Gargallo (*El profeta*, de 1933 o *David*, de 1934), Moore, Oteiza (*Frare franciscà*, 1952), o Ramon Acín: *El crucificado* (1918-29) <https://fundacionacin.org /obra/ramon-acin/el-crucificado-7/>, Giacometti, (*Detall de la crucifixió de la basílica superior d'Assís*, 1946). Però, sobretot, caldria analitzar les obres de les façanes i l'interior de la basílica de la Sagrada Família de Gaudí <http://www.sagradafamilia.org/visita-simbolica/>, en especial la façana del Naixement, obra de Joan Matamala, Jaume Busquets, Joaquim Ros i Etsuro Sotoo (<https://sites.google.com/site/barcelonamodernistaisingular/faana-del-naixement>) i la façana de la passió, obra de Josep M. Subirachs: <http://modernistespunt com.blogspot.com.es/2012/07/la-sagrada-familia.html>.

– Per a les escultures de Jesucrist, cf. les possibles categories a <https://es.wikipedia.org/wiki/Categor%C3%ADa:Esculturas_de_Jesucristo>. Per a les de la península, cf. <https://es.wikipedia.org/wiki/Categor% C3%ADa:Esculturas_de_ Jesucristo>; pel que fa a les 17 estàtues del Crist més altes del món: <http://www.husmeandoporlared. com/2013 /07/las-17-estatuas-cristo-mas-altas-mundo.html>.

◻ LITERATURA

• La primera peça de la literatura catalana, *Les homilies d'Organyà* (finals segle XII-inicis segle XIII), és un sermonari per predicar l'Evangeli; la primera peça teatral castellana és l'*Auto de los Reyes Magos* (segle XII); el primer autor conegut castellà, és Gonzalo de Berceo, que va escriure *Miraclos de Nuestra Señora o el Planto que fizo la Virgen el día de la Pasión de su Fijo Jesu Christo* (1260). El primer llibre imprès a la península possiblement sigui *Trobes en llaor de nostra dona Santa* (València, 1474). Amb aquests pressupòsits medievals, ja podem suposar que els ensenyaments evangèlics amaren bona part de la literatura occidental, l'obra cabdal de les quals és sens dubte la *Divina Comèdia* (~1304-1321), de Dante Alighieri, que influiria en molts autors posteriors: Balzac va titular un cicle novel·lístic *La comèdia humana* i, durant el segle XX, trobaríem influències en l'obra d'Eugenio Montale, Mario Luzi, T. S. Eliot, Edward Morgan Forster, Ezra Pound o Jorge Luis Borges. Tanmateix, si seguim la història de la literatura castellana trobarem obres de Fray Luis de León (*Los nombres de Cristo*), místics com Joan de la Creu i Teresa de Jesús, autors prolífics com Lope de Vega que tan pot escriure una nadala (villancico) popular com un embarbusament teològic, unes *Rimas sacras* com un *Romancero espiritual*. Els dramaturgs de l'època poden inspirar-se en temes nadalencs (Tirso de Molina: *Tanto es lo de más como lo de menos*) i compondre drames (*La devoción de la cruz*) i autosacramentals com els de Calderón (*El diablo mundo*). El tema religiós amararà diferents llegendes del romàntic Bécquer i interessarà a les generacions de fi de segle (Unamuno, Azorín, Rubén Darío, Juan Ramón Jiménez, Valle-Inclán, Azorín...). Ja en ple segle XX s'hi interessaran Gabriel Miró (*Figuras de la Pasión del Señor*, 1917), els homes del 27 i una certa poesia existencial després de la Guerra (in)civil. La història de la literatura catalana està amarada igualment de religiositat: de Ramon Llull a Turmeda, Eiximenis, Vicent Ferrer i Isabel de Villena amb la seva *Vita Christi* (1497), conformen un substrat per a les manifestacions populars de cançoners, teatre i goigs, de què encara som deutors actualment amb totes les representacions de *Pastorets*, *Pessebres vivents* i *Passions* arreu del territori català. No podem oblidar la prosa erasmista renaixentista o les peces d'autors barrocs (Vicent Garcia o Francesc Fontanella) per arribar a la gran figura de Jacint Verdaguer i el salt al modernisme de Maragall, Costa i Llobera i Joan Alcover, amarats encara de religiositat cristiana. Ja en ple segle XX cal estar amatents a l'obra de J. V. Foix, Carles Riba, Josep M. de Sagarra (traductor de la *Divina Comèdia* i autor del cèlebre *Poema de Nadal*, 1931) i arribar a la d'Espriu, especialment *El caminant i el mur* (1954) i *Setmana Santa* (1971).

• Des dels inicis del segle XX la bibliogafia sobre Jesús s'ha multiplicat de manera que fins i tot és facil destriar assaig teològic d'altres tipus de narrracions. Altrament, Georges Bernanos, Julián Green, Paul Claudel o Chárles Peguy, a França, o homes com Graham Greene o Evelyn Waugh, a Gran Bretanya, han fet una literatura centrada en la paradoxa de la gràcia i el pecat. Potser Giovanni Papini, amb *Història de Crist* (1921), va donar un cert toc d'alerta. En aquest punt potser caldria esmentar R. M. Rilke (1875-1926): *Llibre de les hores* (1905) –referent d'Espriu–, *Vida de Maria* (*Nueva antología poética* [Madrid: Espasa-Calpe,1999]) i *Històries del bon Déu* (Escaldes Engordany: Límits, 2009). I, rere seu, molts d'altres: Mújica Laínez, amb *El asno y el buey* (1944); Robert Graves (1895-1985), amb *Rei Jesús* (1946, en castellà des del 2003); C. Levi, amb *Crist s'ha aturat a Eboli* (1947); Nikos Kazantzakis (1883-1957), amb *Crist de nou crucificat / La passió grega* (1954) i *L'última temptació [de Crist]* (1960); Gore Vidal (1925-2012), amb *Messies* (1955); Saramago: *El evangelio según Jesucristo* (1991); Norman Mailer: *El Evangelio según el Hijo* (1997).

• Al llibre ja esmentat *Els Evangelis secrets de Maria i de la Magdalena* vaig recopilar i valorar la bibliografia referent als dos personatges de Maria i la Magdalena. Però, des del segle XIX, n'existeix molta més, especialment dedicada als apòstols Pere, Pau i Judes –per exemple: H. Sienkiewicz *Quo Vadis* (1894)–, als primers cristians: *Fabiola o la iglesia de las catacumbas* el 1854 per Nicolas Wiseman, o *Ben-Hur*, de Lew Wallace, del 1880, o a la relació dels Herodes amb el Bautista, d'O. Wilde amb *Salomé* (1893) fins a Valle-Inclán amb *La cabeza del Bautista* (1924). A títol només d'exemple esmentem que, darrerament, G. Thedissen ha novel·lat *A la sombra del Galileo* (Salamanca: Sígueme, 1985), Michel Benoït ha publicat *Le Secret du treizième apôtre* (París: Albin Michel, 2006) i *L'Évangile du treizième apôtre* (París: L'Harmatan, 2013), T. Caldwell *Yo, Judas: La verdadera història de Judas Iscariote contada por él mismo* (Madrid: Maeva, 2007) i el nostre insigne exegeta J. Rius-Camps, sobre l'evangeli de Lluc, la novel·la *Diari de Teòfil* (Barcelona: Fragmenta, 2011).

□ MÚSICA

• El *Liber usualis misæ et officii* o, simplement, *Liber Usualis* (que significa *Llibre d'ús*), és una col·lecció de música litúrgica, tota en gregorià, que recull tots els cants per a qualsevol de les eucaristies, celebracions, ritus i oficis que formen part de la totalitat de l'any litúrgic catòlic romà, editat pels monjos de l'Abadia de Solesmes el 1896. Ells mateixos han enregistrat nombrosos discs amb cants reconegudíssims, des del *Christus factus est pro nobis* passant pel *Miserere mei, Deus* fins al *Dies Irae*. El *Miserere* (per a dos cors de quatre i cinc veus) va ser compost per G. Allegri, el 1638, per a la Capella Sixtina vaticana i s'amenaçava amb l'excomunió qui la copiés o executés fora de la Sixtina (L.W. A. Mozart amb tan sols 14 anys, després d'escoltar-la tan sols una vegada, va transcriure l'obra de memòria, per a després fer-li correccions menors en una segona ocasió.) També diferents cors de monestir n'han enregistrat molts altres dedicats a la Mare de Déu: *Magnificat, Rorate Coeli, Regina coeli, laetare*... L'assentament de l'orgue com a principal instrument acompanyant durant les litúrgies i eucaristies originà la necessitat d'un acompanyament per als cants gregorians. El treball més important mai fet en aquesta direcció fou el presentat pel musicòleg expert en música religiosa Jules van Nuffel (1883–1953), anomenat *Nova Organi Harmonia*. És un treball que consta de vuit volums i unes tres mil pàgines seguint la feina feta per Jacques-Nicolas Lemmens (†1888), en el qual el doctor i el seu equip proposen un acompanyament per a gairebé tots els cants que inclou el *Liber Usualis*; encara ha tingut noves evolucions (cf. <ccwarershed.org>). A partir del Vaticà II va començar a decaure el seu ús mentre creixia l'adhesió al *Graduale Triplex*, llibre litúrgic publicat a Solesmes el 1979, car aquest nou document estava adaptat a la nova litúrgia del Concili Vaticà II.

• Molts cants d'aquest llibre –per exemple el *Magnificat*– s'han plasmat en obres de compositors tan allunyats en el temps com C. Monteverdi, Scarlatti, A. Vivaldi, J. S. Bach o Mendelssohn fins als contemporanis Jerónimo Maesso, Arvo Pärt o John Rutter; especialment fructífers van ser els hispànics Cristóbal de Morales (segle XVI), Tomás de Victoria, ja en plena Contrarreforma, o Sebastián Aguilera de Heredia, que el 1618 va compondre un conjunt de 36 magnificats titulat *Canticum Beatissime Deiparae Mariae*.

• Tres altres exemples podrien ser l'*Stabat Mater* –d'un poema atribuït al franciscà Jacopòne da Todi (1230-1306), l'*Ave Maria* i l'*Ave verum*. De l'*Stabat Mater* tenim versions que podem escoltar amb facilitat de Palestrina (1525-94), Lanus (1532-94), Charpentier (1634-1704), Steffani (1654-1728), Scarlatti (1660-1725), Pergolesi (1710-1736) –cf.: <https://www. youtube.com/watch?v=xHQVtYzjLao>–, Rossini (1792-1868), Vivaldi (1678-1741), F. J. Haydin (1732-1809), L. Boccherini (1743-1805), A. Dvorák (1841-1904), K. Penderecki (n. 1933). Quant a l'*Ave verum*, la composicó més aplaudida és la de Mozart. Pel que fa a les *Aves Maries* –cf.: <https://es. wikipedia.org/wiki/Ave_Maria_ (M%C3% BAsica_Religiosa)>–, la més famosa és la de Schubert (1825), però no deixen de tenir renom les de J. Arcadelt (1515-1560), Gounod (1818-93), Mendelssohn, G. Verdi (1813-1901), C. Frank (1822-1890): <https://www.youtube.com/watch?v=Mcq1xV4PjwM>.

• De la infantesa de Jesús destaquem J. S. Bach (1685-1750), amb les sis cantates a quatre veus de l'*Oratori de Nadal* (1734-35) així com l'oratori de Pau Casals, sobre el poema *El pessebre*, de J. Alavedra i Sugrañas (1896-1981), estrenat a Acapulco (Mèxic) el 1960; podem escoltar-ne el 'Gloria' a <https://www. youtube.com/watch?v= LxVGXyopAwY>. Més enllà de la recuperació del *Cant de la Sibil·la* per a la Missa del Gall, a més hi ha tot el repertori de cants d'adoració dels pastors –de l'*Adeste fideles* a *Santa Nit*– i totes les nadales d'arreu del món. R. Straus va compondre l'òpera *Salomé* sobre el text de Wilde estrenada el 1905.

• Händel va compondre també l'oratori *Messiah* ('El Messies'), el 1714 amb la famosa lletra de l'*Al·leluia*; per escoltar-ne fragments, cf.: <https://www.youtube.com/watch?v= AZTZRtR Fkvk> i <https://www.youtube.com/watch?v= EghQW68-tIw>.

• La passió de Jesús ha estat també motiu de grans composicions musicals. Esmentem J. S. Bach, amb *Passió segons sant Joan* (1724) i *Passió segons sant Mateu* (1727); també, *Passió de Mateu* (H. Schütz), *Passió segons sant Mateu* (G. Ph. Telemann), *La Passió segons Sant Lluc* (Penderecki), la *Simfonia núm. 2 «Nadal»* de Penderecki (1980), on fa un ús freqüent de la melodia de la nadala *Santa nit*.

• Alguns compositors també van posar música a les denominades «Set paraules de Jesús a la creu» (frases que els evangelistes posen en els llavis de Jesús) com, per exemple, H. Schultz, amb *Die Sieben Wortr Jesu Christi am Kreuz* (1617) o F. J. Haydin: *Les darreres paraules de Jesús a la Creu*, composició encarregada per una confraria de Cadis el 1787).

• Entre les poques composicions sobre la resurrecció, ascensió i pentecosta: Händel: *La resurrecció*, estrenada el 1708: <https://www.youtube.com/watch?v=CzdzFBUR7HA>.

• Les diferents *Misses* segueixen l'ordinari eucarístic (del *Kyrie* fins a l'*Agnus Dei*); n'hi ha de molt famoses: *La Missa del papa Marcel* (Palestrina), *Missa en si menor* (J. S. Bach), *Missa in tempore belli* (Haydin), *Missa de Rèquiem* i *Missa de la Coronació* (Mozart), *Missa solemnis* (Beethoven), *Missa solemne* (Cherubini), *Petite Messe solennelle* (Rossini), *Missa solemne de Santa Cecília* (Gounod), *Missa en mi menor* (A. Bruckner), *Missa pontificalis* (L. Perosi)... A Catalunya, per a la Missa de Pasqua, es recupera el *Cant de l'Àngel* a mena de *Regina coeli, laetare*.

□ CINEMA

• El Departament de Cinema de la Comisión episcopal de Medios de Comunicación Social de la CEE editä: *Jesucristo en el cine. Más de cien películas sobre el hecho cristiano* (Madrid: EDICE, 1997); cf. també, *Jesucrist en el cinema*: <http://www.uhu.es/cine.educacion/cineyeducacion/jesucristo.htm>, i *Rànquing de les millors pel·lícules sobre Jesús*: <http://jesucristoenelcine.blogspot.com.es/2009/11/las-mejores-peliculas-sobre-jesus-de.htm>. Oferim aquí una petita llista a mena de testimoni:

• *La passion du Christ* (1897), de Léar i Basili, una de les més antigues.

• *Christus* (1916) G. Antamoro: <https://www.youtube.com/watch?v=fOO2WB7lB6g>.

• *Rei de reis* (1917), de C. B. de Mille: amb remake de Nicholas Ray (1961).

• *Barrabàs* (1953), d'Alf Sjöberg: <https://www.youtube.com/watch?v= 7YMlIps-pWs>; amb remake de Richard Fleisher (1961).

• *La túnica sagrada* (1953), d'Henry Coster.

• *Ben Hur* (1959), de W. Wyle, sobre la novel·la de L. Wallace de 1880.

• *El Evangelio según San Mateo* (1964), de Pier Paolo Passolini.

• *La historia más grande jamás contada* (1965), George Stevens: <https://vimeo.com/123573108>.

• *Jesucristo superstar* (1972), musical de Norman Jewison.

• *El Messies* (1976), de Roberto Rossellini

• *Jesús de Nazaret* (1977), de Franco Zeffirelli.

• *L'última temptació de Crist* (1988), de Martin Scorsese.

• *La passió de Crist* (2004), de Mel Gibson.

• *The Nativity Story* (2006), de Catherine Hardwicke, presenta un relat històric sense captar el significat simbòlic.

• *Maria Magdalena*, de Garth Davis (2018), un film auster i ben proper a com devien esdevenir-se les coses.

• La minisèrie completa de DVD sobre personatges de la Bíblia, de RBA, en té un dedicat a Jesús i dos a Sant Pau; la col·lecció de produccions sobre els grans personatges cal tenir en compte les dues parts de *El mestre de Natzaret* <https://www.youtube.com/watch?v=7Mv_Nun4kwU> i <https://www.youtube.com/watch?v=7Mv_Nun4kwU>, la segona dedicada a la passió <https://www.youtube.com/watch?v=21soW1f94XE>.

• Avui tenim a youtube moltes representacions de la vida de Jesús. I també existeixen molts films de personatges a l'entorn de Jesús, en especial, Maria, Pau i d'altres. En aquest sentit, C. Saura realitzà, el 2002, el film *Salomé*.

C. BIBLIOGRAFIA PER SABER-NE MÉS

- **Els textos del Nou Testament (*consultats indistintament bé que hem procurat citar a partir de la BCI*)**

Biblia de Jerusalén (Bilbao: Desclée de Brouver, 1967).

Bíblia de la Fundació Bíblica Catalana (Barcelona: Alpha, 1968).

Biblia Cultural (Madrid: PPC/SM, 1998).

FERRER COSTA, J., MALÉ RIBERA, J., MATOSES MASEGUER, X. i PONSATÍ-MURLÀ, O.: *Nou Testament Grec, edició d'estudi* (Barcelona: Universitat de Girona. Servei de Publicacions, 2019).

KLOPPENBORG, J. S.: *Q. El evangelio desconocido* (Salamanca: Sígueme, 2005).

La Bíblia. Versió i notes pels Monjos de Montserrat (Andorra: Casal i Vall, 1975^{2}; 1989^{5}). Consultable per internet: <http://www. cervantesvirtual .com/obra-visor/la-biblia--htlm/>.

La Bíblia. La Bíblia Catalana. Traducció Interconfessional (BCI) (Barcelona: ABC, SBU i Ed. Claret, 2008;19974). Es pot consultar per internet en l'edició de 1993: <http://www.biblija.net/biblija.cgi?lang=ca>.

La Bíblia. La Sagrada Escriptura en llengua catalana, versió de P. Sais i S. Sais (Barcelona: Institució Bíblica Evangèlica de Catalunya, 2000). En línia: <http://www.ibec.cat/index.php?option=com_content&id=3&Itemid=4>.

Nou Testament grec-llatí-català (Barcelona: Associació Bíblica Catalana, Societats Bíbliques Unides i Ed. Claret, 1995) amb el text grec de Nestle-Aland de la 27ª edició; el 2012^{28}.

Novum Testamentum Graece et latine, amb el llatí de la *Vulgata* i l'aparell crític d'A Merk (Roma: Pontifici Institut Bíblic, 1964^{9}).

Novum Testamentum Graece en edició de NESTLE, E. i ALAND, K (Münster: Institut für neutestamentliche textforschung, 1975, en edició revisada; el 2012 s'oferí la 28a. edició).

Nuevo Testamento trilingüe [edició crítica en espanyol, llatí i grec per BOVER, J.M.-O'CALLAGHAN, J.] (Madrid: BAC, 1994^{3}).

O'CALLAGHAN, J.: *Nuevo Testamento griego-español* (Madrid: BAC, 1997).

RIUS-CAMPS, J. i READ-HEIMERDINGER, J: *Demostració a Teòfil. Evangeli i Fets dels Apòstols segons el còdex de Beza* (Barcelona: Fragmenta, 2009).

ROBINSON, J. M., HOFFMANN, P. i KLOPPWNBORG, J. S.: *El Documento Q* (Salamanca: Sígueme, 2002).

The Greek New Testament (amb introducció en castellà) i *Diccionario conciso griego-español del Nuevo Testamento* (Stuttgard: Sociedades Bíblicas Unidas, 1993^{4}).

ROBINSON, J.M., HOFFMANN, P. i KLOPPENBORG, J.S.: *El Documento Q. En griego y en español. Con paralelos del evangelio de Marcos y del evangelio de Tomás* (Salamanca: Sígueme, 2002).

VIDAL, S.: *El documento Q. Los primeros dichos de Jesús* (Santander: Sal Terrae, 2011).

– Per al Nou Testament interlineal cf. LACEVA, F.: *Nuevo Testamento interlineal griego-español* (Terrassa: CLIE, 1984).

– El millor programa informàtic d'estudi del Nou Testament en anglès és *BibleWorks-9*, que té el text grec (Nestle-Aland), la traducció catalana de la BCI de 1993 i la reproducció dels principals manuscrits grecs (Còdex Sinaític, Alexandrí, Vaticà, Beza).

• **Apòcrifs i literatura intertestamentària**

ALCALÁ LÓPEZ-BARAJAS, M.: *Los Evangelios de Tomás, el Mellizo y de María Magdalena* (Bilbao: Mensajero, 1999).

D.A.: *Apòcrifs del Nou Testament* Col. «Clàssics del Cristianisme» 17 (Barcelona: Facultat de Teologia de Catalunya/GEC/Proa, 1990).

DEL CERRO, C.: *Vida de los apóstoles de Jesús según la literatura apócrifa* (Madrid: Raíces, 2012)-.

DÍEZ MACHO, A.-PIÑERO, A.: *Apócrifos del Antiguo Testamento* (Madrid: Ed. Cristiandad, 1982-2009), 6 vol. [En aquesta obra hi són, entre d'altres, els escrits: *Llibre dels Jubileus* (vol. II, 67-193), *Salms de Salomó* (vol. III, 61-100), *Oracles Sibil·lins* (vol. III, 241-391), *Primer llibre d'Henoc* (vol. IV, 13-143), *Testament de Moisès* (vol. V, 217-275), *Apocalipsi d'Abraham* (vol. VI, 61-106), *Apocalipsi siríac* [o *Segon llibre*] *de Baruc* (vol. VI, 167-230), *Apocalipsi grec* [o *Tercer llibre*] *de Baruc* (vol. VI. 233-255), *Quart llibre d'Esdres* (vol. VI, 301-465)].

El Evangelio de Judas, trad. J. MONTSERRAT TORRENTS (Madrid: Ed. Edaf, 2006).

EHRMAN, B. D.: *Cristianismos perdidos. Los credos proscritos del Nuevo Testamento* (Barcelona. Ares y Mares/Crítica, 2004).

JEREMIAS, J: *Palabras desconocidas de Jesús* (Salamanca: Sígueme, 1976).

PAGELS, E.: *Los evangelios gnósticos* (Barcelona: Crítica, 1990).

PIÑERO, A., GARCÍA BAZÁN, F. i MONTSERRAT TORRENTS, J. (eds.): *Textos gnósticos. Biblioteca de Nag Hammadi*, 3 vol. (Madrid: Trotta): *I. Tratados filosóficos y cosmológicos* (1997); *II. Evangelios, Hechos, Cartas* (1999); *III. Apocalipsis y otros escritos* (2000).

PIÑERO, A.: *Los Apócrifos del Nuevo Testamento* (Madrid: Fundación Santa María, 1989).

PIÑERO, A. - CERRO, G. DEL: *Hechos apócrifos de los Apóstoles*, 3 vol., "BAC" 646, 656, 701 (Madrid: BAC, 2004-2011).

PUIG I TÀRRECH, A. (ed.): *Els evangelis apòcrifs*, 2 vols, el 2n de *Textos gnòstics* (Barcelona: Ed. Proa; I: 2008; II: 2015).

TÀRRECH, A.: *Un Jesús desconocido. Las claves del evangelio gnóstico de Tomàs* (Barcelona: Ed. Ariel, 2008).

SANTOS OTERO, A. de: *Los Evangelios Apócrifos*, edición crítica bilingüe (Madrid: BAC, 2006[13]).

TRAGAN, P.-R. (ed.): *Los evangelios apócrifos: Origen-Caràcter-Valor. Actas de las V Jornadas Universitarias de Cultura Humanista en Montserrat 23-24 de marzo de 2007* (Estella: Verbo, 2008).

TREVIJANO, R.: *Estudios sobre el Evangelio de Tomás* (Madrid: Ed. Ciudad Nueva, 1997).

TARDIEU, M. i DUBOIS, J.-D.: *Introduction à la littérature gnostique*, I (París: Cerf, 1986).

VIDAL, C.: *Los evangelios gnósticos* (Madrid: Edaf, 2005).

• **Estris d'estudi: Concordances, sinopsis i diccionaris**

ALAND, K.: *Sinopsis de los Cuatro Evangelios. Con los lugares paralelos de los Evangelios Apócrifos y de los Padres Apostólicos* (Edición bilingüe greco-española; traducción y adaptación de A. VARGAS-MACHUCA) (Madrid: Sociedades Bíblicas Unidas, 2007).

Aletti, J.-N., Ska, J.-L., Gilbert, M. i de Vulpillières, S.: *Vocabulario razonado de exégesis bíblica* (Estella: Verbo Divino, 2007).

Alonso Díaz, J. i Vargas-Machuca Gutiérrez, A., *Sinopsis de los evangelios* (Madrid: Sociedad Bíblica de España, 2007).

Balz, H. - Schneider, G.: *Diccionario exegético del Nuevo Testamento*, 2 vols. (Salamanca,: Sígueme, 1998).

Benoit, P., Boismard, E. i Malillos, J. L.: *Sinopsis de los Cuatro Evangelios con paralelos de los Apócrifos y de los Padres* (Bilbao: Desclée de Brouwer, 1987[3]); vol. I: *Textos* (1975; 1983[2]); vol. II: *Comentarios* [als sinòptics] (1976, 1987[3]). [El vol. III sobre l'Evangeli de Joan es troba en francès: *L'Évangile de Jean* (París; Cerf, 1977)].

Bogaert, P.-M., Delcor, M., Jacob, E., Lipinski, E., Martinachard, R. i Ponthot, J.: *Diccionario Enciclopédico de la Biblia*, sota la direcció del Centre Informàtica i Bíblia de l'Abadia de Maredsous (Barcelona: Herder, 2003).

D.A.: *Concordancias de la Biblia. Nuevo Testamento*, ed. española (Bilbao: Desclée de Brouwer, 1975).

Enquiridion bíblico. Documentos de la Iglesia sobre la Sagrada Escritura, ed. Preparada per C. Granados García i L. Sánchez Navarro (Madrid: BAC, 2010)

Fernández Ramos, F. (ed.) *Diccionario de Jesús de Nazaret* (Burgos: Monte Carmelo, 2001). Llibre enciclopèdic on col·laboren 26 biblistes.

Haag, H., van den Born, A. i de Ausejo, S.: *Diccionario de la Biblia* (Barcelona: Herder, 1964).

Kasper, W. i Villanueva, M. (ed.), *Diccionario enciclopédico de exégesis y teología bíblicas*, 2 vols. (Barcelona: Herder, 2011).

Kittel, G.: *Compendio del Diccionario teológico del Nuevo Testamento* (Madrid: Centro de Literatura Cristiana, 2002).

La Bíblia griega Septuaginta, trad. al castellà coordinada per N. Fernández Marcos i M.-V. Spôttorno Díaz-Caro, 2 vol.: *I. El Pentateuco*; *II. Libros históricos* (Salamanca: Sígueme, 2008 i 2011).

Léon-Dufour, X.: *Vocabulario de Teología Bíblica* (Barcelona: Herder, 1976).

Luján, J.: *Concordancias del Nuevo Testamento* (Barcelona: Herder, 1975).

Pikaza, X.: *Diccionario de la Biblia. Historia y palabra* (Estella: Verbo Divino, 2007).

Roure, D.: *Sinopsi de Mateu*, *Sinopsi de Marc* i *Sinopsi de Lluc*, amb els textos paral·lels dels altres evangelistes (Barcelona: ABC, SBU i Ed. Claret, respectivament 1995, 1996 i 1997).

• La formació del Nou Testament, gèneres literaris i simbologia

Alves, H.: *Símbolos en la Biblia* (Salamanca: Sígueme, 2008).

Artola, A. M. - Sánchez Caro, J. M.: *Biblia y Palabra de Dios* (Estella: Verbo Divino, 1995).

Bultmann, R.: *Historia de la tradición sinóptica* (Salamanca: Sígueme, 2000).

Dibelius, M.: *La historia de las formas evangélicas* (València: Edicep, 1984).

Kaestli, J.-D.: «Historia del canon del Nuevo Testamento», en Marguerat, D. (ed.), *Introducción al Nuevo Testamento* (Bilbao: Ed. Desclée de Brouwer, 2008), p. 449 -474.

Hurtado, L. W.: *Los primeros papiros cristianos. Un estudio de los primeros testimonios materiales del movimiento de Jesús* (Salamanca: Sígueme, 2006).

Mateos, J. i Camacho, F.: *Evangelio, figuras y símbolos* (Córdoba: Ed. El Almendro, 1989²).

O'Callaghan, J. (coord.): «La formación del Nuevo Testamento», revista *Reseña Bíblica*, núm. 13 (1997).

Penna, R.: *La formación del Nuevo Testamento en sus tres dimensiones* (Estella: Verbo Divino, 2012).

Pontifícia Comissió Bíblica: *La interpretació de la Bíblia en l'Església* (Barcelona: Ed. Claret, 1994).

Puigdollers i Noblom, R., «La dimensió simfònica i sinodal de la Paraula de Déu en la constitució mateixa del Nou Testament»: *Butlletí de l'Associació Bíblica de Catalunya*, n. 91 (2006), p. 31-40.

Stanton, G. H., «El cuádruple evangelio», en *Jesús y el evangelio* (Bilbao: Ed. Desclée de Brouwer, 2008), p. 107-147.

Trebolle, J.: *La Biblia judía y la Biblia cristiana. Introducción a la historia de la Biblia* (Madrid: Trotta, 1998).

- **Marc històric, cultural i geogràfic (i atles)**

Charlesworth, J. H. (ed.): *Jesús y la arqueología* (Estella: Verbo Divino, 2009).

Coscolluela, M. i Trayner, M. P.: *Y todo empezó en Galilea* (Barcelona: Mediterránea, 2000).

Godoy, P.: *Diccionario geográfico del Nuevo Testamento* (Córdoba: Ed. El Almendro, 2010).

González Echegaray, J.: *Arqueología y evangelios* (Estella: Verbo Divino, 2002).

González Echegaray, J.: *Jesús en Galilea. Aproximación desde la arqueología* (Estella: Verbo Divino, 2001²).

González Echegaray, J.: *Los Hechos de los Apóstoles y el mundo romano* (Estella: Verbo Divino, 2002).

González Echegaray, J.: *Pisando tus umbrales, Jerusalén. Historia antigua de la ciudad* (Estella: Verbo Divino, 2005).

González Echegaray, J.: *Los Herodes. Una dinastía real de los tiempos de Jesús. Trasfondo económico, social y político* (Estella: Verbo Divino, 2007).

González Echegaray, J.: *Flavio Josefo. Un historiador judío de la época de Jesús y los primeros cristianos* (Salamanca: Sígueme, 2012).

González Lamadrid, A.: *La fuerza de la tierra. Geografía, historia y teología de Palestina* (Salamanca: Sígueme, 1981).

Guevara, H.: *Ambiente político del pueblo judío en tiempos de Jesús* (Madrid: Ed. Cristiandad, 1985).

Jeremias, J.: *Jerusalén en tiempos de Jesús* (Madrid: Ed. Cristiandad, 1977).

Josep Ben Maties [Josep Flavi]: *La guerra jueva*, vol. I (llibre I); traducció de J.-A. Martí Gebellí (Barcelona: Fundació Bernat Metge, 2011); vol. II (llibres II i III) (ibídem 2014).

Josep Ben Maties [Josep Flavi]: *La Guerra de los judíos*, 2 vols. Traducció de J. M. Nieto Ibáñez, «Biblioteca Clásica Gredos», núm. 247 (vol. I-III: Madrid: Gredos, 1997) i núm, 264 (vol. IV-VII: Madrid: Gredos, 1999). Abans: «Historia Antigua Biblioteca Básica Gredos», 78 y 79. Introducción general d'A. Piñero; traducció i notes de J. M. Nieto Ibáñez (Madrid: Gredos, 2001). [Editat en col·leccionables per RBA el 2008.]

Josep Ben Maties [Josep Flavi]: *Antigüedades judías*, 2 vol. (Terrassa: Clie, 1988; Madrid: Akal, 2002).

Josep Ben Maties [Josep Flavi]: *Autobiografía. Contra Apión*, «Biblioteca Clásica Gredos», 189, traducció i notes M. Rodríguez de Sepulveda i introducció general de L. García Iglesias (Madrid: Gredos, 1994 i 2008); «Los clásicos de Grecia y Roma», 71 (Barcelona: Planeta-DeAgostini, 1996); també a «Biblioteca Básica» (Madrid. Gredos, 2001).

Josep Ben Maties [Josep Flavi]: *Autobiografía* [traducció M. V. Spotorno Díaz-Caro] i *Sobre la antigüedad de los judíos* (=*Contra Apión*), [traducció de J. R. Busto Sáiz] (Madrid: Alianza, 2015).

Leipoldt, J. - Grundmann, W.: *El mundo del Nuevo Testamento* (Madrid: Ed. Cristiandad, 1973).

Malina, B. J.: *El mundo del Nuevo Testamento. Perspectiva desde la antropología cultural* (Estella: Verbo Divino, 1995).

Malina, B. J.: *EI mundo social de Jesús y los evangelios* (Santander: Sal Terrae, 2002).

Malina, B. J. - Rohrbaugh, R. L.: *Los evangelios sinópticos y la cultura mediterránea del siglo I* (Estella: Verbo Divino, 2010^2).

May, H. G (dtor.): *Atlas Bíblico Oxford* (Estella/Madrid: Verbo Divino/ Ed. Paulinas, 1998^2).

Meeks, W. A.: *Los primeros cristianos urbanos. El mundo social del apóstol Pablo* (Salamanca: Sígueme, 20122).

Ochoa, J.: *Atlas histórico de la Biblia. Nuevo Testamento* (Madrid: Acento, 2004).

Penna, R.: *Ambiente histórico-cultural de los orígenes del cristianismo. Textos y comentarios* (Bilbao: Desclée de Brouwer, 1994).

Plini el Jove: *Correspondència amb Trajà*, trad. M. Olivar (Barcelona: Fundació Bernat Metge, 1932).

Puigdollers i Noblom, R.: «Els gran sacerdots jueus des de l'època d'Herodes el Gran fins a la guerra jueva», *Revista Catalana de Teologia* (2005), p. 49-89.

Puigdollers i Noblom, R.: «Alternança de moderació i radicalisme en les autoritats jueves a Jerusalem en els anys 30 a 70 i la seva repercussió en les comunitats de deixebles de Jesús de Natzaret», en Miscel·lània d'homenatge al Dr. Josep Rius-Camps, *Revista Catalana de Teologia* (2010), p. 539-579.

Puigdollers i Noblom, R.: «Ponç Pilat, governador de Judea», *Revista Catalana de Teologia*, 39 (2014/1).

Reed, J. L.: *El Jesús de Galilea. Aportaciones desde la arqueología* (Salamanca: Sígueme, 2006).

Schürer, E.: *Historia del pueblo judío en tiempos de Jesús*, 2 vols. (Madrid: Ed. Cristiandad, 1985).

Strange, J.: *Atles de la Bíblia* (Barcelona: ABC, SBU i Ed. Claret 1999).

Suetoni Tranquil, G.: *Vida dels Dotze Cèsars*, trad. J. Icart, vol. IV (Barcelona: Fundació Bernat Metge, 1969).

Tàcit, P. C.: *Annals*, trad. M. Dolç, vol. V (Barcelona: Fundació Bernat Metge, 1970).

Wilkinson, J., *La Jerusalén que Jesús conoció* (Barcelona: Ed. Destino, 1990).

Wright, G. E. - Filson, E. V.: *Atlas histórico de la Biblia* (El Paso: Casa Bautista de Publicaciones, 1979).

Wroe, A.: *Pilato: biografía de un hombre inventado* (Barcelona: Tusquets, 2000).

Zwickel,W., Egger-Wenzel, R. i Ernst, M. (editors): *Atlas de la Biblia* (Bilbao: Mensajero, 2017).

- **Introduccions i comentaris generals al Nou Testament**

Brown, R. E.: *Introducción al Nuevo Testamento*, 2 vols.(Madrid: Trotta, Madrid, 2002).

Brown, R. E. - Fitzmyer, J. A. - Murphy, R. E. (ed.): *Comentario Bíblico «San Jerónimo»* vol. III-IV: Nuevo Testamento (Madrid: Ed. Cristiandad, 1972).

Brown, R. E. - Fitzmyer, J. A. - Murphy, R. E. (ed.): *Nuevo Comentario Bíblico «San Jerónimo»*, Nuevo Testamento (Estella: Verbo Divino, 2004).

Charpentier, É.: *Para leer el Nuevo Testamento* (Estella: Verbo Divino, 1988[11]).

D.A.: *Claus de lectura de la Bíblia (III). Nou Testament* (Barcelona: Fundació Joan Maragall-Cruïlla, 2013).

D.A.: *Comentario bíblico latinoamericano /Nuevo Testamento* (Estella: Verbo Divino, 2007).

Georg, A. - Grelot, P.: *Introducción crítica al Nuevo Testamento* (Barcelona: Herder, 1983).

Grelot, P.: *Introducción crítica al Nuevo Testamento* (Barcelona: Herder, 1993).

Guijarro, S.: *Los cuatro evangelios* (Salamanca: Sígueme, 2010).

Hengel, M.: *El hijo de Dios: el origen de la cristología y la historia de la religión judeohelenística* (Salamanca: Sígueme, 1978).

Hurtado, L. W.: *¿Cómo llegó Jesús a ser Dios?* (Salamanca: Sígueme, 2013).

Köster, H.: *Introducción al Nuevo Testamento. Historia, cultura y religión en la época helenística y literatura del cristianismo primitivo* (Salamanca: Sígueme, 1988).

Levoratti, A. J. - McEvenue, S. - Dungan, D. - Farner, W. R.: *Comentario Bíblico Internacional* (Estella: Verbo Divino, 1999).

Marguerat, D. (ed.): *Introducción al Nuevo Testamento. Su historia, su escritura, su teología* (Bilbao: Ed. Desclée de Brouwer, 2008), p.11-33.

Marguerat, D. - Bourquin, Y.: *Cómo leer los relatos bíblicos. Iniciación al ànalisis narrativo* (Santander: Sal Terrae, 2000).

Pikaza, X.: *Hijo de hombre. Historia de Jesús galileo* (Valencia: Tirant lo Blanch, 2007).

Piñero, A.: *Guía para entender el Nuevo Testamento* (Madrid: Trotta, 2006[4]).

Robert, A. - Feuillet, A.: *Introducción a la Biblia: Nuevo Testamento*, vol. II (Barcelona: Herder, 1967).

Rogerson, J. W: *Una introducción a la Biblia* (Barcelona-Buenos Aires-México: Paidós, 2000).

Segalla, G.: *Panoramas del Nuevo Testamento* (Estella: Verbo Divino, 1994).

THEISSEN, G.: *El Nuevo Testamento. Historia, literatura, religión* (Santander: Sal Terrae, 2003).

WIKENHAUSER, A. - SCHMID, J.: *Introducción al Nuevo Testamento* (Barcelona: Herder, 2003).

• **Els evangelis en general, Jesús (paràboles i senyals) i els orígens del cristianisme**

AGUIRRE, R.: *La mesa compartida. Estudios del NT desde las ciencias sociales* (Santander: Sal Terrae, 1994).

AGUIRRE, R.: *Del movimiento de Jesús a la Iglesia cristiana. Ensayo de exégesis sociológica del cristianismo primitivo* (Estella: Verbo Divino, 2009³).

AGUIRRE, R., BERNABÉ, C. i GIL, C.: *Qué se sabe de Jesús de Nazaret* (Estella: Verbo Divino, 2009).

AGUIRRE MONASTERIO, R., «Introducción a los evangelios sinópticos», en AGUIRRE MONASTERIO, R. - RODRÍGUEZ CARMONA, A.: *Evangelios sinópticos y Hechos de los Apóstoles* (Estella: Verbo Divino, 1994²), p. 13-98.

ALEGRE, X., PIÉ, S., PUIG, A. I TUÑÍ, J. O.: *Quatre comunitats davant Jesús* (Barcelona: Claret, 1985).

BARBAGLIO, G.: *Jesús, hebreo de Galilea. Investigación histórica* (Salamanca: Secretariado Trinitario, 2003).

BARTOLOMÉ, J. J.: *El evangelio y Jesús de Nazaret* (Madrid: CCS, 1995).

BENET XVI / RATZINGER, J.: *Jesús de Natzaret* (Barcelona: Claret, 2007).

BENTUÉ, A.: *El Jesús de la història* (Barcelona: Claret, 2009).

BERNABÉ, C. (ed.): *Mujeres con autoridad en el cristianismo antiguo* (Estella: Verbo Divino, 2007).

BERNABÉ, C. i GIL, C. (eds.): *Reimaginando los orígenes del cristianismo* (Estella: Verbo Divino, 2008).

BOCKMUEL, M.: *Simón Pedro en la escritura y en la memoria* (Salamanca. Sígueme, 2014).

BOISMARD, M.-E.: *À l'aube du christianisme* (París: Ed. du Cerf, 1998).

BORRELL, A.: «Jesús de Natzaret, a la recerca d'una biografia». *Qüestions de Vida Cristiana*, n. 199-200 (2000), p. 81-108.

BROWN, R. E.: *El nacimiento del Mesías* (Madrid: Ed. Cristiandad, 1982).

BROWN, R. E.: *Introducción a la cristología del Nuevo Testamento* (Salamanca: Sígueme, 2001; 2006²).

BROWN, R. E.: *La muerte del Mesías* I-II (Estella: Verbo Divino, 2004/2006).

BUSQUETS I GRABULOSA, L.: *Última notícia de Jesús el Natzarè* (Barcelona: Proa, 2007⁴).

BUSQUETS I GRABULOSA, L.: *Els evangelis secrets de Maria i de la Magdalena: la història amagada* (Barcelona: Ara Llibres, 2008).

BUSQUETS I GRABULOSA, L.: *Jesús era un heretge* (Barcelona: Ara Llibres, 2014).

BUSQUETS I GRABULOSA, L.: *Heretges, perseguits i excomunicats. La cara oculta de la història de l'Església* (Barcelona: Proa, 2015).

BUSQUETS I GRABULOSA, L.: *Jesús, una història polèmica (fòrum obert i crític)* (Sant Joan Les Fonts: Oliveras, 2021).

Castillo, J. M.: *La humanidad de Jesús* (Madrid: Trotta, 2016).
Crossan, J. D.: *In Fragments. The Aphorismes of Jesús* (San Francisco: Harper and Row, 1983).
Crossan, J. D.: *In Parables. The Challenge of the Historical Jesus* (Sonoma CA: Poleridge Press, 1992).
Crossan, J. D.: *Jesús: Vida de un campesino judío* (Barcelona: Crítica, 1994).
Crossan, J. D.: *Jesús, una biografía revolucionaria* (Barcelona: Grijalbo, 1996).
Crossan, J. D.: *Jesús, vida de un campesino judío mediterráneo* (Barcelona: Crítica, 2000).
Crossan, J. D. (1999): *El nacimiento del cristianismo* (Santander: Sal Terrae, 2002).
Crossan, J. D. i Reed, J. L: *Jesús desenterrado* (Barcelona: Crítica, 2003).
Crossan, J. D. i Borg, M. J.: *La última semana de Jesús* (Madrid: PPC, 2007).
D.A.: *Así empezó el cristianismo*, ed. R. Aguirre (Estella: Verbo Divino, 2010).
D.A.: *Claus de lectura de la Bíblia (V). Els Evangelis i la història* (Barcelona: Fundació Joan Maragall-Cruïlla, 2015).
D.A.: *Pedro en la Iglesia primitiva* (Estella: Verbo Divino, 1991).
Dodd, C. H: *Las parábolas del Reino* (Madrid: Ed. Cristiandad, 2001).
Dunn, J. D. G.: *Jesús y el Espíritu Santo* (Salamanca: Secretariado Trinitario, 1975).
Dunn, J. D. G.: *La llamada de Jesús histórico* (Santander: Sal Terrae, 1992).
Dunn, J. D. G.: *Lo que la investigación sobre el Jesús histórico ha olvidado* (Salamanca: Sígueme, 2006).
Dunn, J. D. G.: *El cristianismo en sus comienzos, vol. I: Jesús recordado* (Estella: Verbo Divino, 2009).
Dunn, J. D. G.: *¿Dieron culto a Jesús los primeros cristianos? Los testimonios del Nuevo Testamento* (Estella: Verbo Divino, 2011).
Duquesne, J.: *Jesús* (Barcelona: Seix Barral, 1996).
Ehrman, B. D.: *Jesús, el profeta judío apocalíptico* (Buenos Aires: Ed. Paidós, 2001).
Ehrman, B.D: *Jesús no dijo eso* (Barcelona: Ares y Mares/Crítica, 2005).
Ehrman, B. D.: *Simón Pedro, Pablo de Tarso y María Magdalena. Historia y leyenda del cristianismo primitivo* (Barcelona: Ares y Mares/Crítica, 2007).
Freyne, S.: *Jesús, un galileo judío. Una lectura nueva de la vida de Jesús* (Estella: Verbo Divino, 2007).
García, J. M.: *Los orígenes históricos del cristianismo* (Madrid: Ed. Encuentro, 2007).
Garriba, D. i Tanzarella, S. (eds): *Giudei o Cristiani? Quando nasce il cristianessimo* (Nàpols: Il Pozzo di Giacobbe, 2005).
Gnilka, J.: *Jesús de Nazaret. Historia y mensaje* (Barcelona: Herder, 1993).
Gnilka, J.: *Pedro y Roma: la figura de Pedro en los dos primeros siglos de la Iglesia* (Barcelona: Herder, 2003).
Harnack, A. von: *La esencia del cristianismo. Jesús y el Evangelio: historia de la religión cristiana* (Barcelona: Plainur, 2005).
González Faus, J. I.: *Al tercer día resucitó de entre los muertos* (Madrid: PPC, 2001).
Guijarro, S.: *El Jesús histórico* (Salamanca: Pontificia Universidad de Salamanca, 2002-2003) <http://www.jesus.teologia.upsa.es/>.

GUIJARRO, S.: «El relato premarcano de la Pasión y la historia del cristianismo naciente», *Salmanticensis*, 50 (2003), p. 345-388.

GUIJARRO, S.: *Fidelidades en conflicto. La ruptura con la Familia por causa del Discipulado y la Misión en la Tradición Sinóptica* (Salamanca: Eds. de la Pontificia Universidad de Salamanca, 1998).

GUIJARRO, S.: *Jesús y los primeros discípulos* (Estella: Verbo Divino, 2007).

GUIJARRO, S. (ed): *Los comienzos del cristianismo* (Salamanca: Eds. de la Pontificia Universidad de Salamanca 2006).

JEREMIAS, J.: *Las parábolas de Jesús* (Estella; Verbo Divino, 2008[14]).

KARRER, M.: *Jesucristo en el Nuevo Testamento* (Salamanca: Sígueme, 2002).

KASPER, W.: *Jesús, el Cristo* (Salamanca: Sígueme, 2002; 2012[13]).

KING, K.: *El evangelio de María de Magdala. Jesús y la primera apóstol* (Barcelona: Poliedro, 2005).

KLAUSNER, J. (1926-32): *Jesús de Nazaret. Su vida, su época, sus enseñanzas* (Barcelona, Ed. Paidós, 2006[3]).

KUNG, H.: *Jesús* (Madrid: Trotta, 2014).

LADOUÈS, F.: *Pedro, Pablo, Santiago y los demás* (Madrid: CCS, 2018).

LAPLANA, J. de C.: *L'Església dels primers segles* (Barcelona: Mediterrània, 2006).

LATOURELLE, R.: *Milagros de Jesús i la teologia del milagro* (Salamanca: Verdad e Imagen, 1997).

LOCKYER, H.: *Todas las parábolas de la Biblia* (Miami: Ed. Via, 1984).

MARGUERAT, D.: *La Première Histoire du christianisme* (Paris Ed. Du Cerf, 1999; reed. 2003).

MATEOS, J. i CAMACHO, F.: *El horizonte humano: la propuesta de Jesús* (Córdoba: El Almendro, 1988).

MATEOS, J. i CAMACHO, F.: *El hijo del Hombre* (Córdoba: El Almendro, 1996).

MEIER, J. P. : *Un judío marginal. Nueva visión del Jesús histórico*. I. *Las raíces del problema y de la persona* (Estella: Verbo Divino, 2001); II/1. *Juan y Jesús. El reino de Dios* (2001); II/2. *Los milagros* (2002); III. *Compañeros y competidores* (2003); IV. *Ley y amor* (2010); V. *La autenticidad de las parábolas a examen* (2017).

MEKS, W. A.: *Los primeros cristianos urbanos* (Salamanca: Sígueme, 1987; 2012[2]).

MONTSERRAT TORRENTS, J.: *El desafío cristiano. Las razones del perseguidor* (Madrid: Mucnik, 1992).

MONTSERRAT TORRENTS, J.: *La sinagoga cristiana* (Madrid: Trotta, 2005).

MONTSERRAT TORRENTS, J.: *Jesús, el galileo armado. Historia laica de Jesús* (Madrid: Edaf, 2007).

MONTSERRAT TORRENTS, J.: *¿Quién mató a Jesús? La patraña del «pueblo deicida»* (Sabadell: Dstoria, 2014).

NODET, E.: *Histoire de Jésus* (París: Ed. du Cerf, 2003).

PAGOLA, J. A.: *Jesús. Aproximació històrica* (Barcelona: Ed. Claret, 2009).

PERROT, Ch.: *Jesús y la historia* (Madrid: Cristiandad, 1982).

PIKAZA, X.: «El Jesús histórico. Nota biográfico-temática», en *Iglesia Viva*, núm. 210 (abril-junio, 2002).

Pikaza, X.: *INRI. Jesús Nazoreo, Rey de los Judíos* (en premsa i en línia, 2013).

Pikaza, X.: *Historia de Jesús* (Estella: Verbo Divino, 2013).

Piñero, A.: *Aproximación al Jesús histórico* (Madrid: Trotta, 2018).

Piñero, A.: *¿Existió Jesús realmente? El Jesús de la historia a debate* (Madrid: Ed. Raíces, 2008).

Puig i Tàrrech, A.: *Jesús. Una biografía* (Barcelona: Proa, 2004).

Puig i Tàrrech, A.: *Novament en paràboles. La predicació de Jesús avui* (Barcelona: PAM, 1996).

Puigdollers i Noblom, R.: «Els "germans del Senyor" i les discussions sobre la seva successió», *Revista Catalana de Teologia* 36/1 (2011), p. 219-255.

Puigdollers i Noblom, R.: «Els cecs hi veuen, els coixos caminen». *Endinsar-se en els miracles de Jesús* (Barcelona: Centre de Pastoral Litúrgica, 2009).

Puigdollers i Noblom, R.: *La paraula es va fer imatge. Jesús en l'art* (Barcelona: Centre de Pastoral Litúrgica, 2021).

Reed, J.: *El Jesús de Galilea: aportaciones desde la arqueología* (Salamanca: Sígueme, 2006).

Renan, E.: *Vida de Jesús* (Madrid: Ediciones ibéricas, 1999).

Riera Figuera, J.: *Els últims i primes dies de Jesús, el Senyor* (Barcelona: Claret, 2004).

Rovira Belloso, J. M.: *Qui és Jesús de Natzaret*, «Llibres a l'abast», 394 (Barcelona: Edicions 62, 2005).

Sanders, E. P. (1985): *Jesús y el judaísmo* (Madrid: Trotta, 2004).

Sanders, E. P.: «Jesus in Historical Context», *Theology Today*, 50 (1993), p.429-48 (version oficial on-line: <http://theologytoday.ptsem.edu/oct1993/v50-3-article8.htm>.

Sanders, E. P.: *La figura histórica de Jesús* (Estella: Verbo Divino, 2000).

Schlosser, J.: *Jesús, el profeta de Galilea* (Salamanca: Sígueme, 2005).

Schnakenburg, R.: *La persona de Jesucristo reflejada en los cuatro Evangelios* (Barcelona: Herder, 1998).

Schnakenburg, R.: *Amistad con Jesús* (Salamanca: Sígueme, 1998).

Schonborn, C.: *Navidad, mito y realidad: meditaciones sobre la encarnación* (Valencia: Comercial Editora de Publicaciones C. B., 2000).

Schonfield, H..J.: *El complot de Pascua: nueva luz sobre la historia de Jesús* (Barcelona: Martínez Roca, 1987).

Schonfield, H. J.: *El Nuevo Testamento original* (Barcelona: Martínez Roca, 1990).

Schüssler Fiorenza, E.: *En memoria de ella. Una reconstrucción teológico-feminista de los orígenes del cristianismo* (Bilbao: Desclée de Brower, 1989).

Schüssler Fiorenza, E.: *Pero ella dijo. Prácticas feministas de interpretación bíblica* (Madrid: Trotta, 1996).

Schüssler Fiorenza, E.: *Cristología feminista crítica. Jesús, Hijo de Míriam, Profeta de la Sabiduría* (Madrid: Trotta, 2000).

Tabor, J. D.: *La dinastía de Jesús* (Barcelona: Planeta, 2007).

Tamayo-Acosta, J. J.: *Dios y Jesús: el horizonte religioso de Jesús de Nazaret* (Madrid: Trotta, 2003).

Támez, E.: *Luchas de poder en los orígenes del cristianismo* (Santander: Sal Terrae, 2005).

TEPEDINO, A. M.: *Las discípulas de Jesús* (Madrid: Narcea, 1994).

THEISSEN, G.: *Sociología del movimiento de Jesús* (Santander: Sal Terrae, 1979).

THEISSEN, G.: *Estudios de sociología del cristianismo primitivo* (Salamanca: Sígueme, 1985).

THEISSEN, G.: *Colorido local y contexto histórico en los evangelios* (Salamanca: Sígueme, 1997).

THEISSEN, G. i MERZ, A.: *El Jesús histórico* (Salamanca: Sígueme, 1999; 2012[4]).

THEISSEN, G.: *La religión de los primeros cristianos* (Salamanca. Sígueme, 2002).

THEISSEN, G.: *La redacción de los evangelios y la política eclesial. Un enfoque socio-retórico* (Estella: Verbo Divino, 2002).

THEISSEN, G.: *El movimiento de Jesús. Historia social de una revolución de los valores* (Salamanca: Sígueme, 2005).

TORJESSEN, K. J.: *Cuando las mujeres eran sacerdotes: el liderazgo de las mujeres en la Iglesia primitiva y el escándalo de su subordinación con el auge del cristianismo* (Córdoba: El Almendro, 1996).

TORRES QUEIRUGA, A.: *Creo en Dios Padre. El Dios de Jesús como afirmación del hombre* (Santander: Sal Terrae, 1986).

TROCMÉ, E.: *L'Enfance du christianisme* (París: Hachette, 1999).

TUNC, S.: *También las mujeres seguían a Jesús* (Santander: Sal Terrae, 1999).

VERMES, G. (1973): *Jesús el judío. Los Evangelios leídos por un historiador* (Barcelona: Muchnik Editores, 1977).

VERMES, G.: *La pasión* (Barcelona: Ares y Mares, 2005).

VICIANO, A.: *Cristianización del Imperio romano. Orígenes de Europa.* (Murcia: Universidad de San Antonio, 203).

VIDAL, S.: *Los tres proyectos de Jesús y el cristianismo naciente* (Salamanca: Sígueme, 2003).

VIDAL, S.: *Jesús el Galileo* (Santander: Sal Terrae, 2006).

VOUGA. F: *Los primeros pasos del cristianismo. Escritos, protagonistas, debates* (Estella: Verbo Divino, 2002).

WHITE, Michael L.: *De Jesús al cristianismo. El Nuevo Testamento y la fe cristiana: un proceso de cuatro generaciones* (Estella: Verbo Divino, 2007).

WRIGHT, N. T.: *The NT and the Victory of the People of God* (Londres: SPCK 1992) i *Jesus and the Victory of God* (Londres: SPCK,1996).

WRIGHT, N. T i BORG, M. J.: *The Meaning of Jesus: Two Visions* (San Francisco: Harper, 1999).

• Evangeli segons Marc

ALEGRE, X.: «Marcos o la corrección de una ideología triunfalista. Pautas para una lectura de un evangelio beligerante y comprometido» dins ALEGRE, X.: *Memoria subversiva y esperanza para los pueblos crucificados* (Madrid: Trotta, 2003), p. 87-130.

CASTRO SÁNCHEZ, S.: *El sorprendente Jesús de Marcos. El evangelio de Marcos por dentro* (Bilbao: Ed. Desclée De Brouwer, 2005)

CRAIG, A. E.: *El Jesús deformado* (Santander: Sal Terrae, 2007). [Considera un frau l'Evangeli Secret de Marc.]

CUVILLIER, E: *L'Évangile de Marc* (París: Bayard, 2002).

DELORME, J.: *El Evangelio según san Marcos* (Estella: Verbo Divino, 1986).

FOCANT, C.: *L'évangile selon Marc* (París: Cerf, 2004).

GNILKA, J.: *El evangelio según san Marcos*, 2 vols. (Salamanca: Sígueme, 1992).

LENZEN-DEIS, F.: *Comentario al evangelio de Marcos* (Estella: Verbo Divino, 1998).

MAGGIONI, B.: *El relato de Marcos* (Madrid: Ed. San Pablo, 1988).

MARCUS, J.: *El evangelio según Marcos*, 2 vol. (Salamanca: Sígueme, 2010-2011).

MATEOS, J. - CAMACHO, F.: *El Evangelio de Marcos. Análisis lingüístico y comentario exegético*, 3 vol. (Córdoba: Ed. El Almendro, 1993-2008).

MICHIE, D.: *Marcos como relato. Introducción a la narrativa de un evangelio* (Salamanca: Sígueme, 2002).

PIKAZA, X.: *Para vivir el evangelio. Lectura de Marcos* (Estella: Verbo Divino, 1997).

PIKAZA, X.: *Evangelio de Marcos. La Buena Noticia de Jesús* (Estella: Verbo Divino, 2012).

PUIGDOLLERS I NOBLOM, R.: «El text primitiu del relat de la passió a l'Evangeli de Marc», *Revista Catalana de Teologia* 40/2 (2015), p. 677-719.

PUIGDOLLERS I NOBLOM, R.: «Apunts històrics a partir del relat primitiu de la passió», I i II, *Revista Catalana de Teologia* 41/1 (2016), p. 9-58; i *Revista Catalana de Teologia* 41/2 (2016), p. 497-546.

RIERA, F.: *Jesús, el galileo. La gran noticia tal como se narraba en la comunidad de Marcos* (Barcelona: Claret, 2011).

RIUS-CAMPS, J.: *El Evangelio de Marcos. Etapas de su redacción; Redacción jerosolimitana, refundición a partir de Chipre, redacción final en Roma o Alejandría* (Estella: Verbo Divino, 2008).

RODRÍGUEZ CARMONA, A., «Evangelio según san Marcos», en AGUIRRE MONASTERIO, R. - RODRÍGUEZ CARMONA, A.: *Evangelios sinópticos y Hechos de los Apóstoles* (Estella: Verbo Divino,1994^2), p. 99-189.

SCHNACKENBURG, R.: *El evangelio según san Marcos*, 2 vol. (Barcelona: Herder, 1969).

TAYLOR, V.: *El evangelio según san Marcos* (Madrid: Ed. Cristiandad, 1980).

• **Evangeli segons Mateu**

AGUIRRE MONASTERIO, R.: «Evangelio según san Mateo», en AGUIRRE MONASTERIO, R. - RODRÍGUEZ CARMONA, A.: *Evangelios sinópticos y Hechos de los Apóstoles* (Estella: Verbo Divino,1994^2), p. 191-275.

AGUIRRE, R.: «La comunidad como familia en el evangelio de Mateo», dins *Biblia, memoria histórica y encrucijada de culturas. Congreso internacional de la Asociación Bíblica Española*. J. Campos i V. Pastor, eds. (Zamora: 2004).

BONNARD, P.: *Evangelio según san Mateo* (Madrid: Ed. Cristiandad, 1976^2).

GOMÀ, I.: *El evangelio según san Mateo*, 2 vol. (Madrid: Ed. Marova, 1976).

GRILLI, M. - LANGUER, C.: *Comentario al evangelio de Mateo* (Estella: Verbo Divino, 2011).

LUZ, U.: *El evangelio según san Mateo*, 4 vol. (Salamanca: Sígueme, 1993-2005).

MAGGIONI, B.: *El relato de Mateo* (Madrid: Ed. San Pablo, 1982).

MATEOS, J. - CAMACHO, F.: *El evangelio de Mateo. Lectura comentada* (Madrid: Ed. Cristiandad, 1981).

RIERA, F.: *L'Evangeli de Mateu*, 2 vol. (Barcelona. Claret, 2008 i 2010; en castellà: Santander: Sal Terrae, 2009 i 2010).

RHOADS, D., DEWEY, J. i MICHIE, D.: *Marcos como relato: introducción a la narrativa de un evangelio* (Salamanca: Sígueme, 2002).

TRILLING, W.: *El verdadero Israel. La teología de Mateo* (Madrid: Ed. Fax, 1972).

• **Evangeli segons Joan**

BARRET C. K.: *El evangelio según san Juan*, (Madrid: Ed. Cristiandad, 2003).

BERNABÉ, C.: «Las comunidades joánicas: un largo recorrido en dos generaciones», dins *Así empezó el cristianismo, o.c.* (2010).

BLANK, J.: *El evangelio de san Juan*, 2 vol. (Barcelona: Herder, 1979-80).

BOISMARD, M. E.: *El prólogo de san Juan* (Madrid: Fax, 1967).

BROWN, R. E.: *El evangelio según san Juan*, 2 vol. (Madrid: Cristiandad, 1979 y 1980).

BROWN, R. E.: *Evangelio y epístolas de san Juan* (Santander: Sal Terrae, 1973).

BROWN, R. E. (1979): *La comunidad del discípulo amado* (Salamanca: Sígueme, 1983).

CABA, J., *Teología joanea. Salvación ofrecida por Dios y acogida por él* (Madrid: BAC, 2007).

CHAPA, J. (ed.): *Introducción a los escritos de san Juan. Evangelio, Cartas y Apocalipsis* (Pamplona: Eunsa, 2011).

FERNÁNDEZ RAMOS, F. (dir.): *Diccionario del mundo joánico. Evangelio - Cartas - Apocalipsis* (Burgos: Monte Carmelo, 2004).

DESTRO, A. i PESCE, M.: *Así nació el cristianismo joánico. Antropología y exégesis del evangelio de Juan* (Santander: Sal Terrae, 2002).

DODD, C. H.: *Interpretación del cuarto evangelio* (Madrid: Ed. Cristiandad, 1978).

FORTNA, R T.: *The Gospel of Signs. A Reconstruction of the Narrative Source Underlying the Fourth Gospel* (Cambridge: University Press, 1970).

JUSINO, R.K.: *María Magdalena, ¿autora del Cuarto Evangelio?* A la xarxa: <http://ramon_k_jusino.tripod.com/ magdalena.html>.

LÉON-DUFOUR, X.: *Lectura del evangelio de Juan*, 4.vols. (Salamanca: Sígueme, 1989-1998).

LUGO H. RODRÍGUEZ, R. i LÓPEZ ROSAS, R.: *Evangelio y Apocalipsis de San Juan* «Biblioteca Bíblica Básica» (Estella: Verbo Divino, 2006).

MATEOS, J. - BARRETO, J.: *El evangelio de Juan* (Madrid: Ed. Cristiandad, Madrid, 1971 [1991^{3}]).

MOLONEY, F. J.: *El Evangelio de Juan* (Estella: Verbo Divino, 2005).

PUIGDOLLERS I NOBLOM, R.: «El Prólogo de San Juan» a *Analecta Calasanctiana* (Salamanca: gener-juny, 1982), p. 9-100.

SCHNACKENBURG, R.: *El evangelio de Juan*, 4 vol. (Barcelona: Herder, 1980).

SETZER, C.: «Female Witnesses to the Resurrection», *Journal of Biblical Literature*, 116 (1997) [sobre Joan].

TILBORG, S. van: *Comentario al evangelio de Juan* (Estella: Verbo Divino, 2005).

TUÑÍ, J. O.: *La verdad os hará libres: Jn 8,32. Liberación y libertad del creyente en el cuarto evangelio* (Barcelona: Herder, 1973).

TUÑÍ, J. O.: «El cuarto evangelio y el tiempo. Notas para un estudio de la concepción del tiempo en el cuarto evangelio», en *Estudios Eclesiássticos*, 57 (1982), p. 129-154.

TUÑÍ, J. O.: *El testimonio del evangelio de Juan. Introducción al estudio del cuarto evangelio* (Salamanca: Sígueme, 1983).

TUÑÍ, J. O.: «La estructura hermenéutica del evangelio de Juan: reflexiones y planteamientos», en *Estudios Eclesiásticos*, 6 (1987), p. 215-235.

TUÑÍ, J. O.: *Jesús y el evangelio en la comunidad juánica. Introducción a la lectura cristiana del evangelio de Juan* (Salamanca: Sígueme, 1987).

TUÑÍ, J. O.: *Las comunidades joánicas* (Bilbao: Ed. Desclée de Brouwer, 1988).

TUÑÍ, J. O - ALEGRE, X.: *Escritos joánicos y cartas católicas* (Estella: Verbo Divino, 1997^2).

TUÑÍ, J. O.: «Evangelio según san Juan», en TUÑÍ, J. O - ALEGRE, X.: *Escritos joánicos y cartas católicas* (Estella: Verbo Divino, 1998^3).

TUÑÍ, J. O.: *El Evangelio es Jesús. Pautas para una nueva comprensión del evangelio según Juan*, (Estella: Verbo Divino, 2010).

TUÑÍ, J. O.: *El do de la veritat (Jn 1,17). L'evangeli segons Joan com a revelació de Jesús* (Barcelona: Facultat de Teologia de Catalunya, 2011).

TUÑÍ, J. O.: «Ús i sentit de l'Antic Testament en l'Evangeli segons Joan», en *Relectures de l'Escriptura a la llum del Concili Vaticà II* (2) (Barcelona: Associació Bíblica de Catalunya – FTC – PAM, 2015), p. 127-154.

VIDAL, S.: *Los escritos originales de la comunidad del discípulo «amigo» de Jesús* (Salamanca. Sígueme, 1997).

• **Demostració a Teòfil: Evangeli segons Lluc**

ALETTI, J.-N.: *El arte de contar a Jesucristo. Lectura narrativa del evangelio de Lucas* (Salamanca: Sígueme, 1992).

AGUIRRE MONASTERIO, R., «La obra de Lucas (Lc-Hch)», a AGUIRRE MONASTERIO, R. - RODRIGUEZ CARMONA, A.: *Evangelios sinópticos y Hechos de los Apóstoles* (Estella: Verbo Divino, 1994^2), p. 277-388.

BOVON, F.: *El evangelio según san Lucas*, 4 vol. (Salamanca: Sígueme, 1995-2004).

CONZELMANN, H.: *El centro del tiempo. La teologia de Lucas* (Madrid: Ed. Fax, 1974).

FITZMYER, J. A.: *El evangelio según san Lucas*, 4 vol. (Madrid: Ed. Cristiandad, 1986-2004).

GÓMEZ ACEBO, I.: *Lucas* (Estella: Verbo Divino, 2008)

GOODING, D.: *Según Lucas. Un nuevo concepto expositivo del tercer evangelio*. (Terrassa: CLIE, 1996).

RIERA, F.: *Jesús de Natzaret. Una història de Déu subversiva i subjugant. L'Evangeli de Lluc, escola de justicia i misericordia* (Barcelona: Claret, 2002; en castellà: Bilbao: Desclée, 2002).

RIUS-CAMPS, J. i READ-HEIMERDINGER, J.: *Demostració a Teòfil* (Barcelona: Fragmenta, 2009).

STÓGER, A.: *El Evangelio según San Lucas*, 2 vol. (Bardelona: Herder, 1993).

• Demostració a Teòfil: Fets dels Apòstols

DORMEYER, D. - GALINDO, F.: *Comentario a los Hechos de los apóstoles. Modelo de nueva evangelización* (Estella: Verbo Divino, 2007).

FITZMYER, J. A.: *Los Hechos de los Apóstoles*, 2 vol., (Salamanca: Sígueme, 2003).

GONZÁLEZ ECHEGARAY, J.: *Los Hechos de los Apóstoles y el mundo romano* (Estella: Verbo Divino, 2002).

KÜRZINGER, J.: *Los Hechos de los apóstoles*, 2 vol. (Barcelona: Herder, 1975).

LÖNING, K.: «The Cercle of Stephen and its Mission», en BECKER, J. (ed.): *Christian beginings* (Louisville: John Knox Press, 1993).

RAMIS, E.: *Hechos de los apóstoles* (Estella: Verbo Divino, 2009).

RICHARD, P.: *El movimiento de Jesús antes de la iglesia, una interpretación liberadora de los Hechos de los Apóstoles* (Santander: Sal Terrae, 2000).

RIUS-CAMPS, J.: *El camino de Pablo a la misión de los paganos. Comentario lingüístico y exegético a Hch 13-28* (Madrid: Ed. Cristiandad, 1984).

RIUS-CAMPS, J.: *De Jerusalén a Antioquía. Génesis de la Iglesia cristiana. Comentario lingüístico y exegético a Hch 1-12* (Córdoba: Ed. El Almendro, 1989).

RIUS-CAMPS, J.: *Comentari als Fets dels Apòstols*, 4 vol. (Barcelona: Facultat de Teologia de Catalunya), vol. I (1991), vol. II (1993), vol. III (1995), vol. IV (2000).

RIUS-CAMPS, J. i READ-HEIMERDINGER, J.: *Demostració a Teòfil. Evangeli i Fets dels Apòstols segons el còdex Beza* (Barcelona: Fragmenta, 2009).

RIUS-CAMPS, J. i READ-HEIMERDINGER, J: *El mensaje de los Hechos de los Apóstoles en el Códice Beza. Una comparación con la tradición alejandrina* (Estella: Verbo Divino, 2009).

ROLOFF, J.: *Hechos de los apóstoles* (Madrid: Ed. Cristiandad, 1984).

WIKENHAUSER, A.: *Los Hechos de los apóstoles* (Barcelona: Herder, 1967).

• Apocalipsi

ALEGRE, X.: «El Apocalipsis de Juan», en TUÑÍ, J.-O. - ALEGRE, X.: *Escritos joánicos y cartas católicas* (Estella: Verbo Divino, 1998^{3}), p. 213-287.

ALEGRE, X.: «El Apocalipsis de Juan, memoria subversiva y fuente de esperanza para los pueblos crucificados», en ALEGRE, X.: *Memoria subversiva y esperanza para los pueblos crucificados* (Madrid: Trotta, 2003), p. 25-86.

ARENS, E. i DÍAZ MATEOS, M.: *Apocalipsis, la fuerza de la esperanza* (Lima [Perú]: CEP, 2000).

BIANCHI, E.: *El Apocalipsis. Comentario exegético-espiritual* (Salamanca: Sígueme, 2009).

BOISMARD, M. E:: «El Apocalipsis de Juan», en A-GEORGE - P. GRELOT (eds.), vol. II: *Introducción crítica al Nuevo Testamento* (Barcelona: Herder, 1983).

BONSIRVEN, J.: *El Apocalipsis de San Juan* (Madrid: Ed. Paulinas, 1966).

CERFAUX, L. i CAMBIER, J.: *El Apocalipsis de san Juan leído a los cristianos* (Madrid: Fax, 1968).

CHARLIER, J.-P.: *Comprender el Apocalipsis*, 2 vol. (Bilbao: Ed. Desclée de Brouwer, 1993).

CHARPENTIER, É.: *El Apocalipsis* (Estella: Verbo Divino, 1988).

COMBLIN, J.: *Cristo en el Apocalipsis* (Barcelona: Herder, 1969).

CONTRERAS, F.: *La nueva Jerusalén. Esperanza de la Iglesia* (Salamanca: Sígueme, 1998).

Equipo «Cahiers Évangile»: *El Apocalipsis* «Cuadernos bíblicos», 9 (Estella: Verbo Divino, 1990).

González Ruíz, J. M.: *Apocalipsis de Juan. El libro del testimonio cristiano* (Madrid: Cristiandad, 1987).

Gorgulho, G. S. i Anderson, A. F.: *No tengáis miedo. Actualidad del Apocalipsis* (Madrid: Paulinas, 1981).

Guijarro, S. (ed.): *Un mundo sin llanto y sin dolor. Guía para una lectura del libro del Apocalipsis* (Estella: Verbo Divino, 1999).

López, R. i Richard, P.: *Evangelio y Apocalipsis de san Juan* (Estella: Verbo Divino, 2006).

Mesters, C.: *Esperanza de un pueblo que lucha. El Apocalipsis de San Juan, una clave de lectura* (Sao Paolo: Ediciones Paulinas, 1983).

Muñoz León, D.: *Apocalipsis* (Comentarios a la Nueva Biblia de Jerusalén) (Bilbao: Desclée de Brouwer, 2007).

Pikaza, X.: *Apocalipsis* (Estella: Verbo Divino, 1999).

Prévost, J.-P.: *Para terminar con el miedo. El Apocalipsis* (Madrid: Paulinas, 1987).

Prévost, J.-P.: *Para leer el Apocalipsis* (Estella: Verbo Divino, 2001).

Prigent, P.: «El Apocalipsis», en E. Cothenet - L. Dusaut (eds.), *Escritos de Juan y Carta a los Hebreos* (Madrid: Cristiandad, 1985).

Puig, A.: *Cartes a set esglésies* (Barcelona: Centre de Pastoral Litúrgica, 1995).

Puig, A.: «La relació cel-terra en el llibre de l'Apocalipsi», dins A. Puig (ed.), *Imatge de Déu*, col. «Scripta Biblica» (Barcelona: ABC/PAM, 2006), p. 219-252.

Puigdollers i Noblom, R.: *Apocalipsi de Jesús, el Messies. Quan es desvela el misteri*, col. «Emaús», 141 (Barcelona: Centre de Pastoral Litúrgica, 2017).

Raguer, H.: *Llegir avui l'Apocalipsi* (Barcelona: PAM, 1997).

Richard, P.: *Apocalipsis. Reestructuración de la esperanza* (Quito: Dei, 1995).

Salas, A.: *El Apocalipsis. ¿Símbolo o realidad histórica?* (Madrid: Ed. Paulinas, 1994).

Schick, E.: *El Apocalipsis* (Barcelona: Herder, 1974).

Schmithals, W.: *La Apocalíptica. Introducción e interpretación* (Bilbao: Ed. Ega, 1994)

Schüssler Fiorenza, E.: *Apocalipsis. Visión de un mundo justo* (Estella: Verbo Divino, 1997).

Stock, K.: *La última palabra es de Dios. El Apocalipsis como Buena Noticia* (Madrid: San Pablo, 2005).

Vanni, U.: *Apocalipsis. Una asamblea litúrgica interpreta la historia* (Estella: Verbo Divino, 1994).

Vanni, U.: *Lectura del Apocalipsis. Hermenéutica, exégesis, teología* (Estella: Verbo Divino, 2005).

Vanni, U.: *Apocalipsis. Culmen de la revelación* (Bilbao: Mensajero, 2011).

Wikenhauser, A.: *El Apocalipsis de San Juan* (Barcelona: Herder, 1969).

A 1
B 1
C 1
PERROS
Copyright, 1913, by E. G. Lutz
31

3 Mahoma, l'islam i l'Alcorà

A. TEXTOS INICIALS

Llegeix, recita l'Alcorà que ve de Déu!
En el nom del teu Senyor que t'ha creat!
Ha creat l'home d'un coàgul, d'un grumoll de sang! (Q 99, 1b-2)

*

Nós vam donar a Moisès l'escriptura, Bíblia sagrada
i la vam fer guia segura per als fills d'Israel.
Nós els vam dir: «No prengueu cap protector que no sigui Jo,
Vosaltres, que sou dels qui Nós vam portar amb Noè,
Salvats de l'arca!»
Aquest va ser servidor Meu, adorador molt agraït.
Nós decretàrem en l'escriptura, la Bíblia santa,
pel que pertoca als fills d'Israel.
«Portareu la corrupció sobre la terra, dues vegades,
i us alçareu amb supèrbia» (Q 17,2-4)

*

Nós vam donar a Moisès la més preclara autoritat.
Nós vam alçar sobre ells la gran muntanya del Sinaí
perquè fos un pacte de Déu amb ells, aliança santa. [...]
Ells van trencar la santa aliança.
van rebutjar textos sants, miracles de Déu.
Ells van matar els sants profetes, injustament. [...]

Aquests jueus no són creients i han dit coses,
que són molt falses, molt greus i lletges, contra Maria.
Han dit també «Nosaltres hem matat el Messies [Jesús, fill de Maria],
l'enviat de Déu, el Seu missatger».
Però no l'han matat ni l'han fet morir crucificat [...]
Hi hagué dubtes sobre quina naturalesa de Jesús havia desaparegut,
si la divina o l'humana.
Però el que és ben cert és que, a ell, no el van matar.
És Déu, Al·là, qui el va elevar al Seu costat! (Q 4, 153-158)

*

Vosaltres, els de l'escriptura, gent de la Bíblia, els cristians:
No exagereu com a extremistes molt orgullosos
de complir la vostra religió.
I no digueu de Déu, Al·là, coses que no siguin veritat.
Digueu, doncs, d'Ell: «El Messies, Jesús, fill de Maria
és solament l'enviat de Déu, el seu missatger,
la Seva paraula, expressió Seva,
que ell envià, que ell va posar
dins de Maria.
Ell és un ésser espiritual que prové d'Ell.»
Creieu, doncs!
Creieu en Déu i en els Seus missatgers, els Seus enviats!
No digueu de Déu: «En són tres!» Prou!
És molt millor per a tots vosaltres, ja que Déu és un Déu Únic.
Com és que pot tenir un fill? Sigui lloat! Està per damunt de tot això.
A Déu pertany tot el que hi ha a dalt dels cels i de la terra.
Déu és Amic, és Advocat, és Protector: ben suficient!
Jesús, El Messies, de cap manera es menystindrà per admetre
que ell és només un servidor de Déu, Al·là,
sense voler ser més. (Q 4,171-172a)

3.1. L'islam i els musulmans

Actualment l'islam és una religió amb més de mil milions de fidels i es calcula que esdevindrà la religió més practicada arreu del món aquest segle XXI. És la tercera gran religió monoteista i comparteix amb el judaisme i el cristianisme punts de contacte evidents El mot *islam* significa 'submissió'. Les persones que professen l'islamisme reben el nom de *musulmans*, és a dir, 'sotmesos lliurement a Déu', malgrat que inicialment es diguessin *muminun*, 'els creients'. Aquesta religió té l'origen històric en el segle VII dC i en fou el fundador i promotor Mahoma (Muhàmmad, en àrab), que es va posar a predicar la revelació rebuda de Déu. Aquesta revelació la recull el llibre sagrat de l'islam, l'Alcorà. (La llengua àrab de les *aleies* o versicles de cada *sura* o capítol de l'Alcorà –en àrab *Qur'n*, i per això se cita sempre com a *Q*–, tenen una certa melodia lírica per ser recitada en veu alta; de fet *Qur'n* significa 'lectura en veu alta', 'recitació', 'predicació'.) Com a doctrina abasta al mateix temps, a més d'allò que nosaltres entenem per religió, tot un compromís personal i polític; una regla de vida que compromet tots i cadascun dels membres de la comunitat dels creients (*umma*).

3.1.1. Mahoma, el fundador

Muhàmmad ibn Abd-Al·lah (Mahoma) va néixer vers el 570 dC a la Meca (Maka) –s'ha proposat el 26 d'abril–, en una família pertanyent al clan dels haiximites, de la poderosa tribu nòmada dels quraixites, que dominaven les rutes comercials de les caravanes. El seu naixement coincidí amb la invasió del territori de la ciutat pel monarca cristià d'Etiòpia. La ciutat-estat on va néixer era un nus estratègic important, tant comercial com religiós, governada per un consell hereditari format per les grans famílies de comerciants, entre les quals, la de Mahoma, malgrat haver anat de mal borràs i haver esdevingut pobra. Situada a la part occidental de la península aràbiga, la Meca –al contrari de Iàthrib (més tard Medina), un veritable oasi on es conreaven cereals i dàtils– era un nucli de pas de caravanes que transportaven mercaderies d'Orient a Occident (sobretot del Iemen, amb productes arribats de l'Índia i d'Etiòpia, fins a les regions mediterrànies de Gaza). La ciutat també era visitada per multitud de persones que, més enllà dels negocis, visitaven el santuari de la Ka'ba, el qual, segons la llegenda mítica, hauria estat fundat per Adam i reconstruït per Abraham i Ismael (el fill de l'esclava). Al voltant d'aquest temple s'hi havien anat erigint ídols diferents, de manera que s'hi havia establert el politeisme. La seva situació estratègica entre els dos grans imperis en declivi, Pèrsia i Bizanci, enfrontats per llarguíssimes guerres (del 540 al 629) que feien impracticables les comunicacions per l'Eufrates i el Mar Roig, afavorí la ruta comercial que passava per la Meca i contribuí al seu desenvolupament.

La península aràbiga limitava a mestral amb les riques valls del Jordà i a gregal amb les del Tigris i de l'Eufrates; a llebeig es trobaven les valls del Iemen i del Hadramawt, on els conreus preciosos (mirra, encens) i el comerç a través del Mar Roig amb la Mediterrània, l'Índia i l'Etiòpia cristiana contrastaven amb la resta de la població sedentària, dedicada majoritàriament a l'agricultura. El desert estava habitat fonamentalment per tribus àrabs, o bé nòmades (beduïns), dedicats a la ramaderia, o bé sedentaris, agricultors i comerciants que habitaven en oasis. En moments d'escassetat, les ràtzies –freqüents entre les tribus del desert– constituïen una alternativa a les activitats econòmiques tradicionals. Al segle VI els seus habitants creien en els *yinns*, potències ocultes o genis sobrenaturals que es barrejaven estretament amb la vida dels homes i que convenia afavorir amb sacrificis i ofrenes. També veneraven els cossos celestes i diverses divinitats que sovint es pensava que habitaven en pedres i que eren objecte de culte.

El pare de Mahoma, Abdal·lah, va morir en tornar d'una expedició comercial, abans del naixement del fill. La seva mare, Amina bint Whad, membre del clan Zuhra, va morir quan el nen tenia sis anys, el 576. Llavors va ser acollit pel seu avi, Abd-al-Múttalib, d'un clan influent a la Meca, però, a la mort d'aquest al cap de dos anys, l'orfe va haver d'anar a viure a casa del seu oncle Abu Tàlib, que l'educà d'acord amb la religió pagana tradicional com feia amb el seu fill Alí, cosí, gran amic (i futur gendre del Profeta). La seva educació –que incloïa incorporar-lo als seus viatges– va atorgar-li una dimensió espiritual oberta al Transcendent. A Síria entrà en contacte amb les dues grans religions monoteistes. Va conèixer la Bíblia, el llibre dels cristians, i en valorava la força unitària que tenia en aplegar tots els cristians dispersos, fossin on fossin, en la mateixa paraula de Déu. Entre els 15 i 25 anys, tot i acompanyar oncle i cosí en algun viatge comercial a Síria, Mahoma va fer de pastor; després, abans de l'any 595, començà a conduir caravanes, treballant per a Khadija bint Khuwàylid, una dona vídua i rica, quinze anys més gran.

El seu tarannà, l'èxit en els negocis i les seves qualitats personals li van fer adquirir fama d'home just i honest fins al punt de ser anomenat *el Emin*, 'Digne de confiança'. Res d'estrany que Khadija n'acabés enamorada i ho rematessin casant-se l'any 595. Tenia 25 anys. Van tenir dos fills, que moriren joves, i quatre filles, de les quals la més coneguda és Fàtima az-Zahra.

Mahoma es retirava sovint a la cova del mont Hira, en ple desert, no lluny de la Meca, en una mena de recessos espirituals que dedicava a la meditació. En un d'aquests, l'any 610 (tenia 40 anys), segons la tradició, va tenir una visió (Q 96,1-5). Se li hauria aparegut un àngel enviat per Déu, el qual li hauria anunciat que havia estat escollit com a missatger per fer arribar a la humanitat la revelació divina. Retornà a casa espantat, però Khadija l'hauria animat i, poc després, l'hauria acompanyat a visitar un cosí seu convertit al cristianisme, un home vell i cec, que li assegurà que la seva visió no podia ser altra cosa que la de l'àngel Gabriel. Fos el que fos, aquella experiència del Transcendent el va tocar molt endins, de manera que l'explicava sovint. Tanmateix, pocs van creure en aquella revelació. Només la muller, Zaid, el fill adoptat, el seu cosí Alí i els seus amics Abu-Bakr i Omar. Així van passar dos anys, sense cap més experiència, fins que, de nou retirat al desert, vers l'any 612, va tornar a tenir aquelles revelacions: Gabriel li insistia que fugís de l'abominació del politeisme (Q 74:1-5). D'aquelles revelacions en sortí convençut que Déu era únic i just i que la vida humana no s'acabava en una pastura de cucs. Ell mateix s'acabà identificant com el profeta successor d'Abraham, Moisès i Jesús. Enfortit i coratjós, cap al 613, als 43 anys, començà a predicar a la Meca a partir de dues conviccions: 1) Déu és únic i fa justícia; 2) Després del judici del darrer dia, dones i homes ressuscitaran. A més predicava la falsedat de les divinitats i els ídols venerats pels àrabs, la unicitat de Déu i la solidaritat de la comunitat dels creients (l'*umma*), que anteposava a qualsevol altra solidaritat, inclosa la tribal. Fonamentalment era un missatge dirigit als sectors més pobres de la població, la qual cosa irrità i molt l'oligarquia de la Meca.

L'historiador i comentarista al-Tàbari, mort l'any 923 dC, en donava aquesta idealitzada descripció:

> El profeta era d'estatura mitjana, ni gaire alt ni gaire baix. El color de la pell era de plom. El cap era rodó, ni petit ni gros, blanc i rosat; els ulls eren negres; de cabell abundant, brillant, llarg i negre que li arribava fins a l'espatlla. Una espessa barba li cobria la cara. El coll era blanc. Del pit al melic corria una línia negra de pèl tan subtil que semblava dibuixada amb una ploma. Les mans i els peus ben proporcionats, ni massa forts ni massa febles. Les espatlles eren ben

configurades i robustes. A l'esquena tenia una piga de la mida d'una moneda. Tothom reconeixia que no havia trobat mai, ni abans ni després, un home de paraula tan encisadora. El nas era recte i les dents amples. [...] A la terra no hi havia un altre home de caràcter tan agradable, ni tan generós i valent.

Mahoma va reunir un grup de deixebles que el reconeixien com a Mestre i com a Profeta. Aquests deixebles s'uniren en les seves actituds i predicacions, les quals culminaven en un acte de prostració en què els fidels tocaven a terra amb el front en senyal de reconeixement de la Majestat de Déu, fet que esdevingué un acte central en l'adoració musulmana. Molts dels seguidors de Mahoma eren fills i germans dels homes més rics de la Meca, però, amb la nova religió, s'excloïen voluntàriament dels negocis més lucratius, ja que se sentien fidels a l'islam, això és, (*muslimun* > *musulmans* ('sotmesos a la voluntat de Déu'). Ara bé, predicar el monoteisme en un nucli politeista –a la Ka'ba hi havia uns tres-cents *taguts* o ídols de pedra, or i altres materials que adoraven els nascuts a la Meca i els pelegrins que hi arribaven– i posar-se a favor de la justícia en una ciutat, on dominaven els negocis de tota mena, aviat li comportà topades amb les autoritats. Hi hagué qui fins i tot es malfià d'ell: No seria la seva religió una manera de prendre el poder a qui el posseïa?

Amb la mort de la muller i l'oncle l'any 619, es quedà sense protectors i fou declarat fora de la llei. En perill per a la seva vida, fugí a at-Taif, un poble a la rodalia, on, tanmateix, tampoc no fou ben acollit, i va haver de retornar a la Meca, sota la protecció d'un altre clan. Allí continuà la seva predicació, sense gaire èxit. Això no obstant, convertí uns quants habitants de Iàthrib, l'oasi-ciutat on els convertits es juramentaren a protegir-lo, ja que amb el seu arbitratge havia dirimit algunes desavinences. A poc a poc, hi aniria enviant els seus companys i ell mateix hi hauria de fugir l'estiu del 622, acompanyat del seu amic Abu-Bakr. Aquesta fugida rep el nom d'*hègira* ('emigració) i se sol prendre com a punt de partida del calendari musulmà (cf. APÈNDIX 18). Tenia aleshores 52 anys. A partir d'aquest moment, Iàthrib prendrà el nom de Medina al Nabí, 'la ciutat del profeta', o simplement Medina.

Abans i després de l'*hègira* Mahoma recitava fragments més o menys llargs de les revelacions que rebia –o simples elucubracions poètiques pròpies–, que feia memoritzar a un grup de deixebles, els quals, de vegades, n'escrivien fragments: aquests retalls esdevindrien el futur Alcorà.

Mahoma arriba a Medina, nucli agrari, on vivien alguns clans jueus dedicats a l'agricultura i al comerç, quan l'oasi havia viscut lluites sagnants entre

CONCEPTES SOBRE L'ISLAM

- **Al·là**: Déu, esmentat 2.756 vegades a l'Alcorà, sense comptar verbs, pronoms, adjectius i epítets que es refereixen a «Ell».
- **Islam**: Literalment significa '*submissió a Déu*'.
- **Musulmans** (literalment 'els que se sotmeten a Déu'): Són els que professen l'islam, una religió abrahàmica monoteista basada en el *Llibre sagrat*, que els musulmans consideren la paraula literal de Déu revelada al profeta Muhàmmad (Mahoma) per l'àngel Gabriel.
- **Llibre sagrat**: Alcorà ('lectura en veu alta', 'recitació', 'predicació'). Escrit en un estil proper a la poesia. Segons la llegenda, Muhàmmad hauria transmès oralment les revelacions rebudes de l'àngel Gabriel durant vint anys i que els auditors les haurien transcrit en fulles de palmera, trossos de cuir o ossos. A la mort del Profeta (any 632), es van començar a reunir els textos fins a quedar fixats, durant el califat d'Uthman ibn Affan (644-655), amb la forma que avui presenten: 114 capítols (*sures*), cadascun dividit en versicles (*aleies*). El llibre mai no ha estat sotmès a una crítica científica sobre les fonts i la història de la seva redacció com ho ha estat la *Bíblia* juedocristiana, de la qual té plagiades moltíssimes pàgines. S'ha arribat a dir que gran part de l'Alcorà és anterior a Muhàmmad.
- **Els 5 pilars (*arkam*) de l'islam**: *sahada* (professió de fe), *zakat* (almoina legal o impost social), *salat* (pregària ritual), *swam* (dejuni del ramadà), *hajj* (pelegrinatge a la Meca).

tribus per exercir el poder: les lluites interiors seguien sent sovintejades. Amb els anys es proposaria com a mitjancer entre els clans locals tot demanant un acord per escollir un cap comú. De moment, a Mahoma li van donar un camp i li van construir una casa, on els musulmans acudien a pregar. (Després de mort Mahoma, aquesta casa va esdevenir la mesquita de Medina.) A poc a poc, la comunitat de creients de Medina es va fer més nombrosa i, sota el lideratge religiós i polític de Mahoma, la ciutat acabà esdevenint el primer Estat musulmà, cosa que comportà una creixent rivalitat amb la Meca. D'entre els que havien vingut d'allí amb ell, alguns van dedicar-se al comerç, dirigit per clans jueus –inicialment ben vistos per Mahoma–, mentre que d'altres, amb l'aprovació de Mahoma, van dedicar-se a assaltar caravanes de mercaders de la Meca, que es dirigien cap a Síria. Mahoma mateix va dirigir tres d'aquests assalts el 623, que fracassaren, perquè algun traïdor va avisar els mercaders. Finalment, el gener del 624, un petit escamot va ser enviat cap a l'est, amb ordres de dirigir-se a Nakhla, a prop de la Meca, per atacar una caravana procedent del Iemen; l'èxit d'aquest atac va estroncar les concessions comercials als clans jueus –alguns dels quals estaven aliats amb els mecans–, amb els quals va trencar. Quan prohibí resar encarats a Jerusalem i manà ferho vers la Meca, els mecans, avesats als seus costums politeistes i amb ganes de seguir mantenint les seves rutes comercials, s'adonaren del perill que podia representar Mahoma.

S'organitzà des de la Meca una tropa de 1.450 homes per atacar-lo. A la batalla de Badr (15 de març del 624), moriren més de 70 soldats mecans i van fer una setantena de presoners, amb només catorze baixes. Després d'aquesta victòria, a Medina foren assassinades tot un reguitzell de persones que havien expressat el seu desacord amb Mahoma amb escrits i poemes satírics ridiculitzant-lo; aleshores va ser quan Mahoma va expulsar de la ciutat el clan jueu que controlava el mercat de Medina. Les persecucions als clans de mercaders no van pas acabar aquí. Moltes tribus beduïnes s'uniren a Mahoma i es convertiren a l'islam atretes pel botí resultant dels atacs a les caravanes.

Enfortit per la victòria de Badr, Mahoma va voler afirmar la seva posició mitjançant una política matrimonial: va casar les seves filles Fàtima amb Alí ibn Abi-Tàlib (futur califa) i Umm-Kulthum bint Muhàmmada amb Uthman ibn Affan (també futur califa). Mahoma mateix va casar-se amb Sawdà bint Zama, amb Hafsa bint Úmar, filla d'Úmar ibn al-Khattab, futur segon califa, i amb Àïxa bint Abi-Bakr, filla d'Abu-Bakr, successor de Muhàmmad com a primer califa. La noieta tenia sis anys, però consumaria el matrimoni tres o quatre anys més tard, i fou la seva esposa preferida després de Khadija. Mahoma va arribar a tenir fins a setze esposes, a més de dues concubines-esclaves, i va gaudir dels favors d'altres dones com Rayhana, una noia jueva, i la copta Màriya, que es va mantenir fidel al cristianisme i mai no es va convertir a l'islam.

Aquell mateix any de 624, Mahoma va aconseguir altres victòries atacant tribus nòmades que li eren hostils; ara bé, Abu Sufian de la Meca va entrar a l'oasi de Medina amb uns tres mil homes; Mahoma rebutjà refugiar-se a les fortaleses properes i li plantà cara als turons d'Uhud (març 625). La pugna quedà en taules, però, durant els dos anys següents, tant Mahoma com els dirigents de la Meca es prepararen per a un nou enfrontament, el qual tingué lloc l'abril del 627 (una tempesta feu retirar els atacants). Just d'aquell any o un xic posterior data un document conservat i denominat la *Constitució de Medina*; els investigadors creuen que les seves disposicions són les que Mahoma volgué oferir a la ciutat a fi de pacificar-la. S'hi establiria la creació d'una confederació de clans, organitzada segons els costums tradicionals dels àrabs. El preàmbul parla de l'acord a què han arribat el profeta Mahoma i els musulmans de Medina. A partir d'aquest moment pren relleu la seva figura de governant i legislador per al funcionament de la comunitat de creients (*umma*): el primer codi, la *sunna*, serà norma de conducta per als musulmans. Mahoma, des de les campanyes anteriors, ja és un cap militar.

D'ençà de l'*hègira*, la Meca havia estat el principal nucli dels enemics de Mahoma; ara bé, l'objectiu del Profeta no era pas anihilar aquesta ciutat sinó guanyar-la per a l'islam. Comprenia que els mercaders de la Meca podien proporcionar-li l'estructura administrativa necessària per a l'estat musulmà que estava bastint; a més, l'existència del santuari de la Ka'ba donava a la Meca la condició de ciutat santa. El març del 628, Mahoma va tenir el somni d'acudir al pelegrinatge anual a la Meca; allí no volien permetre de cap manera que Mahoma hi entrés. Van pactar que el pelegrinatge es podria fer l'any següent. I el cert era que cada vegada més gent emigrava de la Meca a Medina per fer-se musulmana. El 629, setè de l'*hègira*, Mahoma i 2.000 companys entraren pacíficament a la Meca. Però el novembre foren atacats per aliats dels mecans. El gener del 630, finalment, marxà sobre la Meca amb un exèrcit de 10.000 homes. Els dirigents de la ciutat li sortiren a l'encontre per retre-la-hi. Definitivament l'havia conquerida. Pactaren una amnistia que no complí. Molta gent es convertí a l'islam. Combaté tribus hostils a desdir. Després de la batalla d'Hunayn, Mahoma era el cabdill militar més fort d'Aràbia; per això, moltes tribus enviaren representants a Medina per demanar l'aliança amb Mahoma. Després de la derrota de l'Imperi Persa en la guerra que l'enfrontà amb l'Imperi Bizantí al Iemen i en alguns llocs del golf Pèrsic (anys 627-628), grups que havien demanat ajuda als perses contra els romans cercaren l'ajuda de Mahoma. Conquerida definitivament la Meca, es dirigí a la Ka'ba i, després d'ordenar la destrucció dels diferents ídols, consagrà el santuari com a «Casa de Déu» i donà una nova interpretació als antics símbols mentre proclamà que «Déu és el més gran».

La més gran expedició militar de Mahoma s'esdevingué a finals del 630, quan va dirigir un exèrcit de trenta mil homes cap a la frontera de Síria. Algunes de les tribus sirianes eren cristianes i estaven aliades amb els romans; per això, la inicial amistat de Mahoma amb els cristians, principalment els d'Etiòpia, va convertir-se en hostilitat. Mahoma acabà deixant l'Aràbia unificada i va preparar les posteriors conquestes musulmanes de Síria, Pèrsia i gran part de la Mediterrània, que s'esdevingueren després de mort Mahoma.

L'any desè de l'*hègira*, el 632, ell mateix prepararà el seu «pelegrinatge de l'Adeu». Tornà a la Meca i visità la Ka'ba, on va realitzar tot un seguit de cerimònies de purificació, es cobrí amb una túnica de roba blanca sense costures que simbolitzava la igualtat dels musulmans davant de Déu, donà set voltes a la Ka'ba (que encara ara són utilitzades en els rituals de la peregrinació)... Poques setmanes després (8 de juny de 632 dC), moriria a Medina a causa d'unes febres envoltat per les seves esposes. Fou enterrat a la seva casa mesquita de Rauda. Després d'ell, segons la tradició islàmica, no hi haurà cap més revelació profètica. Ara bé, l'islam, des de la seva aparició, ha deixat la seva empremta en la ciència, la tècnica, l'arquitectura, la literatura, la música, l'art, als territoris que ha dominat i, per tant, a tota la història de la humanitat.

3.1.2. ELS SUCCESSORS DE MAHOMA I L'EXPANSIÓ DE L'ISLAM: SUNNITES, XIÏTES I KHARIGITES

Mahoma sembla que no havia deixat cap norma explícita sobre qui l'havia de succeir. Es proposà que el successor del profeta havia de complir unes certes exigències i prou: havia de ser escollit per un consell d'ancians representants de l'*umma* (comunitat islàmica), ésser un àrab pertanyent a la tribu dels quraix (a la qual pertanyia Mahoma) i comprometre's a difondre la *sunna* religiosa ('tradició', 'costum'). Així doncs, va ser elegit com a successor del Profeta el seu deixeble, amic i sogre Abu-Bakr as-Siddiq, que va prendre el títol de *califa* ('representant', 'successor') i va saber pacificar l'Aràbia en plena insurrecció. Regnà dos anys (632-634), fins a la seva mort. El va succeir Úmar ibn al-Khattab (534-644), pare de Hafsa, una de les esposes del Profeta, que prengué el títol d'emir ('príncep dels creients') i inicià l'expansió política de l'islam (Palestina, Síria, Egipte i Iraq) fins a la seva mort a mans d'un esclau cristià. (Alguns experts l'han considerat una mena de Pau del cristianisme.) La successió va recaure tot seguit en Uthman ibn Affan (644-656), un important home de negocis de la Meca, que fixà la versió definitiva de l'Alcorà, seguí les conquestes i morí assassinat per haver afavorit els interessos del seu clan, els poderosos omeies.

Tanmateix, l'amic i gendre de Mahoma, el seu cosí Alí ibn Abi-Tàlib, casat amb la seva filla Fàtima, proclamà que Mahoma l'havia establert com a successor enfront del pretendent omeia Muàwiya ibn Abi-Sufyan, governador de Damasc i membre del clan dels omeies, que l'acusava d'haver estat implicat en l'assassinat del seu predecessor. Argumentant que calia saber interpretar adequadament l'Alcorà per guiar els fidels i dirigir l'oració (*imam* significa 'conductor', 'guia', inicialment 'de caravanes'), assolí ser escollit califa en quart lloc; regnà un lustre (655-661). Durant el seu califat van aflorar les tensions internes entre la comunitat, començant pel repartiment de les riqueses assolides en els immensos botins de les conquestes. Després de la seva elecció, esclatà una *fitna* o pugna civil; les seves responsabilitats foren sotmeses a un arbitratge que li resultà desfavorable i que donà lloc a la divisió de l'*umma* en tres branques: els partidaris d'Alí, que consideraven que el successor havia de ser descendent o familiar del Profeta, en endavant anomenats *xiïtes* (*aix-xia*, «seguidors [d'Alí]»), avui dividits entre xiïtes duodecimans i xiïtes ismailís; els partidaris de Muàwiya ibn Abi-Sufyan, el seu oponent i primer califa omeia instaurat a Damasc hereditàriament (661), que complia la condició de ser de la tribu dels quraixites (constituirien la majoria de musulmans i, amb el temps, serien anomenats *sunnites*, de *sunna*, 'tradició'); i un tercer grup, els *kharigites*, oposats tant a uns com als altres i partidaris de l'elecció del califa entre el més digne de tots els membres de la comunitat. Encara hi hauria una nova *fitna* o segona guerra civil (680-692).

Les grans faccions islàmiques després de Mahoma

1. **ISLAM SUNNITA** (al voltant del 89%).
    - **1.1. Escoles de Dret**: Hanafita, Xafiïta, Malikita, Hanbalita.
    - **1.2. Escoles teològiques**: Qadarisme, Murgisme, Mutazilisme, Aixarisme, Maturidisme, Atharisme, Zahirisme.
    - **1.3. Escoles i moviments derivats**
        - **Wahhabisme**: moviment reformador, purità i legalista, creat el segle XVIII per Ibn Abd-al-Wahhab i difós a i per l'Aràbia Saudita. Té l'objectiu de restaurar un islam pur, desempallegat de les innovacions aportades per la tradició, que considera desviaments herètics i idòlatres, ja que només les primeres tres generacions de musulmans (*sàlaf*), és a dir, la dels contemporanis de Muhàmmad (*sahaba)* i les dues següents, constitueixen exemples vàlids per a la pràctica de la religió. Titllen el sufisme i el xiisme d'heretgies.
        - **Salafisme**: Apareix a Egipte a finals del segle XIX com una via de modernització de l'islam, amb dues vessants, la tradicional o extremista i la reformadora o moderada.
        - **Deobandi**: Antioccidental, aparegut el 1886 al subcontinent indi.
        - **Barelvi**: Antioccidental, també aparegut el 1880 al subcontinent indi, amb ritus de sufisme popular.

- **Germans Musulmans**: Organització fundada per l'erudit egipci Hassan al-Banna l'any 1928 amb xarxes d'assistència social populars, el moviment més gran dins del sunnisme. Pretenen la islamització de la societat. Arribats democràticament al poder a Egipte, en foren desallotjats.
- **Jamaat al-Muslimín**: Moviment extremadament rigorista, nascut al sud-est asiàtic el 1960, actualment estès al Pakistan; molts grups extremistes i terroristes islàmics se'n reivindiquen seguidors.

2. ISLAM XIÏTA (al voltant del 10%).

2.1. Imamisme o duocedimamisme: Els imamites consideren que el dotzè imam reapareixerà just abans del dia del Judici Final per redimir els homes. Són l'escola xiïta més extensa (un 85%). Predominen a l'Azerbaidjan, l'Iran, l'Iraq, el Líban i Bahrain; també té seguidors al Pakistan, Kuwait i a l'est d'Aràbia Saudita. Es divideixen en subgrups, encara que aquests no es consideren sectes diferents: l'*Escola de dret jafarita*, la més estesa; *Ussulisme*, concentrats a Iraq, Iran i Líban; *Akhbarisme*, present a Bahrain; *Xaykhisme*, minoria a Iraq i Iran; L'*escola jurídica bàtini Alevis*: uns 25 milions repartits entre Turquia, els Balcans i l'Azerbaidjan.

2.2. Ismaïlisme: Accepten la mateixa cadena inicial d'imams com a descendents de Muhàmmad a través de la seva filla Fàtima, però divergeixen sobre la successió del sisè imam, Jàfar as-Sàdiq; els ismaïlites eren partidaris del fill gran de Jàfar, Ismaïl, com a següent imam, mentre que els imamites acceptaren un fill més jove, Mussa al-Kàdhim. Avui dia, els ismaïlites es concentren al Pakistan i a altres indrets de l'Àsia del Sud. Es pot parlar de quatre branques: *Nizarites* (la més estesa, amb un 90% d'ismaïlites: consideren l'Aga Khan l'imam vivent que personifica l'autoritat suprema a la Terra), *Mustalites*, *Zaidites* i d'altres (que discrepen en la successió d'imams).

3. ISLAM KHARIGITA: Ibadistes, Azraquites, Sufrites (al voltant de l'1%).

4. SUFISME: Tradició mística islàmica de caràcter esotèric, practicada per musulmans però també per no musulmans, que abasta una gran amplitud de pràctiques dedicades a l'amor diví i al cultiu del cor, amb la finalitat d'accedir a la presència i al coneixement de Déu directament, i no per mitjà de les normes i formulismes establerts per la llei islàmica.

5. GRUPS HETERODOXOS: Drusos, Ahl-e Haqq, Mahdavime, Ahmadia, Ciència Morisca, Nació de l'islam, Submitters ('Sotmesos').

6. FES RELACIONADES: Babisme, Fe Bahai o Bahà'í, Sikhisme.

Avui, bàsicament, el món musulmà es divideix entre el sunnisme i el xiisme, les dues principals branques de la fe islàmica. Entre tots dos corrents no hi ha gaire diversitat. I dins d'aquests han sortit sectes i grups amb caràcters diversos. Els ***sunnites*** representen la major part dels musulmans, aproximadament un 89%. Allò que diferencia els dos grups és la qüestió plantejada en els orígens: si Mahoma podia ser succeït o no. Els sunnites creuen que aquesta successió no és possible i que la comunitat ha de ser administrada simplement per un califa, escollit pel consens de la comunitat. A diferència del que creu el xiisme, el sunnisme considera que l'Alcorà no necessita cap clau interpretativa i que, per tant, no cal cap jerarquia per a la recta interpretació de la veritat revelada. Els ***xiïtes***, en canvi, creuen que Mahoma, essent l'únic i l'últim dels profetes, va establir com a successor un dels seus descendents, una mena d'*imam* a qui oferí el sentit ocult de l'Alcorà. El primer entre aquests successors, com hem vist, va ser Alí, gendre i afillat del Profeta. Actualment són aproximadament un 10% de la població musulmana del món, la majoria de la qual viu a l'Iran. Els anomenats *ulemes* són doctors de la llei, entre els quals els més autoritzats són els *aiatol·làs*. Aquesta branca de l'islam va sorgir amb motiu de la successió d'Alí, que va ser derrotat per Muàwiya ibn Abi-Sfyan. Considerant que Alí fou perseguit pel poder temporal, el xiisme introduí la noció de passió i de sofriment com a mitjà de salvació, elements que eren desconeguts per l'islam ortodox. Per a l'escatologia musulmana xiïta el *mahdí* ('el ben guiat') és el redemptor de l'islam, l'imam ocult, que deslliurarà el món de l'error, la injustícia i la tirania, al costat d'Issa (Jesús). Al·là l'enviarà al món per unificar tots els musulmans abans del *Yawm al Qiyama* ('Dia de al Resurrecció o del Judici final'). En el xiisme, la creença en l'ocultació de l'Imam, que reapareixerà a la fi del temps per salvar els fidels, ha afavorit el desenvolupament dels moviments mahdistes de caire messiànic. Al llarg de la història, diversos dirigents musulmans han pretès ser el *mahdí* de les prediccions.

Els quatre primers califes constitueixen l'edat d'or del món islàmic i se'ls considera els califes «Ben guiats». Hem vist que, amb Alí ibn Abi-Tàlib (656-661), cosí i gendre de Mahoma, l'islam s'escindí en sunnites, xiïtes i kharigites (batalla de Siffin, 657). Després de l'assassinat d'Alí (661), fou escollit nou califa el governador de Damasc, Muàwiya ibn Abi-Sufyan (661-680), el qual instaurà la dinastia dels omeies, que governaria del 661 al 750 a Damasc i del 756 al 1031 a Còrdova. Els califats dels primers omeies van estar marcats per la guerra civil que hagueren de lliurar contra xiïtes i kharigites. El 680, Yazid I (680-683) obtingué la victòria decisiva de Karbala (Iraq), on van perdre la vida al-Husayn, fill d'Alí, i molts dels seus companys. Vençuda la resistència xiïta, els omeies reconqueriren la Meca i, al mateix temps, expulsaren els kharigites cap a regions cada cop més allunyades del centre de l'Imperi.

La **dinastia omeia**, primera i única totalment àrab, es consolidà i va permetre continuar l'expansió de l'islam tot perseguint més la construcció d'un

Cronologia de la primera expansió de l'islam i del califat omeia	
632	Mort de Mahoma
632-634	Califat d'Abu-Bakr as-Siddiq
634-644	Califat d'Úmar ibn al-Khattab
636	Victòria sobre els bizantins a Yarmûk (Síria)
637	Victòria sobre els perses sassànides a Qâdisiyya (Iraq)
638	Conquesta de Jerusalem
641	Inici de la conquesta d'Egipte
644-656	Califat d'Uthman ibn Affan
644	L'exèrcit musulmà arriba a Trípoli
646	Conquesta d'Alexandria
650	Comença la conquesta del nord-est iranià
656-661	Califat d'Alí ibn Abi-Tàlib Primera *fitna* o guerra civil islàmica
657	Batalla de Siffin: l'islam s'escindeix en sunnites, xiïtes i kharigites
661	Alí ibn Abi-Tàlib és assassinat a la mesquita de Kufa per un kharigita
661-680	Califat de Muàwiya ibn Abi-Sufyan; en morir deixa oberta al successió al califat de Damasc
680	Batalla de Karbala (Iraq) en plena segona *fifna* o guerra civil islàmica (680-692). Mort d'Al-Husayn, fill d'Alí, i victòria dels omeies (sunnites). Suposa la ruptura definitiva entre sunnites i xiïtes
680-683	S'imposa al califat de Damasc Yazid I arran de la victòria d'Al-Harra (683)
684-685	Califat de Marwan I a Damasc
685-705	Califat omeia d'Abd-al-Màlik a Damasc; recuperarà Iraq (691) i, amb el setge de la Meca (692), posà fi a la segona guerra civil
698	Conquesta de l'exarcat de Cartago
705-715	Califat d'al-Walid I a Damasc
711	Conquesta de Samarcanda (Uzbekistan) i arribada a la península Ibèrica i al riu Indus
732	Derrota àrab a Poitiers
750	Derrota omeia a la batalla de Zab. Final del califat omeia de Damasc (es restauraria a Còrdova)

Estat dominat pels àrabs que no pas la islamització de la població. Els cristians àrabs eren els seus millors aliats contra els bizantins i els perses. Imposaren la successió dinàstica, la llengua àrab, una rígida administració amb encuny de moneda inclosa. D'altra banda, l'actitud envers els no-musulmans resultava ambigua per raó de l'impost que aquests pagaven a canvi de mantenir el seu culte. L'estabilitat política permeté prosseguir l'expansió i el 670, travessant el desert, l'exèrcit àrab arribà a Tunísia, on va fundar la primera capital àrab del Magrib, Kairouan. Amb els califats d'Abd al-Malik (685-705) i al-Walid I (705-715), s'arribà al zenit de l'expansió omeia: a l'oest, conqueriren l'exarcat (circumscripció administrativa bizantina) de Cartago (698), el litoral mediterrani d'Algèria i el Marroc (705-708) i travessaren l'estret de Gibraltar (711); a l'est, el 711, les tropes àrabs atenyeren Samarcanda al nord i el riu Indus al sud. Després de conquerir la península Ibèrica, els exèrcits àrabs passaren al nord dels Pirineus fins que, un cop superada Tolosa, foren derrotats per l'exèrcit de Carles Martell a la batalla de Poitiers (732).

Els omeies afavoriren l'aparició d'una cort que vivia en l'opulència, s'enriquia amb cada nova conquesta i s'allunyava progressivament de l'austeritat de l'islam dels primers temps. Això nodrí una oposició creixent. El 750, Abu-l-Abbàs as-Saffah, descendent d'un oncle del Profeta, encapçalà una revolta xiïta a la província iraniana de Corasmina, derrotà l'exèrcit del darrer califa omeia, Marwan II, a la batalla de Zab (750), i assassinà tota la família reial. Només un jove príncep, Abd-ar-Rahman, escapà a la massacre. Uns anys després arribava a l'al-Àndalus, la regió més allunyada de l'Imperi, i fundava (756) una nova **dinastia omeia** que regnaria a Còrdova fins al 1031.

Califats i capitals
– Califes ben guiats (632-661): Abu-Bakr (632-634), Úmar ibn al-Khattab (634-644), Uthman (644-656), Alí (656-661) → *xiïtes* – Califat omeia (661-756), amb capital a Damasc: Muàwiyaa ibn Abi-Sufyan (661-680) → *sunnites* – Califat abàssida (756-1258), sunnita. Capitals: Kufa (756-762) a l'Iraq, Bagdad (762 1258) i El Caire (1258-1617). – Califat fatimita (909-1171), xiïta. Capitals: Kairouan (909-973) i el Caire (973-1171). – Califat de Còrdova (929-1031), sunnita. – Califat otomà (1517-1924), sunnita. Edirne i Istanbul. Turquia l'abolí. ... Els **almoràvits**, moviment religiós del nord d'Àfrica (nòmades amazics del Sàhara), que van fundar Marràqueix (1068) i conqueriren taifes hispàniques: Màlaga i Granada (1090), Sevilla i Almeria (1091), València i Lleida (1102), Saragossa (1110) i Mallorca (1116). ... Els **almohades**, moviment religiós amb un fort influx amazic (1121-1269), s'imposà a tot el nord d'Àfrica l'Àndalus (1145-1146). Amb Marràqueix de capital, usaren el títol de 'Prínceps dels creients'. Victoriosos a Alarcos (1195), foren derrotats a Las Navas de Tolosa (1212). ... **Hussein ibn Alí** (emir i xèrif de la Meca, 1908-1916), arran de la caiguda de l'Imperi Otomà (1924) es proclamà califa.

La instauració de la **dinastia àrab dels abbàssides** va tenir per principi que tots els musulmans eren iguals davant la llei. Això va obrir l'imperi islàmic a la influència d'elits musulmanes no àrabs, el desenvolupament del comerç i de les ciutats, i l'accés de musulmans no àrabs als òrgans de poder. La nova capital, Bagdad, es trobava fortament impregnada per la cultura persa i tot l'Imperi esdevingué molt més cosmopolita que a l'època de Damasc. La transformació de l'administració de l'Estat del califat abbàssida –es governa segons els principis de la *xara* aplicada pels jutges o cadis– fixarà les bases de l'estructura administrativa que adoptaran tots els imperis musulmans posteriors.

A les províncies, l'administració militar s'encomana a un governador i els afers civils són responsabilitat d'un prefecte. L'exèrcit es professionalitza i incorpora mercenaris de diverses procedències: turcs, berbers, etc. La importància creixent de l'estament militar fou decisiva en la progressiva marginació del califa, que assumí un caràcter nominal, legitimador del poder en tant que descendent de la família del Profeta, mentre que el poder real quedava en mans de les dinasties que controlaven l'exèrcit i l'administració imperial.

Els califes abbàssides més reconeguts foren Abu-Jàfar al-Mansur (754-775), que acabà de consolidar la dinastia i traslladà la capital a Bagdad; Harun ar-Raixid (766-809), que gaudí d'un gran prestigi (la llegenda el fa autor fins i tot d'alguns contes de *Les mil i una nits* (fou conegut a Europa per les seves relacions amb Irene, l'emperadriu de Bizanci, i Carlemany, amb qui intercanvià ambaixadors); i 'Abd Allah al-Mamun (813-833), que erigí a Bagdad la Casa del Saber, considerada la primera Acadèmia de Ciències de la història. Durant aquest període dels primers abbàssides té lloc la denominada edat d'or de la civilització araboislàmica (segles IX-XI), moment en què aquesta produí les principals aportacions culturals, arquitectòniques, científiques i tècniques. La mort d'Harun ar-Raixid marcà un precedent en l'evolució política posterior del califat abbàssida, perquè decretà la divisió de l'Imperi entre dos dels seus fills, i Abd Allah al-Mamun només aconseguí imposar-se després d'una guerra civil cruenta. Fou un precedent que caracteritzaria la lluita pel poder al segle X, quan els abbàssides quedaren relegats a la representació simbòlica del califat, mentre el poder real era ostentat per successives dinasties no àrabs que controlaven l'exèrcit i l'aparell de l'Estat: primer, els buwàyhides, originaris de la regió de la mar Càspia, al segle X; després, els seljúcides, que procedien de les estepes de l'Àsia Menor, als segles XI i XII; finalment, els mamelucs, provinents del Caire, des de la destrucció de Bagdad pels mongols l'any 1254 fins al 1517.

La lluita pel poder i les revoltes internes provocaren la fragmentació progressiva de l'Imperi en territoris independents. El 908 la dinastia fatimita proclamà un califat xiïta en oposició al califat sunnita de Bagdad. Poc després, conquerien Egipte i el 949 s'establien al Caire, que es convertí en la capital fatimita i en la rival de Bagdad. Més a l'oest, 'Abd-ar-Rahmàn III an-Nàssir (919-961) «restaurava» el califat omeia d'al-Àndalus. Al segle XI, els seljúcides (1055-1258) substituïen els buwàyhides a Bagdad, mentre la dinastia sunnita dels aiúbides (1171-1250), fundada per Saladí (originari de Takrit a l'actual Iraq), desplaçava els fatimites del poder. Des de les profunditats del Sàhara maurità, els almoràvits (1056-1147) progressaven cap al nord, fundaven Marràqueix i es feien amb el control del Magrib i d'al-Àndalus. Per primera vegada, la regió més occidental de l'islam, el Magrib, atenyia una unitat política continuada pels almohades (1147-1269), els quals, però, no van poder evitar la fragmentació del Magrib en diferents dinasties i territoris.

Aquí cal recordar que, després d'assentar-se a Bagdad, els seljúcides iniciaren una expansió cap a l'oest i conqueriren gran part dels territoris de l'Imperi Bizantí, la qual cosa provocà una viva preocupació entre els regnes cristians europeus i un temor creixent per la sort de Constantinoble (paradoxalment saquejada pels mateixos croats el 1204). Poc després d'aquest avenç (1095), el papa Urbà II feia una crida a reconquerir els Llocs Sants. Així es donà sortida a l'expansió senyorívola feudal europea en una barrija-barreja de fe, ànsies d'aventures, de terres, de glòria i de botí, amb tot un misticisme que garantia la remissió dels pecats. Entre els anys 1095 i 1270, tingueren lloc **vuit croades** que aconseguiren ocupar Jerusalem el 1099 i establir un cúmul de petits regnes cristians a Palestina, que perduraren fins que **els mamelucs** van reconquerir Jerusalem (1244) i Acre (1291), que fou la darrera possessió dels croats a Palestina.

Els mamelucs eren un cos d'exèrcit format per esclaus (en àrab *mamluk* significa 'esclau') turcomans, mongols i circassians arribats a Egipte des de les estepes en època fatimita i aiúbida i que, a mitjan segle XIII, controlaven l'exèrcit del qual constituïen la principal força de xoc. El 1254 deposaren el darrer aiúbida i prengueren el poder i el títol de *soldà*. Després de frenar l'avenç dels mongols (sobretot els exèrcits de Gengis Khan, 1167-1227), des del 1260, els mamelucs controlaven Síria i Egipte.

A Anatòlia, feren la seva aparició **els otomans**, un poble d'origen turc que pren el seu nom d'Osman I (1281-1326) i que havia estat islamitzat en els segles IX i X. Els otomans iniciaren una expansió que resultaria decisiva per a l'esdevenidor de l'islam. Entre el 1324 i el 1354, bastiren un petit imperi a l'Àsia Menor i iniciaren la primera campanya europea (1345). Entre el 1385 i el 1389, ocuparen gran part dels Balcans (Sèrbia, Bòsnia, Bulgària i Grècia) i el 1453 s'apoderaren de Constantinoble (que passarà a denominar-se Istanbul) i posaren fi a l'Imperi Bizantí. El 1517, el *soldà* otomà Selim I conquerí Egipte i reduí els mamelucs a una important aristocràcia terratinent que conservarà gran influència política fins al segle XIX. Amb la fi del soldanat mameluc, la conquesta d'Egipte, i molt aviat de la resta del nord d'Àfrica (amb l'excepció del Marroc), la creació d'un Protectorat sobre la Meca i la resta de ciutats santes de l'Aràbia i també la conquesta de Belgrad (1521) i el setge de Viena (1529), Selim I i Solimà el Magnífic (1520-1566) consolidaren l'**Imperi Otomà**, que abastava tota la Mediterrània oriental i meridional. Els soldans de diferents dinasties van mantenir la institució del califat, buida de poder en mans d'un abbàssida, per no trencar la tradició sunnita que exigia que el califa fos un descendent de la tribu de la família del Profeta. Els turcs otomans seran la primera dinastia no àrab a ocupar la institució del califat.

La segona expansió de l'islam tindrà un caràcter eminentment religiós i i es daten els seus inicis entre els segles IX i X, moment en què comença la islamització de les tribus turques provinents de Mongòlia que habitaven les estepes de l'Àsia central. Els primers a convertir-se foren els turcs seljúcides que, el segle XI, dominaren l'Iran, l'Iraq i l'Anatòlia bizantina. Poc després, els turcs otomans també abraçaren l'islam i consolidaren la seva presència a Anatòlia i els Balcans entre els segles XII i XIV. El segle XIII, els mongols, de la mateixa raça i costums que els turcs –Tamerlan (1336-1405) es proclamà el redemptor del sunnisme–, bastiren un vast imperi que s'estenia des de la Xina fins a l'Iraq i Moscou.

A partir del segle X, les rutes de la seda obren les portes del Turkestan oriental a l'islam, que ja era present al nord de l'Índia, per arribar al nord de la Xina segles més tard. Paral·lelament, el comerç marítim porta el coneixement de l'islam des de les costes de l'Aràbia i del golf Pèrsic a les costes de l'Àsia meridional (sud de l'Índia, illes Maldives, nord de Sumatra, península de Malàisia, el sud de la Xina i arxipèlag Indonesi) i de l'Àfrica oriental (Muqdiisho, Lamu, Kilwa i Zanzíbar i, cap a l'oest, la Núbia cristiana, que serà totalment islamitzada).

Per acabar, es pot dir que, a l'Àfrica occidental, la penetració de l'islam és molt incipient. Després de la conquesta i la conversió del Magrib septentrional (segona meitat del segle VII), les caravanes, que travessaven el Sàhara des de Trípoli (Líbia) o Sijilmasa (Marroc) per anar a cercar or i esclaus al Sahel, van fer arribar l'islam als confins dels rius Senegal i Níger.

El 22 de març de 1945 Egipte, Iraq, Transjordània (després, Jordània), Líban, Aràbia Saudita i Síria (el Iemen s'hi afegí dos mesos després) van fundar al Caire la Lliga Àrab, oficialment, Lliga d'Estats Àrabs. Actualment la conformen 22 estats membres (en especial de l'Àfrica del Nord, la Banya d'Àfrica i l'Àsia Occidental), on hi ha països conflictius com Palestina, la República Àrab Sahrauí Democràtica (RASD), no pas reconeguda unànimement, o Líbia, i quatre observadors (Eritrea, Índia, Brasil i Veneçuela). No tots els països musulmans en formen part (cf. APÈNDIX 21). Des del seu naixement, la Lliga es va dividir en dos bàndols amb agendes polítiques oposades: l'entesa entre Egipte i l'Aràbia Saudita donava suport als projectes d'independència en oposició a l'eix haiximita de Jordània i l'Iraq, més inclinats a cooperar amb el poder britànic, que encara controlava molts mandats i protectorats. Des d'aleshores hi ha hagut tensions contínues entre uns i altres països, de manera que és bo conèixer els fils no explícits d'adversaris i coalitzats, sobretot després de l'aparició de l'organització terrorista Estat Islàmic o Daeix, inicialment propera a Al-Qaeda per fer front a la invasió de l'Iraq (2003), que aspirava a incloure-hi totes les poblacions àrabs que van quedar separades amb el repartiment entre França i el Regne Unit (cf. APÈNDIXS 19 i 21).

3.1.3. L'ALCORÀ, LLIBRE SAGRAT

L'Alcorà comença així:

En el nom de Déu Únic, Al·là,
el Compassiu per excel·lència, el molt Misericordiós.
Lloat sigueu, Déu, Senyor de tot i de tots,
Senyor de l'univers sencer, visible i invisible,
el Compassiu per excel·lència, el molt Misericordiós,
l'Amo i Senyor del dia del judici final
dia de la religió verdadera,
dia del judici de la història.
A Tu sols servim.
A Tu sols preguem.

En Tu sols confiem.
Tu sol ens salvaràs.
Guia'ns, mostra'ns el camí segur
el camí dels qui vols ajudar pregonament
no dels qui t'han aïrat en contra seu,
ni dels qui s'equivoquen. (*Q* 1,1-7)

Aquest text, la Sura 1, que molts musulmans reciten diàriament, rep el nom d'*Al-Fàthia*, que vol dir 'la que obre el llibre'. Per als creients musulmans, l'Alcorà (*'Recitació'*), escrit en àrab, és la Paraula de Déu, de manera que l'àrab esdevé la llengua pròpia de Déu. I atès que el llibre és l'únic mitjancer entre Al·là i els humans, les persones musulmanes que no tenen com a idioma propi l'àrab, l'aprenen i reciten l'Alcorà en aquesta llengua, ja que no hi ha el costum de recitar-lo en cap altre idioma. Abans que el llibre no fos redactat, el model original ja existia al cel, a frec de Déu: és *l'umm al kitab*, la mare del llibre. Per això és considerat etern i inimitable.

Com ja sabem, l'Alcorà va ser revelat al profeta Mahoma al llarg de vint anys i de diverses maneres. Les revelacions són conservades en la memòria del profeta. Aquest les recita una i una altra vegada als seus deixebles, els quals en van anar recollint petits fragments. Quan se li va retreure el caràcter fragmentari d'aquestes revelacions amb comparació amb el text ja acabat de la Bíblia jueva i cristiana, es justificà amb Q 25,30-32: la revelació a tongades «és la manera que Nós hem pres per reforçar, a poc a poc, el teu cor». Després de la mort de Mahoma, una de les seves dones i els seus successors polítics al capdavant de la comunitat musulmana (els califes, que eren sogres o gendres seus), sobretot l'any 11 de l'*hègira* (633 dC), van fer un llibre dels fragments, reunint i classificant diverses variants quant a la vocalització o ortografia, però sense uniformar-los ni ordenar-los. Posteriorment, durant el califat d'Uthman Ibn-Affan (644-655), van ser recollides totes les versions (Alí, gendre i cosí de Mahoma, i ibn-Masud no haurien lliurat la seva) i fou fixada la llengua del text i la lectura oficial, sembla que per Zaïd ibn Tabit i Abdal·là ibn Abbas. El califa hauria fet destruir totes les altres versions. Per això, segons els experts, la història textual del llibre és senzilla. Malgrat que alguns textos alcorànics trobats en inscripcions i monedes del segle VII difereixen de la versió canònica actual –i també algunes inscripcions alcoràniques ornamentals, com les de la Mesquita de la Roca de Jerusalem (construïda els anys 691-692 dC)– es considera el text àrab actual (el text

Glossari de termes relacionats amb l'islam

Alfaquí: intèrpret i definidor del *Fiqh* o dret canònic musulmà.

Confraria: agrupació pietista popular que venera un fundador i obeeix un guia que mostra el camí per arribar a la unió amb Déu. Les confraries mai no han estat ben vistes per l'ortodòxia musulmana.

Dhimmí: pacte que emparava cristians, jueus i zoroastristes, minories tolerades en terres musulmanes. En virtut d'aquest pacte, podien conservar i practicar la seva religió a canvi del pagament d'un impost.

Fiqh: dret canònic musulmà interpretat i definit pels alfaquins. No permet una codificació en el sentit modern del terme.

Gihad: esforç que li cal fer a tot bon musulmà per vèncer les passions interiors i les temptacions del món i obtenir la salvació (gran gihad). Guerra santa (petita gihad), fenomen lligat a l'expansió de l'islam i a l'època de les Croades (cf. APÈNDIX 17).

Hadits: relats curts que tracten de les paraules, els fets, els consells i les relacions del Profeta amb els seus companys, segons testimonis directes dels esdeveniments.

Hanif: àrab que, sense ser ni jueu ni cristià, ja estava predisposat al monoteisme abans de la predicació del Profeta.

Hurí: dona bellísima i sempre verge que, segons la creença musulmana, viu al paradís de Mahoma i ofereix companyia agradable als benaurats.

L'Imam: segons la doctrina xiïta, successor i descendent de Fàtima, filla del Profeta, al qual feu transmissor del «sentit ocult» de l'Alcorà. S'atorga aquesta dignitat només als descendents de Fàtima, la filla del Profeta. **L'imam**: encarregat de dirigir la pregària comunitària dels fidels.

Mufti: intèrpret i definidor del *Fiqh* o dret canònic musulmà.

Ribat: terme que designa les fortaleses construïdes pels almoràvits en zones de frontera amb els regnes cristians.

Sufisme: moviment místic musulmà sovint considerat heterodox per les seves influències cristianes, perses, gregues i hindús. Sorgeix com un moviment ascètic que rebutja i denuncia l'enriquiment que proporciona l'expansió de l'islam. Els sufís insisteixen en la unicitat de Deú i practiquen el recolliment espiritual, camí de fusió amb Déu.

Sunna: conjunt d'*hadits* considerats autèntiques fonts de Dret pels juristes. Té caràcter normatiu i complementa l'Alcorà en afers jurídics.

Ulema: doctor de la llei islàmica i expert també en qüestions jurídiques i teològiques; els més experts són els *aiatol·làs*.

Umma: comunitat dels creients en l'islam.

Visir: càrrec politicoadminitratiu d'origen persa que fou adoptat a l'època del califat abbàssida, moment en què prengué un caràcter hereditari. La seva tasca consistia a ocupar-se de les qüestions civils, però acabà convertint-se en la mà dreta del califa, responsable de l'aparell de l'Estat i, freqüentment, de la direcció política i militar de l'imperi.

Xara: llei canònica de l'islam. Es fonamenta en la revelació continguda en l'Alcorà i la Sunna i és complementada per altres normes jurídiques establertes per analogia. La *xara* regula el conjunt d'activitats públiques i privades de tot fidel musulmà.

«uthmanià») com a únic i, pràcticament, sense variants. La cronologia dels fragments –les revelacions sembla que cronològicament començaren amb l'actual *Q* 96,1– només importa per saber quins punts doctrinals precedeixen els altres, però no afecta l'autenticitat del text. Per exemple, el nom de Jesús només apareix quatre vegades en els textos de la Meca, mentre que a Medina –on hi havia jueus i cristians– apareix 21 cops.

L'Alcorà es divideix en 114 *sures* o capítols i cadascuna d'aquestes en *aleies* o versets. Totes les sures –tret de la 9– comencen amb la fórmula: «En el nom de Déu, el Compassiu, el Misericordiós»; aquesta fórmula rep el nom de *Basmala*. Totes les sures tenen un títol extret d'algunes de les paraules del text, seguit, en molts casos, d'una anotació que indica si es tracta d'un text revelat a la Meca o a Medina. Les sures que pertanyen a la revelació de la Meca són molt més poètiques i el contingut molt més espiritual, mentre que les sures del període de Medina són de caire moral i jurídic; en aquestes es donen normes de comportament moral i social. Com que no hi havia cap indicació del profeta, Zayd ibn Tabit va optar per classificar les sures d'acord amb l'extensió: de la més llarga (de 228 aleies) a la més curta (de 8 aleies).

Quant al contingut, a l'Alcorà hi trobem una infinitat de temes, però presentats d'una forma ben dispersa: Déu, el profeta, la moral, els principis religiosos, la legislació social, la política... També hi trobem relats de revelacions fetes als profetes d'altres pobles en el passat; així hi trobem molts fragments que també apareixen a la Bíblia, com els dels patriarques o Moisès de l'Antic Testament. D'altra banda, Mahoma considerava Jesús un gran profeta. Sense fer una narració biogràfica de Mahoma, també s'hi expliquen molts fetes de la seva vida, sobretot les lluites que va tenir amb els incrèduls. L'Alcorà és un text que fixa l'actitud de la persona creient respecte de Déu i les normes que aquesta ha de complir. Hi trobem, sobretot, l'afirmació de l'existència d'un Déu únic, manifestat pels àngels i anunciat pels profetes i la missió del profeta Mahoma, l'últim dels profetes de Déu, capaç d'anunciar el judici final, presidit per Déu, amb el paradís com a premi i l'infern com a càstig... Moltes frases devotes que esmalten la vida dels musulmans surten del llibre (cf. APÈNDIXS 17 i 18). L'Alcorà, per a P. Balta, «és al mateix temps una summa teològica que exposa el dogma, un codi jurídic i social, un tractat de moral i un manual de vida quotidiana».

L'Alcorà, en efecte, per a les persones musulmanes és a la base de la moral (*sunna*) i de la llei (*xara*). Si amb l'Alcorà no n'hi ha prou per poder decidir sobre una qüestió moral o legislativa, llavors s'ha de voler saber què digué o què feu Mahoma en una situació similar. Hi ha col·leccions de textos, anomenats *hadits*, en els quals es recullen les paraules i els fets del profeta davant d'un conflicte i el seu capteniment. En un primer moment es van transmetre oralment, però, més tard, es van posar per escrit. Actualment estan recollits en diferents compilacions, i es presenten classificats per temes. Cada text va acompanyat d'una llista de noms de persones que es van transmetre el *hadit* de l'una a l'altra, fins que la llista arriba al mateix Mahoma o a un testimoni directe. Aquesta llista rep el nom d'*isnad* i és una mena de certificat d'autenticitat sobre el capteniment que cal a un musulmà.

3.1.4. ELS CINC PILARS DE L'ISLAM

El primer dogma dels musulmans és la unicitat de Déu. El segon dogma seria l'obligació de creure en els profetes (d'Adam, Noè i Moisès a Jesús el Natzarè, i el darrer i més gran, Mahoma). Tot bon musulmà ha de creure també en els àngels i en el Judici Final. Satanàs és un àngel rebel que ha desobeït Déu. Tot creient és acompanyat al llarg de la seva vida per dos àngels que anoten totes les seves accions. Mahoma va insistir repetidament en el Judici Final. També diverses sures de l'Alcorà en parlen.

Ara bé, els pilars de l'islam són cinc: *sahada* (professió de fe), *salat* o *azalà* (pregària ritual), *zakat* (almoina legal o impost social), *swam* (dejuni del ramadà), *hajj* (pelegrinatge).

La professió de fe o *sahada* és el credo de l'islam. És un acte de conversió i de professió de fe («No hi ha més Déu que Al·là i Mahoma és el seu profeta») que es repeteix ritualment en les pregàries de la vida quotidiana i en la peregrinació a la Meca. Expressada amb una intenció sincera davant dos testimonis musulmans, és la forma com una persona entra a formar part de la comunitat musulmana. Ja sabem que, en àrab, *Al·là* significa Déu. Però el Déu que es va revelar a Mahoma és el mateix Déu d'Abraham, dels profetes i de Jesús. El credo islàmic expressa que no hi ha res important fora de Déu i l'adhesió a Mahoma, el qual va rebre la revelació. La *sahada* és present al llarg de tota la vida de la persona musulmana. És el primer que escolta un infant musulmà quan neix i l'últim que diu una persona de creença musulmana abans de morir.

L'oració ritual (*salat*) es realitza cinc cops al dia: a l'alba, abans de la sortida del sol (*salat as-subh*), a migdia (*salat azh-zhuhr*), a la tarda (*salat al-asr*), en pondre's el sol (*salat al magrib*) i quan ja és negra nit (*salat al-ixà*). El creient es prostra (descalç i damunt d'una petita estora) després de purificar-se amb aigua (o amb sorra neta al desert). L'oració suposa un moment per trobar-se amb Déu, un moment diferent de la resta de moments del dia: ha de ser pur. Els infants s'hi acostumen des dels set anys i se'ls recomana que comencin a pregar seguint l'oració ritual des dels deu. Aquesta puresa afecta tant la persona que prega com el lloc on prega. Abans d'iniciar la pregària, la persona es descalça i es renta ritualment: és a dir, duu a terme les ablucions. L'oració musulmana és alhora una pregària d'acció de gràcies i d'adoració a Déu.

Tot i que és recomanable que l'oració es faci a la mesquita, es pot fer a qualsevol lloc net, raó per la qual es fan servir catifes. Un altre element que ajuda a fer especial el moment de l'oració ritual és haver de realitzar-la en direcció a la Meca. El muetzí és l'encarregat de convidar tots els musulmans a l'oració des del minaret de la mesquita. A més d'altres fórmules, sol repetir quatre vegades *Al·lahu Akbar* ('Només Déu és gran').

L'oració es fa seguint un ritual especial en què es reciten determinades pregàries, normalment pertanyents a l'Alcorà –sobretot l'Al-Fàthia–, i es realitzen uns determinats moviments corporals: estar-se dret –aquest estar dempeus és plantar-se en l'univers (cf. APÈNDIX 18)–, aixecar les mans a nivell del cap, inclinar-se amb les mans sobre els genolls, agenollar-se, prostrar-se fins a tocar amb el front a terra... La persona musulmana prega amb l'ànima i el cos.

L'almoina legal (*zakat*) està prescrita com una mena d'impost religiós. Més que una almoina és una mena de sistema de solidaritat econòmica destinat a ajudar els pobres de la comunitat o a finançar determinades empreses d'interès col·lectiu. Qualsevol membre de la comunitat musulmana l'ha de lliurar a les autoritats religioses, les quals destinen aquests diners a ajudar les persones pobres, a l'atenció dels pelegrins, al rescat dels captius, a l'atenció del servei a la mesquita... Actualment l'almoina és una exigència religiosa i moral de caràcter voluntari. Freqüentment es mencionen juntes l'oració i l'almoina: la primera és l'expressió de les obligacions que tenen les persones amb Déu; la segona, les obligacions amb les persones més indigents o necessitades. Mai no hi ha cap moment dolent per fer almoina generosament, però hi ha dues festes en l'any musulmà que n'esdevenen ocasió especial: les festes del final del pelegrinatge a la Meca, el *Gran Beyram* o festa dels sacrificis (el dia 10 del mes 12è) i la del final del dejuni del mes de ramadà, el *Pe-*

tit Beyram o *'Id al-Fitr* (el 12 del mes 3r). Hi ha una profunda intenció religiosa en l'almoina musulmana: més important que la quantia de la donació, el que compta és el sentit de solidaritat i d'ajuda a les persones necessitades, cosa que crea comunitat.

Durant el mes de ramadà, el novè del calendari musulmà, en el qual es commemora que Mahoma va rebre la revelació de l'Alcorà, l'islam prescriu que es faci dejuni (*swan* o *saum*). Aquest dejuni consisteix a abstenir-se de menjar, beure, fumar... en les hores diürnes, és a dir, des de l'alba fins a la posta del sol. L'obligació de fer dejuni s'estén a totes les persones musulmanes que han arribat a la pubertat i que estan sanes. Les persones malaltes, dements, d'edat avançada o que es troben de viatge no tenen aquesta obligació. Tampoc no hi estan obligades les dones en estat de gestació o que alleten.

El dejuni del mes de ramadà és una mostra de l'actitud d'obediència a Déu. El dejuni disposa el creient a escoltar, a deixar-se interpel·lar per Déu. El ramadà té un profund sentit religiós. El dejuni s'acompanya de bones accions: almoina, visites a familiars i amistats, compartir dolços a la posta de sol... També és temps de pregària: durant la nit són moltes les persones que van a les mesquites o que preguen a casa. Cada dia a l'alba, quan surt el sol, s'anuncia públicament l'inici del dejuni, i al vespre, quan el sol es pon, el trencament del dejuni o *iftar*. Tradicionalment el trencament del dejuni es fa bevent aigua i menjant un dàtil, tal com feia Mahoma (sovint comerços i particulars paren taules amb aigua i fruita seca per a aquelles persones que a l'hora de trencar el dejuni són lluny de casa). Les famílies fan, llavors, un àpat ric en sucres. Durant el mes de ramadà es menja molt bé, fins i tot millor que al llarg de la resta de dies. Les nits de ramadà són nits animades: després de sopar la gent surt a passejar, a visitar les amistats, a pregar a les mesquites... Quan l'alba és pròxima, tothom s'aixeca per fer l'últim àpat de la nit. El dejuni del mes de ramadà finalitza amb una festa, com ja s'ha dit més amunt.

El pelegrinatge (*hajj*) a la Meca un cop a la vida és obligatori per a tota persona musulmana, sempre que tingui salut i els recursos necessaris per realitzar el viatge. Es tracta d'un pelegrinatge que cal fer seguint determinats ritus en unes dates fixes, els primers dies de l'últim mes del calendari musulmà. Els ritus prescrits per a aquests dies són diversos. Comencen amb l'expressió de la intenció de complir-los. Un cop purificats, tant els pelegrins com les pelegrines es vesteixen de blanc i visiten el temple de la Ka'ba, centre de l'univers musulmà; hi donen un nombre determinat de voltes, en direcció contrària al sentit de les manetes del rellotge. Després, es traslladen a la vall d'Arafat, on comencen els ritus del *hajj* pròpiament dits, entre els quals hi ha el ritu de lapidar el dimoni, llançant pedres contra tres monòlits que representen Satanàs, cosa que emblematitza el rebuig de qui pelegrina vers tot allò que representa el dimoni o el mal, alhora que manifesta la voluntat de seguir Déu.

El pelegrinatge és l'expressió de la unitat de totes les persones musulmanes independentment del seu origen ètnic, nacional o social. Tota la població musulmana, homes i dones, està unida en una mateixa fe en Déu.

Alguns consideren com a sisè pilar de l'islam el *gihad* o esforç requerit per obtener la salvació (cf. APÈNDIX 17).

3.2. RELIGIOSITAT, DRET, LLEI, LÍDERS, CALENDARI DE FESTES I RITUALS

A l'islam, ser religiós abasta una fe, una política i una moral: és una regla de vida, una llei (cf. APÈNDIX 16). Per aquest motiu, la figura del jurista, expert en lleis fetes per homes i per a ells és inconcebible sense la seva faceta d'expert en dret islàmic. A diferència d'Occident, són figures inseparables, funcions indissolubles. La separació entre allò espiritual i allò material no té sentit a l'islam tradicional, on la *xara*, *xaria* o *xariria*, la Llei islàmica –fonamentada en l'Alcorà i en la Sunna– regula alhora el comportament religiós i l'ordenament polític i social. La submissió a Al·là es tradueix en el compliment de tot un seguit de normes legals i rituals que obliguen per igual tots els membres de la comunitat musulmana, l'*umma*. En aquesta comunitat no hi ha persones que facin d'intermediaris entre Déu i les persones creients. La relació que estableixen les persones musulmanes amb Déu es fa d'una manera directa i personal.

3.2.1. LA LLEI (*XARA*), EL DRET (*FIQH*) I ELS LÍDERS RELIGIOSOS

El Dret musulmà ja es trobava codificat en els seus aspectes fonamentals des del segle X i, des de llavors, no ha experimentat canvis substancials. Tanmateix, les societats musulmanes han variat força des d'aleshores. Les noves situacions plantegen problemes i dubtes sobre la interpretació d'un fet determinat d'acord amb la fe. Aleshores es recorre a un expert en dret i teologia islàmiques (alfaquí, mufti, ulema o imam, noms que reben segons la tendència islàmica) perquè assenyali quina és la interpretació correcta. Normalment aquest expert mai no planteja innovacions sinó que, mitjançant la tècnica de les analogies, intenta fer explicables o aplicables als casos nous les prescripcions contingudes en els tractats (*Fiqh*) de dret islàmic.

El *Fiqh* divideix el comportament humà en cinc categories: el prohibit (*ha- ram*); el reprovable (*makruh*); l'autoritzat (*mubah*); el recomanable (*mustahabb)*; i l'obligatori (*fard*). L'obligació comprèn lògicament els cinc pilars de l'islam i faltar al compliment d'un d'aquests cinc preceptes és alhora pecat i delicte en aquells països on està vigent la *xara* o llei islàmica. És també pecat i delicte davant els tribunals de la *xara* no respectar les prohibicions contingudes en els Deu Manaments i també la prohibició de menjar carn d'un animal no sacrificat segons el ritu (degollat amb un ganivet net i pregant sobre el cadàver), carn de porc o de qualsevol animal carnívor i beure vi. La rellevància donada pel sunnisme al dret islàmic va afavorir, entre els segles VII i IX, l'aparició de les quatre escoles jurídiques clàssiques de l'ortodòxia musulmana (malikita, xafiïta, hanafita i hanbalita).

En el món islàmic, doncs, el concepte de «Llei» abasta un àmbit molt més ampli que en l'Occident modern: implica no solament els aspectes legals, sinó també els ètnics, religiosos i morals. Per això existeixen doctors en la llei islàmica, els ulemes, considerats experts en qüestions jurídiques i teològiques. El mufti, ulema, l'imam o l'alfaquí no són més que doctors en lleis, especialització a la qual en teoria pot aspirar qualsevol creient que hi estigui preparat sense necessitat de recórrer a ritus iniciàtics previs. Cal advertir que la figura de l'expert en dret i teologia islàmica o la de l'imam que condueix l'oració i el sermó dels divendres a la mesquita no són equiparables a la del sacerdot cristià. És simplement impossible: a l'islam no existeixen sacerdots perquè no en calen. La Llei regula i estableix les pràctiques religioses (els cinc pilars) que el creient ha de complir. L'islam no és, en conseqüència, una religió impregnada de les connotacions sacerdotals i ritualistes (els sacraments) del cristianisme.

La visió islàmica de la societat és teocràtica, en el sentit en què l'objectiu dels musulmans és seguir «la Llei de Déu a la Terra». La *xaria* es fonamenta en les dues fonts documentals musulmanes, l'Alcorà i la *sunna* (conjunt de pautes de comportament, basades en els ja esmentats *hadits*, narracions o relats que expliquen una dita, feta o capteniment atribuït al profeta Muhàmmad). Degut als diversos punts de vista engendrats per les diferents interpretacions, durant els dos primers segles d'existència de l'islam es van desenvolupar nombroses escoles de jurisprudència (*màdhhabs*).

Quina vigència hem de donar avui a la *llei islàmica* d'origen medieval? El problema no és únicament polític o sociològic, sinó essencialment teològic i jurídic. Per a un musulmà, si Muhàmmad va rebre l'última revelació legislativa de part de Déu, quina autoritat té l'home d'avui per abrogar-ne algunes de les prescripcions (per molt bàrbares que avui puguin semblar), per deixar-les en suspensió o fins i tot per reformar-les i crear un nou corpus jurídic capaç de regir un estat modern i complex? D'aquí s'origina el gran perill dels fonamentalismes (cf. APÈNDIX 19).

Una altra qüestió és l'adequació de les normes de dret internacional al dret musulmà. Per posar exemples, el 1948 es proclamava la Declaració Universal dels Drets Humans de les Nacions Unides, que no fou signada per l'Aràbia Saudita. Molt després, el 1981, el Consell Islàmic Mundial proclamava la Declaració Islàmica Universal dels Drets Humans. Les diferències de contingut amb la de l'ONU són apreciables (la dona no pot casar-se amb un no musulmà, un musulmà no pot canviar de religió, etc.) i destaquen una sèrie de consideracions destinades a posar de manifest la superioritat de la Llei divina sobre qualsevol llei humana. Esmentem, per exemple aquest fragmemt:

> Déu ha donat a la humanitat, mitjançant les revelacions contingudes a l'Alcorà i la Sunna, un marc juridicomoral durador que permet establir i regular les institucions i relacions humanes; els drets humans ordenats per la Llei de Déu tenen com a objectiu conferir dignitat i honor a la humanitat i estan destinats a foragitar l'opressió i la injustícia; en virtut de la seva font i sanció divina, aquests drets no poden ser restringits, derogats, ni violats per autoritats, assemblees o qualsevol altra institució, ni tampoc pot renunciar-s'hi, ni alienar-los o cedir-los. Declaració Islàmica Universal dels Drets Humans (1981).

Això no obstant, en la pràctica, cada cop s'accepta més plenament la referència a normes i comportaments d'abast internacional sancionades per institucions o organismes internacionals en els darrers anys. Així, a la Declaració de Barcelona (novembre de 1995), els països mediterranis musulmans signataris van acceptar les referències contingudes en el text amb relació als drets humans, les llibertats fonamentals, el sistema democràtic, l'Estat de dret i el principi d'autodeterminació.

3.2.2. La pregària i la mesquita, espai sagrat

Més enllà de la *salat* –oració personal que es realitza cinc cops al dia–, la pregària que es realitza a la mesquita és presidida per l'*imam*, un laic, un home musulmà, escollit per la seva devoció i pels seus coneixements. En cap cas, però, aquesta persona és considerada com el pont necessari per entrar en l'àmbit del sagrat que permet la relació amb Déu. L'actitud de la pregària personal adquireix una dimensió còsmica (cf. APÈNDIX 18). En l'islam xiïta, branca minoritària de l'islam, els *aiatol·làs* –malgrat la gran importància social i religiosa que tenen (sovint han fet de dirigents de la seva comunitat)– no tenen tampoc la consideració de sacerdots. Els *aiatol·làs* són una mena de doctors en teologia i dret xiïtes.

El fet que totes les persones musulmanes puguin establir una relació personal i íntima amb Déu ha tingut com a conseqüència que, des de l'inici de l'islam, hi hagi hagut moltes persones preocupades per la interiorització de la fe, més enllà del seguiment de tot un reguitzell de normes legals, morals i rituals. S'afirma aleshores que tota persona és igual davant Déu, independentment de la seva religió. Aquesta recerca d'espiritualitat en l'experiència religiosa ha donat lloc a una gran tradició mística: el *sufisme* (cf. APÈNDIX 16). Els *sufís* cerquen la comunió mística amb Déu a través de diversos mitjans. Un d'aquests mitjans és el *sema*, un conjunt de cants, oracions, música i una rotació circular que ajuda a qui practica aquesta dansa a apropar-se místicament a Déu. Aquesta dansa és practicada pels *dervixos* o *mevlevis*, individus que han fet vot de pobresa i que generalment formen part d'una confraria religiosa. Antigament vivien en monestirs; actualment viuen exclaustrats. Aquesta dansa, el *sema*, pot ser presenciada per persones no pertanyents a la confraria, fins i tot per persones no musulmanes. Els temes més rellevants de l'espiritualitat sufí són l'amor de Déu i la seva absoluta i radical unicitat.

La mesquita –en àrab, *masjid*, 'lloc per ajupir-se' [davant la presència de Déu]–, inicialment feia referència a qualsevol lloc destinat a l'oració. Amb el pas del temps, passà a denominar-se així una edificació destinada prioritàriament a l'oració comunitària, bé que també a altres finalitats, ja siguin religioses –madrasses on s'ensenya l'Alcorà, lloc de meditació...–, ja siguin assistencials –infermeria de primers auxilis, acollida d'ancians, indigents i necessitats o administració de justícia. L'origen de la mesquita com a edifici sembla que és la casa de Mahoma a Medina. Les cases d'aquella regió en l'època del profeta, constaven d'un pati a cel obert i d'una part amb sostre.

Aquest senzill esquema es va anar transformant fins a l'estructura actual, que es pot consultar més endavant, a la secció d'Iconologia (p. 334).

Les mesquites solen estar bellament decorades amb formes geomètriques, arabescos o riques cal·ligrafies amb textos alcorànics, però mai no hi trobarem pintures amb representacions humanes o animals. Són el monument islàmic per excel·lència. Dins de l'edifici o al seu voltant, hi podem trobar les madrasses, escoles islàmiques, els *hamam* o banys i els socs, mercats o basars, centre de la vida comercial de moltes poblacions.

3.2.3. El calendari musulmà i les festes anyals islàmiques

El *calendari musulmà* és un calendari lunar amb anys de 354 i 355 dies (cf. APÈNDIX 18). Aquests darrers són els anomenats *anys abundants*, dividits en dotze mesos alterns de 30 i 29 dies. L'any 1 del calendari musulmà és l'any en què el profeta va fugir de la Meca cap a Medina. Aquest esdeveniment ja hem vist que és conegut amb el nom d'*hègira*, que correspon a l'any 622 dC del calendari gregorià. Els noms dels *mesos musulmans* en àrab són: *muhàrram*, *sàfar*, *rabí al-àwwal, rabí al-àkhir o ath-thani, jumada al-ula, jumada al-àkhira o ath-thània, ràjab, xaban, ramadà, xawwal, dhu l-qada, dhu l-hijja.*

El calendari lunar serveix per mesurar el temps de la religió i per fixar les festes religioses, i el calendari solar per a l'agricultura. Això explica que es facin servir tots dos calendaris. Atès que l'any lunar és més curt que el solar, les diverses festes islàmiques s'avancen uns 11 dies cada any, i així passen per totes les estacions de l'any solar.

La *setmana musulmana* té set dies. En àrab els noms dels dies de la setmana són: *as-sabt*, *al-àhad*, *al-ithnain*, *ath-thu-latha*, *al-arbi'a*, *al-khamís* i *al-juma*. El divendres, malgrat haver estat tradicionalment un dia laboral, és el dia en què l'oració de migdia es fa en comunitat a la mesquita. Actualment sol ser el dia festiu setmanal de molts països de població majoritàriament musulmana.

Les grans festes litúrgiques de l'islam

- La festa de final del dejuni (*'Id al-Fitr* o *Petit Beyram*) l'1 del mes 10è (*xawwal*) que segueix el ramadà.
- La festa dels sacrificis o del xai (Gra*n Beyram*), el 10 del mes 12è (*dhu l-hijja)*.
- El naixement del profeta (Muled en-Nabi, Mulud) el 12è del 3r mes (*rabí alàwwal*).

Els dies religiosos musulmans no comencen a mitjanit, sinó a la posta de sol del dia anterior. Per això, la nit entre el dijous i el divendres és especialment reservada a les trobades religioses a les mesquites. També per això el temps de dejuni durant el mes de ramadà comença o s'acaba en pondre's el sol.

Les *festes de l'any islàmic* són molt importants en l'any religiós dels musulmans. Igual que en totes les religions són diades de temps dedicat a Déu, temps sagrat diferent de tot altre temps. El dia 1 de *muhàrram*, el primer dia de primer mes del calendari musulmà, es commemora el dia de l'*hègira*, la fugida de Mahoma a Medina. També té lloc en aquest mes el dia dels morts, *Aixura*, en commemoració de la mort en batalla d'un dels nets de Mahoma, al-Husayn. En el dotzè dia del tercer mes de *rabí alàwwal* se celebra la festa del naixement del profeta, *Màwlid*, festa entranyable, especialment dedicada a les criatures, una de les quatre grans, juntament amb les del ramadà (inici i fi) i la del sacrifici del xai.

La principal festa de l'islam és el mes de *ramadà*, mes novè de dejuni diürn, però de devoció i alegria popular a la nit. Comença amb la nit del perdó, com a preparació del ramadà, l'última nit del mes de *xa'ban*, i acaba amb la gran festa de la ruptura del dejuni, anomenada *id al-fitr,* que té lloc el primer dia del mes de *xawwal* durant la qual es fan regals, especialment als més petits de la casa, i almoines als pobres. El dia 27 del mes setè (*rajab*) se celebra l'ascensió nocturna o viatge de Mahoma al cel. El 15 del mes vuitè *(xa'ban)* es recorda el canvi de direcció de l'oració que va tenir lloc a Medina el 623. El dia 27 del mes de *ramadà* es commemora la revelació de l'Alcorà a Mahoma.

També són temps sagrats els deu dies de l'any en què es realitza el pelegrinatge o *hajj* a la Meca. Al final d'aquests dies tots els musulmans celebren la festa de la unitat de la comunitat islàmica, amb el sacrifici d'un be, en record d'Abraham, pare de tots els creients. Aquesta és la *festa del sacrifici*, *id al-adha*.

3.2.4. RITUS I CELEBRACIONS MUSULMANES

Des del punt de vista alcorànic, el musulmà, en la seva vida quotidiana, ha de ser un home auster i honrat, i la dona ha de ser prudent i modesta, cosa a la qual ajuda no sols el fet de no dur la cabellera deixada anar o mostrar les parts més ornamentals del cos com les de les faccions de la cara sinó de velar-les amb mocadors, vels xals, que reben noms diversos com ara *hijabs*, *amires*, *xailes*, *nicabs*...(cf. APÈNDIX 20). Cal saber que, per a una dona avesada a aquestes indumentàries, fer que se'n desprengui pot equivaler a fer-la anar nua; però també cal ser conscients que un determinat masclisme gelós en zones d'Afganistan, Iran o Pakistan ha imposat a les dones un cobriment integral del cos, amb *burques* o *txadris*, absolutament injustificable, que mai ha tingut la seva font en l'Alcorà.

El *naixement* d'un infant se celebra amb gran alegria; és un moment important per a les famílies musulmanes, sobretot si es tracta del naixement del primer fill mascle. Amb aquest motiu es fan diversos ritus propiciatoris, que inclouen la recitació de diversos textos de l'Alcorà, en el transcurs dels quals es posa nom a la criatura. Normalment els noms de les persones musulmanes fan referència a personatges alcorànics o islàmics, invocacions divines, etc. Per als homes sovint es fan servir els diferents noms de Mahoma: Àhmad, Hammadi, Mahmud, Mustafa, etc.

La *circumcisió* és una cerimònia present en els ritus de *preparació per a l'edat adulta*. Encara que en l'Alcorà no és esmentada aquesta pràctica, la tradició musulmana ha integrat aquest costum preislàmic. Tot home musulmà ha de ser circumcidat. És una mena de senyal de pertinença. Fins i tot els homes adults que es converteixen a l'islam estan obligats a fer aquest ritual. La circumcisió no es realitza en una edat concreta de la infància. Generalment la cerimònia és celebrada per diversos nois a la vegada i és una ocasió de festa familiar i de relació amb el veïnatge. En canvi, l'ablació del clítoris en les noies –pràctica molt arrelada en algunes zones de l'Àfrica subsahariana– és un costum preislàmic poc estès –i, encara massa– al conjunt de l'islam.

Pel que fa al *matrimoni*, els homes musulmans poden contraure'l amb més d'una dona, amb quatre com a màxim, sempre i quan puguin assegurar l'amor i el manteniment de totes elles i dels seus fills i filles (cf. APÈNDIX 17). També necessiten el vistiplau de la dona o les dones amb qui estan casats per contraure un altre matrimoni. En la pràctica, això comporta que els homes que tenen més d'una esposa siguin ben pocs. (I, encara, no tots els països on la població musulmana és majoritària permeten la poligàmia.) Tradicionalment el matrimoni no és viscut com un assumpte privat entre dues persones, sinó com una qüestió familiar. La futura parella generalment ha de conviure amb la família dels pares, de la qual dependran en molts aspectes durant anys. La família és, doncs, i especialment les mares, detentora d'un paper importantíssim en la preparació del matrimoni. Els enllaços es planegen amb molt temps. Ara bé, la pràctica més habitual actualment és que tant l'home com la dona de la futura parella estiguin al corrent d'aquests tràmits i siguin ambdós qui finalment decideixen.

El matrimoni musulmà –especialment quan es tracta de les primeres núpcies de la dona– té dos elements diferents, entre els quals hi pot haver mesos o anys de separació: el *contracte* matrimonial i les *noces* o *esposoris* pròpiament dits, després de les quals, es consuma el matrimoni (cf. APÈNDIX 18). El contracte matrimonial és un complicat document de naturalesa essencialment juridicoeconòmica: recull els pagaments de dots, les herències, els terminis, les transferències de propietats entre les dues famílies. Aquests contractes es realitzen amb l'ajuda d'uns notaris especialitzats. El contracte se signa generalment en una cerimònia religiosa senzilla a la mesquita, després de l'oració del divendres a migdia, entre el nuvi i el pare o representant de la núvia, i davant de testimonis i familiars. Les noces són una gran festa, especialment per a dones i criatures, amb músiques, llaminadures, refrescos i altres entreteniments. Cap al final de la festa, els nuvis van al llit nupcial, on consumen el matrimoni. El fet que la dona arribi verge al llit nupcial és un factor psicològic i social molt important en la societat islàmica, i origina tota mena de comportaments i ritus específics en la preparació i consumació del matrimoni. (En molts llocs el nuvi surt al balcó del pati on són els convidats mostrant un llençol tacat de la primera sang de la núvia.)

La vida familiar del nou matrimoni tindrà, evidentment, una gran varietat de situacions, encara que també es veurà uniformada per la legislació islàmica, particularment conservada en la societat musulmana moderna en allò que es refereix precisament a l'estatut personal. La separació i la diversitat de funcions de l'home i de la dona, amb molta preponderància del pare en les relacions socials de tot el nucli familiar, és una característica general en la societat islàmica actual.

Els *ritus relacionats amb la mort* s'inicien rentant la persona difunta d'una manera general. Es tracta d'un rentat purificador, com el que es realitza abans de les oracions rituals. Després, el cadàver és embolicat amb un llençol blanc. Abans de l'enterrament, se sol vetllar el mort a casa; durant aquestes vetlles es recita l'Alcorà. El dia de l'enterrament, la persona difunta és traslladada per familiars i amics a les espatlles, des de la casa familiar a la mesquita, on es fa una curta oració. En acabat, la duen al cementiri. Mentrestant les persones que formen el seguici fúnebre van repetint les fórmules de la professió de fe perquè el difunt pugui passar el rigorós examen de l'àngel de la mort i esperar-los a tots al paradís.

Un cop al cementiri –que generalment es troba als afores de la població, tot i que hi ha països on el cementiri circumda la mesquita–, l'enterrament ha de fer-se directament a terra. El cadàver s'enterra de costat, recolzat sobre la dreta, de manera que la cara quedi orientada cap a la Meca. Sobre la tomba es col·loca una llosa amb inscripcions religioses i relatives al difunt. Després de l'enterrament, familiars i amics es reuneixen per pregar per la persona difunta. Això ho fan en diverses ocasions; durant aquestes trobades de pregària es recita l'Alcorà.

3.3. L'islam, el judaisme i el cristianisme

Hem vist com l'Alcorà és respectuós amb la Bíblia –sovint fa referència als patriarques i, sobretot, a Moisès– i també amb Maria i Jesús, que considera infantat virginalment. Podríem oferir molts exemples. Diguem, com a botó de mostra, que la tradició alcorànica segueix de prop la tradició bíblica de la creació del primer home, preelegit per Déu com el seu lloctinent (Q 2,30) i en la descripció del pecat d'Adam i Eva i l'expulsió del Paradís. Per a l'Alcorà, Déu infongué el seu esperit al primer home (38,71-72) i demanà als àngels que s'hi postressin al davant. Només el diable (*Iblis*) es va resistir a fer-ho, motiu pel qual Déu el va maleir. D'Eva mai no esmenta el nom, malgrat considerar-la creada d'una costella d'Adam (Q 4,1; 7,189), cosa amb què justificarà la submissió. L'Alcorà no es cansa d'al·ludir al Déu creador i la creació –segueix el mite dels sis dies, però en lloc de finalitzar amb descans, Déu «es va asseure al seu tron» (Q 7,54)– com la prova més gran de la seva omnipotència. L'islam creu en una creació contínua, sense intervenció de causes segones; per a alguns, això explica el notable desenvolupament de les ciències naturals, l'astronomia, les matemàtiques i la medicina, quan Europa es trobava en els anys foscos de l'Edat Mitjana. Quant als patriarques, desenvolupa el principi d'hospitalitat a partir de la figura d'Abraham (Q 11, 69-73), que acull els hostes divins desitjant-los la pau (*salam*). Tota la sura 12 està dedicada a Josep, fill de Jacob, una de les més boniques del text sagrat, sovint interpretada com un paral·lelisme de la vida del Profeta.

Quant al Nou Testament, l'àngel Gabriel apareix explícitament en tres passatges (Q 2,97-98, 53,1-18 i 66,49) com a personatge encarregat de «baixar» la revelació alcorànica al cor de Mahoma. Encarna també l'esperit diví enviat a Maria. La rica tradició filosòfica musulmana li donarà relleu en les discussions sobre la raó humana i la possibilitat de conèixer les qüestions de fe. Els místics utilitzaran la seva figura per il·lustrar la condició particular de l'ésser humà davant de Déu i la possibilitat de l'ànima humana de ser il·luminada en la comprensió de les coses transcendents. Gabriel transmet i interpreta els missatges divins en el judaisme, el cristianisme i l'islam. Altrament, l'Alcorà ens parla de Jesús com d'un profeta excepcional, bé que sense cap marc històric. Neix de manera miraculosa sota una palmera i es converteix en profeta i en missatger diví, però mai no se'l presenta com a salvador i redemptor. Es resumeixen els miracles de Jesús (Q 3,48-49), es diu que predicà als jueus i no fou ben acollit (3,52-54), que va tenir un grup de deixebles, que ensenyà la pau, l'almoina i l'estar vigilants, i que profetitzà sobre la vinguda de Mahoma (7,157; 61,6). En el fons, el Jesús alcorànic és un perfecte musulmà, però, com hem vist en el text inicial, un simple home i no pas fill de Déu (Q 4, 171-172). Per a l'islam, l'Alcorà és la darrera revelació de Déu. Reconeix que la revelació va ser donada a altres profetes que apareixen a la Bíblia, però per als musulmans la revelació divina (*wahî*) és definitiva i completa i es refereix també a la llei (*xaria*, *xara* o *xariria*) que ha de guiar els homes.

Per a l'islam, Déu decideix conduir la humanitat en cada època revelant-li una guia, una orientació en forma de llei divina. Així, doncs, va revelar a Moisès una llei per al poble jueu, la *Torà*, i la va abrogar amb la *llei cristiana de l'amor* predicada per Jesús. Tot el poble jueu s'hauria d'haver convertit al cristianisme en aquell moment. Però després, al segle VII, Déu va revelar a Muhàmmad una llei, la *xara*, que abrogava la llei cristiana. En conseqüència, tot cristià s'hauria d'haver convertit a l'islam. Tanmateix, a causa de la importància de Moisès i de Jesús, la comunitat islàmica va ser «tolerant» en certa mesura amb els cristians i jueus que van rebutjar convertir-se (sovint a canvi de gravosos o especials impostos).

Aquest és el primer principi que regeix l'islam enfront d'un cristianisme rebutjable. La història de Jesús s'insereix en la història del món des de la seva visual i no és pas el centre del temps segons la nostra. El segon principi és encara més punyent: l'única font veritable per conèixer el cristianisme és l'Alcorà. El tercer és conseqüència dels altres: Jesús entra a la categoria dels profetes i missatgers de Déu, però no ultrapassa pas aquesta condició. Als ulls de l'islam, el cristianisme és una forma de religió única, eterna i immutable, que Déu volgué com a vàlida per als fills d'Israel en un moment determinat de la història. Davant del rebuig de Jesús, Déu envià Mahoma per restablir la situació.

B. ICONOLOGIA

La mesquita: els seus elements arquitectònics

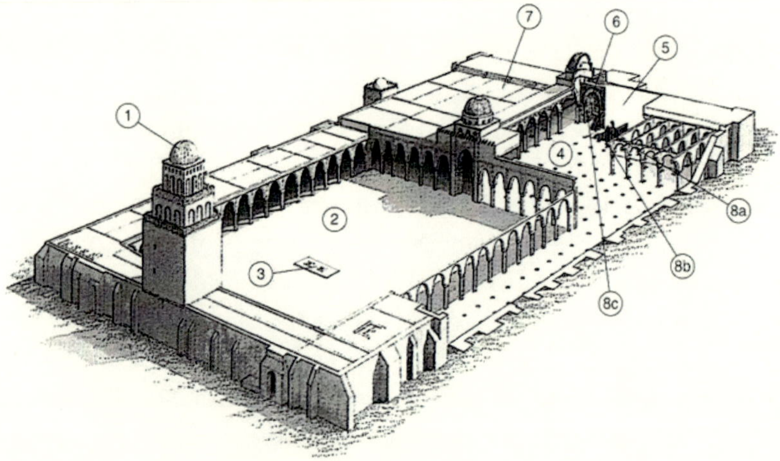

1. *Minaret*, des d'on el muetzí crida a l'oració. Lloc alçat per difondre millor la veu.

2. *Sahn* o pati, espai a cel obert envoltat de porxades, en el qual hi ha la porta principal que dona accés a la sala d'oració, on no es pot entrar calçat.

3. *Sabil* o font per a les ablucions, generalment coberta per un templet. Està prescrita una purificació ritual abans de la pregària, la qual obliga els fidels a descalçar-se.

4. *Haram* ('sagrat') o sala d'oració coberta de catifes. Generalment estructurada en naus orientades perpendicularment cap a l'alquible.

5. *L'alquible* ('lloc al qual cal encarar-se') és la paret recta orientada cap a la Meca.

6. *Mihrab* o nínxol en l'alquible, sovint ornamentat artísticament, on apareix la *sahada* o professió de fe. En aquest lloc es col·loca l'imam per dirigir l'oració, també orientant-se cap a la Meca. Al costat hi sol haver un mimbar o púlpit i, al davant, la *macxura*.

7. La *macxura* ('clausura') és l'espai que precedeix al mihrab, generalment protegit per un tancament de gelosies de fusta coronat per una cúpula i reservat a les autoritats. (Més tard es reservà per a les dones.) Equival al creuer de les esglésies cristianes.

8. El mobiliari litúrgic està constituït per tres peces fonamentals: el *mimar*, la *dikka* i el *kursi*.

8a) El *mimar* és la trona des d'on l'imam fa el sermó als fidels que participen de l'oració del divendres;

8b) La *dikka* és la cadira o càtedra que feien servir els mestres per ensenyar. Es col·loca al centre de la sala d'oracions, una mica cap a la dreta per no restar visibilitat de qui dirigeix l'oració.

8b) El *kursi* és el faristol sobre el qual reposa l'Alcorà durant l'oració. Sol ser una estructura de fusta ornamentada de grans proporcions.

L'art islàmic en general

Nascut al segle VII es va desenvolupar fins al segle XV i constituí el tercer gran estil artístic medieval, a més dels dos grans estils de l'Occident europeu cristià, el romànic i el gòtic. Aquest nou art, degut a l'expansió de l'islam, s'estendrà ràpidament per la riba mediterrània i el Pròxim Orient fins a Pèrsia i a l'Índia. L'art islàmic presenta una certa unitat estilística. Davant de les funcions específiques dels edificis –*mesquites* i *madrasses*–, a partir de bases comunes presenten gran diversitat de formes segons països i èpoques, sobretot a partir del segle X, quan l'islam deixa de ser un imperi unificat i al seu territori s'estableixen tres califats independents: l'abbàssida (Bagdad), l'omeia (Còrdova) i el fatimita (Egipte). Com a element bàsic de l'art islàmic, cal destacar l'interès pels *espais interiors* més que no pas pel caire monumental. Per això, l'art islàmic dona gran importància a les *arts decoratives*, amb elements de gran vàlua geomètrica, i als entapissats. Gairebé no té manifestacions escultòriques, però el treball dels objectes de metall, ivori o ceràmica, així com altres mostres d'orfebreria de metalls preciosos, ateny sovint una gran perfecció tècnica. També destaquen la *pintura* i la *il·luminació* de llibres sagrats i profans amb representacions humanes, d'animals i, malgrat que no sigui corrent, fins i tot del Profeta. Els cinc motius decoratius principals són aquests: *a)* decoració *epigràfica* (frases o noms cal·ligrafiats a les parets que recorden als fidels els missatges religiosos); *b)* decoració *ataùrica* (amb base de formes vegetals com la fulla d'acant coríntia); *c)* l'*arabesc* (entrellaçat de línies i figures geomètriques; *d)* el *mocàrab* (element decoratiu de guix o fusta format per petits prismes juxtaposats i superposats verticalment com estalactites que adorna la part interior de la cúpula, l'arc i les voltes i, de vegades, alguns capitells); *e)* els panys de *sebka*: xarxa de rombes formada per sèries d'arcs superposades.

Com que avui dia és normal viatjar fent turisme amb la família, unes recomanacions:

El *Museu Nacional del Bardo*, principal museu de Tunísia, mostra una gran varietat de peces arqueològiques, joies i mosaics únics al món, així com nombroses estàtues de la Cartago romana;

El *Museu de les Civilitzacions d'Anatòlia*, a la ciutat d'Ankara (Turquia), recull des de restes de la civilització hittita fins a un antic basar islàmic; és considerat un dels més complets museus arqueològics del món.

El *Museu d'Antiguitats Egípcies o Museu Egipci*, conegut popularment com a «Museu del Caire», és un museu egipci amb un fons arqueològic de primera magnitud, tanmateix més encarat a l'antic Egipte que a l'Egipte islàmic.

El *Museu Palestí*, obert darrere de la Universitat de Birzeit (Cisjordània), en un imponent edifici de pedra clara i vidre, inaugurat el 2016 amb les sales buides. A la primavera s'hi havia de mostrar un projecte audiovisual, *Viatges palestins*, amb una cronologia històrica interactiva des de 1850 fins als dies moderns. El 2017 s'hi inaugurà la mostra: *Jerusalem encara viu!*

L'art islàmic a la península Ibèrica

A la península Ibèrica en tenim mostres de gran categoria. En aquest sentit és important que distingim els cinc períodes de l'art islàmic a al-Àndalus: *a)* el ***període Cordovès*** o ***Califal*** (també dit ***Omeia***), dels segles VIII-X, en el qual es desenvolupa l'arc de ferradura d'origen visigot i la volta de creueria califal, amb exemples com la mesquita de Còrdova, iniciada al segle VIII, o el Palau de Madinat al-Zahara (segle X); *b)* ***període Taifa*** (segle XI), amb mostres com el palau de l'Aljaferia (Saragossa) i fortificacions o edificis de caràcter militar anomenats Alcassabes, com les de Màlaga, Almeria i Granada; *c)* ***període dels Almoràvits*** (segle XII), amb mostres com les muralles de Niebla (Huelva); *d)* ***etapa dels Almohades*** (segle XIII), amb realitzacions com les de la Torre de l'Or, de Sevilla, dita albarrana, perquè està separada de les muralles, parts dels Reials Alcàssers de la mateixa ciutat, i la gran mesquita de Sevilla, avui convertida en catedral, de la qual es conserva el minaret (la famosa Giralda) i el *sahn* o pati dels tarongers; *e)* ***període Nassàrid*** (segles XIV-XV), el qual correspon al regne de Granada, art caracteritzat per l'exuberància decorativa i l'*horror vacui*, mostra de la qual són els palaus de l'Alhambra, els palaus nassàrids i els jardins del Generalife de Granada.

Per a l'islam en la península, cf.: Chalmeta, P.: *Invasión e islamización: la sumisión de Hispania y la formación de al-Andalus* (Madrid: Mapfre, 1994); Cruz Hernández, M.: *El Islam de al-Andalus. Historia y estructura de su realidad social.* (Madrid: Instituto de Cooperación con el Mundo Árabe, 1992); Viguera Molins, M. J.: *Los Reinos de Taifas y las invasiones magrebíes (Al-Andalus del XI al XIII)* (Madrid: Mapfre, 1992).

Sobre l'islam a Catalunya, cf.: Balañà i Abadia, P.: *Els musulmans a Catalunya (713-1153). Assaig de síntesi.* (Sabadell: Ausa, 1993); Balañà i Abadia, P.: *L'Islam a Catalunya (segles VII-XII)*, col. «Nissaga», 13 (Barcelona: Rafael Dalmau, 1997). Diversos autors:. *L'Islam i Catalunya*. Catàleg [de l'exposició *L'Islam i Catalunya*][(Barcelona: Museu d'Història de Catalunya/Generalitat de Catalunya)/Lunwerg, 1998).

Representacions plàstiques del Profeta

Hi ha una gran discussió sobre la possibilitat o no de representar Mahoma (en pintures, dibuixos, caricatures, etc.), fins al punt que un setmanari còmic com *Charlie Hebdó* va sofrir un atemptat a inicis del 2015, per haver-lo caricaturitzat. Els saudís wahabies i els salafistes són els més radicals contra cap representació de Mahoma (i això ha portat problemes fins i tot a l'hora de produir films sobre la vida del Profeta), mentre que les autoritats xiïtes permeten fins i tot representacions de Mahoma, sempre que es facin amb respecte.

La ciència

Durant els segles d'or de l'islam (IX-XI) es produïren les seves principals aportacions culturals, artístiques i científiques. Les ciutats (Bàssora, Bagdad, Còrdova, el Caire) es convertiren en centres de cultura i de saber, on es practicaven les matemàtiques (especialment la trigonometria i l'àlgebra, a partir de les quals s'introduí el zero i la numeració aràbiga, d'origen hindú), la filosofia (Avicenna donà a conèixer Aristòtil), la medicina (Ibn al-Nafis va descobrir la circulació sanguínia segles abans que Miquel Servet), la botànica, l'alquímia, l'astronomia i l'astrologia... Hi ha qui encabeix en aquest apartat l'art del conreu i de la irrigació que va canviar el paisatge mediterrani, sobretot l'occidental i meridional. En efecte durant aquest període fou profundament transformat, ja que els àrabs introduïren noves maneres de plantar oliveres i fruiters i introduïren nous cultius com el meló, la síndria, diferents cucurbitàcies, l'albercoc, el préssec, la carxofa i la taronja, originaris del Pròxim i Mitjà Orient.

Tot i ser d'un període posterior (segle XIV), no podem deixar de referir-nos a l'obra precursora de la sociologia i la història modernes, l'*Al-Muqaddima* ('Els Prolegòmens'), de l'andalusí Ibn Khaldûn. La millor traducció disponible de la seva obra ha estat durant molts anys la del francès Vincent Monteil: Ibn Khaldûn: *Discours sur l'Histoire universelle*, 3 vol. (París: Sindbad, 1978). Els llibres de viatges i la confecció de mapes i atles contribuïren al desenvolupament de la geografia i al coneixement del món: Al-Idrisi, per encàrrec del rei normand de Sicília, Roger II, realitzà un mapa del món on fixà amb tota exactitud les fonts del Nil i establí el caràcter esfèric de la terra.

La literatura islàmica: *sajs, divans, cassides, ghazals*

És molt difícil fer una panoràmica de la literatura musulmana perquè cada indret n'ha generat de pròpia i la veritat és que des d'Occident en sabem poc. Culturalment hem sentit parlar de tres grans filòsofs –Avicenna (980-1037), Algazel (al-Gazalí, 1058-1111), pel qual s'interessà Ramon Llull, Averrois (1126-1198)– i poca cosa més. Des del punt de vista literari, a la península Ibèrica sabem que influencià a las *jarchas* castellanes, versos en vernacle al final de les *moaxajas* àrabs cultivades pels poetes de l'al-Àndalus a partir del segle XI) i en l'estrofa també castellana del *zéjel*, una mena de cançonetes amb tornada i vers de retorn. Podem consultar Sobh, Mahmud: *Historia de la literatura árabe clásica* (Madrid: Cátedra, 2002) i Vernet, Joan: *Literatura árabe* (Barcelona: El Acantilado, 2002) o bé clicar <https://es.wikipedia.org/wiki/Literatura_%C3%A1rabe>.

Una part molt important de la literatura àrab anterior al segle XX es va presentar en forma de **poesia**, fins al punt que la prosa estava plena de versos solts o es feia en forma de *saj* (prosa rimada). Això és degut al fet que la poesia, i en part la prosa, era escrita amb l'objecte de ser llegida en veu alta, per la qual cosa es tenia gran cura pel que fa a la sonoritat; en aquest sentit, *saj* significava, originàriament, el soroll que fa un colom. Un tret important de la poesia àrab, que podria igualment ser aplicat a tota la literatura en aquesta llengua, és la idea que havia de ser agradable si se sentia a cau d'orella. Els reculls d'obres poètiques s'anomenen *divans*, veu que significa 'arxiu' o 'registre', recordant la missió dels poetes en l'època preislàmica. La forma estròfica antiga era la *cassida*, que consta de 30 a 120 versos d'idèntic metre, repartits en dos hemistiquis, acabats tots amb la mateixa rima, model que va perdurar en la poesia clàssica posterior. La sexualitat va ser sovint abordada per la literatura àrab en general; el *ghazal* o poema d'amor, que consisteix en rimes apariades i tornades, on cada línia comparteix la mateixa mesura, té una llarga història en què el sexe apareix tant en el vessant tendre i suggeridor com en un tractament eròtic obertament explícit. Des del segle VIII es van destriar tres tipus de poemes: el *nasib* (de tipus amorós), el *rahil* (descripció d'un viatge) i el *fajr* (quan el poeta arriba a una determinada meta).

Quant a la **prosa**, el gènere de la *maqama* és una forma de prosa rimada que transcendeix alhora l'oposició entre la prosa i la poesia i entre la no-ficció i la ficció. Consisteix en un conjunt d'anècdotes independents, amb un mateix protagonista, i tracta de manera fictícia vivències de la vida real. Un exemple famós n'és la *Maqama de l'almesc*, que es presenta com una comparació de les característiques de diferents perfums, però que en realitat és una sàtira política que compara diversos sobirans. Aquest gènere també es caracteritza per l'ús de la doctrina de la *badi*, que implica l'addició deliberada d'expressions literàries complexes per demostrar la destresa lingüística de l'escriptor. L'escriptor persa Al-Hamadhaní (+1008) és considerat el fundador de la *maqama* i la seva tasca va ser ampliada per Al-Harirí (1054-1120), amb la *Maqamat al-Harirí*, un estudi de la mateixa obra d'Al-Hamadhaní. Altrament, la traducció a l'arab de *Les mil i una nits*, va tenir lloc al segle IX. En català, gràcies a l'excel·lent treball de Margarida Castells i Dolors Cinca disposem d'una molt bona traducció de l'obra que millor representa l'esplendor cultural de l'edat d'or de l'islam: *Les mil i una nits* (Barcelona: Proa, 1996).

Cercar noms il·lustres entre els literats del segle XX i XXI no és difícil. Es pot dir que han entrat en la nostra òrbita occidental Ahmad Shawqi (1868-1932, poeta i hispanista egipci, el libanès Khalil Gibran (1883-1931), que escriví en àrab i anglès, i d'altres poetes com l'hispanista egipci Ahmad Shawqi (1868-1932). L'egipci Naguib Mahfuz (1911-2006), fou el primer premi Nobel de literatura en llengua àrab el 1988 (cf. <https://ca.wikipedia.org/wiki/Categoria:Escriptors_egipcis>) i seguiren la seva petja el palestí Jabra Ibrahim Jabra (1920-1994) o Gamal el-Ghitani (1945-2015).

Tanmateix, els escriptors àrabs crítics amb l'islam des del punt de vista literari, han sofert repressió i persecucions. Aquesta qüestió s'ha fet més punyent en els darrers temps. Han saltat a la premsa noms com els de Salman Rushdie, escriptor hindú (l'aiatol·là Khomeini el 1989 va dictar una fàtua o pronunciament en contra, que implica persecució, per la seva obra *Versos satànics*) o els periodistes Amir Salem Zenia (Algèria), Sihem Bensedrine (Tunísia) i Rhodah Mashavave (Zimbabwe), també perseguits.

MÚSICA

La música islàmica neix a la mesquita, en les salmòdies de lectura de l'Alcorà i de les pregàries. De la ploma d'un eminent filòsof xiïta de la cort d'Alep, Al-Farabí (872-950), van sortir cinc llibres de música, un dels quals, *Kitabu al-Musiqa al Kabir* ('El gran Llibre de la Música'), es considera una de les obres sobre la música islàmica més importants. Traduïda al francès per Rodolphe d'Erlanger (1872-1932), no fou publicada per P. Geuthnera (París) fins al 1959. Abu Hamid Ibn Muhammad al-Gazalí (1058-1111), conegut a Europa com a Algacel, reivindicà la música en l'islam amb convincents arguments. Jalal-ad-Din Muhàmmad Rumi, o simplement Rumi, també conegut com a *Maulana* (1207-1273), fou un poeta, jurista, músic, teòleg i místic sufí, amb *türbe* o mausoleu a Konya (ciutat de Turquia considerada santa). Els seus seguidors fundaren l'orde sufí dels *mevlevis* o dervixos giròvags per la seva meditació «semà» –definida per Rumí com «l'adorn de l'ànima que ajuda a descobrir l'amor i a experimentar el calfred de la trobada i despullar-se de tot per sentir-se en presència de Déu»–, en la qual giren sobre si mateixos acompanyats per flautes i tambors. Entre els compositors famosos, Mustafa Dede (1610-1675, Mustafa Itri (1640-1711), o el dervix Alí Siraÿaní (mort el 1714). Per a una bona bibliografia, <http://islamchile.com/biblioteca/civilizacion-islamica/La%20Musica%20en% 20el%20Islam.pdf>.

FILMS

Tenim una gran ignorància a l'hora de parlar de la filmografia islàmica i, des del nostre món, sovint ens interessem només per determinades polèmiques sobre la possibilitat de films sobre el personatge i l'obra de Mahoma, com el vídeo que resultà escandalós titulat *La in-*

nocència dels musulmans (2011). Sortosament, corren per internet molts vídeos com ara *Els secrets de l'Alcorà* (2006): <https://www. youtube.com/watch?v=u288HLNd9YM>, *Muhammad. El llegat d'un profeta*: <https://www.youtube.com/watch?v=YBKfqnPmMFw>, *El profeta de l'Islam*: <https://www.youtube.com/watch ?v= TwW9S g4L8MI> i fins i tot dibuixos animats: *Muhammad: L'Últim Profeta*: <https://www.youtube.com/watch?v=KLG JjVsJV3o>. A més a més, disposem d'un fons filmogràfic de les religions elaborat per la Generalitat de Catalunya que resulta molt útil i es pot consultar fàcilment: <http://governa cio.gencat.cat/web.content/afers_religiosos/serveis/Fons_filmografic_/Fons-filmografic-de-les-religions_Islam.pdf>. Aquí sols esmentarem alguns pocs directors i films d'interès:

- Ibrahim Ezzeldin: *El naixement de l'Islam* (1951).
- Michel Taber: *Les llàgrimes de l'imam Hussein* (2006). Per a milions de musulmans xiïtes de tot el món, la festa de l'Aixurà, que commemora el martiri del net del profeta Muhàmmad, és una de les experiències religioses més importants. L'any 680 dC, els omeies van matar al-Husayn a la ciutat de Karbala. Avui, segles més tard, els fidels encara celebren el seu martiri. Durant deu dies, els xiïtes fan memòria de l'imam Hussein realitzant pregàries i processons.
- Mohammad Yassine: *La sang dels cérvols* (2006). Drama social sobre la vida d'un terrorista musulmà a Egipte els anys noranta, abans de marxar a l'Afganistan. El film presenta, amb nombroses escenes d'acció, la vida dels radicals musulmans a Egipte, així com la seva tendència a la violència
- Vincent Paronnaud i Marjane Satrapi: *Persepolis* (2007). Film d'animació basat en la novel·la gràfica i autobiogràfica homònima de l'escriptora iraniana Marjane Satrapi. La trama comença a Teheran, l'any 1978, amb la Marhane, una noia de 8 anys que somnia de ser un profeta que salvarà el món. Educada per uns pares moderns i molt implicats en la política, el film segueix els esdeveniments que s'abocaran a la revolució, que va comportar la caiguda del xa Mohammad Reza Pahlavi. Amb la instauració de la República Islàmica, la Marjane es fa revolucionària. Però la repressió islàmica es fa cada cop més dura, raó per la qual els seus pares decideixen d'enviar-la a estudiar a Àustria. A Viena, la Marjane viu durant catorze anys la seva segona revolució: l'adolescència, la llibertat i l'amor, però també l'exili, la solitud i la diversitat, descobrint així que tampoc Occident és una meravella. Al costat dels fets autobiogràfics, el film presenta una aproximació particular a la història d'Iran durant els últims cinquanta anys.
- Hatim Ali: *La justícia d'Omar* (2012). Producció per a televisió en 30 episodis realitzada per la «Middle East Broadcasting Centre» (MBC) d'Aràbia Saudita, en coproducció amb la televisió de Qatar. Està considerada la producció per a televisió més important i costosa de la televisió àrab. La sèrie segueix el naixement de l'islam i la vida de Muhàmmad, així com la vida dels seus successors, els primers «califes ben guiats», narrat des de la perspectiva d'Omar ibn al-Khattab. La trama subratlla els valors promoguts per l'islam naixent, com ara la justícia, la tolerància, la saviesa, el lideratge...
- Muhammad Nakhib: *El llegat final* i *Qamar Bani Hashem* (2008). Es tracta d'una sèrie de drama històric àrab que representa la vida de Mahoma.
- Majid Majidi: *Mahoma, el missatger de Déu* (2015), que una part de l'islam considerà blasfema per representar el Profeta.

C. BIBLIOGRAFIA PER SABER-NE MÉS

Sobre l'Alcorà

– La millor versió catalana de l'Alcorà és la de Mikel de Epalza (Barcelona: Proa, 2001), que, a banda de la «Introducció a una lectura catalana de l'Alcorà», conté cinc estudis alcorànics i una llista bibliogràfica de més de 40 pàgines. Segueix l'edició àrab del Caire (*Dar al-kotob*), la més acceptada avui dia (les numeracions discordants d'altres edicions pertanyen a antigues lectures admeses en temps antics). Es reeditá corregida l'any següent i en edició de butxaca l'any 2016, per a ús del prop de 300 oratoris a Catalunya del mig milió de musulmans que hi viuen. Hi ha, també, altres versions castellanes:

– *El Corán*. Traducció, introducció i notes de J. Vernet (Barcelona: Plaza y Janés, 1980; Planeta, 1999).

– *El Corán*, versió de J. Bergua Olavarrieta (Madrid: Ibéricas, Madrid,1978).

– *El Corán*, versió de R. Cansinos Assens (Madrid: Aguilar, 1973[6]).

– *El Corán*, versió de J. Cortés (Barcelona: Herder, 1986).

Sobre la història del llibre: Jomier, J.: *Un cristiano lee el Corán,* «Cuadernos Bíblicos», 48 (Estella: Verbo Divino, 1985), i del mateix autor: *El Corán. Textos escogidos en relación con la Biblia* (Estella: Verbo Divino, 1985).

Sobre l'islam i Mahoma

Abul A'la Mawdoudi: *Comprendre l'Islam* (París: Islamic Foundation, 1973).

Abumalham: *El Islam* (Madrid: Ed. del Orto, 1999).

Andrae, T.: *Mahoma* (Madrid: Alianza, 1994).

Balta, P.: *Islam. Civilización y sociedades* (Madrid: Siglo XXI, 1994).

Bausani, A.: *El Islam en su cultura* (Mèxico: Fondo de Cultura Económica, 1988).

Cahen, C. (1989). *El Islam: desde los orígenes hasta el comienzo del Imperio otomano* (Madrid: Siglo XXI, 1989)

Cansinos Assens, R.: *Mahoma y el Korán. Biografía crítica del profeta y estudio y versión de su mensaje* (Buenos Aires: Bell, 1954).

Cuoq, J.: *Histoire de l'Islamisation de l'Afrique de l'Ouest* (París: Geuthner, 1984).

Coulson, N.J. (1998). *Historia del derecho*, «Biblioteca del Islam Contemporáneo», núm. 10 (Barcelona: Bellaterra, 1988).

D.A.: *L'Islam d'avui, de demà i de sempre* (Barcelona: Enciclopèdia Catalana, 1994).

Dermenghen, E.: *Mahoma y la tradición islámica* (Madrid: Aguilar, 1963).

Delcambre, A. M.: *Mahoma, la voz de Alá* (Madrid: Aguilar, 1990).

Delcambre, A. M.: *L'Islam* (París: La Découverte, 1990)

Eliade, M.: *Historia de las creencias y de las ideas religiosas*, vol. III: «De Mahoma a la era de las reformas» (Barcelona: Paidós, 1999).

Gabrieli, F.: *Mahoma y las conquistas del Islam* (Madrid: Guadarrama, 1967).

Gardet, L.: *¿Conocemos el Islam?* (Andorra: Casal i Vall, 1960).

Gardet, L.: *L'Islam, Religion et Communauté*, col. «Foi Vivante» (París: Desclée de Brouwer, 1970).

Gaudefroy-Demombynes, M.: *Mahoma* (Madrid: Akal, 1990).

Gibb, H. A. R.: *El mahometismo* (México: FCE, 1966[2]).

Hitti, P. K.: *El Islam, modo de vida* (Madrid: Gredos, 1973).

Jomier, J.: *Para conocer el islam* (Estella: Verbo Divino, 1989; 1994[2]).

Khemir, N.: *Palabras del Islam* (Barcelona: Ediciones B, 1999).

Lings, M.: *Muhammad. Su vida, basada en las fuentes más antiguas* (Madrid: Hiperión, 1989).

Manyer, J.: *Quan l'Islam truca a la porta. Per a una aproximació cultural als musulmans de Catalunya* (Barcelona: Altafulla, 1992).

Martín Muñoz, G. i altres: *El islam y el mundo árabe. Guía didáctica para profesores formadores* (Madrid: Agencia Española de Cooperación Internacional, 1996).

Mérad, A.: *El islam contemporáneo* (México: FCE, 1988).

Mernissi, F.: *El harén político. El profeta y las mujeres* (Guadalajara: Ediciones del Oriente y del Mediterráneo, 1999).

Pipes, D.: *El Islam, de ayer a hoy* (Madrid: Espasa-Calpe, 1983; 1991[3]).

Richard, Y.: *El islam shií*, «Biblioteca del Islam Contemporáneo», núm. 2 (Barcelona: Bellaterra, 1996).

Robinson, F.: *El mundo islámico* (Madrid: Círculo de lectores, 1989).

Rodinson, M.: *Islam y capitalismo* (Madrid: Siglo XXI, 1973).

Serain, M.: «Regards sur l'Islam», *Fétes et Saisons*, 421 (París: Cerf, gener, 1988).

Sordi, I.: *Qué ha dicho verdaderamente Mahoma* (Madrid: Doncel, 1972).

Sourdel, D. i J: *La civilización del Islam clásico* (Barcelona: Juventud, 1981).

Sourdel, D.: *El Islam* (Barcelona: Oikos-Tau, 1972).

Vernet, J.: *Mahoma (Muhammad)* (Madrid: Espasa-Calpe, 1987).

Wat, W. M.: *Mahoma, profeta y hombre de estado* (Barcelona: Labor, 1967; 1973[2]).

Weber, E.: *L'Islam sunnite traditionnel* (Turnhout: Brepols, 1993).

Dogma, llei, pietat i mística musulmanes

Anawati, G. C. i. Gardet, L.: *Mystique musulmane. Aspects et tendances. Expériences et techniques* (París: Vrin, 1961).

Asín Palacios, M.: *La espiritualidad de Algazel y su sentido cristiano*, 4 vols. (Madrid: Estanislao Maestre: 1934-1941; Hiperón, 1981).

Burkhardt, T.: *Esoterismo islámico* (Madrid: Taurus, 1980).

Caspar, R.: *Cours de mystique musulmane* (Roma: Institut Pontifici d'Estudis àrabs i d'islamística, 1976).

Coulson, N. J.: *Historia del derecho*. «Biblioteca del Islam Contemporáneo», núm. 10 (Barcelona: Bellaterra, 1998).

Cutillas, J. F. i Epalza, M. de: *Introducció al sufisme. Esquema sintètic* (Alacant: Departament de Filologies integrades, 1998).

Ernst, C. W.: *Sufismo. Una introducción esencial a la filosofía y la pràctica de la tradición mística del Islam* (Barcelona: Oniros, 1989).

Gaudefroy-Demombynes, M.: *Institutions musulmanes* (París: Flammarion, 1946).

Goldhizer, I.: *Le Dogme et la Loi de l'Islam* (París: Geuthner, 1958).

Khoury, A. T.: *Los fundamentos del Islam* (Barcelona: Herder, 1981).
Lamrabet, A.: *L'Alcorà i les dones. Una lectura d'alliberament* (Maçaners: Abadia Editors, 2009).
Lings, M.: *¿Qué es el sufismo?* (Madrid: Taurus, 1981).
López Ortiz, J.: *Derecho musulmán* (Barcelona/Buenos Aires: Labor, 1932).
Manzano Moreno, E.: *Historia de las sociedades musulmanas* (Madrid: Síntesis, 1992).
Martín Muñoz, G.: (1996). *El Islam y el Mundo Árabe. Guía didáctica para profesores y formadores* (Madrid: Agencia Española de Cooperación Internacional).
Martos Quesada, J.: *Introducción al mundo jurídico de la España musulmana* (Madrid: G. Martín, 1999).
Pareja, F. M.: *La religiosidad musulmana* (Madrid: Ed. Católica, 1975).
Pareja, F. M.: *Islamología*, 2 vols. (Madrid: Razón y fe, 1952-1954).
Popovic, A. i Veinstein, G.: *Las sendas de Allah. Las cofradías musulmanas desde sus orígenes hasta la actualidad*, «Biblioteca del Islam Contemporáneo, Sèrie Ibn Jaldun», núm. 10 (Barcelona: Bellaterra, 1997).
Schacht, J.: *Esquisse d'une histoire du droit musulman* (París: Besson, 1953).
Seyyed Hossein Nasr: *Vida y pensamiento en el Islam* (Barcelona: Herder, 1985).
Seyyed Hossein Nasr: *Sufismo vivo* (Barcelona: Herder, 1985).
Shali, F.: *Jesús en l'islam. La tradició sufí* (Maçaners: Abadia Editors, 2008).
Vitray-Meyerovich, E. de: *Anthologie du Soufisme* (Sindbad: París 1986[2]).

Islam i cristianisme en el món

Abd-el-Jalil, J-M.: *Cristianismo e Islam* (Madrid: Rialp, 1954).
Amigó Vallejo, C: *Dios clemente y misericordioso. Experiencia religiosa de cristianos y musulmanes* (Madrid: Paulinas, 1981).
Ballesteros Arranz, E.: *Cultura y arte islámicos hasta el siglo* XIII (Madrid: 1972).
Balta, P.: *L'Islam dans le monde* (París: La Decouverte, 1986).
Barceló, J.: *Jesús y el bluf de Cachemira* (Barcelona: Clío, 1977).
Bucalle, M.: *La Bíblia, el Corán y la Ciencia* (Madrid: Ed. Arias Montano, 1991).
Chalmeta, P.: *Invasión e islamización: la sumisión de Hispania y la formación de al-Andalus* (Madrid: Mapfre, 1994)
Cruz Hernández, M.: (1992). *El Islam de al-Andalus. Historia y estructura de su realidad social* (Madrid: Instituto de Cooperación con el Mundo Árabe, 1992).
D.A.: *Las grandes religiones enjuician al cristianismo* (Bilbao: Mensajero, 1971).
D.A.: *La Ràpita Islàmica: Història Institucional i altres Estudis Regionals* (Sant Carles de la Ràpita: Institut d'Estudis Rapitencs/Patronat Municipal d'Acció Cultural/Ajuntament de Sant Carles de la Ràpita, 1993).
D.A.: (Borja de Riquer, dir.): *Història. Política, Societat i Cultura dels Països Catalans. La formació de la Societat feudal. Segles* VI-XII (Barcelona: Enciclopèdia Catalana, 1998).
Epalza, M. de: *Jesús entre judíos, cristianos y musulmanes hispanos (siglos* VI-XVII*)* (Granada: Universidad de Granada, 1999).
Gardet, L.: *Experiencias místicas en tierras no cristianas* (Madrid: Studium, 1970).
Guraieb J. E.: *El sufismo en el cristianismo y en el islam* (Buenos Aires: Kier, 1976).

Hourani, A.: *Historia de los pueblos árabes* (Barcelona: Ariel, 1992).

Lamrabet, A.: *L'Alcorà i les dones. Una lectura d'alliberament* (Maçaners: Abadia Editors, 2009).

Mantran, R.: *La expansión musulmana (siglos VII AL XI)* (Barcelona: Labor, 1982).

Medrano Espárrago, A.: *El Islam y Europa* (Madrid: Medrano-Espárrago, 1977).

Ohm, T.: *Musulmanes y católicos* (Barcelona: Herder, 1965).

Skali, F.: *Jesús en l'Islam. La tradició sufí* (Maçaners: Abadia Editors, 2008).

Sols Lucía, L.: *L'Islam, per un diàleg necessari* (Barcelona: Cristianisme i Justícia, 1998).

Vernet, J.: *La cultura hispano-árabe en Oriente y Occidente* (Barcelona: Ariel, 1978).

Viguera Molins, M. J.: *Los Reinos de Taifas y las invasiones magrebíes (Al-Andalus del XI al XIII)* (Madrid: Mapfre, 1992).

Zaghal, M.: *Guardianes del Islam. Los intelectuales tradicionales y el reto de la modernidad* (Barcelona: Ed. Bellaterra, 1997).

APÈNDIXS

APÈNDIXS AL CAPÍTOL 1: PAU I LES CARTES DEL NOU TESTAMENT

APÈNDIX 1

GEOGRAFIA FÍSICA I VIES DE COMUNICACIÓ DE PALESTINA

Palestina està situada a l'extrem oriental del mar Mediterrani, entre les muntanyes del Líban i l'Hermon (al nord) i el desert o estepa del Nègueb (al sud). Podem identificar en un atles bíblic les seves quatre zones físiques: *a) Plana marítima o costanera* (del Carmel a les planes de Saron i Filistea); *b)* la Muntanya (al nord, des de les muntanyes del Líban, amb l'Hermon (2.814 m), fins als turons de l'alta i baixa Galilea (Tabor, 588 m); al centre, les muntanyes de Samaria; al sud, el massís central, separat de la Plana per la Xefelà, i les muntanyes de Judà, amb Betel (1.016 m) i Hebron (1.019 m); *c) la vall del Jordà* (la gran depressió, des del llac de Galilea, a 200 m sota el nivell del Mediterrani fins al mar Mort, a 400 m; *d) les muntanyes de la Transjordània o serralada oriental*, de caràcter semidesèrtic, que van baixant fins al desert de Síria. Ens ajudarà a situar-nos el mapa polític de pàgina 7 d'aquest volum.

Un cop situats, cal saber que Palestina fou el lloc de pas entre Àsia i Àfrica i, per tant, tenia tres grans vies de comunicació. La *via maris* (Mt 4,15) unia Egipte i el Carmel per la costa (de Gaza a Afec, passant per Ecron o Jafa i fins a Cesarea); una desviació arribava a Meguidó i es bifurcava cap a gregal fins a Cafarnaüm i Damasc o cap a tramuntana fins a Tir i Sidó. *La ruta de Samaria* unia Beerxeba, Hebron, Jerusalem, Betel, Siquem i Samaria fins a Bet-Xean. *La ruta del Jordà* anava, de Bet-Xean fins a Cafarnaüm, al nord, i seguint la riba oriental del Jordà anava des de Pel·la fins a Jericó i Jerusalem. El camí reial unia Aroer per Rabà i Ramot-Galaad fins a Damasc.

Geografia física i vies de comunicació de Palestina

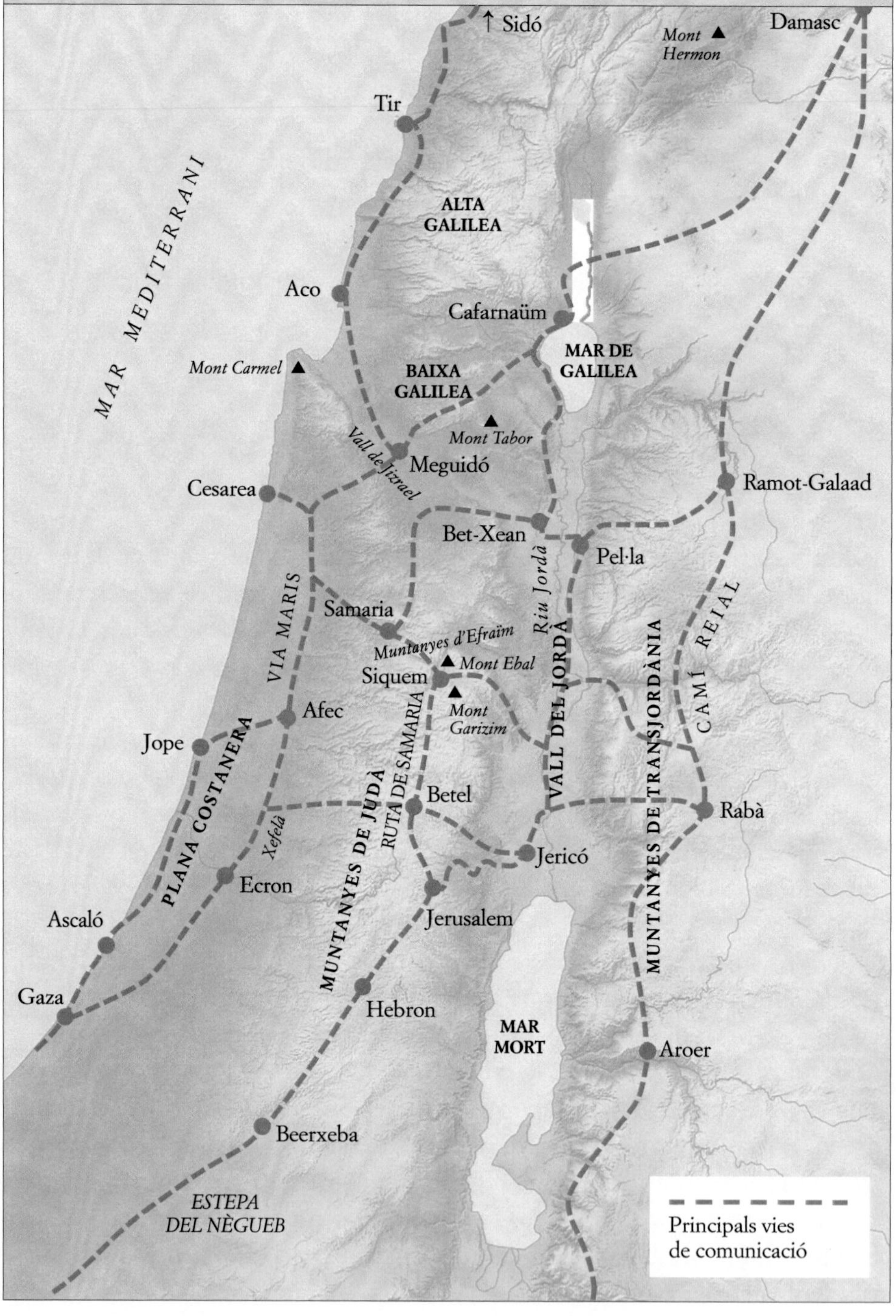

APÈNDIX 2

ESTRATÈGIES EN LES MISSIONS DE PAU: OMISSIONS EN LES CARTES I DUPLICACIONS A FETS DELS APÒSTOLS (TRES VISITES A JERUSALEM I NO CINC)

A partir de les seves cartes, la vida adulta de Pau es pot organitzar al voltant de grans missions apostòliques, que, en general, corresponen als anys trenta, quaranta i cinquanta de la nostra era. El llibre de Fets dels Apòstols, també assigna a Pau tres grans viatges missioners, però no són els mateixos tres que en les seves cartes. A més, Pau acaba cada missió amb una visita a Jerusalem, però Lluc li atribueix el doble de visites. Heus ací un resum d'aquestes comparacions, amb les visites històriques veritables a Jerusalem en ***cursiva negreta***:

Visites de Pau a Jerusalem		
Missió	*En les cartes de Pau*	*A Fets dels Apòstols*
I	Aràbia nabatea Ga 1,17 ***Visita 1*** (any 39/40): Ga 1,18-20 [«al cap de tres anys» de la conversió passa «quinze dies» amb Cefes]	*Visita 1*: Ac 9,26-30≈Ac 22,17-21 [des de Damasc; entra en èxtasi al temple?] *Visita 2*: Ac 11,29-30; 12,25 [hi porta col·lecta i retorna amb Joan Marc]
II	Síria i Cilícia: Ga 1,21 Galàcia del nord: Ga 4,13? ***Visita 2*** (any 49): Ga 2,1; 1Co 12,2-4 [«passats catorze anys», de la conversió amb Bernabé i Titus]	Xipre i Galàcia del sud: Ac, 13,1-14,28 *Visita 3* [des d'Antioquia]: Ac 15,2ss [Fals concili de Jerusalem. Retornen a Antioquia amb Judes Barsabàs i Siles]
III	Missió a l'Egeu: Galàcia del nord, Macedònia (Filips i Tessalònica), Acaia (Corint), Àsia (Efes), [Il·líria?]: Rm 15,29 ***Visita 3*** (any 55): Rm, 15-2529	(1) Galàcia del sud i del nord, Macedònia i Acaia: Ac 15,36-18,17 *Visita 4*: Ac,18,18-23[Corint-Cèncrees-Efes-Cesarea- Jerusalem-Antioquia-Galàcia-Frígia] (2) Àsia: Ac 18,23-21,16 *Visita 5*: Ac 21,17 [després d'acomiadar-se dels efesis a Milet]

Lluc, si és l'autor de Fets, d'una banda, omet la missió de Pau a l'Aràbia nabatea, perquè no li encaixa en la seva trajectòria programàtica «de Jerusalem a Roma». A més, amb sintonia amb la seva insistència de «començar des de Jerusalem», Lluc incrementa de tres a cinc les visites a Pau a la ciutat santa. A l'autor de Fets li interessa lligar Pau amb l'església de Jerusalem, on no estava gens ben vist. I exagera les visites. Avui dia els entesos pensen que la quarta visita és una invenció, perquè el fa anar a Cesarea, Jerusalem, Antioquia i Galàcia en tan poc temps que... , des del punt de vista cronològic, resulta impossible. Els experts avui segueixen més les cartes pròpies de Pau que el relat de Fets, en el qual ja trobem desdoblada la visita a Cefes que ens explica la carta als Gàlates. Recordem que, després de predicar als àrabs nabateus i fugir de Damasc, tres anys després de la conversió segons Ga 1,18, Pau passà quinze dies amb Cefes a Jerusalem. A Fets, aquesta vista està desdoblada en dues, 9,26ss i 12,25, després de la mort d'Agripa I. Llavors, amb Bernabé, porten ajuda a la comunitat jerosolimitana a causa d'una passa de fam i tornen a Antioquia, però més aviat sembla una invenció literària.

Ara bé, no sembla haver-hi cap raó perquè Lluc s'inventés el viatge sencer a Xipre i Galàcia del sud a Ac 13-14, de manera que, malgrat que Pau ni tan sols l'esmenti a les cartes, se sol acceptar com a bàsicament històric. Al final, tanmateix, Lluc dividí la tercera missió en dues i va deixar dues pistes en relació a aquesta divisió. Una, aquest viatge massa ràpid a Cesarea, Jerusalem, Antioquia, amb la torna de Galàcia i Frígia abans del retorn al punt de partida d'Ac 18,22-23; l'altra, la doble visita a Efes, abans i després d'aquest viatge, quan recorre les regions de l'interior d'Àsia més enllà de la capital segons Ac 18,19 i 19,1.

Pau, altrament, no parla del viatge a Xipre i Galàcia del sud perquè tampoc encaixa amb el seu tarannà d'independència. Quan Lluc narra aquest viatge a Act 13-14, utilitza més o menys per igual els sintagmes «Bernabé i Pau» i «Pau i Bernabé». Però malgrat el «varen dir» disseminat aquí i allà, consta que Pau és l'orador habitual, per exemple a Pafos (13,9-10) o a Antioquia de Pisídia (13,16-41). Pau, a més, és qui cura el tolit de naixement a Listra (14,8-11). I, el fet més significatiu és que confonguin Bernabé i Pau amb Zeus i Hermes, «perquè era ell qui els adreçava la paraula» (14,12). Però, el déu principal, Zeus, seguia sent Bernabé. És a dir, malgrat els canvis redaccionals, a Fets dels Apòstols queda clar que qui estava al davant d'aquell viatge era Bernabé. Res d'estrany que Pau es desinteressi de parlar-ne en les seves cartes.

A més, al fons de les tres grans missions de Pau, es poden veure estratègies divergents. La primera missió a l'Aràbia nabatea dels anys trenta, d'una banda, s'havia vist afavorida pel fet que jueus i àrabs tenien un avantpassat comú, Abraham, i ambdues cultures circumcidaven els seus homes; ara bé, d'altra banda, les expectatives se'n van anar en orris a causa de la guerra entre Herodes Antipes i el seu exsogre Aretes IV, l'any 37, de la filla del qual s'havia divorciat. La segona missió dels anys quaranta, sota la direcció de Bernabé, va ser una missió molt viatgera, sense centrar-se en les capitals, i segurament va discórrer com ens és narrada a Fets: enfocada a convertit jueus i temorosos de Déu dins les pròpies sinagogues. La tercera missió, dels anys cinquanta, ja amb Pau de capdavanter, se centrà en les capitals de les províncies romanes i en els temorosos o adoradors de Déu (*theosebeis*) més que en els jueus d'una peça o en els pagans.

Adaptació de Crossan, J. D. i Reed, J. L.: *En busca de Pablo*, *o.c.* (2006), p. 279-281.

Apèndix 3

La llista de cartes paulines –autèntiques i pseudoepigràfiques– en els documents més antics

El document més antic que dona la llista de cartes paulines és l'anomenat Cànon de Muratori, un manuscrit del segle VII, el qual es considera que proporciona un text d'entorn de l'any 200. El text diu el següent:

> Les cartes de Pau mostren elles mateixes als qui ho vulguin entendre quines són, des de quin lloc o per quina causa han estat enviades.
>
> Primer de tot als corintis, amonestant contra el cisma de l'heretgia; després als gàlates, [amonestant-los contra] la circumcisió; als romans, tanmateix, va escriure extensament, amb una sèrie de [citacions de les Escriptures] però també mostrant que Crist és el principi d'elles. [...]
>
> Cal que, de cadascuna d'aquestes cartes, en parlem, ja que el mateix benaurat apòstol Pau, seguint la norma del seu predecessor Joan sense anomenar-lo, escriu nominalment a set esglésies en el següent ordre: als corintis, la primera; als efesis, la segona; als filipencs, la tercera; als colossencs, la quarta; als gàlates, la cinquena; als tessalonicencs, la sisena; als romans, la setena.
>
> Encara que, als corintis i als tessalonicencs, els va escriure de nou per corregir-los, tanmateix mostra que és una sola l'Església estesa per tot l'orbe de la terra.
>
> Perquè també Joan, en l'Apocalipsi, si bé escriu a set esglésies, tanmateix parla a totes. [...]
>
> A més, a Filèmon, una [carta], i a Titus, una altra, i a Timoteu, dues, mogut per l'afecte i l'amor...

D'aquesta llista es poden subratllar alguns aspectes:

a) L'ordre de les cartes dirigides a esglésies: les cartes als Corintis es troben en primer lloc i la carta als Romans en darrer. És reflex, sens dubte, de l'ordre de la primera col·lecció.

b) La importància que dona a les cartes als Corintis, als Gàlates i als Romans, que després seran anomenades, per la seva extensió i pel seu contingut, les grans cartes.

c) El paral·lelisme de la col.lecció de cartes de Pau i les set cartes de l'Apocalipsi de Joan: el número set té sentit de totalitat i, per això, expressa el conjunt d'una col·lecció i la seva universalitat, en tant que cartes a totes les esglésies.
d) La distinció entre les cartes a comunitats i les cartes a persones. Aquestes darreres presenten l'ordre següent: primer, la carta a Filèmon, la més antiga d'elles i, després, les tres cartes pastorals (Titus i 1-2 Timoteu). La col·locació de la segona carta a Timoteu en darrer lloc permet situar-la com a testament final.
e) La dimensió catòlica (universal) de les cartes dirigides a persones: no es tracta de cartes personals. La referència a la disciplina eclesiàstica és pròpia de les cartes pastorals.
f) L'absència de la carta als Hebreus, com correspon a un text de l'Església occidental en el segle II, on aquesta carta encara no estava inclosa entre le cartes paulines.

En el seu escrit *Adversus Marcionem* ('*Contra Marció*'), Tertul·lià (~160-~220) indica la llista de cartes paulines que Marció havia comentat. Reprodueix el següent ordre: Gàlates, 1-2 Corintis, Romans, 1-2 Tessalonicencs, Laodicencs [=Efesis], Colossencs, Filipencs i Filèmon. I considera que Marció va deixar de banda les tres cartes pastorals. Pel fet de tractar-se d'un autor que escriu dins de l'Església occidental, no fa referència a la carta als Hebreus.

El manuscrit més antic que hi ha de les cartes paulines és el Papir 46 que es conserva a Dublín i Ann Arbor. [*Papir Chester Batty II*, Dublín; *Papir Michigan* 6238, Universitat de Michigan Ann Arbor.] Es considera d'entorn de l'any 200. Hi manquen els set folis darrers, però en la part conservada hi ha les cartes paulines en el següent ordre: Romans, Hebreus, 1-2 Corintis, Efesis, Gàlates, Filipencs, Colossencs i 1 Tessalonicencs. És de suposar que a continuació hi havia la segona carta als Tessalonicencs i la carta a Filèmon. Es discuteix si hi havia també les cartes pastorals, ja que l'espai restant és força reduït. El Papir 46 podria ser, doncs, originalment un còdex que contingués les catorze cartes paulines, ja que malgrat que hi ha manuscrits de totes les cartes paulines sense la carta als Hebreus, no n'existeix cap sense les cartes pastorals (el Còdex Vaticà es troba incomplet després de la segona carta als Tessalonicencs i He 9,13). [El Papir 32, conservat a la Llibreria Universitària J. Rylands de Manchester, que és també de l'entorn de l'any 200, conté el fragment més antic de la carta de Titus.]

Les cartes, tal com ens han arribat tradicionalment, es presenten seguint el criteri ben antic de posar primer les cartes dirigides a comunitats i després les dirigides a persones. El criteri utilitzat és en aquest cas el de l'ordre decreixent d'extensió. Així es presenten primer les cartes a comunitats: Romans, 1-2 Corintis, Gàlates, Efesis, Filipencs, Colossencs i 1-2 Tessalonicencs. La carta als Romans apareix en primer lloc per la seva extensió i, sobretot, per donar un lloc preeminent a la comunitat de Roma.

Després de les cartes a les esglésies, es presenten les cartes a les persones, també en ordre decreixent d'extensió: 1-2 Timoteu, Titus i Filèmon. I, finalment, la carta als Hebreus, que no pertany a cap dels dos grups i, a més a més, va ser la darrera carta afegida a la col·lecció.

De les catorze cartes paulines, l'Escola de Tubinga (F. Ch. Baur, 1845) va considerar cartes autèntiques de Pau tan sols les quatre grans cartes: 1-2 Corintis, Gàlates i Romans. Però en les discussions posteriors (A. Hilgenfeld, 1875; H. J. Holtzmann, 1885) va quedar reivindicada clarament l'autenticitat de la primera als Tessalonicencs, Filipencs i Filèmon. Aquestes set són les que actualment tots els estudiosos consideren autèntiques sense discussió. Les altres serien pseudoepigràfiques. La pseudoepigrafia és la presentació d'un text com si estigués escrit per una altra persona, atesa la seva autoritat en aquell tema.

Actualment tothom considera que les tres cartes pastorals (1-2 Timoteu i Titus) no estan escrites per Pau i, per tant, no són de la seva època. De tota manera, hi ha alguns estudiosos que pensen que estan escrites tenint en compte bitllets de Pau amb notícies personals, però el fet que la seva datació sigui tardana (com es pot comprovar per la mentalitat sobre els responsables comunitaris) ho fa impossible.

La carta als Hebreus, en la qual no hi ha citat enlloc el nom de Pau, molts pensen que era un escrit anònim, transformat en una carta mitjançant una nota d'enviament que parla d'anar a visitar els receptors, acompanyat del «nostre germà Timoteu» (He 13,23). Es tractaria d'una nota que vol transformar un text anònim en una carta atribuïda indirectament a Pau. La no-autoria paulina està tan acceptada que fins i tot la lectura litúrgica es limita a parlar simplement de «lectura de la carta als Hebreus», deixant de banda el nom de Pau, que sí que s'utilitza en les altres cartes paulines.

Queden tres cartes: Efesis, Colossencs i segona als Tessalonicencs. Són cartes autèntiques o pseudoepigràfiques? Sobre aquest tema no hi ha consens. La carta als Efesis, per la seva dependència de Colossencs, és considerada pseudoepigràfica per la major part de comentaristes.

Els qui, seguint la tradició, consideren que la segona carta als Tessalonicencs és una carta autèntica la descriuen com un text escrit pocs mesos després de la primera, que és la carta més antiga de Pau, datada cap a l'any 51. Aquesta datació convida a considerar que el pensament de la carta és igual que el de la primera, encara que es pugui pensar que aporta alguns aclariments a possibles errors en la comprensió de la primera carta per part dels tessalonicencs. La carta, però, és, a parer meu, clarament pseudoepigràfica, escrita amb posterioritat a la destrucció de Jerusalem, és a dir, uns vint-i-cinc anys després de la primera carta. El gran paral·lelisme en els termes i expressions que utilitzen la primera i la segona carta és provocat precisament per aquesta pseudoepigrafia: la segona carta està escrita utilitzant la primera com a plantilla i canviant la part nuclear del missatge. Mentre la primera carta mostra una tensió escatològica molt forta, de tal manera que s'espera que la vinguda del Senyor sigui molt propera, en la segona carta s'ha suavitzat aquesta tensió i s'estan esperant i interpretant signes que anunciïn aquesta vinguda. Una vegada s'accepta la diferència de datació (la primera, cap a l'any 51; la segona, cap a l'any 75, és a dir una abans i l'altra després de l'any 70), les dues cartes mostren amb tota llibertat una diferència de pensament.

La carta als Colossencs, encara que ha estat utilitzada com a plantilla per l'autor de la carta als Efesis, és ella mateixa una carta pseudoepigràfica, escrita entre els anys 80 i 90. Sempre havia estat assenyalada la diferència de pensament de les dues cartes respecte de les set cartes autèntiques, especialment en la utilització de la imatge del cos de Crist. Mentre les primeres subratllen la dimensió de la unitat dels diversos membres que formen el cos (1Co 10,17; 12,12-27; Rm 12,4-5), Colossencs i Efesis introdueixen en aquesta imatge la referència al cap del cos, que és el Crist (Col 1,18; 2,19; Ef 1,22; 4,15; 5,23). Tradicionalment, aquesta diferència havia estat explicada com una evolució en l'Apòstol, entre unes cartes més antigues i unes posteriors. No és necessària aquesta hipòtesi: el seu caràcter pseudoepigràfic i, per tant, la datació posterior ho expliquen amb més claredat.

D'aquesta manera, tant la segona carta als Tessalonicencs, com Colossencs i Efesis, apareixen com a cartes pseudoepigràfiques. Tan sols les set cartes reconegudes per tothom com a autèntiques s'han de considerar autèntiques; les altres són pseudoepigràfiques, i la carta als Hebreus, en la qual no figura el nom de Pau, pseudoepigràfica indirecta.

Feta aquesta distinció entre cartes autèntiques i pseudoepigràfiques, convé fixar-se en la formació de la col·lecció de cartes paulines. Marció (85-

160 dC), a mitjan del segle II, segons testimoni de Tertul·lià, va comentar i tractar críticament les cartes de Pau en el que ell denominava *Apostòlikon*. Fa referència a deu cartes paulines; no esmenta les cartes pastorals ni la dels Hebreus, que en aquella època a Occident no es considerava paulina. Aquestes dades es corresponen amb la consideració prou acceptada que les cartes pastorals formaven una unitat, afegida posteriorment a la col·lecció de cartes paulines, i que la carta als Hebreus va ser afegida com a carta catorzena.

La col·lecció de deu cartes, testimoniada per Marció, conté les set cartes autèntiques i les tres cartes pseudoepigràfiques; Tessalonicencs, Colossencs i Efesis. Va ser la primera vegada que es van reunir les cartes paulines? O bé cal distingir entre una o primera col·lecció, que estaria formada per les cartes autèntiques, i una segona, que s'hauria format en afegir tres cartes pseudoepigràfiques a aquestes set? Considero aquesta darrera possibilitat com la més plausible.

Selecció de Rodolf Puigdollers: «Les cartes de Sant Pau: Introducció a l'epistolari paulí», *Quaderns*, 115 (Barcelona: Fundació Maragall/Claret, 2017), p. 9-14.

APÈNDIX 4

L'AREÒPAG D'ATENES

Quan Pau es dirigeix a Atenes, segurament visita el santuari d'Eleusis, les ruïnes del qual no estan en les rutes turístiques de Grècia però que val molt la pena de visitar. La il·lusió de Pau és predicar a l'Areòpag d'Atenes, el pujol d'Ares, a ponent de l'acròpoli, antiga seu del Tribunal de Justícia en l'època clàssica (segle V), on s'arribà a transferir la supervisió de l'administració pública. Tenim el seu discurs, mot elaborat, a Ac 17,22-33, que arrenca després d'haver vist un altar al Déu desconegut. Ell *els* vol revelar la seva vivència: aquest Déu que ells desconeixen és el seu Senyor Jesucrist, i per fer-ho, sabent que es troba enmig d'epicuris i estoics (Ac 17,18), s'inspira en el filòsof estoic Cleant (segle III aC), deixeble de Zenó de Cítion i els cita versos dels poetes Epimènides de Cnossos del segle VI aC («Som del llinatge de Déu») i d'Aratos de Cilícia del segle III aC («La divinitat no rau pas en imatges d'or, plata o pedra, treballades per l'home»). Però, en parlar-los de la resurrecció, els grecs acaben burlant-se'n, de manera que el seu fracàs és absolut.

No sabem si Pau va poder predicar davant del tribunal de l'Areòpag, però, enmig del seu auditori, sembla que hi havia almenys un membre d'aquell noble Tribunal, un tal Dionís, el qual, segons l'autor de Fets dels Apòstols, s'hauria convertit (temps a venir, se li atribuirien alguns escrits) juntament amb una tal Dàmaris.

Avui en dia l'Areòpag és un turó rocós, on els joves i turistes pugen cap al tard a veure la posta de sol damunt Atenes. Una placa de bronze, amb part del discurs de l'apòstol, commemora aquell episodi neotestamentari. Per situar-lo, reconstruïm en un plànol la vella àgora i els seus entorns:

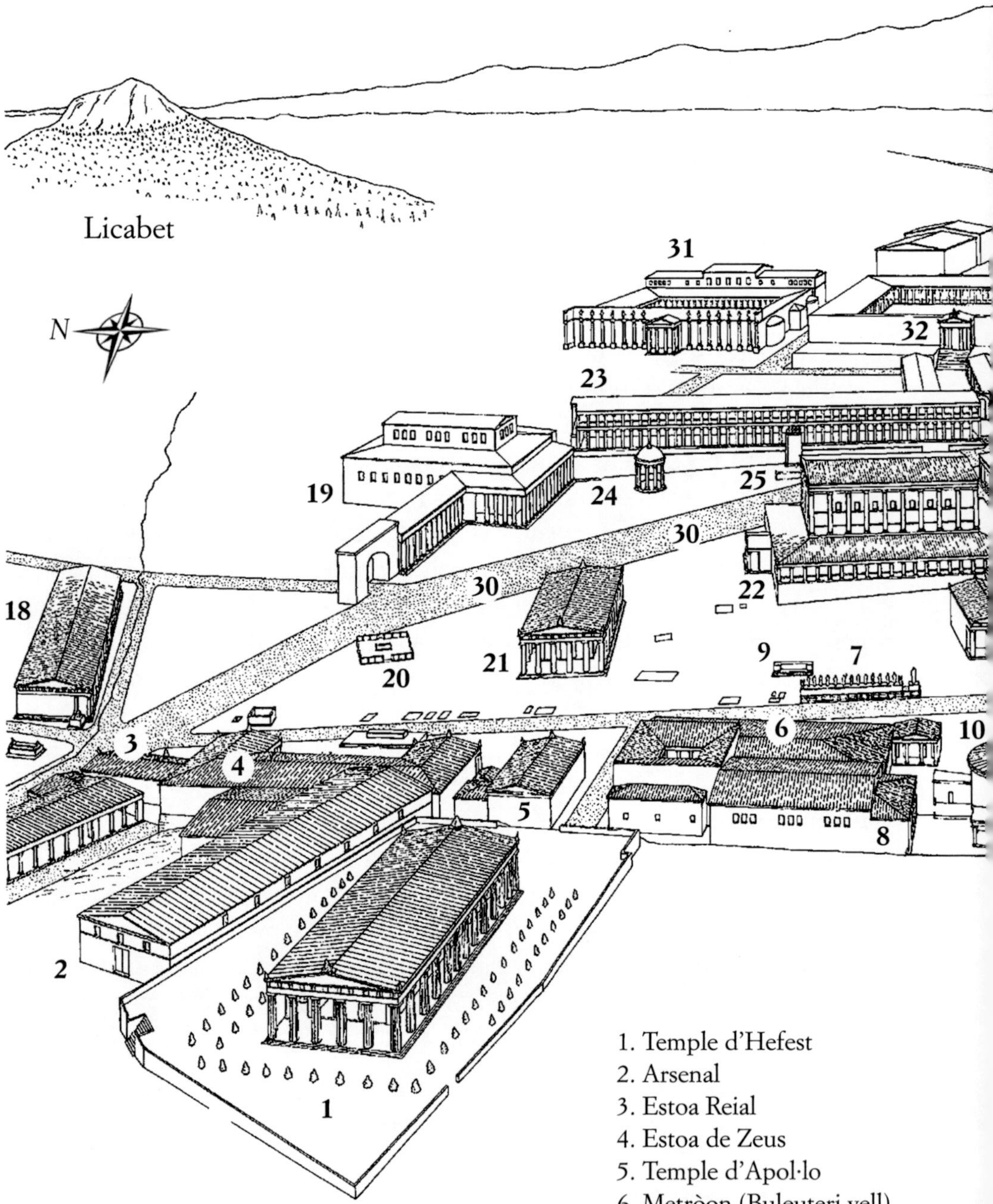

1. Temple d'Hefest
2. Arsenal
3. Estoa Reial
4. Estoa de Zeus
5. Temple d'Apol·lo
6. Metròon (Buleuteri vell)
7. Monument als herois epònims
8. Nou Buleuteri

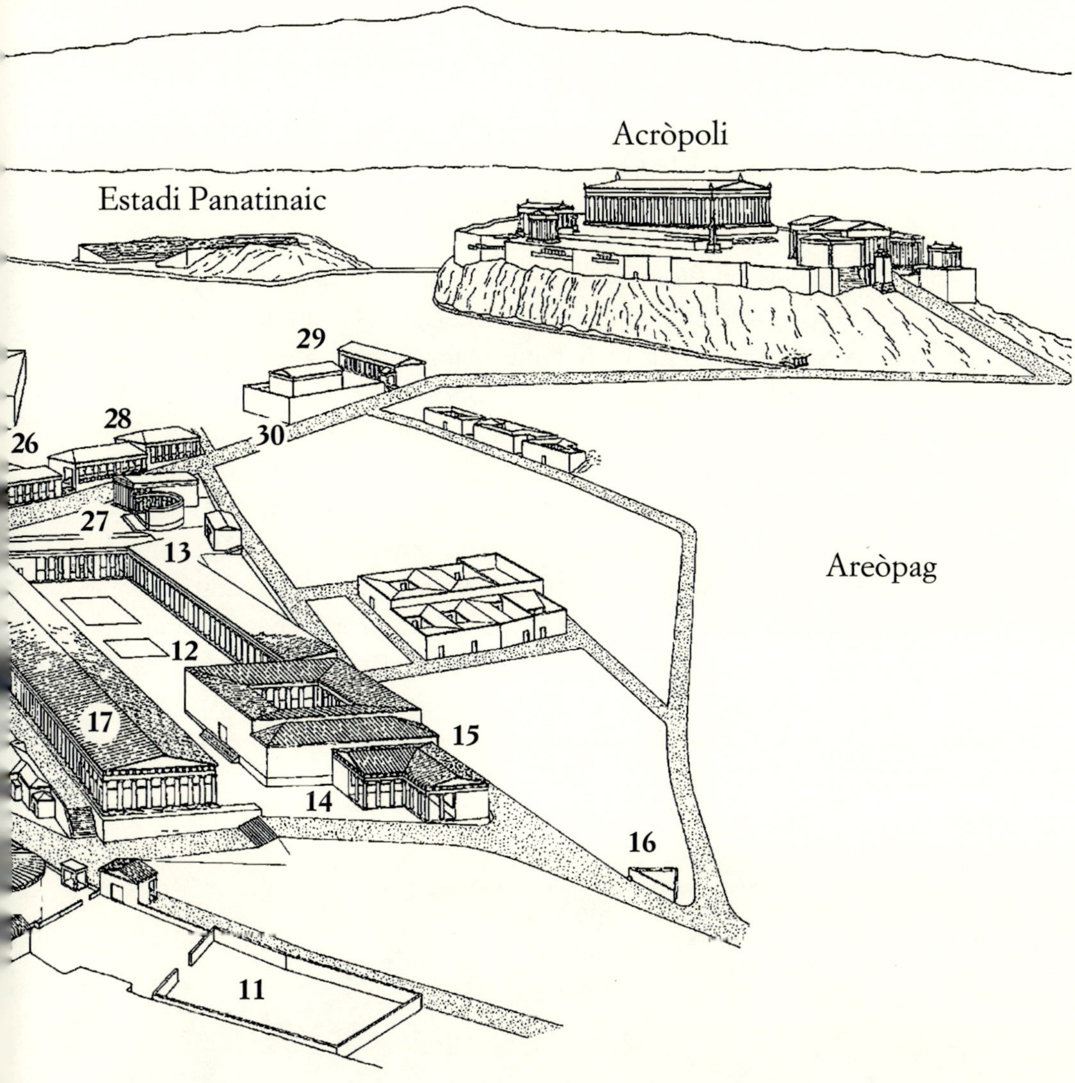

9. Altar de Zeus	17. Estoa del mig	25. Bema (pòdium)
10. Tolos	18. Estoa Poikile	26. Biblioteca de Pantè
11. Tolos o tomba	19. Basílica romana	27. Nimfeu
12. Estrategèon	20. Altar dels dotze déus	28. Estoa de llebeig
13. Plaça sud	21. Temple d'Ares	29. Eleusinió
14. Aiakèion	22. Odèon d'Agripa	30. Camí Panatinaic
15. Font de xaloc	23. Estoa d'Àtal	31. Biblioteca d'Adrià
16. Santuari triangular	24. Temple rodó	32. Àgora romana

APÈNDIX 5

CORINT I EFES

Les dues ciutats gregues, on Pau va fer més estada, foren Corint i Efes. La primera fou destruïda el 146 aC pel general romà Luci Múmmius. El 44 aC Juli Cèsar en començà la reconstrucció, continuada per Octavi August. En època imperial era capital de l'Acaia i seu del procònsol romà. Poblada inicialment per lliberts, grecs i hebreus, en menys d'un segle s'hi assentaren grecs opulents i rics romans com han deixat al descobert sumptuoses mansions i tombes en els processos arqueològics. Va arribar a tenir una gran extensió i a gaudir de mala fama a causa de la permissivitat sexual. Atès que organitzava els jocs ístmics, es podria calcular si Pau va poder coincidir amb alguna d'aquelles celebracions. Avui encara la gent admira la via pavimentada que duia al port de l'Adriàtic, el Lequèon –encara que Pau també formà comunitat a l'altra vila portuària, Cèncrees, sobre l'Egeu– i el temple d'Apol·lo. Pau, segons l'autor de Fets dels Apòstols, hauria estat acusat al *bema* (pòdi-

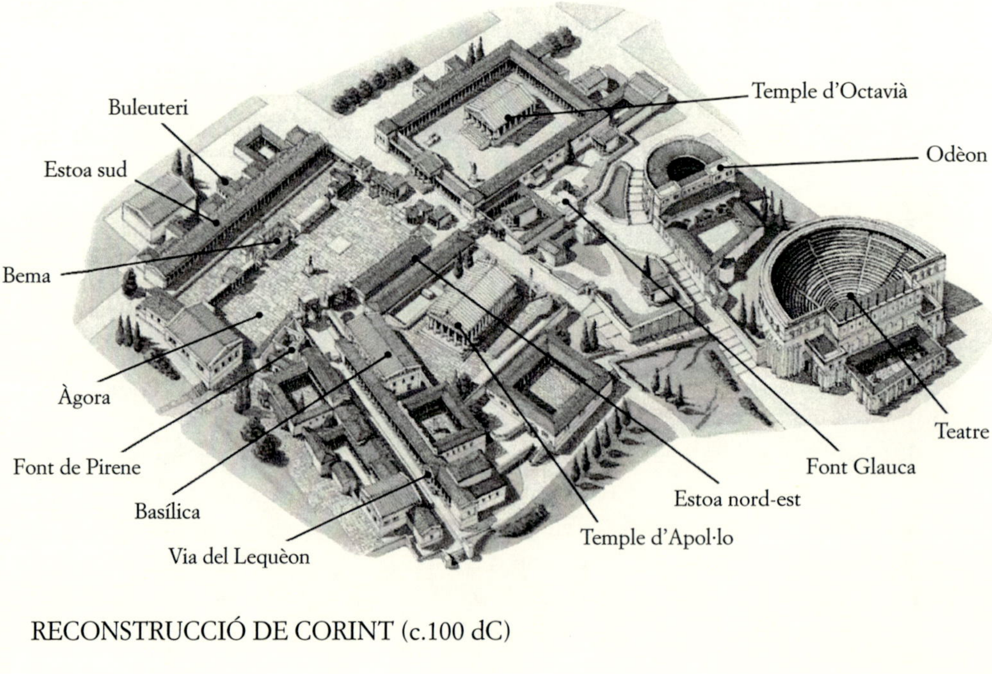

RECONSTRUCCIÓ DE CORINT (c.100 dC)

um o tribuna des de la qual parlaven els oradors i les autoritats i des d'on es guardonaven els guanyadors dels jocs ístmics). Sabem que Pau l'any 51 fou portat davant del procònsol de l'Acaia, Lucius Junus Gal·lió Novacià, germà de Sèneca, acusat pels jueus «de convèncer la gent d'adorar Déu d'una manera contrària a la Llei» (Ac 18,13). Gal·lió es negà a judicar aquelles qüestions i va fer fora els jueus d'aquell tribunal (Ac 18,16).

Canal de Corint avui.

Pel que fa al canal de Corint, és una via artificial que travessa l'istme de Corint i uneix el golf de Corint amb el mar Egeu per tal d'obrir pas al transport marítim i separant la península del Peloponès de la resta de Grècia. Construït entre 1881 i 1893, l'obra, que evita una volta de 400 km, fou ideada al segle VII aC per Periandre de Corint. En no disposar de recursos tècnics, va fer construir una rampa de pedra sobre l'istme, coneguda encara avui amb el nom de *Díolkos* ('transport a l'altre costat'), les restes de la qual es poden veure discórrer de forma paral·lela al canal. Aquesta ruta terrestre permetia portar vaixells d'un costat a l'altre de l'istme en carros arrossegats per bous i es creu que estigué en funcionament durant més de 1000 anys, des del segle VII aC fins a principis de l'edat mitjana. L'any 67 l'emperador Neró començà l'excavació del canal amb més de 6.000 esclaus, però el seu successor va cancel·lar el projecte.

Quant a Efes –Altoloc, en català medieval–, a l'actual costa turca, era una de les dotze ciutats jòniques, prop de la desembocadura del riu Caystros; el seu port era Panormos, tenia una gran biblioteca i posseïa una de les set meravelles del món antic: el temple d'Àrtemis, Artemisa o Diana, deessa de la fertilitat i lloc de pelegrinatge, els orfebres dedicats a manufacturar estatuetes de la qual van provocar conflictes amb Pau.

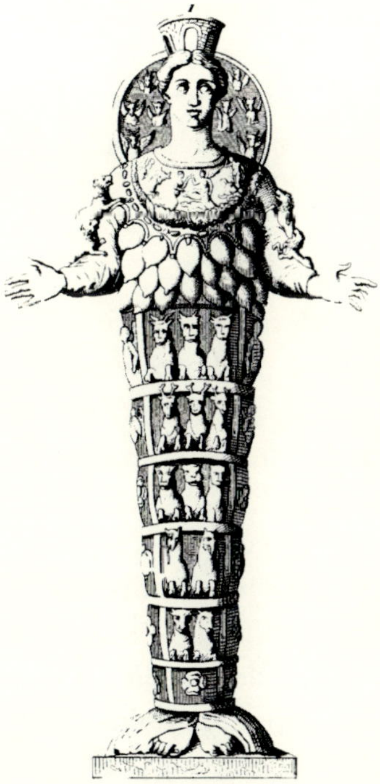

Gravat del segle XVII d'una còpia romana en marbre d'un original grec perdut de l'Artemisa del temple d'Efes.

Apèndix 6

CAL TRANSPARENTAR EL LLENGUATGE PAULÍ: RESURRECCIÓ I JUSTIFICACIÓ

Punt de partida

Entre les causes sobre el col·lapse de la fe cristiana arreu del món hi ha qui esmenta la del llenguatge religiós, sempre simbòlic, i tan llunyà dels creients d'avui. Els textos sagrats exigeixen una reinterpretació a cada època i moment, a fi que la caducitat del símbol no porti a la pèrdua de la seva significació, tasca no pas fàcil, sobretot si partim de males interpretacions des d'un principi.

El primer teòleg del cristianisme va ser Pau, que escriu una vintena d'anys abans dels evangelistes i inventa paraules que avui no tenen el significat de la seva època –*redempció*, *rescat*, *salvar*, *lliurament pels nostres pecats*...– i el pas del temps les ha anat embolcallant d'unes pàtines que les fan esdevenir opaques i aparentment incomprensibles per als creients (i encara més per als joves). Ben enteses resultarien engrescadores, però, en canvi, provoquen distància i rebuig. Malauradament els creients participem de models mentals erronis, que cada època hauria de transparentar.

Un primer model mental erroni com a ròssec

Hi ha un fet terrible, que arrosseguem fa uns mil anys, tot i que en el primer mil·lenni del cristianisme no s'havia pas pensat així. Prové d'un llibre de sant Anselm de Canterbury, *Cur Deus homo?* ('Per què Déu es va fer home?', 1097), en el qual argumenta que Déu s'havia d'encarnar en Jesús seguint aquests passos: *a)* Davant de Déu, tots som pecadors perquè no l'hem obeït prou; *b)* El perdó exigeix una compensació, un preu; *c)* Atès que Déu és infinit, la nostra compensació ha de ser infinita; *d)* Cap ésser finit pot pagar un deute infinit: *e)* Només Jesús, encarnació de Déu infinit, amb la seva mort, com a sacrifici vicari pot pagar el preu de la nostra desobediència. Aquesta lògica implacable ha format part de la creença comuna de molts creients cristians –fins al film de *La passió de Crist*, de Mel Gibson (2004), com a botó de mostra– i, malauradament ha servit per explicar moltes expressions de les cartes de Pau que es podrien resumir en aquestes: Jesús se sacrificà vicàriament al nostre lloc (en comptes de nosaltres) per salvar-nos dels nostres pecats. En esquema: tota falta mereix una pena o càstig i, en contrapartida, un pagament que el substitueixi i aquest el va fer Jesús.

El problema és doble: primer, la misericòrdia de Déu, davant d'un deutor (i tots en som!), no es comporta com un empleat de cap Caixa d'Estalvis segons el punt *b)* d'Anselm, perquè Déu, com els homes, pot perdonar gratuïtament sense cap preu compensatori (no és cap director de banc que exigeixi les demores amb interessos) I segon: Pau, en parlar de la mort de Jesús (per a ell sempre lligada a la crucifixió, com a denúncia d'una injusta execució de l'autoritat imperial romana) mai no ho entén així.

«Jesucrist, i encara crucificat»

Per a Pau, *la creu de nostre senyor Jesucrist és l'únic motiu de glòria, perquè el món està crucificat per a mi, i jo, per al món* (Ga 6,14); és a dir, el món de la normalitat imperial romana (o nord-americana o xinesa) i el seu sistema de domini per la violència i la injustícia ha acabat, ha mort per a Pau, de la mateixa manera que Pau ha mort per a aquesta mena de món. Malgrat viure en aquest món, ha passat a viure-hi virtualment d'una altra manera, gràcies al Crucificat, és a dir, com si ja estigués fora d'aquest món. Viu un veritable transplantament d'identitat i així voldria que visquéssim tots els creients i seguidors de Jesús. A 1Co 1,17-2,16 oposa la saviesa de Déu a la saviesa d'aquest món que és niciesa, escàndol o absurd, perquè el món no coneix els designis de Déu; Pau els anuncia als corintis perquè no coneguin «res més que Jesucrist i encara crucificat» (1Co 2,2).

Aquest és un eslògan que trobem sovint en Pau. Per a ell, el Crucificat és l'altra cara de la moneda del Ressuscitat. En la seva mentalitat, crucifixió i resurrecció van juntes. Per a Pau, Jesús fou *víctima* del terrorisme d'Estat de Roma i per això fou també *vindicat* per Déu, enaltit com el veritable Senyor (*Kýrios*), contraposat com un repte sarcàstic al senyoriu de l'emperador, únic, en el seu temps, a ser tractat de *Kýrios*. Ell va tenir una visió del Ressuscitat camí de Damasc com la van tenir els apòstols el dia de Pasqua. Entenguem-nos: ni aquella visió ni la dels apòstols de la resurrecció de Jesús no s'haurien pogut fotografiar mai. La resurrecció és una experiència vital, mística, que no és pas cap reanimació literal de cap cadàver (cosa que els creients oblidem sovint: pintures, escenografies i films de la resurrecció no ens ajuden a fer-ne l'experiència). L'enaltiment, la resurrecció de Jesús després de la crucifixió –no una simple revitalització de les funcions fisiològiques d'abans de la mort, sinó una nova creació– resulta salvadora per a la humanitat, però no en el sentit d'esborrar-nos els pecats i deixar-nos franc el camí del cel i de la vida eterna després de la mort –models mentals paganitzants–, sinó com un esdeveniment, el fet de ser salvats, que ens afecta la vida abans de la mort, que ens ateny ja ara, en aquesta banda de la vida. Per això he parlat de transplantament. *Ell ha mort per tots perquè els qui viuen ja no visquin per a ells mateixos, sinó per a aquell qui ha mort i ressuscitat per tots ells [...] Els qui viuen en Crist són una creació nova. El que era antic ha passat; ha començat un món nou. I tot això és obra de Déu, que ens ha reconciliat amb ell mateix per Crist* (2Co 5,15.17-18).

De la resurrecció –que no es pot llegir com una història que parli de fets fàcticament verificables– en parla al capítol 15 de la primera carta als Corintis. Ens hi explica la tradició primitiva que havia rebut: *Crist morí pels nostres pecats [...], s'aparegué a Cefes i als Dotze, a cinc-cents germans, a Jaume» i, finalment, a ell, el darrer de tots* (1Co 15, 3-9). D'aquestes «aparicions» els Evangelis no ens en parlen. Per a Pau, la resurrecció només té sentit entesa com l'inici de la resurrecció de tots: *Crist ha ressuscitat d'entre els morts, com a primícia de tots els qui han mort* (1Co 15,21). El sorprenent és que, en contra del que explica certa teologia, en lloc d'inferir la resurrecció general a partir de la de Crist, Pau parteix de l'esperança jueva en la resurrecció de tots per explicar la resurrecció de Jesús (1Co 15,13.16). I també assegura que el cos del Ressuscitat és un cos espiritual (1Co 15,42-44): incorruptible, gloriós, ple de força, no com els cossos simplement revitalitzats. En definitiva, Pau comprèn la resurrecció de Jesús com l'inici de la resurrecció general (i per això *si Crist no ha ressuscitat, la nostra predicació és buida, i buida és també la vostra fe* del verset 14). I no pas perquè, com alguns creuen, s'equivoqués i pensés que la segona vinguda de Jesús era imminent –que ho pensava, com palesen els versets 51-52, 1Te 4,13-18 o Rm 13,11-12–, sinó perquè la resurrecció general ja ha començat; per a Pau, Déu ha començat ja la nova creació, la purificació d'aquest món d'injustícies (el Regne és entre nosaltres, amb el llenguatge dels Evangelis) i cal que ens engatgem participant en la transformació d'aquest vell món en un de nou. Aquest és el seu sentit pregon de la fe. Una fe que es compromet en el designi programàtic de Déu. La salvació no és per a demà; és ara.

Un segon model mental erroni: Déu no va lliurar el seu fill a la crucifixió

Caldrà explicitar tot seguit alguns termes emprats, però, de moment, cal que ens quedi clar que l'argument d'Anselm, que arrosseguen tants creients, no és vàlid. Encara que Pau ho repeteixi en altres llocs –*Déu no va plànyer el propi fill, sinó que el va entregar per tots nosaltres* (Rm 8,32)–, la crucifixió de Jesús no va ser voluntat de Déu ni entrava en el seu pla ni tan sols calia que proveís la víctima d'un sacrifici, que, al capdavall, hauria de resultar igualment brutal. Jesús, com va elaborar Jeroni, es va lliurar perquè va voler (*Oblatus est quia ipse voluit*, Is 53,7), en concòrdia amb Déu Pare, davant la generositat del Fill. Aquest model mental de voluntat de Déu en la crucifixió només es pot entendre *ex eventu*, és a dir, des d'una mentalitat postpasqual, quan tot ja s'ha esdevingut i Pau vol relacionar la gesta del Fill amb l'actitud del Pare. Però faríem bé de trobar altres traduccions...

Romans 3,22-26a: fe, justificació, gràcia, redempció, rescat, sacrifici, vicari, expiació, salvació

Arribats aquí, desbrossat el camí per fer-ho, em proposo donar una nova interpretació dels conceptes que Pau articula i que podem trobar a la carta als Romans, la seva darrera, escrita des de Corint l'any 54. Així, a Rm 3,22-25, un sumari-clímax dels tres primers capítols de la carta, diu: *Per la* ***fe*** *en Jesucrist, Déu dona la seva* ***justícia*** *a tots els qui creuen, sense fer cap distinció, ja que tots havien pecat i vivien privats de la glòria de Déu. Ara, però, Déu els fa* ***justos*** *purament [com un do] per* ***gràcia****, en virtut de la* ***redempció*** *realitzada per Jesucrist. Déu ha* ***decidit*** *que Jesucrist,* ***amb la seva sang****, fos l'instrument de perdó [Déu* ***presentà*** *Jesucrist com un* ***sacrifici d'expiació*** *amb la seva sang] per mitjà de la fe; ha mostrat així la seva* ***justícia salvadora****, ja que ha anat perdonant els pecats comesos en el passat en virtut de la seva misericòrdia.*

Sembla un llenguatge abstrús, però ben analitzat no ho és gens. Ja hem vist que no entrava pas en cap pla de Déu la crucifixió de Jesús (Déu ni *decidí* res d'això ni el *presentà* com a *sacrifici expiatori*, segons la versió alternativa entre claudàtors). Altrament –Pau sap de què parla–, l'expressió *instrument de perdó* tradueix el mot que designa la coberta o propiciatori de l'arca de l'aliança de l'Antic Testament, aspergida pel Gran Sacerdot amb sang d'un anyell sacrificat en senyal de purificació de tots els pecats d'Israel (Lv 16,14-16). Del binomi *fe-justícia* (*justificació*, *justos*) cal entendre que Déu ens fa justos per la fe (una fe-amb-obres que no s'oposa a una fe-sense-obres, que ja no seria fe perquè les obres en són el termòmetre, sinó a unes obres-sense-fe). Cal entendre per *fe*, no un simple consentiment teòric a alguna proposició, sinó, com hem insinuat més amunt, un canvi d'identitat –viure en el Crist Crucificat i Ressuscitat–, que suposa un transplantament d'Esperit que ens purifica i ens engatja per pugnar contra aquest món vell ple d'injustícies a favor d'un món nou, una nova creació (el Regne). I que tot aquest canvi, tota aquesta nova actitud, malgrat les nostres maleses, se'ns dona no pas per cap mèrit nostre, sinó gratuïtament, com un do o favor de l'amorosa voluntat de Déu (que això vol dir *gràcia*, χάρις, en grec). Aquesta graciosa justificació per la fe s'esdevé mitjançant («en virtut de», segons el text) la *redempció*, acció o efecte de *redimir*. Inicialment 'redimir' equivalia a obtenir l'alliberament d'un captiu pagant un preu de rescat –una paraula que trobarem a Mc 10,45 i Mt 20,28 i també empra Pau en d'altres llocs (a 1Co 6,20 i a 7,23 diu que hem estat *comprats pagant un preu*)– o bé oferint-se en captivitat en lloc seu (els mercedaris). Durant segles, tanmateix, la redempció s'ha entès com a perdó dels pecats. Però ni en la Bíblia ni en Pau trobem cap referència a aquest fet, sinó que més aviat es tracta d'una metàfora sobre l'alliberament (de l'esclavitud d'Egipte, del tarannà d'aquest món). 'Redempció', doncs, avui, vol dir alliberament d'una vida d'esclavitud lligada a un món d'injustícies i opressions que cal canviar de dalt a baix.

Pau també diu que Jesucrist morí *per* nosaltres (2Co 5,15; Rm 5,6) i sembla lligar-ho al terme *sacrifici vicari d'expiació*. Començant pel final, *expiar*, segons defineix el DIEC, que està contaminat de religiositat, seria «rescabalar Déu (d'una culpa) mitjançant un sacrifici personal o una cerimònia religiosa específica». Valga'm Déu val la manca de neutralitat del Diccionari que fins i tot gosa parlar de culpa (mancament voluntari)! 'Expiar' seria reparar o compensar alguna pèrdua soferta. I, no! L'expiació pressuposa una consciència de separació o distanciament i cal entendre-la simplement com un mitjà de reconciliació i no pas de compensació, que mai no podríem saber fins on hauria d'arribar. Gaudí volia que la Basílica de la Sagrada Família, que avui es basteix amb diners dels turistes, fos alçada amb diners dels fidels amb la mentalitat de reconciliar-se amb Déu, no pas de compensar-lo; per això, ell parlava de «temple expiatori». *Vicari* es defineix com la persona que assisteix a un superior en les seves funcions i que, en cas d'absència, el substitueix. El fet substitutori és essencial al mot. Per *sacrifici* s'entén un ritu practicat per les societats premodernes en què s'oferia un present valuós com a víctima (animal o producte de la terra) a un déu determinat per honorar-lo, regraciar-lo, aplacar-lo o demanar-li alguna cosa. L'animal sacrificat es menjava en comú, de manera que l'àpat «re-partit» esdevenia sagrat. L'arrel llatina justament ho subratlla: *sacrum facere*, 'convertir en sagrat'. Però morir *per* un altre i *sacrifici* ('convertir en sagrat') són expressions que no impliquen cap idea de substitució. Morir *per* un altre no vol dir *en comptes* de l'altre, *en substitució* de l'altre. La mare que mor per salvar el fill de les flames d'un foc no ha mort *en substitució* del fill sinó que ha donat la vida *pel* fill. M. Luter King, D. Bonhoefer, Óscar Romero i tants d'altres van ser assassinats per l'amor que tenien al seu poble, no substituint el seu poble. Pau, quan diu que Jesús mor *per nosaltres* o com un *sacrifici*, no té pas *in mente* cap idea de substitució. La crucifixió, doncs, per a Pau, no és cap sacrifici vicari. Ni tan sols quan es parla explícitament de *sang*. Senzillament, Jesús va estar disposat que el crucifiquessin pel seu capteniment amorós de voler canviar el món (per fer créixer el Regne, en mots evangèlics). *Justícia salvadora* no vol dir altra cosa, en mots d'avui, que Déu, com ja ha fet en el passat, sempre i quan ens engatgem amb fe a lluitar per un món nou, ens blanqueja en el que som i no té en compte les nostres maldats. La *salvació* (que popularment es refereix a la preservació de la ruïna o de la mort de persones o coses), en la Bíblia i en Pau, es refereix sempre a *aquesta* vida, la d'ara, no a cap vida *esdevenidora* o celestial. Cal tenir-ho molt en compte. Dos biblistes com Borg i Crossan escriuen: «Interpretar la creu de Jesús com un sacrifici vicari és fer mala història (es projecta retrospectivament una concepció de la mort de Jesús que no existia en temps de Pau), mala antropologia i una pèssima teologia» (*El primer Pablo*, Estella: Verbo Divino, 2009), p. 137.

Una nova versió com a proposta

Després d'haver temptejat d'explicar alguns dels conceptes que utilitza Pau en les seves cartes, sobretot a partir d'un fragment de la carta als Romans que m'ha permès d'explicitar una colla de termes prou intricats per al llenguatge d'avui (*fe*, *justificació*, *gràcia*, *redempció*, *rescat*, *sacrifici*, *vicari*, *expiació*, *salvació*...), s'imposa fer una versió en un llenguatge tan actual com sigui possible del fragment analitzat. Podria resultar així:

Només per la fe en l'obra Jesucrist, Déu blanqueja tots els creients, sense fer cap distinció, ja que tots havien faltat i vivien allunyats de Déu. Ara, però, un cop blanquejats, Déu els considera gratuïtament propers a ell per haver-los alliberat dels tentacles d'aquest món (que els tenallava amb les seves injustícies), cosa aconseguida per l'amor de Jesús en la creu. Déu, en concòrdia amb Jesús, acceptà que l'oferiment de la seva vida per construir un món nou fos sagrada, i espera com a resposta el compromís de la fe dels creients en el seu programa, que ell ja ha començat en virtut de la seva bondat.

És una simple proposta i segurament encara millorable, però amb l'anhel de senyalar camins. Entendre la justificació com a blanqueig forma part del llenguatge d'avui. He mirat d'explicar com una concòrdia la intervenció de Déu en la crucifixió de Jesús i de superar expressions com ara *glòria*, *fer justos*, *gràcia*, *redempció*, *amb la seva sang, instrument de perdó* (=*sacrifici d'expiació*), *justícia salvadora*... Crec sincerament que, si volem fer més transparents els textos que són al nucli de la nostra fe, els esforços han d'anar en aquesta direcció... Els exegetes biblistes hauran de treballar amb experts del llenguatge, poetes i escriptors interessats per assolir una creença veritablement adulta.

Apèndix 7

El masclisme i la misogínia de Pau mai no existiren (es deuen a interpolacions en les seves cartes)

Els compiladors de les primeres col·leccions de cartes de Pau hi van fer afegits –glosses o interpolacions– per donar més sentit als aplecs. Algunes, sobretot a la primera col·lecció, molt breus, foren simplement literàries. D'altres es van afegir en el moment de compilar la segona. Hem vist com a 1Te, al capítol 2, s'hi afegeixen els versicles 15-16, en referència a la conquesta de Jerusalem, per demostrar que el càstig ja havia caigut damunt dels jueus, que impedien predicar Jesús als pagans (la *Bíblia Catòlica Internacional* tradueix el verset 16b com a futur, «però ara, al final, els caurà al damunt el càstig de Déu», quan seria millor traduir: «...però ja ha caigut sobre ells el càstig, a la fi»). També sabem que s'emmarca el nucli de la carta, un ensenyament sobre els qui havien mort (1Te 4,13-18), ja que Pau inicialment creia imminent la Parusia o segona vinguda de Jesús, cosa que no lligava amb la segona carta als mateixos destinataris, que la posposava (2Te 2,1b-2). El compilador, tanmateix, volia posar les dues cartes a la mateixa col·lecció i va resoldre la contradicció afegint a 1Te dues glosses que en suavitzessin les diferències (1Te 4,9-12 i 5,1-11), com un entrepà.

Tanmateix, potser la interpolació més important de tot el Nou Testament seria 1Co 12,31b-14,1a:

> «[Anheleu, però, els dons més grans! (1Co 12,31a] I ara us vull mostrar un camí incomparablement més alt. Si jo parlés els llenguatges dels homes i dels àngels però no estimés, seria com una esquella sorollosa o un címbal estrident. Si tingués el do de profecia i penetrés tots els designis amagats de Déu i tot el coneixement, si tingués tanta fe que fos capaç de moure les muntanyes, però no estimés, no seria res. Si repartís tots els meus béns als pobres, fins i tot si em vengués a mi mateix per esclau i tingués així un motiu de glòria, però no estimés, de res no em serviria.
>
> »El qui estima és pacient, és bondadós; el qui estima no té enveja, no és altiu ni orgullós, no és groller ni egoista, no s'irrita ni es venja; no s'alegra de la men-

tida, sinó que troba el goig en la veritat; tot ho excusa, tot ho creu, tot ho espera, tot ho suporta.

»L'amor no passarà mai. Vindrà un dia que el do de profecia serà inútil, que el do de parlar en llengües s'acabarà, que el do de conèixer serà també inútil. Ara els nostres dons de coneixement i de profecia són limitats. Però quan vindrà allò que és perfecte, serà inútil allò que és limitat. Quan era un infant, parlava com un infant, pensava com un infant, raonava com un infant; però d'ençà que soc un home, tinc per inútil el que és propi dels infants. Ara hi veiem de manera fosca, com en un mirall poc clar; després hi veurem cara a cara. Ara el meu coneixement és limitat; després coneixeré del tot, tal com Déu em coneix. Mentrestant, subsisteixen la fe, l'esperança i l'amor, tots tres; però l'amor és el més gran. Per damunt de tot, estimeu-vos! [Anheleu els dons de l'Esperit...(1Co 14,1b]»

Les marques de sutura serien els versets 12,31a («Anheleu els dons més grans») que es repeteix a 14,1b («Anheleu els dons de l'Esperit»). Així, es produeix la paradoxa que un dels textos més celebrats de Pau (un himne d'estil hel·lenístic, pròpiament a 13,4-14,1a) no hauria sortit de la seva ploma o càlam.

Avui sabem que algunes d'aquestes glosses encara no són presents en els escrits d'Ireneu de Lió (130-202), però sí que ho són ja en els de Tertulià (160-220). Pels volts de l'any 180, després de tota la crisi montanista provocada per Montà (*? - † 175), se'n van afegir dues, de glosses, que han portat cua. Montà sembla que, abans de convertir-se al cristianisme, era sacerdot de la deessa Cibeles, culte que implicava cruels cerimònies com l'autocastració dels seus sacerdots. Cap a l'any 155, després de rebre el baptisme, començà a anunciar, primer a Frígia (Àsia Menor), l'inici d'una nova era en l'Església, l'Era de l'Esperit, en considerar-se directament enviat per l'Esperit Sant. L'assitien dues dones anomenades Maximil·la i Prisca, que se les donaven de profetesses. Calia una vida austera i preparar-se per al martiri i tot, perquè la fi del món i el retorn del Crist eren propers. Les dues dones, un cop mort Montà, continuaren la seva predicació amb èxit, intervenint en les lectures de les celebracions comunitàries, de manera que les seves ensenyances van provocar una certa crisi a l'església d'Occident. Alguna autoritat representativa d'aquelles comunitats va decidir establir una certa barrera a la lliure interpretació de textos. Calia limitar la predicació d'aquelles dones que es presentaven com a profetesses. Llegim 1Co 14, 32-35 i destriem els dos primers versets (que són de Pau) dels altres:

«Sapigueu que les inspiracions profètiques han d'estar sotmeses als profetes, ja que Déu no és un Déu de desordre, sinó de pau. / Com és costum en totes les esglésies del poble sant, que les dones casades callin en les reunions comunitàries; no els és permès de parlar, sinó que s'han de mostrar submises, com diu fins i tot la Llei. I si es volen instruir sobre algun punt, que ho preguntin a casa als seus marits, perquè no està bé que una dona casada parli en una reunió de la comunitat.»

El que Pau volia era que les assemblees no fossin cap olla de grills, que hi hagués un cert ordre, i no, com afegeix el glossador, que les dones no hi poguessin prendre la paraula. Aquest afegit forma parella amb el que trobem a la carta a Timoteu. L'autor de la carta pseudoepigràfica posa en boca de Pau una exhortació sobre el capteniment d'homes i dones en les assemblees (1Tm 2,8-10.15b) Ara bé, al mig, trobem un afegit horrible:

«A l'hora de la instrucció, les dones casades s'han de mantenir en silenci i submises als marits. No els permeto que es dediquin a ensenyar i així dominin els seus marits, sinó que han d'estar en silenci. Perquè primer va ser format Adam i després Eva. I no fou enganyat Adam, sinó la seva dona, la qual, seduïda, va cometre una falta. Tanmateix, la dona se salvarà gràcies a la maternitat» (1Tm 2,11-15a).

Alguns d'aquests falsos ensenyaments van anar molt enllà i es van voler revestir de teologia. Es considera també una glossa afegida 1Co 11,2-16:

«Us felicito perquè us recordeu sempre de mi i conserveu els ensenyaments tal com us els vaig transmetre. Però vull que comprengueu que tot home té Crist per cap, l'home és cap de la dona, i Déu és cap de Crist. Quan un home prega o profetitza amb el cap cobert, deshonora el seu cap, i quan una dona prega o profetitza amb el cap sense cobrir, deshonora el seu cap, perquè és igual que si anés rapada. Per tant, si una dona no es vol cobrir, que es talli els cabells; però si li fa vergonya de tallar-se'ls o de rapar-se, que es cobreixi. Pel que fa a l'home, no s'ha de cobrir el cap, perquè és imatge i glòria de Déu, mentre que la dona és la glòria de l'home. No és l'home que va ser tret de la dona, sinó la dona de l'home. Ni tampoc l'home no va ser creat per causa de la dona, sinó la dona per causa de l'home. Per això la dona, per respecte als àngels, ha de portar al cap un signe de la dignitat que té. D'altra banda, per al Senyor no hi ha dona sense home ni home sense dona; perquè si bé la dona va ser treta de l'home, també és cert que l'home neix de la dona, i tot ve finalment de Déu.

»Judiqueu-ho vosaltres mateixos: és correcte que una dona pregui a Déu amb el cap descobert? No us ensenya la mateixa naturalesa que els cabells llargs són un deshonor per a l'home, però, en canvi, són motiu de glòria per a la dona? És que la cabellera li ha estat donada com un vel.

»I si algú encara vol discutir-ho, sàpiga que nosaltres no tenim aquest costum, ni tampoc les esglésies de Déu.»

Aquestes sorprenents afirmacions (llevat de la darrera, que tanca qualsevol possibilitat de discussió) s'originen per una certa correspondència a la imatge de Crist com a cap de l'Església, afirmació que es troba en les tardanes cartes als Colossencs i als Efesis (Col 1,18; 2,10.19; Ef 11,22; 4,15; 5,23), totes dues pseudoepigràfiques. Així i tot, es fa difícil inferir d'aquí una diferència de gènere, i menys en Pau, capaç d'assegurar que en Crist no hi ha distincions: «ja no hi ha jueu ni grec, esclau ni lliure, home ni dona: tots sou un de sol en Jesucrist» (Ga 3,28).

Malauradament, en aquestes dues cartes als Colossencs i als Efesis, també s'introduïren els denominats codis de deures domèstics, que fan referència a relacions diverses entre dones i marits, fills i pares, esclaus i amos (Col 3,18-4,1; Ef 5,21-6,4). A Col 3,18 trobem: «Dones, sotmeteu-vos als marits, però feu-ho com demana el Senyor» (i, que se sàpiga, el Senyor enlloc no demana cap sotmetiment); i a Ef 5,22-24, es diu: «Dones, sotmeteu-vos als vostres marits, tal com tots ens sotmetem al Senyor, perquè el marit és cap de la seva muller, igual que el Crist és cap i salvador de l'Església, que és el seu cos. Per tant, així com l'Església se sotmet al Crist, també les mullers s'han de sotmetre en tot als marit». L'argument resulta una mica més refistolat, però és igualment espuri. La perícope 1Co 11,2-16 és fruit d'aquestes concepcions i cal considerar-la una interpolació d'aquella època (finals del segle I). Aleshores s'havia introduït en algunes comunitats cristianes una concepció de la relació home-dona, que provenia del Gènesi, que 1Co 11,8-9 formula paradigmàticament amb tot el recargolament que es vulgui i que, tanmateix, no es pot pas dir que correspongui al cristianisme primitiu. I justament en aquest punt, les glosses de cartes als Colossencs i als Efesis se n'aparten; malauradament, la prohibició que les dones prediquessin a les assemblees contaminà també la carta a Timoteu, l'última de la tercera col·lecció de cartes; el recol·lector la traspassà a la primera carta de la col·lecció, la dels corintis. I ara tenim que 1Co 11,2-26 i 14, 34-35 traspua aquella mentalitat andrògina, masclista i patriarcal, que mai dels mais va ser la manera de pensar de Pau.

Aquest patriarcalisme misogin, que malauradament s'ha atribuït gratuïtament i sense cap fonament a Pau, té la seva correspondència en la mentalitat paulina sobre l'esclavatge. A la carta a Filèmon Pau és tan radical contra l'esclavisme com ho és defensant la igualtat de sexes en l'assemblea cristiana i en l'àmbit privat de la família. Per això diu a Filèmon que l'alliberament del seu esclau Onèsim, ara convertit al cristianisme, ha de ser total. No vol ni que li regali l'esclau ni que només el perdoni i el torni a acceptar a casa seva, sinó que, en recuperar-lo, el consideri «no ja com un esclau, sinó molt més que això: com un germà estimat. Ho és moltíssim per a mi, però molt més ho ha de ser per a tu, tant humanament com en el Senyor» (Flm 1,16). Filèmon no pot mantenir en l'esclavitud un cristià, ni des del punt de vista humà ni de teulades en amunt: ha d'obtenir un alliberament tan físic i social com espiritual. «Si em tens per germà en la fe, rep-lo com si fos jo mateix. I si t'ha perjudicat o et deu alguna cosa, carrega-ho al meu compte. Jo, Pau, t'escric ara amb la meva pròpia mà: t'ho pagaré jo mateix, tot i que podria recordar-te el deute que tens amb mi, i que és la teva mateixa persona» (Flm 1,19). Pau, aquí, fins i tot és sarcàstic perquè, mentre Filèmon li deu la seva personalitat cristiana, li escriu de la pròpia mà –ha pres el càlam a l'escribà–, com si li signés un pagaré per liquidar el deute de l'esclau. I encara segueix dient-li que espera que faci més del que li demana i que li prepari l'habitació d'hostes, donant entenent que anirà a comprovar com ha fet les coses. Per a Pau la qüestió era pública i exemplaritzant. No debades dedica la carta no sols a Filèmon com a destinatari, sinó també «a l'església que es reuneix a casa teva» (Flm 1,2).

Avui dia, doncs, es considera la radicalitat de Pau en aquestes dues temàtiques, la qual ha quedat vergonyosament esbiaixada i emmascarada per una colla de glosses que pertanyen a escriptors posteriors, els quals arriben a convertir Pau en conservador i reaccionari d'acord amb aquest esquema:

	Pau radical	**Postpaulins conservadors**	**«Paulins» reaccionaris**
Patriarcat (relació home-dona)	1 Corintis 7,1-21a.22-39. Romans 16,1-20	Colossencs, 3,8-19; Efesis 5,22-33	1 Timoteu, 2-8-15; 1 Corintis 14,33b-36.
Esclavitud (relació amo-esclau)	*Carta a Filèmon*	Colossencs 3,22-4,1; Efesis 6,5-9	Titus 2,9

Amb el temps , malauradament, es va produir un afebliment total i deliberat del missatge genuí de Pau, una desactivació de tota la seva càrrega explosiva, que li va carregar immerescudament al damunt el penjament de ser un home misogin i patriarcal a més de defensor de l'*statu quo* de la societat romana esclavista quan va ser tot el contrari.

1 2 3 4 5 1 2 3 4 5
1 C
LINA Y POLLUEL
4 5 6
Copyright, 1913, by E.G. Lutz

APÈNDIXS AL CAPÍTOL 2: JESÚS: ELS EVANGELIS, ELS FETS DELS APÒSTOLS I L'APOCALIPSI

APÈNDIX 8

FONTS PER AL JESÚS HISTÒRIC I CÀNON DELS LLIBRES DEL NOU TESTAMENT

Avui per avui, s'admeten aquestes sis fonts majors per al Jesús històric: *Quelle* (Q)[1], *Evangeli de Tomàs* (*To*)[2], Marc (Mc), Mateu (Mt), Lluc (Lc)[3] –els tres evangelis dits *sinòptics*– i Joan (Jo), el quart evangeli. La *Quelle* (= 'Font', en alemany) és un aplec de *logia* (sentències, paradoxes, paràboles, miracles,

[1] El text *Q* fou publicat, en edició crítica, l'any 2000 per Robinson, Hoffmann i Kloppenborg, a Lovaina, en anglès. En tenim una valuosa versió castellana a cura de Santiago Guijarro: Robinson, J.M. Hoffmann, P i Kloppenborg J. S.: *El Documento Q* (Salamanca: Sígueme, 2002); cf. També Guijarro, S.: *Dichos primitivos de Jesús. Una introducción al «Proto-Evangelio de dichos Q»* (Salamanca.: Sígueme, 2004). Es poden llegir altres versions castellanes com l'editada i presentada per César Vidal: *La fuente Q: el primer evangelio* (Barcelona: Círculo de Lectores, 2005). L'esmentat autor també ha publicat l'Evangeli de Tomàs dins *Los evangelios gnósticos* (Madrid: Edaf, 2005). És aclaridor el seu llibre *El judeocristianismo palestino durante el siglo I: de Pentecostés a Jamnia* (Madrid: Trotta, 1995).

[2] Cf., per exemple, l'edició d'Alcalà López-Barajas, M.: *Los Evangelios de Tomás, el Mellizo, y de María Magdalena* (Bilbao: Ed. Mensajero, 1999). Existeix en català en versió d'Armand Puig i Tàrrech, dins *Els evangelis apòcrifs: textos gnòstics* (Barcelona: Proa, 2015), p. 165-254; del mateix autor: *Un Jesús desconocido. Las claves del evangelio gnóstico de Tomàs* (Madrid: Ariel, 2008). Cf. també, Trevijano, R.: *Estudios sobre el Evangelio de Tomás* (Madrid: Ciudad Nueva, 1997. La gènesi d'aquesta col·lecció de sentències, que conté elements gnòstics, s'ha de veure en paral·lel a la font *Q* de les *logia*. Una primera versió de caire sapiencial, tanmateix, ja devia circular cap al 50 dC lligada a l'apòstol Tomàs, anomenat Dídim ('el bessó') segons Jo 11,16 i 20,24. De qui era bessó? La paradoxa és que Tomàs també significa 'bessó' en arameu. Segons els documents de Nag Hammadi, l'*Evangeli de Tomàs* recolza en l'autoritat de Dídim Judes Tomàs i el llibre de *Tomàs l'Atleta* en la de Judes Tomàs. Tomàs, aleshores, equivaldria a bessó de Judes. I aquest Judes sols pot ser Tadeu o el germà de Jesús, amb qui cal identificar-lo segons el professor Vouga, F.: *Los primeros pasos del cristianismo* (Estella: Verbo Divino, 2000), p. 86. Als evangelis canònics, Tomàs és dit Dídim ('bessó'), mentre que a la tradició siríaca (*Actes de Tomàs*, etc.), se l'anomena Dídim Judes Tomàs.

[3] De Lluc tenim la sort de posseir l'obra sencera en versió occidental: Rius-Camps, J. i Read-Heimerdinger, J.: *Demostració a Teòfil. Evangeli i Fets del Apòstols segons el Còdex Deza* (Barcelona: Fragmenta, 2009); cf. Rius-Camps, J. i Read-Heimerdinger, J.: *El mensaje de los Hechos de los Apóstoles en el Códice Beza, Una comparación con la tradición alejandrina* (Estella: Verbo Divino, 2009) i també la novel·leta de J. Rius-Camps: *Diari de Teòfil. La demostració de Lluc (Evangeli i Fets dels Apòstols) narrada per Teòfil a la seva mare* (Barcelona: Fragmenta, 2011).

relats curts)[4] i va constituir una font de treball de Mt i Lc, encara que no aparegui com a document individual al Nou Testament; tampoc no hi apareix *To*, malgrat que només cinc, del centenar i escaig de sentències de Jesús que aplega, no han estat recollides pels evangelis canònics. L'*Evangeli de Tomàs* és una col·lecció de 114 dites de Jesús de caràcter arcaic i sapiencial, independent de Q i, pel que sembla, dels sinòptics, encara que 79 sentències hi guardin un determinat paral·lelisme. Va existir en versions diferents. L'edició conservada, un còdex del segle IV, és la traducció copta del grec trobada a Nag Hammadi el 1945 que ja pressuposa la circulació dels sinòptics i és contemporània de la redacció de l'Evangeli de Joan (±100 dC), encara que alguns exegetes la situen a mitjan del segle II.

Altrament, el personatge de Tomàs ha estat objecte de molta literatura, de la qual se n'ha extret la possibilitat d'identificar-lo amb Judes Tomàs, germà de Jaume i de Jesús. Si això és cert, caldria la següent reconstrucció: de la mateixa manera que a Jerusalem, sota l'autoritat i en relació a Jaume, el germà de Jesús, té lloc el desenvolupament d'un cert judeocristianisme hebraïtzant, una altra mena de cristianisme de caire sapiencial es va desenvolupar a d'altres llocs de Palestina, a Síria i a Mesopotàmia sota l'autoritat i en relació a un altre germà de Jesús, això és, Judes Tomàs o Judes 'el bessó' (que seria el responsable de l'expansió cristiana cap a Edessa i entre els parts). Més encara: la personificació de Tomàs com el deixeble de la incomprensió i els dubtes (Jo 11,16 [anar a Betània és anar a morir amb Jesús]; 14,5; 20,24-29) respondria a una literaturització d'un cert distanciament crític de Judes Tomàs envers la tradició joànica, dipositària d'una concepció gnostizant del cristianisme, més mística i menys realista com la tradició sapiencial que Judes Tomàs encarna.

Però l'*Evangeli de Tomàs*, tot i considerar-se una font major per al Jesús històric,[5] no es considera canònic, sinó apòcrif. Què és el *cànon* i quan surt? Un cànon és una llista, un catàleg, una col·lecció dels llibres reconeguts i acceptats per alguna raó. El cànon bíblic és una llista oficial de llibres que es consideren «inspirats». (Poso aquest mot entre cometes, perquè vull signi-

[4] Rovira Belloso, J. M. en fa un esplèndid comentari a *Qui és Jesús de Natzaret*, «Llibres a l'abast», 394 (Barcelona: Edicions 62, 2005), p.155-195.

[5] Així el professor A. Puig i Tàrrech considera les sis fonts majors esmentades, però no hi compta pas altres textos com l'*Evangeli de Pere*, que aporta un clar testimoni de la passió i se sol considerar relacionat amb els evangelis canònics. Per a Crossan aquest evangeli en conté dins un altre (com *Q* està contingut en Mt-Lc) que denomina *Evangeli de la creu*; ho vaig explicar tot a Busquets i Grabulosa, L.: *Última notícia de Jesús el Natzarè* (Barcelona: Proa, 2006), p. 430-435.

ficar que més que estar escrits per inspiració divina –al dictat de Déu–, han estat venerats i autoritzats per la tradició de les comunitats de creients.) Els llibres de l'Antic Testament van passar les seves vicissituds,[6] però es pot dir que els jueus tenen la seva llista oficial, el seu cànon, des de finals del segle II dC i no és gaire diferent del nostre. La nostra col·lecció de llibres del Nou Testament va trigar un xic més:[7] encara que l'elaboració d'aquests escrits s'acaba abans de finir el segle II, el consens sobre la col·lecció no s'aconsegueix fins al final del segle IV i no serà declarada fins al concili de Trento (1546). De fet, entre finals del segle I i mitjans del segle II es van redactar escrits –emparentats amb les generacions del període apostòlic que elaboraren els llibres del Nou Testament– tinguts en gran consideració i fins i tot, en alguns moments, inclosos en les llistes del llibres canònics. S'agrupen amb la denominació de «Pares Apostòlics» i se'ls posava tan aviat al costat dels canònics com dels apòcrifs: se'n solen considerar set: 1) la *Didakhé* o *Ensenyament dels Dotze Apòstols*; 2) la *Primera carta als Corintis* de Climent de Roma; 3) les set *Cartes* d'Ignasi d'Antioquia; 4) la *Carta als Filipencs*, de Policarp d'Esmirna; 5) Papies de Hieràpolis; 6) l'*Epístola de Bernabé* i 7) el *Pastor d'Hermas*. Alguns afegeixen a la llista l'*Epístola a Diognet*, que d'altres consideren dubtosa.[8]

La història de la formació del cànon del Nou Testament és complexa i intricada, perquè reflecteix el xup-xup de la conformació de la pròpia doctrina de l'Església. Justí (100-165 dC) considerarà els evangelis iguals de normatius que els llibres de l'Antic Testament. Ara bé, quan comença el segle II, tenim poc més que escrits locals i certament no figuren en les llistes ni les cartes joàniques ni les pastorals ni la de Judes ni, en general, l'Apocalipsi. Les llistes basculen: el bisbe Serapió d'Antioquia (vers l'any 200) permetia la lectura de l'*Evangeli de Pere* fins que s'adonà del caràcter singular de l'obra i prohibí d'utilitzar-la. L. A. Muratori va descobrir un manuscrit amb la

[6] A Jàmnia [en hebreu Jabné], els jueus fariseus, durant els anys 80-90 dC, tot reconstruint la vida espiritual de la nació entorn de l'exclusivista Johanan ben Zakkay (o Zacai), pugnaren per establir un cànon amb dues condicions: que fossin llibres escrits en hebreu i anteriors a Esdres. Amb això es deixaven fora del cànon hebreu llibres acceptats a Egipte i Palestina. Són pocs; exactament els que els catòlics denominem deuterocanònics, que són els següents: Ester (versió grega), Judit, Tobit, 1 i 2 Macabeus, Saviesa, Siràcida o Eclesiàstic, Baruc, els fragments grecs de Daniel i la carta o epístola de Jeremies. (Els protestants prefereixen incloure'ls entre els apòcrifs.)

[7] Constitueixen el Nou Testament oficial «el recull dels vint-i-set escrits que formen la col·lecció de textos reconeguts com a expressió fidel i veraç, adequada i completa, de la fe que professa l'Església d'Orient i d'Occident»; així, A. Puig i Tàrrech, a '*Introducció*' dins D.A.: *Apòcrifs del Nou Testament* (Barcelona: Facultat de Teologia de Catalunya/FEC/Proa, 1990).

[8] Ho he explicat a Busquets i Grabulosa, L.: *Heretges, perseguits i excomunicats: la cara oculta de la història de l'Església* (Barcelona: Proa, 2015), p.97-108.

llista de 21 llibres reconeguts com a canònics a finals del segle II a Roma; avui la llista és coneguda com la del «cànon Muratori». Aleshores es mesuraven els escrits segons si eren o no fidels a la doctrina reconeguda per tota l'Església com a ortodoxa (*regula fidei*). Entre els segles III i IV els escrits es classifiquen com a reconeguts, rebutjats i discutits (entre els quals, els *Fets de Pau* o l'*Apocalipsi de Pere*). A Orient, per exemple, li costà d'integrar l'Apocalipsi i Occident no veia la manera d'assumir l'Epístola als Hebreus. No serà fins a finals del segle IV i a començos del V quan Atanasi, a l'Orient, Agustí i el Decret del papa Gelasi I (492-496), dit Decret Gelasià[9] a Occident, proposen com a canònics els vint-i-set llibres del cànon actual. Com hem dit, el concili de Trento del segle XVI assumí aquesta llista.

[9] Deguts a Gelasi I, papa de Roma de l'any 492 al 496; a més del decret sobre els llibres canònics, proclamà la subordinació del poder temporal a l'espiritual.

Apèndix 9

ELS TUMULTUOSOS REGNATS D'HERODES EL GRAN I ELS SEUS SUCCESSORS
(Herodes el Gran no va matar els Innocents)

Antípater, pare d'Herodes el Gran, servidor dels asmoneus i de Roma

Galilea ('terra en cercle'=*Galil*), on els Evangelis situen Natzaret, llogarret de la infantesa de Jesús el Natzarè, havia format part del regne d'Israel fins a la caiguda de la seva capital, Samaria, a mans dels assiris el segle VIII aC. De fet, en temps de Jesús, era un territori fronterer al nord de Palestina, barrija-barreja d'ètnies i creences, que no s'havia integrat a la gran Judea postexílica fins feia relativament poc i, encara, per força sota els asmoneus (Joan Hircà, nebot de Judes Macabeu, la conquerí el 128 aC). A més dels assiris, doncs, els galileus van haver de fer front als babilonis, als selèucides grecs, als jueus asmoneus, i aviat van ser conquerits pels romans. En efecte, Pompeu, que, amb les seves legions, l'any 64 aC retornà els territoris sirians i els petits reialmes fronterers al domini de la província romana de Síria, conquerí Fenícia i Palestina, l'any 63 aC, i entrà a Jerusalem. Judea, des del 67 aC, estava en plena guerra civil entre la facció del sobirà asmoneu d'Hircà II i la del seu germà petit Aristòbul II. Antípater, la família idumea del qual estava al servei dels asmoneus, prengué partit pel primer i demanà ajuda als nabateus –estava casat amb una princesa nabatea– i a Pompeu. Aquest annexionà el territori a la província romana de Síria i deixà com a Gran Sacerdot i autoritat de la zona Hircà II tot enduent-se a Roma Aristòbul II i els seus dos fills, Antígon i Alexandre. Antípater, casat amb Cypros, filla d'Aretes III dels nabateus, amb el vistiplau de Roma –va rebre de Juli Cèsar la ciutadania romana–, deixà el poder religiós a Hircà II i s'apropià del polític com a fidel aliat («Procurator Iudeae») i nomenà els seus fills Fasael i Herodes –el futur Herodes el Gran, nascut el 74aC– governadors militars o estrategs de Judea i Galilea respectivament. Tots tres hi eren mal vistos, considerats estrangers. Així, de la mà del pare d'Herodes, Roma entrà en la història dels jueus.

L'Herodes jove sembra el terror, fuig de Galilea i troba suport a Roma

En temps de Maria i Josep, pares de Jesús el Natzarè (*Iexua*) –nascut entre l'any 7 i el 5 aC, a causa d'un error de càlcul de Dionís l'Exigu–, perdurava el record d'una terra de guerres i violències. Licini Cras, triumvir amb Pompeu i Juli Cèsar des del 59 aC, havia estat vençut pels parts el 53 aC a Carres. Gai Cassi, un oficial de Cras, com a represàlia va fer una massacre a Tariquees / Magdala, nucli pescador del mar o llac de Galilea. A més a més, l'any 47 aC, Hizqiyyà o Ezequies encapçalà la rebel·lió contra el futur Herodes el Gran, aleshores governador de la zona, la qual va ser sufocada terroríficament (es diu que el llac conservà la sang dels morts dies i dies: a mesura que els cossos inflats es descomponien en l'aigua, exhalà una ferum horripilant durant setmanes). Quan, anys després, vers el 40 aC, una expedició de coratjoses mares de centenars de morts realitzaren un llarg viatge a Jerusalem per exigir del titella Hircà II algun càstig per a l'estrateg, va ser jutjat pel Sanedrí, davant del qual es presentà desafiant i rodejat de soldats; però quan el van condemnar a mort, Herodes, per aquesta i d'altres raons de més pes –l'asmoneu Antígon, ajudat pels parts, havia estat entronitzat a Jerusalem– ja havia fugit a Roma.

Palestina en temps de Jesús

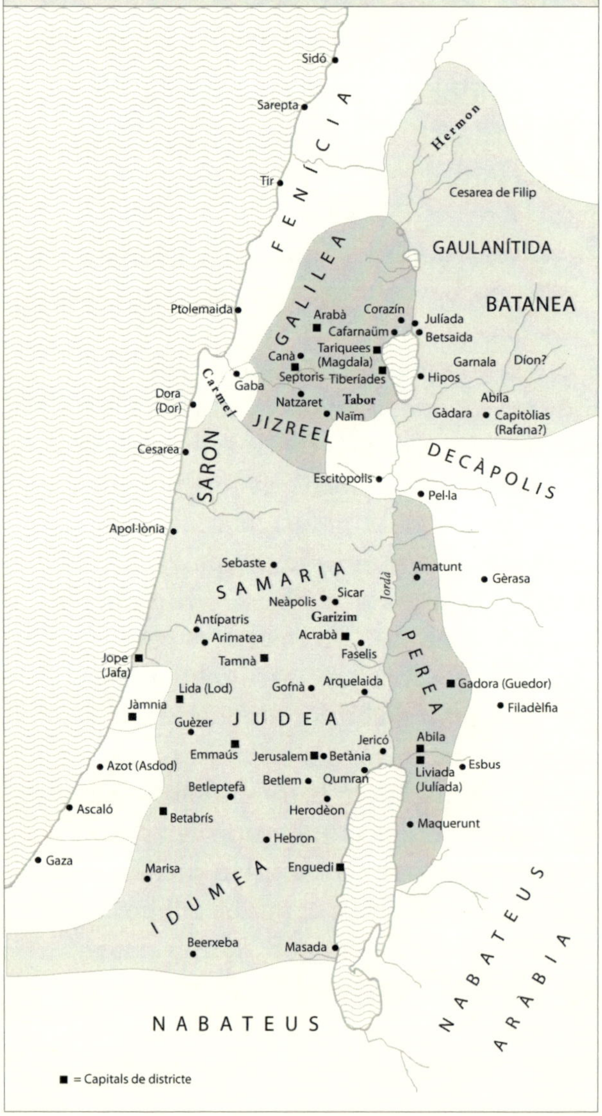

A Roma, d'ençà que Cèsar havia gosat creuar el Rubicó l'any 49 aC, la guerra civil contra Pompeu fou ineludible. Juli Cèsar en sortí vencedor i els jueus relativament beneficiats fins al seu assassinat l'any 44 aC. La desaparició de Cèsar originà inestabilitat a Palestina. Els parts ocuparen territoris romans al nord-est de Galilea i van pugnar –començant per enverinar Antípater l'any 43– per instal·lar Antígon, fill d'Aristòbul II, en el tron de Jerusalem. Herodes, com a governador de Galilea, va repel·lir inicialment la invasió, amb la promesa d'Hircà II de la mà de la seva bellíssima neta Mariamne, cosa que, essent idumeu, l'emparentaria amb la dinastia asmonea. Però, l'any 40 aC, els partidaris d'Antígon aconseguiren entronitzar-lo a Jerusalem; fou el darrer monarca i Gran Sacerdot alhora (anys 40-37 aC). Les tornes havien canviat. Hircà II –a qui Antígon tallà les orelles perquè no pogués ser Gran Sacerdot–, Herodes i Fasael van ser fets presoners i, el darrer, se suïcidà.

Herodes, no sense deixar salvaguardades la seva promesa Mariamne i la seva mare a Masada, pogué fugir a Roma. Trobà l'Urbs convulsa, amb el segon triumvirat des de l'any 43 aC (Octavi, Marc Antoni i Lèpid). Els dos primers s'acabaven de reconciliar i el van rebre bé, fins al punt que Marc Antoni, després que Herodes persuadís el Senat que només ell podria restaurar el govern romà a Judea, preterint els prínceps asmoneus, el nomenà rei de Judea, basileus no sols dels jueus sinó de tota la població que hi vivia (*Rex amicus et socius populi Romani*). Un rei vassall i titella de Roma, òbviament.

Herodes, aleshores, tornà a Palestina i, durant gairebé tres anys lluità contra els partidaris d'Antígon amb el suport de les legions romanes de Síria del general Sòcius. A Galilea es despenjaven amb cordes pels penya-segats d'Arbela, on deixaven anar teies enceses dins les coves per obligar a sortir-ne els resistents. L'any 37 aC aconseguí reconquerir Jerusalem per als romans. En aquella ocasió ja demostrà el seu sentit pràctic, perquè no va permetre arrasar la ciutat: «Vull un regne, no un desert», sembla que va dir. Aleshores esposà Mariamne, després de repudiar la nabatea Doris i assassinar el seu fill Antípater. Foren temps en què li va caldre saber anguilejar a favor dels propis interessos –d'una banda, era amic de Marc Antoni i, de l'altra, Cleòpatra el volgué seduir arramassant-li terrenys–, però, després d'Àccium (31 aC), es posà a disposició d'Octavi, al qual –convenientment edulcorat– va convèncer de ser la persona adequada per pacificar la zona i recuperar-la per a Roma. Com a rei de Judea, doncs, va veure néixer l'Imperi sota el ceptre d'Octavi.

Dinasties asmodea i herodiana

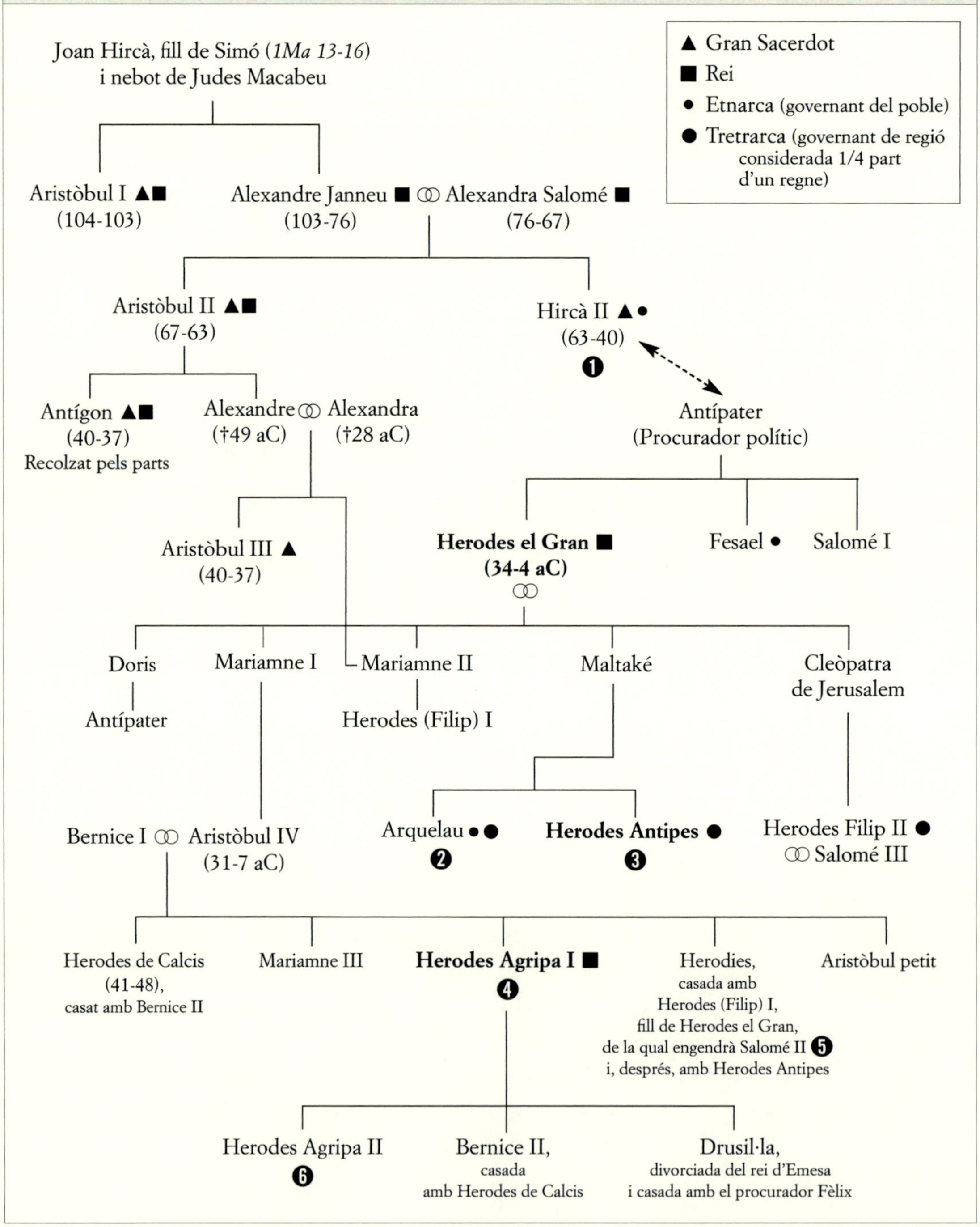

❶ Nomenat ▲ l'any 63 per Pompeu, que s'emporta Aristòbul II i Antígon a Roma; Hircà és nomenat • l'any 47. De fet, governa Judea el seu ministre Antípater. Marc Antoni nomenarà tetrarques els seus dos fills, Fesael i Herodes el Gran l'any 41. Antígon, fill d'Aristòbul II, es rebel·la. Herodes fuig a Roma. Acabarà vencent-lo i entrarà a Jerusalem a mitjans del 37 i es casarà amb Mariamne I. Hi regnarà com a ■ fins a la mort (4 aC). (*Mt 2,1.13.16 [la matança dels Innocents no és històrica]; Lc 3,1; 13,31.*) Tindrà moltes mullers i farà matar alguns dels seus fills, tres dels quals rebran la seva herència.

❷ • de Judea, Samaria i Idumea (4 aC-6 dC). Desterrat a les Gàl·lies, el seu territori va ser incorporat a la província romana de Síria i el seu govern confiat per Roma a un Prefecte fins que l'heretà, amb títol de rei, Herodes Agripa I (41-44). A la mort d'aquest, tornà a passar a un Prefecte o Procurador.

❸ ● de Galilea i Perea fins a la seva destitució l'any 39. Contemporani de Jesús (el titlla de *«guineu», Lc 13,32*). Assassinà el Baptista (*Mc 6,14-29; Mt 14,1-12*). Casat amb la seva neboda Herodies, inicialment esposa d'Herodes (Filip) I, el seu germanastre (*Mc 6,20.22*), la filla de la qual, Salomé III, es casarà amb Herodes Filip II, ● de Gaulanítida, Betanea, Traconítida i Auranílida.

❹ Fill d'Aristòbul IV i favorit de Calígula i Claudi, aconseguirà el títol de ■, primer de les tetrarquies de Filip II i Lisànies II d'Abilene (any 37), després, la d'Antipes (39) i, finalment, dels territoris de Judea i Samaria (41). Morirà el 44 (*Ac 12,1ss explica la seva persecució als primers cristians: decapita Jaume, el germà de Joan, i empresona Pere; al v. 23 mitifica la seva mort*).

❺ Hi ha una Salomé III, ballarina, filla d'Herodes (Filip) I i Herodies, que va fer demanar el cap del Baptista a la filla. Aquesta Salomé III, casada amb Herodes Filip II (que morí a la dècada dels trenta), és diferent de Salomé II, filla d'Herodes Antipes i Herodies, que es va casar amb el fill d'Herodes de Calcis, dit Aristòbul. Alguns autors les intercanvien.

❻ ■ de Calcis del 48 al 53; des del 49, inspector del Temple amb dret a designar ▲. Governarà les tetrarquies de Filip i Lisànies (53-93). (*Agripa II i Bernice II, que convivien, surten a Ac 25,13; 26,1, així com també Drusil·la i Fèlix, Ac 24,24.26-27*).

Un rei implacable al servei de Roma, però un gran constructor

Herodes pogué governar al seu albir sempre amb la condició de mantenir l'estabilitat de la zona i el suport a les activitats de Roma. Palestina era un lloc estratègic, a mig camí entre l'Urbs i Egipte, país que proveïa l'Imperi d'un terç del seu consum de blat. Herodes, tanmateix, si era considerat a Judea un àrab estranger, a Galilea era especialment menystingut, d'ençà dels fets d'Arbela. Corria la brama que, a Jerusalem, havia saquejat els tresors del Temple i els palaus sacerdotals –va haver d'omplir moltes arques: de Juli Cèsar, de Marc Antoni i d'Octavi August–, havia assassinat les classes aristocràtiques (executà, per exemple, 45 dels 70 representants del Sanedrí, confiscà les seves propietats i les incorporà al seu tresor) i havia imposat els seus homes hel·lenitzats com a consellers (per exemple, Nicolau de Damasc, el seu historiador).

Amb els seus actuà com un tirà. Quan comunicà a August la mort d'un dels seus fills acusat de traïdor, sorgí un joc de paraules que se li atribuïa: «Per a Herodes és preferible ser porc (*hus*, en grec, del qual s'abstenia) que fill propi (*huiós*)». Sabia que no era estimat pels jueus (el consideraven estranger). No se'ls congracià ni amb la reconstrucció del Temple jerosolimità ni amb el casament amb Marianme I (la va fer executar l'any 29 aC acusada de conspiració i, el 7 aC, executà Aristòbul IV i Alexandre, dos dels quatre fills que hi havia tingut, cosa que augmentava la seva fama de cruel), ni tampoc quan respectava el menjar caixer en públic, afavoria la tornada dels jueus de la diàspora o exigí la circumcisió per als marits de les princeses herodianes. Res estrany que no dubtés a utilitzar policia secreta per denunciar rivals i enemics –estava obsedit contra els membres de la casa asmonea–, dels quals es desfeia sense escrúpols. A les ciutats no jueves es comportava com un sobirà hel·lenista, però, llevat dels gimnasos i de les lluites grecoromanes i de gladiadors a Jerusalem, mai no imposà l'hel·lenisme als jueus.

Això sí: desenvolupà una política de creació de llocs treball edificant monuments i restablint-ne. Per exemple, l'any 20/19 aC començà la reconstrucció i embelliment del Temple jerosolimità (entre picapedrers, escultors i orfebres hi treballaren 18.000 obrers), pel qual aconseguí d'Octavi August la consideració del culte a Jahvè com una religió *lícita* per als jueus. Si analitzem el seu ambiciós programa constructor, veurem que no s'aturà al Temple; seguí, en primer lloc, amb d'altres construccions com el temple d'Abraham a Hebron, els temples pagans d'August a Samaria dita *Sebaste* en honor d'Octavi i d'altres, la fundació d'Antípatris a l'antiga Afeq, la de la ciutat de Fesaelis, a la vall del Jordà, els amfiteatres de Sidó i Damasc, l'aqüeducte de Laodicea, el far de Tir o el port de Cesarea Marítima dit *Sebastós* –la nineta dels seus ulls, nova capital administrativa del reialme, on es va fer servir la darrera tecnologia de ciment hidràulic i d'enginyeria submarina, amb far, gran comporta, teatre, palau reial, magatzems, fòrum, temple d'August, aqüeducte, planta urbana ortogonal inspirada en Hipòdam de Milet, i muralla). En segon lloc, erigí una xarxa de fortaleses-palaus per frenar possibles invasions i com a refugi en cas d'insurgències (Masada, Herodèon, Alexàndrium, Hircània, Livíada-Julíada o Maquerunt); finalment, es proposà convertir Jerusalem en una capital digna del seu nom, no sols amb l'esmentada reconstrucció del Temple, sinó amb un teatre –on s'hi van fer lluites de gladiadors, cosa que els jueus de la crosta no li van perdonar–, un gimnàs i un hipòdrom, entre d'altres edificacions.

La família de Jesús, víctima del despotisme d'Herodes

Herodes va ser un tirà. Si les proves a què sotmetia els seus íntims (començant per les mullers –en va tenir entre vuit i una dotzena– i concubines) tenien una ungla de sospita, els feia executar. Assassinà els 300 soldats que juntament amb Teró, un antic oficial, van fer costat a Aristòbul IV i al seu germà Alexandre (fills de Marianme I) i també deu sospitosos d'una conspiració per matar-lo a la sortida del teatre. A més de l'execució de mullers, fills i enemics –d'aquí la llegenda de la matança dels innocents de l'Evangeli de Mateu (2,16)–, de la penetració en territori nabateu amb l'excusa de capturar bandits (anys 9-8 aC) i de la massacre d'un grup de fariseus rebels l'any següent (i ja hem parlat de l'execució dels sanedrites), va tenir un gran conflicte en erigir una gran àguila daurada damunt la porta principal del Temple; quan emmalaltí, esclatà una gran alegria a Jerusalem i els escribes Judes i Maties, dos prestigiosos mestres de la Llei, encapçalaren un escamot de deixebles que enderrocà aquella àguila, emblema imperial romà (any 4 aC). Malauradament es recuperà, i cremà vius una quarantena de responsables d'aquell fet, cosa que els convertí en màrtirs venerats i plorats quan la gent entrava al Temple.

Les fonts del nostre personatge són els llibres de Josep Flavi *Antiguitats judaiques* i *La guerra dels jueus*, que, en general, el condemnen per la brutalitat, pel seu govern del terror i per haver importat a Jerusalem costums pagans. Però Josep Flavi també reporta certes ambivalències favorables a la seva figura: no construí temples pagans en zones jueves, encunyà monedes sense imatges, va fer ajudar la gent en l'època d'un gran terratrèmol, abaixà impostos en temps de penúries i, durant una gran passa de fam, va fer repartir menjar. Més que indicis de bondat, cal veure en aquestes accions el seu sentit pràctic de la política.

Per poder fer honor al títol de «Gran», des de l'any 16 aC revitalitzà els Jocs Olímpics. I tot això costava diners. No en va tenir prou de saquejar els tresors del Temple –on manipulà com volgué el nomenament dels grans sacerdots– ni d'espoliar la tomba del rei David a Betlem ni de quedar-se amb bona part de les rendes de les mines de coure de Xipre o de les plantacions de dàtils de Jericó. Recaptava taxes duaneres en els ports mediterranis, venia al millor postor els drets de pesca i controlava amb burots les caravanes provinents d'Aràbia o que feien la ruta de la seda. Tot plegat, amb el capteniment dels romans, suposà la transformació d'una societat agrària tradicional en una altra de comercialitzada, on la terra –sagrada per als jueus– es podia vendre, comprar i perdre. Ho pagaven les classes baixes i els camperols pobres, ja prou espoliats pels impostos. Si els recaptadors romans eren imprevisibles, els herodians eren uns rufians. Humiliaven, oprimien, extorquien. Camperols i petits terratinents s'endeutaven de la nit al dia.

És molt possible que Maria i Josep, pares del Natzarè, fossin víctimes d'aquest estat de coses. Ens hem imaginat sempre la família de Jesús amb un taller de fusteria i una vida passadora. Més aviat la seva vida no n'era gaire, de passadora. Una família nombrosa –cinc germans i almenys dues germanes (Mc 6,3, Mt 13,55)–, al Natzaret de la baixa Galilea, no hi podia viure gens bé. La situació empenyia els pagesos vers les classes inferiors. L'evangeli diu que Josep era *tekton* (Mc 6,3), un «manetes», un «adoba-de-tot» més que un «artesà». En el fons, un jornaler eventual que es buscava feines, perquè, a Natzaret (uns 200 o 300 habitants), no hi hauria pas treball seguit per a un taller de fusters. Segurament va arribar a aquesta situació després de perdre altres béns. Josep hauria estat, abans que «manetes», camperol? Hi ha qui ho dona per fet. Jesús s'adonà que aquella era una injustícia estructural de l'Imperi. Venia del temps de Cèsar August (12 aC-14 dC) i continuava en temps de Tiberi (14-37 dC), els dos cèsars contemporanis de Jesús, que mai no es van acostar a la seva terra. Es començava a congriar dins seu una necessitat de canviar l'estat de les coses de soca-rel? L'Imperi romà empobria i oprimia; calia una alternativa. Amb el temps, d'aquesta alternativa oposada al Regne del Cèsar, en dirà Regne de Déu.

Només després de l'execució de Marianme I, a causa d'intrigues de mare, sogra i germana, passà una depressió i es donà a la beguda. Sembla que en els darrers temps es recordà d'ella i del pare i germà morts inesperadament (per això les ciutats d'Antípatris i Fasaelis).Va morir l'any 4 aC, d'una horrible malaltia, entesa llegendàriament com a càstig diví. (Jesús devia tenir d'un a tres anys. Tanmateix, en devia de sentir a parlar per força en la seva preadolescència, quan peregrinà amb els seus pares al Temple jerosolimità.) Vist que Herodes volia dol quan es morís i tenia por que la gent més aviat s'alegrés de la seva mort, manà a la seva germana que, en traspassar, liquidés els 300 nobles més importants, tancats prèviament a l'amfiteatre de Jericó; així hi hauria plors de veritat. L'ordre no es va complir, però contribuí a fer córrer la brama del seu esperit criminal.

La mort d'Herodes el Gran: hereus i insurgències

En morir Herodes el Gran l'any 4 aC a Jericó, Octavi August confirmarà el seu testament i deixarà els seus fills com a successors d'aquells territoris dividits en quatre parts i tres lots: **Arquelau** (23 aC-18 dC) hereta la part del lleó, la meitat, i esdevé etnarca d'Idumea, Judea i Samaria, amb la promesa de rebre més tard el títol de rei; **Herodes Antipes** governarà com a tetrarca de Galilea i Perea, això és, sobirà d'una quarta part del regne del pare; a **Herodes Filip II** se li atorguen Batanea, Galaunítida, Traconítida, Auranítida, Pànies i Iturea, territoris gentils al nord i est de Galilea. Quin recorregut van tenir? **Arquelau** va ser deposat i exiliat a les Gàl·lies l'any 6 dC, a causa de les maquinacions d'Antípater, fill d'Herodes el Gran, i del miler de morts que provocà el dia de Pasqua després de la mort del pare. A partir d'aleshores, Octavi August, en comptes de nomenar cap rei-vassall, preferí sotmetre directament Judea sota el govern de Roma mitjançant prefectes (dits, després, procuradors, que residien a Cesarea Marítima). Ponç Pilat fou un d'aquests procuradors des de l'any 26 fins al 36 dC.

Pel que fa a **Herodes Antipes** (20 aC-39 dC), el que va fer decapitar el Baptista (Mc 6,14-19) pel conflicte amb la seva neboda Herodies –casada amb el seu germanastre Herodes Filip I– i intervingué en la passió de Jesús, ja que Pilat el va fer presentar davant seu (Lc 23, 6-12), titllat de «guineu» per Jesús (Lc 13,32), governarà fins que el 39 dC serà destituït per Calígula, acusat de connivència amb els parts. Morí a l'exili de Sant Bertran de Comenge, acompanyat d'Herodies aquell mateix any. El tercer successor, **Herodes Filip II** morí sense fills l'any 34. Calígula atorgaria el seu territori a **Herodes Agripa I**.

De fet, la mort d'Herodes el Gran provocà diferents disturbis i rebel·lions des de l'any 4 aC, fins a la deposició d'Arquelau i la imposició d'un prefecte romà a Judea, cosa que suposà la imposició d'un regim fiscal directament romà. Molt especialment cal esmentar-ne tres, de rebel·lions: la de l'esclau Simó –antic servent d'Herodes, que incendià el seu palau de Jericó i regnà fins que va ser vençut per un oficial herodià, Gratus, després d'executar gran nombre de jueus a Perea–, la del pastor Astronges i els seus quatre germans que dirigiren bandes armades rebels tot presentant-se com el nou David –van assolir d'assetjar un destacament romà prop d'Emmaús, d'on era originari, i executar el seu centurió–, i la de Judes, fill del rebel antiherodià Ezequies, el qual assaltà el palau reial de Sèpforis i robà l'arsenal. No sabem si aquest Judes és el mateix Judes el Galileu o de Gamala, esmentat a Fets dels Apòstols 5,37.

Els darrers Herodes i els Fets dels Apòstols

El reialme d'Herodes el Gran pràcticament serà refet pel seu net **Herodes Agripa I**. Educat a Roma, hi gaudí de la protecció d'Antònia (filla de Marc Antoni i Octàvia) i de l'amistat de Calígula i Claudi, que li permeteren reunificar Judea. Gran constructor com el seu avi, va controlar com ell el Sanedrí. Segons el Nou Testament, perseguí les primeres comunitats cristianes, decapità Jaume i va fer empresonar Pere (Fets dels Apòstols 12, 1-23, on es mitifica la seva mort).

El seu fill, **Herodes Agripa II**, fou educat a la cort de l'emperador Claudi; l'any 44, quan morí el seu pare, tenia només disset anys. L'emperador li cedí els drets d'Herodes de Calcis als 21 anys i, més tard, l'any 52, nous territoris del seu pare i d'altres a l'est de Galilea. Aleshores va renunciar al regne de Calcis en el fill d'Herodes de Calcis, Aristòbul, el seu cosí. Es va dedicar a embellir Jerusalem i a acabar el mur del Mont del Temple, on abocà molts recursos. L'any 55 Neró va afegir al seu regne les ciutats de Tiberíades i Tariquees, a Galilea, i Julíada i 40 llogarrets de la rodalia, a Perea. A la meitat d'aquella dècada, Pau de Tars, convertit al cristianisme i difusor del missatge de Jesús, empresonat a Cesarea Marítima, fou portat davant del procurador Marc Antoni Fèlix, gendre d'Herodes Agripa I i cunyat d'Agripa II, segons Fets dels Apòstols (Ac 23,24-24,27; 25,14). Més tard, quan era procurador Porci Festus, acudí davant del mateix Agripa II, que proclamà la seva innocència debades (Ac 25,13; 26,1-32), ja que Pau havia apel·lat al Cèsar i seria executat a Roma l'any 59 o 60.

Quan el poble jueu estava a punt de revoltar-se contra Roma en la primera guerra judeoromana (anys 66-70) va fer els possibles per evitar la rebel·lió, però, quan es produí, va fer costat als romans i fou ferit al setge de Gamala l'any 69. Ocupada Jerusalem l'any 70, es va traslladar amb la seva germana Bernice II a Roma, on fou investit com a pretor. Ella es guanyà el favor de Vespasià i esdevingué amant de Titus, que no la pogué fer la seva esposa per la mala reputació de la dona entre els romans.

Apèndix 10

EXEGESI I LITERATURA INTERTESTAMENTÀRIA: MOSTRES EN CATALÀ

La paraula ***exegesi*** prové del grec ἐξηγεῖσθαι, «interpretar, extreure el significat d'un text donat». L'exegesi, doncs, és una disciplina teològica que estudia objectivament la Bíblia i altres llibres sagrats com l'Alcorà (on aquesta disciplina s'anomena *tafsir* ('interpretació'). L'exegesi moderna, filla de l'humanisme de la fi del segle XV i de la reforma protestant, se serveix de ciències auxiliars com ara la filologia, la crítica literària, la crítica històrica, l'arqueologia, l'antropologia, llengües orientals i d'altres. Els seus principis són elaborats per l'hermenèutica (l'art d'interpretar textos i, especialment, d'explicar textos sagrats). Sovint, això fa por als cappares religiosos. El dominic pare M. J. Lagrange (1855-1938) passà un calvari, tot i que l'encíclica *Providentissimus Deus* (1893), de Lleó XIII, convidava els estudiosos a afrontar les dificultats dels textos sagrats i ho repetia la *Divino afflante Spiritu* (1943), de Pius XII.

La constitució *Dei Verbum* del Concili Vaticà II (1965) va admetre la mà humana i els gèneres literaris a l'hora d'entendre i contextualitzar les escriptures sagrades i encarregà aquesta feina als exegetes (núm. 12):

> «En efecte, la veritat és diversament proposada i expressada en els textos, segons siguin històrics, profètics o poètics, o bé amb altres gèneres literaris. Convé, doncs, que l'intèrpret, es pregunti pel sentit que l'hagiògraf intentà d'expressar i expressà de fet en cada circumstància concreta del seu temps i de la seva cultura [...] cal prestar molta atenció tant als models habituals i originaris de sentir, de dir i de narrar propis de l'època de l'hagiògraf, com a les formes més corrents i habituals de relacions humanes entre la gent d'aquell temps.»

Tanmateix, indicà tres criteris per a una bona interpretació de les escriptures sagrades, considerades inspirades per l'Esperit: la unitat global de tota ella, el respecte del context de la tradició viva de tota l'Església i l'analogia de la fe, és a dir, la cohesió de les veritats de fe individuals entre elles i amb el pla complet de la Revelació. Així i tot, demanà edicions ben anotades fins i tot per a l'ús dels no-creients (núm. 25). Els estudis sobre la Bíblia, a la qual s'han aplicat les ciències actuals com en els llibres profans –especialment el denominat mètode historicocrític–, han arribat a descobertes espectaculars, desconegudes fins a la nostra època, de manera que el tema ha preocupat molt. Per això, la Pontifícia Comissió Bíblica publicà el 1993 l'exhortació *La interpretació de la Bíblia en l'Església* –existeix en català publicada per Claret– i, al cap d'uns anys, el papa volgué dedicar el Sínode de bisbes de l'any 2008 a reflexionar sobre «La Paraula de Déu en la vida i la missió de l'Església». La proposició 40 del document de treball (*Instrumentum Laboris*), pouant de la *Dei Verbum* del Vaticà II (núm. 24), demanava que l'Escriptura fos l'ànima de la teologia tot superant «la distància entre la investigació exegètica i l'elaboració teològica, a favor d'una recíproca col·laboració». Això quedà reflectit al núm. 35 de l'Exhortació apostòlica postsinodal *Verbum Domini* (30-IX-2010): «Quan l'exegesi no és teologia, l'Escriptura no pot ser l'ànima de la teologia i, viceversa, quan la teologia no és essencialment interpretació de l'Escriptura en l'Església, aquesta teologia ja no té fonament.» De fet, anava contra el perill de prioritzar una hermenèutica positivista i de convertir la Bíblia en una romanalla del passat, sense tenir en compte els perills de les manipulacions teològiques en les interpretacions bíbliques.

Fos com fos, com a mostra catalana d'exegesi, aquí volem presentar les darreres investigacions de Josep Rius-Camps, un exegeta català de primera magnitud. A ell se li deu la publicació, en grec i català i per a tot el món, de l'obra atribuïda a Lluc (Evangeli i Fets dels Apòstols) segons el còdex Beza, amb traducció seva i de J. Read-Heimerdinger, sota el títol *Demostració a Teòfil. Evangeli i Fets dels Apòstols segons el Còdex Beza* (Barcelona: Ed. Fragmenta, 2009). Per primera vegada s'oferia una perspectiva unitària de l'obra en qualificar-la de «demostració», se n'identificava el destinatari i es distingien dues comunitats a Jerusalem, la jueva i l'hel·lenista de Jerosòlima. Ric en suggeriments és el seu *Comentari als Fets dels Apòstols* «Col·lectània Sant Pacià» (Barcelona: Facultat de Teologia, 1991-2000, 4 vol.). Per als interessats menys experts, també oferí les seves recerques en forma de novel·la a *Diari de Teòfil* (Barcelona: Fragmenta, 2011). Els seus comentaris i els de la seva col·laboradora es van difondre aviat a Rius-Camps, J. i Read-Heimerdinger, J.: *El mensaje de los Hechos de los Apóstoles en el Códice Beza. Una comparación con la tradición alejandrina*. 2 vols. (Estella: Verbo Divino, 2009-2010), traducció de quatre volums en anglès. Creiem que no podem oferir un exemple d'exegesi amb més repercussions mundials.

Ara bé, si es vol completar la personalitat de Pau, que va anar elaborant la tradició, disposem de les *Actes de Pau i Tecla* en traducció catalana de M. Estradé a *Apòcrifs del Nou Testament*, A. Puig, ed. «Clàssics del cristianisme», 17 (Barcelona: Ed. Proa, 1990), p. 273-291. Armand Puig, un altre gran exegeta, coordinador d'aquell llibre, ha publicat *Els evangelis apòcrifs*, vol I (Barcelona: Proa, 2008) i *Els evangelis apòcrifs: textos gnòstics*, vol. II (Barcelona: Proa, 2015), en col·laboració amb d'altres exegetes catalans, com ara J. Montserrat Torrents o X. Alegre. Una traducció castellana del conjunt dels *Fets de Pau* es troba a A. Pesiero - G. del Cerro (ed.), *Hechos apócrifos de los Apóstoles, II. Hechos de Pablo y Tomás* (Madrid: BAC, 2005); cf. G. del Cerro: *Vida de los apóstoles de Jesús según la literatura apócrifa* (Madrid: Raíces, 2012).

*

Altrament, la **literatura intertestamentària** està conformada per aquells textos jueus (de vegades amb interpolacions i/o autoria cristiana segons l'època), que s'originen en temps imprecís que va del 200 aC al 200 dC. Alguns d'aquests textos com ara *Llibre d'Henoc* (segles III-I aC) o *Assumpció* (o *Testament*) *de Moisès* –contemporani a Jesús– són citats per un llibre canònic com l'epístola de Judes. Part d'aquesta literatura, doncs, és al rerefons de les fonts literàries dels escrits evangèlics i es constitueix com un dels seus referents. El marc històric, sociocultural i religiós és el del seu temps i els matisos teològics reflectits en els textos són interessantíssims, per diversos i enriquidors, tant per al judaisme com per al cristianisme. En català tenim diferents volums d'aquesta mena de literatura com ara *Testament de Job* (2005) o l'elaborada per F. Raurell i T. Solà, *Vides dels profetes* (2010). D'una manera sistemàtica aquesta mena de literatura s'aplega en una col·lecció, editada primerament per la Fundació Bíblica Catalana Institut Cambó/Ed Alpha i, després, des del 2008, per l'Associació Bíblica de Catalunya - Facultat de Teologia de Catalunya. Hi trobaríem títols com els següents: *Carta d'Aristeas* (2002), edició –que en tots els casos comprèn introducció, traducció i notes– a càrrec de F. Raurell; *Apocalipsi siríaca de Baruc* (2002), edició de Joan Ferrer; *Regla de la Comunitat del Qumran* (2004), a càrrec de F. Raurell; *Josep i Àsenet* (2005), edició de Pius-Ramon Tragan i Montserrat Ros; *Vida grega d'Adam i Eva* (2009) i *El Document de Damasc* (2009), tots dos a càrrec de F. Raurell; *Els Testaments dels Dotze Patriarques* (2014), edició d'E. Cortés... Per a una cultura tan petita com la nostra, aquestes mostres resulten del tot edificants.

APÈNDIX 11

JESÚS, LA LLAR DE NATZARET, LES FESTES I LES DONES

Jesús (*Iexua*<Josuè) hauria nascut entre l'any 7 i el 5 aC –a causa de l'error del monjo Dionís l'Exigu en calcular al segle VI l'any del Senyor– i morí l'abril de l'any 30 als 36 o 37 anys. Com a mínim (ara no hi entrarem) cal dir que el seu naixement va ser singular (cf. Jo 8,41b). Es crià i s'educà a Natzaret (Lc 4,16), un llogarret d'uns 300/400 habitants, on –encara que Lluc, que no hi ha posat mai els peus, se l'inventi i hi faci llegir Jesús en una sinagoga (Lc 4,16-30)–, «no hi havia cap edifici dedicat a cap sinagoga, ni rotlles de la Llei, ni camperols cultes capaços de llegir i escriure, ni cap precipici als afores per estimbar ningú».[1] Altrament, a casa –una estança en la qual s'allotjava i dormia tota la família–, amb els pares, els quatre germans i almenys dues germanes (Mc 6,3; Mt 13,55) –per a alguns autors, fills d'un primer matrimoni de Josep– havia de viure un bon ambient religiós. La família era aquesta:

La família de Jesús segons Mc 6t,3 i Mt 13,55

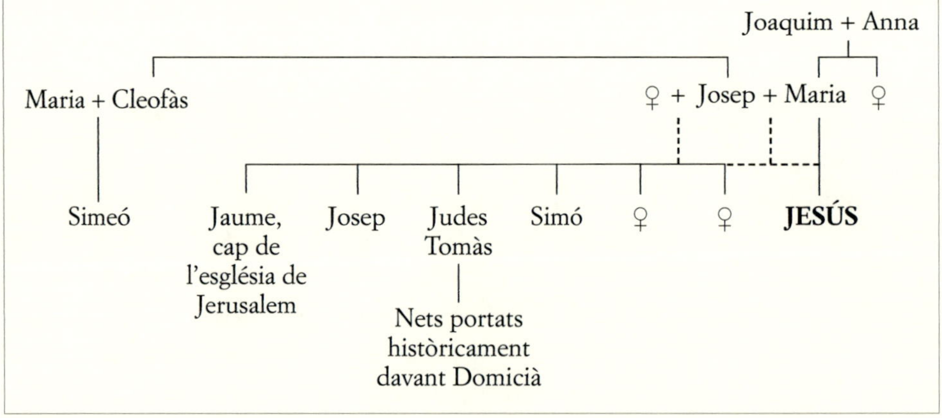

[1] Crossan, J. D. i Reed, J. L: *Jesús desenterrado* (Barcelona: Crítica, 2003), p. 61-62.

Tradicionalment s'han debatut tres postures: a) per Epifani (segle IV), els germans de Jesús eren fills d'un primer matrimoni de Josep; b) per a Helvidi (segle I), tots eren fills de Josep i Maria; c) per a Jeroni (segles IV-V) eren cosins de Jesús. Els experts avui rebutgen la postura de Jeroni (els Evangelis parlen d'ἄδελφοι ('fills de la mateixa mare') i no d'ἀνεψσιός ('cosins') com fa en altres contextos. Ni el fet de no haver mantingut relacions conjugals fins al naixement de Jesús de Mt 1,25 (preocupat pel compliment d'Is 7,14) ni de ser qualificat com a primogènit de Lc 2,7 (preocupat per ser consagrat a Déu segons Ex 13,1.12) són concloents a favor d'Helvidi o Epifani, però la darrera tindria més testimonis de la tradició primitiva.

El xàbat –de vegades amb presència d'algun rabí itinerant que al matí havia catequitzat la canalla– se celebrava ritualment en família a l'hora del sopar del divendres i, en tot cas, l'endemà, en algun pati o casa per fer alguna pregària i tractar dels afers veïnals. Jesús es devia amarar de tot plegat i això el devia fer reflexionar sobre les opressions viscudes en família i entre veïns. El xàbat, per a la gent del camp, era una benedicció. Ningú no matinava. Les dones no fenyien el pa. El dissabte era el dia de repòs per a tota la família i fins i tot per als animals. Jesús, de gran, es plantejà sovint fins on arribava la legalitat del repòs del dissabte i no va deixar de polemitzar-hi.

La família s'estenia fins als parents i veïns: s'ajudaven en les tasques del camp o deixant-se arreus o animals de conreu. Abandonar la família era molt greu: significava perdre el vincle del grup protector i del lloc; de retruc, també significava una certa disconformitat amb el cercle tancat que suposava l'autoritat patriarcal que ho dominava tot –pare, marit o fill gran–, amb un gran objectiu: subsistir, després de pagar deutes i impostos, amb honor i reputació. Cal pensar que Josep no fou cap pare autoritari. Si ho hagués estat, Jesús s'hauria atrevit a denominar *Abba*, «pare paràs», a Déu?

La religió que s'hi practicava era tan senzilla com profunda. Es confessava la fe en aquest Déu únic, creador del món i salvador d'Israel, tres cops al dia: amb la *Xakharit*, oració del matí, la *Minha*, oració de la tarda, i l'*Arvit*, oració de la nit. Més que un credo o una petició, la pregària era un memorial, l'emocionant «Xemà Israel»: *Escolta, Israel: El Senyor és el nostre Déu, el Senyor és l'únic. Estimaràs el Senyor, el teu Déu, amb tot el teu cor, amb tota la teva ànima i amb totes les teves forces* (Dt 6,4-5). Res d'estrany que, temps a venir, quan un escriba li pregunti quin és el primer de tots els manaments (Mc 12, 28-34), Jesús li respongui amb els primers mots del *Xemà*

Israel i hi afegeixi l'amor al proïsme. Davant l'aquiescència de l'escriba li dirà: *No ets pas lluny del Regne de Déu.*

Passat el xàbat, tothom tornava a la feina quotidiana i monòtona, només interrompuda per alguna festa de noces que durava diversos dies, amb familiars i amics acompanyant els nuvis, menjant, bevent, cantant i ballant. Jesús hi devia prendre part en més d'una, ja que era de família nombrosa. Quan el reptaren perquè els seus deixebles no portaven una vida austera com els del Baptista, Jesús els va defensar posant un exemple nupcial: *Han de dejunar els invitats d'una boda mentre el nuvi és amb ells?* (Mc 2,19).

Les festes grosses eren tres: a la primavera, la gran Pasqua (*Pésaj*), que atreia milers de pelegrins de tot el món i començava amb la festa dels Àzims i continuava durant set dies; a la vigília, es degollaven els anyells pasquals al Temple i cada família es reunia per celebrar un emotiu i ritual sopar, per commemorar l'alliberament del poble jueu de l'esclavitud d'Egipte. Cinquanta dies després, ja en la proximitat de l'estiu, se celebrava la Pentecosta (*Xavuot*) o festa de la collita. A la tardor es commemorava durant set dies la festa «de les cabanes» o dels Tabernacles (*Sukkot*), a l'aire lliure, on els nens muntaven i construïen tendes i cabanes per recordar on s'havien aixoplugat els seus avantpassats en la sortida d'Egipte. A més d'aquestes tres, a la tardor n'hi havia dues més: sis dies abans de *Sukkot*, tenia lloc el «dia de l'Expiació» (*Yom Kippur*), una festa a l'interior del Temple, on s'oferien sacrificis especials pels pecats del poble (que es feien recaure sobre un boc que s'estimbava o es deixava al desert); deu dies abans, se celebrava la «festa de l'any nou» (*Roix haixanà*). I a començaments d'hivern la festa de la Dedicació del Temple. A poc a poc, Jesús va anar aprenent a viure segons la Torà, la Llei, els grans manaments del Sinaí, que mai no va menystenir. Sabem que preadolescent va pelegrinar amb els seus al sant Temple de Jerusalem, on s'interessà per qüestions religioses. El Temple, per a un jueu, era com el cor del món. A Natzaret ho sabien i pregaven encarant-s'hi. Jesús, però aprengué que el Pare del Cel no està lligat a cap lloc sagrat i el trobarem pregant alçant els ulls al cel, no pas encarant-se vers Jerusalem (Mc 6,41; Lc 9,16...). També va aprendre les exigències de la seva religió, en especial l'any sabàtic cada set anys (*X'mità*) i l'any jubilar cada 50 (*Iobel*), que provenien del llibre del Levític (Lv 25, 1-12.23-27).

El *Iobel* era una exigència lligada als patrimonis materials o personals de la gent que habitava la terra d'Israel i era una veritable festa que palesava, en el fons, que tota mena de patrimonis eren propietat de Déu: era l'any sant de l'alliberament d'esclaus i captius. Una persona el podia celebrar, com a molt, una vegada a la vida. La *X'mità*, lligada al xàbat de la terra, que no es podia conrear, era més complexa i debatuda. Es complia a cor què vols, perquè tenim testimonis de passes de fam periòdiques que s'hi corresponen; ara bé, potser és menys conegut que també anava lligada a la prescripció dels deutes cada set anys per part dels tots els creditors (una mena d'*X'mità financera*) segons el llibre del Deuteronomi (Dt 15, 1-3.11).

Jesús també degué sentir parlar del pluralisme religiós jueu: els saduceus, capitostos del Temple, els fariseus, ben intencionats, però ancorats en el ritualisme, els essenis i qumranites, preocupats per la puresa, els terapeutes d'Alexandria, els baptistes de Joan... Jesús se'n va anar de casa i va seguir Joan.

No sabem en què havia treballat abans ni on. Segurament, com el pare: un manetes eventual on li toqués. Possiblement Josep ja havia mort i Maria duia, des d'una pobresa ineluctable, el pòndol d'una casa amb família nombrosa sotmesa al fill gran. L'estat de coses de la mare vídua havia de revoltar Jesús per dins. Potser també, gràcies a les germanes, s'havia adonat que en aquella societat masclista, la dona, que sempre pertanyia a algú –pares, marit o fill gran– només era apreciada per la seva fecunditat i el seu treball. Ella tenia cura de la neteja, de la cuina, del clima familiar i religiós de la llar. Una dona amb autonomia era impensable. Jesús va posar en quarantena l'honor i la reputació de la família quan la va abandonar. Ja devien conèixer les seves opinions possiblement considerades extremoses, desenraonades (no debades el van voler fer passar per boig: Mc 32,21). Però ell no es volia adaptar a l'estat de coses. Ja ho sabem: per a ell, la seva família era el món nou del Regne: *El qui fa la voluntat de Déu aquest és el meu germà, la meva germana, la meva mare* (Mt 12,50). La família jeràrquica, patriarcal i masclista s'havia d'acabar.

Si des d'una certa mentalitat pagana, que incidia entre els jueus, la dona era un home imperfecte, capaç de fer caure el marit en tota mena de temptacions i malvestats (Eva com exemple), el «Codi de puresa» (Lv 15,19-30) ajudava a establir un fort control sobre la vida femenina. Durant la menstruació, la dona restava en estat d'impuresa set dies (i ningú havia d'apropar-se a una dona en estat d'impuresa: persones i objectes que toqués quedaven contaminats); després del part, era impura durant quaranta dies si havia tingut un fill baró i, el doble, si havia parit una nena. De fet, es podria dir que l'estat quasi permanent de la dona era el d'«impuresa ritual» i, a Jesús, li ho havien ensenyat així, i prou que ho devia haver de superar, bé que no ens hagi arribat cap crítica al codi de puresa ritual ni s'enxarxés en problemes de sexualitat. (Altrament les fonts sobre Jesús han estat escrites per homes i no per dones, amb un llenguatge genèric i sexista i no ha estat fins a la darrera teologia feminista que les perspectives han començat a canviar.) És difícil saber amb quina submissió vivien aquesta situació les dones del temps de Jesús, quan la higiene personal no era fàcil per l'escassetat d'aigua: segurament Jesús mateix va aprendre quan una dona era impura per la flaire menstrual. El més greu era la pròpia consciència d'inferioritat i l'allunyament del Déu sant i pur per part de les dones. Una dona no podia relacionar-se amb el sagrat, que exigia puresa total (Lv 15, 19-30).

Aleshores, quin atractiu havia de tenir el seu missatge per a les dones? «Com a apocalipticista jueu, Jesús creia que els veritables seguidors de Déu serien reivindicats quan Déu portés la salvació al món que havia creat».[2] Aquest missatge era del tot revulsiu i prometia un canvi radical en què els oprimits i els humils serien alliberats i enaltits. La dona en general i la jueva en particular, per poca ambició que tingués, es trobava sotmesa per totes bandes (primerament, als pares; després, al marit) i, si patia alguna crisi o problema, no tenia cap escapatòria ni sabia on cercar aixopluc. D'acord amb el missatge de Jesús, les famílies terrenals i els seus valors opressius quedaven enrere, tenien data de caducitat (*Qui faci la voluntat de Déu, aquest m'és germà, germana i mare*: Mc 3,35). Així les coses, el nucli familiar deixava de ser una força vinculant, les dones deixaven d'estar sota l'autoritat dels homes. Si afegim a tot això que, per a Jesús, la institució familiar era sols temporal, destinada a dissoldre's en el Regne del Cel (*Quan s'ha ressuscitat d'entre els morts, ningú no pren muller o marit, sinó que són com àngels*: Mc 12,25), encara resultava tot plegat més fascinant i seductor per a les dones sotmeses en aquella societat patriarcal.

Cal saber que fora de la llar les dones no existien. No podien allunyar-se de casa sense anar acompanyades d'un baró i tapar-se el rostre amb un vel. No els era permès de parlar en públic amb cap home si no volien perdre l'honor i el respecte familiar. El seu testimoni en plets no era ni tan sols acceptat amb la mateixa validesa que el dels homes. El fet de poder imaginar-se un

[2] Erhman, B. D.: *Simón Pedro, Pablo de Tarso y María Magdalena. Historia y leyenda del cristianismo primitivo* (Barcelona: Ares y Mares/Crítica, 2007) p.333. Cf. també Schüssler Fiorenza, E.: *En memoria de ella. Una reconstrucción teológico-feminista de los orígenes del cristianismo* (Bilbao: Desclée de Brower, 1989); Moltmann-Wendel, E.: *The Women Around Jesús* (Nova York: Crossroad, 1982); Tunc, S.: *También las mujeres seguían a Jesús* (Santander. Sal Terrae, 1999); Mac Donald, M.: *Las mujeres en el cristianismo primitivo y la opinión pagana. El poder de la mujer histérica* (Estella: Verbo Divino, 2004); Calduch-Benages, N: *El perfum de l'Evangeli: Jesús es troba amb les dones* (Barcelona: PAM, 2014); Calduch-Benages, N.: *Sant Pau i les dones* (Barcelona: Claret, 2020).

món superant la família i tota mena de subjeccions, fins i tot matrimonials, resultava nou i alliberador. Possiblement la Magdalena –que ens és presentada sense cap baró de qui depengués, cosa inaudita en les dones d'aquell temps–, seguint Jesús, va viure en la seva pell aquesta experiència esperançada.[3] Jesús haurà d'aprendre a mirar la dona d'una altra manera: ni com a font de temptació ni com a contaminant, sinó amb respecte i igualtat.

També en la vida religiosa se la col·locava en situació d'inferioritat, separada dels homes tant en el Temple com en la sinagoga. No estaven obligades a resar el *Xemà Israel* ni a fer peregrinacions a Jerusalem; només en la celebració domèstica del xàbat tenien un petit paper: encendre les espelmes i pronunciar certes oracions. Tampoc no s'havien d'iniciar en la Torà ni estaven obligades a estudiar-la: els escribes i rabins no les acceptaven com a deixebles. Després de Jesús va córrer una dita que deia «Abans siguin cremades les paraules de la Torà que confiades a una dona».

Les dones que acabarien acostant-se a Jesús pertanyien al teixit més baix d'aquella societat;[4] a més d'esposes d'alguns deixebles, es mouran possiblement al seu entorn vídues indefenses, dones repudiades, dones soles, sense recursos, malaltes i posseïdes diabòlicament, possessions que, per als científics d'avui, amaguen problemes d'una altra índole: malalties psicosomàtiques, psicològiques o socioantropològiques. Això és, de les epilèpsies a les histèries com a expressió de problemes socioculturals i de mals més profunds i endèmics: un fet comunitari i polític, que més que medecina, requeria, per a la dona, sortir del propi atzucac i sentir-se novament respectada i apreciada en el seu rol femení. Jesús acabà trencant els esquemes que li havien imposat des de petit. Acollirà tothom i menjarà amb tothom; també amb dones solitàries i fins i tot amb prostitutes, considerades la pitjor font d'impuresa i contaminació. La presència d'aquestes dones en els àpats resultarà escandalosa. Les dones que no anaven acompanyades del marit es consideraven de fàcil accés i algunes estaven en relació amb d'altres peca-

[3] Cf. Busquets i Grabulosa, L.: *Els evangelis secrets de Maria i de la Magdalena: la història amagada* (Badalona: Ara Llibres, 2008).

[4] Se'm contradirà adduint que Lc 8,2b-3 ens presenta Maria Magdalena al costat de dones amb possibles com «Joana, la muller de Cuses, administrador d'Herodes, Susanna i molts altres que els assistien amb els seus béns»; però, a Lluc se li veu el plomall: a més de reduir la tasca de la dona-deixeble a una simple funció assistencial –oblidem-nos, ara, del fet de presentar Magdalena com una exendimoniada–, fa una analepsi i reporta en temps de Jesús el que ell ha viscut molts anys després al costat de Pau, amb dones que, efectivament, assistien amb els seus béns les primeres esglésies o comunitats (Ac 17, 4-12). Pagola mateix (a *Jesús. Aproximación histórica* [Madrid: PPC, 2007[6]) troba difícil d'imaginar «aquesta mena de riques matrones viatjant per Galilea i sostenint econòmicament el grup».

dors públics, els recaptadors d'impostos, que tenien fama de dirigir petits bordells i de proporcionar dones per als banquets. Per això, els adversaris de Jesús el titllaran «d'amic de pecadors» i, per això mateix, poc observant de la Torà. Ell els reptarà provocadorament: *Els recaptadors i les prostitutes entraran abans que vosaltres al Regne de Déu* (Mt 21, 31).

Jesús, amb naturalitat, trencarà els estereotips sobre la dona. No avisarà els homes de les seves arts de seducció, ans al contrari, els enfrontarà amb la pròpia luxúria: *Aquell que mira una dona desitjant-la, ja ha comès adulteri en el seu cor* (Mt 5, 28-29). També corregirà la valoració que se li fa segons la seva capacitat de tenir fills. *Sortoses les entranyes que et van dur i els pits que vas mamar*, li cridarà una dona de poble. Però les dones no són conilles que hagin de parir molt per demostrar la seva vàlua; la seva dignitat rau, com en els homes, en el fet de saber escoltar la paraula de Déu en el seu interior: *Més aviat sortosos els que escolten la paraula de Déu i la guarden* (Lc 11,27-28), respondrà Jesús. Esmenarà també el fet que el seu rol es redueixi al servei de les feines de la llar en una escena, en què trobant-se a casa de Marta i Maria, la primera es desviu per servir-lo mentre l'altra, asseguda als seus peus, només s'ocupa d'escoltar-lo. *Marta, Marta, estàs preocupada i neguitosa per moltes coses, quan només n'hi ha una de necessària. Maria ha escollit la millor part, i no li serà pas presa* (Lc 10,41-42). Avui l'exegesi considera la perícope creada per Lluc per mostrar la importància de saber escoltar la paraula del Senyor; Jesús no posa en cap segon lloc el servei diligent i generós, sinó que posa en evidència que el neguit i l'afany poden malmetre aquest mateix servei. Maria hauria escollit una part, la millor, però l'excel·lència radicava a ajudar la germana i escoltar alhora la paraula. Aleshores no hi hauria hagut una «part» per a cadascuna sinó el «tot» per a totes dues. En moments de conflicte els adversaris de Jesús es posa sempre al costat de la dona, com en el cas del relat solt i artificial –afegit a l'Evangeli de Joan– de la dona adúltera (Jn 8,1-11). Porten davant Jesús una dona sorpresa amb un altre home; la Llei la condemna a la lapidació. I l'home? No li exigeix la Torà de no posseir ni desitjar la dona d'altri (Ex 20,14-17)? En aquella societat masclista, els homes han imposat reprimir el delicte en la dona. Hipocresia pura. *Aquell de vosaltres que no tingui pecat, que tiri la primera pedra* (Jn 8,7). Els acusadors se senten acusats i se'n van. Saben que són els homes els responsables dels adulteris que es cometen en els pobles. Jesús es queda sol amb la dona. Ella no deu gosar ni alçar el cap. *"Dona, on són? Ningú no t'ha condemnat?" Ella va respondre: "Ningú, Senyor". Jesús digué: "Jo tampoc no et condemno. Ves-te'n, i d'ara endavant no pequis més"*.

Probablement, el que feia sofrir les dones no era sols dur el pòndol de la casa ni estar al servei del marit, sinó saber que en qualsevol moment el propi espòs les podia repudiar abandonant-les a la seva sort. Era un dret que es basava en la Torà: *Suposem que un home s'ha casat amb una dona i ha conviscut amb ella, però un dia ja no se la mira amb bons ulls, perquè troba en ella alguna cosa censurable; llavors escriu un document de divorci, l'hi dona i la treu de casa* (Dt 24,1). Ja poc abans de néixer Jesús els experts discutien com interpretar aquests mots. Per a l'escola de Xammai, sols es podia repudiar la dona en cas d'adulteri; per a la de Hil·lel, n'hi havia prou de trobar alguna cosa desagradable en la dona, i s'arribava a posar com exemple el fet d'haver-se-li cremat el menjar. Més tard, el rabí Aqiba donaria un pas més: per al repudi bastava que una altra dona agradés més al marit. I, mentre els homes discutien, les dones no podien ni defensar els seus drets. El debat arribarà a Jesús de part d'uns fariseus que el volen posar a prova (Mc 10,2-11): *Pot l'home divorciar-se de la seva muller?* És una qüestió del tot masclista. Jesús els demanarà què diu la Torà i li respondran amb el fragment que acabem de veure: Moisès permetia un document de divorci. Aleshores Jesús es definirà més restrictiu i tot que els seguidors de Xammai:

> *Moisès va escriure aquesta norma per la vostra duresa de cor. Però, des del principi de la creació, «Déu els va fer home i dona. Per això l'home deixa el pare i la mare per unir-se a la seva dona, i tots dos formen una sola carn». Per tant, ja no són dos, sinó una sola carn. Allò que Déu ha unit, que l'home no ho separi* (Mc 10,5-9).[5]

El projecte de Déu no era el de cap matrimoni patriarcal, sinó que home i dona, iguals en dignitat, conformessin una sola carn com a persones cridades a compartir l'amor de Déu, la seva intimitat i la seva vida sencera en comunió total. El que Déu ha unit no ho pot separar cap baró. Jesús no es pronuncia sobre el divorci com es planteja a l'actualitat, sinó que es posa al costat de les víctimes contra el privilegi dels homes de poder repudiar les

---

[5] La posició de Jesús contra el repudi de la dona per part del baró, a més de Marc, ens ve recollida per dues fonts més independents de la primera: la Q (Lc 16,18 || Mt 5,32) –*Tothom qui es divorcia de la seva dona i es casa amb una altra, comet adulteri, i qui es casa amb una repudiada comet adulteri* (amb la clàusula mateana *llevat de «porneia»* ['adulteri'])– i 1 Co 7,10-11: *Als casats els dono aquesta ordre, que no és meva, sinó del Senyor: la dona no s'ha de separar del marit, i si se'n separa, que no es torni a casar o bé que es reconciliï amb el seu marit; l'home no ha de deixar la seva muller.* R. Puigdollers, a «Diversitat d'estadis redaccionals i cronologia en els textos evangèlics sobre el repudi», dins *Revista Catalana de Teologia* 37/2 (2012), p. 515-539 estudia tots aquests textos, en troba diferents estadis redaccionals fruit dels debats de les primeres comunitats sobre el tema i conclou que Lc 16,18 (*Tothom qui es divorcia de la seva dona i es casa amb una altra, comet adulteri, i qui es casa amb una repudiada comet adulteri*) és una glossa afegida.

dones al seu antull i els ofereix una vida més segura, digna i estable. El repudi de la dona la deixava en situació de desprotecció. Per això ho vol deixar escarit: El qui es divorcia de la seva dona i es casa amb una altra, comet adulteri contra la primera; i a la inversa (Mc 10,11-12). Déu no vol cap submissió de la dona. La nova família del Regne de Déu no podrà estar jerarquitzada: tots farem part d'una comunitat de germans i germanes sense cap pare dominant llevat del Pare del cel. Els homes perdran poder, les dones guanyaran dignitat. Quan la família patriarcal –l'antiga família de la mare i els germans– vol fer-lo passar per boig –ho hem vist–, Jesús respondrà:

> *"Qui són la meva mare i els meus germans?" Llavors, mirant els qui seien al seu voltant, diu: "Aquests són la meva mare i els meus germans". El qui fa la voluntat de Déu, aquest és el meu germà, la meva germana, la meva mare"* (Mc 3, 33-34).

Jesús també mirarà i parlarà de la dona d'una manera diferent i elles ho captaran. Les farà visibles en una societat en què no ho són. En les paràboles parlarà de vídues importunes (Lc 18, 1-8), de les dones que introdueixen el llevat a la massa de farina (Q: Lc 13,20=Mt 13,33; Mc 4,3-8) –per fi algú es recorda de la feina de fènyer el pa que fan!–, de les que escombren la casa per trobar la moneda perduda (Lc 15, 8-9)... I no només en les seves paràboles; Jesús aprofita qualsevol situació per presentar la dona com un model de fe, generositat i lliurament desinteressats. Recordem, com a botons de mostra, tres casos explicats per l'Evangeli de Marc. La vídua pobra que tirarà uns cèntims de coure a una de les tretze bacines del Temple, no lluny del pati de les dones, gairebé vergonyosament davant dels potentats que hi deixen quantitats importants, serà observada per Jesús i, commogut, cridarà els deixebles per dir-los: *Us asseguro que aquesta viuda pobra ha tirat al tresor més que tots els altres. Tots han donat el que els sobrava; ella, en canvi, ha donat el que necessitava, tot el que posseïa, tot el que tenia per viure* (Mc 12, 43-44). Un altre cas és el de l'hemorroïssa: la dona que pateix pèrdues de sang des de fa dotze anys (Mc 5,24-34). S'ha arruïnat en metges i curanderos, perquè el seu estat d'impuresa ritual perpètua l'obliga apartar-se de tothom. Cerca només una vida normal i digna. És tímida: no gosarà parlar amb Jesús. Pensa que si només li pogués tocar el mantell l'impossible es faria possible. La malaltia l'ha fet encara més retreta. No hauria ni de gosar acostar-se a Jesús: és impura. Deu tenir un debat interior abans d'atrevir-se a tocar-lo, però aprofitarà que el segueix una munió de gent i tothom l'empeny. Finalment es decideix. I se sent guarida. Jesús es girarà de cop: *Qui m'ha tocat la roba?*, demanarà. Els deixebles pensaran que està de romanços, que tothom l'empeny de totes bandes i que la pregunta és debades. Jesús, tanmateix, sap que ningú no l'ha tocat com aquella dona, perquè *s'adonà a l'instant de la força que havia sortit d'ell* (Mc 5,30). La dona també ho sap i *tremolant de por es prosternà davant d'ell i li va explicar tota la veritat* (Mc 5,32). Tremola de por, segons l'evangelista. S'ha sentit guarida i no voldria tornar enrere. I ara sí que ha de parlar i explicar-li la veritat del seu cas: està malalta, perd sang, és impura i ha gosat tocar-lo. Alguns es deuen escandalitzar: «Ha contaminat el Mestre!» Jesús no es queixarà de res; només li dirà: *Filla, la teva fe t'ha salvat. Ves-te'n en pau i queda guarida del mal que et turmentava.* El darrer cas és el de la dona sirofenícia que se li presentarà en una casa en el territori de Tir (Mc 7, 24-30) i li demanarà un exorcisme per a la seva filla. Jesús, com els altres jueus, denomina als pagans «gossos» i li dirà que no estaria bé prendre el que pertany als fills d'Israel i donar-lo als pagans («gossets», dirà l'evangelista, per suavitzar l'insult). La dona és una «gossa», ja ho sap; no pensa ofendre's. Pot passar per alt l'ultratge, si pot alleugerir l'angoixa de casa seva. I és llesta: no només no s'ha sentit injuriada per la invectiva de Jesús, sinó que li prendrà les paraules de la seva boca per seguir la comparació: *Senyor, també els gossets, sota la taula, mengen les engrunes que els fills deixen caure* (Mc 7,28). Aleshores Jesús queda commogut i es dona totalment; no li queda altre remei: *Ja que has respost així, ves, que el dimoni ja ha sortit de la teva filla.* Jesús entendrà, a més a més, que la voluntat de Déu és que en el seu regne ningú no pateixi, ni israelita ni gentil.

Les dones, altrament, tindran una presència molt significativa durant els darrers dies de Jesús. Segur que van participar del darrer sopar (on haurien «sopat» si seguien Jesús?), en algun lloc on potser, després de la crucifixió, es van reunir alguns deixebles amb alguna part de la família de Jesús (Ac 1, 14), segons elaborarà Lluc. Durant l'execució de Jesús, els homes fugiran mentre les dones es mantindran fidels i, tot i que els romans no permetien presències que poguessin interferir en el seu criminal treball, assistiran de lluny estant a la crucifixió i observaran on serà dipositat el seu cadàver, fos un tomba, fos una fosa comuna, fos un pou de calç. A elles devem encara la fe pasqual, l'anunci de la resurrecció de Jesús, amb el protagonisme de la Magdalena (Jn 20, 19-29), encara que a les primeres comunitats es voldrà que circuli una segona tradició que donava la primacia de les aparicions a Pere (Lc 24,34; 1Co 15,5).

APÈNDIX 12

EL DÉU DE JESÚS I EL REGNE DEL CEL ENFRONT DEL REGNE DEL CÈSAR

No és cap banalitat: el Déu de Jesús és el Déu de l'Evangeli. El Déu que s'oposa als que dominen el món i a les malvestats dels imperis que coneixem i que ens sotmeten; el Déu que ha començat el seu regnat a la Terra superant les injustícies dels regnes dels cèsars terraqüis; el Déu que no terroritza ningú, perquè el Déu que Jesús ens revela és Aquell al qual es dirigeix dient-li «Pare paràs« (*Abba*); el Déu que no vol el mal del món –cap mal, ni físic ni moral– perquè en ell mateix és l'anti-mal.[1] És Aquell que li permet considerar-se fill seu com hi considera tots els éssers humans de la terra que vulguin (Jn 1,12) i tots els homes que escolten la paraula de Déu (Jn 10,34).

Sovint la Bíblia ens diu que Déu té entranyes de misericòrdia –i «entranyes» són els òrgans de reproducció femenina–, per la qual cosa la frase vindria a dir que aquest Déu de Jesús «té una matriu compassiva». Ja ho sé, que a l'Alta Edat Mitjana es van prendre una colla de decisions teològiques arriscades que blindaren una certa pretensió de veritat del cristianisme. L'experiència de salvació va ser tan pregona en els primers creients en Jesús el Natzarè que primer van proclamar que Déu l'havia enaltit i l'havia posat a la seva dreta (així els discursos de Pere als Fets dels Apòstols), després que era Fill de Déu per adopció, més tard Déu mateix... Amb el temps va caldre'n una intel·lecció a mida i en les controvèrsies cristològiques que van dels concilis de Nicea (any 325) a Calcedònia (any 451): aquell jueu crucificat, fill de Maria i Josep, fou reconegut com *omoousios* del Pare, consubstancial a Déu (Nicea) i posseïdor de dues naturaleses, una divina i una altra d'humana, en una sola persona, tot considerant Déu, que era u, una unitat trinitària personal: Pare, Fill i Esperit Sant (Calcedònia). Però aquest és el pòsit del temps, el solatge de la necessitat racional d'explicar-se coses –com ara el fet que Jesús participés de la humanitat i de la divinitat–, no pas el nucli evangèlic. Parlant

[1] Cf. Torres Queiruga, A.: *Repensar el mal. De la ponerología a la teodicea* (Madrid: Trotta, 2011); també, Busquets i Grabulosa, L.: *Déu, el mal i el meu càncer. Afrontar el mal des d'una fe adulta* (Barcelona: Claret, 2016), especialmente el cap. 9.

de Calcedònia, J. A. Marina escriu: «Els profetes jueus, tan zelosos del seu monoteisme, es degueren remoure en les seves tombes i estic segur que si Jesús hagués fet un tomb pel Concili no hauria entès res del que deien d'ell.»[2]

A l'Evangeli, a la *notícia bomba* –que els humans puguem participar de la vida divina és una notícia bomba!–, el que queda clar és que Jesús ens revela el Déu en qui creu[3] i com més vulguem conèixer Déu més ens cal conèixer Jesús (*Ningú no coneix el fill, sinó el pare, i ningú no coneix el pare sinó el fill, i aquell a qui el fill ho vulgui revelar*: Mt 11,27). I una de dos: o l'Evangeli, avui, és idèntic a la seva forma primitiva i ja no parla al nostre temps (per tant s'ha exhaurit en l'eixorquia!) o conté alguna cosa sempre vàlida per ser viscuda en circumstàncies històriques diverses i ens parla tostemps i tothora. I, també a nosaltres. L'Evangeli ens revela l'arrel i el nucli sobre què és ser cristià –creure en el Déu de Jesús–, a partir de la predicació i les obres del Natzarè, bé que, sense tenir en compte les primeres generacions dels seus deixebles ni estar atents al que van capir i experimentar pel fet d'haver estat amb ell i haver-hi viscut –conviscut i «postviscut»– seria impossible una resposta del tot completa a l'ésser del cristianisme, limitada exclusivament a la seva predicació. Tota la vida de Jesús, amb el seu sentir i el seu pensar, estava determinada per la seva relació amb Déu com si respirés l'aire de la seva presència; per això, la seva grandesa va ser la d'aconseguir aflamar una vida religiosa autònoma en els humans i conduir els homes cap a Déu per tal que visquéssim la seva pròpia vida divina, ara i després de la mort, amb Ell.

De jove creia que podíem comprimir el missatge evangèlic en el consell de l'amor als enemics –estava convençut que resumia l'especificitat cristiana predicada per Jesús– segons Lc 6,27:

> *Estimeu els vostres enemics, feu bé als qui us odien, beneïu els qui us maleeixen, pregueu pels qui us calumnien.*[4]

---

[2] Marina, J. A.: *Por qué soy cristiano. Teoría de la doble verdad* (Barcelona: Círculo de Lectores, 2005), p.74.

[3] Aguirre, R.: *El Dios de Jesús* (Madrid: Fundación Santa María, 1985); Schlosser, J.: *El Dios de Jesús. Estudio exegético* (Salamanca: Sígueme, 1995); Torres Queiruga, A.: *Creo en Dios Padre. El Dios de Jesús como afirmación del hombre* (Santander. Sal Terrae, 1986); Schüssler Fiorenza, E.: *Cristología feminista crítica. Jesús, hijo de Miriam, Profeta de la Sabiduría* (Madrid. Trotta, 2000).

[4] «Déu és bo amb els dolents» (Lc 6,35). En versió de Mt 5, 44-47: «Estimeu els vostres enemics, pregueu pels qui us persegueixen. Així sereu fills del vostre Pare del cel, que fa sortir el sol sobre bons i dolents i fa ploure sobre justos i injustos. Perquè, si estimeu els qui us estimen, quina recompensa mereixeu? No fan el mateix els publicans? I, si només saludeu els vostres germans, què feu d'extraordinari? No fan el mateix els pagans?» Per a Paul Ricoeur «El manament d'estimar els enemics no se sosté per ell mateix: és l'expressió *supraètica* d'una gran economia del do i que certament té altres maneres d'expressar aquesta reivindicació de l'home per a l'acció, ja que l'economia del do desborda per tots cantons l'ètica», vist que, en el fons, el Déu de l'esperança final i el de la creació són els dos extrems d'aquesta economia; cf. Ricoeur, P.: *Amor y justicia* (Madrid: Caparrós, 1993).

La lectura de Rudolf Schnakenburg[5] em va fer adonar que no només el judaisme ja havia arribat a la doctrina d'estimar els enemics (Ex 23,4s; Lv 19,34; 1Sa 24,17-20; Sl 35,12-26; Lm 3,30; Pr 25,21...), sinó que hi havia molts filòsofs, predicadors i homes de fe anteriors a Jesús –començant per Buda i Confuci– que havien predicat aquesta mena d'estimació. L'amor als enemics, doncs, no era pas cap senya d'identitat única del cristianisme, com m'havia pensat. Posat a estudiar-ho, almenys en vaig trobar mig centenar.

Aleshores, com resumir i sintetitzar la predicació de Jesús? Ja n'he insinuat algun punt clau més amunt i, si tingués espai, per ordre de la repercussió en la vida dels humans, exposaria aquests cinc esglaons,[6] i començo pels darrers en assolir-se:

a) La resurrecció com a nova creació i la relació del *logos* amb l'inici i final del cosmos. Qualsevol vida humana (que no és cap valor suprem: Mt 10,28) és la vida d'una persona cridada a participar en la vida de Déu mateix. Per a un creient, la història –com deia Carlo M. Martini–[7] ha estat vista sempre com un camí vers una meta fora de la història mateixa i no pas immanent a ella.

b) La consideració de Déu com a Pare i del valor infinit (que no absolut) de la vida humana, la qual cosa agermana tots els éssers de la creació (el Parenostre significa una gran pregària revulsiva).

c) La denominada «major justícia», que es troba en la dialèctica del «es va dir...» oposada al «doncs jo us dic» (Mt 5,21-22.27-28.31-45) i que s'aboca, més enllà de l'ascètica i de l'ètica, a la regla d'or (Mt 7,12), al revulsiu Sermó de la muntanya (Mt 5,1s) i al manament de l'amor als enemics.

d) El canvi radical en la concepció de Messies, l'Ungit de Déu, que passa d'una figura triomfant a una figura servidora, el Fill de l'home,[8] capaç d'oferir a tots els humans la possibilitat de blanquejar els seus mancaments i consalvar-se des de l'ofrena generosa de la vida que suposa la gran victòria del fracàs.

e) L'arribada i eclosió del Regne del Cel enfront dels regnes imperialistes dels Cèsars de torn. El Regne del Cel instaurat per Jesús (una aliança de noves relacions amb la divinitat per cercar la millor justícia i fraternitat d'aquest món) suposa una pugna ideal en una mena de continuïtat abocada a la presència futura i realitzada d'aquest Regne. Segons la creença en la Revelació de Déu, al final es canviarà l'estat de coses de dalt a baix (apocalipsi), no quedarà rastre del cel ni

[5] Schnackenburg, R.: *El testimonio moral del Nuevo Testamento* (Madrid: Rialp, 1965); més recents, *Teología del Nuevo Testamento* (Bilbao: Desclée de Brouwer, 1973); *El mensaje moral del Nuevo Testamento* I: *De Jesús a la Iglesia primitiva*; II. *Los primeros predicadores cristianos* (Barcelona: Herder, 1989 i 1991).

[6] Hi vaig dedicar espai a *Déu, el mal i el meu càncer, o.c.* (2016).

[7] Eco, U. I Martini, C. M.: *¿En qué creen los que no creen?* (Barcelona: Círculo de Lectores, 1997), p.22-23.

[8] Cf. Pikaza, X: *Hijo de hombre. Historia de Jesús Galileo* (València: Tirant lo Blanc, 2007).

de la terra (Ap 20,11; 21,1), de manera que la història humana s'obre a l'esperança de la sublim perfecció escatològica (d'«eskhatà», 'darreres coses') d'un Cel Nou i una Terra Nova (Ap 21,1). Per a un creient en Jesús, no sap com, però sap que, globalment, potser des del fracàs, la història humana acabarà bé.

Un esglaó porta als altres, certament, però, començant pel començament, Jesús volgué oposar el Regne del Cèsar de Roma al Regne de Déu, segurament esmentat com a Regne del Cel per no esmentar el nom de Déu en va. Per què?

Ens hem imaginat sempre la família de Jesús amb un taller de fusteria i una vida passadora. Més aviat, com sabem, la seva vida no n'era gaire, de passadora. Una família nombrosa –cinc germans i almenys dues germanes–, al Natzaret de la baixa Galilea, no hi podia viure gens bé.[9] Ningú, fora de l'aristocràcia relacionada amb l'Imperi o amb el reietó d'aquella tetrarquia d'Antipes (un 5/10%) –successor en una quarta part del regne d'Herodes–, no hi vivia: l'Imperi agrari tradicional, en què l'aristocràcia es quedava amb els excedents dels camperols (un 80/90% de la població), els romans l'havien convertit en imperi agrari comercial, amb venda i lloguer de terres, que era el poc que els quedava als camperols per fer front als nombrosos impostos del tetrarca, dels romans i del Temple jerosolimità.[10] La situació empenyia els pagesos vers les classes inferiors. L'evangeli diu que Josep era *tekton* (Mc 6,3), un 'manetes', un 'adoba-de-tot' més que un 'artesà'. En el fons, un jornaler que es buscava feines perquè a Natzaret (uns 200 o 300 habitants) no hi hi devia haver pas feina per a un taller d'artesans. Segurament va arribar a aquesta situació després de perdre altres béns. Josep hauria estat, abans que un «manetes», camperol? Hi ha qui ho dona per fet. Jesús s'adonà que aquella era una injustícia estructural de l'Imperi. Venia del temps de Cèsar August

[9] Per a la Galilea del temps de Jesús, cf.: Theissen, G. i Merz, A.: *El Jesús histórico* (Salamanca: Sígueme, 1999); Saulnier, C. i Rolland, B.: *Palestina en tiempos de Jesús* (Estella: Verbo Divino, 199812); Reed, J L: *El Jesús de Galilea. Aportaciones desde la arqueología* (Salamanca: Sígueme, 2006); Malina, Bruce J.: *El mundo social de Jesús y los evangelios* (Santander: Sal Terrae, 2002); Horsley, R. A: *Jesús i el Imperio. El Reino de Dios y el nuevo desorden mundial* (Estella: Verbo Divino, 2003); Meier, J. P.: *Un judío marginal. Nueva visión del Jesús histórico. I. Las raíces del problema y de la persona* (Estella: Verbo Divino, 2001).

[10] Els romans exigien tributs als camperols per treballar les terres (de les qual es consideraven propietaris per dret de conquesta) i taxes als pescadors pels drets de pesca i utilització d'embarcadors; això sense comptar el *tributum soli* (1/4 de la producció cada dos anys) i del *tributum capiti* (un denari/any, des dels 12 anys les fèmines i des dels 14 els barons). Les taxes d'Antipes a Galilea (amb menys de 20 anys hi va reconstruir Sèpforis i bastir Tiberíades) també pesaven, sobretot si pensem que els recaptadors de vegades anaven per ells o que les elits herodianes o romanes volien entrampar en l'espiral del deute els camperols i quedar-se el sòl que conreaven. Caldria afegir les taxes del Temple, amb el complicat sistema de delmes i primers fruits, i el mig *xékel*/any que pagava cada jueu adult. Segons Pagola, la càrrega era «aclaparadora. A moltes famílies se'ls escolava en tributs o impostos un terç o la meitat del que produïen»; cf. Pagola., J. A.: *Jesús. Aproximación histórica, o.c.* (2007[6]), p.26.

(12 aC-14 dC) i continuava en temps de Tiberi (14-37 dC), els dos cèsars contemporanis de Jesús. Potser d'abans, d'ençà que Pompeu entrà a Jerusalem a la primavera de l'any 63 aC i aquells territoris palestins passaren a pertànyer a la província romana de Síria. Des del 37 aC, Herodes, un idumeu, controlà el territori amb ajuda dels romans i es convertí en el reietó «aliat i amic del poble romà». Morí quan Jesús devia tenir dos o tres anys. En devia sentir dir de tots colors, Jesús, perquè Herodes assassinà una de les seves mullers, el cunyat, la sogra i dos dels seus fills. Ell i Antipes, el seu successor a Galilea, eren marionetes de Roma. I una cosa era certa: l'Imperi empobria els pobres més del que ja eren. Al regne del Cèsar imperial calia oposar-hi el *Malkhut Adonay* (*Malkutà di'elahà*, en arameu), el Regne de Déu o del Cel en aquesta terra, una de les grans utopies del judaisme relacionat amb l'era messiànica, terme poc emprat en la literatura bíblica i que Jesús ompliria de contingut original.

Aquest Regne[11] era i és l'oposat al Regne terrenal del Cèsar d'aleshores i dels d'ara. Jesús copia del Baptista i dels profetes aquesta sobirania de Déu, del Bé i del Sant sobre la terra. Jesús fins i tot es va fer batejar pel Baptista i així es va afiliar al moviment apocalíptic que havia desencadenat: per als apocalíptics, Déu intervindria d'alguna manera a la terra, esmenaria tot el que estava torçat i hi portaria un canvi radical basat en la justícia i el bé. Per això podia predicar: *S'ha complert el temps i el Regne de Déu és a prop. Convertiu-vos i creieu en la bona nova* (Mc 1,15). L'insòlit era que un Regne d'un Déu misericordiós estigués dirigit als pobres (era la seva única esperança!) i no a les classes que remenaven les cireres d'Israel; l'extraordinari era que un altre món fos possible, desitjable i necessari. Això no podia caber en el cap dels dirigents d'Israel.

Per a Joan el Baptista, l'aparició del Regne estava relacionada amb el dia del Judici d'Israel, el «Dia de Jahvè» (Mt 3, 7-10). Profetitzada a l'Antic Testament, aquesta jornada havia de ser un dia fulgurant (Am 5,18), combatiu i guerrer (So 1,14; Is,13,2s; Ez 30,3; Jl 1,5) fins a ocasionar la ruïna de Jeru-

[11] Sobre el Regne de Déu, cf. Schnakenburg, R.: *Reino y Reinado de Dios* (Madrid: Fax, 1967); Aguirre, R.: *Del movimiento de Jesús a la Iglesia cristiana* (Bilbao: Desclée de Brouwer, 1987); Sobrino, J.: *Jesucristo liberador. Lectura histórico-teológica de Jesús de Nazaret* (Madrid: Trotta, 1991); Gnilka, J.: *Jesús de Nazaret, mensaje e historia* (Barcelona: Herder, 1995); Meier, J. P.: *Un judío marginal, o.c.*, p. 191-592; Barbaglio, G.: *Jesús, hebreo de Galilea. Investigación histórica* (Salamanca, Secretarido Trinitario, 2003)ps 249-291; Horsley, R. A.: *Jesús y el imperio..., o.c.*, p. 195-163; Sanders, E.P.: *La figura histórica de Jesús* (Estella: Verbo Divino, 2000) i *Jesús y el judaísmo* (Madrid: Trotta, 2004). Des del punt de vista jueu, cf. Ben-Chorin, S: *Hermano Jesús: El Nazareno desde la perspectiva judía* (Barcelona: Riopiedra, 2003) i, especialment, Saban, M. J.: *El judaísmo de Jesús* (Buenos Aires, Saban, 2008), p. 443-509, on, per a ell, el *Malkhut Adonai* ('Regne de Déu') és un concepte jueu molt anterior a Jesús, que no es pot iniciar amb ell perquè, si de cas, el Messies l'ha de cloure.

salem (Ez 13,5), amb efectes còsmics (Ez 30,3; So 1,8; Ml 3,19); causaria pànic als homes (Is 2,10.20; Ez 7,7) pel seu caràcter d'extermini (So 1,18), judici i purificació final (Ml 3,20; Ez 7,6s). Per a alguns teòlegs, Jesús havia pres el dia del Senyor de l'Antic Testament i se l'havia «fet seu»; d'altres opinen que l'hi van fer «seu» els redactors creients d'aquell estrat primerenc de textos. Jesús, tanmateix, aprèn i escarmenta en el Baptista quan aquest és fet presoner per Herodes Antipes. El que potser no s'imaginava és que el profeta venerat acabés degollat a Maquerunt, la fortalesa vora el Mar Mort a l'extrem sud de Perea, a la quinta forca i sense cap intervenció de Déu. Jesús va aprendre la lliçó, i tant![12] Si Déu no s'immiscia en res i deixava morir Joan sense jugar les cartes apocalíptiques esperades és que esperava que fóssim els humans qui ens havíem d'arremangar les mànigues de la camisa per arranjar les injustícies d'aquest món i de fer-hi créixer el Regne de Déu. Encara que fos a costa de la vida. (*No convé que un profeta mori fora de Jerusalem*: Lc 13,33.) Per això, la seva predicació seria diferent de la del Baptista: més que un avís del judici, seria una veritable bona notícia (evangeli), portadora de felicitat i alegria per als més necessitats i indigents. El món podia canviar! Contra l'Imperi opressor, havia trobat una alternativa: el Regne de Déu!

Per això el va voler implantar des d'una certa estratègia, enviant deixebles als llogarrets més pobres (les ciutats com Sèpforis o Tiberíades estaven massa estratificades en classes socials per prestar-hi atenció), fent aliances entre deixebles itinerants i sedentaris, guarint malalts, practicant exorcismes si era necessari, oferint la joia de la comensalitat a tothom. Jesús esdevé un apassionat d'aquest regne diví alternatiu a l'imperi, el fa esdevenir clau de volta de la seva vida. Mai no explica directament en què consisteix; l'anuncia com una bona notícia a gent senzilla i prou. De fet, sap que recull aspiracions fondes d'Israel. Des d'infant, Jesús ha copsat Déu com el creador de cels i terres. El seu regnat era absolut, universal. I quan històricament Israel proclamà reis, l'experiència d'injustícies fou tràgica. El llibre apocalíptic de Daniel, aparegut durant la brutal persecució d'Antíoc IV Epífanes (175-164 aC), anunciava un regnat diferent. Els darrers profetes seguien donant ànims al poble: *Envio un missatger a preparar el camí davant meu* (Ml 3,1). Jesús vivia aquesta fe esperançada. Tant les *Esmenà esré* com la pregària del *Qaddix*, que es resaven al seu temps, demanaven respectivament a Déu que fos «l'únic Rei», que el seu regne «irrompés sense trigar» en la vida d'Israel. Però

[12] Cf. Meier, J. P.: *Un judío marginal*, *o.c.*, p. 191-592.

Jesús sorprendrà en dir que el Regne esperat no arribarà de forma espectacular sinó que ja ha arribat, ja és *enmig vostre* (Lc 17,21). L'apòcrif de Tomàs encara és més explícit: *El Regne de Déu és dins i fora de vosaltres* (To,3). Jesús desconcertava. El regne de Déu que predicava amb els seus permetia viure amb dignitat, el que més desitjaven els camperols galileus, pobres, humiliats i sense cap seguretat material.

Adolf von Harnack diu que «ni el concepte de Regne de Déu ni la figura de la seva vinguda són prou clars»:[13] de fet, la predicació de Jesús sobre el Regne passa per totes les formes literàries del dia del judici, des de les profètiques i d'aquelles que asseguren la presència visible del Regnat de Déu –on cal entrar-hi amb violència (Mt 11,12) per bé que sigui a *prop* (Mt 4,17)– fins a les expressions d'una vinguda interior d'un regne que comença ara i aquí, com hem insinuat: *El Regne de Déu no vindrà en un moment previsible, ni tampoc podran dir: «És aquí» o «És allà». El Regne de Déu és enmig vostre* (Lc 17,10-21). Més i tot: de vegades s'imposa externament en una mena de pugna contra els mals i/o els malvats –i cal sol·licitar-lo: *vingui el teu Regne* (Mt 6,9), diu al Parenostre–, de vegades és una presència interior enmig dels humans com acabem de veure i, encara d'altres vegades, el regne és el *seu regne*, el regne de Jesús. En aquest sentit, al final de la seva imposició entre els pols esmentats –serà en el proper futur / ja és present– es veu a si mateix assegut a la dreta del Pare, amb els dotze apòstols asseguts a sengles trons judicant les tribus d'Israel, malgrat que els evangelistes cometin aquí un cert anacronisme (Mt 19,28=Lc 22,30).

Quant a si el Regne serà una realitat futura o ja és present, fixem-nos en aquesta oposició de cites:

El Regne del Cel és present o futur?			
Regne futur		**Regne present**	
Mt 6,10	*...vingui el teu **Regne**,/que es faci la teva voluntat/ aquí a la terra com es fa en el cel.*	Mt 11,11; Lc 7,28	*...entre els nascuts de dona no n'hi ha hagut cap de més gran que Joan Baptista; però el més petit en el **Regne del cel** [**de Déu** en Lc] és més gran que ell.*
Lc 11,2	*Quan pregueu, digueu:/ Pare,/ santifica el teu nom,/ vingui el teu **Regne**.*		

[13] Harnack, A. von: *L'essència del cristianisme*, «Clàssics cristians del segle XX», 9 (Barcelona: Pòrtic, 2010), p. 89.

Mc 14,25 = Mt 26,29	*Us asseguro que ja no beuré més del fruit de la vinya fins al dia que begui vi nou en el* ***Regne de Déu****.*	Mt 11,12;	*Des de Joan Baptista fins ara el* ***Regne del cel*** *sofreix violència, i gent violenta se'n vol apoderar.*
Lc 22,18	*...us asseguro que des d'ara ja no beuré més del fruit de la vinya fins que haurà arribat el* ***Regne de Déu****.*	Lc 16,16	*La Llei i els Profetes arriben fins a Joan; des d'aleshores és anunciada la bona nova del* ***Regne de Déu*** *i tothom s'esforça per entrar-hi.*
Lc 13,28-29	*Allà hi haurà els plors i el cruixit de dents, quan veureu Abraham, Isaac, Jacob i tots els profetes en el Regne de Déu, mentre que a vosaltres us hauran tret fora. I vindrà gent d'orient i d'occident, del nord i del sud, i s'asseuran a taula en el* ***Regne de Déu****.*	Mt 11,4-6 = Lc 7,22	*Aneu a anunciar a Joan el que sentiu i veieu*: els cecs hi veuen, *els coixos caminen, els leprosos queden purs*, els sords hi senten, els morts ressusciten, *els pobres reben l'anunci de la bona nova. I feliç aquell qui no em rebutjarà!* [Amb caràcters rodons les al·lusions a Isaïes]
Mt 8,11-12	*I us dic que vindrà molta gent d'orient i d'occident i s'asseuran a taula amb Abraham, Isaac i Jacob en el Regne del cel, mentre que els hereus del* ***Regne*** *seran llançats fora, a la tenebra; allà hi haurà els plors i el cruixit de dents.*		
Lc 6,20	*Llavors alçà els ulls cap als seus deixebles i digué:* «Feliços els pobres: és vostre el **Regne de Déu**!»	Lc 11,20 – Mt 12,28	*Si jo trec els dimonis pel poder de l'Esperit de Déu, és que ha arribat a vosaltres el* ***Regne de Déu****.*
Mt 5,3	*Feliços els pobres en l'esperit: d'ells és el* ***Regne del cel****!*		
Lc 22,29-30	*Així com el meu Pare m'ha concedit la reialesa, jo també us la concedeixo a vosaltres: menjareu i beureu a la meva taula en el meu* ***regne****.*	Lc 17,20-21	*El Regne de Déu no vindrà en un moment previsible, ni tampoc podran dir:* «És aquí» *o* «És allà». *El Regne de Déu és enmig vostre.*

El quadre no demana gaires comentaris; adduïm només que el Regne de Déu s'identifica amb la plenitud dels temps messiànics a Mt 11,4-6 i paral·lels, que el nombre de cites sobre el present i futur del Regne és semblant i que en podríem afegir alguna altra menys explícita al quadre com ara aquella que identifica la manifestació messiànica del regne amb la presència de Jesús (Mc 2,19).

Altrament, disposem d'uns quants textos sobre l'arribada imminent del Regne, lligada a una mena de segona vinguda de Jesús, identificat amb el Fill de l'home o Messies, que no semblen de Jesús i que més aviat tenen tot l'aspecte d'elaboracions posteriors, vist que ens ofereixen la seva tornada en un futur immediat (Mc 9,1; 13,26-32 i paral·lels; Mt 10,23; Rm 1,4: 1Te 1,9-10; 4,16-17). Amb el pas del temps, les comunitats que creien en una segona vinguda imminent de Jesús (la Parusia) s'autocorregiren aquelles esperances com havien corregit les apocalíptiques. La segona vinguda de Jesús, la Parusia, no arribava ni arribaria mai. Pau evolucionà i no li resultà cap contradicció el fet que ja el tinguem iniciat, el Regne de Déu predicat per Jesús, però *encara no* el posseïm perfet (*iam... nondum*): cal que tots plegats hi posem el coll per fer-lo possible i no creuar-nos de braços, acabarà dient als de Tessalònica algun deixeble paulí (2Te 2,2). Lluc –que segurament els darrers anys seguí Pau, no ho oblidéssim– va començar també a entendre que Jesús ja havia fet el que havia de fer i havia vingut una vegada i per sempre: *El Regne de Déu és enmig vostre* (Lc 17, 21). Res, doncs, d'una segona vinguda gloriosa de Jesús. Un teòleg tan prudent com Rovira Belloso parla d'una vinguda «permanent i constant» i escriu textualment:

> «Pel que fa a la vinguda de Crist, la nostra imaginació farà bé d'acontentar-se amb una sola vinguda del qui és essencialment actiu i actual com a Paraula, que ha acampat entre nosaltres. Aquesta única presencialitat s'estén allà on hi ha situacions humanes diverses».[14]

Sigui com sigui, Jesús, que explica aquest Regne en paràboles, ens en deixa indicis i senyals en les seves actituds (Jesús practica una comensalitat oberta fins i tot a publicans i prostitutes: Mc 2, 13-17 i Lc 15,1-2; acull perdonant: Lc 15,11-32; cura i absol: Mc 2,1-10), evangelitza els més indigents,[15] i ho manifesta en la superació de tabús (xàbat, menjar caixer, ritualismes...), en les

[14] Rovira Belloso, J. M.: *Qui és Jesús de Natzaret* (Barcelona: Ed. 62, 2005), p. 355-356; el mateix *Catecisme de l'Església Catòlica* (Barcelona: Coeditors catalans, 1993) va amb peus de plom; cf. §§ 670, 677, 682.

[15] Aquest senyal, anunciat per Isaïes (Is 26,29; 29,18; 35,5-6), és el que ofereix Jesús als deixebles del Baptista quan li pregunten si ell és el Messies esperat: «Aneu a anunciar a Joan el que sentiu i veieu: els cecs hi veuen, els coixos caminen, els leprosos queden purs, els sords hi senten, els morts ressusciten, els pobres reben l'anunci de la bona nova. I feliç aquell qui no em rebutjarà!»

seves sentències («es va dir...» oposada al «doncs jo us dic», la regla d'or...), en els seus prodigis (guaricions i exorcismes). El programa del Regne, que inclou un seguiment radical, consta d'uns punts determinats: conformar una nova família que superi les moltes famílies trencades més enllà dels lligams de sang i els costums androcèntrics i patriarcals que tenen la dona i els nens per no-res (Mc 3,31-35); dur endavant un projecte que inclou la misericòrdia i el perdó (*Sigueu misericordiosos com ho és el vostre Pare. No judiqueu, i no sereu judicats; no condemneu, i no sereu condemnats; perdoneu, i sereu perdonats. Doneu, i us donaran: us abocaran a la falda una bona mesura, atapeïda, sacsejada i curulla fins a vessar. Tal com mesureu sereu mesurats:* Lc 6, 36-38); trencant la llei del talió tot exigint un perdó intercomunitari sense necessitat de conversió o penediment previs; és a dir, suposa acceptar l'altre sense límits, fins al perdó dels enemics.

APÈNDIX 13

SIGNES DEL REGNE: SENTÈNCIES, PARÀBOLES I PRODIGIS

Hem dit que Jesús, durant la predicació i construcció del Regne del Cel, ens en deixava indicis i senyals de moltes maneres, entre les quals les sentències, les paràboles, que donaven imatges d'aquest Regne, i els prodigis.[1] Ja sabem que avui es parla de la font *Q*, comuna als evangelis de Lluc i Mateu, i de l'*Evangeli de Tomàs* (*To*), tant l'una com l'altre plenes de sentències; és normal que es vulguin aplegar amb un cert ordre. I més quan les 114 sentències de *To*, de vegades, es desdoblen i fan un total de 146. Hi ha qui exposa les de *Q* com a comunes de Mateu i Lluc i les distingeix tant de les de Tomàs com de les que són pròpies de cadascun dels evangelis i fins i tot de la tradició dels tres sinòptics;[2] hi ha qui va més enllà i, a partir dels catorze grups temàtics proposats per Kloppenborg,[3] compara *Q*, *To* i la resta d'escrits, de tal manera que s'ha arribat a perfilar una *Tradició de sentències comunes* a ambdós i a d'altres, oral, òbviament, que assoleix els estrats precedents tant dels evangelis com de *Q* i *To*, fins al punt d'apropar-se molt a allò que hom considera les «ipsissima verba Jesus».[4] Afegim, perquè es vegi que en el brou

---

[1] Avancem des d'aquest moment que hi ha autors que asseguren que el moviment de Jesús tenia una «ala militar» (no pas «militarista»), i no negarem pas que entre els seus hi pogués haver seguidors disposats no sols a la resistència sinó a la lluita armada; cf. Montserrat Torrents, J.: *Jesús, el galileo armado. Historia laica de Jesús* (Barcelona: Edav, 2007). Però el regne que ell volia no el preparà pas sediciosament, en sentit militar (ni com una presa de poder) sinó com una transformació ètica (teològica i messiànica) del poder.

[2] Així, J. M. Rovira Belloso a *Qui és Jesús de Natzaret*, *o.c.*, p. 158-194.

[3] Són aquests: *1)* Predicació de Joan sobre el qui ha de venir (Lc 3,7-9.16-17); *2)* La temptació de Jesús (Lc 4,1-13); *3)* Primera predicació de Jesús (Lc 6,20b-49); *4)* Joan, Jesús i «aquesta generació» (Lc 7,1-10.18-28; 7,31-35; [16,16]); *5)* Discipulat i missió (Lc 9,57-62; 10,2-4); *6)* Sobre l'oració (Lc 11, 2-4.9-13; *7)* Controvèrsies amb Israel (Lc 11,14-52); *8)* Sobre predicar sense por (Lc 12,2-22); *9)* Sobre les preocupacions materials (Lc 12 [13-14.16-21].22-31.33-34); *10)* Preparació per a la fi (Lc 13,39-59); *11)* Dues paràboles de creixement (Lc 13,18-19.20-21); *12)* Els dos camins (Lc 13,24-30.34-35: 24,16-24.25-27; 117, 33; 14,33-34); *13)* Diverses paràboles i dites (Lc 15, 3-7; 16,13.17-18; 17,1-6); *14)* El discurs escatològic.(Lc 17,23-27; 19,12-27; 22,28-30).

[4] Crossan, J. D. a *El nacimiento del cristianismo* (Santander. Sal Terrae, 202) fa l'inventari d'aquesta *Tradició de sentències comunes* als apèndixs (p. 587ss), i en troba de quatre tipus: I) Redactats amb orientació ascètica a *To*, però no amb orientació apocalíptica a *Q* (9 de 37: 24%); II) Redactats amb orientació apocalíptica a *Q* però no amb orientació ascètica a *To* (3 de 37: 8%); III) Redactades amb orientació apocalíptica a *Q* i amb orientació ascètica a *To* (7 de 37:19%); i IV) No redactades amb orientació apocalíptica a *Q* ni amb orientació ascètica a *To* (18 de 37: 49 %).

de cultiu dels primers estadis redaccionals dels escrits sobre Jesús hi havia molta permeabilitat, que fins i tot la *Didakhé* –un escrit apostòlic de disciplina eclesiàstica de la primera meitat del segle II– té exactament sis sentències comunes amb *Q*. Hi ha estadístiques pouades de Crossan, com aquestes: *a)* el 28% de les dites de *To* tenen paral·lels a *Q*; *b)* el 30% de les dites comunes entre *To* i *Q* tenen paral·lels en Ma; *c)* el 87% de les dites específiques de *Q* tenen paral·lels en Mc; *d)* De *To*, el 12% tenen paral·lels en Mt el 7% en Llc i el 9% en Jn.

Tots aquests inventaris són freds, esclar. Però és que, de les sentències de Jesús i del desconcert que provoquen, se n'ha parlat molt. Rovira Belloso les recull i reinterpreta totes seguint els sis apartats de Kloppenborg.[5] No hi insistirem. Cada redactor reordena les sentències que poua de *Q* a la seva manera, d'on es poden extreure moltes dades de cada manera de fer. L'ordre d'aquestes sentències en Mc, Lc i la *Didakhé* ja resulta significatiu com podem veure en aquesta sèrie paral·lela:

L'ordre, segons els autors, ja és significatiu		
Lluc (6,27-36)	**Mateu (5,39-48; 7,12)**	**Didakhé (I,2c-5a)**
Estimeu els vostres enemics (v. 27)	L'altra galta (v. 39)	La regla d'or
L'altra galta (v. 29)	Doneu sense esperar devolució (v. 42)	Estimeu els vostres enemics
Doneu sense esperar devolució (v. 30)	Estimeu els vostres enemics (v. 44)	Supereu els pecadors
La regla d'or (v. 31)	Com el vostre Pare (v. 45)	L'altra galta
Supereu els pecadors (v. 32)	Supereu els pecadors (v. 46)	Doneu sense esperar devolució
Com el vostre Pare (v. 36)	La regla d'or (7,12)	Com el vostre Pare

Jesús es devia inspirar en la paremiologia popular tot afegint-hi la seva originalitat per la manera d'entendre la vida davant de la constant presència

[5] I) el Sermó de la Muntanya; II) Paraules sobre la missió; III) Paraules sobre la pregària (amb el «Parenostre»); IV) No tingueu por, no us preocupeu; V) No vulgueu ambicionar ni atresorar béns materials, ans busqueu el Regne de Déu; VI) Cal portar la pròpia creu i lliurar la pròpia vida.

de Déu. *Qui vulgui salvar la seva vida, la perdrà, però el qui la perdi per mi i per l'evangeli, la salvarà* (Mc 8,35). Com podia dir això, si la vida era sagrada per als jueus? *Si l'ull dret et fa caure en pecat, arrenca-te'l i llença'l [...] I si la mà dreta et fa caure en pecat, talla-te-la i llença-la...* (Mt 5,29-30). Eren provocacions punxants i categòriques per als seus oïdors. *Els primers seran darrers i els darrers, primers* (Mc 10,31,Q [Lc 23,30 || Mtg 20,26], To 4,2-3). De vegades, feia jocs de paraules irònics: *Guies cecs, que coleu un mosquit* [en arameu, *galma*] *i us empasseu un camell* [en arameu *gamla*]! (Mt 23,24). D'altres buscava la rialla de la gent: *Com és que veus la brossa a l'ull del teu germà i no t'adones de la biga que hi ha en el teu?* (Mt 7,3). Alguns cops les sentències actuaven d'epifonema d'una discussió: *El metge, no el necessiten els qui estan bons, sinó els qui estan malalts* (Mc 2,27); o bé: *Cap criat no pot servir dos senyors, perquè, si estima l'un, avorrirà l'altre, i si fa cas de l'un, no en farà de l'altre. No podeu servir alhora Déu i el diner* (Q=Lc 16,13||Mt 6,24). Era punyent a més no poder.

Pel que fa a les paràboles, el terme, provinent del grec «parabolé» —anomenada *maixal* pels rabins, que l'empraven sovint—, al·ludeix a una comparació. Es tracta d'una història narrada per Jesús per tal d'il·lustrar el seu ensenyament amb una finalitat: moure els endins de qui l'escolta.[6] Hi ha qui les distingeix de les al·legories, que també utilitza el Natzarè en afirmar, per exemple, *Jo soc el Pa de Vida* i els relats parabòlics com la de l'entrada a Jerusalem el dia de Rams.[7] Rovira Belloso, al seu torn,[8] les classifica temàticament en aquests grups: 1r.) paràboles del Regne; 2n.) paràboles de la misericòrdia; 3r.) paràboles del judici: caritat, riquesa i pobresa; 4t.) paràboles de l'evangeli de Joan; 5è.) comparacions a la manera de paràboles breus.

---

[6] Es diu que una de les primeres paràboles de la Bíblia (si nó la primera) és la de Natan a David (2Sa 12,1-5), en la qual David reacciona arborant-se de còlera abans d'adonar-se que el profeta parlava d'ell mateix; per a les paràboles, cf. Crossan, J. D.: *In Parables. The Challenge of the Historical Jesus* (Sonoma CA: Poleridge Press, 1992); Dodd, C. H.: *Las parábolas del Reino* (Madrid: Cristiandad, 1974); Dupont, J.: *Il metodo parabolico di Gesù* (Brescia: Paideia, 1978); Jeremias, J.: *Las parábolas de Jesús* (Estella: Verbo Divino, 1971); McBride, D.: *Les paraboles de Jésus* (París Eds. de l'Atelier, 2001); Roux, J. P.: *Jesús de Nazaret* (Madrid: Espasa Calpe, 1993); Weder, H.: *Metafore del Regno. Le parabole di Gesù: ricostruzione e interpretazione* (Brescia: Paidea, 1991).

[7] Seria un relat parabòlic per evidenciar que els seguidors de Jesús concebien el Regne que anunciava com un antiregnat no violent. Entrar a Jerusalem damunt d'una somera quan els prefectes (se'ls va anomenar procuradors després de Claudi) romans hi entraven damunt d'un carro de guerra o d'un cavall blanc de ritual, s'hauria pres com una burla i, segons Crossan i Reed, «hauria bastat per decretar la seva crucifixió pública» (*Jesús desenterrado* [Barcelona: Crítica, 2003]p.271). Suposant que l'entrada a Jerusalem fos històrica (i és molt suposar!), Mc 11,8s amb el crit «Beneït el regne que arriba del nostre pare David», voldria demostrar l'error de la gent en preferir un regne davídic terraqüi al Regne del Cel ja present a la terra. Jesús no entra a la ciutat de manera insidiosa per provocar-hi cap revolta armada, sinó de manera oberta, a plena llum del dia, davant de sacerdots i soldats romans, obertament desarmat, perquè, com han vist bé tant Q com Mc (i abans, Pau) Jesús com a messies davídic militar seria un fracassat.

[8] Dins *o. c.*, p. 140-146.

Avui els experts les solen classificar segons la pertinença de materials. Seguint Xavier Pikaza,[9] les podem ordenar així:

Material més antic, comú a Mc i a Q (citat per Lc), on destaca la del gra de mostassa	Mc 3,23-25 i Q 11,17	Reialme i casa dividits es destrueixen.
	Mc 3,27; Q 11,21-22	Cal lligar l'amo fort d'una casa per saquejar-l'hi.
	Mc 4,30-32; Q 13, 18-19	Gra de mostassa.
	Mc 4,21; Q 11,33	La llàntia es posa al portallànties i no sota el llit.
	Mc 9,50; Q 14,35-35	La sal no pot perdre la salabror.
Material exclusiu de Q (Mt i Lc, citat per Lc), on destaca la urgència del Regne	6,47-49	La casa ferma té fonaments; sense fonaments, s'ensorra.
	7,31-32	Els nois a la plaça es recriminen els uns als altres.
	11,11-13	Si un fill demana un peix al pare, quin li donarà una serp?
	11,24-26	L'esperit maligne expulsat de casa hi torna amb l'ajut d'altres.
	11,34-36	El llum del cos és l'ull.
	12,39-40	Cal vetllar perquè el lladre entra a casa a la insabuda.
	12,42-46	Dos tipus de servents, fidels i infidels.
	12,54-56	Interpretar el carés del temps i no discernir el temps de Déu.
	12,57-59	Reconciliar-se de camí cap al jutge.
	13,20-21	Llevat en la massa, ferment del Regne.
	13,24	Cal esforçar-se per entrar al Regne per la porta estreta.
	13,25-27	La porta estarà tancada pels jueus que hagin obrat el mal, i els forasters entraran al Regne.
	14,16-24	Els convidats al banquet del Regne no el tastaran a favor d'invàlids, coixos, cecs i rodamons.
	15,3-7	Per una ovella perduda que obtingui la joia del Regne cal deixar-ne noranta-nou.
	19,12-16	Exigència de rendibilitat de les mines o talents confiats als servents.

[9] *INRI. Jesús Nazoreo. Rey de los Judíos* (aprofito per agrair-li que m'oferís el seu llibre abans d'editar-se); és un autor fecund amb títols del tot imprescindibles, com ara *Diccionario de la Biblia: historia y palabra* (Estella: Verbo Divino, 2007) o bé *Historia de Jesús* (Estella: Verbo Divino, 2013).

Material propi de Mc (amb paral·lels a Mt i Lc); només la darrera és pròpia de Mc	4,2-9.13-20	La sembra i la collita, amb interpretació al·legòrica.
	4,26-29	La llavor germina i creix sense que se sàpiga com [sense paral·lels en Mt i Lc].
	12,1-12	Vinyaters arrendataris homicides.
	13,28-29	La figuera marca el pas de les estacions.
	13,34-36	El porter d'entre els servents ha de vetllar.
Material propi de Mt, algunes creades per la seva comunitat distingint bons / dolents, de caire moralista	5,15	No es pot amagar una ciutat dalt d'una muntanya.
	13,24-30. 36-43	El blat i el jull, amb al·legorització minuciosa.
	13,44-46	Tresor amagat, perla preciosa.
	13,47-50	Xarxa que arreplega tota mena de peixos i tria.
	13,52	Mestre de la Llei que destria tradició i novetat.
	18,23-35	El servent perdonat incapaç de perdonar un seu deutor.
	20,1-16	Jornal igual a vinyaters, contractats a diferents hores.
	21-28-31	Els dos fills: el qui diu que no anirà a treballar i hi va i el que diu que sí que hi anirà i no hi va.
	22,11-14	Convidat sense vestit de noces (afegit a 22, 1-10).
	25,1-13	Verges insensates i prudents: el judici de l'oli.
	25,31-46	Judici final: tria d'ovelles i cabrits i judici segons les obres messiàniques.
Material propi de Lc, històricament més fidel	7,41-43	El perdó a dos deutors amb deutes desiguals implica que s'estimi més qui ha perdonat el deute més gran.
	10,29-37	Bon samarità: qui és el proïsme (l'alteritat).
	11,5-8	Amic importú demana amb impertinència de nit.
	12,16-21	El ric insensat mor de nit i es perd ell mateix.
	12,35-38	Els criats vigilants; la vida davant la llum de Déu.
	12,47-48	Càstig del criat infidel.
	13,6-7	Figuera estèril a la qual l'amo deixa temps per donar fruit.
	14,7-11	Cerca dels darrers seients del banquet i no dels primers.
	14,28-32	Càlcul de com fonamentar i bastir una torre o dels homes a la disposició d'un rei que en vol guerrejar un altre.

	15,8-10	Dracma perduda cercada per una dona com un tresor.
	15,11-32	Amor del Pare pel fill pròdig i pel germà emmurriat.
	16,1-8	Administrador astut, acomiadat per l'amo, perdona deutes i és lloat malgrat el diner enganyós.
	16,19-31	El ric Epuló i Llàtzer, el mendicaire.
	17,7-10	El criat que ve del treball ha de preparar el sopar de l'amo i no a l'inrevés: som simples servents.
	18,2-8	La vídua que importuna el jutge injust.
	18,10-14	Les dues formes d'oració del publicà i del fariseu.
Material de Jn (elaboració al·legòrica)	2,1-12	Paràbola i al·legoria de les noces de Canà.
	4,1-42	Paràbola, al·legoria i ensenyament de la dona de Samaria.
	8,12-20	Al·legoria de la llum («Jo soc la llum del món»).
	9,1-41	El miracle del cec de naixement convertit en al·legoria.
	10,1-21	Paràbola i al·legoria del bon pastor.
	11,1-44	Resurrecció de Llàtzer esdevinguda al·legoria.
	15,1-16	Al·legoria de la vinya: sentit cristològic i eclesial.

És impossible destriar entre aquesta gairebé seixantena de paràboles per destacar-ne alguna. Totes elles conviden a deixar un món antic des de l'horitzó d'un món nou, com la del gra de mostassa, petita sement que, un cop sembrada, pot esdevenir un gran arbre. O la del llevat, que tot ho fermenta: el llevat era metàfora del mal que ho pot corrompre tot; el pa àzim era emblema del que és pur i sant. Jesús invertia els esquemes tradicionals provocativament. Els impurs, leprosos, esguerrats, etc., tenien un lloc en el Regne. El Déu de Jesús corre a trobar el fill perdut, l'interromp perquè no s'humiliï més justificant la tornada i va a cercar el germà enfadat... perquè participi a la gran festa. El mateix s'esdevé amb els jornalers de primera hora que es queixen de cobrar igual que els de darrera hora. En veure la generositat de l'amo amb els darrers, pensaven cobrar més; és obvi. I no: el Regne no funciona d'acord amb els nostres càlculs, paràmetres o criteris. És una altra cosa. Déu no està pendent dels mèrits de les persones.

Molts d'aquests *xemals* desconcertaven, com ara el de la pregària del fariseu i el publicà o recaptador d'impostos. Els fariseus –hi ha experts que asseguren que Jesús era fariseu– solien ser homes pietosos, complien els manaments, observaven les normes de puresa ritual, pagaven els delmes escrupolosament. El publicà només pot reconèixer el que sap tothom: ningú no voldria estar al seu lloc. I, tanmateix, segons Jesús, el fariseu no troba el favor de Déu i el publicà, sí. Quins mèrits ha fet? Quins demèrits el fariseu? Qualsevol sacerdot del temple hauria justificat el fariseu i reprovat el publicà. Jesús torna a somoure les coses i posa dalt les que eren a sota. El Regne funciona des de la misericòrdia insondable de Déu i no pas des de la justícia elaborada per la mateixa religió. La de l'home ferit per uns bandolers, abandonat per un sacerdot i un levita i guarit per un samarità, havia de captar l'atenció, perquè els samaritans eren odiats pels jueus. La misericòrdia dels representants del temple jerosolimità era pitjor que la dels samaritans!

Els prodigis (guaricions $[G_n]$, exorcismes $[E_n]$, revitalitzacions $[R_n]$) i altres signes extraordinaris també anuncien i fan present un Regne nou. Vet aquí una classificació inspirada en Pikaza, a la qual hem afegit en subíndex el número de guarició (comptant els sumaris de Mc, n'hi ha 18; d'exorcismes, comptant els sumaris, n'hi hauria 7; finalment, de revitalitzacions, n'hi hauria 3):

1. Sumaris i col·leccions Presenten Jesús com un carismàtic / guaridor. Comparables amb les col·leccions de prodigis de l'Antic Testament (cicles d'Elies i Eliseu: 1Re 17-18; 2Re 2,29-25; 4-6) o sanadors hel·lenistes, com ho serà més tard Apol·loni de Tiana. (Llevat dels miracles de la natura han d'entendre's en clau teològica.)	*1. Sumaris en Marc i Lluc* (Mc 1,32-39; 3,7-12; 6,53-56; Lc 6,17b-19); cf. Mt 11, 2-6: enviats del Baptista i resposta).	Jesús (a Mc 1,32-39; 3,7-11 i Lc 6,17b-19); hi apareix com un guaridor universal de malalts (G_1) i posseïts (E_1), portador del Regne. Tot preparat en Marc per guarir la mà paralítica d'un home (3,1-6 $[G_2]$, curar la sogra de Pere (1,30-31 $[G_3]$), un leprós (1,40-45 $[G_5]$), fer caminar el paralític amb llitera a Cafarnaüm (2,3-12$[G_4]$) i alliberar el posseït de la sinagoga de Cafarnaüm (1,23 $[E_2]$).
	2. Col·lecció a): Mc 4,35-6,52	Col·lecció de **sis** prodigis (que en part es repeteixen en Mc 8, 1-26): Tempesta calmada (4,35-42); gerasenc posseït (5,1-20 [E3]); dos miracles de dones: hemorroïssa (5,25-34 $[G_6]$) i filla del cap de la sinagoga Jaire (5,21-24.35-42 [R1]); primera multiplicació de pans (6,32-44); camina sobre el llac (6,45-52).
	3. Col·lecció b): Mt 8-9	Creació, potser partint de Mc, d'una col·lecció de **nou** miracles, dividits de tres en tres unitats: 8,1-17 (leprós $[G_5)]$, criat del centurió de Cafarnaüm (G_7), sogra de Pere $[G_3]$); 8,22-9,8 (tempesta calmada, endimoniats de Gàdara $[E_3]$ i guarició d'un paralític amb llitera de Cafarnaüm $[G_4]$); 9,18-29 (revitalització de la filla d'un home important $[R_1]$, hemorroïssa $[G_6]$, guarició de dos cecs $[G_8]$), cada nucli separat per dos passatges de crida al seguiment (8,18-22; 9,9-17), amb una intenció clarament catequètica.

	4. Col·lecció c): L'Evangeli de Joan	Conté probablement una tradició o text previ amb sis miracles que el redactor final ha volgut comentar teològicament: Noces de Canà (2,1-12); fill del funcionari reial de Canà (4, 36-54 [G_9]); multiplicació dels pans (6,1-15); curació del paralític de Betzata (5, 2-9 [G_{10}]); cec de naixement (9,1-7 [G_{12}]); revitalització de Llàtzer (11, 1-44 [R_2]).
2. Miracles «històrics» Sembla obvi que Jesús i els seus contemporanis van creure que tenia un cert poder de fer signes especials (miracles), generalment guaricions o sanacions. Però no tots els que han estat recollits tenen el mateix fons històric, ja que alguns han estat elaborats de cara a la comunitat de cada evangelista amb finalitats teològiques. Entre els que tenen trets d'historicitat hi hauria els que proposem.	*1. Els cecs hi veuen* (Mc 8,22-25; 10,46-52); cf. Mt 11,5;).	Sembla indubtable que la presència de Jesús suscità curacions de cecs. Entre els casos més versemblants hi hauria el cec de Betsaida (Mc 8,22-25 [G_{12}]), Bartimeu de Jericó (Mc 10,46-52 [G_{13}]) amb la història de fons del cec de naixement de Jn 9,1-41 ([G_{12}])... En aquest context sembla poder-s'hi incloure el sordmut de Mc 7, 31-37(G_{14})...
	2. Coixos i tolits caminen (cf. Mt 11,5).	Els més versemblants, el paralític de Cafarnaüm baixat des del sostre (Mc 2, 3-11 [G_4]), el de la piscina de Jerusalem (Jn 5,1-18 [G_{10}]); l'home de la mà seca (Mc 3,1-6 [G_2]); la dona geperuda de la sinagoga (Lc 13, 10-17 [G_{15}]); el criat del centurió (Mt 8, 5-13 [G_7]).
	3. Els leprosos queden nets (Mt 5,11).	No és fàcil precisar la malaltia, perquè el mot «lepra» s'aplicava aleshores a una extensa gamma d'afeccions de la pell que anaven des dels encrostissaments als escrofulismes (ben diferents de la lepra estricta). Però, aquests mals tenien una problemàtica repercussió social, ja que eren considerats signes d'impuresa. Potser tenen un fons històric el leprós del camí (Mc 1,10-45 [G_5]) i els deu leprosos (Lc 17,11-19 [G_{16}]).
	4. Altres malalties difícils de catalogar.	Podríem esmentar l'hemorroïssa (Mc 5,24-33 [G_6]), l'hidròpic (Lc 14,1-5 [G_{17}]), l'epilèptic, a qui potser cal considerar posseït (Mc 9,14-29 [E_4]), l'endimoniat mut (Mt 9,32-33 [E_5]), l'endimoniat cec i mut (Mt 12,22 [E_6]), la filla de la cananea (Mt 15,21 [E_7]). Aquests casos ens situen davant d'una societat oprimida enfront de la qual Jesús es presenta com a sanador i alliberador, fins i tot per als contraris (guareix l'orella de Malcus a Lc 22,49-51 [G_{18}]).
	5. Els morts es revitalitzen (Mt 11, 5).	Els més difícils de valorar. La filla de Jaire (Mc 5,21-43 [R_1]) o el fill de la vídua de Naïm (Mc 7,11-17 [R_3]) ens remunten al temps d'Elies i Eliseu i algú ha dubtat del caràcter biològic de la seva mort. El cas de Llàtzer, en canvi, és clar (Jn 11,1-45 R_2]): ha estat creat simbòlicament per la tradició del quart evangeli per prefigurar la mort, enterrament i resurrecció de Jesús.

3. Simbolització. Miracles de la naturalesa La tradició evangèlica ha creat alguns miracles per indicar pel seu mitjà el poder de Jesús i el sentit de la seva acció i presència en els diferents camps de la vida, fins i tot en la transformació del cosmos (de meteors relacionats o d'objectes materials). En aquest sentit se'n poden distingir de quatre tipus.	1. *Miracle punitiu: la figuera seca* (Mc 11,12-13.20-21; Mt 21,18-20).	Aquesta mena de prodigis, per càstig dels adversaris, propis de la tradició d'Israel des del Diluvi, semblen rebutjats per Jesús. No fa baixar foc del cel per destruir els samaritans poc hospitalaris (Lc 9,54). Certament, a Mc 11,12-14.20, Jesús maleeix la figuera que s'assecarà, però no es tracta pas de cap relat històric, sinó simbòlic, per evocar la infidelitat d'Israel que no creu i, així, perd la saba i s'acaba assecant en l'eixorquia. (El Temple jerosolimità és eixorc?)
	2. *Miracles de menjars.* Cal pensar les multiplicacions de pans i peixos –seria millor dir-ne «alimentacions» (Mc 6, 32-44; 8,1-10 par)– i la conversió de l'aigua en vi (Jn 2, 1-11).	Ambdós tenen un caràcter simbòlic: les alimentacions evoquen el record històric de les comensalies ofertes de Jesús amb els seus seguidors per les primeres comunitats; el que importa és la novetat dels àpats del Regne.
	3. *Pesca miraculosa* (Lc 5, 1-11 i Jn 21, 1-14), *Tempesta calmada, caminar sobre les aigües* (Mc 4, 35-41 par; 6,45-52 par).	S'atorga a Jesús l'evidència de domini de la pesca (de peixos i d'homes) i se subratlla amb prodigis epifànics, que expressen la identitat pasqual de Jesús, però no són pas fets històrics.
	4. *Els miracles de caràcter destructiu com el dels porcs afogats* (Mc 5,13 [E_3])	Indiquen el risc de mort i ruptura en què es troben persones i institucions que oprimeixen els pobres i cauen en la bogeria o esterilitat. Històricament Jesús no va destruir mai res. No va emprar mai els seus possibles poders per fer mal o matar. Ni per fer exhibicions de domini. Ni fa baixar foc del cel ni demana a Déu que li enviï les legions d'àngels per destruir els contraris (Mt 12,53).

És un esquema més per reflexionar que no per comentar-lo aquí. Caldria afegir-hi paral·lels d'alguns signes com la pesca miraculosa, la multiplicació de pans dels sinòptics (una sola de cadascuna, i no dues), la de la moneda (estàter) a la boca del peix (Mt 17,24s) i dos prodigis de tipus còsmic (la tempestat calmada segons Mc 5,1-20, Mt 818-27 i Lc 8,22-25, a més del fet de caminar damunt l'aigua segons Mc 6,46s i Mt 14,22s). A la nostra mentalitat il·lustrada i racionalista li costa d'acceptar el prodigi. Per als antics, el problema no és mai acceptar la possibilitat del miracle[10] com a fet extraordinari o extranatural; el problema és conèixer l'origen d'aquestes forces supraterrenals que el generen. D'aquí el fet que ningú, ni els enemics de Jesús, arribi mai a qüestionar els miracles en si, sinó l'origen o la virtut amb què els realitza en les seves diverses acusacions (màgia, poder del dimoni). Recordem que fins i tot els grans sacerdots comenten entre ells, després de la resurrecció de Llàtzer: *Què fem? Aquest home fa molts miracles. Si el deixem fer així, tothom creurà en ell, i vindran els romans i ens destruiran el lloc sant i el nostre poble* (Jn 11, 47s). Per això cal entendre'ls com a signes d'anticipació del Regne entre els homes com explicta el quart evangeli:

> *Molts altres miracles feu encara Jesús davant dels deixebles, que no estan escrits en aquest llibre; aquests han estat escrits perquè cregueu que Jesús és el Messies, el Fill de Déu, i així, creient, tingueu vida en el seu nom* (Jo 20, 30-31).

Altrament, els miracles s'han d'entendre com a signes de fe situats en l'àmbit de la creença i també com a signes eclesials (sovint litúrgics; per exemple: per demostrar que Jesús és llum, camí i vida, s'elaboraran els miracles del cec de naixement [G_{12}], del paralític de Betzata [G_{10}], de la resurrecció de Llàtzer [R_2]...). De vegades es recorden uns fets en controvèrsia amb l'entorn jueu, però Jesús rebutja els miracles de signe demostratiu que li demanen els fariseus (Mt 12,39; Lc,11,29): les seves guaricions volen expressar l'amor poderós del Regne, l'acció i presència d'una vida alliberada, i no vol caure en el risc de ser manipulat. Dels miracles en parla en diferents ocasions, sobretot quan els emissaris del Baptista li demanen per la seva identitat i en comptes de revelar-los qui és, els remet als temps messiànics profetitzats per Isaïes (35, 5-6; 26, 19: *els cecs hi veuen, els coixos caminen, els leprosos queden purs, els sords hi senten, els morts ressusciten, els pobres*

[10] Per als miracles cf. Aguirre, R. (ed.): *Los milagros de Jesús* (Estella: Verbo Divino, 2002); Crossan, J. D.: *Jesús: Vida de un campesino judío* (Barcelona: Crítica, 1994), p. 177-208.352-408; González Faus, J. I.: *Clamor del reino* (Salamanca: Sígueme, 1982); Kee, H. C.: *Medicina, milagro y magia en tiempos del Nuevo Testamento* (Còrdova: El Almendro, 1992); Latourelle, R.: *Milagros de Jesús y teología del milagro* (Salamanca: Sígueme, 1990); Léon-Dufour, X.: (ed.): *Los milagros de Jesús* (Madrid: Cristiandad, 1979); George, A.: *Milagros en el mundo helénico*, en Léon-Dufour, X. (ed).: *Los milagros...*, o. c., p. 95-108; Meier, J. P.: *Un judío marginal. Nueva visión del Jesús histórico. II/2. Los milagros* (Estella: Verbo Divino, 2002); Peláez, J.: *Los milagros de Jesús en los evangelios sinópticos* (Còrdova: Ediciones el Almendro, 2001); Piñero, A. (ed): *En la frontera de lo imposible. Magos, médicos y taumaturgos en el Mediterráneo antiguo en tiempos del Nuevo Testamento* (Còrdova: El Almendro, 2001);

reben l'anunci de la bona nova i feliç aquell que no em rebutjarà (Mt 11,2-3, Lc 7,21-23). Els dos dístics finals resulten del tot significatius.

Quant a les guaricions potser cal exposar que no es dirigeixen tant a guarir afeccions orgàniques o superficials com malalties profundes. Comptant els sumaris de Mc, comparant els evangelis en trobem 18:

Les guaricions de Jesús					
Guarició		**Mateu**	**Marc**	**Lluc**	**Joan**
1. Guarició del fill d'un funcionari reial	G_9				4,46-54
2. La sogra de Pere	G_3	8,14-15	1,29-34	4, 38-39	
3. Purificació d'un leprós	G_5	8, 2-4	1,40-45	5, 12-16	
4. El paralític de Cafarnaüm	G_4	9, 2-8	2,1-12	5, 18-26	
5. El paralític de Betzata	G_{10}				5,1-16
6. L'home de la mà seca	G_2	12,9-14	3,1-6	6, 6-11	
7. El criat del centurió	G_7	8, 5-13		7, 1-10	
8. Guarició de l'hemorroïssa	G_6	9,20-22	5,25-34	8,43-48	
9. Guarició de dos cecs	G_8	9,27-31			
10. Guarició d'un sordmut	G_{14}		7,31-37		
11. Guarició d'un cec	G_{11}		8,22-26		
12. Guarició d'un cec de naixement	G_{12}				9,1-38
13. Guarició d'una dona encorbada	G_{15}			13,10-17	
14. Guarició d'un hidròpic	G_{17}			14, 1-6	
15. Els deu leprosos	G_{16}			17,12-19	
16. El cec Bartimeu de Jericó	G_{13}	20,29-34	10,46-52	18,35-43	
17. Guarició de l'orella de Malcus	G_{18}			22,49-51	
18, Sumaris	G_1		Mc 1,34; 6,55		

Entre els malalts dels llogarrets de Galilea, els metges no estaven a l'abast de les possibilitats dels camperols ni encara menys peregrinacions a santuaris salutífers romans. Jesús ha de posar en marxa un procés curatiu diferent, començant per distingir el fet fisiobològic de l'afecció (expressió superficial) de la seva etiologia profunda, la situació vital de l'afectat (el veritable mal). Posem un exemple. Una persona sense parla (afecció) pot haver-hi arribat pel fet d'haver estat bandejada tota la vida sense comptar per a res (mal veritable). Jesús, més que curar afeccions com una vacuna pot destruir un virus o una medicina un bacteri, cura el mal acollint el malalt, fent-lo sentir el que val en tota la seva dignitat i, aleshores, un cop reequilibrat familiarment i social, potser li retorna la parla... Potser per això, a l'hora de perdonar perdona amb gratuïtat, sense esperar el penediment, que, si de cas, es dona en una segona instància.

Jesús donà instruccions precises als dotze apòstols –que Lluc amplia a 72 deixebles multiplicant per 6– a Mc 6,7-13=Mt 10,5-42=Lc 10,1-8. La missió d'aquests deixebles itinerants, que han d'anar pel món lliures de qualsevol fato, és guarir, deixar-se acollir i alimentar. Inicialment prestigiats per la gent pel seu ascetisme radical, conformaven un grup de substitució que restaurava la vida camperola en la seva dignitat i seguretat, enfront de la comercialització romana resultant de la urbanització d'Antipes que duia a l'empobriment. El Regne arrelava en la comunitat, no en la individualitat, i a la terra, no al cel. El programa era estendre's com una taca d'oli. Havien de fer de *big bang* primordial, escampant la bona nova, demostrant que les coses podien ser diferents i creant complicitats amb els deixebles sedentaris. Compartint el menjar i guarint. Matèria i esperit. Malgrat el fracàs d'aquest programa, que ara no em puc entretenir a explicar (a Mc 6,30s els deixebles tornen descoratjats i Jesús els convida a reposar, per bé que en Lc 10,17 semblen sorprendre's d'ells mateixos),[11] no va pas ser total. El Regne del Cel potser no va arribar a Galilea perquè aquella estratègia era inviable, però el camí restà obert i van quedar molts grups vinculats al projecte de Jesús.

Quant al tema dels endimoniats, és una altra cosa. He escrit que Déu no condemna ningú a l'infern,[12] però és cert que els Evangelis en parlen, de l'infern, i aquest fet és una de les excuses de molts per bandejar-los des de cert pensament racionalista. Cal admetre que la imatge de «possessió» era una

[11] Ho he fet a *Jesús era un heretge* (Barcelona. Ara Libres, 2014), p. 63-70.

[12] *Déu, el mal i el meu càncer, o.c.,* p. 229-242.

creença corrent, per bé que no hem d'atribuir als evangelis cap teoria o representació particular dels dimonis i del diabòlic.[13] L'Escriptura, fent-se ressò de les creences jueves posteriors a l'exili, distingeix els *inferns* –com estada o país dels morts, lloc d'espera dels difunts, *xeol* en hebreu, l'*Hades* dels grecs–[14] i l'*infern* o *gehenna* com a lloc de condemna, càstigs i turments. És evident que en temps dels evangelistes –i potser de Jesús–, la cultura hebrea i alguns dels seus escrits eren deutors de determinades literatures de combat posades de moda per religions dualistes mitraiques, mazdees, qumràniques i perses –dracs i serpents, bons i dolents, fills de la llum i fills de la tenebra–, imatgeria que fusionada amb el personatge de l'Acusador, Satanàs o el diable va passar als nostres evangelis. En el Nou Testament el *dimoni* o *diable* –que és un simple ésser de raó i a penes surt esmentat en l'Antic Testament–,[15] hi és perfectament definit (s'hi menciona 188 vegades, 62 com a dimoni, 36 com a Satanàs, 33 com a diable, 37 com a bèstia, 13 com a drac

[13] El terme *diable* és d'origen grec i tradueix la paraula hebrea *satan*, de la qual deriva el mot *Satanàs*. Significava originàriament 'adversari' i, especialment, l'acusador o fiscal en un judici. L'Antic Testament se l'imagina a la cort celestial, capaç de presentar a Déu les infidelitats dels homes (Jb 1,6.9; Za 3,1-5) i exerceix al mateix temps el paper de temptador (1Cr 21,1). De mica en mica, el nom passa a designar la personificació de les forces del mal. En el Nou Testament apareix com l'adversari de Déu, a qui aquest sembla concedir-li d'exercir un cert domini sobre el món (Ap 12,9). Les accions guaridores de Jesús s'encaminen a vèncer-lo com a força del mal i a expulsar-lo de la terra (Mc 3, 23-26; Mt 4,1-11; Lc 10,18; Mt 12,28=Lc 11,20). La victòria final sobre el mal serà una realitat per la força de la resurrecció del Crist (Ap 20,2-3.7-10).

[14] La mentalitat bíblica imaginava una regió subterrània on anaven a parar tots els difunts, «reunint-se amb els pares» (1Re 2,10). Aquest lloc –país dels morts, *xeol*– se situa a l'abisme (Jb 26, 6-7) i és considerat lloc de solitud, apartat de Déu i dels homes (Job 3,13s), sense retorn. Els difunts hi feien una vida letàrgica (Is 14, 9-10), apartats de la divinitat (Sl 88,11-13; 115, 17). Déu, tanmateix, podia intervenir-hi (1Sa 2,6; Am 9,2; Sl 135,6) i, per això, amb el temps i l'especulació teològica jueva, la mort podia ser destruïda (Is 25,8; Os 13,14; Jb 19, 25-27). En època de Jesús, la fe en la resurrecció era acceptada per diverses sectes jueves, menys la dels saduceus (Mt 22, 31-32; Lc 20,38), de manera que en el Nou Testament, a la paràbola de Llàtzer, Lluc distingeix «el si d'Abraham», lloc on van a parar els justos, i «la regió dels morts», lloc de turment on van a parar els pecadors (Lc 16, 19-31), també denominat *Gehenna*. Aquest nom es refereix a la vall d'Hinnon, que limitava Jerusalem per ponent i migjorn, i havia estat lloc de culte idolàtric a Moloc en temps de la monarquia, amb pràctica ocasional de sacrificis humans; d'aquí el nom de *Tofet* o «cremador» (2Re 23,10; Jr 7,31-32). Posteriorment, esdevé imatge del lloc de càstig definitiu dels pecadors, ple de foc i de cucs (Is 66,22s). El Nou Testament accentua la vinculació de la Gehenna amb els turments i el foc que sofreixen els condemnats després del judici de Déu (Mc 9,43=Mt 5,30; Mt 10,28; Lc 12,5; Mt 13,42; 18,8-9...). La Gehenna, aleshores, esdevé sinònim del foc etern de l'infern (Mt 25,41), de manera que el terme perd la relació amb la vall d'Hinnon. Però ni el reialme de la mort és totpoderós (Mt 16,18) ni ho és el lloc de condemnació (Ap 12, 8-10; He 2,114b-15), ja que Crist en té les claus (Ap 1,18) i, Ell, el Ressuscitat, venç la mort (Ac 2,27.31, Ap 20,13) i l'aniquila juntament amb el diable i el lloc de condemnació.

[15] Com a ésser de raó, el diable seria «el resultat dels esforços de la ment humana per trobar resposta al problema del mal», opina Minois, G.: *Breve historia del diablo* (Madrid: Espasa-Calpe, 2002), p.11. I afegeix que les religions monoteistes no poden prescindir-ne perquè, si hi ha un Déu únic «aquest és origen de tot, *tant del bé com del mal* [la cursiva és meva i aquí rau l'error, ja que Déu, ni el vol ni n'origina cap, de mal]; per tant, l'única forma d'evitar aquest escàndol és trobar un subterfugi que permeti explicar com és possible el mal. Aquest subterfugi és el diable». Minois es torna a equivocar quan afegeix que el diable també «és necessari en la perspectiva de les religions de salvació: si només se salven els fidels, què fer amb els altres? Lliurar-los al poder de les tenebres!» (p. 12). Les religions de salvació, justament, salven: Jesús no ha vingut a condemanar el món, sinó a salvar-lo (Jn 12,47; 1Tm 2,4); ha vetllat pels humans i «no se n'ha perdut un de sol» (Jn 17,12).

i 7 com a Beelzebul): Jesús és temptat per ell, hi ha posseïts a tort i a dret, Jesús és acusat d'endimoniat (Mc 3,22s) i, a banda d'esmentar-se a les epístoles paulines, a Fets dels Apòstols, a Joan, a Hebreus i a l'Apocalipsi –on resulta finalment vençut, no ho oblidéssim!–, Mateu el relaciona amb el foc de l'infern per als condemnats «preparat per al diable i els seus àngels» (Mt 25,41). I tanmateix cal subratllar l'extremada discreció del discurs oficial de l'Església sobre el dimoni, que mai no ha estat declarat veritat de fe ni ha format part del contingut del dogma.[16]

En aquest sentit, més que l'existència metafísica o no del dimoni (caldria posar-nos en el seu context cultural), el que importava a Jesús era el mal que aquest podia causar en els homes; la seva guerra contra el diable cal interpretar-la com una lluita en pro de la llibertat i la dignitat humanes. Li resultava diabòlic tot el que era capaç d'oprimir homes i dones i destruir la seva capacitat de viure saludablement, pensar lliurement, fruir amb goig... Per això s'hi va oposar amb totes les seves forces. Els evangelis sinòptics ens deixen constància dels sis exorcismes realitzats al llarg de la seva vida –cap en Joan–, a més dels contats en sumaris (Mc 1, 32.39; 3,11-12) i l'atribució a la Magdalena (Lc 8,2):

Els exorcismes en els Evangelis				
Exorcisme		**Mateu**	**Marc**	**Lluc**
1. L'endimoniat de la sinagoga de Cafarnaüm	E_2		1,21-28	4,31-37
2. L'endimoniat mut	E_5	9,32-33		11,14
3. Els/L'endimoniat/s de Gerasa	E_3	8,28-34	5,1-20	8,26-39
4. L'endimoniat cec i mut	E_6	12,22		
5. La filla de la cananea	E_7	15,21-28	7,24-30	
6. El noi epilèptic endimoniat	E_4	17,14-21	9,14-29	9,37-43
7. Sumaris de Mc	E_1		1,32.39; 3,11s	

[16] En tota l'Edat Mitjana amb prou feines trobaríem mitja dotzena de declaracions conciliars i pontifícies sobre el tema del dimoni, entre el concili de Braga del 563 i el del Laterà del 1215, el qual, tot i admetre que «l'home ha pecat per suggestió del diable» (una metàfora!), només declara que «els dimonis van ser creats bons per naturalesa i ells mateixos es van tornar dolents». Res més! Caldrà esperar el document sobre el pecat original, sorgit de Trento el 1546, per tenir-ne algunes altres clarícies i se'l descriurà com «aquell que té l'imperi de la mort (He 2,14)»: una altra metàfora! (DS 1511).

Com a il·lustrats del segle XXI, per a nosaltres no hi ha dimonis i els exorcismes són poc menys que esforçades actituds per curar casos d'epilèpsia, d'histèria, de neurastènies, d'esquizofrènia o estats alterats de consciència, com avui tendeixen a veure els exegetes davant dels casos de possessió diabòlica. Potser no hi ha diable (en el sentit ontològic), ni dimonis personals, però «allò demoníac» o malèvol existeix i marca la vida humana com un mal intern, social i personal, objectivable en institucions –basti pensar en el BCE, l'FMI, l'OMC i tantes altres–, que influeixen en les persones i n'esquincen els escalons més dèbils i fràgils –desnonaments, pobresa, sensesostres, migracions...– tot suscitant diferents formes d'alienació o follia. Avui, el gran espectre de la bogeria té elements somàtics vinculats a l'herència genètica, certament, però també hi palpita la trama d'incumbències foranes a la intimitat personal. Els experts, fins i tot, darrerament han apostat per interpretar el fenomen de la possessió com una complexa estratègia utilitzada de manera malaltissa per persones oprimides (especialment dones) que pretenien defensar-se d'una situació insostenible. Desenvolupar una personalitat paranormal era una manera de rebel·lar-se en una societat rígidament patriarcal amb normes mil·limetrades.

En definitiva, Jesús, amb les seves sentències, les seves paràboles, els seus prodigis està reconstruint el nou Israel, amb persones més lliures i autònomes; està iniciant la creació del Regne que s'ha d'oposar a l'imperi de Roma tot refent la societat de dalt a baix. Està anunciant un fet sense precedents i sense fer soroll ni espectacle: Déu és aquí. Per això resultarà tan perillós. Valia més que morís que no pas que el poble canviés i els que el maneflejaven en sortissin escuats (Jo 11,40).

Apèndix 14

LA CREU ULTRAPASSA EL CRISTIANISME

Les imatges de la creu i dels encreuaments, de les línies i plans oposats, de les interseccions de forces contràries, etc., en nombroses cultures es consideren una representació simbòlica fonamental del món. Són imatges que resumeixen problemes filosòfics universals molt profunds i complexos, com les anàlisis de l'ésser i les visions de la realitat última; i s'hi troben involucrades concepcions que pertanyen tant al camp de la ciència com al de la saviesa mística, tant de l'ètica (i fins de la política) com de l'estètica, tant de pobles llunyans com de la nostra tradició.

Aquesta representació del món ja es valorava fa gairebé cinc mil anys. Però, amb les noves teories sobre la dialèctica (tant en l'evolució del pensament, com en la història i com de la mateixa Natura), amb els moderns coneixements dels processos imaginatius en la psicologia profunda i potser, molt especialment, amb la divulgació d'aquelles dades recents de la física i la cosmologia que ara es consideren pròximes a moltes creences en el camp de l'espiritualitat, no és estrany que molts pensadors i artistes avui hi parin més atenció. Concretament en l'art del segle XX; pensem, si no, en el protagonisme que ha tingut la imatge dels entrecreuaments en tendències tan importants com el cubisme i la pintura abstracta, en l'obra de Mondrian, dels suprematistes russos, de Malèvitx, de Lissitzky, etc., o en els moviments dadà i surrealista, en la pintura de Paul Klee i en molts signes de Joan Miró, o en l'obra més recent d'un Pollock, d'un Hartley, d'un Franz Kline, d'alguns minimalistes, o en els encara més pròxims Beuys, Rainer, Kounellis... I no parlem de tots els artistes que han il·lustrat la creu cristiana, com Matisse, Rouault, Manessier, etc. Jo mateix ja fa mig segle que m'entossudeixo a convertir els entrecreuaments en una part essencial del meu treball, i fins he adoptat la creu com a inicial del meu nom i gairebé com un distintiu de la meva obra.

Alguns estudiosos del simbolisme afegeixen de seguida que s'ha de distingir entre els entrecreuaments i les crucifixions, per tal de separar millor aquell simbolisme general del més particular que té en el cristianisme. Però la força evocadora i l'impacte psíquic que produeix el crucifix pot ser igualment un símbol universal que va més enllà del mateix cristianisme. La història de Jesús nascut d'una verge té, en efecte, molts paral·lels mitològics, i el ritu de la seva mort en la creu i de la seva inhumació i resurrecció s'assembla moltíssim a la mort i resurrecció dels déus de la fertilitat del món antic, com Atis i Osiris, o a tots els ritus de la fertilitat del sòl. [...] La contemplació d'un home nu clavat en una creu, amb el sexe indefens, agonitzant, ens porta als límits més misteriosos de la nostra condició: l'amor i la mort, Eros i Thànatos, i que ni tan sols el crucifix ha de ser propietat exclusiva dels cristians. S'equivocaria qui interpretés això com una crítica negativa al cristianisme. Al contrari. [...] Les fonts que es refereixen al símbol específic de la creu, amb totes les variacions i analogies que comporta, són molt nombroses. Es podria formar una biblioteca consagrada a aquest símbol reunint llibres que van des dels estudis de cultes antics –del primitiu xamanisme, de la tradició egípcia, mesopotàmica, persa, etc.– fins als més moderns tractats de simbologia, passant per tot el repertori del mateix cristianisme o pels vells manuals de màgia o d'alquímia. Les abundants imatges que ens mostra la història de l'art també en són testimonis. Aquest interès per la creu és conseqüència de la gran varietat de significats, sovint parcials i aparentment diferents, que se li han donat: creus (i també ics) com a coordenades de l'espai, com a imatge de l'inconegut, com a símbol del misteri, com a senyal d'un territori, com a marca per sacralitzar diferents llocs, objectes, persones, o fragments del cos, com a estímul per inspirar sentiments místics, per recordar la mort, i concretament la mort de Crist, com a expressió d'un concepte paradoxal, com a signe matemàtic, per esborrar una altra imatge, per manifestar un desacord, per negar alguna cosa. També cal referir-se als símbols que es deriven de certs conjunts de creus, dels teixits, de les xarxes, etc. Tanmateix, és la interpretació metafísica del nostre símbol la que millor ens aproxima al model del món que representa i des de la qual es poden deduir i ordenar totes aquelles altres aproximacions parcials que he dit. Val la pena d'estendre-s'hi una mica. Un dels grans historiadors i intèrprets del tema, René Guénon, diu que el signe de la creu representa de forma molt clara la comunió perfecta de la totalitat dels estats de l'ésser i per això totes les doctrines tradicionals l'han adoptat com a símbol de l'Home Universal.

Tàpies, A.: *En blanc i negre*
(Barcelona: Cercle de Lectors, 2008), p. 295-297.

Apèndix 15

LES BENAURANCES DE L'APOCALIPSI I L'ESTRUCTURA CONCÈNTRICA DEL LLIBRE

El llibre de l'Apocalipsi, escrit a tall de revulsiu per consolar les comunitats cristianes en dificultats i oferir-los no sols una propera victòria absoluta de Jesús, sinó el seu retorn proper, té una doble estructura, lineal i concèntrica; la primera segueix una línia progressiva a partir de cinc septenaris. El primer ens explicita les dificultats de les primeres comunitats cristianes a partir de set cartes; el segon afronta des de la fe en Jesús els enigmes de la història de la humanitat a partir del septenari de les lacres o segells; el tercer, el triomf absolut de Jesucrist malgrat la pugna del mal (septenari de les trompetes); el quart, el judici de Déu contra les forces adverses en el septenari de les copes; i, el cinquè i darrer, la unió de la humanitat i la divinitat gràcies a Jesucrist, expressada en les noces del poble de Déu i l'Anyell, en l'àmbit d'un cel nou, una terra nova i una inèdita Jerusalem, la nova ciutat santa baixada de cel (21,1s, a partir d'Is 65,17-19). A la vegada, aquests cinc septenaris, precedits per un proemi i acabats amb una cloenda, conformen una mena d'estructura concèntrica amb el septenari preponderant de les trompetes al bell mig (on s'hi expressa la victòria absoluta de Jesús), encerclat per la relació segells-copes (lluites en la història del món enfront del judici de Déu sobre els problemes de la història) i, als extrems, la relació cartes-visions (dificultats comunitàries enfrontades a la unió dels fidels amb la divinitat).

Aquesta estructura enquadrada també es dona en els set punts del proemi i de la cloenda; aquesta sembla construïda per un conjunt de frases desordenades, però de fet no fa altra cosa que abraçar novament el que ha anunciat en l'inici. Jesús hi promet tres vegades la seva propera vinguda («Vinc de seguida»), de manera que, en el conjunt de tot el llibre, aquesta promesa de consol i proximitat amb les comunitats que no ho passen bé apareix set vegades (2,5.16; 3,11; 16,15; 22,7.12.20), la darrera en forma més solemne: «Sí, vinc de seguida». Així s'acaba de justificar que tot l'escrit està amarat d'un missatge d'esperança. En correspondència amb aquesta promesa, trobem la súplica anhelant de l'Esperit-Esposa, l'Església, les comunitats que llegeixen o escolten la lectura del llibre, i que expressen per tres vegades el seu anhel (22, 17a.17b.20), la tercera també en forma solemne: «Amén. Maranatha! ('Vine, Senyor!')», de manera que aquest «Vine!» també es repeteix set vegades al llarg de tot el text. En la cloenda trobarem també les dues darreres noves benaurances de tot el llibre, que en total són aquestes set:

Les set noves benaurances de l'Apocalipsi	
1,3	Feliç el qui llegeix aquesta profecia i feliços els qui l'escolten i fan cas de tot el que hi ha escrit, perquè l'hora s'acosta!
14,13	Feliços els qui des d'ara moren en el Senyor! Sí, diu l'Esperit, que reposin del seu esforç, perquè les seves obres els acompanyen.
16,15b	Feliç el qui vetlla sense treure's els vestits perquè no se n'hagi d'anar nu i li vegin les vergonyes!
19,9	Feliços els convidats al banquet de les noces de l'Anyell!
20,6	Feliços i sants els qui tinguin part en aquesta primera resurrecció! La segona mort no té cap poder damunt d'ells.
22,7b	Feliços els qui fan cas de la profecia escrita en aquest llibre!
22,14	Feliços els qui renten els seus vestits per poder tenir accés a l'arbre de la vida i poder entrar a la ciutat per les seves portes!

Les bones notícies de la vinguda propera de Jesús van seguides sempre d'una benaurança (16,15b; 22,7b.12.14). Vam esquematitzar en el text l'estructura del llibre; ara es tracta de fixar-nos molt especialment en el proemi i la cloenda; aplicant-hi els elements de tot circuit de comunicació ens trobarem amb això:

PROEMI (22,6-21)	1,1-2	– Déu (*emissor*) ofereix una revelació, allò que aviat s'ha de complir (*missatge*), a Jesucrist (*receptor*), perquè faci conèixer (*nou emissor*) *aquest missatge* (això és, la victòria propera de Jesucrist i el seu retorn) als seus servents (*nous receptors*). – Jesucrist (*emissor*) envia el seu àngel (*adjuvant*) per comunicar la revelació (*missatge*) a Joan, servent (*receptor*). Joan (*nou emissor*) dona testimoni del que ha contemplat (*missatge*), que és paraula de Déu, confirmat pel mateix Jesucrist (*coadjuvant*) als servents (*receptors*).

	1,3	*Reacció coral*: Profunda felicitat dels que escolten i de tothom que en fa cas, perquè «el temps s'acosta».
	1,4-6a	Joan escriu a les set esglésies de la província romana d'Àsia, en nom de Déu, de l'Esperit («dels set esperits que estan davant del seu tron») i de Jesucrist. *Nou missatge*: Aquest ens ha alliberat amb la seva sang, ens ha fet del Regne de Déu, el seu Pare, i ens hi ha consagrat.
	1,6b	*Lloança coral*: «A ell sigui donada la glòria i el poder pels segles dels segles. Amén.»
	1,7a	*Joan, emissor*: [Atès que la revelació, visió o profecia de Joan té Jesucrist com a centre i focus.] Es recorda que tothom el veurà venir entre núvols (Dn 7,13-14), fins i tot els que el traspassaren amb la llança (Jn 19,37) i tothom se'n planyerà (Za 12,10).
	1,7b	*Acceptació rotunda*: «Sí. Amén!»
	1,8	*Déu ho confirma tot com a emissor*: Es presenta com a principi i fi.

7 ESGLÉSIES
(Dificultats comunitàries)

7 SEGELLS
(Els enigmes de la vida i de la història)

7 TROMPETES
(La victòria de l'Anyell commou el cosmos i revolta els poders del mal)

7 COPES
(El Judici de Déu contra els poders malèfics)

7 VISIONS
(Trobada Déu-Poble)

CLOENDA (22,6-21)	6-7a	L'àngel (*emissor*) diu a Joan (*receptor*) que el missatge («allò que aviat s'ha de complir») és ver i que ell, Joan (*convertit en emissor*), ha de ser l'àngel de Déu que el propagui. Per certificar que l'esperança no és vana, Jesús interromp: «Vinc de seguida.»
	7b	Reacció coral: «Feliços els qui fan cas de la profecia escrita en aquest llibre!» [com a 1,3].
	8-11	– *Reacció de Joan*: Voler-se prosternar als peus de l'àngel, cosa que no li deixa fer (repetició de 19,10) i l'anima a no lacrar les profecies del llibre perquè «l'hora s'acosta», bé que el mal encara tindrà un temps per campar-se-la al costat del bé.

	12-15	– Jesús (*emissor de nou*) els torna a interrompre i a més de la vinguda imminent promet recompensa i s'identifica com a Déu perquè és principi i fi. – *Reacció coral discriminatòria*: a dins, els que van amb els vestits de noces com cal; a fora, «els gossos, els malèfics, els immorals, els homicides, els idòlatres i els falsaris».
	16-17	– Jesús (*emissor de nou*), identificat com a Messies, exposa que ha enviat el seu àngel (Joan) a les esglésies, emblema de l'Església universal. – Doble reacció de l'Esperit i l'Església-Esposa («Vine!») i de tots els qui escolten la lectura del llibre («Vine!»). Que s'apropi al Senyor (aigua de la vida) tothom qui vulgui.
	[18-19]	*Interpolació: No es pot afegir ni treure res d'aquest llibre.*
	20	Joan, que dona testimoni, pren la paraula per boca de Jesús: «Sí, vinc de seguida». *Reacció coral: «Amén. Maranatha».*
	21	*Benedicció final universal com a cloenda epistolar del compilador.*

És interessant veure que al bell mig de l'estructura circular hi ha la victòria de Crist i que, enfront del segon septenari –un món difícil, ple de falses victòries, violències i mort, una història humana enigmàtica i, per això mateix, lacrada amb set segells i només il·luminada per la llum de Crist–, hi correspon el septenari de les copes amb el judici de Déu contra els poders malèfics; al primer septenari, el de les dificultats comunitàries de les esglésies particulars, hi correspon el darrer amb la trobada de Déu amb la humanitat i les noces de l'Església universal amb l'Anyell. I, tanmateix, en un esquema on hem primat el proemi i la cloenda, cal adonar-se que també hi ha circularitat entre un i altra per raons diverses: en un primer moment, fixem-nos que hi ha els mateixos actants en ambdós (Déu, Joan, Jesucrist, l'àngel, el missatge, els destinataris finals), però, a la cloenda, no sols Jesús, a 22,16, considerarà Joan, autor del llibre, com l'àngel enviat –ben diferent d'1,2–, sinó que mentre a 1,8 del Proemi qui s'identifica amb l'Alfa i l'Omega, Principi i Fi, és Déu, a 21,13 de la cloenda és el mateix Jesús qui s'identifica amb l'Alfa i l'Omega, senyal inapel·lable de la seva divinitat. Altrament, tant al proemi (1,3) com a la cloenda (22,7b) s'ofereix felicitat i benaurança als qui fan cas de les profecies escrites en el llibre. Cal convèncer tothom que, malgrat les tribulacions, la victòria de Jesús és més que propera; hi compromet la seva paraula, de manera que la seva proximitat esdevé ineluctable.

GANSO
CRÍA DE
GANSO
Copyright, 1913, by E.G.Lutz
27

APÈNDIXS AL CAPÍTOL 3: MAHOMA, L'ISLAM I L'ALCORÀ

APÈNDIX 16

L'ESPIRITUALITAT ISLÀMICA

La dimensió espiritual de l'islam queda a vegades desfigurada a Occident per les picabaralles polítiques generades per una forta identificació de l'islam amb l'estructura política d'algunes nacions, principalment àrabs, com és el cas de l'Afganistan, l'Iran, els emirats del Golf, o encara pel format que de manera menys estricta, però també evident, apareix a Algèria o el Marroc. El caràcter integrador que l'islam adjudica a tots els aspectes de la vida fa que resulti més difícil la distinció comuna establerta a Occident entre vida civil i religió. Malgrat això, l'espiritualitat islàmica té un gruix molt notable, especialment en el món dels sufís.

Els sufís són la branca mística de l'islam enfront dels partidaris de la *shari'ah* [xaria] que són els que representen el compliment de la llei. En definitiva, és un plantejament semblant al que tenen els profetes o místics enfront de clergats o estructures de govern en qualsevol gran tradició religiosa. Els espirituals s'organitzen en *tariqas* o confraries presidides per *sheijs* [xeics] o mestres que invoquen la continuïtat respecte d'Alí, gendre de Muhàmmad. Els sufís se centren en el combat interior, la rememoració de Déu i el deseiximent i record de la mort. En aquesta actitud és essencial l'experiència. Entre els sufís destaca Ibn al-Arabi, poeta i filòsof andalusí del segle XII que morí a Damasc. Es caracteritzà per la proposta de les estacions orientades a ser un mirall dels atributs de Déu: Inici, Entrada, Conducta, Costums virtuosos, Rudiments, Ball, Experiència mística, Custòdia, Fets i Habitatge suprem. En aquests tipus d'estacions es pot descobrir una certa similitud amb processos similars d'altres tradicions (el ioga o els clàssics camins d'ascètica i mística cristians). Altres eminents sufís foren en el món iranià Al-Gazhali (segle XI) o Al-Suhrawardi (segle XIII).

Molt relacionats amb els sufís figuren els *dervixos*, coneguts per les seves danses circulars i que proposen un escalat de mètodes per assolir estats superiors, els quals ordenen sovint en vuit etapes que cal conrear: impressions sensorials (auditives, visuals), materials verbals (llegendes, paràboles), treballs, oracions i exercicis per dinamitzar l'esperit, objectes i símbols per ajudar a exercitar una visió profunda, organització de comunitats amb sintonia espiritual, selecció de formulacions compartides, agrupacions de treballs seleccionats, procediments i materials per a la interiorització.

NOGUÉS, R. M.: *La salut espiritual. Neurociència i qualitat mental* (Barcelona: Fragmenta, 2016), p. 293-295

Apèndix 17

LES JACULATÒRIES, EL MATRIMONI, LA POLIGÀMIA I LA GIHAD SEGONS L'ALCORÀ

L'Alcorà proporciona un seguit de jaculatòries o frases més o menys bondadoses i devotes per nodrir la pietat dels musulmans. Per exemple, al costat del llit d'un malalt solen recitar l'*Al-Fàthia*, proemi o primera sura del llibre (Q 1,1-7) o bé el versicle del tron (Al-Arx: Q 2,255) i ho acompanyen amb altres rituals. El musulmà i musulmana vol sotmetre's a Déu en la seva jornada vital i sovint, en les converses normals, proclama *ma xaa l-lah* ('El que Déu vulgui') o *l'in xaa l-lah* ('Si Déu vol'), l'origen del qual és un manament de l'Alcorà (Q 18,23-24):

No diguis mai sobre alguna cosa: «Jo faré això demà»,
sense afegir: «Si Déu vol».

Es dona el cas que les llengües occidentals han conservat expressions d'origen àrab com per exemple *ua-xaa l-lah*, que en castellà ha donat «Ojalà!» o bé *ua-l-lah* ('Per Déu!, quina meravella') que ha donat «¡Olé!» en castellà i «Oh la la» en francès.

Tanmateix, és la mort el fet humà que provoca, generalment, més recitacions de l'Alcorà tant durant l'agonia com durant l'enterrament (en les cerimònies més oficials o litúrgiques sempre es recita l'*Al-Fàthia*) i, també, en les sessions de dol posteriors que commemoren el decés (per exemple, Q 28,88).

*

El matrimoni musulmà té dues cerimònies separades: el contracte matrimonial –fonamentalment de caràcter econòmic, que es fa a la mesquita, amb recitació posterior de l'*Al-Fàthia*, cerimònia exclusivament masculina, on la núvia hi té algun representant– i la festa dels esposoris, principalment femenina, amb convidats d'ambdues famílies, generalment reunits al jardí d'un hotel amb música i menjar, que precedeix la convivència de la parella. A banda d'alguns costums que, sortosament, els avenços culturals van canviant –el nuvi havia d'aparèixer a la balconada de l'hotel amb una tovallola tacada de sang davant els convidats per demostrar que la noia havia arribat verge al matrimoni–, és una festa que no té cap ritual religiós; la pietat islàmica sol afegir, al final de la celebració o quan la parella arriba a casa l'*Al-Fàthia*, Q 30,21 o l'inici de la sura 4 «Les dones», la qual, després d'explicar que la humanitat s'ha originat d'un únic home i la dona d'ell, fa:

Tingueu temor del vostre Senyor, de no servir-lo suficientment!

*

Resulta interessant saber que l'Alcorà, quan parla de matrimoni, demana al fidel que temi de no servir suficientment el seu Senyor i que, en parlar d'unió entre home i dona, tingui en compte els orfes. Cal ser justos tant amb els orfes com amb les mullers, si se'n van, i donar-los el dot pertinent. «Caseu-vos, doncs, amb una bona dona, que us agradi i us serveixi bé/ dues, tres o quatre dones./ Si teniu por de no ser justos, que en sigui una de sola/ o les dones que pugueu comprar,/ les vostres esclaves./ Això és més adequat per no ser injustos./ Doneu a les vostres dones els dots gratuïtament, com un regal,/ si elles se'n van...» (Q 4 3b-4a). Mahoma proposa, per la licitud de mantenir esclaves o concubines obtingudes amb diners, que sigui «amb la intenció d'esposar-vos-hi honestament,/ no simplement de fornicar,/ de jeure amb ella per una estona» (Q 4,24). Mahoma no vol que ningú tracti la dona com una prostituta. I ho remata dient que Déu sap el que fem i el que hem de fer per ser veritablement justos amb la dona.

*

Gihad vol dir l'«esforç en el camí de Déu». Inicialment la *gran gihad* es refereix a un esforç interior de purificació contra les pròpies passions. Només en un segon moment, la *petita gihad* significà guerra legal, en principi defensiva, però, també ofensiva, si els musulmans se sentien amenaçats. De fet, l'Alcorà admet que pot fer fàstic el manament vingut de Déu de lluitar i fer la guerra (Q 2,216); però segueix: «Pot ser que una cosa us faci fàstic,/ però que sigui bona per a vosaltres./ Pot ser que una cosa us agrada i molt,/

però que sigui dolenta per a vosaltres». Mahoma no volia ni màrtirs inútils («sortiu a la guerra en grups ben forts, tots ben junts», Q 4,71) ni porucs («Qui combati en el camí de Déu,/ tant si el maten com si ell triomfa,/ en el futur Nós donarem a aquest fidel/ una immensa recompensa», Q 4,74). Però *gihad* també significa lluita contra el subdesenvolupament, esforços de resistència, difusió i propaganda de l'islam. Cert que parla de guerra santa per motius de religió, però, quins són aquests motius? «Lluitar de debò» és anar contra el mal i «contra els amics d'Ax-Xaitan, el gran dimoni» (Q 4,76). És una definició, per tant, del tot metafòrica: la guerra santa és lícita, si per motius religiosos pugnes contra les forces del mal, que ell considerava demoníaques. I fa contrapès amb Q 5,32: «Qui mata un ésser humà és com si hagués assassinat tota la humanitat.»

APÈNDIX 18

EL CALENDARI MUSULMÀ, L'ORACIÓ I LA CONSCIÈNCIA CÒSMICA

El *calendari musulmà*, també anomenat *calendari islàmic* o *calendari de l'hègira*, és l'utilitzat en el món musulmà (sovint en paral·lel amb el calendari gregorià o d'Occident) i determina les dates assenyalades de la religió islàmica. Es va iniciar arran de l'esdeveniment anomenat *hègira*, la fugida del profeta Mahoma o Muhàmmad l'any 622 de l'era cristiana cap a Medina, on es va crear la primera comunitat de creients (*umma*) de la nova religió. Es basa en l'antic calendari emprat per la població àrab i, després, estès al món musulmà; era un calendari estrictament lunar, basat en cicles lunars de 30 anys (360 llunacions, de tradició sumèria). Els 30 anys del cicle es divideixen en 19 anys de 354 dies i 11 anys de 355 dies. Els anys de 354 dies s'anomenen anys simples i es divideixen en sis mesos de 30 dies i en uns altres sis mesos de 29 dies. Els anys de 355 dies s'anomenen intercalars i es divideixen en set mesos de 30 dies i en uns altres cinc de 29 dies. Anys i mesos van alternant-se. És a dir, cada 33 anys musulmans equivalen a 32 anys cristians. Les intercalacions es fan afegint un dia al final del mes de *dhu-l-hijja* en els

Els dotze mesos de l'any musulmà de 29 o 30 dies
1. **muhàrram** (30 dies)
2. **sàfar** (29 dies)
3. **rabí al-àwwal** («primer *rabí*», 30 dies)
4. **rabí al-àkhir** («últim *rabí*» o «segon *rabí*», 29 dies)
5. **jumada al-ula** («primer *jumada*»,30 dies)
6. **jumada al-àkhira** («últim *jumada*» o «segon *jumada*», 29 dies)
7. **ràjab** (30 dies)
8. **xaban** (29 dies)
9. **ramadà** (30 dies)
10. **xawwal** (29 dies)
11. **dhu-l-qada** (30 dies)
12. **dhu-l-hijja** (29 o 30 dies)

anys 2n, 5è, 7è, 10è, 13è, 16è, 18è, 21è, 24è, 26è i 29è de cada cicle de 30 anys. El mes comença uns dos dies després de la lluna nova, quan comença a veure's el creixent, i el dia comença amb la posta del sol.

Segons la GEC hom troba la correspondència entre el número d'ordre de l'any civil musulmà i el de l'any civil gregorià amb les fórmules següents:

$$\textit{any gregorià} = \textit{any musulmà} + 622 - \frac{\textit{any musulmà}}{33}$$

$$\textit{any musulmà} = \textit{any gregorià} - 622 + \frac{\textit{any gregorià} - 622}{32}$$

Vist que el calendari lunar, que comprèn dotze mesos de 29 o 30 dies, té onze dies menys que el calendari solar gregorià, per passar d'un calendari a un altre, partint d'enguany, 2022, caldrà realitzar les següents operacions:

1) Passarem l'actual any 2020 del calendari gregorià al calendari musulmà així: es resta 622 de 2022 i es divideix per 0,97. Així, (2022 - 622) ÷ 0,97 = 1443,2; és a dir, som a l'any 1.443 del calendari musulmà.

2) Si volem passar del calendari musulmà l'actual any 1443 al calendari gregorià, es multiplica per 0,97 (relació entre l'any lunar i l'any solar) i s'hi afegeix 622. Així: (1443 x 0,97) + 622 = 2021,7; és a dir, arrodonint, som al 2022 del calendari gregorià.

En començar el dia amb la posta de sol, el calendari musulmà dona a la pregària un aspecte còsmic. L'oració ritual (*salat*) que un musulmà realitza cinc cops al dia ve a representar un ritual personal, l'acte de plantar-se quotidianament durant cinc moments de la jornada amb recolliment i d'oració, tanmateix segueix el ritme solar. Deia en un seminari interreligiós el professor musulmà Jean Loup Herbert: «Els musulmans som solars en els nostres ritmes quotidians i lunars en els ritmes anuals. El calendari anual musulmà, té 354 dies, més o menys, perquè hi ha mesos lunars en què la lluna s'alça a migdia: el dia s'inicia amb la posta de sol, el *magreb*.

Els set dies de la setmana
1. **yawm al-àkhad** (primer dia)
2. **yawm al-ithnín** (segon dia)
3. **yawm ath-thulathà** (tercer dia)
4. **yawm al-arbià** (quart dia)
5. **yawm al-khamís** (cinquè dia)
6. **yawm al-juma** (dia de reunió)
7. **yawm as-sabt** (dia del xàbat)

Aleshores la vivència del cicle anual lunar és diferent de la que es viu amb un calendari solar. Els mesos mai no romanen en la mateixa estació de l'any, es mouen; donen la sensació d'un moviment en espiral vers l'interior i vers enrere. Per exemple, si l'any 2000 el ramadà va caure, més o menys, entre desembre i gener, el 2001 va ser al novembre. Aleshores cada ramadà se celebra en estacions de l'any diferents, amb diferents duracions dels dies i les nits, diferents climes, diferents estats de la vegetació de l'entorn*... Si pensem que els éssers humans podem viure unes quantes dècades, calen 33 anys perquè el mes del ramadà torni a caure en el mateix període solar, és a dir, 33 anys per tancar el cicle.

»Tot plegat permet al musulmà una determinada percepció del cosmos, que tant li permet diferenciar-se'n com sentir-se'n part. Aquesta noció de la nostra presència còsmica la considerem part del regal que tenim pel sol fet de ser criatures de Déu. Prosternar-nos en l'oració, com demana l'Alcorà, és no sols una manera en què cada persona es planta davant del món i davant de Déu, sinó també entrar en harmonia amb tot l'univers.»

* Certament la magnitud d'aquestes diferències depèn del lloc de la Terra en què et trobis. Tanmateix, és important saber que, a la Meca i Medina, on va néixer i viure el profeta Muhàmmad, existeix una diferència d'uns 25° de temperatura entre el mes juliol (uns 50° durant el dia) i el de desembre (entre 25° i 30° durant el dia).

Apèndix 19

QUADRE DE CONCEPTES LLIGATS A L'ISLAM FONAMENTALISTA

- El **fonamentalisme islàmic** defineix els posicionaments religiosos que reclamen un retorn a la puresa de «l'islam original», caracteritzats per la seva oposició més o menys aferrissada a l'Occident com a símbol de corrupció i degeneració; consideren que la *xara o xaria* (llei islàmica) és suficient per regir la societat, i en fan sovint una interpretació literal extremadament rigorista fins a defensar, des del radicalisme, la lluita armada (*gihad*, 'guerra santa'; cf. APÈNDIXS 17 i 21).
- **Islamisme [polític]**: És un conjunt heterogeni d'ideologies que mantenen que l'*islam* no és només una religió sinó també un sistema polític i que els musulmans moderns han de tornar a les arrels de la seva fe i unir-se políticament reforçant la *xaria* (llei islàmica), la unitat panislàmica i el retorn del califat. Comprèn visions i ideologies diverses i aplega moviments tan diversos com els *Germans Musulmans* (que arribaren democràticament al poder a Egipte), el seu braç armat *Gihad islàmic*, *Hamàs* ('entusiasme', 'fervor': organització de resistència palestina amb l'objectiu d'erigir un estat islàmic), *Jamaat-e-Islami* («Assemblea Islàmica», partit indi fundat el 1941 lligat a Afganistan i Pakistan), Al-Qaida, etc.
- El **gihad** o **jihad** («esforç», «lluita», derivat del verb *jahada*, «esforçar-se») és un terme islàmic que fa referència a un deure religiós de tots els musulmans («esforçar-se en el camí de Déu»), sovint malentès com a «guerra santa» contra els infidels (cf. APÈNDIX 17).
- **Organització per l'Alliberament de Palestina (OAP)** és un moviment d'alliberament nacional palestí de diverzos partits (entre els quals, *Hamàs* i *Al-Fatah*), considerat per l'ONU com l'únic representant legítim del poble palestí. Fundat per la Lliga Àrab el 1964, el seu objectiu era la destrucció de l'estat d'Israel mitjançant la lluita armada, bé que més tard, adoptà la solució de crear dos estats, on eventualment les nacions d'Israel i Palestina poguessin conviure en pau (així ho va admetre el president Iàssir Arafat el 1993 en una carta al primer ministre d'Israel). El 1988 es declarà l'Estat de Palestina, presidit des del 1989 al 2004 per Iàsser Arafat, substituït a la seva mort per Mamhud Abbas, tots dos de la facció d'Al-Fatah. Abbas ajornà *sine die* les eleccions acordades per al 2020.
- **Hamàs** (Moviment de Resistència Islàmic) és un moviment fonamentalista gihadista, fundat el 1987 per Àhmad Yassín, com una mena d'escissió dels *Germans*

musulmans d'Egipte, i un partit polític que es proposa la destrucció de l'Estat sionista d'Israel. La seva àrea d'influència era la Franja de Gaza i Cisjordània. Després d'aconseguir una ampla victòria en les primeres eleccions al parlament palestí, el 2006 el partit fou convidat a formar part del govern de l'Autoritat Nacional Palestina. Des del 2007 ha rebut denúncies d'Amnistia Internacional.

- **Al-Fatah**, acrònim revers del **Moviment d'Alliberament Nacional Palestí**, una de les principals faccions palestines, implantada a partir de 1960, integrada des de 1968 en l'Organització per l'Alliberament de Palestina (OAP). Al-Fatah es defineix com una organització laica i nacionalista. És membre consultiu de la Internacional Socialista. El 1993, encapçalant el govern de la naixent Autoritat Nacional Palestina signà els acords d'Oslo per trobar una solució al conflicte palestino-israelià. El 2006 va perdre la majoria al parlament palestí enfront de Hamàs i va perdre el domini de la franja de Gaza, des d'on va entrar en un conflicte el 2021 de llançament de coets mutus amb Israel.
- **Front Popular per l'Alliberament de Palestina (FPAP)** és un moviment patriòtic palestí antisionista i una organització d'alliberament nacional d'ideologia marxista i leninista. Fundat el 1967 per George Habas, ha estat el segon dels grans grups de l'OAP, després d'Al-Fatah. En general, s'ha oposat a les postures moderades d'aquest, als acords d'Oslo i a dividir el territori en dos estats per resoldre el conflicte entre palestins i israelites, però des del 1999 va aconseguir un acord amb el lideratge de l'OAP per arribar a negociacions amb Israel. Ha estat crític en la disputa entre Al-Fatah i Hamàs en la divisió *de facto* en dos governs, el de Mahmud Abbas (d'Al-Fatah) a Cisjordània, reconegut per Occident, i el d'Ismail Haniya (Hamàs) a Gaza. En les eleccions del 2006 el FPAP aconseguí diputats i alcaldies en nuclis importants com Betlem i Ramal·lah.
- **Gihad Islàmic Palestí** és una facció militant islamista palestina, sorgida el 1981, que té com a objectiu l'establiment d'un Estat islàmic en el conjunt de tots els territoris palestins que ara són governats per l'Autoritat Nacional Palestina (Cisjordània i Franja de Gaza) i en l'actual territori d'Israel.
- **Germans musulmans** és un moviment polític musulmà de caràcter religiós, fundat a Egipte i estès a molts altres països àrabs (Síria, Palestina, Jordània, Iraq, Algèria, Tunísia, Líbia, Kurdistan, Somàlia...). La seva ideologia fundacional estava basada en l'establiment d'un estat islàmic basat en la *xaria*. Inicialment, a més de predicar a les mesquites, els germans musulmans van crear una xarxa d'activitats socials (alfabetització, escoles, hospitals, centres d'assistència, empreses...) que els van fer molt populars fins al punt que el seu partit, Llibertat i Justícia, guanyà les eleccions presidencials egípcies del 2012. L'any següent, un cop d'estat del cap de les forces armades egípcies, Abdelfatah a-Sisi, derrocà el govern del president Morsi. Esdevingut president d'Egipte el

2014, l'any següent es condemnaren a mort catorze dels seus líders i trenta-sis membres dels Germans musulmans a cadena perpètua.

- **GIA** (Grup Islàmic Armat), organització armada algeriana, considerada terrorista pels EUA, braç armat juntament amb l'Exèrcit Islàmic de Salvació, del **Front Islàmic de Salvació** (FIS), fundat el 1989 i declarat il·legal el 1992, quan estava a punt de guanyar una segona volta electoral. Amb els acords de pau de 1999, el FIS va abandonar les seves reivindicacions de lluita armada, encara que manté els seus principis islàmics.
- **Hizbul·la o Hesbol·là** és un partit islamista xiïta libanès, amb un braç civil i un braç armat, fundat el 1982 per combatre l'ocupació israeliana al sud del Líban, on és un partit reconegut (fins i tot ha arribat a formar part del Parlament i del govern). Fundat amb el suport de l'Iran, Hesbol·là segueix la ideologia islamista xiïta que preconitzà l'aiatol·là Khomeini, amb l'objectiu d'implantar un estat islàmic al Líban. Hesbol·là té el suport explícit per part de Síria. L'any 2000 s'hauria d'haver dissolt després de la retirada israeliana del sud del Líban, però a causa del gran poder acumulat continua operant contra Israel, fet que ha desencadenat grans tensions en els darrers anys.
- L'**Estat Islàmic**, també conegut com a **Daeix** o **Estat Islàmic de l'Iraq i el Llevant (ISIL)**, és un grup armat gihadista sunnita sorgit a inicis del 2000 provocant guerres a Síria i a l'Iraq, on ha autoproclamat la fundació d'un califat panislàmic, i que té aspiracions territorials sobre tot el 'Llevant àrab' (Líban, Síria, Jordània...) per incloure-hi totes les poblacions àrabs que van restar separades amb el repartiment entre França i el Regne Unit després de la Primera Guerra Mundial. Inicialment lligat a Al-Qaida.
- **Al-Qaida** o **al-Qaeda** (literalment «la base», «el fonament» o «el mètode») és una xarxa d'organitzacions fonamentalistes islàmiques d'abast mundial originada el 1988.
- **Talibans** (en paixtú, «estudiants religiosos», «seminaristes»): Règim fonamentalista fundat el 1994 i instaurat a Afganistan entre 1997 i 2001, actualment estès a les zones fronteres del Pakistan. Proper al misticisme sufí, consideren apostasia el xiisme. Lligats a Al-Qaida. Es transforma en cada derrota.
- **Boko Haram** ('La pretensió humana és anatema'; de vegades interpretat com a 'l'educació occidental és pecat'): Es tracta d'un grup terrorista islàmic de caràcter fonamentalista actiu a Nigèria relacionat amb Al-Qaida. Es transforma en cada derrota.
- El **salafisme** (de *sàlaf*: «predecessors» o «primeres generacions») és un moviment reformista musulmà sorgit a Egipte a la fi del segle XIX en el context de la *Nahda* o renaixement cultural àrab. El salafisme té dues vessants: una, de caire tradicionalista influenciat pel wahhabisme saudita, rebutja la modernitat procedent d'Occident com a quelcom intrínsecament destructor de l'islam (així

se'l lliga a Al-Qaida); l'altra té l'objectiu de reformar la doctrina islàmica per adaptar-la als nous temps (el màxim exponent de la qual seria la Turquia d'Atatürk).

- El **wahhabisme** és un moviment fonamentalista musulmà expansionista sorgit com una branca del sunnisme, en especial, de l'escola de dret hanbalita. Creat pel reformador religiós Muhàmmad ibn Abd-al-Wahhab al segle XVIII, va desenvolupar-se ràpidament gràcies a la seva aliança amb la dinastia Al Saüd de la península Aràbiga fins al punt que avui és el sistema sociopolític oficial en vigor a l'Aràbia Saudita. Es tracta d'un sistema religiós extremadament rigorista, a causa de la creença del seu fundador que tot el que va aparèixer a l'islam després de les tres primeres generacions a partir del Profeta corrompia la fe. Per això, el wahhabisme preconitza només l'ús de l'Alcorà i els *hadits* com a fonts religioses i prescindeix de qualsevol altra noció aportada per la tradició, fins i tot d'aquella del consens comunitari (*ijmà*), que és un dels principis fonamentals del sunnisme. Amb els recursos econòmics de la dinastia saudita s'han creat centres d'estudi, madrasses i mesquites arreu del món amb aquesta tendència. Val a dir que el terme *wahhabita* va ser utilitzat al principi pels seus detractors; per això, els seus seguidors prefereixen anomenar-se *unitaristes* (*muwahiddun*), ja que el seu credo principal és el de la unitat omnipresent de Déu (*tawhid*). Igualment, el mot es fa servir de vegades com a sinònim de *salafista*, tot i que seria més correcte dir que el wahhabisme és «una orientació particular del salafisme», considerada sovint com a ultraconservadora. Consideren *sufís* i *xiïtes* com a idòlatres.

Apèndix 20

HIJAB, AMIRA, XAILA, XADOR, NICAB, BURCA, TXADRI, ABAIA

Malgrat les mantellines, mocadors, xals, mantons de Manila i altres indumentàries de les nostres àvies, algunes peces de vestir de les noies musulmanes per cobrir-se part del cap o l'espatlla han dut un cert debat. Caldria distingir-ne algunes diferències. El *hijab* (també anomenat mocador islàmic o vel islàmic) és un mocador que, en molts països de cultura musulmana, les dones es posen al cap per cobrir-se els cabells i el coll quan estan en públic. L'*amira* és un vel o mocador de dues peces que cobreix els cabells i el coll; una peça és elàstica, o en tot cas arrapada al cap, com una diadema ampla de teixit, mentre la segona, en realitat, és un *hijab*. La *xaila* és un mocador rectangular amb què algunes dones musulmanes es cobreixen els cabells i les espatlles. El *khimar* és una mena de xal que cobreix coll, cabell i pit.

El *xador* és una peça de vestir àmplia amb què algunes dones musulmanes (sobretot les xiïtes de l'Iran i Afganistan) es cobreixen el cap, el cos i, de vegades la cara. El *nicab*, de vegades anomenat vel integral, és un mocador que algunes dones musulmanes (especialment les del golf Pèrsic) porten al cap per cobrir-se els cabells, coll i cara, llevat dels ulls. La *burca* és una vestimenta tradicional que porten algunes dones (en especial a l'Afganistan i zones del Pakistan i l'Iran) basant-se en una interpretació estricta del codi islàmic del vestit, segons la qual la dona hauria de cobrir-se completament en públic. El *txadri*, conegut com a «burca completa» o «burca afganesa», és una roba d'una sola peça que cobreix el cos de cap a peus i que sol ser de color blau. Una *abaia* és una túnica ampla i lleugera de color negre, que porten sobre el vestit algunes dones, especialment les dels països de la península aràbiga, amb la funció de protegir de la calor de l'estiu, creant una capa aïllant més a sobre del cos.

La qüestió és si algunes d'aquestes peces haurien d'estar prohibides en públic.

APÈNDIX 21

MÓN ISLÀMIC, VIOLÈNCIA I DECLARACIONS EN PRO DE LA PAU

En aquest primer quart del segle XXI, sigui per causes pròpies o alienes, són pocs els països de majoria musulmana que no pateixen el flagell de la violència. El **Món Àrab** (*al-`ālam al-`arabī*) inclou els vint-i-dos Estats i territoris de la *Lliga Àrab*. Aquests països estan escampats per Àsia sud-occidental i el nord d'Àfrica. A principis del 2013 tenien una població de 422 milions d'habitants, amb més de la meitat per sota dels 25 anys. Són aquests: Algèria, Aràbia Saudita, Bahrain, Comores [estat insular al canal de Moçambic, al nord de Madagascar], Djibouti, Egipte, Iemen, Iraq, Jordània, Kuwait, Líban, Líbia, Marroc, Mauritània, Oman, Palestina [reconeguda per la Lliga Àrab], Qatar, Sàhara Occidental [la República Àrab Sahrauí Democràtica no té reconeixement unànime], Síria, Sudan, Somàlia, Tunísia i Unió d'Emirats Àrabs. Iran, Turquia i Afganistan són països musulmans de l'Orient Mitjà; Pakistan i Bangladesh són nacions musulmanes, però no són ètnicament àrabs.

El món àrab (els cercles en gris indiquen violència terrorista)

Si la paraula *islam* prové de la mateixa arrel que *salam* ('pau') i suggereix una entrega i submissió absoluta a Déu (*islam*), les quals són capaces de generar serenor al cor de cada fidel i pau eterna pel fet de rebre el Paradís com a premi d'aquest lliurament, és bo preguntar-nos quins elements del seu discurs o de la seva pràctica afavoreixen els radicalismes violents. Sobretot avui que, gràcies al llibre de Pilar Rahola *S.O.S cristians* (2018), tenim dades d'un dels components d'aquesta violència com és la intolerància religiosa:

–215 milions de cristians (1 de cada 12), en uns cinquanta països del món (que sumen 4.830 milions de persones habitants), sofreixen un alt grau de persecució (és a dir, 650 milions, que equival a un 13% de la població).

–L'Índia, Nigèria, Xina i Etiòpia concentren la meitat d'aquests 215 milions de cristians perseguits.

–Una quarta part dels països que han provocat l'increment de persecució contra els cristians són vuit règims d'Orient Mitjà i d'Àfrica del Nord, que han derivat en sistemes autoritaris, exactament aquests: Algèria, Iran, Jordània, els territoris palestins (especialment a causa de l'islamisme radical de Hamàs i altres faccions), Qatar, Turquia i Emirats Àrabs.

–Dels quinze països capdavanters de la llista de persecució, nou estan sota règims islamistes.

–Els quinze països que encapçalen el rànquing de perseguidors són aquests: 1. Corea del Nord; 2. Somàlia; 3. Afganistan; 4. Pakistan; 5. Sudan; 6. Síria; 7. Iraq; 8. Iran; 9. Iemen; 10. Eritrea; 11. Líbia; 12. Nigèria; 13. Maldives; 14: Aràbia Saudita; 15. Índia.

Podem sentir a dir que la causa de la violència a l'islam és una lluita entre la majoria sunnita (89%), els xiïtes (entorn d'un 10%) i altres minories; certament, la guerra freda entre Aràbia Saudita (ancorada en el sunnisme wahhabista i el salafisme reformat) i l'Iran xiïta –l'antiga Pèrsia– ho podria donar a entendre, perquè l'Iran dona suport als xiïtes de Hesbol·là del Líban, als xiïtes d'Iraq i Síria (minoria xiïta alauita) i als del Iemen (rebels huthis), ja que anhela estendre el seu radi d'acció fins al Mar Roig; nogensmenys, també és cert que s'ha posicionat contra el gihadisme de l'Estat Islàmic o Daeix. Des d'aquest punt de vista, els xiïtes semblarien els radicals, però, al Pakistan –sempre amb injeccions econòmiques de Turquia–, els qui apareixen com a extremistes són els sunnites, que acusen els xiïtes d'incrèduls. I el problema kurd, el territori del Kurdistan entre Iran, Iraq, Turquia i Síria, com a problema polític irresolt, com queda? La violència –s'argumenta aleshores– té les seves arrels en la lluita per l'hegemonia política de la zona, sobretot entre Iran i Síria, la qual hauria rebut suports del Hesbol·là libanès instat per un enemic com Iran. Les paradoxes no s'acaben. Parlar només de fanatismes o de lluites per al domini i poder a la zona seria com justificar les croades amb l'excusa d'una determinada voluntat per dominar el Mediterrani. Altrament, des d'Occident no podem oblidar la nostra responsabilitat amb les polítiques colonials i a l'hora d'atiar certs grupuscles per interessos com a la guerra Afganistan-URSS (hi sorgí al-Qaeda), la invasió d'Iraq o amb l'esclat de Síria, que s'abocà a l'aparició del Daeix.

Contra l'infundat discurs gihadista («l'islam és l'espasa») hi ha el contradiscurs de la mitificació pacifista dels orígens de l'islam. Cap dels dos no resisteix una mínima crítica històrica. L'islam neix ple de conflictes. L'*hègira*, l'aclamació del profeta a Medina com a líder i jutge de les diverses tribus que hi vivien, suposava una conflictiva fugida de la Meca. El profeta va organitzar més d'una dotzena de campanyes militars, algunes defensives i d'altres ofensives, com les dues campanyes fracassades de la conquesta de Jerusalem (molt probablement amb motius messiànics) i de Síria. La seva mort va provocar rebel·lions i lluites. Els primers califes, Umar i Uthman, moriren assassinats... L'Alcorà no podia deixar de reflectir la conflictivitat de l'època, especialment la part escrita o dictada a Medina, que tracta de temes jurídics, polítics i militars, a partir dels quals s'elabora un dret civil i penal en un imperi incipient. Lògicament, en ple període d'expansió, el dret militar no podia ser pacifista. Es manté la llei del talió com a concepte fonamental de justícia (Q 5.45; 2,178), però es prohibeix començar les hostilitats sense una prèvia «crida a l'islam», i s'atorga una certa tolerància religiosa a certs creients monoteistes a canvi d'un impost. Consti: a l'Alcorà s'hi prohibeix explícitament matar dones i nens. Res d'estrany que aquest dret anés modelant una «moral de cavalleria», de la qual ha begut la mateixa literatura cristiana. La recopilació d'afirmacions del Profeta i tot el llibre de dret islàmic clàssic (*fiqh*) conté un llarg capítol sobre la gihad –la *gihad major* és «contra les temptacions que m'allunyen de l'islam» i sols la *gihad menor* és contra els enemics de la religió–, on posa molts límits a la pràctica de la violència i la valora només com a «lluita en el camí de Déu».

Això es pot traduir així: mentre per a Jesús, el seu Regne no era d'aquest món, per a Muhàmmad sí que ho és. I atès que l'Alcorà consagra certes pràctiques de dret civil i penal com si fossin divines, vet aquí on rauen els problemes d'integració de l'islam al món modern d'avui. Un exemple recent. El president de Tunísia proposà abolir la desigualtat en matèria d'herències segons la qual una dona rep la meitat del seu germà mascle; ara bé, tant els ulemes tunisians com el gran rector d'al-Azhar d'Egipte van afirmar que aquella iniciativa anava contra l'Alcorà. Si la llei (religiosa, civil i penal) de l'Alcorà és l'última revelada per Déu, com es pot arribar a convertir l'islam en una religió universal, apta per al món d'avui? La majoria sunnita no té altra alternativa que debatre la interpretació jurídica clàssica, si vol adaptar-se a l'actualitat.

Ara bé, els atemptats d'al-Qaeda i els conflictes entre sunnites i xiïtes van qüestionar l'islam davant la violència a principis d'aquest segle i s'han fet, des d'aleshores, multitud de declaracions. Destaquem la Declaració d'Aman del 2004, un seguit d'acords signats per cent vuitanta dirigents religiosos musulmans d'arreu del món a la capital de Jordània a favor de la pau. Entre altres coses, s'hi diuen aquestes:

> – S'han de considerar mútuament formes legítimes de l'islam tant el sunnisme com el xiisme.
> – Cal condemnar les *fàtues* extremistes i concretar les característiques que ha de tenir un líder religiós per emetre una fàtua.
> – Es condemna la pràctica del *takfirisme* (considerar apòstata un altre musulmà), utilitzada pels terroristes per justificar la seva violència.
> – Cal denunciar les estratègies perverses dels terroristes quan declaren il·lícits els pactes amb els no-musulmans i quan ometen els versicles referents a la misericòrdia de Déu.

En aquella trobada el terrorisme quedava explícitament condemnat. Al cap de poc, també des de Jordània, en relació al *gihad* armat, es decretava que la religió d'una persona o grup no pot ser causa de cap guerra, que els no combatents no poden ser cap objectiu bèl·lic i que l'ús de la pròpia força sols està justificada en defensa pròpia, en cap cas per a cap mena d'agressió.

L'islam, certament, no coneix el pacifisme extrem de Jesús el Natzarè, ja que per a un musulmà la defensa armada pot ser una obligació (Q 2,216), però la legítima defensa també està sancionada pel Dret Internacional de l'ONU. Cal esperar que, des d'aquest paràmetre, l'islam pugui ser viscut i comprès des de tots els bàndols com una religió de pau en aquest segle XXI.

AQUESTA PRIMERA EDICIÓ DEL LLIBRE
DE LLUÍS BUSQUETS I GRABULOSA, *ENIGMES
DE LA BÍBLIA I CULTURA CONTEMPORÀNIA.
III. EL NOU TESTAMENT I L'ISLAM: JESÚS,
PAU I MUHÀMMAD*, PROLOGAT PER
SOR LUCÍA CARAM, OP, I IL·LUSTRAT
PER SERGI BARNILS, S'HA ACABAT
D'IMPRIMIR A BARCELONA EL 18
DE MARÇ DE 2022, DATA DEL
75è ANIVERSARI DE L'AUTOR.
L'EDICIÓ HA ESTAT A CURA
DE RAMON BALASCH I
JORDI ROYO AMB EL
SUPORT DE XAVIER
ESPAR I TICÓ

www.balascheditor.cat

CON DIFERENTES
SEMBL
Copyright, 1913, by E.G.Lutz